北海银行货币大系

BEIHAI YINHANG
HUOBI DAXI

山东省钱币学会 编

（下）

齊魯書社

《北海银行货币大系》编委会

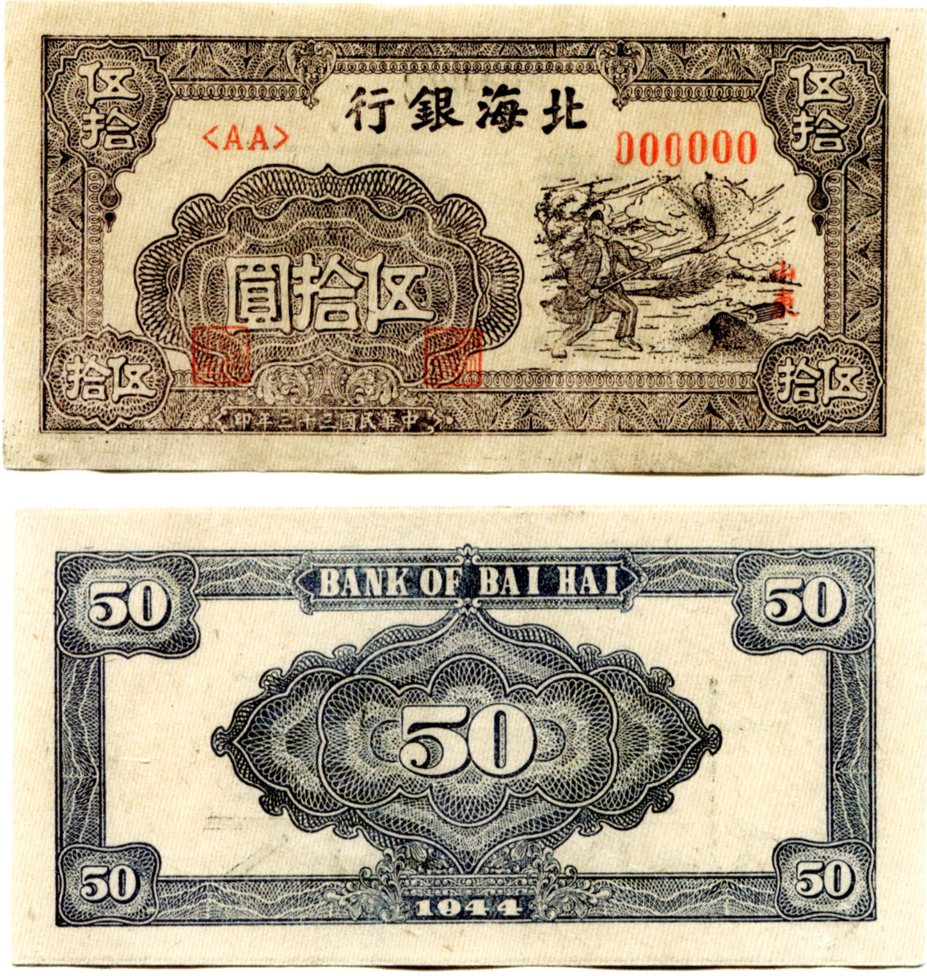

3-132

编　　号：P119
面　　额：伍拾圆
票面时间：民国三十三年
发行时间：1946 年下半年发行

票　　幅：123×62mm
主　　色：紫黑 / 蓝
印刷单位：胶东印钞厂
收 藏 者：编委

3-133

编　　号：	B174　★	**票　　幅：**	125×62mm
面　　额：	壹百圆	**主　　色：**	红 / 红
票面时间：	民国三十三年	**印刷单位：**	胶东印钞厂
发行时间：	1947 年	**收 藏 者：**	编委
备　　注：	黄纸、粗印		

3-134

编　　号：P120　　　　　　票　　幅：125×62mm

面　　额：壹百圆　　　　　主　　色：红 / 红

票面时间：民国三十三年　　印刷单位：胶东印钞厂

发行时间：1947 年　　　　　收 藏 者：编委

备　　注：黄纸、粗印

3-135

编　　号：	B175　★	票　　幅：	125×62mm
面　　额：	壹百圆	主　　色：	红 / 红
票面时间：	民国三十三年	印刷单位：	胶东印钞厂
发行时间：	1947 年	收 藏 者：	编委
备　　注：	白纸、精印		

3-136

编　　号： P121

票　　幅： 125×62mm

面　　额： 壹百圆

主　　色： 红 / 红

票面时间： 民国三十三年

印刷单位： 胶东印钞厂

发行时间： 1947 年

收 藏 者： 编委

备　　注： 白纸、精印

3-137

编　　号：B176　　★

票　　幅：125×65mm

面　　额：贰百圆

主　　色：红 / 蓝

票面时间：民国三十三年

印刷单位：胶东印钞厂

发行时间：1947 年

收 藏 者：编委

备　　注：无字轨

3-138

编　　号：B177　★

面　　额：贰百圆

票面时间：民国三十三年

发行时间：1947 年

备　　注：单字轨

票　　幅：125 × 65mm

主　　色：红 / 蓝

印刷单位：胶东印钞厂

收 藏 者：编委

3-139

编　　号：B178　★

票　　幅：125×67mm

面　　额：贰百圆

主　　色：红 / 蓝

票面时间：民国三十三年

印刷单位：胶东印钞厂

发行时间：1947 年

收 藏 者：编委

备　　注：双字轨

3-140

编　　号：	P122	**票　　幅：**	125×67mm
面　　额：	贰百圆	**主　　色：**	红 / 蓝
票面时间：	民国三十三年	**印刷单位：**	胶东印钞厂
发行时间：	1947 年	**收 藏 者：**	编委
备　　注：	双字轨		

3-141

编　　号： B179　　★

票　　幅： 125×64mm

面　　额： 贰百圆

主　　色： 红 / 蓝

票面时间： 民国三十三年

印刷单位： 胶东印钞厂

发行时间： 1947 年

收 藏 者： 编委

备　　注： 红色山东地名

3-142

编　　号：	P123	**票　　幅：**	125×64mm
面　　额：	贰百圆	**主　　色：**	红 / 蓝
票面时间：	民国三十三年	**印刷单位：**	胶东印钞厂
发行时间：	1947 年	**收 藏 者：**	编委
备　　注：	红色山东地名		

3-143

编　　号：B180　★

票　　幅：117×61mm

面　　额：壹圆

主　　色：红 / 棕

票面时间：民国三十四年

印刷单位：胶东印钞厂

发行时间：1945 年 10 月

收 藏 者：编委

备　　注：长号码

3-144

编　　号： P124

票　　幅： 117×61mm

面　　额： 壹圆

主　　色： 红 / 棕

票面时间： 民国三十四年

印刷单位： 胶东印钞厂

发行时间： 1945 年 10 月

收 藏 者： 编委

备　　注： 长号码

3-145

编　　号：B181　　★

票　　幅：117×60mm

面　　额：壹圆

主　　色：红 / 棕

票面时间：民国三十四年

印刷单位：胶东印钞厂

发行时间：1945 年 10 月

收 藏 者：编委

备　　注：短号码

3-146

编　　号： P125　　**票　　幅：** 117×60mm

面　　额： 壹圆　　**主　　色：** 红 / 棕

票面时间： 民国三十四年　　**印刷单位：** 胶东印钞厂

发行时间： 1945 年 10 月　　**收 藏 者：** 编委

备　　注： 短号码

3-147

编　　号：B182　★　　**票　　幅：**135×69mm

面　　额：伍圆　　**主　　色：**蓝黑 / 蓝

票面时间：民国三十四年　　**印刷单位：**胶东印钞厂

发行时间：1946 年下半年　　**收 藏 者：**编委

3-148

编　　号：P126　　**票　　幅：**135×69mm

面　　额：伍圆　　**主　　色：**蓝黑 / 蓝

票面时间：民国三十四年　　**印刷单位：**胶东印钞厂

发行时间：1946 年下半年　　**收 藏 者：**编委

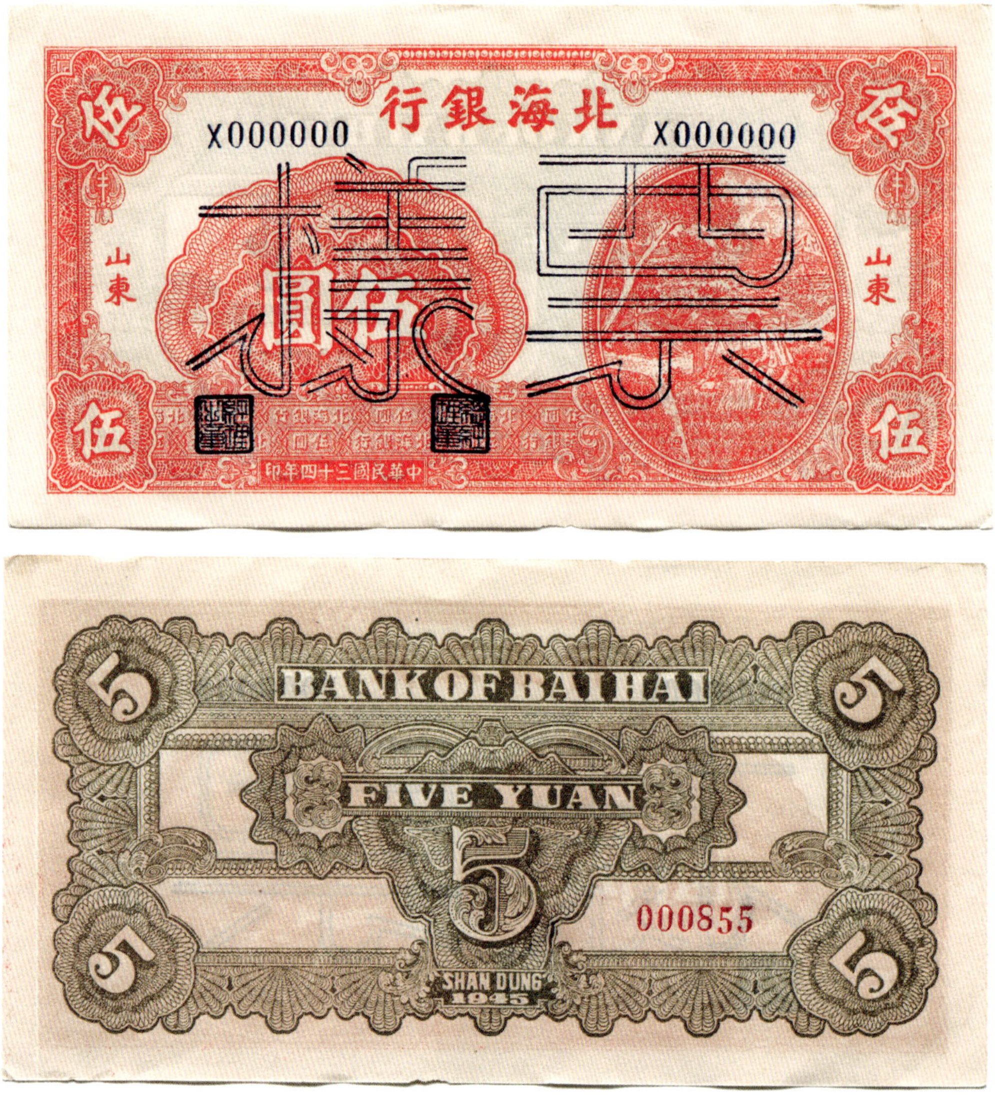

3-149

编　　号：P127

票　　幅：135×69mm

面　　额：伍圆

主　　色：枣红 / 棕绿

票面时间：民国三十四年

印刷单位：胶东印钞厂

发行时间：——

收 藏 者：编委

备　　注：仅见票样

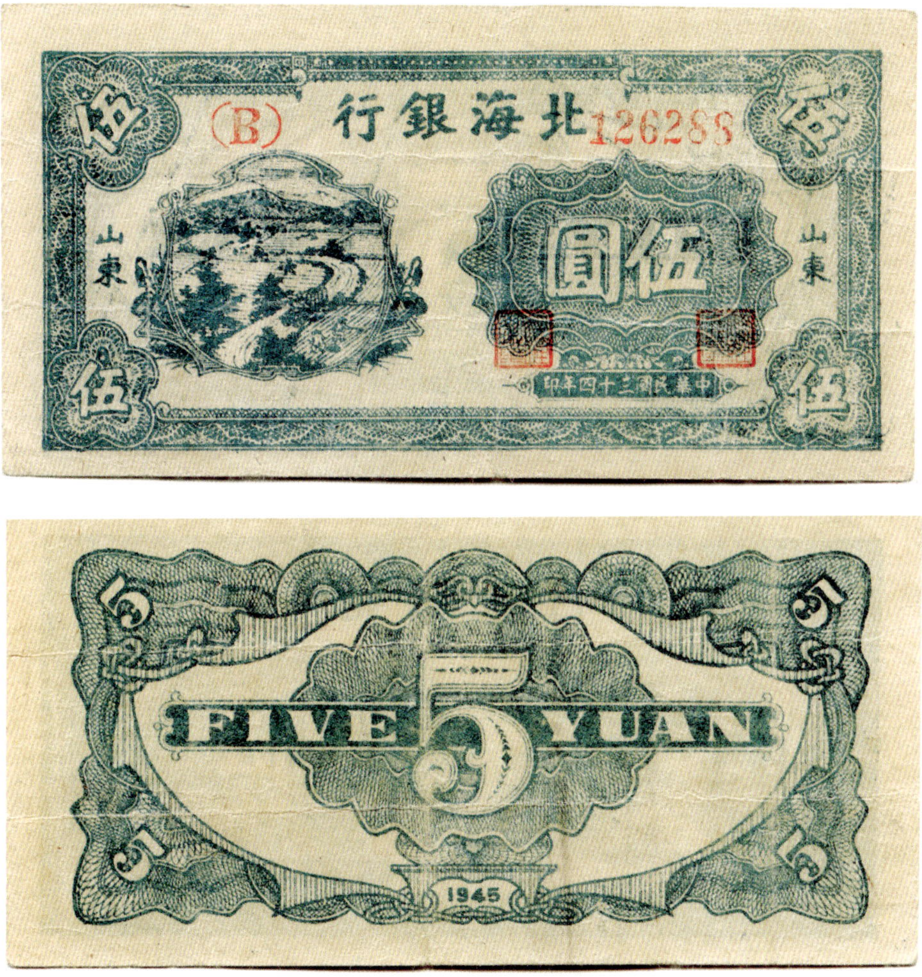

3-150

编　　号：B183　　　　★★

票　　幅：122×62mm

面　　额：伍圆

主　　色：草绿 / 草绿

票面时间：民国三十四年

印刷单位：胶东印钞厂

发行时间：1946 年下半年

收 藏 者：编委

备　　注：单字轨

3-151

编　　号：	P128	票　　幅：	122×62mm
面　　额：	伍圆	主　　色：	草绿 / 草绿
票面时间：	民国三十四年	印刷单位：	胶东印钞厂
发行时间：	1946 年下半年	收 藏 者：	编委
备　　注：	单字轨		

3-152

编　　号： B184　★★		**票　　幅：** 122×60mm	
面　　额： 伍圆		**主　　色：** 草绿 / 草绿	
票面时间： 民国三十四年		**印刷单位：** 胶东印钞厂	
发行时间： 1946 年下半年		**收 藏 者：** 编委	
备　　注： 双字轨			

3-153

编　　号：P129
面　　额：伍圆
票面时间：民国三十四年
发行时间：1946 年下半年
备　　注：双字轨
票　　幅：122×62mm
主　　色：草绿 / 草绿
印刷单位：胶东印钞厂
收 藏 者：编委

3−154

编　　号：B185　　★

票　　幅：127×64mm

面　　额：拾圆

主　　色：棕 / 绿

票面时间：民国三十四年

印刷单位：胶东印钞厂

发行时间：1945 年 10 月

收 藏 者：编委

备　　注：单字轨

3-155

编　　号：P130
面　　额：拾圆
票面时间：民国三十四年
发行时间：1945 年 10 月
备　　注：单面盖“票样”

票　　幅：127 × 64mm
主　　色：棕 / 绿
印刷单位：胶东印钞厂
收 藏 者：编委

3-156

编　　号：	P131	**票　　幅：**	127×64mm
面　　额：	拾圆	**主　　色：**	棕／绿
票面时间：	民国三十四年	**印刷单位：**	胶东印钞厂
发行时间：	1945 年 10 月	**收 藏 者：**	编委
备　　注：	双面盖“票样”		

3−157

编　　号：	B186　★	票　　幅：	129×64mm
面　　额：	拾圆	主　　色：	蓝 / 绿
票面时间：	民国三十四年	印刷单位：	胶东印钞厂
发行时间：	1946 年 3 ~ 5 月	收 藏 者：	编委

3-158

编　　号： P132

面　　额： 拾圆

票面时间： 民国三十四年

发行时间： 1946 年 3 ~ 5 月

票　　幅： 129 × 64mm

主　　色： 蓝 / 绿

印刷单位： 胶东印钞厂

收 藏 者： 编委

3-159

编　　号：	B187　★	**票　　幅：**	129 × 64mm
面　　额：	拾圆	**主　　色：**	绿 / 蓝
票面时间：	民国三十四年	**印刷单位：**	胶东印钞厂
发行时间：	1946 年 3 ～ 5 月	**收 藏 者：**	编委

3-160

编　　号：P133　　　　**票　　幅：**129×64mm

面　　额：拾圆　　　　**主　　色：**绿 / 蓝

票面时间：民国三十四年　　　　**印刷单位：**胶东印钞厂

发行时间：1946 年 3 ～ 5 月　　　　**收 藏 者：**编委

3-161

编　　号：	B188　★	票　　幅：	125×65mm
面　　额：	拾圆	主　　色：	红 / 红
票面时间：	民国三十四年	印刷单位：	胶东印钞厂
发行时间：	1946 年下半年	收 藏 者：	编委
备　　注：	加盖“发”字		

3-162

编　　号： P134

面　　额： 拾圆

票面时间： 民国三十四年

发行时间： 1946 年下半年

备　　注： 加盖“发”字

票　　幅： 125×65mm

主　　色： 红 / 红

印刷单位： 胶东印钞厂

收 藏 者： 编委

3-163

编　　号：	B189　★	**票　　幅：**	125×65mm
面　　额：	拾圆	**主　　色：**	红 / 红
票面时间：	民国三十四年	**印刷单位：**	胶东印钞厂
发行时间：	1946 年下半年	**收 藏 者：**	编委
备　　注：	加盖“展”字		

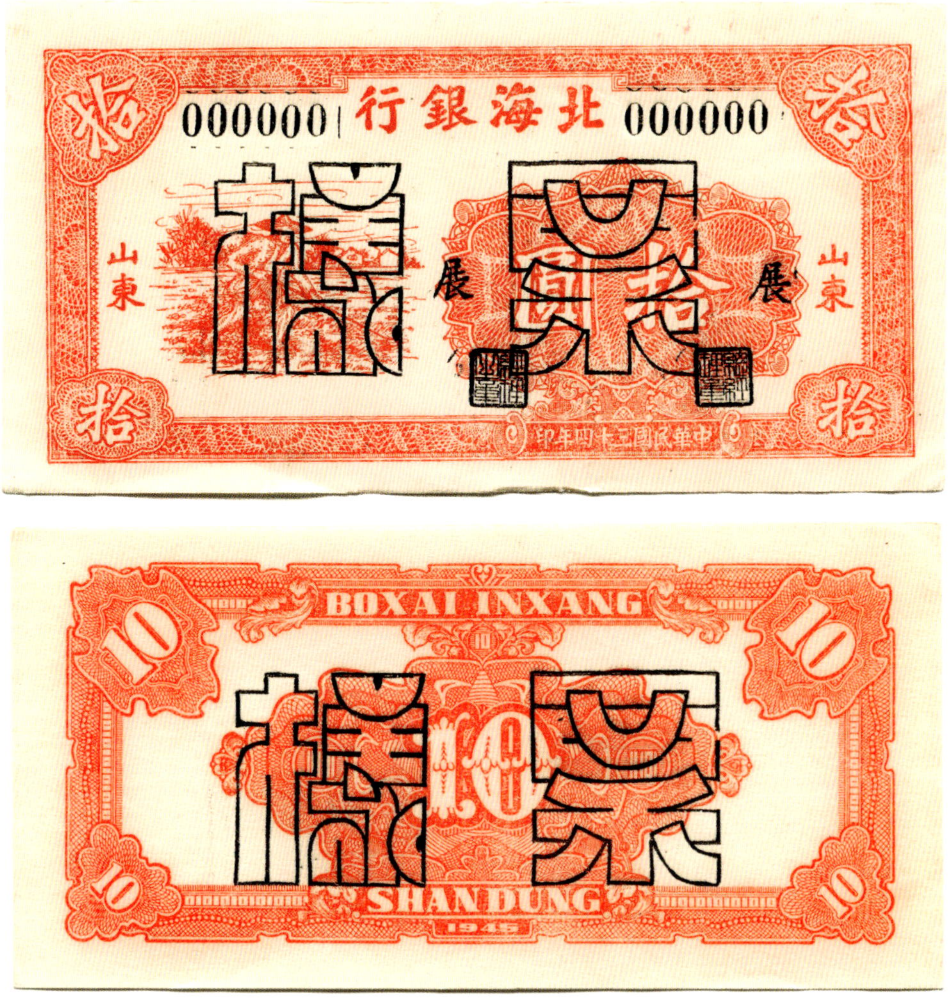

3-164

编　　号： P135

面　　额： 拾圆

票面时间： 民国三十四年

发行时间： 1946 年下半年

备　　注： 加盖“展”字

票　　幅： 125×65mm

主　　色： 红 / 红

印刷单位： 胶东印钞厂

收 藏 者： 编委

3-165

编　　号： B190　★		**票　　幅：** 125×65mm	
面　　额： 拾圆		**主　　色：** 红 / 红	
票面时间： 民国三十四年		**印刷单位：** 胶东印钞厂	
发行时间： 1946 年下半年		**收 藏 者：** 编委	
备　　注： 加盖“农”字			

3-166

编　　号： P136

面　　额： 拾圆

票面时间： 民国三十四年

发行时间： 1946 年下半年

备　　注： 加盖“农”字

票　　幅： 125 × 65mm

主　　色： 红 / 红

印刷单位： 胶东印钞厂

收 藏 者： 编委

3-167

3-168

3- 167 编　　号：B191　★　票　　幅：125×65mm
面　　额：拾圆　主　　色：红 / 红
票面时间：民国三十四年　印刷单位：胶东印钞厂
发行时间：1946 年下半年　收 藏 者：编委
备　　注：加盖“业”字

3- 168 编　　号：B192　★　票　　幅：125×65mm
面　　额：拾圆　主　　色：红 / 红
票面时间：民国三十四年　印刷单位：胶东印钞厂
发行时间：1946 年下半年　收 藏 者：编委
备　　注：加盖“生”字

3-169

3-170

3- 169 **编　　号：** B193 ★ **票　　幅：** 125×65mm

面　　额： 拾圆　**主　　色：** 红 / 红

票面时间： 民国三十四年　**印刷单位：** 胶东印钞厂

发行时间： 1946 年下半年　**收 藏 者：** 编委

备　　注： 加盖“产”字

3- 170 **编　　号：** B194 ★ **票　　幅：** 125×65mm

面　　额： 拾圆　**主　　色：** 红 / 红

票面时间： 民国三十四年　**印刷单位：** 胶东印钞厂

发行时间： 1946 年下半年　**收 藏 者：** 编委

备　　注： 加盖“巩”字

3−171

3−172

3− 171 编　　号：B195　★　票　　幅：125×65mm
面　　额：拾圆　主　　色：红 / 红
票面时间：民国三十四年　印刷单位：胶东印钞厂
发行时间：1946 年下半年　收 藏 者：编委
备　　注：加盖“固”字

3− 172 编　　号：B196　★　票　　幅：125×65mm
面　　额：拾圆　主　　色：红 / 红
票面时间：民国三十四年　印刷单位：胶东印钞厂
发行时间：1946 年下半年　收 藏 者：编委
备　　注：加盖“金”字

3-173

3-174

3- 173 **编　　号**: B197　★　**票　　幅**: 125×65mm

面　　额: 拾圆　**主　　色**: 红 / 红

票面时间: 民国三十四年　**印刷单位**: 胶东印钞厂

发行时间: 1946 年下半年　**收 藏 者**: 编委

备　　注: 加盖“融”字

3- 174 **编　　号**: B198　★　**票　　幅**: 125×65mm

面　　额: 拾圆　**主　　色**: 红 / 红

票面时间: 民国三十四年　**印刷单位**: 胶东印钞厂

发行时间: 1946 年下半年　**收 藏 者**: 编委

备　　注: 加盖“阵”字

3-175

3-176

3- 175　**编　　号：** B199　★　**票　　幅：** 125 × 65mm

面　　额： 拾圆　**主　　色：** 红 / 红

票面时间： 民国三十四年　**印刷单位：** 胶东印钞厂

发行时间： 1946 年下半年　**收 藏 者：** 编委

备　　注： 加盖“地”字

3- 176　**编　　号：** B200　★　**票　　幅：** 125 × 63mm

面　　额： 拾圆　**主　　色：** 红 / 红

票面时间： 民国三十四年　**印刷单位：** 胶东印钞厂

发行时间： 1946 年下半年　**收 藏 者：** 编委

备　　注： 7 位数直号码

3-177

3-178

3- 177　**编　　号：** B201　★　　**票　　幅：** 125×62mm

面　　额： 拾圆　　**主　　色：** 红 / 红

票面时间： 民国三十四年　　**印刷单位：** 胶东印钞厂

发行时间： 1946 年下半年　　**收 藏 者：** 编委

备　　注： 7 位数圆号码

3- 178　**编　　号：** B202　★　　**票　　幅：** 126×64mm

面　　额： 拾圆　　**主　　色：** 红 / 红

票面时间： 民国三十四年　　**印刷单位：** 胶东印钞厂

发行时间： 1946 年下半年　　**收 藏 者：** 编委

备　　注： 小双冠字

3-179

编　　号：	B203　★	票　　幅：	125×65mm
面　　额：	拾圆	主　　色：	红 / 红
票面时间：	民国三十四年	印刷单位：	胶东印钞厂
发行时间：	1946 年下半年	收 藏 者：	编委
备　　注：	大双冠字		

3-180

编　　号：	B204　　★★★★	票　　幅：	142×71mm
面　　额：	伍拾圆	主　　色：	绿 / 蓝
票面时间：	民国三十四年	印刷单位：	胶东印钞厂
发行时间：	1946 年 5 月	收 藏 者：	烟台张勇

备　　注： 背部印“BANG KE OF SHAN DUNG”

3-181

编　　号：	P137	票　　幅：	142×71mm
面　　额：	伍拾圆	主　　色：	绿 / 蓝
票面时间：	民国三十四年	印刷单位：	胶东印钞厂
发行时间：	1946 年 5 月	收 藏 者：	编委

备　　注：背部印“BANG KE OF SHAN DUNG”

3-182

编　　号： B205　　★★★　　**票　　幅：** 142×71mm

面　　额： 伍拾圆　　**主　　色：** 绿 / 蓝

票面时间： 民国三十四年　　**印刷单位：** 胶东印钞厂

发行时间： 1946 年 5 月　　**收 藏 者：** 编委

备　　注： 背面“BANK OF BAI HAI”覆盖“BANK OF SHAN DUNG”

3-183

编　　号：B206　　★★★　　票　　幅：141×70mm

面　　额：伍拾圆　　主　　色：蓝 / 绿

票面时间：民国三十四年　　印刷单位：胶东印钞厂

发行时间：1946 年 5 月　　收 藏 者：编委

备　　注：背面“BANK OF BAI HAI”

3-184

编　　号：	P138	票　　幅：	141×70mm
面　　额：	伍拾圆	主　　色：	蓝 / 绿
票面时间：	民国三十四年	印刷单位：	胶东印钞厂
发行时间：	1946 年 5 月	收 藏 者：	编委
备　　注：	背面“BANK OF BAI HAI”		

3-185

编　　号： B207　★★★		**票　　幅：** 145×73mm	
面　　额： 伍拾圆		**主　　色：** 橘红 / 红	
票面时间： 民国三十四年		**印刷单位：** 胶东印钞厂	
发行时间： 1946 年 5 月		**收 藏 者：** 编委	
备　　注： 背面“BANK OF BAI HAI”			

3-186

编　　号：	P139	**票　　幅：**	145×73mm
面　　额：	伍拾圆	**主　　色：**	橘红 / 红
票面时间：	民国三十四年	**印刷单位：**	胶东印钞厂
发行时间：	1946 年 5 月	**收 藏 者：**	编委
备　　注：	背面“BANK OF BAI HAI”		

3-187

编　　号：	B208　★	**票　　幅：**	124×62mm
面　　额：	伍拾圆	**主　　色：**	紫黑 / 蓝
票面时间：	民国三十四年	**印刷单位：**	胶东印钞厂
发行时间：	1947 年	**收 藏 者：**	编委

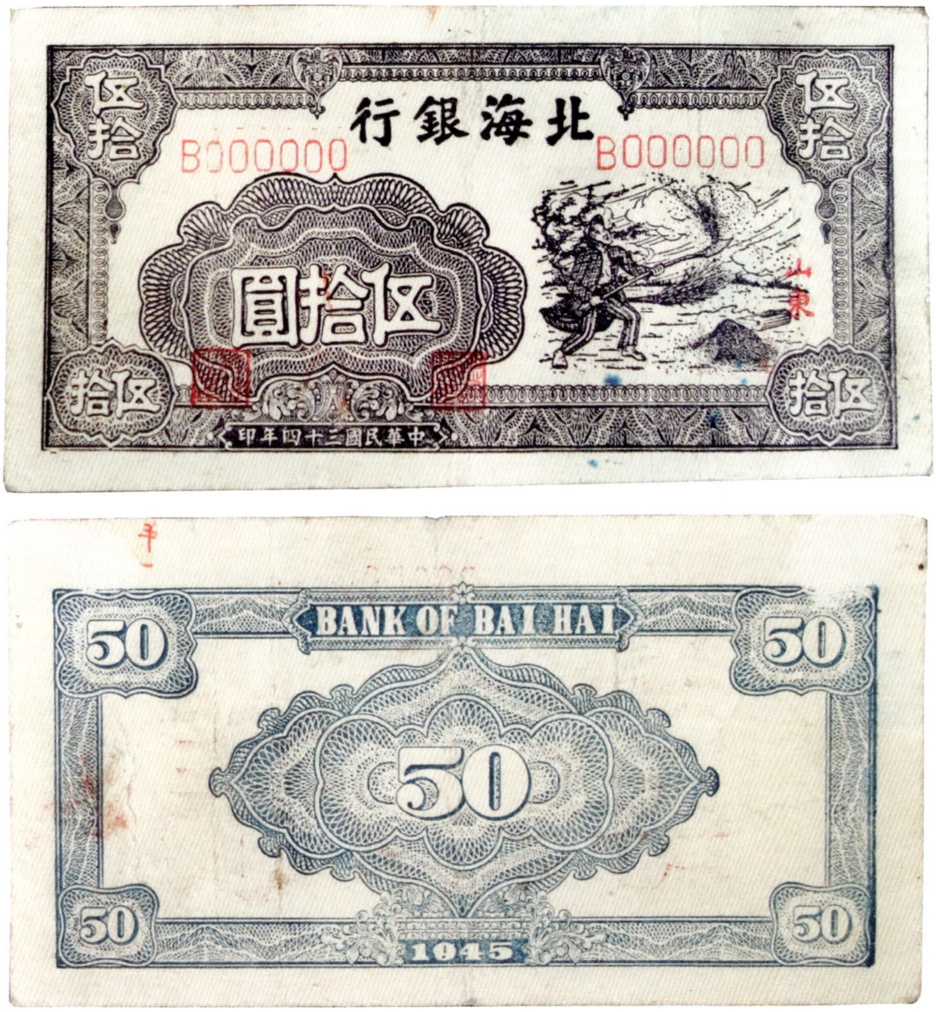

3-188

编　　号：P140

票　　幅：124×62mm

面　　额：伍拾圆

主　　色：紫黑 / 蓝

票面时间：民国三十四年

印刷单位：胶东印钞厂

发行时间：1947 年

收 藏 者：南京王锡平

3-189

编　　号： B209　★★	**票　　幅：** 142×67mm
面　　额： 壹百圆	**主　　色：** 枣红 / 棕
票面时间： 民国三十四年	**印刷单位：** 胶东印钞厂
发行时间： 1946 年 4 月	**收 藏 者：** 编委

3-190

编　　号： P141　　**票　　幅：** 142×67mm

面　　额： 壹百圆　　**主　　色：** 枣红 / 棕

票面时间： 民国三十四年　　**印刷单位：** 胶东印钞厂

发行时间： 1946 年 4 月　　**收 藏 者：** 编委

3-191

编　　号：B210　★★★

票　　幅：126×64mm

面　　额：贰百圆

主　　色：棕 / 蓝

票面时间：民国三十四年

印刷单位：胶东印钞厂

发行时间：1946 年 5 月

收 藏 者：编委

备　　注：单字轨，6 位号

3-192

编　　号：	B211　★	**票　　幅：**	131×64mm
面　　额：	贰百圆	**主　　色：**	棕 / 蓝
票面时间：	民国三十四年	**印刷单位：**	胶东印钞厂
发行时间：	1946 年 5 月	**收 藏 者：**	编委
备　　注：	单字轨，7 位号		

3-193

编　　号：P142

面　　额：贰百圆

票面时间：民国三十四年

发行时间：1946 年 5 月

备　　注：单字轨，7 位号

票　　幅：131×64mm

主　　色：棕 / 蓝

印刷单位：胶东印钞厂

收 藏 者：印钞造币总公司

3-194

编　　号： B212	★	**票　　幅：** 128×63mm	
面　　额： 贰百圆		**主　　色：** 棕 / 紫棕	
票面时间： 民国三十四年		**印刷单位：** 胶东印钞厂	
发行时间： 1946 年 5 月		**收 藏 者：** 编委	
备　　注： 双字轨，6 位号			

3-195

编　　号：P143
面　　额：贰百圆
票面时间：民国三十四年
发行时间：1946 年 5 月
备　　注：双字轨，6 位号
票　　幅：128 × 63mm
主　　色：棕 / 紫棕
印刷单位：胶东印钞厂
收 藏 者：编委

3-196

编　　号： B213　　★★　　**票　　幅：** 130×64mm

面　　额： 壹百圆　　**主　　色：** 红 / 棕

票面时间： 民国三十五年　　**印刷单位：** 胶东印钞厂

发行时间： 1946 年 5 月　　**收 藏 者：** 编委

备　　注： 天干冠字

3-197

编　　号：	B214　★	**票　　幅：**	129×63mm
面　　额：	壹百圆	**主　　色：**	蓝黑 / 绿
票面时间：	民国三十五年	**印刷单位：**	胶东印钞厂
发行时间：	1946 年 5 月	**收 藏 者：**	编委
备　　注：	单字轨，6 位圆号		

3-198

编　　号：	P144	**票　　幅：**	129×63mm
面　　额：	壹百圆	**主　　色：**	蓝黑 / 绿
票面时间：	民国三十五年	**印刷单位：**	胶东印钞厂
发行时间：	1946 年 5 月	**收 藏 者：**	编委
备　　注：	单字轨，6 位圆号		

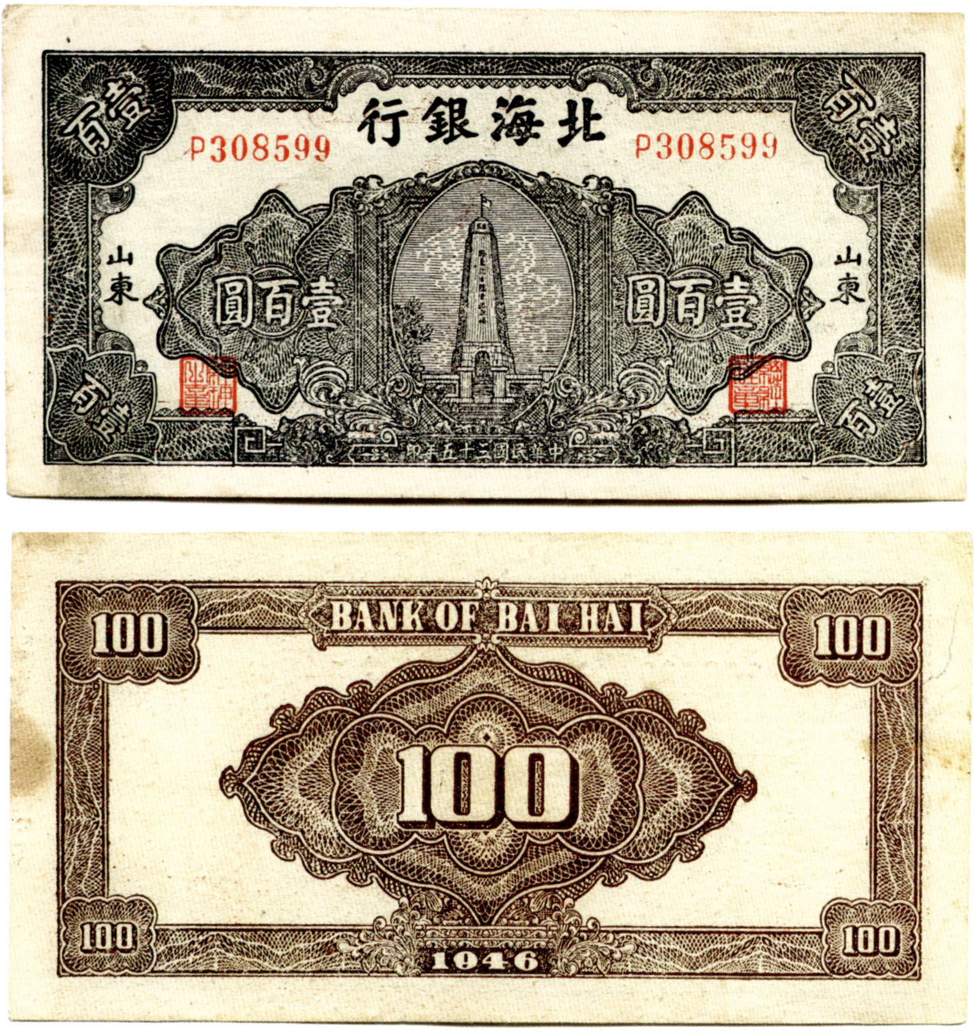

3-199

编　　号：B215　★

票　　幅：130×65mm

面　　额：壹百圆

主　　色：蓝黑 / 棕灰

票面时间：民国三十五年

印刷单位：胶东印钞厂

发行时间：1946 年 5 月

收 藏 者：编委

备　　注：单字轨，6 位圆号

3-200

编　　号： P145

面　　额： 壹百圆

票面时间： 民国三十五年

发行时间： ——

备　　注：（一）单字轨，6 位圆号

（二）仅见票样

票　　幅： 130×65mm

主　　色： 蓝黑 / 蓝

印刷单位： 胶东印钞厂

收 藏 者： 编委

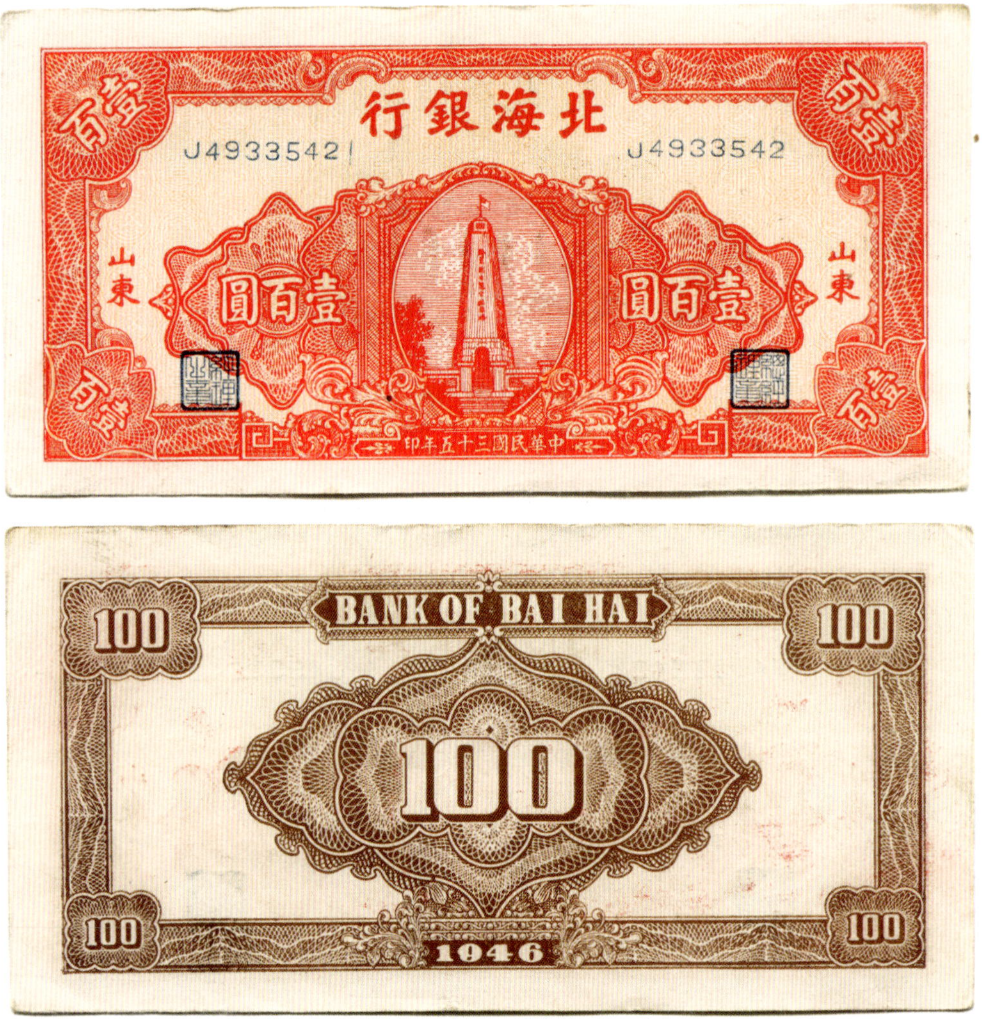

3-201

编　　号：B216　　★

面　　额：壹百圆

票面时间：民国三十五年

发行时间：1946 年 5 月

备　　注：单字轨，7 位直号

票　　幅：129×63mm

主　　色：红 / 棕

印刷单位：胶东印钞厂

收 藏 者：编委

3-202

编　　号：P146
票　　幅：129×63mm
面　　额：壹百圆
主　　色：红 / 棕
票面时间：民国三十五年
印刷单位：胶东印钞厂
发行时间：1946 年 5 月
收 藏 者：编委
备　　注：单字轨，7 位直号

3-203

编　　号：B217　★

面　　额：壹百圆

票面时间：民国三十五年

发行时间：1946 年 5 月

备　　注：单字轨，7 位直号

票　　幅：130 × 63mm

主　　色：绿 / 蓝

印刷单位：胶东印钞厂

收 藏 者：编委

3-204

编　　号：P147　　**票　　幅：**130×63mm

面　　额：壹百圆　　**主　　色：**绿 / 蓝

票面时间：民国三十五年　　**印刷单位：**胶东印钞厂

发行时间：1946 年 5 月　　**收 藏 者：**编委

备　　注：单字轨，7 位直号

3-205

编　　号：	B218　　★	**票　　幅：**	131×63mm
面　　额：	壹百圆	**主　　色：**	蓝 / 绿
票面时间：	民国三十五年	**印刷单位：**	胶东印钞厂
发行时间：	1946 年 5 月	**收 藏 者：**	编委
备　　注：	双字轨，6 位直号		

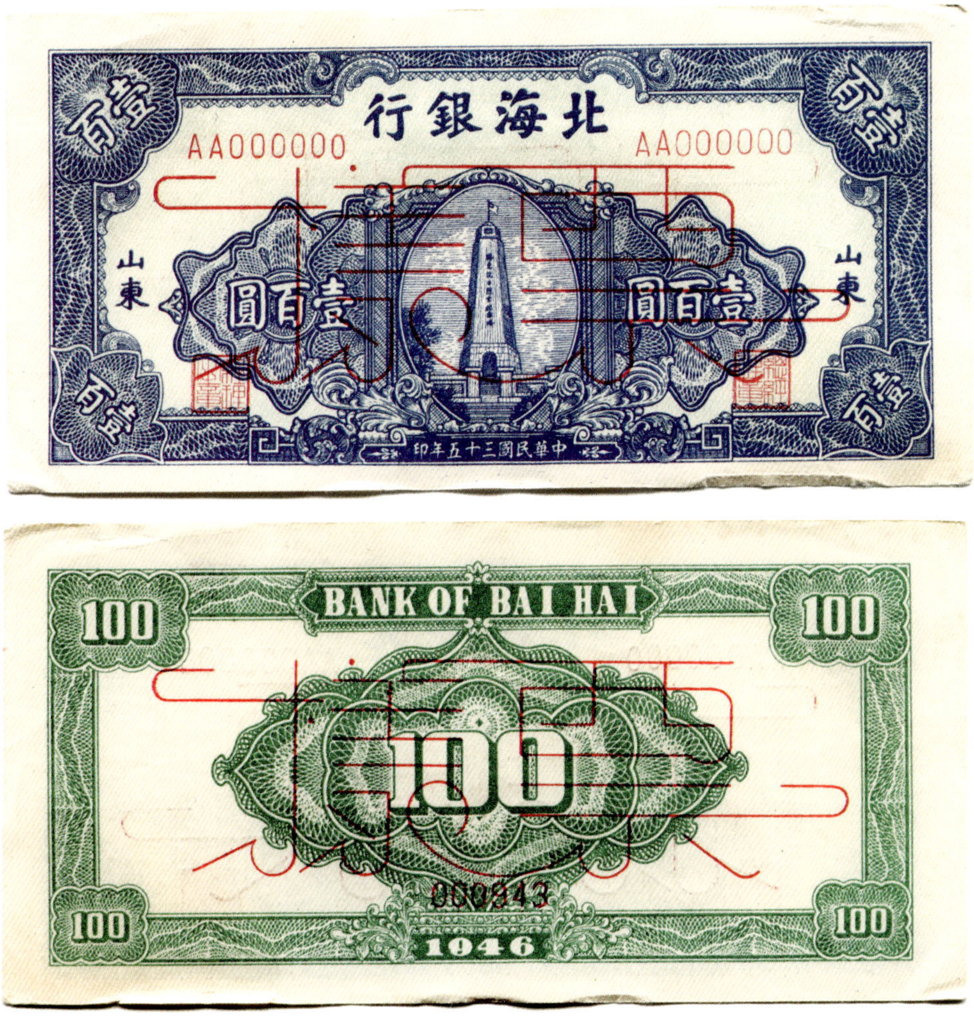

3-206

编　　号： P148　　**票　　幅：** 131×63mm

面　　额： 壹百圆　　**主　　色：** 蓝 / 绿

票面时间： 民国三十五年　　**印刷单位：** 胶东印钞厂

发行时间： 1946 年 5 月　　**收 藏 者：** 编委

备　　注： 双字轨，6 位直号

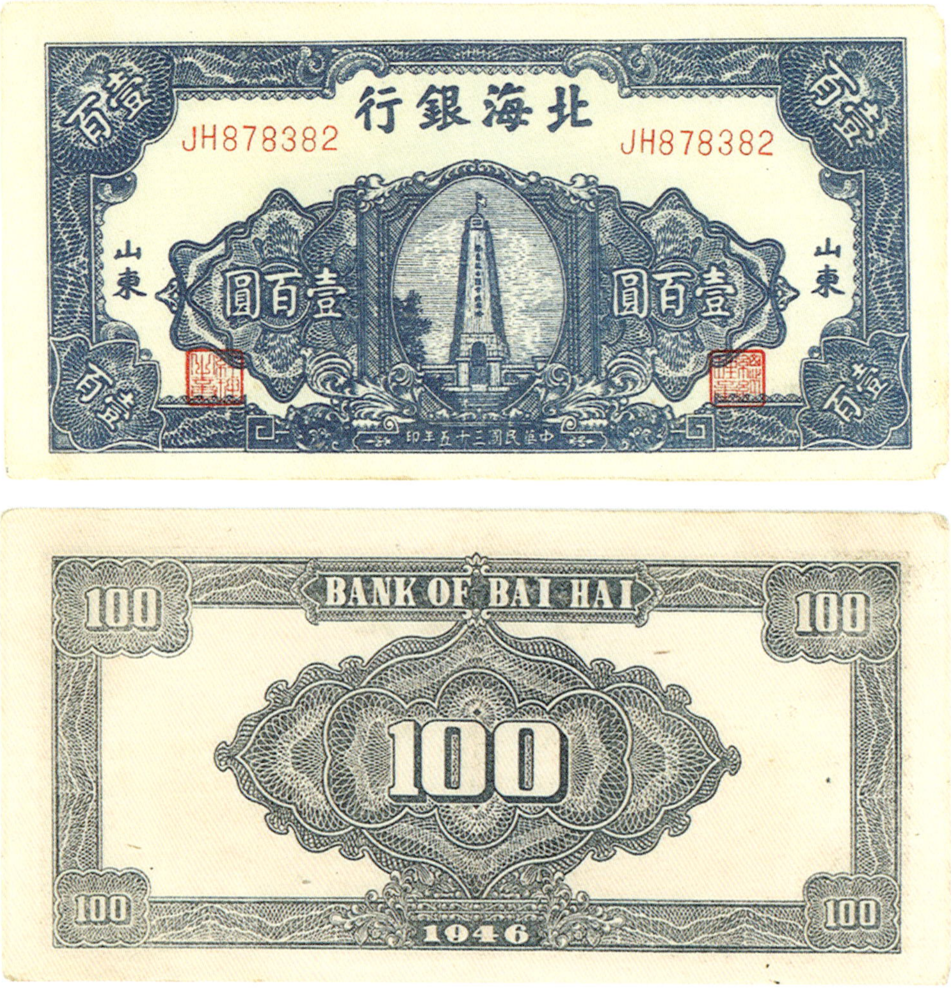

3-207

编　　号：B219　　★

票　　幅：——

面　　额：壹百圆

主　　色：蓝 / 蓝绿

票面时间：民国三十五年

印刷单位：胶东印钞厂

发行时间：1946 年 5 月

收 藏 者：中国钱币博物馆

备　　注：双字轨，6 位直号

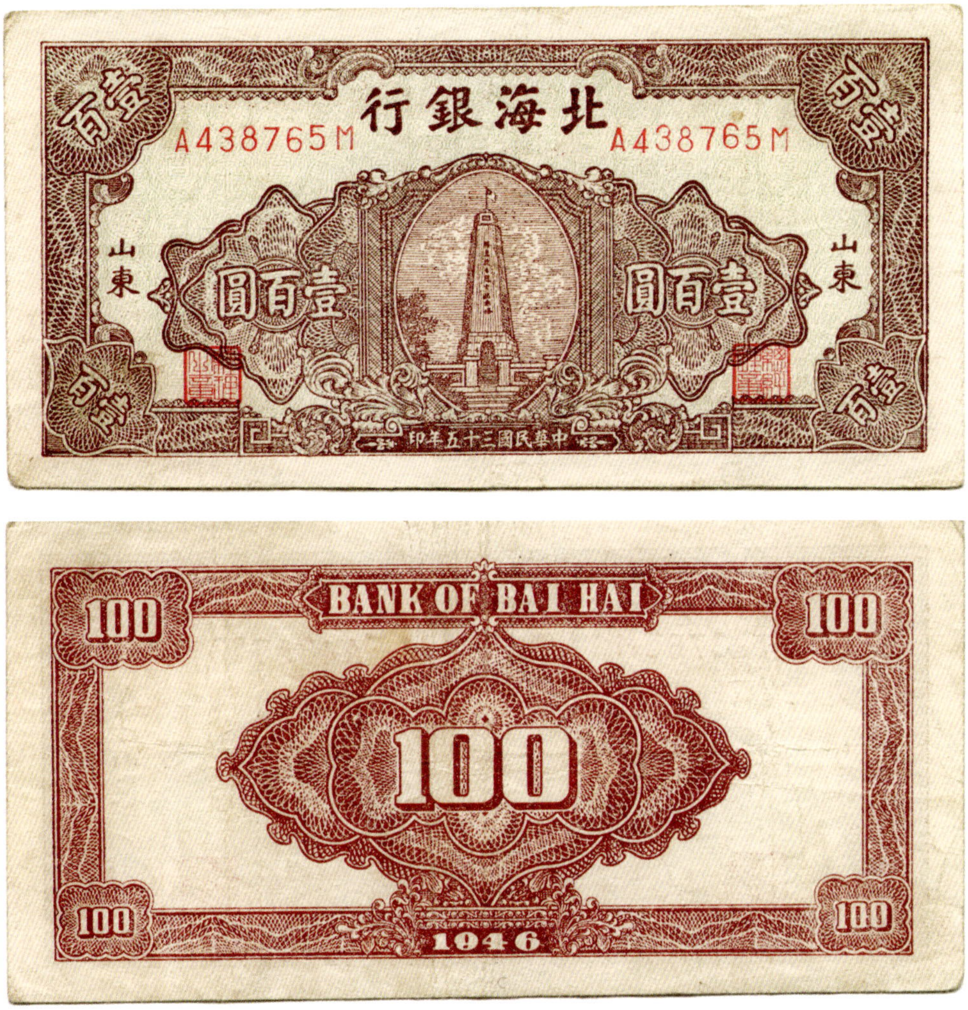

3-208

编　　号： B220　　★		**票　　幅：** 127×63mm	
面　　额： 壹百圆		**主　　色：** 褐 / 紫	
票面时间： 民国三十五年		**印刷单位：** 胶东印钞厂	
发行时间： 1946 年 5 月		**收 藏 者：** 编委	
备　　注： 前后字轨，6 位号码			

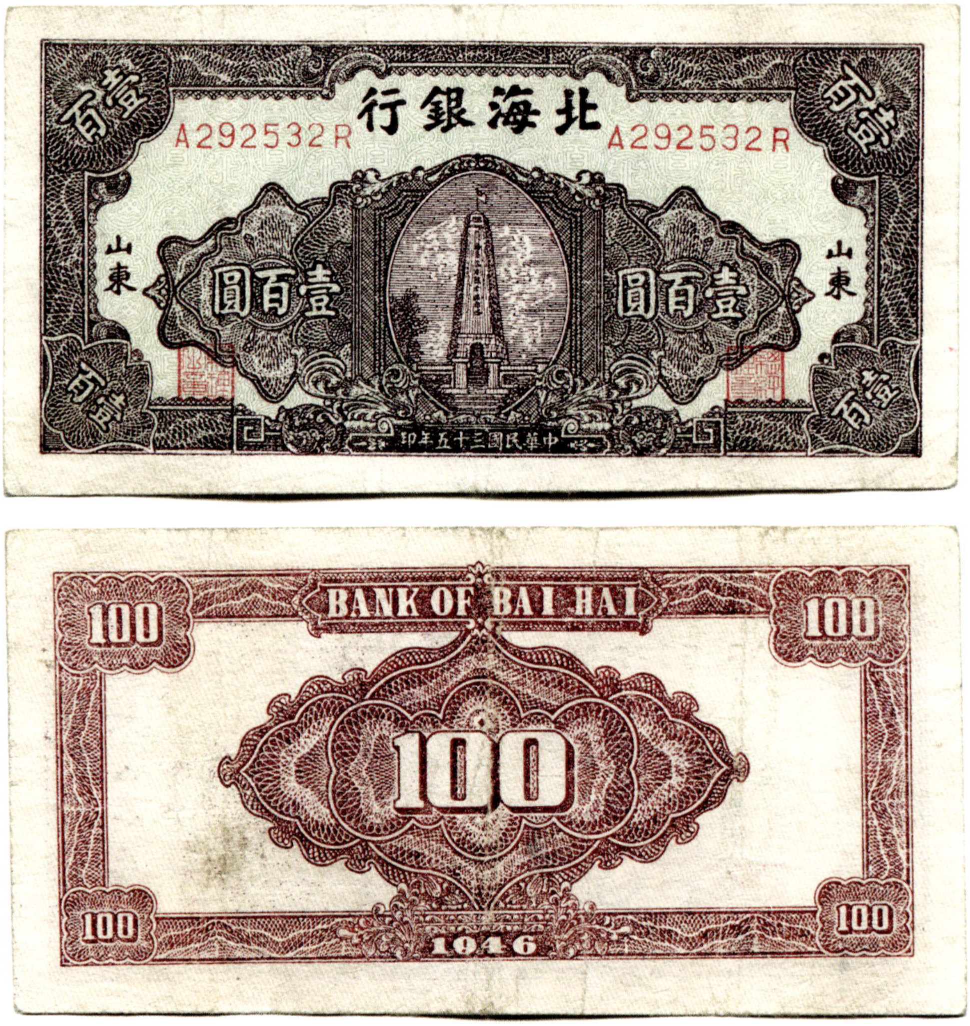

3-209

编　　号：	B221　★	票　　幅：	128×64mm
面　　额：	壹百圆	主　　色：	棕黑 / 紫
票面时间：	民国三十五年	印刷单位：	胶东印钞厂
发行时间：	1946 年 5 月	收 藏 者：	编委
备　　注：	前后字轨，6 位号码		

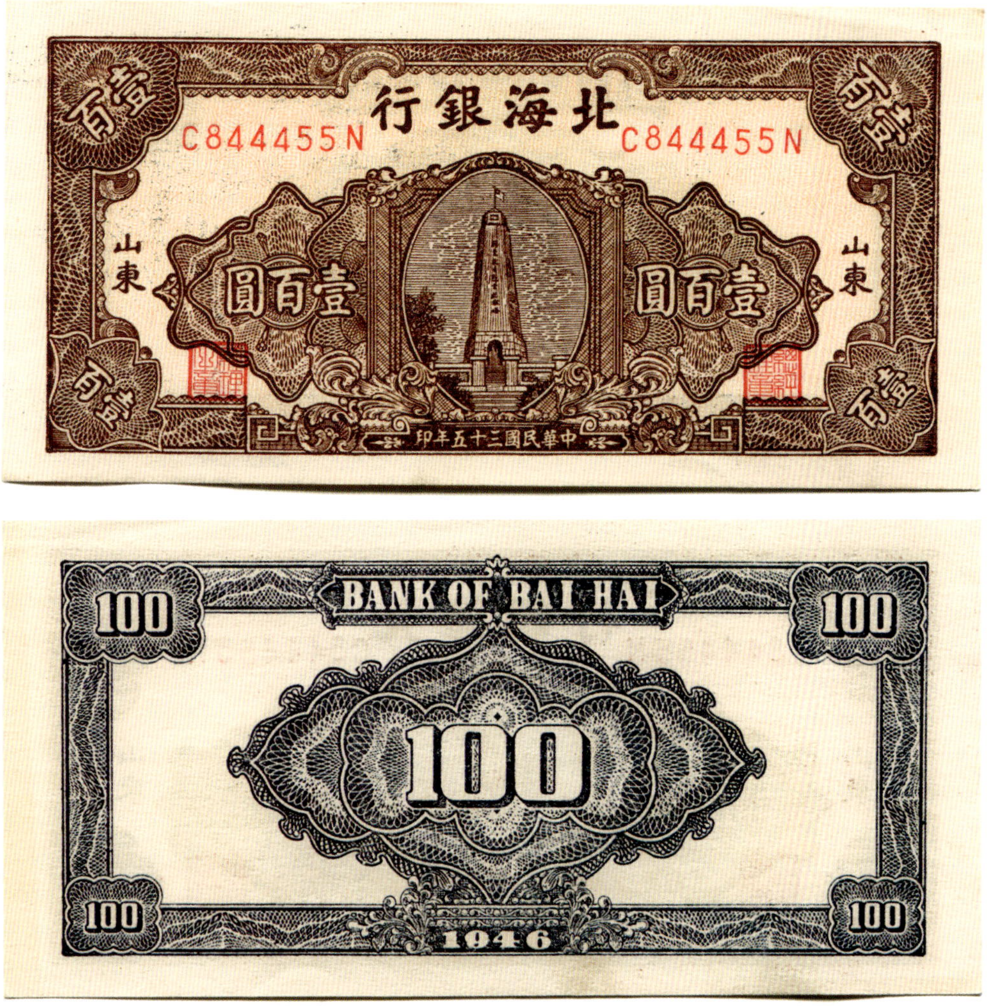

3-210

编　　号： B222　★	**票　　幅：** 132×64mm
面　　额： 壹百圆	**主　　色：** 棕 / 蓝
票面时间： 民国三十五年	**印刷单位：** 胶东印钞厂
发行时间： 1946 年 5 月	**收 藏 者：** 编委
备　　注： 前后字轨，6 位号码	

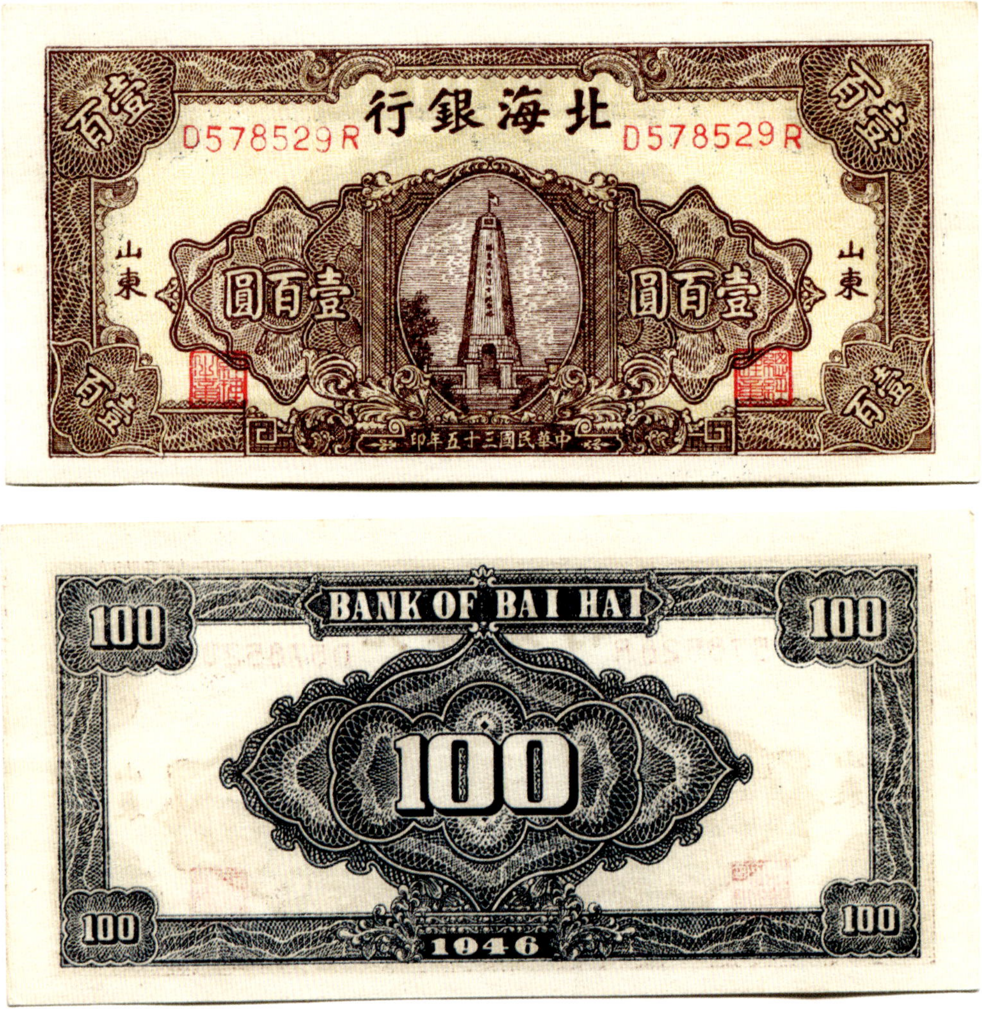

3-211

编　　号： B223　★

票　　幅： 131×63mm

面　　额： 壹百圆

主　　色： 棕黄／蓝

票面时间： 民国三十五年

印刷单位： 胶东印钞厂

发行时间： 1946 年 5 月

收 藏 者： 编委

备　　注： 前后字轨，6 位号码

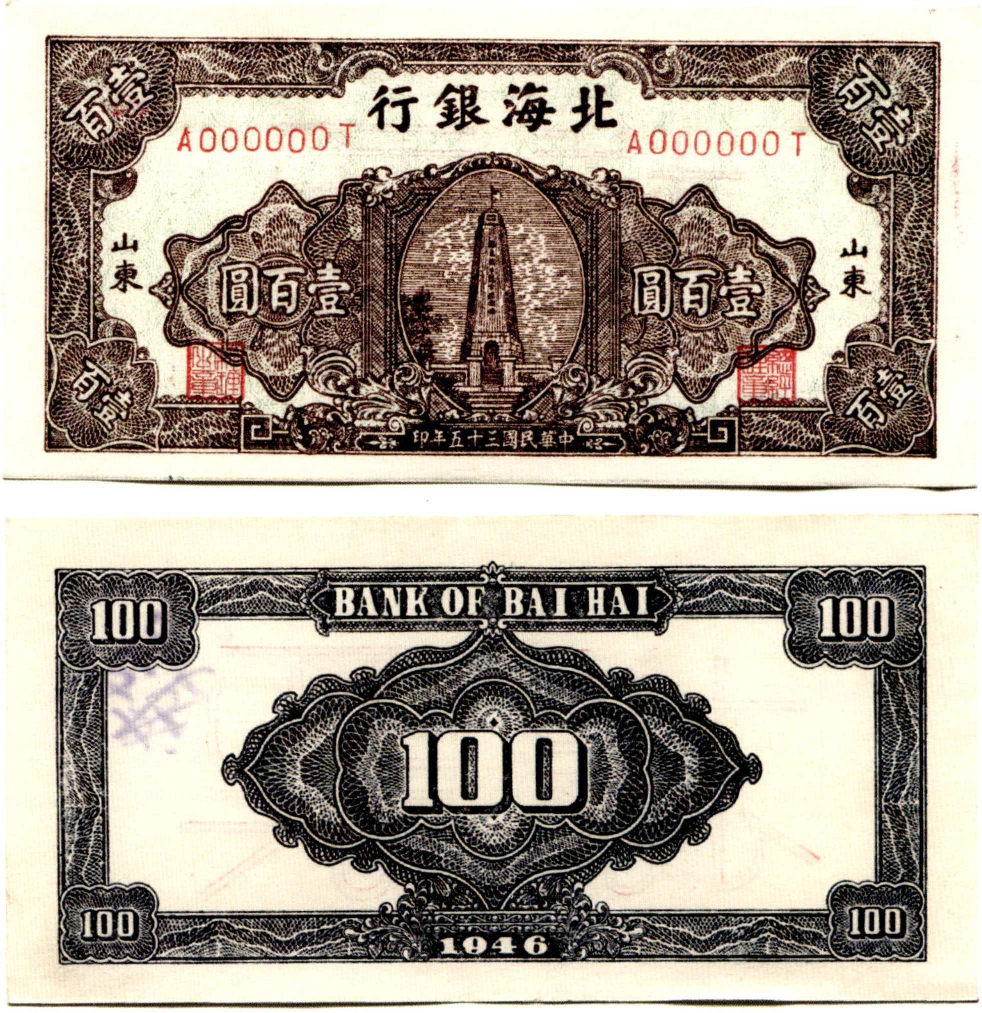

3-212

编　　号： B224　★	**票　　幅：** 131×63mm
面　　额： 壹百圆	**主　　色：** 黑褐 / 蓝
票面时间： 民国三十五年	**印刷单位：** 胶东印钞厂
发行时间： 1946 年 5 月	**收 藏 者：** 编委
备　　注： 前后字轨，6 位号码	

3-213

编　　号： P149　　**票　　幅：** 131×63mm

面　　额： 壹百圆　　**主　　色：** 黑褐 / 蓝

票面时间： 民国三十五年　　**印刷单位：** 胶东印钞厂

发行时间： 1946 年 5 月　　**收 藏 者：** 南京王锡平

备　　注： 前后字轨，6 位号码

3-214

编　　号： B225　　★

票　　幅： 128×60mm

面　　额： 伍拾圆

主　　色： 红 / 紫棕

票面时间： 民国三十六年

印刷单位： 胶东印钞厂

发行时间： 1947 年

收 藏 者： 编委

备　　注： 白纸精印

3-215

编　　号：	B226　　★	票　　幅：	128×59mm
面　　额：	伍拾圆	主　　色：	枣红 / 紫棕
票面时间：	民国三十六年	印刷单位：	胶东印钞厂
发行时间：	1947 年	收 藏 者：	编委
备　　注：	淡黄纸粗印		

3-216

编　　号： P150

面　　额： 伍拾圆

票面时间： 民国三十六年

发行时间： 1947 年

备　　注： 粗印，蓝字票样

票　　幅： 128×60mm

主　　色： 红 / 紫棕

印刷单位： 胶东印钞厂

收 藏 者： 编委

3-217

编　　号： P151
面　　额： 伍拾圆
票面时间： 民国三十六年
发行时间： 1947 年
备　　注： 粗印，红字票样

票　　幅： 128×60mm
主　　色： 红 / 紫棕
印刷单位： 胶东印钞厂
资料来源：《中国历代货币大系》

3-218

编　　号：B227　　★★★

票　　幅：140×57mm

面　　额：贰百圆

主　　色：褐 / 褐

票面时间：民国三十六年

印刷单位：胶东印钞厂

发行时间：1947 年

收 藏 者：编委

备　　注：单字轨

3-219

编　　号：P152

面　　额：贰百圆

票面时间：民国三十六年

发行时间：1947年

备　　注：单字轨

票　　幅：140×57mm

主　　色：褐 / 褐

印刷单位：胶东印钞厂

收 藏 者：编委

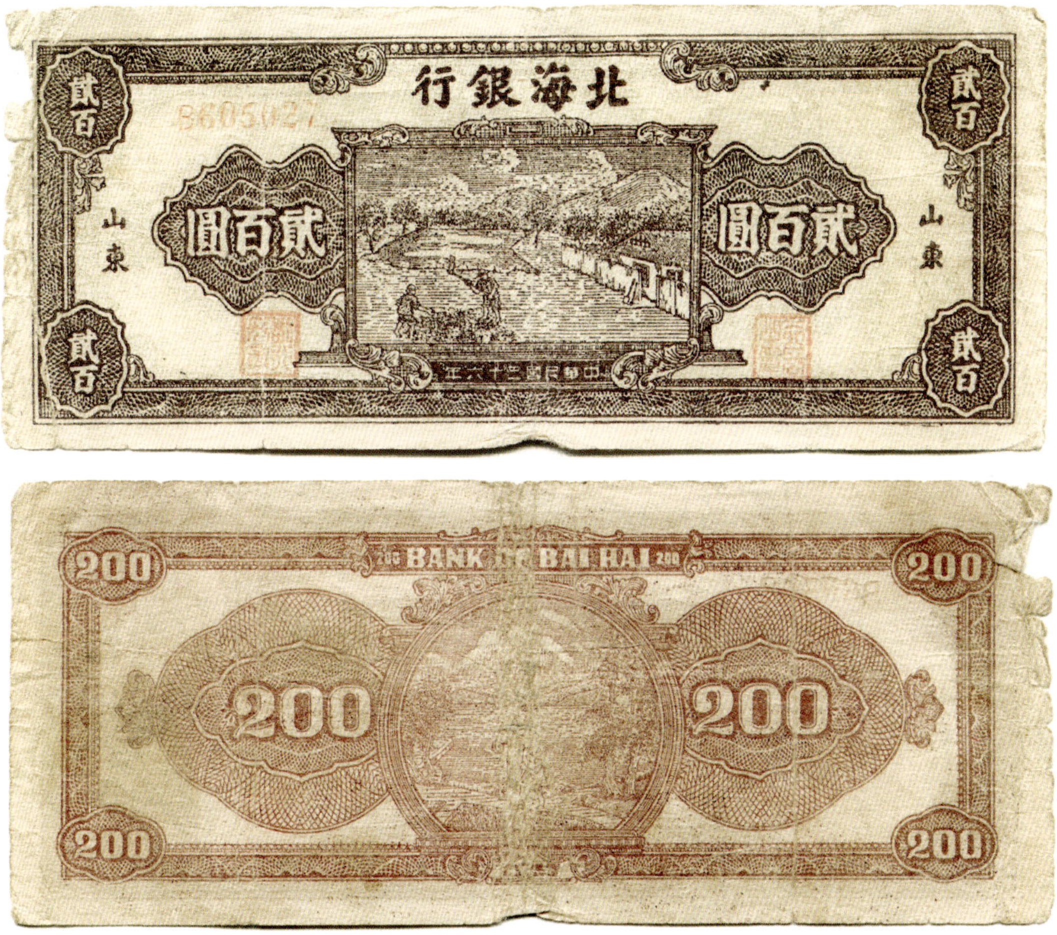

3-220

编　　号：B228　　★★★

票　　幅：141×58mm

面　　额：贰百圆

主　　色：黑 / 褐

票面时间：民国三十六年

印刷单位：胶东印钞厂

发行时间：1947 年

收 藏 者：编委

备　　注：双字轨

3-221

编　　号：B229	★★★	票　　幅：141×58mm	
面　　额：贰百圆		主　　色：褐 / 褐	
票面时间：民国三十六年		印刷单位：胶东印钞厂	
发行时间：1947 年		收 藏 者：编委	
备　　注：双字轨			

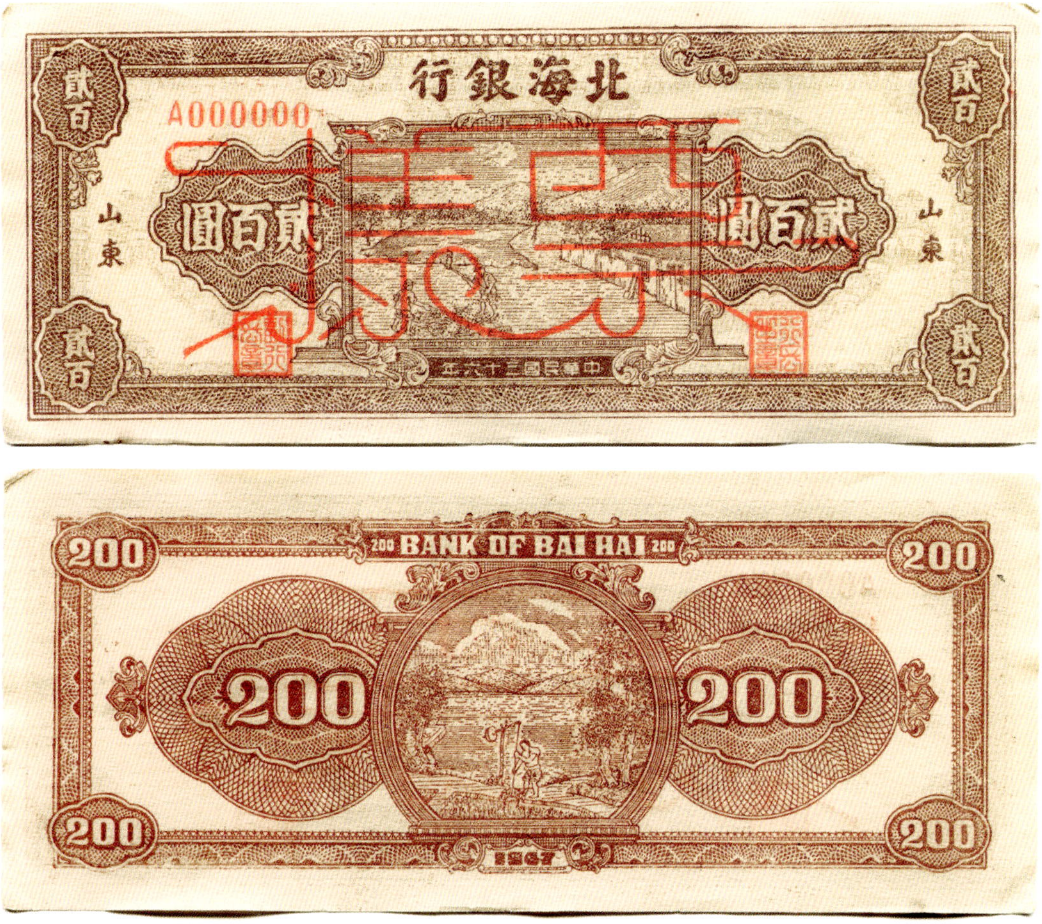

3-222

编　　号：P153　　**票　　幅：**141×58mm

面　　额：贰百圆　　**主　　色：**褐 / 褐

票面时间：民国三十六年　　**印刷单位：**胶东印钞厂

发行时间：1947 年　　**收 藏 者：**编委

备　　注：双字轨

3-223

编　　号：	P154	**票　　幅：**	141×58mm
面　　额：	贰百圆	**主　　色：**	褐 / 褐
票面时间：	民国三十六年	**印刷单位：**	胶东印钞厂
发行时间：	1947 年	**收 藏 者：**	编委

3-224

编　　号： B229-2	**票　　幅：** ——
面　　额： 贰百圆	**主　　色：** 褐 / 褐
票面时间： 民国三十六年	**印刷单位：** 胶东印钞厂
发行时间： ——	**资料来源：** 《中国历代货币大系》
备　　注： 无号码	

第四章

清河分行、冀鲁边分行、渤海分行及其发行的北海币

北海银行清河分行（以下简称“清河分行”）驻地清河区，是山东抗战初期六个行政区之一，位于山东北部，东与胶东相连，南与鲁中相邻，西北与冀鲁边相接，因小清河流经区域而得名。始建于1938年5月，其前身是鲁东工委所辖地区，包括小清河两岸及胶济铁路张店至昌潍段两侧各县。当年10月，根据战争形势的需要，苏鲁豫皖边区省委决定，以胶济铁路为界，北至黄河，西起济南，东到寿光、益都为清河区。路南各县成立淄博特区。至此，清河区遂成为东至昌邑，西靠章丘历城，南枕胶济铁路，北至垦区的一个广泛区域。

北海银行冀鲁边分行（以下简称“冀鲁边分行”）驻地冀鲁边区，亦是山东抗战初期六个行政区之一，涵盖河北省南部和山东省北部滨海的一大片地域，东临渤海湾，西接津浦铁路和运河，南隔黄河与清河区相接，北至独流减河，与天津相依。徒骇、马颊、南津等河流横穿其间，战略位置十分重要。因其位于河北省南部和山东省北部接壤处，故名冀鲁边区。

1944年3月，清河区与冀鲁边区合并为渤海区，北海银行清河分行与冀鲁边分行合并为北海银行渤海分行（以下简称“渤海分行”）。

第一节　清河分行及其发行的北海币

清河区的抗日民主政权建设始于1939年7月。随着临淄、长山、寿光、邹平、博兴、高苑等县政权的相继建立，为了统一领导各县的政权工作，1940年5月5日，清河区国民参议会和行政专员公署（简称清河专署）在广饶、临淄两县边区王高村成立。景晓村为参议长，孙鸣岗为副参议长；李人凤为专员，王兴国为副专员。清河专署是清河区最高行政权力机关，负责清河地区民政、财政经济、地方性武装、教育、公安司法等工作。该区当时辖10个县，约130万人。8月省战工会成立，清河专

抗战时期清河区地图

署归省战工会领导。12 月上旬，清河区第二届参议会召开，李植庭当选为议长，刘群、刘冠甲当选为副议长。同时，清河区行政专员公署改为行政主任公署（简称清河主署），李人凤为行署主任，辖清东、清西两个分区。1941 年 7 月，清东、清西分区分别改为专区，同年 10 月，析清东、清西两个专区各一部分县成立清中专区。1943 年 8 月，省战工会改为省战时行政委员会（简称省政委会），清河主署归省政委会领导。10 月增设垦区专署（后改为垦利专署）。1944 年 2 月初，清河主署改称清河区行政公署（简称清河行署）。李人凤继任行署主任。

清东专区：1941 年 1 月设清东分区，同年 7 月改为清东专区。该分区、专区先后辖清河区东部的益（都）北、益（都）寿（光）广（饶）、益（都）寿（光）临（淄）广（饶）、广饶、蒲台、广北、寿光、寿（光）潍（县）、昌邑等县。

清西专区：1941 年 1 月设清西分区，同年 7 月改为清西专区。先后辖邹平、长山、高苑、长（山）桓（台）等县。

清中专区：1941 年 10 月设清中专区。 1942 年 6 月一度撤销，1943 年 10 月以原行政区域设立清中办事处。清中专署、清中办事处辖临淄、桓台、博兴、蒲台、广（饶）博（兴）蒲（台）、广（饶）北等县。

垦区（专区）：所谓垦区，是指当时的利津、广饶、沾化、无棣等几县的东北滨海地区，原系“荒碱无人之地”，因在黄河之尾，由黄河多次决口淤为良田，清末至民国招民开垦，形成“垦区”这一地域概念。1941年秋中共清河区党委、八路军山东纵队第三旅初步开辟了垦区，1943年5月建立中共垦区地委，同年10月成立垦区行政督察专员公署，辖垦利、利津、沾化、滨县等县。

清河行政区最多时面积9万多平方公里，人口近500万（含敌友控制区）。

一、清河分行的成立及纳入总行序列前的发展

（一）银行机构的成立及发展

1937年11月25日，日军侵占惠民县城，12月13日侵占无棣县城，12月17日攻占滨县县城。12月23日，日军夜渡黄河，青城、齐东、邹平、长山、高苑五县相继沦陷。为了配合军事上的攻势，日伪在占领区大肆发行中国联合准备银行纸币及其他日伪币，争夺法币抢购物资，进行经济侵略，并把这些纸币推向根据地，扰乱根据地金融。为了抵制伪钞、粉碎敌人的经济进攻，在清河区300万民众迫切要求下，清河区派代表前往山东北海银行接洽[①]，筹建山东北海银行清河分行。

经筹备，北海银行清河分行于1940年6月1日在寿光一个乡村成立，属于官民合办的有限公司，行长王泽民（又名王有山）。成立当日举行了隆重的开幕典礼。山纵三支队长杨国夫、行政专员公署专员李人凤亲临现场，八路军五支驻清河办事处、一支队路北工作团寿光办事处及各县救亡团体均派代表参加，计到会者50余人。清河区中国共产党代表，五支队代表到会致辞。

大会发布了山东北海银行清河分行成立宣言及清河行政区专员公署布告。

宣言全文如下：

缘自倭寇进犯以来，不独在军事上、政治上配合进攻，企图亡我国家，同时更以经济进攻，发行伪钞，扰乱金融，破坏我抗战后援，期陷我民族于万劫不复之地。清河先进民众有鉴于此，遂派代表前往北海银行接洽，筹建清河分行，现已筹备就绪，并于六月一日正式开幕，除办理普通业务外，并发行北海银行钞票及各县流通辅币，十足兑换，以辅助法币之不足，抵制伪钞之发行，与敌人作坚决的经济斗争，奠定我抗战基础，粉碎敌人以战养战亡我民族的经济政策，配合军事政治争取反攻阶段的到来，以期完成抗战必胜，建国必成的伟业！因此建立北海银行清河分行不但有绝对必要，而且实为当务之急！

北海银行清河分行是专为抵制伪钞，粉碎敌人经济进攻而设，它的基础是建筑在全清河区的群众身上，是官民合办，资本雄厚，有政府的保障及群众的拥护，是十足兑换，绝对没有破烂难使的弊病，较之伪钞、土钞等之毫无信用，没有准备金，是有天渊之别的。

布告全文如下：

自我民族自卫抗战进入相持阶段以来，敌人不但在政治军事进攻中改变阴谋、转换花样，以毒辣之手段来实现其亡我国家、灭我民族之野心，更进一步企图掌握我之经济命脉，而实施其所谓以战养战之经济政策，以陷我民族于万劫不复之地位，而且在敌人以经济亡我之政策中，尤以

---

① “山东北海银行”当指待成立的北海银行总行，胶东的北海银行无此称法。

设立伪银行，推行伪钞票，破坏我金融，影响我法币之毒计为最甚。值此敌人大举侵略之际，若不急起与之作剧烈斗争，将何以维抗战而救国家民族于垂危。因此，据本区先进民众函转请山东北海银行设分行于本区以救此危机，现该行已筹备就绪，定于本年六月一日正式开幕，推行该行纸币并办理贷款汇兑及普通一切银行业务，管理清河区各县流通辅币。且该行之信用素行昭著，业经普遍于山东全省，久为各界所推行，唯恐仍有不法之徒故意破坏，致扰金融于不顾，本公署特郑重声明，完全保证该行之兑换及信用，自布告之日起无论任何公私款项一概通用，不得故意破坏致干重究，除通令各县切实推行外，合行布告周知，仰该商民人等一体知照！切切

此布

专员　李人凤

副专员　王国兴

中华民国二十九年六月 × 日

从“宣言”和“布告”看，北海银行清河分行除发行北海币及各县流通辅币外，还办理贷款汇兑及一切普通银行业务，管理清河区各县流通辅币。

为了推广北海币，让广大民众放心使用北海币，清河分行成立当日即公布了北海银行清河分行暂行兑换条例，明确兑换单位。暂行兑换条例如下：

（1）为使本行钞票便于流通，特制定本条例以实行之。

（2）清河分行系受总行领导并在各县设立办事处兑换以彰信用。

（3）为便于兑换起见，各县各区公所均为暂行委托代理兑换机关。

（4）各县各区公所均负兑换及介绍之责，但不发生本行其他业务关系。

（5）如到各县办事处兑换时，由各该所在地区公所指引之。

（6）各县之流通辅币每十角可兑本行钞票一元，但号码相联者即不兑换。

（7）若有不法行为，故意扰乱金融者，本行不但不予兑换，并报告政府依法惩办之。

（8）兑换机关除各县政府外，本行并委托十八集团军山纵三支队供给部及后方司令部亦为代理兑换机关。

（9）本办法适用于清河区各县。

（10）本条例如有未尽事宜，应随时修改之。

（11）本条例自公布日实行之。

银行成立后，机构建设方面取得长足发展。1941 年春，各县均先后建立了办事处，负责人多系县财政科长兼任，会计员、营业员、出纳员配备不全。每办事处干部一至三四人不等。已建立了寿光、益北、临淄、广南、广北、高苑、博兴、蒲台、邹平、长山、桓台等 11 个办事处。

经过近大半年的运作，银行信誉卓著，各项业务发展良好。为了扩大银行规模，1941 年 3 月，清河分行开始面向社会招股，公布了《招股启事》和《集股简章及组织草案》。“简章”暂定资本金为国币 30 万元，分为 3 万股，每股十元，招股比例为官六民四。除官股一次拨足外，所有民股认股无论多寡确定一期缴足，限民国二十九年底一律办理完毕。每年营业所得纯利之总额按百分比分配，提出百分之四十为股东红利，抚恤优抗得百分之三十，公积金得百分之二十五，奖励金得百分之五。最终民股大多数是用征收方式募集起来的，每县收到股金一至三四千不等，全区约计 3500 股，股金

清河印钞厂车间

检验车间

超过 3.5 万元。

纳入总行序列前，清河分行先后发行了益寿临广辅币流通券二角、五角券，以及北海币民国二十九年清河地名一角、二角，民国二十七年清河地名五角、“清”字一元券。其中一角券印文为“经理之章”“副经理章”，有单字轨和无字轨两大类，其中无字轨按“清河”二字字幅的大小又分为大中小三种。二角券印文是“董事长章”“经理之章”，按“清河”字的大中小分为三种版别。

（二）印钞厂的建立及发展

清河专署成立后，随即接收了原印制益寿临广辅币流通券的三支队十团印钞厂。8 月，该厂改称北海银行清河印钞厂，厂址在广饶县，开始只有主任商质卿，会计李志让，工人于新法 3 人，1 台脚踏圆盘铅印机（脚蹬子），印制益寿临广辅币流通券二角、五角券，号码是手撳的。

早在清河专署成立前的三四月间，为了给印钞厂选择新厂址，王国兴（专署成立时的副专员）专程来到临淄县第二区雪宫乡许家庄（今临淄区北羊镇许家村），住在许绍先家里，发现他家楼下有条二三里路长的通道，一直通到村北的淄河崖边。淄河是一条很宽的大沙河。许家楼底下还有一个隐蔽的二开间地下室。加上许庄地处淄河东南岸，地势险要，群众基础很好，就决定把印钞厂搬到这里，并对地下室进行了修建。

1940 年 10 月下旬，印钞厂迁到许庄，机器安在地下室里。印钞车间长 7 米、宽 4 米、高 3 米左右，顶部呈拱形，全都是砖、石灰结构，用水泥填缝，水泥封顶。西边有一约长 6 米、宽 3 米、高 2.5 米的土室与车间相通，作为休息室。印钞厂有两个出入口，一个在车间东南方向 40 多米处许绍先家楼内西墙下，打开方形石板就可进出，另一个在休息室西边方向 15 米处许同芳家空闲院内西屋里，屋内放一口棺材，把空棺的活动底板打开，即可出入。两洞口相距 60 米左右。地下室设有两个通气孔，通气孔由地道通向野外两口水井内，紧急时候可以出入。

此时印钞厂已增至七八人，专署财政处审计员商志卿兼负责人，李志让任会计，其他人员有李卓庭、寇兰生（原四边行政办事处人员）等。设备增加到 2 台脚踏圆盘机，仍是用手工打号机打号。印钞材料都是通过商人从周村、张店、济南等城镇零星购买。地下室内昼夜都用汽油灯照明，印刷、裁切、包装同时进行。分两班倒，日夜不停。除了续印益寿临广流通辅币二角、五角券外，主要印制北海币①。续印的益寿临广流通辅币券票背面印有“清河续印”四字。印制的北海币为“清河”地名一角、二角、及五角券。一角、二角券年号为民国二十九年，图案为农民锄地，与济南大中印刷局为一纵代印的北海币相同，但票纸及印刷工艺均较济南大中印刷局代印的差，系清河分行用济南大中印刷局制作的钞版印制的。五角券的年号是民国二十七年，主图是掖城鼓楼，与掖县北海银行印制的五角北海币图案相同，票纸和印刷工艺亦相差很多，是用胶东北海银行的钞版印制的。

1941 年 2 月，了解印钞厂的临淄县独立营营长王砚田叛变，10 日晚，清河分行印钞厂转移到博兴县牛家庄。据《中国革命根据地印钞造币简史》载，印钞厂转移的时间是 3 月。时间差可能是采用的历法不同造成的。

迁到牛家庄后，印钞厂很快就安装投产。由于给行署印文件的石印组的并入，此时印钞厂已经扩

① 参见《中国革命根据地财政史料选编》第三册，第 260 页。

展到拥有两部铅印机和两部石印机。不久上级派张松岑任印钞厂指导员，印钞厂人员已增加到15人，生产“清”字石庙（掖县抗日民主政府门景）图景一元券北海币。印钞的铜版是从胶东带来的。材料是通过商人从济南等地高价采购的。

由于环境恶化，四五月间印钞厂转移到广饶县北部田家庄，在一个地主的屋里挖了个地下工作间。工作了三个多月，八九月间，又搬到广饶县北部靠近海边的辛庄。由于辛庄靠近海边，土匪干扰，为安全起见，即将铅印与石印分为两个厂进行生产：铅印厂驻辛庄，有工人及工作人员14人；石印厂迁驻王家岗村，有工人及工作人员10人。

二、纳入总行序列后的发展及印钞工作

（一）纳入总行序列至1942年底清河分行及印钞厂的发展

1. 银行机构的发展及北海币发行

1941年夏季，省财经大会确定战工会北海银行为总行，各战略区北海银行为分行。由于清河分行是以山东北海银行清河分行的名义成立的，故无须更名。人事、财务仍旧相对独立，单独发行北海币。

7月，清东、清西分区分别改为专区，10月析清东、清西两专区各一部分县设立清中专区，银行亦随政府机构的变更而调整，在专署建立支行：清东支行随专署驻寿光，主任王衣萍；清中支行随专署驻博兴，主任郑丕勋；清西支行随专署驻邹平，主任周友仁。支行是以办事处为基础组成的，故在其所驻地兼一个县的工作。

本年秋冬之间，清河分行委托胶东北海印刷所代印了民国二十九年清河地名石坊五元券，该券加盖了“春”或“耕”字。此版北海币目前仅见加盖“春”字的，尚未见加盖“耕”字者。根据渤海分行五月份余额表（1944年5月31日）知，存在“耕”字五元券。算上之前发行的一元券，本年清河分行共新增北海币三种。根据“春”字号码分析，这一版别发行量在60万～100万元之间。如果耕字发行量也如此，那么五元券的发行量合计在120万～200万元间。算上一元券及续印的一角、二角、五角券，本年度发行总额约在370万～450万元间。

但是，据《山东省志政权志》大事记载，至1941年，清河分行共发行钞票1000万元。这里的“钞票”应当包含益寿临广流通辅币券、长山县金融救济券、昌邑的三义成临时流通券在内。后两者发行量极小，可以忽略不计。益寿临广流通辅币券发行量也不足百万元。同时，1940年清河印钞厂到10月份才开始大量印制北海币，且都是辅币，印制量肯定大不了，应该不会超过100万元，最多也不会超过200万元。如此推算，本年度清河分行北海币发行量应该在700万～800万元左右，这不仅与我们的推算有较大差距，也不符合当年山东根据地北海币总的发行情况。1941年，山东各根据地合计发行北海币1455.8万元，胶东分行发行了580.6万元，如果清河真的发行了700万～800万元北海币，算上冀鲁边分行的发行量，相当于总行没有发行北海币。再说当年胶东印钞能力远比清河强多了，清河印发的北海币肯定不会超过胶东。

本年决算，清河分行股票每股可分红利一元一角。

1942年2月，清河分行发布股息派发及银行变更为国营银行启事。启事全文如下：

敬启者：本行三十年度决算，业经办理完竣，计共得纯利二万四千三百九十九元四角二分。兹经本行行务会议议决，按集股简章第五章第十三条之规定：“本行每年营业所得纯利

之总额，按百分分配，提出百分之四十作股东红利，百分之二十五作积金，百分之三十作公益金，百分之五作奖励金”。照此分配，股东红利应得九千七百五十九元。本行发出股票计：益北四百七十八股、广南八百九十一股、寿光九百二十四股、邹平八百八十六股、高苑一千一百零二股、长山二百五十六股、广北七百五十六股、博兴一千六百一十六股、蒲台四百四十三股、临淄一千二百七十一股、桓台二百四十九股，共八千八百七十二股。所得红利平均分配，各股应得红利一元一角。本行已通知各支行及办事处自即日起至本年三月十五日（阴历正月底）止，在此期间内将红利发放完竣，希各股东持本行股票遵期到支行或办事处领取红利为荷！

本行奉上级指示，改为国家银行，停止招民股，此次发放红利后，即将所招民股，悉数拨归贸易局，希各股东务须持本行股票，遵期到本行领取红利，同时换取贸易局股票，过期不换发，本行股票即行作废，特此登报声明。

但因环境所迫，当时民股未能全部完成换股，至抗战胜利后，大多数当年未换股的股票因敌人抢掠焚烧，致使股票丢失无存了。部分群众手中留存下来的银行股票，渤海分行（其前身清河分行）根据物价指数每股以北海币二千元收回。

春季，清河分行建立了垦利区及沾化两办事处。

下半年，清河分行机构有所调整。清东支行设在寿光，辖昌邑和四边两个办事处；清西支行设在邹平，辖高苑、长山两个办事处；清中支行设在博兴，辖临淄、蒲台、广北三个办事处。分行直辖垦利、沾化两个办事处。

至本年10月，清河分行有史可查的领导有：行长王有山，会计科长薛品三，发行科长刘考文、赵子谦，其中刘考文分管印钞厂工作。此时，分行驻地为垦利县的惠鲁村。

下半年，胶东分行东海印刷所根据1942年4月12日《中共山东分局财委会关于今后财经工作的指示》，为清河代印了两边加印“清河”字样的民国二十九年天坛图案十元券45万元，以及民国三十年火车图案清河地方本位币46万元。

因“清河”字五角券及“清”字一元券印制粗糙假票泛滥，清河分行公布自11月20日起，至12月31日止，悉数收回前述票种，过期不兑换者即停止使用。清河分行各办事处，各级政府及贸易局、合作社、税务局均负责兑换。

太平洋战争爆发后，为了应对日伪向根据地倾销法币，总行及胶东分行都在不断加大北海币的印发量，为逐步停用法币、排出法币做准备。清河主署也宣布以北海币为本位币，规定法币折兑办法。但是，此期间未见清河分行采取显著行动来应对。除委托胶东分行代印十元券北海币91万元外，辅币发行总量不会超过1000万元，连胶东分行同期发行量2381.1万元的一半都不到，以致清河区的货币斗争位列落后者之一。究其原因，主要是环境恶劣导致的自身印钞能力不足，而胶东分行正全力进行排法斗争，为了满足本区不断膨胀的北海币需求，不能充分支援清河分行。

2.印钞厂的发展

1942年2月间，辛庄村长李清照叛变，勾结本村土匪李虎等人，以每人500元的赏金，把铅印厂的情况出卖给国民党顽固势力成建基部。当时铅印厂距成建基部仅三四十里路。成部派武装特务数十人化装成农民，白天潜入铅印厂驻地，夜间将铅印厂包围，商志卿、李志让等14人全部被俘。特务们将机器砸坏，把钞版、纸张和油墨带走。当时特务未敢去王家岗村，石印厂得以幸存。

成部用俘获的工人及票版印制大量假票投向根据地。由于这批假票与真票相同，无法识别，致使根据地群众受到巨大损失。估计这批伪造的北海币就是清河分行11月宣布收回的“清河”字五角券及“清”字一元券。此后清河印钞厂开始换版印制民国三十一年“山东清河”字前门五角券。直到1943年春，成建基部被八路军击溃，被俘的幸存人员才得以回厂。

辛庄事件发生后的次月，王泽民行长请示行署领导同意，决定在垦区八大组以东三四公里外的惠鲁村（隶属垦利县）重建清河印钞厂。紧急赶造了10多间土屋，把王家岗村的石印厂迁到了惠鲁村，并抓紧修理铅印机。当时印钞厂负责人是刘志成，后来是薛品三，支部书记是崔振江，能用的设备只有小石印机二三台，很不配套，缺这少那，生产较困难。为了保证发行，经区党委和行署决定，从群众报社印刷厂抽调吴洪鳌、崔振江、王正等带着设备扩充印钞厂，继续开工印刷角票，并派人去总行定制伍元票版，准备印发伍元北海币。接受此次事件的教训，清河印钞厂加强了警卫工作。当年10月，银行已有三个警卫班。

据《战斗在山东解放区》一书载，秋天，侯荫南调入清河印钞厂任保管员。印钞厂负责人是赵子谦、刘考文，刘调走后由薛品三负责，指导员张松领，教导员曹子明，支部书记崔振江。工厂从惠鲁村迁到杨家村时，刘绍九、曹子明、侯荫南等先后任领导人。

通过对史料的比较，刘志成、刘考文可能是同一人。

（二）1943年至并为渤海分行前银行的发展及印钞情况

1. 银行机构的发展、北海币的发行与限区流通的货币政策

1943年1月1～17日，日军纠集济南、张店、潍县、惠民等地1.2万余兵力，汽车200余辆，在4架飞机的掩护下，采取“分进合击、拉网合围”的战术，对境内小清河以北地区进行“扫荡”。

2月26日的《群众报》：“清河分行于日前发出布告，决定将益寿临广伍角辅币（因流行已久，破烂不堪）一律收回。”该报还载：“北海总行发行的伍元票，红色与蓝色版，除总行回收外，清河分行也负责代收，收回期限自二月十五日起至三月十五日止，过期一律作废。各县北海银行办事处负责收回，并已呈准主署通知各财税征收机关代收，各地商会、公营企业也负责兑换。”

此前，为了扰乱市面，破坏清河根据地金融，日伪顽大量印制假北海币，推向清河区，经清河主署及北海银行清河分行查禁，假票猖獗之势得到遏制。敌人进而改变策略，转向币值低的地区大量收集北海币，倾销到清河区，引起根据地物价躁动。为此，清河主署及分行奉上级电示，自4月15日起实行清河地方本位币制，规定清河版北海币及清河版北海币辅币在市面流通，其余山东、胶东、冀鲁边北海币，一律禁止在清河使用。在限期内凡存有山东、胶东、冀鲁边北海币者，速到清河分行兑换，过期停止使用。清河是第二个实行北海币限区流通的战略区。清河区实行北海币限区流通的主要目的与胶东区不同，胶东区实行这一货币政策主要是为了防范假票，而清河区主要是为了防止外来北海币的倾销。

4月22日，日伪军万余人对博蒲公路以东，南起小清河，北至黄河的广大地区实行“铁壁合围”式的拉网“扫荡”。

为了加强对清河区、冀鲁边区的货币斗争及经济斗争的领导，10月，渤海工商管理局成立。清河分行奉命将下层机构撤销，原金库干部仍归政府，重建金库，其余干部多数充实配备到各级工商管理局。在工商局的领导下，清河区开展了排除法币，禁止山东省民生银行票、伪联银券和地方土杂钞

在市面上流通，以北海币为本位币等一系列货币斗争。此时，清河分行基本上只剩下了印钞厂和发行科。

11月18日，在日本华北派遣军总司令岗村宁次亲自策划下，山东日伪军纠集了2.6万余人，配以汽车900余辆、飞机10余架、坦克10余辆、军舰2艘、汽艇12艘，兵分八路对清河区博兴、蒲台、沾化、广饶、利津、垦利等县抗日根据地进行了21天拉网合围大“扫荡”。

本年度清河分行连同冀鲁边分行在内共发行北海币2295.7元。清河分行新印发了民国三十二年“清河”地名“开”“源”字锄地五角券，湖景五元券，“巩”字十元券。除湖景五元券明确为总行制版外，五角券的钞版也像是总行制作的。根据“巩”字十元票正面图案看，很像是用冥币钞版改制的。据说有见过加盖“固”字十元券者。我们认为不存在“固”字十元券。因为渤海分行1944年5月份库存余额表中没有该券种，而该表却包含了所有清河分行已经发行的北海币（清河十元当时尚在印刷中，故表中没有）。其中，“巩”字十元券余额是2739710元。

在如此艰难的条件下发行新的十元券，主要是因为胶东、清河区先后实行了北海币限区流通的货币政策，原先胶东代印的天坛及火车图案十元券，因与胶东本地使用的北海币图案一致，容易被人变造，故而改版。此版北海币可能系清河印钞厂印制于冬季大“扫荡”前，不久因大“扫荡”而停印，故目前存世量很少。

由于1月、4月、11月日军对清河区进行了三次大“扫荡”，故清河分行本年度印发的票子多数集中在夏秋之际。

1944年1月22日，清河分行发行二十五元、五十元、一百元三种本票。其中百元票发行量137300元。百元票发行公告如下：“本行于去年（一九四三年）十一月十五日，用宣纸印成壹百元本票，自金字一号起至一三七三号止，系长方形直式，柳黄绿地子，蓝色字，顶端骑缝盖有方形图章，壹百元字上盖有长形篆字图章，下面阿拉伯字上盖有椭圆形图章。现已经过发行手续，不久即见诸市面，希各界鉴识，并保证该本票流通为荷！”这些本票所以去年印制，今年才发行，主要是因为去年11月18日的大“扫荡”而耽搁。

随着反掠夺、排法斗争的深化，清河区货币供给量与市场流通需求量的缺口在拉大，而清河印钞厂既不能制版，印钞能力又有限，故请胶东印钞厂支援。据《胶东分行一九四三年、一九四四年上半年营业报告》载：“为了突击胶东的金融任务，与完成清河的任务，于四月间铅印厂增加五盘石印，专给清河印票面额拾元的，截止到现在共完成了六百万元，解到清河，其余尚在续印中。”这批胶东印北海币应该是民国三十三清河地名风船牛耕图十元北海币。由于渤海分行1944年5月31日的货币余额中尚没有该券种，故该批北海币首次解到的时间当在6月。此时清河分行已经更名为渤海分行了。此票当系渤海分行发行，为清河地名的关门票。

根据1943年9月23日的中共山东分局《关于银行工作的决定》，及9月30日的山东省战时行政委员会《关于半年财政工作的指示》，清河分行1944年上半年应发行北海币3000万元。据《清河区五年工作总结》（1944年6月）载：“我们自四〇年六月成立北海银行至今，已经发行本币达2500万元。”[①]由于《清河区五年工作总结》是针对清河区的总结，故其时间节点应是1940年5月5

① 参见参见由山东省财政科学研究所、山东省档案馆于1985年合编的《山东革命根据地财政史料选编》（内部资料）第二辑，第48页。

日至 1944 年 5 月 5 日，也就是说至 1944 年 5 月 5 日，清河分行前后共发行北海币 2500 万元。

3 月之后，很可能是四五月份，清河分行与冀鲁边分行正式合并为渤海分行。

2. 印钞厂的发展

经胶东印钞厂的支援，以及向商人购买了一部分机器和印钞材料，至 1943 年上半年，清河印钞厂已经拥有 7 台石印机，3 台圆盘机，1 台平页机，50 多名员工。生产五角、一元、五元等北海币。此组数据引自《中国革命根据地印钞造币简史》一书。根据渤海分行 1944 年 5 月 31 日余额，除了“清”字一元券外，不存在其他清河一元券。而“清”字一元券已于 1942 年 11 月宣布回收，此时不大可能继续生产。所以前述生产一元券可能是史料有误。

10 月，冀鲁边印钞厂与清河印钞厂合并为清河印钞厂，厂址设在垦利县的杨家村，后改名为渤海印钞厂。因合在一起目标太大，印钞厂分别驻扎惠鲁村和杨家村附近的建设村，后勤供应在八大组，分行亦驻惠鲁村。两村相距三四十里。杨家村比惠鲁条件差，全村只有几户人家，周围是一片荆条丛。印钞厂选在离村很远的地方，没有平房，伐了荆条建厂房，全部是地窝子，上面铺着高粱秸和荆条，再盖上土，贴地皮留着窗户，用荆条作窗框。办公桌是用荆条捆作腿，上面架块木板。座位是把一个粗荆条把子埋在地里，垫上棉花。睡觉的铺是在墙上楔橛子，铺上荆条和麦穰。

合并时冀鲁边印钞厂的负责人有厂长李聘周，指导员曹培刚（正养病）、张瘦梅等人，职工 30 余人。印刷机有八页机（从天津搞的）一部，石印机二三部，脚蹬子五六部。清河厂的负责人有曹子明、王曰彬、刘绍人、傅维新、崔振江、侯荫南、王级三等人，职工 50 多人。机器有石印机七八部，脚蹬子二三个。合并后印钞厂的厂长是李聘周，指导员是曹子明、张瘦梅。印钞厂内部有石印、铅印、裁切、材料保管、成品鉴定等股，行政管理人员基本上是清河印钞厂的，冀鲁边的人很少。机器设备初具规模，有八页机一部、裁纸机一部、平页机五部、铅印机七八部，小石印机七部。材料也较齐全，开始使用铜版印刷。这个时期一部分是石印，一部分是铜版印刷，印制五角、一元票、五元、十元券。生产数量不断提高。

11 月，接到日伪“扫荡”的情报后，清河分行随即做了部署，把机器全部埋藏起来，人员分组转移。大部分转移到小清河南的广饶，少部分转移到海沟子隐藏起来，留下 11 人在工厂周围打游击。“扫荡”中，敌人俘获了给印钞厂运送东西的马车夫李远昌，老人经不住拷打，供出了埋藏东西的地点，带领敌人把东西全部挖走了。机器、纸张，油墨全部丢光。厂房也被焚烧一空。李远昌为此被民主政权枪毙。此次“扫荡”全行伤亡被俘者 10 余人。

大“扫荡”后，行署负责人王泽民到印钞厂鼓励恢复生产。由于工厂遭受敌人破坏，继续在杨家村生产已有困难，1943 年底至 1944 年春，印钞厂转移到沾化县的毕家咀、郭家局村一带。并从天津、胶东等地购进机器和印钞器材，在胶东分行的帮助下恢复了生产。

第二节　冀鲁边分行及其发行的北海币

冀鲁边区作为政区名称出现于抗日战争初期。1938 年 7 月，冀鲁边区军政委员会建立， 该地区工作由中共山东省委划归中共中央北方局和八路军一二九师领导，暂由冀鲁豫省委代管。 边区经历了一个由小到大、逐步开辟扩展的过程。1938 年 9 月，在乐陵、沧县等 8 个县设立专区，为冀南行政区第六专区，亦称津南专区。1940年3月，设立鲁北行政委员会，同年9月将鲁北分设两个专区，分别为冀南第七、第八专区。1941年2月，冀鲁边区划归中共中央山东分局领导，行政上隶属山东省战工会，原冀南行政区第六、七、八专区依次改为冀鲁边区第一、二、三专区。根据1941年4月山东省行政区域划分，冀鲁边区为全省六大行政区之一。1942年11月，冀鲁边区战时行政委员会成立，边区始有正式的行政机构。1944年3月，冀鲁边区与清河行政区合并为渤海行政区。

冀鲁边第一专区：1938年9月建立，时属冀南行政区，编序为冀南第六专区，初辖沧县、南皮、盐山、庆云、宁津、东光、无棣、乐陵等8县，后因划入、析置、合并或改名而为该专区所辖的县还有新海、鬲津、靖远、振华、新棣等县，1942年12月改属山东省冀鲁边区，编序为冀鲁边第一专区。

冀鲁边第二专区：1940年9月设立，原为冀南行政区第七专区，1942年12月划归山东省为冀鲁边第二专区，辖临邑、临（邑）北、齐河、齐临、陵县（1941年10月改称匡五县）、德县、平原、平禹、禹城、济阳等县或县级办事处。

冀鲁边第三专区：1940年9月设立，原为冀南行政区第八专区。1942年12月划归山东省，为冀鲁边第三专区，辖商惠、阳信、无棣、新海、新青、靖远等县。

由于冀鲁边靠近日伪控制的华北地区，日伪币、法币、地方势力发行的货币竞相角逐，货币战异常激烈，敌人利用日钞、伪钞强行购买根据地物资，破坏根据地经济，边区人民期待着边区本位货币的发行。为此，冀鲁边区经济委员会开始筹划成立银行和印票子，因环境紧张，未能搞起来，直到1941年初，才着手建立银行和印钞机构。当时冀鲁边区专署还归冀南区领导，起初打算归冀南银行，以冀南区冀鲁边银行的名义发票子，因为和冀南隔着铁路，领导不便，冀南没有同意。后冀鲁边区划归山东领导，1941年6、7月份，山东分局指示山东各地银行一律都叫北海银行，遂定名为北海银行冀鲁边分行，发行带“冀鲁边”字样的北海币。

据冀鲁边分行行长张耀曾回忆：“冀鲁边区分行的下属机构，一般是和财政科在一起，由财政科长兼银行行长，会计出纳也合在一块，另记一套账，主要工作就是领票子、发票子。”“冀鲁边区行政委员会成立，我是财政处长，遂兼任了分行经理，朱林森同志是副经理（随即调走）。干部是党政军各机关凑调的，记得李聘周同志是党委来的，担任了总务股长；周如心同志是政府来的，担任了发行股长；刘涛是部队来的，担任了会计股长；艾国治是青救会来的，担任了采购股副股长；股长是李圣堂。我那时大部分时间是搞财政，随行委会和部队活动，李聘周是总务股长兼支部书记，自然形成了领导中心，总务股还有个副股长赵培臣，是实际干总务的。印钞厂则是由专署印粮票的和乐陵县的印刷所和报社的一部分人组织起来的，负责人有曹培刚、张瘦梅等人。”

据印钞厂职员时凤集、阎云峰回忆：“印钞厂一开始是由专署财政科领导，科长是张耀曾同志，这时还没有听说有银行的组织，只知道有李聘周同志管印钞工作，有个赵培臣负责采购、供应工作，搞这项工作的有十来个人。一九四二年到盐山时，人员合并到一块，这些人称为总务股。这时有了冀鲁边行政委员会，张耀曾是行委会财政处长，兼银行行长。银行有了名称，叫冀鲁边分行，下设有股，各股领导人有李聘周、刘涛、周如心、李圣堂等同志。”

以上回忆资料来源于山东人民出版社出版的《中国革命根据地北海银行史料》。通过对上述人的回忆分析，我们认为1941年6、7月间，北海银行冀鲁边分行仅仅是挂了个牌，机构并未正式成立。冀鲁边分行机构正式建立于冀鲁边行政委员会成立之后，也就是1942年11月。

在冀鲁边分行成立前的1941年6月[①]，专署财政科就在乐陵县大桑树一带筹建印钞厂。印钞厂归专署财政科领导，科长是张耀曾。来自原专署粮秣科粮票印制所（乐陵县印刷所）、乐陵县实业科印刷股（其前身是《奋斗报》社）的人员和边区《烽火报》社的技术工人构成了该厂的技术骨干。合计有10余人。李聘周负责鉴定工作，张启鲁负责发行工作，刘涛负责会计工作，艾国治负责采购工作。这些人员来自党政军民四个方面。原专署粮秣科粮票印制所及《烽火报》社提供了部分设备。印钞厂于9月正式开工生产。此时有职工时凤集、宋书城、汪树森等20多人。生产分三处进行，用小石印机印票面，用脚蹬子（脚踏圆盘机）打号码，手工裁切。起初只有两部小石印机，后来增加到四部，还有一部脚蹬子。先是印角票，有了凸印机（铅印机），才改用铜版印一元券。

据时任行长张耀曾回忆，开始印壹角、贰角、伍角辅币，后来印到壹元，直到和清河合并以前，没印过伍元以上的票子。据时任印钞负责人的李聘周回忆，开始印的是一角票、五角票。曾是当年印钞厂职员的时凤集、阎云峰回忆，用石印机印钞票，是把制好的版翻印到药纸上，再翻印到石板上。当时只印伍分、壹角、贰角、伍角的辅币，票子上除有北海银行的名称外，还有冀鲁边区的字样。《战斗在山东解放区》一书载，开始用小石印生产一角券，后来印五角、一元券，用手工裁切。根据现有实物资料分析，冀鲁边分行印钞厂成立当年，可能仅印制了民国三十年冀鲁边地名湖景一角券，同时由胶东分行北海印刷所代印了民国二十九年石坊冀鲁边地名加盖“春”“耕”两种五元券。冀鲁边印钞厂从未印制过冀鲁边地名五分和二角券。根据存世的一角券及“春”“耕”两种五元券的号码分析，一角券发行量约10万元，两种五元券的发行量约在120 ~ 200万之间。

由于敌人经常“扫荡”，为了隐蔽生产，印钞厂分成若干小组，一个小组住一个地方。组与组之间实行单线联系，个别通知。材料发送由领导和通信人员按照印刷程序传送，并且通常是在可靠的农民家中挖个地窖或在村子附近野外挖个地洞加以伪装，在洞里生产。大多是夜间工作白天休息。另外专门组织人员站岗放哨，遇到紧急敌情时，就把机器埋藏好，抹掉痕迹，人员组成小组迅速转移。建厂初期，平时在大桑树一带印制半成品，在程家楼村一家老百姓的牛栏里挖个地洞，用铅印机进行打码生产。当年秋季，因本村奸细告密，万家据点的敌人袭击程家楼村，印钞厂被包围，情况十分紧急，人员从巷子后门安全突围，但机器及半成品五角券（或许是一角券）被敌人抢走一部分。

之后，印钞厂开始在乐陵、宁津一带活动，先后移驻宁津县北贾付家、小董家、旧县镇以西张不良家、赵黄毛家、武官庄等地。这些地点大多也处于敌人的包围中，四周都有敌人的据点，经常发生敌情，要转移打游击，村里呆不住时，就在坡里挖地洞，安上机器在野外干。也是夜间行动白天休息，甚至不让群众知道是干什么的。为了隐蔽活动，人员划分成小组，一个小组驻在一个地点，小组之间也是单线联系，个别通知，组与组之间互不了解。住在户家都乔装打扮，以便掩护。敌情紧急时，把机器就地埋藏，然后在上面耕一遍，把痕迹抹掉，人员去打游击。

1942年6月9日，日军纠集日伪军2万余人开始对冀鲁边区抗日根据地进行为期50余天的空前残酷的大“扫荡”。在反“扫荡”中，根据地军民对敌作战30余次，日伪据点增至每八个村一处，

---

① 据《中国革命根据地印钞造币简史》及《战斗在山东解放区》二书载，印钞厂成立的时间是8月。

边区形势进一步恶化，主力部队被迫转移到清河区义和庄一带。印钞厂在游击中曾遭受过两次小的损失，一次在张不良家丢了一部脚蹬子；一次在侯家丢了一部脚蹬子，还有一部分半成品和书籍，牺牲了几个同志。

由于环境恶化，敌人频繁“扫荡”，印钞厂在乐陵一带不能继续生产，经上级决定，7 月份转移到原盐山县（今海兴县）东北小山一带的献庄、马厂、付常峰等村生产。印钞厂仍采取隐蔽的方法工作，同时挖了几个地下室，几个组分散居住。印刷和打码分为两地进行。如印制半成品的小石印机设在献庄赵仲伦家，印制成品的铅印圆盘机设在付常峰村，两部分人员互不来往，马厂则住有少数后勤人员，作为两地互相联系的地点，并负责物资供应。这时，印钞厂的负责人是李聘周，指导员是张瘦梅（部队负伤转地方工作），会计股长刘涛，材料股长蒋党民，总务股长赵培臣，通讯运输班长阎云峰，职工有 40 多人（《中国革命根据地印钞造币简史》载有 20 余人），设备有小石印机、脚踏小圆盘机（小铅印机）各三台，裁切仍用手工，主要印制民国三十一年牧羊图五角和一元券。印钞厂在这一带呆了一年多，虽然环境恶劣，但还算安定，半年多的时间就印制了近百万张钞票，为支援抗日战争，支援边区建设和军队建设，夺取抗日战争的胜利做出了一定的贡献。

印钞厂迁到盐山不久，即通过地下关系从天津购进了一台八页机，引进了三位印刷技工，除李广仁留在了根据地外，另两位技工因不能吃苦回去了。据时任行长张耀曾回忆，该机器是通过一个伪警察局的户籍警（是张敬儒的哥哥）搞到的。用胶轮大车把机器运出来，赶大车的是黄骅县人，周如心找的关系。印钞材料，除了在几个小海口想法收购一点外，主要是从天津搞出来的。在天津的采购关系有两个，一个是东光县姓于的开明士绅，一个是张敬儒的哥哥，都是专署副专员石景芳给找的。开始在天津通过关系搞纸还比较容易，后来日方查得紧了，需要通过印刷厂转卖给我们，所以我们曾通过地下党的关系在天津买了个小印刷厂作掩护。

1942 年 9 月 7 日，八路军一一五师向中央军委、八路军总部报告冀鲁边区抗日根据地形势时说，该区 17 个县有敌据点 56 个，敌伪顽军总计近 3 万人，超过我军 5 倍。边区共 600 万人口，能推行政令的不到一半。此报告间接说明，当时在冀鲁边区，分行能开展业务的地域不到一半。

本年度，冀鲁边分行除了发行自己印制的民国三十一年牧羊图五角、湖景五角和牧羊一元券外，下半年还委托胶东印钞厂代印了民国三十年火车图冀鲁边本位币 BB 冠字十元券 100 万元。本年印发两种五角券，可能与被敌缴获大量半成品北海币有关。上个世纪末，山东曾出现批量假牧羊一元券。

1943 年 6 月 30 日，冀鲁边行政委员会主任兼军区司令员邢仁甫叛变，之后印钞厂迁到沾化县新迁户一带。夏季，厂长李聘周奉命将印钞厂转移到清河区，9 月，印钞厂从沾化转移到清河区的垦利县八大组以北的杨家村，在那里与清河印钞厂合并。

10 月，渤海工商管理局成立时，清河分行奉命将下层机构撤销，原金库干部仍归政府，重建金库，其余干部多数充实配备各级工商管理局。估计冀鲁边分行亦如此，加上印钞厂已迁走，冀鲁边分行已经名存实亡了。

本年度，冀鲁边分行继续印发旧版北海币，未添印新版北海币。

1944 年初，冀鲁边区与清河区合并后，冀鲁边分行行长张耀曾前往山东分局党校学习。估计此时冀鲁边分行的业务已经由清河分行代理，冀鲁边分行的名义基本终结。据分行行长张耀曾本人回忆：“一九四三年底冀鲁边区与清河合并后我到山东分局党校学习，离开了工作岗位。”这与本文并不矛盾。

按老习惯，人们将春节前的腊月称作年底，1944 年 1 月 11 日，清河区与冀鲁边区合并为渤海行政区，当月 25 日是春节，所以张耀曾离开冀鲁边分行的时间是 1944 年 1 月 11 日以后，25 日之前。

关于冀鲁边分行的史料很少，尤其是关于银行业务方面的史料更是少之又少。鉴于冀鲁边区特殊的地理位置以及恶劣的环境，我们认为，当时的冀鲁边分行除了印发票子、进行货币斗争、代理政府金库、收购生金银外，可能很少经营存贷款、汇兑等其他银行业务。

第三节 渤海分行及其发行的北海币

1944 年 1 月 11 日，清河区与冀鲁边区合并为渤海行政区，建立中共渤海区党委和八路军山东渤海军区，驻阳信县何坊村（今惠民县地），下辖六个地委和军分区。2 月，中共山东分局和山东军区任命景晓村任区党委书记兼军区政委，王卓如任区党委副书记，杨国夫任军区司令员，龙书金任副司令员，刘其人任副政委。3 月 1 日，成立渤海区行政公署，刘其人代理行署主任，李人凤代理副主任。这次合并是抗战后期山东省行政区划较大的一次调整。渤海行政区全区 42 个县，人口近千万。下辖六个专区，原冀鲁边第一、二、三专区依次为渤海行政区第一、二、三专区；原清河区的垦区、清东、清西专区依次为渤海区第四、五、六专区；原清河区清中专区同时撤销，分别划归第四、五、六专区。1945 年 4 月设羊角沟市，直属于渤海行政区。因该区东北濒临渤海，故区名渤海。

渤海区第一专区辖沧县、东光、南皮、乐陵、振华（宁津）、吴桥、东（光）南（皮）、东（光）吴（桥）、沧（县）青（县）新（海）静（海）四边等县。

渤海区第二专区辖齐（河）临（邑）、德平、平（原）禹（城）、济阳、匡五（陵县）、德县等县。

渤海区第三专区下辖商（河）惠（民）、惠民、无棣、阳信、沾（化）阳（信）（无）棣、靖远（盐山）、新海、新（海）青（县）、惠济商三边县等县。

渤海区第四专区前身为原清河区垦区，下辖垦利、利津、沾化、滨县、蒲台、沾（化）利（津）滨三边、蒲（台）利（津）滨三边等县和一个海上办事处（县级）。

渤海区第五专区前身为原清河区清东专区，下辖临淄、博兴、广北、广（饶）博（兴）蒲（台）三边、益（都）寿（光）临（淄）广（饶）四边、寿光、昌邑、潍县、寿潍、昌潍等县。

渤海区第六专区前身为原清河区清西专区，下辖邹平、长山、桓台、齐东、高苑、青城、历城等县。

1945 年 9 月将六个专区合并为四个，原第三专区撤销分别划入第一、二、四专区，第五、六两专区合并为新的第三专区。渤海区直属中共华东中央局领导，渤海区领导机关由广饶北部移驻惠民县城。

第一（沧南）专区辖乐陵、庆云、宁津（振华）和今属河北省的盐山、东光、南皮、新海（黄骅）、吴桥、沧县等 9 县市。1949 年 7 月渤海第一专区改称沧南专区。专署驻乐陵等地。

第二（泺北）专区辖临邑、惠（民）济（阳）、商河、商（河）惠（民）、陵县、济阳、齐河、禹城、德平、德县、平原、平（原）禹（城）等县和德州市。专署机关驻临邑县城。

第三（清河）专区辖邹平、长山、齐东、高苑、青城、桓台、周村、临淄、博兴、广饶、寿光、益（都）寿（光）、羊角沟、章（丘）历（城）等县、市。专署机关驻博兴等地。

第四（垦利）专区辖垦利、利津、沾化、滨县、蒲台、惠民、阳信、无棣等 8 县。专署机关驻无

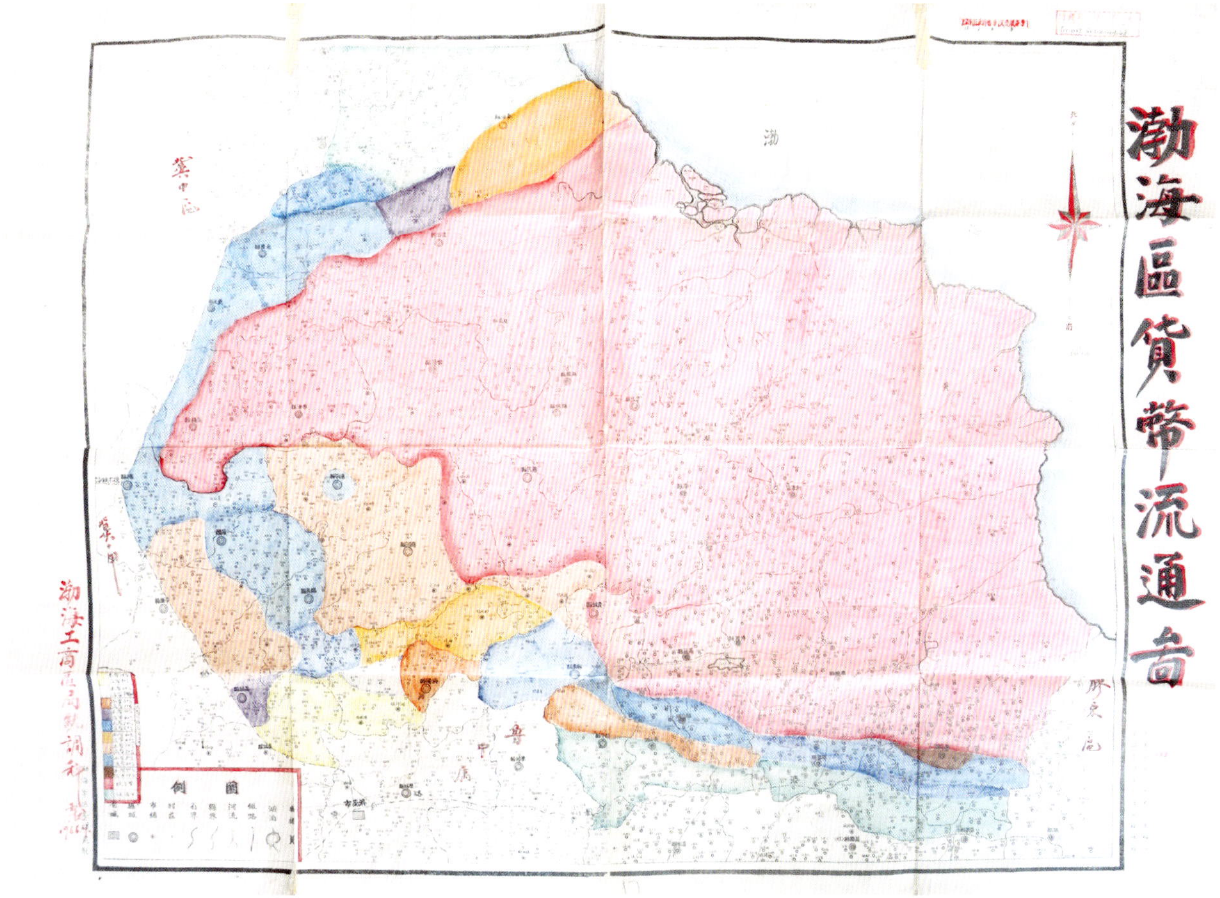

渤海区货币流通图

棣、沾化、阳信等地。

一、渤海分行成立至 1945 年的发展及发行印钞工作

1944 年 3 月之后，冀鲁边分行与清河分行正式合并为渤海分行，清河印钞厂更名为渤海印钞厂。清河区财政处长王泽民继续兼任行长。

（一）1944 年银行的发展及印发工作

渤海分行成立的时候，抗战形势已经发生了逆转，随着形势的好转及地区的扩大，对北海币的需求也快速膨胀。印钞厂在极端困难的情况下，一方面想方设法购买机器扩大产能，一方面抓紧维修现有设备，赶印本票、支票，以供市场需用。当时印钞厂仅有 3 台小石印机和 2 台残缺不全的脚踏圆盘机。

随着军事上的胜利，根据地的扩大，以及地区交流和对外贸易的开展，在四个月的时间里，渤海印钞厂的设备已经增加到平页机 3 台，大石印机 2 台（1 台八页机，1 台六页机），小石印机 6 台，切纸机 2 台，脚踏机 10 台。设备也较配套。印钞厂由此发展壮大起来。1944 年下半年，改以铜版印制二元券和五元券[①]。8 月，我军打下利津县城后，印钞厂搬进利津县城。

① 资料摘自《中国革命根据地印钞造币简史》一书。但是，我们认为渤海分行未印过二元券。

9 月，渤海分行发行了一百元本票。据 9 月 20 日的《渤海日报》载："本行新发行一种百元本票，系粉红色曲线地子，花团及字均印黄色，号码及图章均印蓝色。唯顶端骑缝图章是红色。该票不久将与市面见面，希各界保证该票流通是荷！"

渤海区地处极端恶劣的斗争环境中，加之斗争经验不足，印刷厂曾两度被敌人全部破坏，故本年印发北海币数量不是很大。上半年共发行北海币 2243 万元（此数量应当含清河分行发行的数量），下半年共发行 2607 万元。其中胶东印钞厂代印了近 2000 万元北海币（含清河地名北海币）。钞版基本上是由胶东制版厂提供。

由于 1943 年底印钞厂在大"扫荡"中遭到重大损失，本年曾委托胶东印钞厂代印北海币。为此，刘长胜、张有田、于福昌及宋德甫等人先后三次去胶东印钞厂提取代印的北海币。连同自己印制的，本年度可能发行了以下民国三十二年和民国三十三年两种年号的北海币：

民国三十二年的有：风船一元券（据说另有行名成直线排列版）粗"渤海"、细"渤海"字两种，另有一种楷书字体行名一元券；施肥浇地五元券，该品种有咖啡色与蓝色之分，其中咖啡色又分大号背无签字和小号背有签字两种；牧羊五元券；纺织十元券分绿色加印和黑色加印两大类，绿色加印的目前发现有背两"夏"字和背无"夏"字者，其中背无"夏"字者又分单字轨和无字轨两种，黑色加印的分左右两"渤海"和上"渤海"两种。

民国三十三年的有：湖景五角券；耕马一元券；挑担五元券，此券可能是档案中的推担五元，"推"似"挑"字之误；耕牛十元券；推磨五十元券（俗称锯木），该品种分右"渤"左"海"和左右各竖印"渤海"两种；牛耕一百元券，此品种分棕色与橘色两种，棕色为红"渤海"、红号码、红印鉴，橘色则为黑"渤海"、黑号码、黑印鉴。此外，本年还发行了清河地名十元券。

由于我们未查到渤海分行 1944 年的发行资料，前述渤海地名北海币中，肯定有部分始发于 1945 年。比如我们怀疑湖景五角、无冠字纺织十元、耕马一元、挑担五元、耕牛十元、推磨五十元券等，可能始发于 1945 年。苦于没有证据，无法将它们列入 1945 年的发行额当中。

令人费解的是民国三十二年帆船楷书行名一元券（见图 4-36）。帆船一元券均为短号码。目前，经眼的有 19、23、34、45 四组。楷书行名一元券的冠号是 34，大量的隶书行名一元券与其同号。一种券同一编组内有两种字体的行名似不应该。但是，经编委数人仔细辨认实物照片，又确认该券为真币。所以将该券定为四星级，主要是品相太差。如果品相好，则与民国三十年山东"海"字圆弯勾五角券一样，可以定为五星级。

多年前，耕马一元曾出现批量假票。据说假票来源于德州。

民国三十二年施肥浇地五元券背面下方正中印有"GUINGUE ARGENTENS"（五元之意），其左右分别印有手写体渤海、银行拼读。民国三十二年纺织十元券背面下方左右两旁印有手写体拼音总经理、经理，正中下方印有"DECEM ARGENTENS"（十元之意）。估计这是受钱庄票防伪私押的启发作防伪之用，与总行部分北海币背面印的手写体英文"新民主""自由中国"有异曲同工之妙。

绿色渤海地名纺织十元券为渤海地名首发券。理由如下：截至 1944 年 5 月 31 日，渤海分行库存仅有冠字 A 渤海十元券 40 万元，未有其他券种。经对照实物，冠字 A 的渤海地名十元券有两种，一是民国三十二年绿色渤海地名纺织十元券，二是民国三十三年耕牛十元券。本年胶东最早为渤海区代印的北海币是清河地名十元券，该券 6 月份才解到，所以库存的渤海十元券当系渤海自己印制。经历了去年日军“扫荡”重创的渤海印钞厂此时期虽已恢复生产，但印刷设备落后，而耕牛十元券的印刷工艺明显好于纺织券，所以纺织十元券是库存的十元券，也就是最早的渤海地名券。

渤海地名民国三十二年驴运一元券系1946年印发。渤海地名民国三十三年锄地二百元券系1947年发行。

渤海分行五月份余额（1944年5月31日）

科目：北海钞票

户　名	账　页	收　方	付　方	
AA字十元钞	1		223765	00
AB字十元钞	3		224550	00
地方十元钞	5		8684585	00
海字支票	7		1253500	00
北字支票	9		249900	00
金子本票	11		90700	00
春字五元票	15		99895	00
耕字五元票	17		99915	00
清字一元钞	26		49835	00
清河五角票	34		44107	50
山东清河五角	35		584938	00
开字五角票	39		140000	00
源字五角票	42		139995	00
巩字十元钞	45		2739710	00
五十元本票	51		3899750	00
清河二角票	55		222224	00
二十五元本票	57		3000000	00
A字渤海十元票	59		400000	00
清河一角票	61		891196	30
百元本票	64		5999600	00
蓝色黄地五元	67		749237	50
合　计			28985703	30

注：1. 资料来源于山东省档案馆，索引号G040-01-0001-002。

2. 根据我们核对实物冠字，AA、AB字十元钞分别为清河地名民国三十年火车十元和民国二十九年天坛十元券。

3. 地方十元钞主要是指胶东区发行的北海币。之前，胶东区发行的北海币大量流通于清河区。1943年4月15日，清河区实行清河地方本位币制，并限期收兑外地的北海币，故大量积压库中。根据《胶东分行一九四三年、一九四四年上半年营业报告》，1944年4月份胶东尚在为清河印制十元券，报告期内共完成600万元。所以该地方十元钞不可能是清河十元券。

4. 由于上述表中未列冀鲁边分行发行的北海币，故“春”字、“耕”字五元票当指民国二十九年蓝石坊清河地名五元券。目前仅发现春字五元券。

5. 黄色黄地五元，当指民国三十二年清河五元券。

6. 表中部分十元券尾数是“5”，估计是由于回收的残破北海币折价所致。其余类推。

去年清河分行、冀鲁边分行两行合计发行北海币2295.7万元，今年渤海分行（含清河分行发行量）发行总额是4850万元，发行总量较去年增加111%，同期根据地平均物价指数增幅为17%。若按渤海区农产品和土产品物价指数计算，同期指数下跌约50%。所以货币大幅度增发，物价不升反降，主要原因有二：一是从去年开始推行的第二次排法斗争初见成效。法币排出后，受印钞能力所限，北海币一时不能及时填补流通量空缺，故只能通过物价下跌来寻找平衡。二是伴随着根据地地盘的扩大，使用北海币的地域同比例扩大。

1944年12月6日，中共山东分局下达了《关于货币政策的决定》，内中要求：今后两个月渤海增发3000万元，明春继续增发至1亿元，迅速完成冀鲁边区的停法工作。上述数额完成后，渤海再印5000万元，不打号码印章，于市场需要时请总行批准随时发行。旧历正、二月间，除渤海、鲁南外暂不增发本币，防止物价高涨……胶东应立即代渤海区印五十元票2000万元，并协助充实渤海印刷机构。

从实际情况看，渤海地名五十元券系渤海自己印制，并非胶东代印，倒是百元券系胶东代印。

（二）1945年银行的机构建设及印发工作

1945年2月中旬，原滨海分行行长王子芹接替王泽民任渤海分行行长。此后渤海分行才由财政处分离出来独立活动。开始一段时间行领导主要抓印钞工作和分行的组织建设。这时分行驻在垦利县的惠鲁村，和印钞厂在一起，主要任务是印票子，支援战争。遂后，银行又和工商局合并过一段时间，王泽民兼任过工商局副局长。春季印钞厂搬到蒲台万家，之后迁驻沾化县老爷庙的毕家咀小街子村①。厂内购买了三四匹大牲口，装上轧花机的大轮盘和地轴，挂上皮带，用马做动力，带动两部大机子转动，节省了人力。8月，日本投降前后，厂子搬到利津城的南当铺。

日本投降后，分行从工商局分离出来。银行机构开始健全和扩大，又恢复了会计科、出纳科、业务科，及印钞厂等机构。薛品三升任分行副行长后，业务科长宋岩兼任会计科长，业务科后由程蘅任科长，傅维新任出纳科长。李聘周任印钞厂厂长，侯荫南任副厂长，曹子明、张瘦梅任政治指导员。最多时，印钞厂有大石印机1台、大八页机1台、小石印机10余台、平页机5台、圆盘机10台、裁切机1台。

1945年9月下旬，渤海区党政机关由城外移驻惠民城里，估计此时分行也一同移驻惠民城里。

概括起来，本年银行机构及印钞厂建设可分为三个时期：

1～5月为第一时期。银行组织设有会计营业科，领导会计营业股；发行出纳科则领导出纳股、工厂、鉴定股，工厂下分铅印组、平面机组、机刀组、保管股、事务处，总务股领导采购、供给。此时期，由于仍处在“扫荡”与反“扫荡”情况下，真正巩固的根据地并不大，但能流通本币的地区还

---

① 据《中国革命根据地印钞造币简史》载，1945年二三月间，印钞厂根据上级指示搬迁到沾化县境内老爷庙的毕家咀小街子村。

算不小，工厂生产能力也不算小，主要困难是材料缺乏。除四面八方找关系购买材料外，发行工作采取了如下办法：（1）多印大票；（2）整理过去临时性的货币，如过去发行之伍百元、百元、伍拾元、贰拾伍元之本票、支票；（3）这一时期很注意质量。在工厂管理上采取了短小精悍、隐蔽分散的方针。工厂设厂长一人，政治指导员一人，下分材料保管、事务两股，工作室按照工作性质不同，分机刀、六页、铅印三个组，六页负责印批子，铅印打号码及经理章，机刀裁纸。

5～8月为第二时期。银行与工商管理局合并，会计科设总会计、政府金库，工商局、银行各设分会计；营业科与工商局经营科合并为经营科；出纳科保管政府金库、工商局、银行一切库存款项。发行科仍驻后方，组织亦有变更，较前扩大了。发行科下设鉴定股、发行股（原保管股改组）、警卫队、合作社（对内即总务股）、第一厂（下分平面机组、铅印机组、机刀组、事务处）、第二厂（下分两个石印组和一个事务处）。第二厂是根据形势发展，解放区扩大，本币缺乏而设立的，本拟组织20部石印机大量印刷本币，但技术人员缺乏，石印机不能很快买到，当时只有六部石印机开工。夏季战役开始后，阵地已渐改善，特别在敌人投降后，伪钞价值已大大降低，货币需要量猛烈增加，但人员工具仍极缺乏，因此我们的方针是：（1）扩大印刷机构，大量发行，在原有质量基础上提高数量；（2）根据渤海地区情况，计划发行额达到3亿元；（3）严密发行手续，建立发行制度；（4）大量储备材料，准备发行。这一时期在扩大发行方面基本上是完成了计划，但印的大票过多，妨碍了本币的流通和市场交易。在质量的掌握上亦注意不够，如票面之号码，因人员、机器不足，由两面号码变为一面号码，后来由两头有号码变为一头有号码，小额票面（如壹元、伍角者）长号码变为短号码。在严密手续方面，经初步研究订立了各种表簿及销毁制度，唯在执行中还不够坚决，效果也不大。在夏季战役开展后，为了适应本币需要，又顾及到“扫荡”情况，筹设第二厂，该厂专门石印，在敌投降后，即与一厂合并了。日本投降前的职工、机器的统计如下：

职工人员统计

部别	职别	数目	备考
铅印组	工人	21	内有组长1人
六页组	工人	14	内有组长1人
石印厂	工人	20	内有组长1人
机刀组	工人	5	内有组长1人
鉴定股		12	
保管股	工作人员	3	
司务股		9	
办公室		3	
合计		87	警卫队两班不在内

机器统计

部别	机别	数目	能用	不能用
六页组	六页机	1	1	
六页组	八页	1	1	
机刀组	机刀	1	1	

小石印	石印机	8	6	2
铅印组	脚蹬子	8	6	2

从以上统计可以看出，生产能力和生产工具还很弱，而大部分工具是旧的，工人中并无真正的技术工人，机件损坏的情况较严重，以致在整个工作过程中，修机误工最多。后筹设铁木工厂，专门负责修理机械，经两个月努力，该厂对外为独立经营，对内为工厂之一部。

敌人投降以后为第三时期。这时解放区空前扩大，银行组织机构即与工商局分开，同时为了领导便利，将过去分散形式转变为集中形式，机关与工厂集中在一起，第一、第二两厂也合并为一个工厂，政工人员及工人也扩充到 170 余人，机器陡增数倍。只是技术工人不够，不能将机器全部开动起来。这时分行的设置是：会计科领导会计营业股和出纳股，总务科领导总务股（下设事务处）、采购股、生产股，发行科领导鉴定股和工厂。厂部下设会计股、材料股，生产部门分平板机组、铅印机组、大石印组、小石印组、机刀组、事务处。另配有警卫连。此时期，由于解放区猛烈扩大，本币流通量不足，但发行大票已经过多，历年发行之小票已多破烂。根据这种情况，确定的方针是：发行小票，提高质量，收回大票，储存备用，将历年发行之破票通告收回，适当组织力量印刷存储备用。但在接到总行发到 3 亿元后再不准发行的指示后，曾短时间发生思想松懈现象，忽视组织力量大量印刷。

鉴定手续及销毁制度："五一"以前，鉴定手续虽有而不严格周密，销毁没有一定制度。鉴定工作只起了数票作用，没有及时分析各组的成品数量和报废数量，而且干完一批活就把作废的票券烧毁，烧毁时又只做到抽查，不能详查，因此数目对不起来成为经常现象。"五一"后，工厂管理改善，同时鉴定工作已健全了各种手续与制度，定出了规则与细则，健全了各组的报费分析，建立了烧毁证明书，这样对各组亦有监督，成品和报废都有准确数字。烧毁每天规定了一定时间，并组织了监烧委员会，烧前经过详查对照，烧后盖章证明。

由于辅币匮乏，渤海行署于 5 月 25 日发出布告，特定以铜元作辅币使用。布告如下：（一）凡当十文之铜元暂作本币一角，当二十文者暂作本币二角，任何人不得提高或压低其价值及拒绝使用，但每次数量不得超过十元本币，违者以扰乱金融论处。（二）铜元只限在根据地内使用，不准携带出境。如查获有携带出境，在二十元本币以内者予以没收，二十元以上者可按情节予以处罚。以上规定自公布之日起执行。

8 月 1 日，山东省战时行政委员会发布《统一本币流通令》。8 月 29 日，山东省政府布告："过去所发行之北海银行本币，今后不分地区统一流通。"

印钞方面，胶东、渤海暂缓统一，主要原因为运输上的困难，因而该两分行仍设印刷工厂，但在发行计划上需要统一，今后可根据总行原则指示而有计划地发行。

本年度渤海分行共发行北海币及本票 29455.5 万元，其中含下半年发行的本票 3000 万元，胶东代印佰元券北海币 10044 万元（号码是自己打的）。

1945 年各时期发行票类统计（单位：张，元）

时　期	票　类	成品张数	金　额
一至五月	佰元票	272,000	27,200,000
一至五月	拾元票	1,963,000	19,630,000
一至五月	伍拾元票	100,000	5,000,000

（续表）

时　期	票　类	成品张数	金　额
六至九月	壹元票	3,403,527	3,403,527
六至九月	伍元票	2,852,200	14,261,000
六至九月	拾元票	1,465,200	14,652,000
六至九月	佰元票	1,004,400	100,440,000
六至九月	仟元本票	10,800	10,800,000
六至九月	伍佰元本票	38,900	19,450,000
六至九月	冀鲁边拾元券、伍元券		1,200,000
六至九月	冀鲁边元角票		1,412,750
十至十二月	伍拾元票	258,500	12,925,000
十至十二月	伍元票	96,855	484,275
十至十二月	拾元票	6,000,699	60,006,990
十至十二月	壹元票	814,800	814,800
十至十二月	伍元票	575,000	2,875,000
合　计			294,555,342

注：资料来源山东档案馆北海银行档案，档案号G040-01-0001-001。表中冀鲁边元角票当指一元及五角票。此时山东各根据地都早已不印发一角票了，所以冀鲁边元角票中当不含冀鲁边一角券。

1945年各时期票纸消费比较（单位：千张，千元）

民国三十五年（制）

各个时期	券　别	总成品张数	手续遍数	总消费标准	应消费数	实消费数	增减数量	备　考
一至四月	推担伍元	700	5	5%	35	54	+19	此版费得多，因为面版坏了
一至四月	耕牛拾元	1,300	5	5%	65	41	−24	此版纸与墨较好，不仅质量不错，消费上也大大降低
五至九月	耕马壹元	660	4	2.5%	17	14	−2	
五至九月	牧羊伍元	740	5	3%	22	20	−2	
五至九月	纺织拾元	850	5	3%	26	12	−14	
五至九月	推磨伍拾元	260	7	4.5%	12	6	−6	此五十元是套版印刷的
十至十二月	牧羊拾元	2,170	4	2.1%	46	23	−23	此票是小石印机印刷的
十至十二月	风船壹元	2,590	4	0.7%	18	38	+20	消费超的原因是总标准降低了，而实际消费不大
十至十二月	纺织拾元	630	4	1.1%	7	10	+3	

注：数据来源山东档案馆北海银行档案，档案号G040-01-0001-001。原表单位为张、元，本表改为千张、千元，百位数上作四舍五入。原表所谓“消费”，当为消耗、报废之意。另有其他资料作“销废”。

本年度除了用之前的钞版继续印钞外，还新增了民国三十四年版的“渤海”地名北海币。目前面世的新增版别有两种：牧羊十元券，植树一百元券。其中十元券冠字有A23、B34、C45三种区别字，冠字在左边，流水编码在右边。根据上表看，此种百元券系胶东代印。胶东只代印了百元券10,044万元（按胶东分行《1945年发行工作总结》该数字为10090.4万元），算上1～5月渤海自己印发的百元票2720万元，本年百元票合计共发行了12764万元。而目前已发现了流水编码为1793441的民国三十四年植树图一百元券。这说明，1946年渤海分行继续发行了此种百元票。存世的植树一百元券中，发现部分背面错号。

根据6月30日的中共山东分局财委会《关于今后对敌经济斗争的指示》：“今后各地本币印刷应由北海银行总行统一计划，胶东、渤海成一印刷单位……同一单位采用同一票版，所印本币互相调剂，不一定在本地发行。”胶东分行1945年10月开始印发山东地名北海币。按理说，渤海分行10～12月也应该开始印制山东地名北海币。但是，由本年《各时期票纸消费比较表》看，至本年12月，渤海分行并未印制山东地名北海币，由植树图一百元券的号码知，1945年之后渤海继续印发渤海地名北海币，结合民国三十六年渤海地名装粮五百元券北海币的存在，我们认为至1947年11月渤海分行发行权统一于总行前，渤海分行继续印发渤海地名北海币。

由于渤海特殊的地理位置、斗争环境，以及渤海盛产粮食、棉花等战略物资，战略地位十分重要，1945年9月，渤海区直属中共华东中央局领导。这可能是渤海分行并未如胶东分行那样全面改换山东版北海币的最主要的原因。

本年，渤海分行共发行了北海币及本票29455.5万元（《渤海分行历年发行北海币统计表》中的这一数据是24774.7万元），与上年总发行量相比增加了507%，而同期物价指数仅增加176%。物价指数没有与货币发行同比例增加的主要原因是根据地控制地盘的扩大。尽管如此，为了支持战争，根据地已经开始急剧增发货币，通胀初露端倪，未来严重通胀是必然的事情。

因敌人大量伪造清河分行及渤海分行本票，行政公署、渤海工商管理局、北海银行于本年1月1日联合发布通告，限期停用和收回之前发行的二十五、五十及一百元北海银行本票：

查敌人为了破坏我金融，扰乱我市场，采取卑鄙无耻手段，大量假造我北海银行本票，利用奸商向我根据地内倾销，倒买物资，其阴谋毒计，危害我商民甚大。为了顾及群众利益，前已通告限于去年十二月底将一百元及五十元两种本票收清，现已期满，即宣布停用。为了兑换机关较少，不能如期兑清，现再通告延期兑换至一月三十一日止，但在此兑换期内，不准该票在市面流通。其他隔字百元及二十五元本票，为了避免敌人破坏起见，现决定限于一月底一律停用，二月底兑清，在停用后一律禁止在市面上流通。但在兑换期内缴纳公款田赋准予使用。仰各级政府工商局银行机关接到此通告后即遵照执行为要！

中华民国三十四年一月一日

主任：刘其人　　副主任：李人凤

本年12月10日，渤海分行发出收回本票、支票及四种本币公函：

本行议定将历年所发行之支票、本票及在市面流通已久之四种本币，限三个月内悉数收回，收回通告业经张贴各地。兹发去通告一份，希即鉴察，并希代为兑换，将兑回之本票、支票来本行兑换新币。查本行发行之本币种类，佰元票占比数较大，以致影响市面交易，兹议决收回大部或全部，但不向外宣传，以便以后备用，希将所存佰元券来本行换成小票，今后收到百元票不再发出为盼！

本日，渤海分行给各县政府发出公函：

本行议定将历年所发行之支票、本票及在市面流通已久之四种本币，限三个月内悉数收回。兹发去　份，希查收分发所属各区，普遍张贴宣传，以期如期收回，并希代为兑换为荷！

此致

县政府

渤海北海银行

十二月十日

（以上资料来源山东省档案馆，索引号 G040-01-0004-012）

为了使支票、本票顺利回收，省工商管理处给渤海工商管理总局下达指示，要求渤海分行本年度再发行 3000 万元北海币。同时要求印钞厂抓紧购买印钞设备。

二、1946 年以后渤海分行的大致情况

（一）1946 年渤海分行的大致情况

1946年1月17日，山东省政府下达了对银行工作的指示（财字第三十号），指示胶、渤仍要继续印发，票样转各区，以防伪造。

1. 本年银行工作大体可分为三个时期：

第一个时期，1 ~ 6 月，第一次主任联席会议到第二次主任联席会议。总行对渤海分行的指示是强调农贷及中小城市之恢复。继之又指示以中小城市之建设为银行主要任务。去年 9 月，渤海区将六个专区合并为四个专区。根据总行指示，渤海分行调整了银行机构，在四个专署建立了四个支行：一专署以乐陵为中心，一支行行长邢刚明；二专署以临邑为中心，二支行行长刘亮（魏广泽）；三专署以桓台为中心，三支行行长周友仁；四专署以无棣为中心，四支行行长许新安。全区四十多个县，在重点县建立了支行。在利津、惠民建立了两个办事处，各县建立贷款所。

第二个时期，6 ~ 11 月，二次主任联席会议到总行分行长联席会议决议下达前。这是银行方针最不明确最紊乱的时期。这一时期渤海分行的工作可分为三个阶段：

第一阶段，将农贷交于政府，变动组织，适合城市银行的要求，将四个支行取消，改为办事处，建立德州支行，并准备接收德州后成立支行，业务的中心就转向城市，这就使原来布置的整理农贷、开展农村信用等业务步调紊乱了。

第二阶段，张店、周村失守，国民党将胶济路打通，对小清河以南进行“扫荡”，失守的大城市工作不能做，未失守者又不敢做，银行工作陷于停滞的状态。

第三阶段，7 月下旬，根据“八·一九”指示，工作重心向内地中小城市转移，但也未掌握住重点——以发展生产为主，商业为辅，扶持重要行业带动一般的行业。直至在接受了冀中和鲁南的经验以后，在工作的摸索中，才逐渐认识了本区的城市特点，“严格地说也是农村经济”，这才开始逐步地有意识地将银行业务伸向农村。

第三个时期，总行分行长联席会议决议颁发以后，开始有计划地向农村方向转变，工作的实践，

使方针更加明确。这时分行指出的工作重点是：

（1）颁发了营字十四号指示，其精神是城乡兼顾以农村为主的业务方针。

（2）分行亲自抽调了一部分干部，在广、博、蒲试行了通过合作社发放贷款的办法。

（3）各行处对过去农贷初步进行重点的调查，积累了经验。

（4）个别行处也配合政府部分整理了旧贷和发放了副业放款。

2. 印钞厂的大致情况：

1946 年初，印钞厂添置了发电机，机器逐步用上了动力。开始是六马力，后改为八马力和十二马力（100 千瓦到 150 千瓦）。印钞厂的生产及照明用电解决了，同时也解决了利津城内主要街道的照明用电问题。

印钞机发展到拥有 2 台大平面机，2 台八页机，1 台六页机，脚蹬子 10 余个，1 部大石印机，10 余部小石印机，还有切纸机。工人增加到一百七八十人，日产大体上可达到 20 万张（20 包）。当时印钞材料采购的门路主要有三条：一条是天津，张敬儒在那里长住。一条是胶东，胶东区支援一些，张广智是常跑胶东的，他是昌邑人，后来被敌人盯上，牺牲了。再一路是通过博兴等地的商人到济南搞一些。那时物资器材都很缺，机器上用的润滑油搞不到，曾用香油代替。经常是用土产品换物资。

职工人员统计（1 月）

成品部	工　人	29
印刷部	工　人	50
机刀部	工　人	9
机车部	工　人	6
收发股	干　部	7
定　股	干　部	16
总务股	干　部	15
会计股	干　部	2
办公室	干　部	3
合　计		137

机器统计（12 月）

部　别	机　别	数　量	能　用	不能用	备　注
六页组	六　页	2	1	1	印批子
六页组	八　页	1	1		印批子
六页组	大脚蹬子	5	3	2	
石印组	小石印	18	12	6	印批子
大石印	大石印	2	1	1	印批子
铅印组	铅印机	24	12	12	打号码
柴油机组	柴油机	2	2	发动机	
机刀组	机　刀	2	2	裁　纸	

大进军后，由于机器和人员的增加，形势好转，为集中领导，便于管理，在组织机构上做了新的变更。组织状况如下：厂设厂长、副厂长，下设：

印刷部，负责印票子，由大石印、小石印，六、八页机，大铅印各组组成。

成品部，用小铅印打号码及经理章。

机刀部，负责裁切。

机车部，引柴油发动机。

修机部，即铁木工厂。

材料部，分仓库、批发两部。

司务处。

上列各部内设主任一人，负责行政领导，设辅导员一至二人，负责技术指导。而印刷、机刀、成品三部又各设会计一人，负责半成品之收发记账。修机部组织同于一般工厂。

工资标准，基本上根据总行决定，又依渤海具体情况稍有变更。

分为三等九级。石印厂建立后因石印劳力大，又定出石印工人工资由三等二级起，向上类推，但技术级数不增。

3. 关于本年的发行情况：

根据《渤海分行历年发行北海币统计表》，1946 年 1 ~ 3 月，渤海分行发行北海币 1757 万元。4 ~ 11 月，发行额为 280582.5 万元，12 月发行 65598 万元。本年度合计发行北海币 347937.5 万元。此数是上年的 14 倍，与胶东区本年发行量相差无几。

有一个奇怪的现象，至今未发现一枚票面年号是民国三十五年的渤海地名北海币。此时没有胶东地名北海币可以理解，因为胶东已经全面印发山东地名北海币了，但是，渤海则不同，直到 1947 年还有渤海地名北海币。导致这一现象的原因可能有三：一是渤海分行本年继续印发旧版北海币，二是渤海分行还发行胶东分行为其代印的山东地名北海币，三是因为票面时间和实际时间不一致导致的错位空缺。

除了发行北海币，今春，还推出了千元本票，后因刺激物价过快上涨，于 5 月 1 日发文限本月 5 日至 20 日内收回。并委托工商局及公营商店代为兑换。据渤海分行 1947 年 1 月 1 日的《出纳发行的工作总结及今后的任务》载，本年开始兑入元角票，二百元大票暂不推行。“二百元大票暂不推行”，只能理解为本年总行分行行长联席会议决议禁发大票后不再发行二百元大票，而不是本年没有发行大票。春天，渤海分行连千元本票都敢发行，不可能没有发行二百元北海币。

目前尚未查到渤海分行 1946 年发行北海币券种的相关史料。根据实物资料以及其他一些间接史料，我们认为本年渤海分行除了继续印发民国三十四年植树图一百元等一些旧版北海币外，还发行了民国三十二年渤海地名驴运一元券，民国三十三年山东地名蓝色锄地二百元、民国三十四年山东地名蓝色中花二百元券新版北海币。这些新版北海币除了一元券外，均为胶东印钞厂代印。

将蓝色锄地二百元定为胶东 1946 年代印的理由如下：该券背面行名拼读符合胶东及渤海 1946 年以后常用的格式（参考第九章第二节六），而渤海此时期均印制渤海地名北海币，故定为胶东印制。根据山东省档案馆馆藏北海银行反假文件（档案索引号 G039-01-0077-1）载，1946 年 12 月 17 日，胶东西海区发现民国三十三年蓝色锄地二百元券假票，说明该券发行于 1946 年。1946 年胶东不可能发行该券。因为据胶东分行《1946年3月至5月份印刷成品统计表》载，3至5月胶东已经印制二百元券10亿多元，本年5月份胶东开始发行中花二百元券，5月15日，北海银行开始收缩大票，7月之前未发行新版二百元北海币，因此这10亿多元二百元券就是中花二百元券。又据《胶东历年发行北海币统计表》，胶东分行1946年仅发行二百元券3亿多元，在收缩大票，甚至禁发二百元以上大票的情况下，已印制好的北海币仅发行一小部分，胶东分行不大可能发行另一品种二百元券。同时，这一期间胶东为总行代印的北币背面一般都加印手写体英文"新民主""自由中国"字样，此券没有，故定锄地二百元券系胶东为渤海分行代印。根据我们对反假文件的研究，一个地方发现的假票，不一定是这个地方发行的。

根据山东地名及背面行名拼读知，蓝色中花二百元券为胶东印制。该券定为渤海分行1946年发行基于以下理由：据胶东分行《版别发行年月统计》（该表数据截止日期为1946年6月底）载，中花二百元券首发于1946年5月，只有一种版别，根据前述理由，当年胶东分行不大可能再发行另一种颜色的中花二百元券，另一种颜色的中花二百元券必定是为其他行代印；由于该类券背面均未印手写体英文"新民主""自由中国"字样，故其中一种颜色的中花二百元券系胶东为渤海代印。根据胶东印钞厂为总行代印中花一百元的情况及流水编码和冠字组合判断，我们认为，蓝色中花二百元可能系胶东印钞厂为渤海分行代印。为此我们专门求证了文登北海币收藏家林海威先生，他说蓝色中花二百元与棕色中花二百元在胶东出现的比例是一比五十。这从一个侧面证明我们的判断有一定的道理。

民国三十二年渤海地名驴运一元券定为1946年发行的理由如下：一是胶东分行1946年下半年曾发行过此图案北海币，虽然两券细节多有区别，但钞版明显是根据同一设计制作的；二是1945年渤海分行发行的各券种无此券，1947年以后，各北海银行基本上不发行小额纸币了；三是1946年渤海分行公告回收的几种北海币中有民国三十二年风船一元、民国三十三年马耕一元，但没有驴运一元券，也就是说除了该券，渤海分行回收了之前发行的所有一元券，其中风船一元的票面设计及印刷工艺不低于驴运一元券，这说明该券发行时间较晚。

1946年3月底的渤海分行历年发行北海币统计表中载：二元券累计发行2764万元，贰角伍分券累计发行181.3万元。我们认为此二处值得商榷。首先，根据渤海分行1946年兑入的破本币看[①]，有二百元、一百元、五十元、二十五元、十元、五元、一元券及角票（未标明何种角票），连当年发行的二百元券都兑入了，就是没有二元券。2764万元即1373万枚，这不是一个小数字，如果当年发行了，今天肯定有存世的，可是目前未发现一枚清河、冀鲁边或渤海地名二元券。兑入的二十五元券可能是清河本票或胶东版。因为此时北海币已经统一流通了。关于二角五分券，按渤海分行1944年5月31日的库存余额知，清河分行未发行过该券种。冀鲁边当年的印钞能力很有限，不可能印制那么多的二角五分券。为了赶印大票，1944年胶东分行都停印了元以下纸币，渤海分行的印钞能力远不如胶东，此年更不可能印制数量如此庞大的二角五分券；1945年渤海分行未印该券；随着通胀的加剧，1946年角票已基本不再适用，胶东本年才印发了3万多元五角券，渤海分行不可能去印制大量的二角五分券。

---

① 参考1947年1月1日的《渤海分行出纳发行的工作总结及今后的任务》，山东档案馆藏资料，档案号G040-01-0005-001。

另外，181.3万元二角五分券即725.2万枚，也不是小数字，如果当年发行了，今天应该也能看到。

本年度渤海分行货币发行量是上一年度的14倍，但物价指示仅是上一年的近7倍，物价指数所以没有同比例上涨，主要是因为使用北海币的区域扩大。尽管如此，物价的7倍涨幅已经是非常严重的通胀了。货币发行增幅远超物价，预示明年物价会继续大幅攀升。

4. 本年渤海分行决定收回几种票券，回收通知全文如下：

（1）拾元券六种：

A渤海字大版十元，正背面均是红色，正面左右两边皆纺织景，民国三十二年印，背面中间有四农夫在植树，左边互助，右边劳动，有的在图的上面有两个夏字。

B渤海字十元，正背面均是红色，正面图右方为松景及牧羊景，左右两边是大写拾圆，民国三十四年印，有A23、B34、C45之区别字。背面中间是阿拉伯数字码十元花圈。

C草书清河十元，正背面均是红色，正面图左边图楼，中间大写十元，右边图前门，民国二十九年印，背面中间房子，石崩上还有亭子。

D反正面红色，正面中间半圆圈内树及亭子景，左右两边大写十元花圈，并有“巩”字区别字，半圆圈下面有“清河地区本位币”，民国三十二年印，背面中间园楼景。

E反正面均是红色，正面主要图左边火车头及楼房，右边一座塔及树木，下边有“清河区地方本位币”及“冀鲁边区地方本位币”两种，民国卅年印，背面中间天坛景。

（2）伍元券六种：

A渤海字正背面均淡茶色，正面图中间树及儿童牧羊，左右两边大写五元代（带）地字，民国三十二年印，背面图中间有三个阿拉伯字码花圈。

B清河字，正面蓝色，代（带）地字，背面茶色，正面图半圆圈内有树及房子，左右两边大写五元，民国三十二年印，背面图中有三个阿拉伯码花圈。

C清河冀鲁边字五元，正背面均是深蓝色，正面左图石坊及树木，民国二十九年印，两边带“春”“耕”字，背面中间楼房。

D正反面均蓝色，正面主要图，左边儿童挑柴，渤海字，民国三十三年印，背景为农夫推车。

E正反面均是茶色，正面图右边一农夫打水灌地，左边农夫抬土景，渤海字，民国三十二年印，背面半房间是纺织景。

（3）壹元券三种：

A渤海字一元，正背面均是浅红色，正面中间山及耕马图，民国三十三年印，背面中间阿拉伯码花圈。

B渤海一元，正背面均是深蓝色，正面图带地子，中间风船，民国三十二年印，背面中间房子树及牲口拉磙。

C冀鲁边一元，正面茶色，背面黄色，正面图牧羊，背面图左右两边大写一元，1942年印。

（4）清河冀鲁边两地区之角票不分版图票额一概收回。

（5）渤海银行各种本票支票一仟元、伍佰元、伍拾元、贰拾伍元、百元五种，一概收回。

（二）1947年以后渤海分行的发展情况

1947年，渤海分行新印发了民国三十三年渤海地名锄地二百元、民国三十六年渤海地名农人装收五百元券。其间胶东可能为渤海代印过民国三十三年某些字头汽车一百元券、红色山东地名红锄地二百元券以及民国三十六年海关某些字头的五十元券。11 月，发行权统一于总行，渤海开始全面印发山东地名北海币，渤海地名北海币至此终。民国三十六年渤海地名装粮五百元券为渤海分行的关门券。渤海分行本年度共发行北海币 1245511.4 万元。根据《渤海分行历年发行北海币统计表》统计，至 1947 年 10 月，渤海分行累计发行北海币 2184716 万元，并从此完成单独发行北海币的使命。

渤海地名红色锄地二百元券定为 1947 年发行的理由是：根据该券背面的行名拼读“BANK OF BAI HAI”知，该券发行于 1946 年以后。1946 年，胶东分行在为渤海代印了民国三十四年山东地名蓝色中花二百元券之后，又为渤海代印了民国三十三年山东地名蓝色锄地二百元券。在山东根据地禁发大票的 1946 年，渤海分行继续印发渤海地名二百元券的可能性不大。考虑到 1947 年胶东分行开始大量发行民国三十三年山东地名红色锄地二百元券，我们认为渤海地名锄地二百元券亦发行于此时。山东地名锄地二百元券与渤海地名锄地二百元券主图相似，但是，区别也是明显的。由渤海地名锄地二百元券的印刷工艺及票纸看，与胶东分行为渤海代印的蓝色锄地二百元券有差异，该券当系渤海分行自己印制。钞版由胶东代制。

农人装收五百元券的印发时间可能在 1947 年 8 ～ 10 月间。作出这个判断的依据是：从胶东、渤海印发北海币的历程看，几乎所有流通币中的最高面额都是胶东早于渤海推出，发行权统一于总行前，胶东分行没有印发过五百元券，说明至 8 月前，渤海分行也未印发过五百元券；渤海分行的独立印发权截至 1947 年 10 月底。因此，渤海地名农人装收五百元券必印发行于 1947 年 8 至 10 月间。纳入总行发行体系后，渤海分行开始印发山东地名农人装收五百元券。

目前没有哪些百元券、五十元券可以明确列为渤海分行 1947 年发行，而本年总行及胶东分行都发行了一定数量的百元券、五十元券。从流通货币面额的结构看，仅有五百元、二百元面额似不尽合理，必须配以更小的面额才便于流通。因此，我们认为胶东印制的民国三十三年山东地名某些字头的汽车一百元券（如冠字 HH 等）及海关五十元券（如冠字 E 等）是供渤海流通的。理由是这些字头的北海币在选纸上，明显有别于其他字头。在胶东为渤海制作锄地二百元钞版前，可能曾为渤海分行代印了红色山东地名的红色锄地二百元券。这些二百元券的用纸也是明显区别于其他红色锄地二百元券。以上仅仅是推测，有待于进一步考证落实。

几年前，某拍卖公司上拍了一件民国三十六年农人装收五百元券背面钞版（见图 12-21），底价 1.5 万元，最终流拍。看照片，此钞版制作粗糙，经比对票样背图，似有疑问。

1947 年 3 月，国民党军重点进攻山东，为了战略需要，4 月底李伦带领一部分鲁中印钞厂的职工开始北撤，最后到达利津何家村，与渤海印钞厂合并，李伦任厂长（李聘周调分行工作），侯荫南任副厂长，7 月，侯也调分行工作。此时，利津县城常受国军飞机轰炸，形势十分严峻。同年 9 月，国民党军进攻胶东，工厂又一次分散潜伏，职工一面打游击，一面进行“三查三整”运动。

10 月 31 日，中共华东中央局在《关于山东财政情况的报告》中指出：华东全境除渤海区和胶东区东部外，其余各区均经反复激战及国民党军队“清剿”，人民生命财产损失无法统计。总体看，国民党军重点进攻山东时期，渤海区还算是相对安定。这一时期渤海印钞厂印制的北海币与其他区比应当相对多些。

1948 年初，总行决定胶东、渤海两厂与鲁中各厂大合并，仍编为一、二、三厂。7 月，渤海印钞厂决定淘汰石印设备，并奉命南迁，所有设备和职工转移到鲁中临朐南流。之后，大部分职工并入北海银行印钞二厂，并于当年进入正常生产；另外一部分近二百名职工携带设备前往益都（青州），建立对外营业厂，李伦任厂长，主要承印银行所需各种票据、账册等印刷活件，行政上受北海银行发行局领导，解放后划归地方。根据渤海分行 1948 年 10 月作的《9 月份银行工作的总检查》，6 月工厂南移曾将所印之二百元券军用票 633 箱全部交分行接收保存。说明印钞厂是 6 月南移，并且曾经印制过华东野战军军用流通券二百元券。

早在 1946 年 8 月 5 日，渤海行政公署就下达了关于银行代理金库，普遍建立银行机构的通知。根据这一通知，1947 年渤海分行普设银行机构。为办理金库交接及普遍建立银行机构，特发出如下通知，要求银行接理金库后，每县应一律建立银行办事处，但可视工作繁简划分甲、乙、丙三等编制。甲等（城乡兼顾者）干部 20 人，通讯员、伙夫 3 人；乙等（一般中心县）干部 14 到 16 人，通讯员 1 人；丙等（一般边沿区）干部 7 到 9 人，通讯员 1 人。乙、丙办事处均与县府合并办公，减少伙夫，不设卫士。

1949 年 2 月渤海分行机构分布如下：

渤海分行辖 5 个支行，38 个办事处

第一支行　乐陵、靖远、振华、南皮、吴桥、东光、庆云 7 个办事处。

第二支行　德平、德县、平北、匡五、济阳、商河、杨忠、禹城、临邑、齐河 10 个办事处。

第三支行　寿光、广饶、益寿、邹平、桓台、耀南、高青、章历、齐东、埕口、博兴、羊口、临淄 13 个办事处。

第四支行　惠民、滨县、蒲台、利津、垦利、沾化、无棣、阳信 8 个办事处。

德州支行。

1949 年 1 月 27 日，渤海分行改为中国人民银行渤海分行。11 月 1 日，北海银行渤海分行正式更名为中国人民银行渤海分行，分行驻地惠民城。分支机构如下：

沧南支行（南皮寨子庄）　办事处：盐山、宁津、南皮、吴桥、东光、庆云

泺北支行（临邑城）　办事处：德平、平北、陵县、济阳、商河、惠济、禹城、齐河、河西、齐禹

清河支行（桓台索镇）　办事处：寿光、广饶、益寿、邹平、长山、高青、章历、齐东、博兴、羊口、临淄

垦利支行（阳信）　办事处：惠民、埕口、滨县、蒲台、利津、垦利、沾化、无棣

德州支行（德州市）

北海银行渤海分行名义至此终。

第四节　相关文献及统计资料

一、文献

北海银行清河分行集股简章及组织草案

（1941 年 3 月）

第一章 总纲

（1）本行定名为山东北海银行清河分行。

（2）本分行以粉碎敌人经济进攻，应战时财政需要并辅助法币之不足为宗旨。

（3）本分行以发展经济，改善民生，调剂农工商业之经济为目的。

（4）本分行采取有限公司制度，按公司条例办法组织之，并于辖区各县设办事处以事扩充而便调剂。

（5）本分行为易于发展起见，特规定官民合办，在抗战期间由各县各级政府负责介绍东股及股款。

第二章 股本金

（6）本分行资本金暂定为国币三十万元，分为三万股，每股十元，以官六民四，希图轻便易举，以冀速成。

（7）本分行如因经济之扩大有增加股本之必要时由股东大会议决再行续招。

第三章 股份

（8）本分行特定除官股一次拨足外，所有民股认股无论多寡确定一期缴足，限二十九年底一律办理完竣，如以环境困难得延长之。

（9）凡在外埠募集股款得随时汇寄本行，分行以便照发票据而昭信用。

（10）凡外埠已缴股款之股东如延宕时期未经接到票据，或票据与股款额数不符原缴之数，亟须函至本分行详细对照以备察查而杜流弊。

（11）本分行股票概用记名，除汉奸、托匪、顽固分子外，凡中国人均有买卖让与之权，倘有遗失必须出具保证并登报声明方准补发，若转卖或让渡时，须双方同意报告来行分别注册方为有效。

第四章 营业种类

（12）本分行之营业如下：

甲、各种汇票、期票之贴现。

乙、代理收付公私款项。

丙、各种贷款及存款。

丁、各种汇款及买卖生金银。

戊、兑换银钱。

己、买卖汇票有价证券及银行一切业务。

庚、办理一切普通银行事务。

辛、本分行准许合作贷款。

第五章 红利

（13）本分行每年营业所得纯利之总额按百分分配，提出百分之四十为股东红利，抚恤优抗得百分之三十，公积金得百分之二十五，奖励金得百分之五。

（14）前项积金之用途如下：

甲、填补资本之损失。

乙、维持股利之平均。

第六章 结算

（15）本分行每届年度终了结算一次，须造具以下诸表详列出入款项总数，登报声明俾众周知。

甲、财产目录。

乙、资产负债表。

丙、营业报告书。

丁、损益计算书。

戊、盈余分配表。

（16）本分行结算账后，即举行股东大会讨论业务之进行方策，并发给各股东应得之红利及其他。

第七章 行员之权利义务

（17）本分行设行长一人，副行长一人，职员若干人，其权利义务如下：

甲、行长担负本分行出纳完全责任，总揽一切业务。

乙、副行长得行长之同意助理本行一切业务。

丙、职员分工办理本行一切工作，办事细则另定之。

（18）由本分行之股东大会选举董事七人或九人成立董事会，讨论本分行应兴、应革事宜，监事一人或三人有监察本分行各项账目款项之权。

第八章 行员选充及解职

（19）本分行行员选充之任期及解职办法或改选期如下：

甲、行长得由政府遴选委任之。

乙、副行长由政府提出人选经股东大会表决之。

丙、董事由政府提出候选名单，经股东大会选出之。监事由董事中推举之，于必要时由政府委派之。

丁、职员由行长提出名单，请政府审查后任用之。

（20）行长之任期由上级政府决定之，但股东大会有提出意见于政府建议更换之权，副行长以三年为一任，董监事以三年为改选期，若再被选仍得继任，职员无任期，有股东三分之一以上之提议即得更换之，如有其他问题随时罢免之。

（21）本分行之负责人如因事有离职之必要时，须呈请政府批准或召集临时董事会选任继任人员，并将经办事项交代清楚后，始得脱离其完全责任。

第九章 会议

本分行之最高权力机关为股东大会，每年在结算后召开大会一次，于必要时得召开临时会议。

（24）股东大会如股东因故不能到会，其委托代表人以股东为限，（缺字）票权不得超过（缺字）票。

第十章 组织

（25）本分行之组织由行长、副行长及成员组织之，其内容如下：

甲、总务，乙、营业，丙、出纳，丁、会计，戊、印刷。

（26）各办事处由本分行斟酌派员办理之，内容组织视营业之繁简由（缺字）临时决定之。

（27）本章程如有未尽事宜（缺字）须由过半数股东（缺字）正之。

清河分行公布整理金融办法

为了粉碎敌人的经济掠夺与破坏，主署已通令宣布以北海钞为本位币，并在增加北海钞之发行，储存法币，严禁伪钞的紧急任务下，北海银行清河分行特公布整理金融办法如下：

（1）前由主署布告禁止使用之法币本行不予兑换。

（2）法币兑换只限中、中、交三银行之钞票。

（3）凡公私款项及市面交易一律以北海钞作本位币，法币则按八折计算。即每一元折合北海币八角。

（4）凡持法币来本行汇兑者一律按八折计算。

（5）本行所发行之“清河”字五角票及“清”字一元票，决定自十一月二十日起至十二月三十一日止，原出之数量悉数收回，应在兑换期限内到兑换机关兑换，过期不兑换者，即停止使用。

（6）兑换机关：各地本行办事处，各级政府及贸易局、合作社、税务局均负责兑换。

（7）市面流通之北海假票，除函请主署严令取缔外，本行一概不予兑换。

（录自1942年12月1日《群众报》）

清河区自四月十五日起限期禁用他区北海币

【本报讯】敌寇滥发伪制北海银行假钞，混淆市面，业经主任公署及北海银行清河分行查禁，乃敌伪近更变本加厉。以北币倾销办法，企图捣乱我金融。为彻底防止敌寇阴谋诡计，主署及清河分行除贯彻执行以前颁布之查禁假钞办法外，现奉上级电示，自四月十五日起实行清河地方本位币制，即本位币实行地区限制，规定清河版北币及清河版北钞辅币在市面流通，其余山东、胶东、冀鲁边北币，一律禁止在清河使用，在限期内凡存有山东、胶东、冀鲁边北钞者，速到清河分行兑换，过期停止使用之。

（录自1943年3月28日《群众报》）

渤海行署于五月二十五日发出布告，特定以铜元作辅币使用，并规定使用办法如下：（一）凡当十文之铜元暂作本币一角，当二十文者暂作本币二角，任何人不得提高或压低其价值及拒绝使用，但每次数量不得超过十元本币，违者以扰乱金融论处。（二）铜元只限在根据地内使用，不准携带出境。如查获有携带出口，在二十元本币以内者予以没收，二十元以上者可按情节予以处罚。以上规定自公布之日起执行。

（录自1945年6月1日《渤海日报》）

渤海分行通函收回本票、支票、及四种本币

（1945年12月10日）

本行议定将历年所发行之支票、本票及在市面流通已久之四种本币，限三个月内悉数收回，收回通告业已张贴各地，希即代为收兑，并来本行换取新币。

另，本行发行本币，佰元票占比数较大，以致影响市面交易，为此决定收回大部或全部，但不向外宣传，希收到佰元券后不再发出，并转来本行换成小票，为荷！

渤海工商局限期收回支票、汇票的通告

（1946年8月5日）

本局在去年所发行之两种支票（一种是只限后勤处与会计科使用，一种是采购科与公营商店使用）和发出的“本币汇票”（原规定只限到敌占区流通使用），在使用中发生“本币汇票”有在根据地内流通使用及支票在市场流通使用之现象，为此本局前已公布收回，现查现在各部队、机关、团体、商民中仍有存留者，今复决定在八月底以前两种支票与“本币汇票”完全收清，凡存有上述支票和本币汇票者，从速向各地工商局、公营商店、贸易公司兑换，过期作废，恐未周知，特此通告。

二、统计资料

渤海分行历年发行北海币统计表

（至 1946 年 3 月底）

单位：北海币千元

年　别	当年发行额	累计发行额	券　别	累计发行额	说　明
			壹佰元券		此表是根据银行总行专期第三十七号券所报数字统计。
			伍拾元券	140240	
1943 年以前		22957	贰拾伍元券	24475	
1944 年		71457	拾元券		
1945 年		319205	伍元券		
1946 年 1 ～ 3 月	48500	336775	贰元券	135537	
	247747		壹元券	27646	
	17570		伍角券		
另：1946 年 11 月底		3142600	贰角伍分券	6750	
1947 年 10 月底		21847160	贰角券	1813	
			壹角券	223	
			伍分券	89	
			合　计	336775	

注：此表采自《中国革命根据地北海银行史料》第四册第 570 页，数据有误。目前尚未发现渤海地名贰元及贰角伍分券实物资料。

渤海区历年物价指数表（1937 ～ 1945）

年　月	粮食类	土产类	外来品
1937	100	100	100
1938	135	102	104
1939	264	149	142
1940	621	286	308
1941	1924	418	385
1942	7879	2834	6284
1943	23940	14822	28992
1944.6	9393	6760	16116
1944.12	4936	3845	23488
1945	5461	3787	17959

注：（1）此表采自《中国革命根据地北海银行史料》第四册第 583 页。

（2）1943 年以前为法币，1943 年以后为北海币。

（3）1942 年、1943 年物价上涨幅度很大，反映了敌伪向我区大量倾销法币、伪钞，高价吸收我物资之影响。

（4）1944 年停用法币，使北海币脱离了法币跌价的影响，物价渐趋下跌，但粮食与土产品同外来工业品价格剪刀差扩大。1945 年实行粮食、棉花等的专卖，在缩小剪刀差上收到一定效果。

资料来源：李人凤同志在渤海区第四届参议员大会上的报告，选自《渤海区第四届参议员大会汇刊》，1946 年 11 月出版。

清河分行发行的北海币及本票

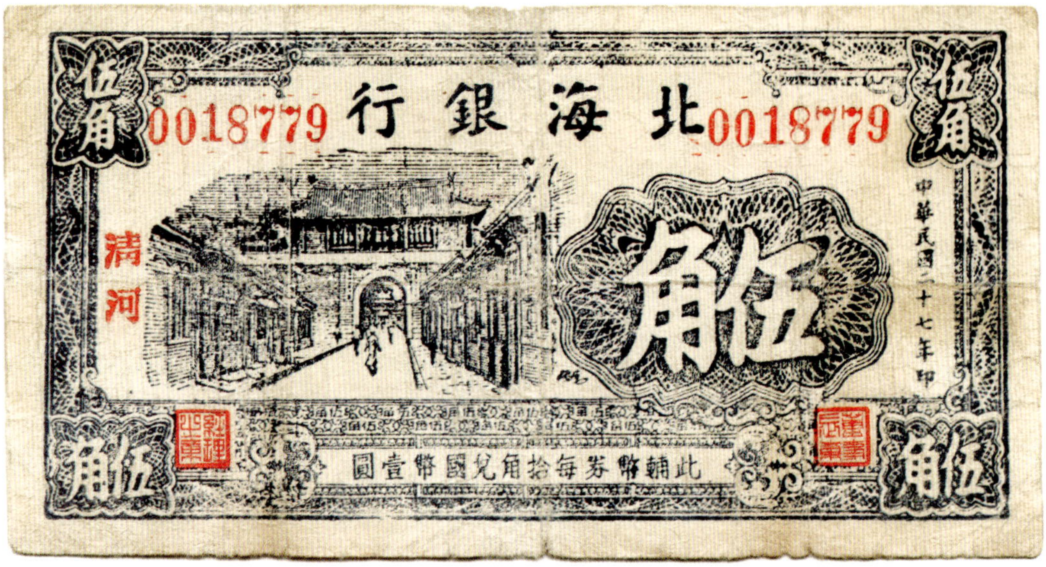

4–1

编　　号： B230	★★★	**票　　幅：** 141×58mm	
面　　额： 伍角		**主　　色：** 蓝 / 紫	
票面时间： 民国二十七年		**印刷单位：** 清河印钞厂	
发行时间： 1940 年		**收 藏 者：** 编委	

备　　注：（一）掖县版

（二）1942 年 11 月 20 日开始回收

4-2

编　　号： B231	★★★	**票　　幅：** 140×72mm	
面　　额： 壹圆		**主　　色：** 红 / 橘红	
票面时间： 民国二十七年		**印刷单位：** 清河印钞厂	
发行时间： 1941 年		**收 藏 者：** 编委	

备　　注： （一）掖县版，6 位号码

（二）1942 年 11 月 20 日开始回收

4-3

编　　号：B232　　★★★　　**票　　幅：**138×74mm

面　　额：壹圆　　**主　　色：**红 / 紫棕

票面时间：民国二十七年　　**印刷单位：**清河印钞厂

发行时间：1941 年　　**收 藏 者：**编委

备　　注：（一）掖县版，7 位号码

（二）1942 年 11 月 20 日开始回收

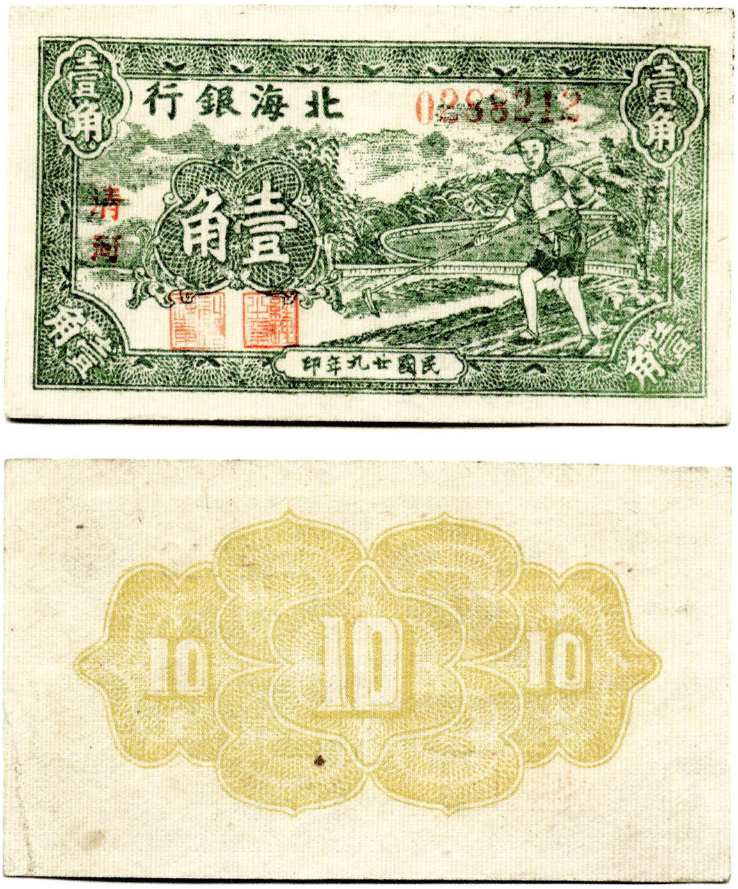

4–4

编　　号： B233　　★★
票　　幅： 98×55mm
面　　额： 壹角
主　　色： 绿 / 橘黄
票面时间： 民国二十九年
印刷单位： 清河印钞厂
发行时间： 1940 年
收 藏 者： 编委
备　　注：（一）无字轨，小字清河
（二）1946 年开始回收

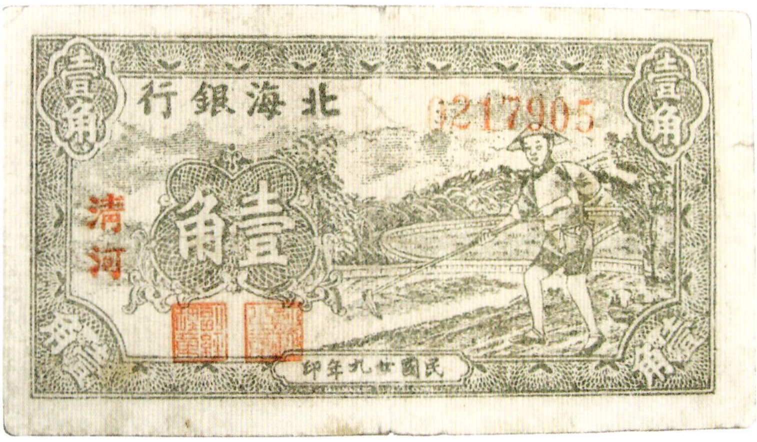

4–5

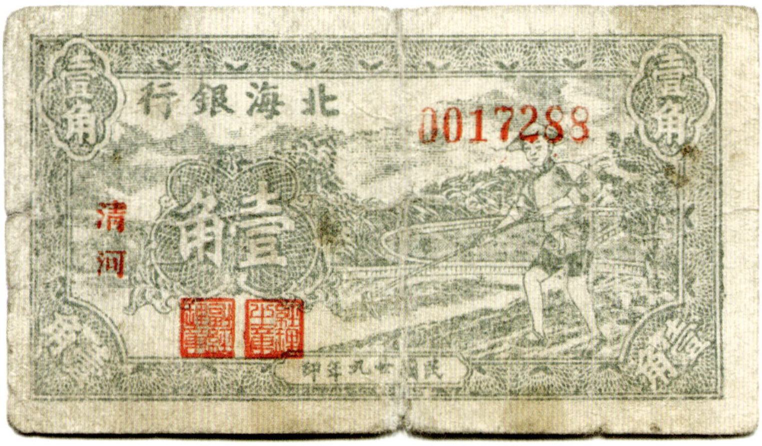

4–6

4–5	编　　号：B234　★★	票　　幅：100×56mm
	面　　额：壹角	主　　色：绿 / 橘黄
	票面时间：民国二十九年	印刷单位：清河印钞厂
	发行时间：1940 年	收 藏 者：淄博李林
	备　　注：（一）无字轨，大字清河 （二）1946 年开始回收	

4–6	编　　号：B235　★★	票　　幅：98×55mm
	面　　额：壹角	主　　色：绿 / 橘黄
	票面时间：民国二十九年	印刷单位：清河印钞厂
	发行时间：1940 年	收 藏 者：编委
	备　　注：（一）无字轨，中字清河 （二）1946 年开始回收	

4-7

编　　号： B236　　　　★★

票　　幅： 98×53mm

面　　额： 壹角

主　　色： 绿 / 橘黄

票面时间： 民国二十九年

印刷单位： 清河印钞厂

发行时间： 1940 年

收 藏 者： 编委

备　　注：（一）单字轨

（二）1946 年开始回收

4-8

编　　号： B237　　★★

票　　幅： 99×56mm

面　　额： 贰角

主　　色： 蓝 / 紫棕

票面时间： 民国二十九年

印刷单位： 清河印钞厂

发行时间： 1940 年

收 藏 者： 博兴张海港

备　　注：（一）中字清河

（二）1946 年开始回收

4-9

编　　号：B238　　★★　　**票　　幅：**98×54mm

面　　额：贰角　　**主　　色：**蓝／紫棕

票面时间：民国二十九年　　**印刷单位：**清河印钞厂

发行时间：1940年　　**收 藏 者：**南京王锡平

备　　注：（一）大字清河

（二）1946年开始回收

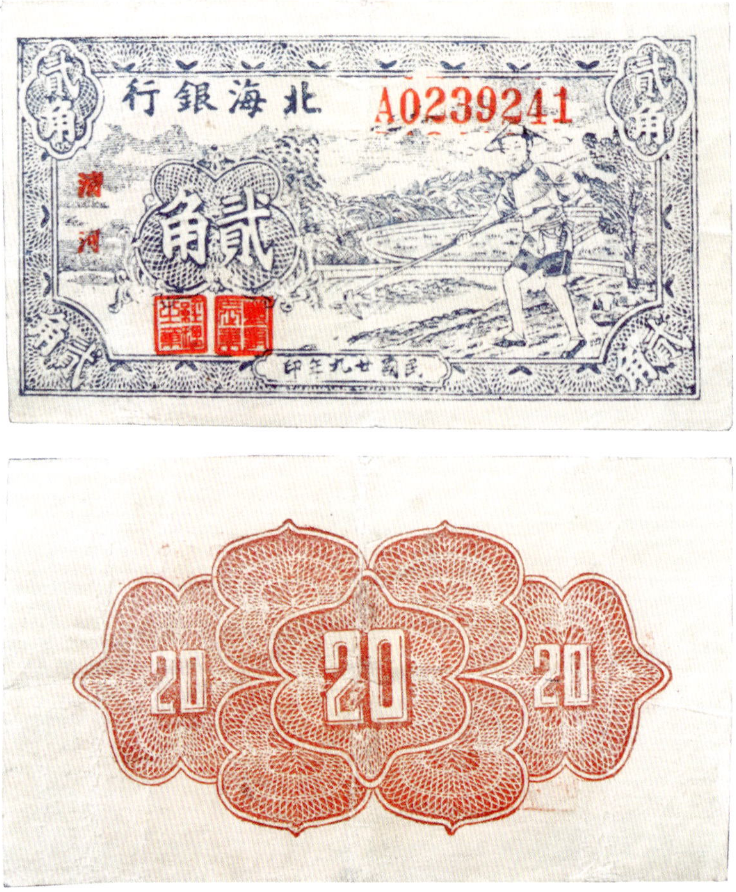

4-10

编　　号：B239　★★

票　　幅：96×55mm

面　　额：贰角

主　　色：蓝 / 紫棕

票面时间：民国二十九年

印刷单位：清河印钞厂

发行时间：1940 年

收 藏 者：博兴张海港

备　　注：（一）小字清河

（二）1946 年开始回收

4-11

编　　号： B240　　★★★★★　　**票　　幅：** 149×78mm

面　　额： 伍圆　　**主　　色：** 蓝 / 紫

票面时间： 民国二十九年　　**印刷单位：** 胶东印钞厂

发行时间： 1941 年　　**收 藏 者：** 上海王保国

备　　注： （一）加印“春”字

（二）1946 年开始回收

4-12

编　　号：	B241　★★★★★	票　　幅：	165×82mm
面　　额：	拾圆	主　　色：	红 / 红
票面时间：	民国二十九年	印刷单位：	胶东印钞厂
发行时间：	1942 年	收 藏 者：	烟台张勇
备　　注：	1946 年开始回收		

4-13

编　　号： B242　★★★★　**票　　幅：** 148×78mm

面　　额： 拾圆　**主　　色：** 红 / 红

票面时间： 民国三十年　**印刷单位：** 胶东印钞厂

发行时间： 1942 年　**收 藏 者：** 编委

备　　注： 1946 年开始回收

4-14

编　　号：B243　　★★★

票　　幅：117×60mm

面　　额：伍角

主　　色：棕 / 棕

票面时间：民国三十一年

印刷单位：清河印钞厂

发行时间：民国 1942 年

收 藏 者：编委

备　　注：1946 年开始回收

4-15

编　　号：B244　　★★★

票　　幅：113×59mm

面　　额：伍角

主　　色：蓝 / 棕

票面时间：民国三十二年

印刷单位：清河印钞厂

发行时间：1943 年

收 藏 者：博兴张海港

备　　注：（一）加印“开”字

（二）1946 年开始回收

4-16

编　　号：B245　　★★★　　票　　幅：115×60mm

面　　额：伍角　　主　　色：蓝 / 棕

票面时间：民国三十二年　　印刷单位：清河印钞厂

发行时间：1943 年　　收 藏 者：博兴张海港

备　　注：（一）加印“源”字

（二）1946 年开始回收

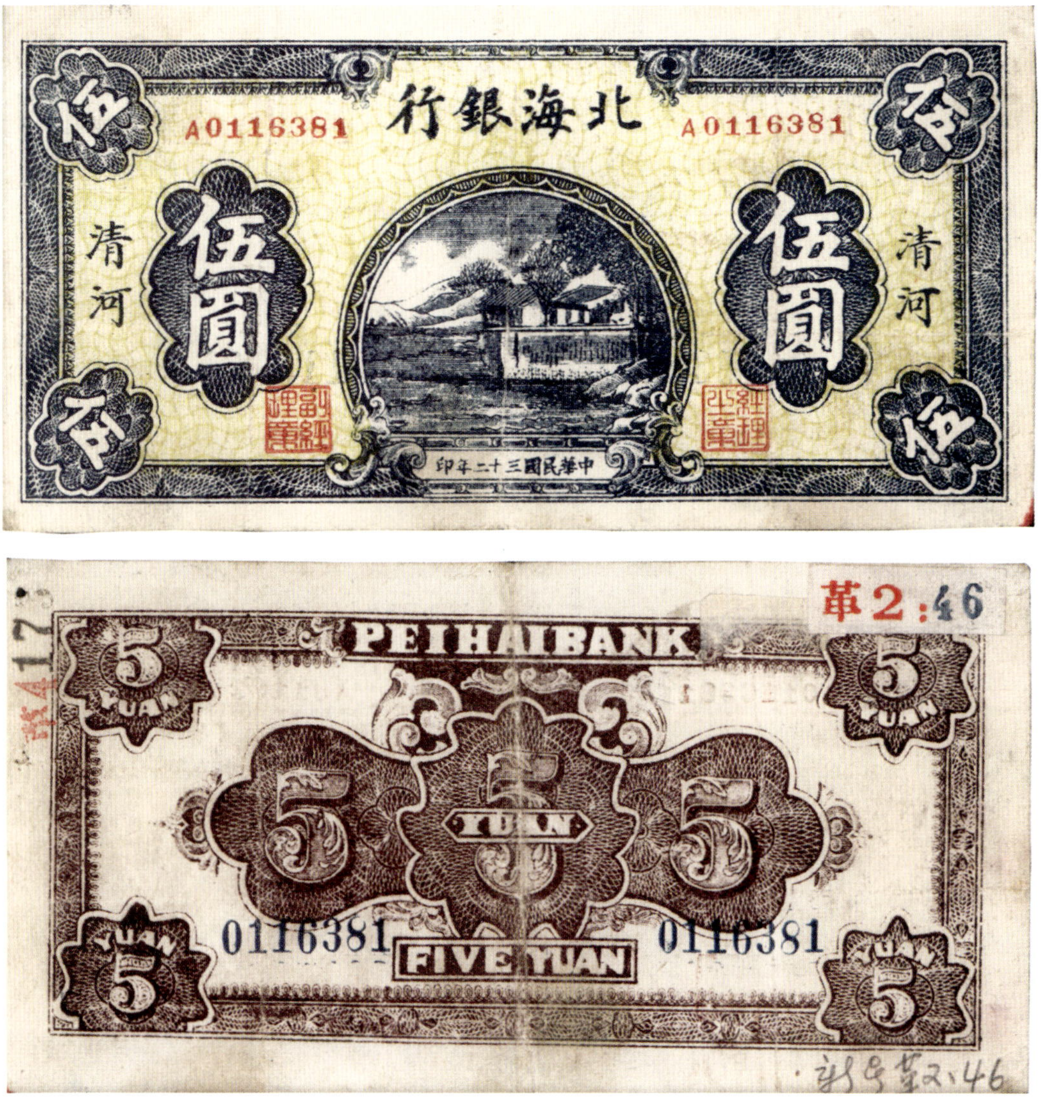

4-17

编　　号：B246-1　　★★★★

票　　幅：140×71mm

面　　额：伍圆

主　　色：蓝/褐

票面时间：民国三十二年

印刷单位：清河印钞厂

发行时间：1943年

收 藏 者：山东省博物馆

备　　注：1946年开始回收

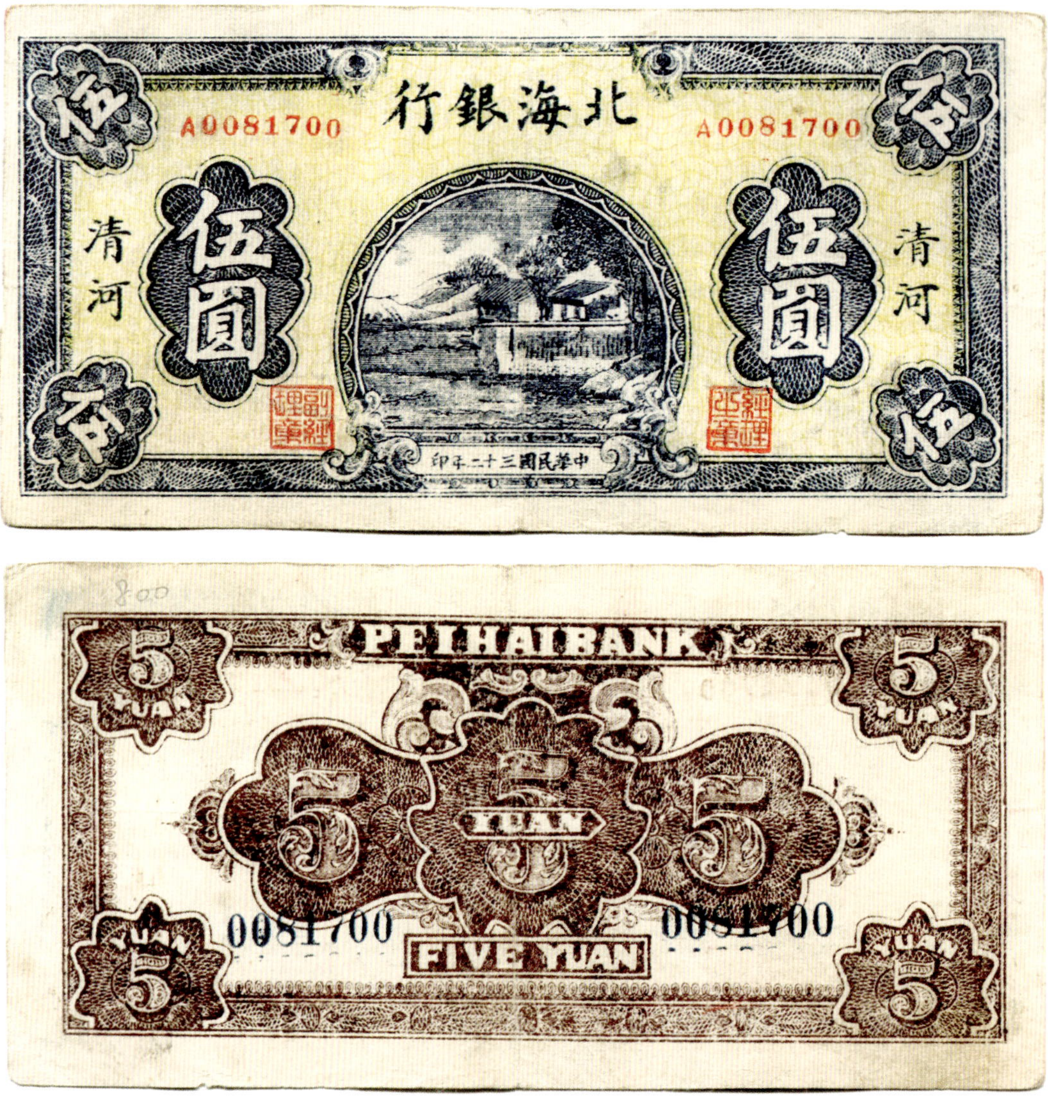

4-18

编　　号：B246-2　　★★★★　　票　　幅：140×71mm

面　　额：伍圆　　主　　色：蓝 / 褐

票面时间：民国三十二年　　印刷单位：清河印钞厂

发行时间：1943 年　　收 藏 者：北京崔维

备　　注：1946 年开始回收

4-19

编　　号： B247　　★★★★★　　**票　　幅：** 147×87mm

面　　额： 拾圆　　**主　　色：** 红 / 红

票面时间： 民国三十二年　　**印刷单位：** 清河印钞厂

发行时间： 1943 年　　**收 藏 者：** 编委

备　　注： 1946 年开始回收

4-20

编　　号：	B248　　★★	票　　幅：	138×69mm
面　　额：	拾圆	主　　色：	绿 / 紫
票面时间：	民国三十三年	印刷单位：	胶东印钞厂
发行时间：	1944 年 6 月以后	收 藏 者：	编委
备　　注：	渤海分行发行		

4-21

编　　号：	B249　　★★	**票　　幅：**	138×69mm
面　　额：	拾圆	**主　　色：**	深绿 / 深紫
票面时间：	民国三十三年	**印刷单位：**	胶东印钞厂
发行时间：	1944 年 6 月以后	**收 藏 者：**	编委
备　　注：	（一）渤海分行发行 （二）深色、粗印		

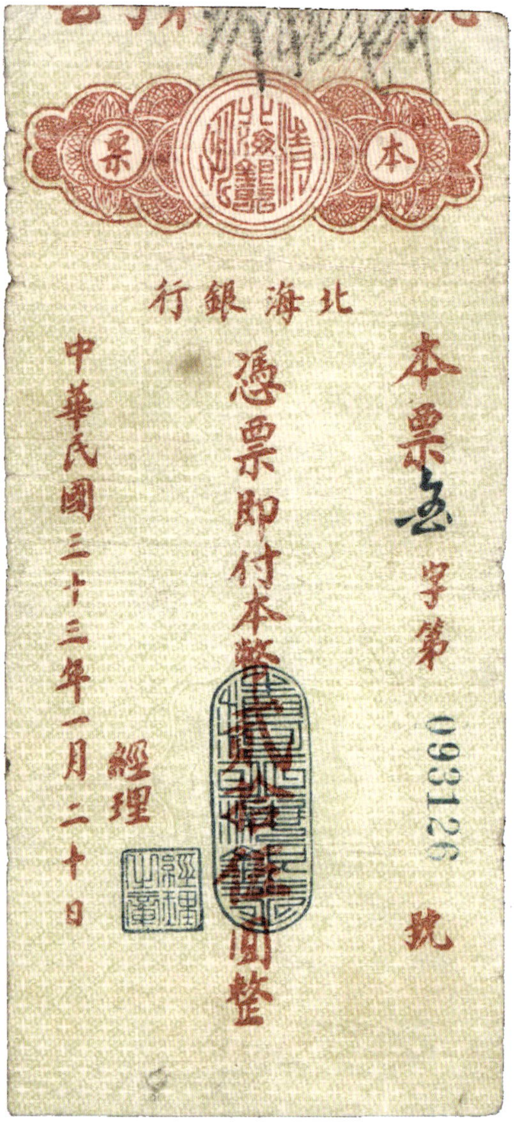

4-22

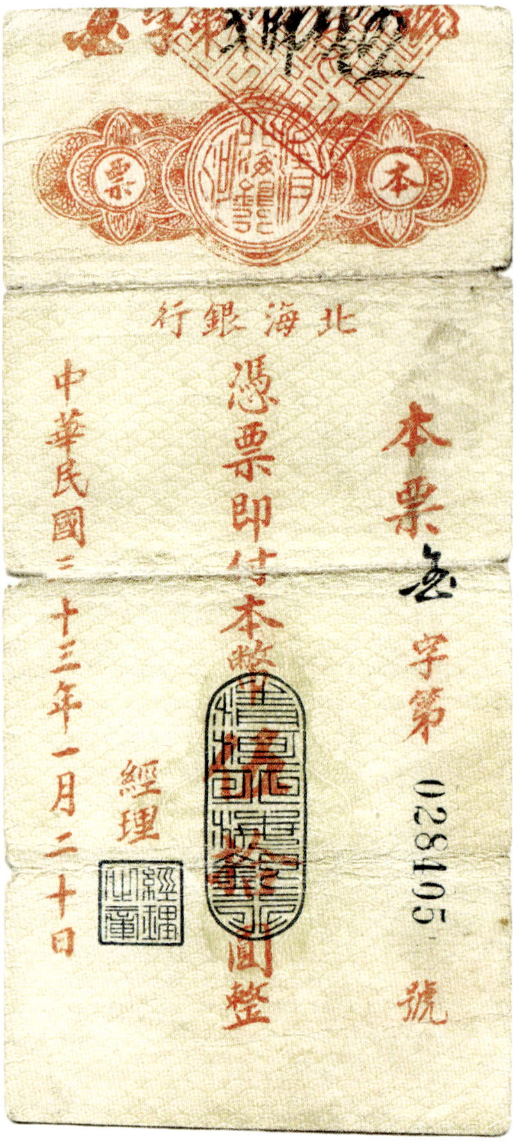

4-23

4-22 编　　号：B05　　票　　幅：146×68mm
面　　额：贰拾伍圆　　主　　色：紫
票面时间：民国三十三年一月二十日　　印刷单位：清河印钞厂
发行时间：1944 年 1 月 20 日　　收 藏 者：编委
备　　注：单面

4-23 编　　号：B06　　票　　幅：148×69mm
面　　额：伍拾圆　　主　　色：红
票面时间：民国三十三年一月二十日　　印刷单位：清河印钞厂
发行时间：1944 年 1 月 20 日　　收 藏 者：编委
备　　注：单面

冀鲁边分行发行的北海币

4–24

编　　号： B250　　　★★★★★　　　**票　　幅：** 149×78mm

面　　额： 伍圆　　　**主　　色：** 蓝 / 紫

票面时间： 民国二十九年　　　**印刷单位：** 胶东印钞厂

发行时间： 1941 年　　　**收 藏 者：** 编委

备　　注：（一）加印“春”字

（二）1946 年开始回收

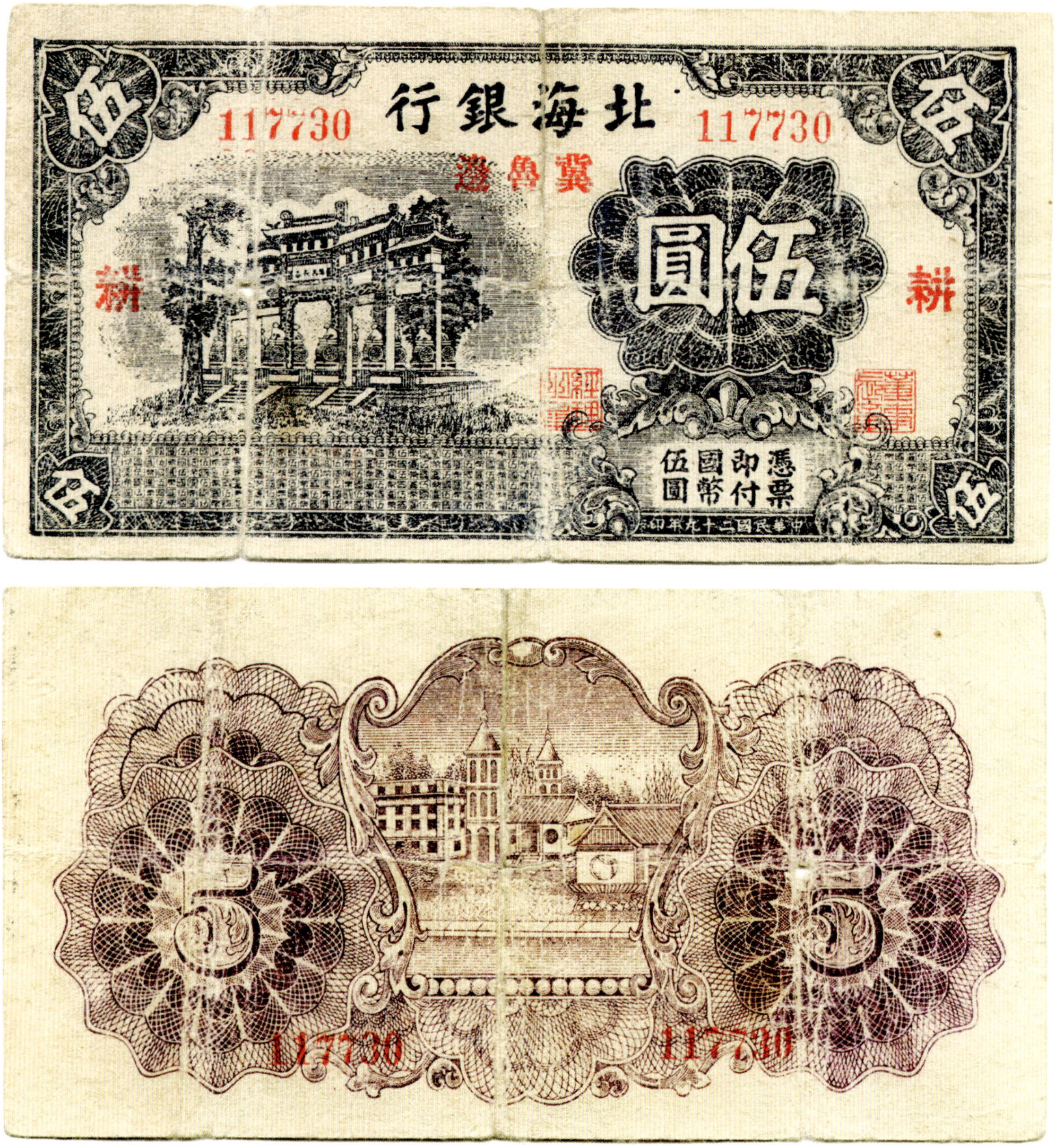

4-25

编　　号：B251	★★★★★	票　　幅：149×78mm	
面　　额：伍圆		主　　色：蓝 / 紫	
票面时间：民国二十九年		印刷单位：胶东印钞厂	
发行时间：1941 年		收 藏 者：编委	

备　　注：（一）加印“耕”字

（二）1946 年开始回收

4-26

编　　号： B252　　★★　　**票　　幅：** 95×54mm

面　　额： 壹角　　**主　　色：** 红棕 / 红棕

票面时间： 民国三十年　　**印刷单位：** 冀鲁边印钞厂

发行时间： 1941 年　　**收 藏 者：** 编委

备　　注： 1946 年开始回收

4-27

编　　号： B253　　★★★★

票　　幅： 147×76mm

面　　额： 拾圆

主　　色： 红 / 红

票面时间： 民国三十年

印刷单位： 胶东印钞厂

发行时间： 1942 年

收 藏 者： 博兴张海港

备　　注： 1946 年开始回收

4-28

编　　号： B254　　★★	**票　　幅：** 116×61mm
面　　额： 伍角	**主　　色：** 绿 / 绿
票面时间： 民国三十一年	**印刷单位：** 冀鲁边印钞厂
发行时间： 1942 年	**收 藏 者：** 编委
备　　注： 1946 年开始回收	

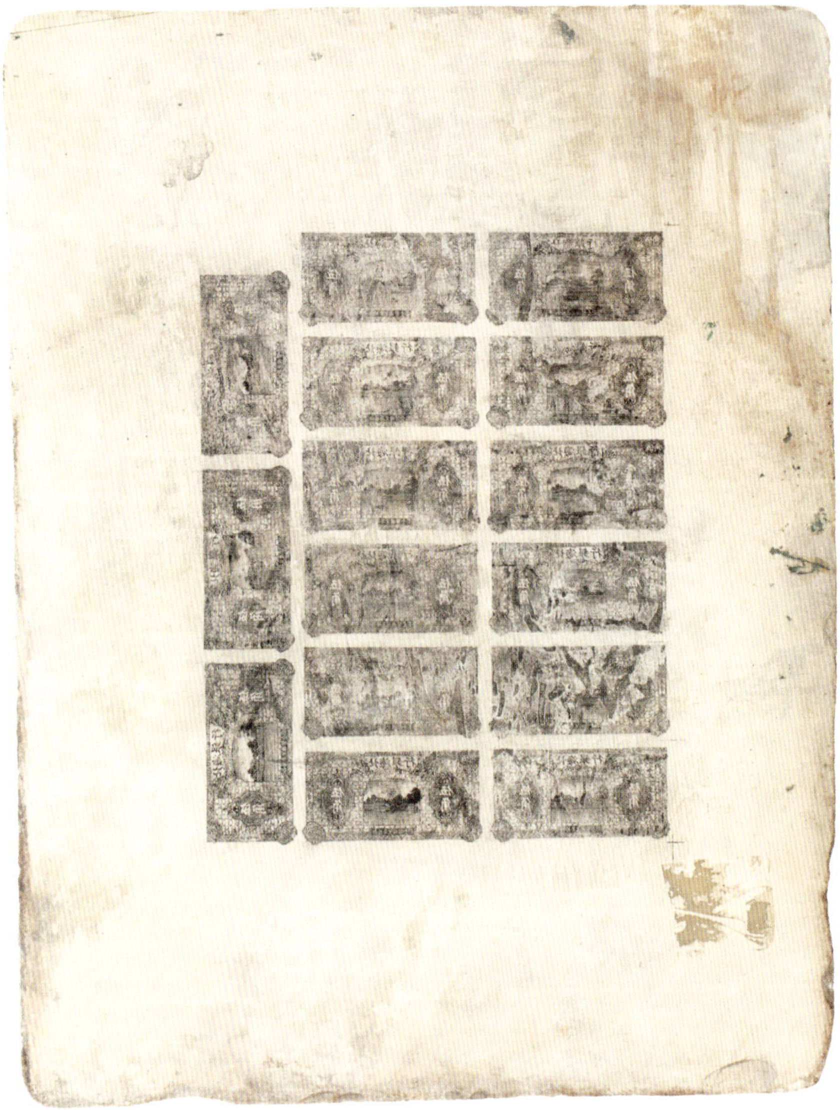

4-29

五角钞版　　收藏者：山东省博物馆

4–30

编　　号： B255　　★★	**票　　幅：** 116×61mm
面　　额： 伍角	**主　　色：** 绿 / 蓝
票面时间： 民国三十一年	**印刷单位：** 冀鲁边印钞厂
发行时间： 1942 年	**收 藏 者：** 编委
备　　注： 1946 年开始回收	

4-31

编　　号：B256　　★★　　票　　幅：117×60mm

面　　额：伍角　　主　　色：绿 / 蓝

票面时间：民国三十一年　　印刷单位：冀鲁边印钞厂

发行时间：1942 年　　收 藏 者：编委

备　　注：（一）号码前有打印“No”痕迹

（二）1946 年开始回收

4-32

编　　号： B257-1	★	**票　　幅：** 132×67mm	
面　　额： 壹圆		**主　　色：** 紫棕 / 橘红	
票面时间： 1942 年		**印刷单位：** 冀鲁边印钞厂	
发行时间： 1942 年		**收 藏 者：** 编委	
备　　注： 1946 年开始回收			

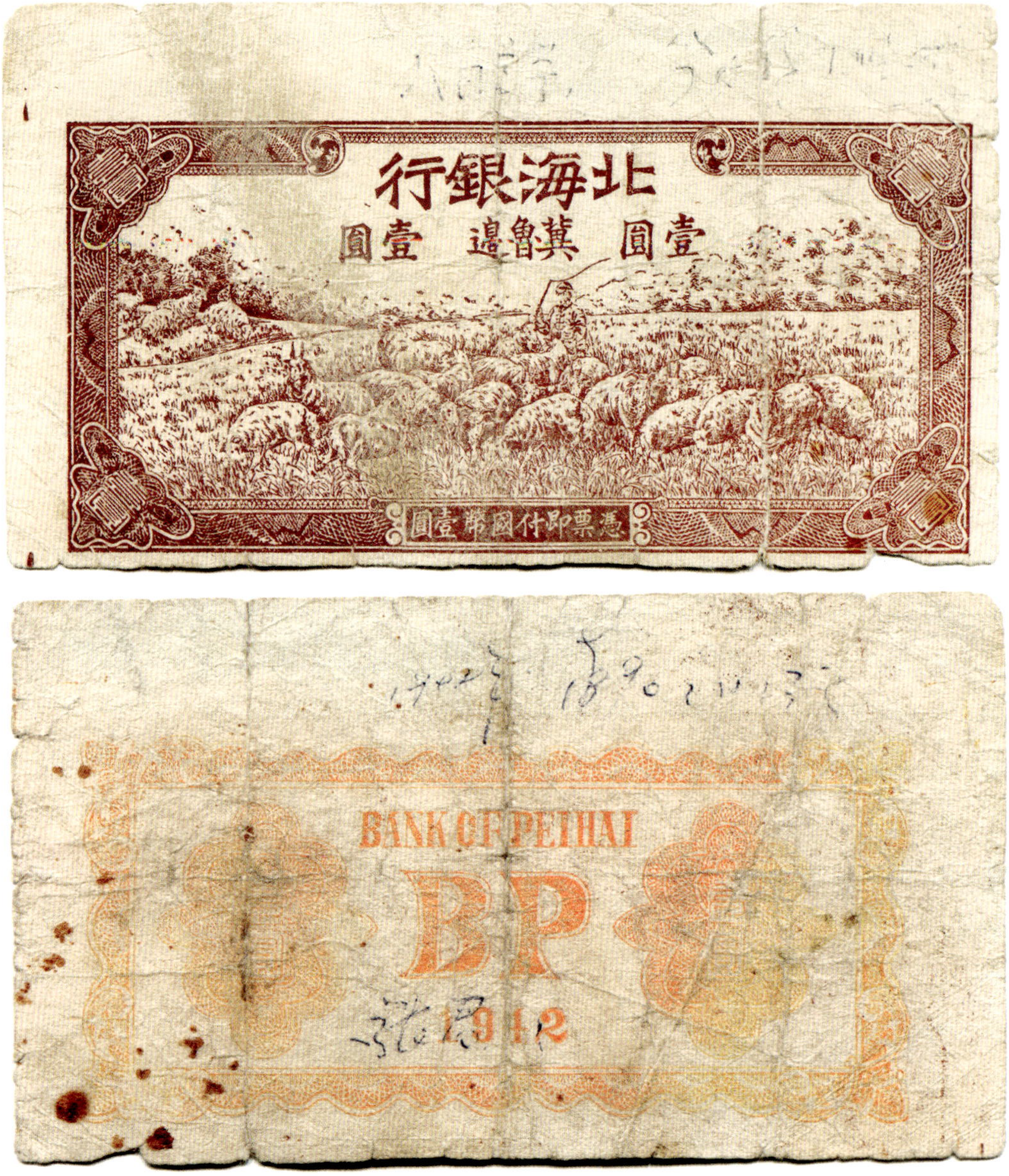

4−33

编　　号：B257−2
票　　幅：——
面　　额：壹圆
主　　色：紫棕 / 橘红
票面时间：1942 年
印刷单位：冀鲁边印钞厂
发行时间：——
收 藏 者：编委
备　　注：半成品

渤海分行发行的北海币

4-34

编　　号：B258	★★	票　　幅：147×71mm	
面　　额：壹圆		主　　色：蓝 / 蓝	
票面时间：民国三十二年		印刷单位：渤海印钞厂	
发行时间：1944 年以后		收 藏 者：编委	

备　　注：（一）粗字“渤海”

（二）1946 年开始回收

4-35

编　　号：	B259　　★★	票　　幅：	145×68mm
面　　额：	壹圆	主　　色：	蓝 / 蓝
票面时间：	民国三十二年	印刷单位：	渤海印钞厂
发行时间：	1944 年以后	收 藏 者：	编委

备　　注：（一）细字“渤海”

（二）1946 年开始回收

4-36

编　　号： B260　　★★★★　　**票　　幅：** 142×70 mm

面　　额： 壹圆　　**主　　色：** 蓝 / 蓝

票面时间： 民国三十二年　　**印刷单位：** 渤海印钞厂

发行时间： 1944 年以后　　**收 藏 者：** 南京王锡平

备　　注：（一）楷书行名

（二）1946 年开始回收

4-37

编　　号： P155	**票　　幅：** 145×68mm
面　　额： 壹圆	**主　　色：** 蓝 / 蓝
票面时间： 民国三十二年	**印刷单位：** 渤海印钞厂
发行时间： 1944 年以后	**收 藏 者：** 山东省博物馆
备　　注： 无“渤海”字样	

4-38

编　　号： B261	★★	**票　　幅：** 120×60mm	
面　　额： 壹圆		**主　　色：** 褐 / 褐	
票面时间： 民国三十二年		**印刷单位：** 渤海印钞厂	
发行时间： 1946 年		**收 藏 者：** 编委	

4–39

编　　号： B262	★★★	**票　　幅：** 147×71mm	
面　　额： 伍圆		**主　　色：** 棕 / 棕	
票面时间： 民国三十二年		**印刷单位：** 渤海印钞厂	
发行时间： 1944 年以后		**收 藏 者：** 编委	

备　　注：（一）背无签字

（二）1946 年开始回收

4-40

编　　号：	P156	**票　　幅：**	147×71mm
面　　额：	伍圆	**主　　色：**	棕 / 棕
票面时间：	民国三十二年	**印刷单位：**	渤海印钞厂
发行时间：	1944 年以后	**收 藏 者：**	中国钱币博物馆
备　　注：	背无签字		

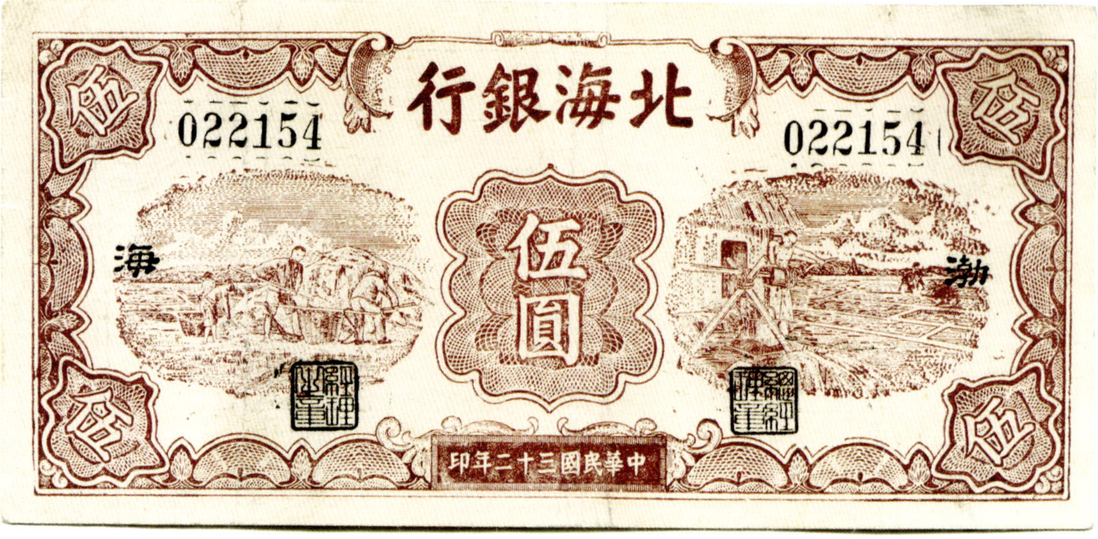

4–41

编　　号：B263　　★★★　　票　　幅：147×70mm

面　　额：伍圆　　主　　色：棕 / 棕

票面时间：民国三十二年　　印刷单位：渤海印钞厂

发行时间：1944 年以后　　收 藏 者：编委

备　　注：（一）背有签字

（二）1946 年开始回收

4-42

编　　号：P157
面　　额：伍圆
票面时间：民国三十二年
发行时间：1944 年以后
备　　注：背有签字
票　　幅：147×70mm
主　　色：棕 / 棕
印刷单位：渤海印钞厂
收 藏 者：编委

4-43

编　　号：B264　　★★★　　票　　幅：147×69mm

面　　额：伍圆　　主　　色：蓝 / 蓝

票面时间：民国三十二年　　印刷单位：渤海印钞厂

发行时间：1944 年以后　　收 藏 者：编委

备　　注：背“生产建设”

4-44

编　　号：P158

面　　额：伍圆

票面时间：民国三十二年

发行时间：1944 年以后

备　　注：背“生产建设”

票　　幅：147×69mm

主　　色：蓝 / 蓝

印刷单位：渤海印钞厂

收 藏 者：印钞造币总公司

4-45

编　　号：B265　　★★★★　　票　　幅：148×70mm

面　　额：伍圆　　主　　色：棕 / 棕

票面时间：民国三十二年　　印刷单位：渤海印钞厂

发行时间：1944 年以后　　收 藏 者：编委

备　　注：（一）背“生产建设”

（二）1946 年回收

4-46

编　　号： P159
面　　额： 伍圆
票面时间： 民国三十二年
发行时间： 1944 年以后
备　　注： 1946 年回收
票　　幅： 148×70mm
主　　色： 棕 / 棕
印刷单位： 渤海印钞厂
收 藏 者： 编委

4－47

编　　号：P160

票　　幅：148×70mm

面　　额：伍圆

主　　色：棕 / 棕

票面时间：民国三十二年

印刷单位：渤海印钞厂

发行时间：1944 年以后

收 藏 者：中国钱币博物馆

备　　注：两边渤海海字最后一笔长

4-48

编　　号： B266　　★★★★　　**票　　幅：** 161×78mm

面　　额： 拾圆　　**主　　色：** 红 / 红

票面时间： 民国三十二年　　**印刷单位：** 渤海印钞厂

发行时间： 1944 年　　**收 藏 者：** 淄博李林

备　　注：（一）绿色单字轨地名

（二）1946 年开始回收

4-49

编　　号： P161　　**票　　幅：** 156×77mm

面　　额： 拾圆　　**主　　色：** 红 / 红

票面时间： 民国三十二年　　**印刷单位：** 渤海印钞厂

发行时间： 1944 年　　**收 藏 者：** 印钞造币总公司

备　　注： 绿色单字轨地名

4-50

编　　号：B267　　★★★　　票　　幅：156×77mm

面　　额：拾圆　　主　　色：红 / 红

票面时间：民国三十二年　　印刷单位：渤海印钞厂

发行时间：1944 年以后　　收 藏 者：编委

备　　注：（一）绿色无字轨地名

（二）1946 年开始回收

4-51

编　　号：B268　　★★★　　票　　幅：156×77mm
面　　额：拾圆　　主　　色：红 / 红
票面时间：民国三十二年　　印刷单位：渤海印钞厂
发行时间：1944 年以后　　收 藏 者：博兴张海港
备　　注：（一）背绿色“夏夏”
（二）1946 年开始回收

4−52

编　　号： B269　　　★★★

票　　幅： 161×80mm

面　　额： 拾圆

主　　色： 红 / 红

票面时间： 民国三十二年

印刷单位： 渤海印钞厂

发行时间： 1944 年以后

收 藏 者： 编委

备　　注：（一）蓝色两侧“渤海”

（二）1946 年开始回收

4–53

编　　号：P162
面　　额：拾圆
票面时间：民国三十二年
发行时间：1944 年以后
备　　注：蓝色两侧“渤海”

票　　幅：161×80mm
主　　色：红 / 红
印刷单位：渤海印钞厂
收 藏 者：编委

4-54

编　　号： B270	★★★	**票　　幅：** 158×80mm	
面　　额： 拾圆		**主　　色：** 红 / 红	
票面时间： 民国三十二年		**印刷单位：** 渤海印钞厂	
发行时间： 1944 年以后		**收 藏 者：** 编委	

备　　注：（一）蓝色两边“新”，上“渤海”

（二）1946 年开始回收

4-55

编　　号：P163
面　　额：拾圆
票面时间：民国三十二年
发行时间：1944 年以后
备　　注：蓝色两边“新”，上“渤海”
票　　幅：158×80mm
主　　色：红 / 红
印刷单位：渤海印钞厂
资料来源：《中国历代货币大系》

4-56

编　　号： B271	★★	**票　　幅：** 105×53mm	
面　　额： 伍角		**主　　色：** 绿 / 绿	
票面时间： 民国三十三年		**印刷单位：** 渤海印钞厂	
发行时间： 1944 年以后		**收 藏 者：** 编委	

4-57

编　　号：	P164	**票　　幅：**	105×53mm
面　　额：	伍角	**主　　色：**	绿 / 绿
票面时间：	民国三十三年	**印刷单位：**	渤海印钞厂
发行时间：	1944 年以后	**收 藏 者：**	编委

4-58

编　　号： B272　　★★　　**票　　幅：** 121×63mm

面　　额： 壹圆　　**主　　色：** 红 / 红

票面时间： 民国三十三年　　**印刷单位：** 渤海印钞厂

发行时间： 1944 年以后　　**收 藏 者：** 编委

备　　注： 1946 年开始回收

4-59

编　　号：	B273　　★★★★	票　　幅：	128×68mm
面　　额：	伍圆	主　　色：	蓝 / 蓝
票面时间：	民国三十三年	印刷单位：	渤海印钞厂
发行时间：	1944 年以后	收 藏 者：	编委
备　　注：	1946 年开始回收		

4-60

编　　号：P165

票　　幅：128 × 68mm

面　　额：伍圆

主　　色：蓝 / 蓝

票面时间：民国三十三年

印刷单位：渤海印钞厂

发行时间：1944 年以后

收 藏 者：印钞造币总公司

备　　注：1946 年开始回收

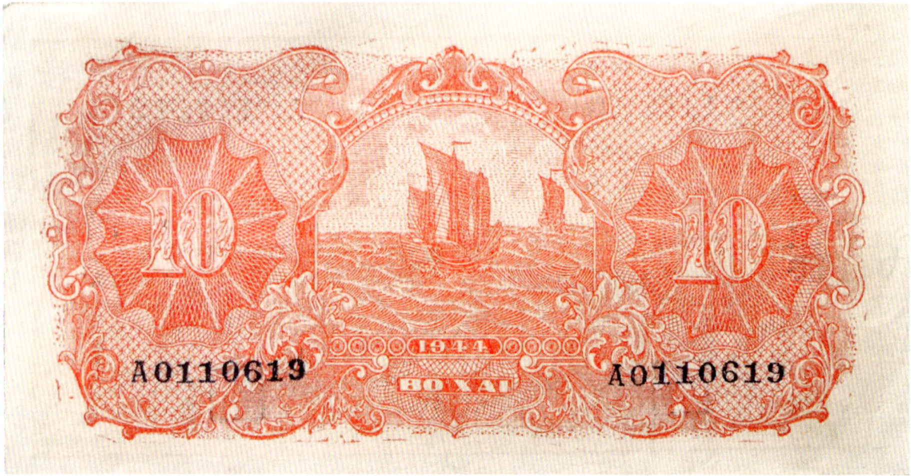

4-61

编　　号： B274	★★	**票　　幅：** 123×67mm	
面　　额： 拾圆		**主　　色：** 红 / 红	
票面时间： 民国三十三年		**印刷单位：** 渤海印钞厂	
发行时间： 1944 年以后		**收 藏 者：** 博兴张海港	

4-62

编　　号： P166	**票　　幅：** 123×67mm
面　　额： 拾圆	**主　　色：** 红 / 红
票面时间： 民国三十三年	**印刷单位：** 渤海印钞厂
发行时间： 1944 年以后	**收 藏 者：** 编委

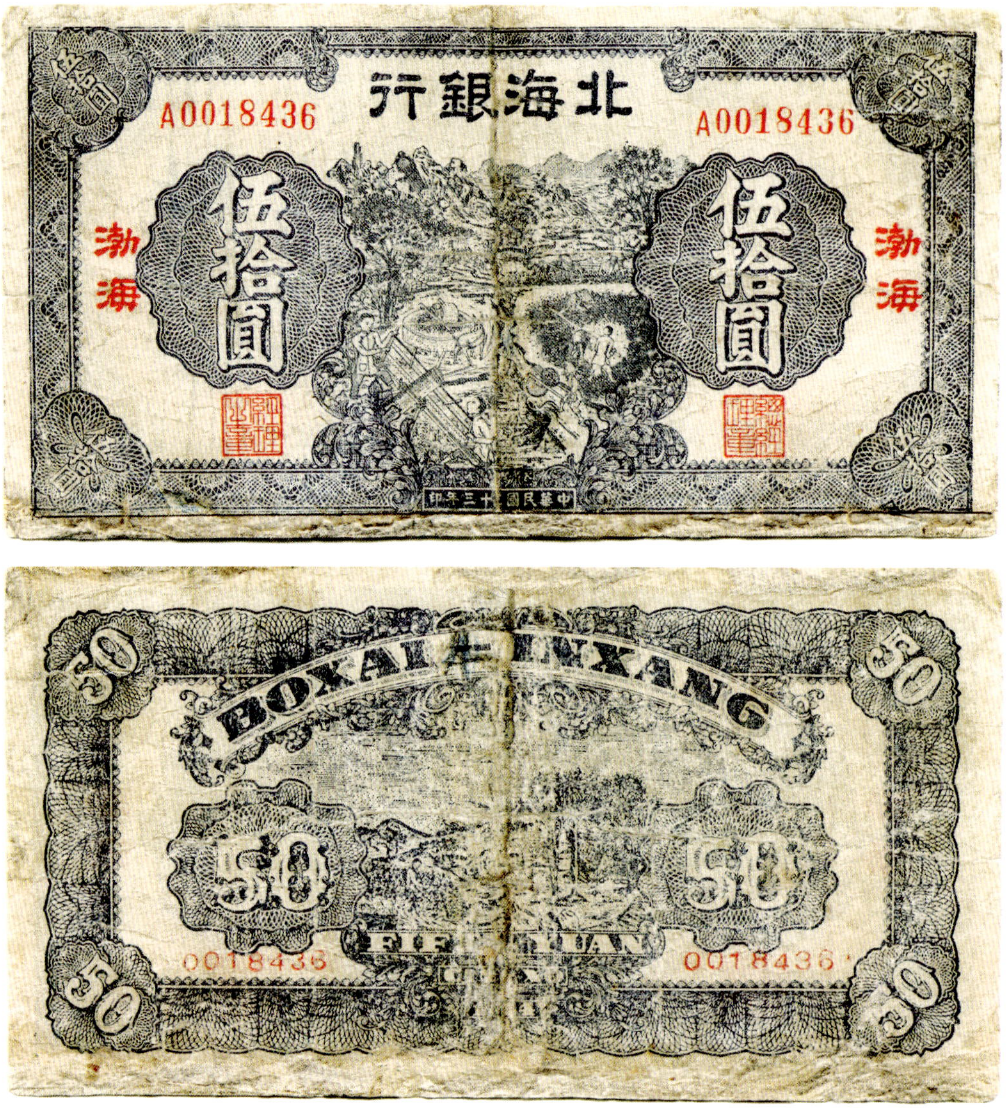

4-63

编　　号： B275	★★★★★	**票　　幅：**	135×70mm
面　　额： 伍拾圆		**主　　色：**	蓝 / 蓝
票面时间： 民国三十三年		**印刷单位：**	渤海印钞厂
发行时间： 1944 年以后		**收 藏 者：**	编委

4-64

编　　号：P167	**票　　幅：**135×70mm
面　　额：伍拾圆	**主　　色：**蓝 / 蓝
票面时间：民国三十三年	**印刷单位：**渤海印钞厂
发行时间：1944 年以后	**收 藏 者：**编委

4-65

编　　号：B276-1	★★★★★	票　　幅：138×73mm	
面　　额：伍拾圆		主　　色：蓝 / 紫	
票面时间：民国三十三年		印刷单位：渤海印钞厂	
发行时间：1944 年以后		收 藏 者：博兴张海港	
备　　注：右“渤”左“海”			

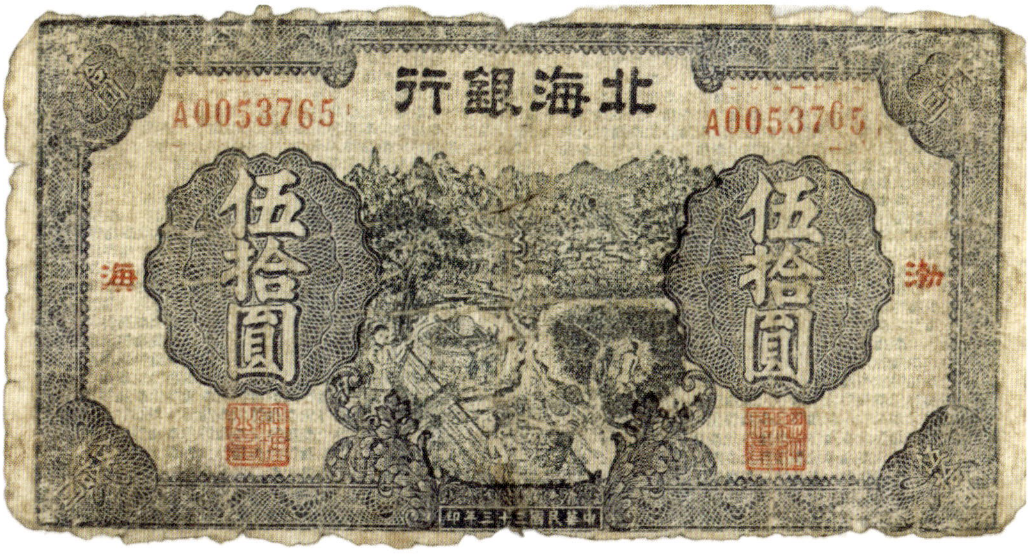

4-66

4-67

4-66	编　　号：B276-2	★★★★★	票　　幅：138×73mm
	面　　额：伍拾圆		主　　色：蓝 / 紫
	票面时间：民国三十三年		印刷单位：渤海印钞厂
	发行时间：1944 年以后		收 藏 者：山东省博物馆
	备　　注：右“渤”左“海”		

4-67	编　　号：P168		票　　幅：150×70mm
	面　　额：壹百圆		主　　色：紫 / 橘黄
	票面时间：民国三十三年		印刷单位：渤海印钞厂
	发行时间：1944 年以后		资料来源：《中国历代货币大系》

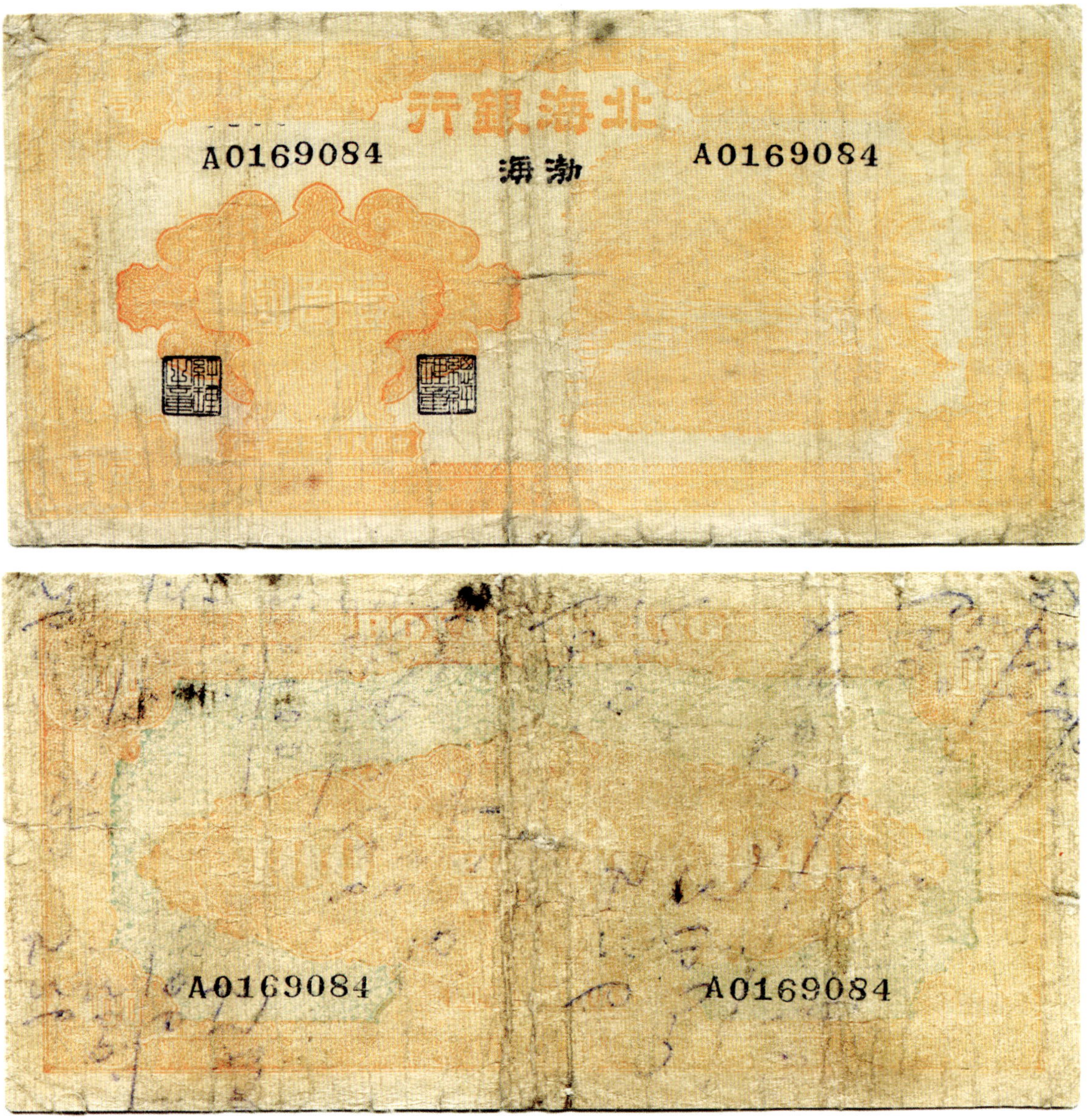

4-68

编　　号：B277	★★★★★	票　　幅：152×75mm	
面　　额：壹百圆		主　　色：橘黄 / 橘黄	
票面时间：民国三十三年		印刷单位：渤海印钞厂	
发行时间：1944 年以后		收 藏 者：编委	

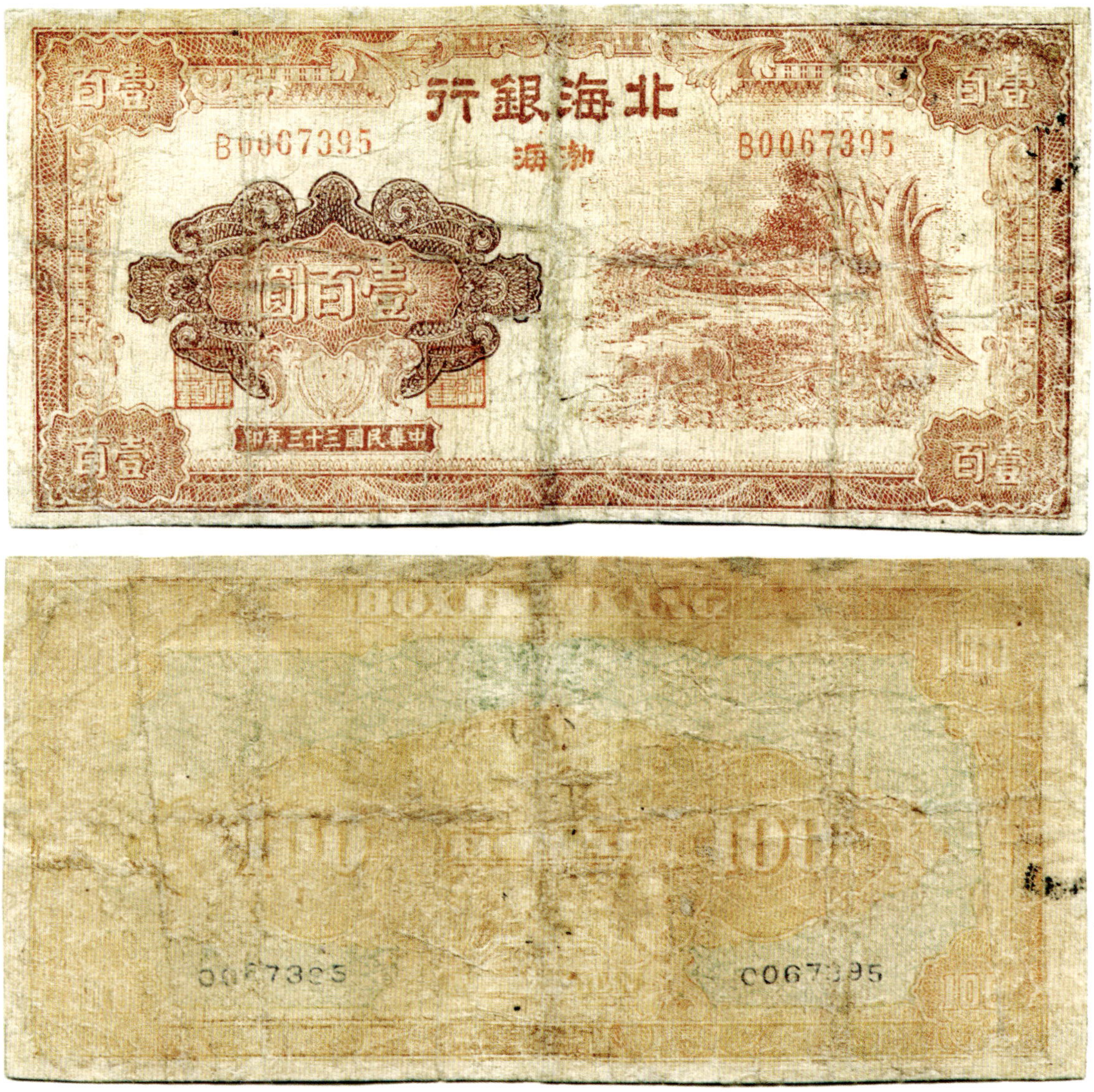

4-69

编　　号： B278	★★★★★	**票　　幅：** 150×70mm	
面　　额： 壹百圆		**主　　色：** 紫 / 橘黄	
票面时间： 民国三十三年		**印刷单位：** 渤海印钞厂	
发行时间： 1944 年以后		**收 藏 者：** 编委	

4—70

编　　号：B279　★★

票　　幅：123×65mm

面　　额：贰百圆

主　　色：红 / 蓝

票面时间：民国三十三年

印刷单位：渤海印钞厂

发行时间：1947 年

收 藏 者：编委

4-71

编　　号： B280　　★★

票　　幅： 128×66mm

面　　额： 拾圆

主　　色： 红 / 红

票面时间： 民国三十四年

印刷单位： 渤海印钞厂

发行时间： 1945 年

收 藏 者： 编委

备　　注： 1946 年开始回收

4-72

编　　号：P169　★★

票　　幅：128×66mm

面　　额：拾圆

主　　色：红 / 红

票面时间：民国三十四年

印刷单位：渤海印钞厂

发行时间：1945 年

收 藏 者：编委

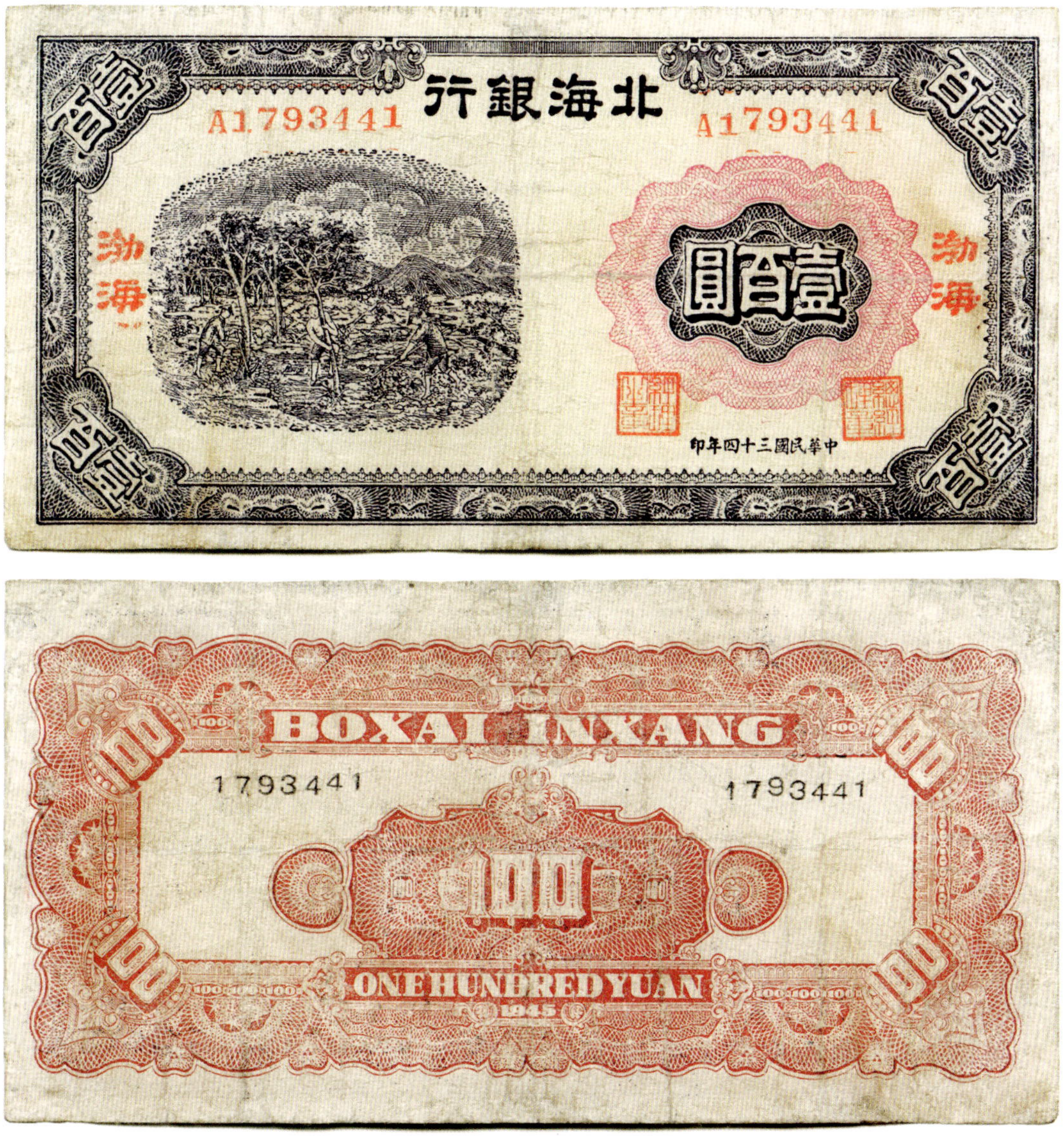

4-73

编　　号： B281-1	★★★★	**票　　幅：** 142×72mm	
面　　额： 壹百圆		**主　　色：** 蓝 / 红棕	
票面时间： 民国三十四年		**印刷单位：** 胶东代印	
发行时间： 1945 年		**收 藏 者：** 编委	

4-74

编　　号：B281-2　　★★★★　　票　　幅：142×72mm

面　　额：壹百圆　　主　　色：蓝 / 红棕

票面时间：民国三十四年　　印刷单位：胶东代印

发行时间：1945 年　　收 藏 者：南京王锡平

备　　注：背错号

4-75

编　　号： P170　　**票　　幅：** 142×72mm

面　　额： 壹百圆　　**主　　色：** 蓝 / 红棕

票面时间： 民国三十四年　　**印刷单位：** 胶东代印

发行时间： 1945 年　　**收 藏 者：** 编委

4-76

编　　号： B282	★★	**票　　幅：** 130×64mm	
面　　额： 伍百圆		**主　　色：** 棕 / 深褐	
票面时间： 民国三十六年		**印刷单位：** 渤海印钞厂	
发行时间： 1947 年		**收 藏 者：** 编委	

4-77

编　　号：	P171	**票　　幅：**	130×64mm
面　　额：	伍百圆	**主　　色：**	棕 / 深褐
票面时间：	民国三十六年	**印刷单位：**	渤海印钞厂
发行时间：	1947 年	**收 藏 者：**	编委

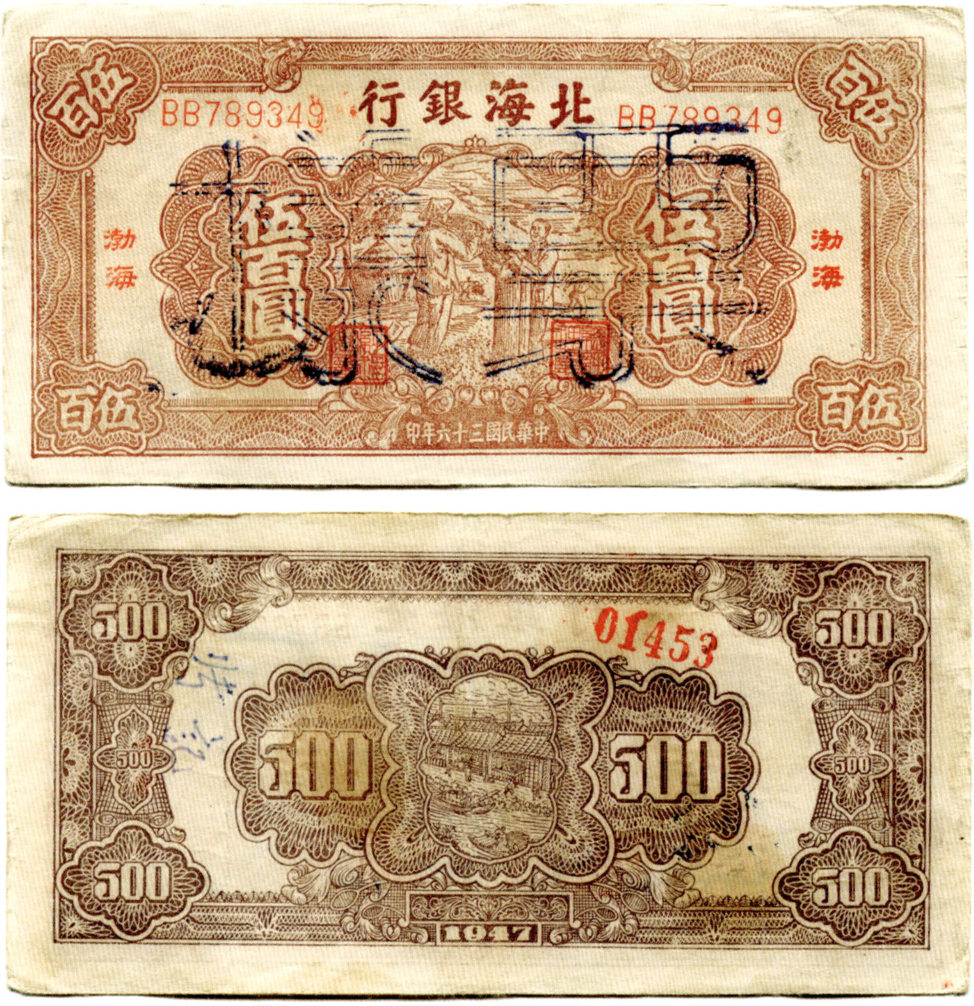

4–78

编　　号：P172	**票　　幅：**130 × 64mm
面　　额：伍百圆	**主　　色：**棕 / 褐
票面时间：民国三十六年	**印刷单位：**渤海印钞厂
发行时间：1947 年	**收 藏 者：**编委

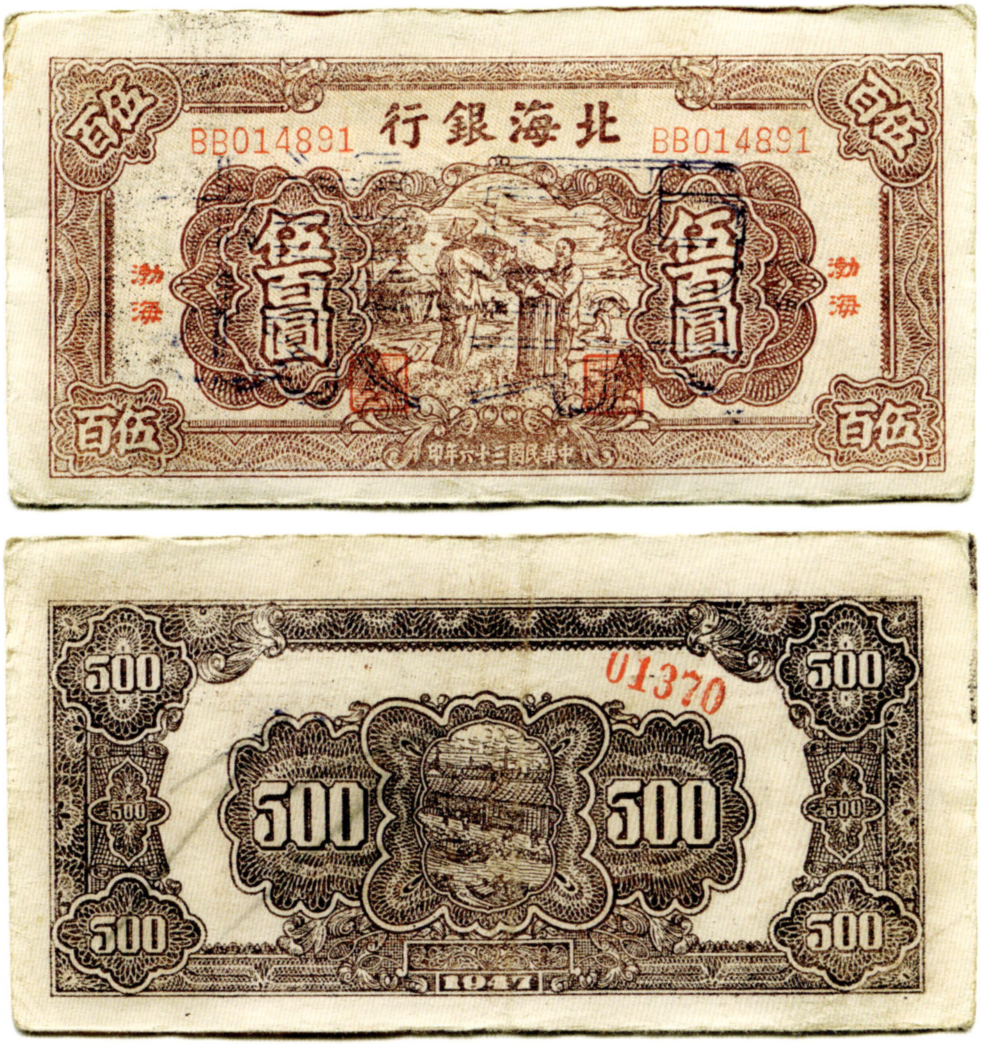

4-79

编　　号： P173

面　　额： 伍百圆

票面时间： 民国三十六年

发行时间： 1947 年

票　　幅： 130×64mm

主　　色： 棕褐 / 深褐

印刷单位： 渤海印钞厂

收 藏 者： 编委

4-80

编　　号：	B283　　★	票　　幅：	127×65mm
面　　额：	贰百圆	主　　色：	蓝 / 蓝
票面时间：	民国三十三年	印刷单位：	胶东印钞厂
发行时间：	1946 年	收 藏 者：	编委
备　　注：	单字轨		

4-81

编　　号：P174

票　　幅：128×67mm

面　　额：贰百圆

主　　色：蓝 / 蓝

票面时间：民国三十三年

印刷单位：胶东印钞厂

发行时间：1946 年

收 藏 者：编委

备　　注：单字轨

4-82

编　　号：	B284　★	**票　　幅：**	126×64mm
面　　额：	贰百圆	**主　　色：**	蓝 / 蓝
票面时间：	民国三十三年	**印刷单位：**	胶东印钞厂
发行时间：	1946 年	**收 藏 者：**	编委
备　　注：	双字轨		

4-83

编　　号：	P175	**票　　幅：**	126×64mm
面　　额：	贰百圆	**主　　色：**	蓝／蓝
票面时间：	民国三十三年	**印刷单位：**	胶东印钞厂
发行时间：	1946 年	**收 藏 者：**	编委
备　　注：	单字轨		

4-84

编　　号：B285　　★

票　　幅：126×64mm

面　　额：贰百圆

主　　色：蓝 / 棕

票面时间：民国三十三年

印刷单位：胶东印钞厂

发行时间：1946 年

收 藏 者：编委

备　　注：左号码右冠字

4-85

编　　号：	P176	**票　　幅：**	126×64mm
面　　额：	贰百圆	**主　　色：**	蓝 / 棕
票面时间：	民国三十三年	**印刷单位：**	胶东印钞厂
发行时间：	1946 年	**收 藏 者：**	编委
备　　注：	左号码右冠字		

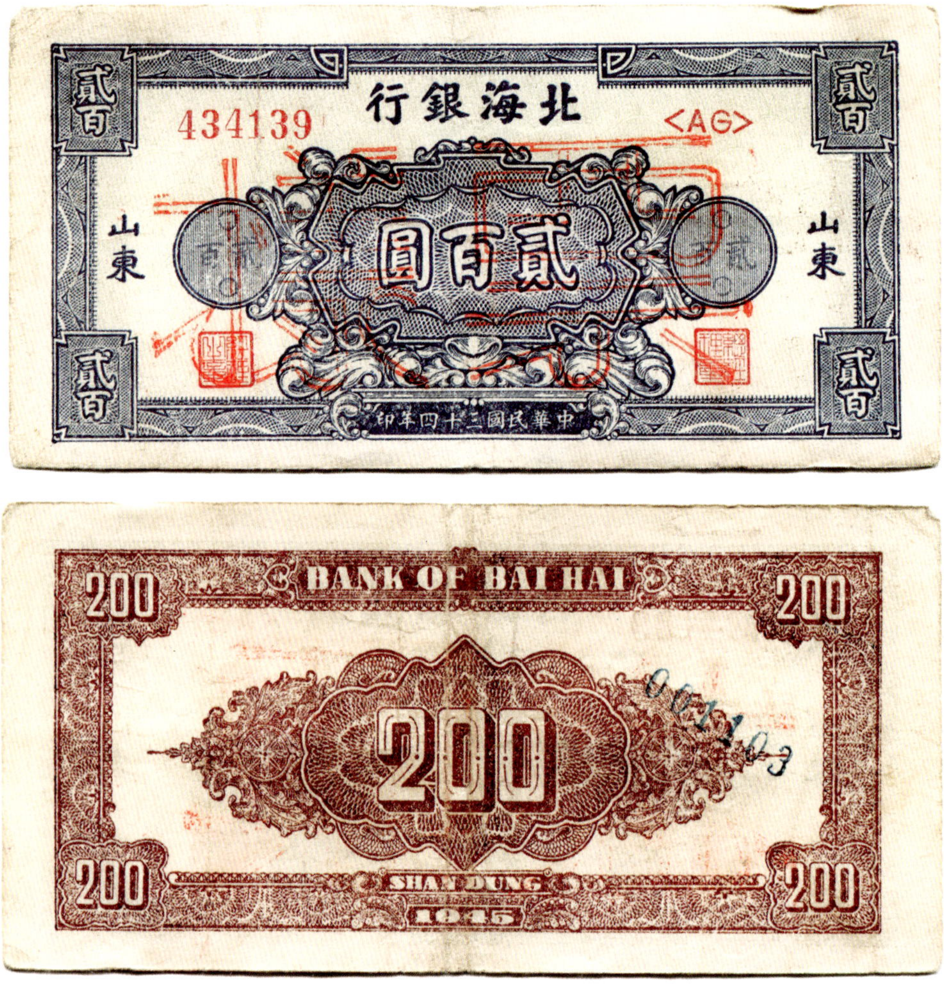

4-86

编　　号： P177	**票　　幅：** 126 × 64mm
面　　额： 贰百圆	**主　　色：** 蓝 / 棕
票面时间： 民国三十三年	**印刷单位：** 胶东印钞厂
发行时间： 1946 年	**收 藏 者：** 编委
备　　注： 左号码右冠字	

第五章

滨海分行

滨海行政区面积约1.8万平方公里， 人口500万左右，东濒黄海，西以沂河为界与鲁南、鲁中两行政区相接，南、北分别以陇海和胶济铁路为界，因靠海，故名滨海。抗战时期，这里是山东重要的革命根据地，是山东分局、山东省战时行政委员会、八路军一一五师、山东军区长期驻扎活动的地方，是全省政治、军事指挥中心。

1940年11月，中共山东分局指示鲁中区党委五地委，立即成立“滨海各县联合办事处”，以统一领导各县政权工作。12月15日，五地委政府工作部召集莒县、日照、临沂、赣榆及当地驻军代表在坪上（今属莒南）开会，决定成立四县联合办事处。次年1月1日，莒日临赣四县联合办事处成立（后改称滨海各县行政联合办事处）；8月1日，在滨海各县行政联合办事处辖区的基础上设立滨海专区，其行政机关为滨海专署（仍属鲁中），原滨海各县行政联合办事处撤销。专署先后辖日照、莒南、莒中、赣榆、沭水、临沭、海陵、郯城等县 。1942年4月1日，鲁中滨海专区与鲁南第四（沭海）行政区（专区级） 合并 ，仍称滨海专区，相应的行政机关于3月份先行合并，改称滨海直属专署，归省战工会直接领导。1943年4月滨海专区升格为行政区，但是行政机关的称谓未变，辖日照、莒南、莒中、沭水、临沭、赣榆、海陵等县，和莒北、日（照）北、马陵等县级行政单位。

1943年9月，省战工会改称省政委会，滨海专区归省政委会领导。本月上旬，滨海直属专署在滨北地区组建一行署（习称滨北行署），辖莒北、日北、诸城、诸莒边、诸胶边五个县（办事处），1944年8月以后陆续增加藏马、珠山、高密、胶县等；当时，整个滨海以泰（安）石（臼）公路为界分为南北两部分，路北属滨北专署管辖，路南则由滨海直属专署直接领导；10月，建立二行署（滨南行署），辖临沭、郯城、沭水、海陵等县；1944年6月下旬，成立三行署（滨中行署），辖莒南、莒中、日照、莒临、赣榆五县，此五县之前由滨海专署直辖，后增芦山县、日东办事处。1945年4月，滨海专区改称滨海行政区，滨海直属专署改称滨海行政公署，原滨海直属专署一、二、三行署改为滨海行署一、二、三专署。

1945年8月，省政委会改为山东省政府。1946年4月，滨海行署三专署撤销，7月，二专署撤销，

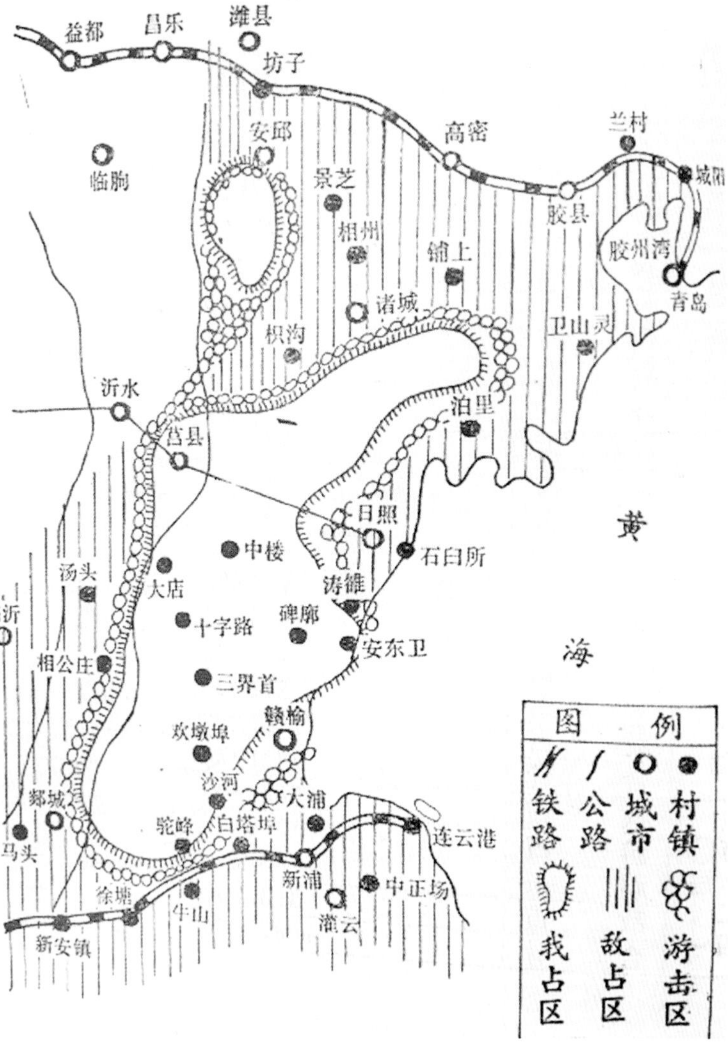

滨海简图（1944 年）

本月，滨海行政公署撤销，滨海行署一专署改称滨北专署，划归胶东行署领导，滨南专区、滨中专区和新海办事处辖区合并为滨海专区，建滨海专署，由山东省政府直接领导。

第一节　滨海分行的创建及总行迁滨海前的发展

1941 年 2 月，北海银行滨海办事处开始筹建，8 月北海银行滨海办事处在莒南洙边区东书院村成立，初期仅有 4 名工作人员，滨海专署财政科科长王子芹兼主任，业务员谢华堂，会计孙良臣，出纳牟逵。其主要业务是协调政府取缔土杂钞，推行北海币，筹建印钞厂。

东书院村今属洙边镇，位于莒南县城南十几公里处，村周围河流交错，小有名气的洙溪河由村西边流过。据东书院村村民武洪喜（1928 年生人）说，当年银行有四、五个人，住王希臻家的三间堂屋里。

1942 年 2 月，北海银行滨海办事处以《滨海时报》社一部分石印机为基础，加上从总行抽调出来的一部分人员和器材，在莒南县洙边区孙家沟建立了北海银行滨海印钞厂。北海银行总行发行科长王志成专程赶来宣布工厂成立及人员分工。印钞厂负责人李维恭、张延卿。主要成员有李新联、赵克勤（制版技师，1943 年去世）、田杰等同志。印钞用的纸张、油墨是在潍坊、青口等地采购的。

孙家沟今称孙家峪，已并入东夹河村，属洙边镇，位于莒南县城正南方，夹河于村南转弯而过。经询问当地老人，只知道这村当年住过八路，不知道北海银行印钞厂在这里呆过，看来当年印钞厂保密工作做得很好。

初期，印钞厂仅有两台圆盘机（打码机，由鲁中印钞厂调拨而来）和两台小石印机（系报社支援），20余名职工，为了保密，对外称印刷所或工作队。印钞厂主要成员分工如下：李维恭任厂长兼制版组长，刁新如任石印组长，王文青任铅印组长，安荣任切纸组长。后来小石印机增加到10余台，脚踏机近10台。北海银行总行在沂南大梨峪（即史料上所说的沂水大劳峪）建印钞厂时，至少有 4 台打码机，1942 年 2 月迁万粮庄时，仅迁过去两台打码机（当年曾在万粮庄总行印钞厂供职的高守懋、黄嘉和先生均如是说），估计其余两台打码机直接迁到了这里。由此看来，总行印钞厂在迁万粮庄时，已经做好了将来东迁莒南的打算。

由于处在战争环境，为了安全起见，印钞厂经常迁移，开始在孙家沟用几间民房做厂房，后又辗转高家沟、大嵯峨、北杨家圈等村。工厂在北杨家圈时曾遭敌人的突然袭击，物资受到一些损失，但人员安然无恙。

本年 4 月 25 日的《大众日报》载：“现因业务发达，正准备在滨海区设立分行云。” 9 月，滨海办事处正式升格为分行，调王子芹任经理，分行驻峤山区何家店子村，共有员工 10 余人，下设业务股、会计股、出纳股、发行股；谢华堂任业务股长兼金库主任，辛毅任秘书兼会计股长，牟逵任出纳股长，张汉卿任发行股长。主要职责是：印制北海币用于军费和地方党政开支；发放农业、渔业、手工业、商业贷款；打击伪币，排挤法币，让北海币占领市场；办理金库业务。同时滨海专署所属各县金库划归银行，并以原金库人员为主，成立各县银行办事处。分行辖莒南、莒中、日照、赣榆、海陵、临沭、沭水及鲁南 8 个办事处，鲁南办事处升为支行后，仍隶属滨海分行。其中莒南办事处主管谢华堂，会计于国屏，出纳田礼法。

7 月，滨海专署发布布告：自 8 月 1 日起，滨海地区以北海银行钞票为本位币。自 8 月 15 日起，法币一律五折使用。此举拉开了山东根据地第一次排法斗争的序幕，但最终未获圆满成功。

1943 年 3 月，北海银行总行由鲁中迁到滨海，驻莒南县峤山区何家店子村，滨海分行撤销，人员及业务并入总行，总行兼理滨海区的银行业务。本月，滨海印钞厂迁驻峤山区北杨家圈。在那里与总行印钞厂合并。

并入总行前，滨海印钞厂前后印制过五分、一角、二角、五角、一元、二元、五元、十元等 8 种面额北海币，均为总行版。至滨海、鲁中、鲁南三区北海币实行分区发行限区流通前，三区使用同版北海币。因为总行仅发行过一种五分和一角（此券为一纵始发）券，所以滨海印钞厂印制的五分、一角券，必为民国三十一年山桥五分和民国二十九年农夫锄地一角券。至滨海印钞厂并入总行印钞厂前，总行发行的二角、一元、五元和十元券各有两种版别。其中民国二十九年红色山东五元券短暂发行就停止了，滨海印钞厂印制的五元券必为民国三十年蓝色山东五元券。

1943 年以前，北海银行的年度发钞计划一般是由山东分局或战工会分别下达给总行和胶东区，然后由总行及胶东区分别调剂其他战略区。滨海区的北海币由总行调剂。

第二节 总行离开滨海后滨海的银行组织状况

1945 年 6 月，总行及印钞厂由滨海迁回鲁中。滨海区无银行机构，也未开展相关业务。9 月，总行在莒南大店重建滨海办事处，于国屏任主任，下设营业、会计、出纳三个股，分别由袁明秀、许洪三、黄守义任主管，共有 10 余名员工。

1946 年 2 月，为了占领沿海经济重地，总行决定撤销滨海办事处，将原班人马迁往日照石臼所，改称北海银行石臼所办事处。10 月 7 日，北海银行滨海直属支行在莒南洙边区东书院成立（《临沂地区金融志》第 74 页载为西书院）。行长李文灏，副行长陈子未，下设业务股、秘书股、会计股、出纳股，袁明秀、谷树屏先后任业务股股长，许洪三、赵萍先后任会计股股长，出纳股长先是由陈子未兼任，后为孙晋灼。支行领导临沂、石臼所两办事处，同时建立了竹庭办事处，直属总行领导。之后，滨海直属支行先后移驻莒南寺后、朱梅、桃花林、山底等村。

1947 年夏，国民党军进攻山东，滨海直属支行由山底村迁往竹庭县（今赣榆县）照半庄。1948 年 1、2 月间，增设莒县、莒南、临沭、郯城、东海办事处。7 月，北海银行滨海直属支行改称北海银行鲁中南分行第六支行。1949 年 11 月，六支行由照半庄迁到莒南大店镇后，改称中国人民银行滨海分行，北海银行在滨海的活动结束。

由于滨海分行在山东根据地全面实行北海币分区发行限区流通的货币政策之前就并入了总行，所以当时五大分行中滨海分行是唯一没有发行带有战略区名北海币的分行。带有滨海字样的北海币系总行发行。尽管如此，为了便于钱币爱好者查阅，我们还是将带有滨海字样的北海币附在滨海分行之后介绍。

东书院村今照

总行何家店遗址位置（路口处即是）

滨海地名北海币

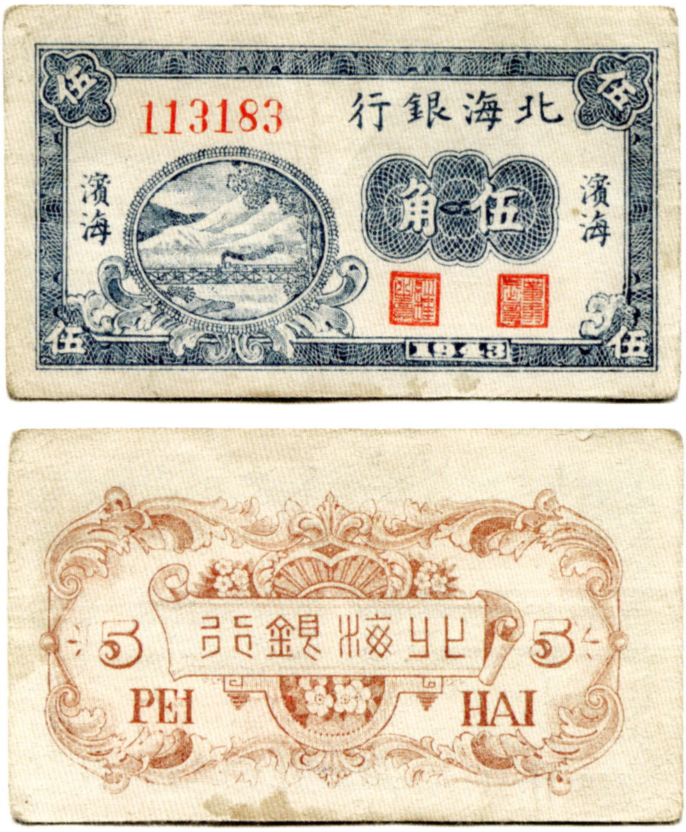

5-1

编　　号： B286-1　　★★★　　**票　　幅：** 91×52mm

面　　额： 伍角　　**主　　色：** 蓝 / 紫棕

票面时间： 1943 年　　**印刷单位：** 总行印钞厂

发行时间： 1943 年　　**收 藏 者：** 编委

备　　注：（一）总行发行

（二）厚纸

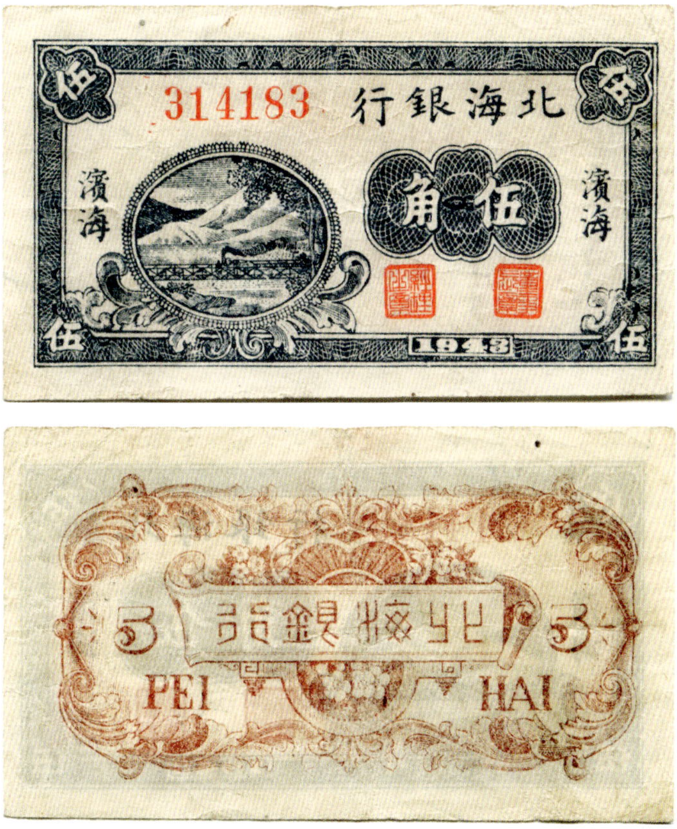

5-2

编　　号： B286-2　　★★★

票　　幅： 91×52mm

面　　额： 伍角

主　　色： 蓝黑 / 紫棕

票面时间： 1943 年

印刷单位： 总行印钞厂

发行时间： 1943 年

收 藏 者： 编委

备　　注：（一）总行发行

（二）薄纸

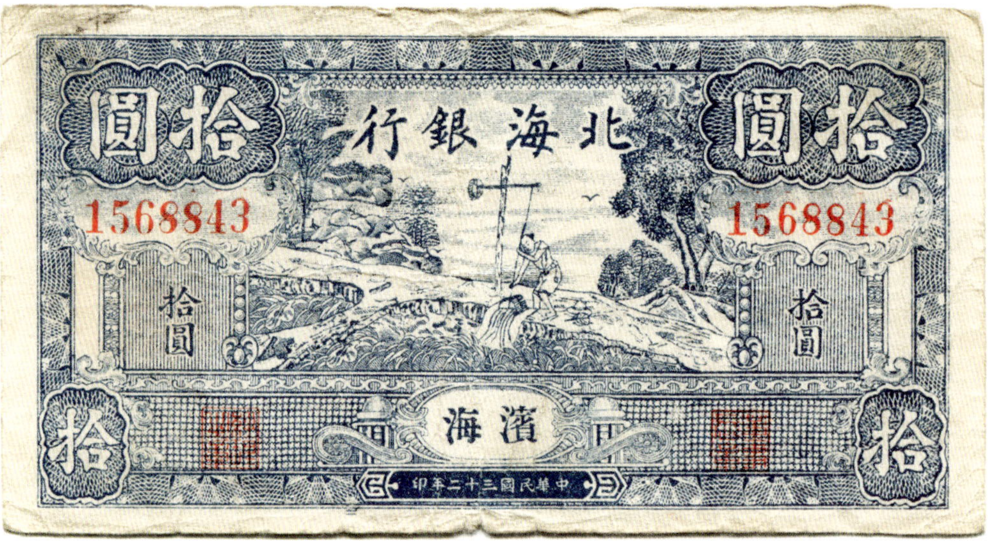

5-3

编　　号： B287　★★

票　　幅： 134×72mm

面　　额： 拾圆

主　　色： 蓝 / 紫棕

票面时间： 民国三十二年

印刷单位： 总行印钞厂

发行时间： 1943 年

收 藏 者： 编委

备　　注： 总行发行

5-4

编　　号： B288-1　★★★★★　**票　　幅：** 146×73mm

面　　额： 伍拾圆　**主　　色：** 紫棕 / 蓝

票面时间： 民国三十二年　**印刷单位：** 总行印钞厂

发行时间： 1943 年　**收 藏 者：** 山东战邮纪念馆

备　　注： （一）背有“战邮总局奖励”字样

（二）总行发行

（三）1946 年 10 月 15 日开始回收

5-5

编　　号：	B288-2　　★★★★★	票　　幅：	146×73mm
面　　额：	伍拾圆	主　　色：	紫棕 / 蓝
票面时间：	民国三十二年	印刷单位：	总行印钞厂
发行时间：	1943 年	收 藏 者：	编委

备　　注：（一）总行发行

（二）1946 年 10 月 15 日开始回收

5-6

编　　号：P178
面　　额：伍拾圆
票面时间：民国三十二年
发行时间：1943 年
备　　注：总行发行

票　　幅：——
主　　色：紫棕 / 蓝
印刷单位：总行印钞厂
收 藏 者：中国钱币博物馆

5-7

编　　号：	B289　　★★	**票　　幅：**	125×61mm
面　　额：	拾圆	**主　　色：**	红/红
票面时间：	民国三十三年	**印刷单位：**	总行印钞厂
发行时间：	1944年	**收 藏 者：**	编委
备　　注：	总行发行		

第六章

鲁中分行及其发行的北海币

鲁中区地处山东腹地，是山东省的战略中心地带，东起沭河，西至津浦铁路，南至临（沂）滋（阳）公路，北至胶济铁路。境内有泰山、蒙山、沂山、鲁山等山脉，沂河、汶河纵贯其间。这里峰峦叠嶂，地势险要，建立根据地向南可以连接抱犊崮山区，向西可以掌控津浦铁路，向北可以控制胶济铁路。因此鲁中区曾是山东抗日根据地五大战区之一的中心区，共产党的山东民主政权、国民党的山东省政府以及鲁苏战区总司令部都曾设于此地，战略地位十分重要。

山东省委于 1937 年 9 月建立了中共鲁中区工作委员会。1940 年 10 月中共山东第七（鲁中）区党委成立，党委专设了政府工作部。1942 年 5 月 7 日，战工会决定成立鲁中行政联合办事处，6 月 12 日，鲁中行政联合办事处正式成立，归省战工会领导，辖沂蒙、泰南、泰安 3 个专署。1945 年 4 月，鲁中行政联合办事处改建为鲁中行署。1945 年 7 月 10 日，鲁中行政主任公署在沂南县大松林成立，辖泰山、沂蒙、泰南、沂山、鲁山 5 个专署。1945 年 8 月以后，鲁中辖历城、章丘、莱芜、泰安、章历、沂源、新泰、费北、蒙阴、沂水、沂南、沂东、泰宁、益都、昌乐、安丘、淮安、临朐、沂北、莒沂、济南等 21 个县市与 1 个淄博特区。

第一节　鲁中分行的发展及其发行的北海币

一、鲁中分行的成立及机构变迁

1943 年 3 月，北海银行总行由鲁中区东迁滨海区。随同前往的主要有洒海秋、王志成、陈中等总行的领导及印钞厂的几位骨干成员。原总行的大部分人员，以及印钞厂的大部分设备留在鲁中区。5 月，留在鲁中的人员在沂南县万粮庄成立了鲁中分行，贾洪任主任（后来改称行长），任志明任副主任，下设秘书股、营业股、会计股、发行股、出纳股、管理股及印钞厂，后增设鉴定股。秘书股长薛文林，营业股长李赛文，会计股长王一，发行股长彭怀正，出纳股长寇丰田，管理股长尹鸿喜、郑

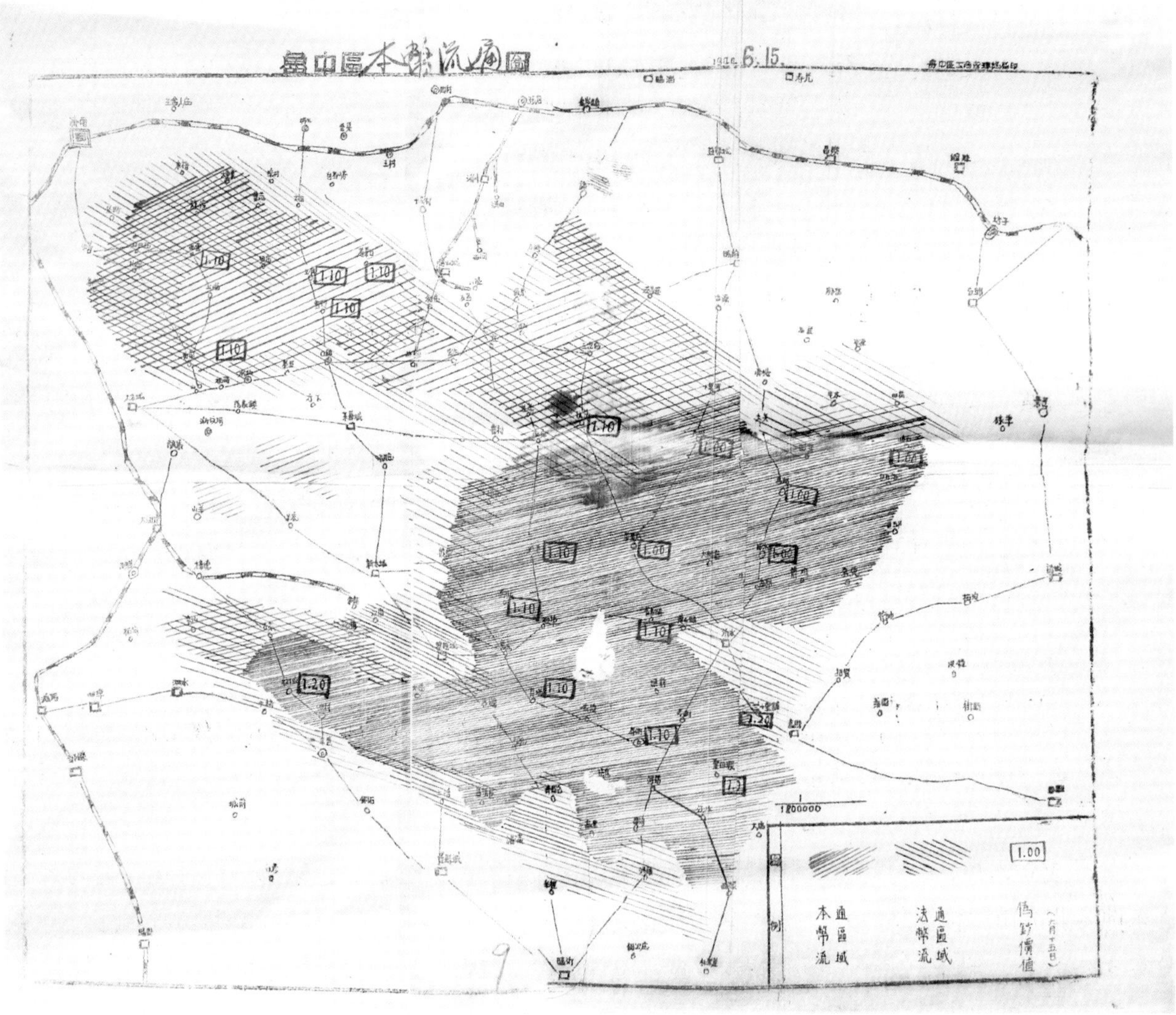

鲁中区本币流通图

中善，鉴定股长张延庆。印钞厂厂长李伦，指导员王波。

印钞厂仍设在万粮庄附近的山西村，有小石印机 8 部、圆盘打码机 3 部、裁切机 1 部。这一时期鲁中分行加强了印钞发行工作，把总行搬迁时留下的印刷能力充实加强起来（当时的印刷能力为平均每小时 740 印），并向总行解缴了一部分印好的钞票。继续扩大分行的下属机构，逐步在各专署建立支行（最初称办事处），各县建立办事处。分行下辖泰山、泰南、沂蒙三个支行。泰山负责人是金波，泰南是宋希英、谢东生，沂蒙由分行兼，负责人是任志明、李继祥。支行在各县设办事处。泰山支行辖莱芜、莱东、淄川、章丘、益临、淄博等 6 个办事处。泰南支行辖泰宁、新蒙、泰南、新南等 4 个办事处。沂蒙支行由分行兼，辖沂水、沂北、沂南、费县等 4 个办事处。全行干部七八十人。当时分行的主要业务是货币印发、发放农贷、代理金库和停用法币等工作。

1943 年 10 月，鲁中区成立了工商管理局，鲁中联办副主任马馥塘兼鲁中区工商管理总局局长。关于货币斗争、北海币发行、掌握金融变化等工作，逐步归属工商管理局领导。据 1945 年 7 月的《鲁中区财粮工商工作总结》载，自工商管理局成立后，鲁中支行及各专署设立的办事处一律撤销。

为了消除鲁中根据地对津浦、胶济铁路的威胁，以便日军抽兵南下，并掩护伪军吴文化部重新占领被八路军收复的新区，11 月上旬，刚“扫荡”完湖西区的日军万余兵力向蒙阴、沂源、沂水一带集结，准备“扫荡”以大崮山为中心区的北沂蒙山区抗日根据地。9 日，三地日军同时出动，以朴里集、金星头为中心，从东、南、西三面包抄八路军，伪军吴文化部则由北向南推进。由于事先做好了准备，鲁中区党政军机关以及主力部队及时由敌人间隙分路突围到外线。18 日起，为增兵清河区的“扫荡”，日军开始逐步撤离鲁中。至 28 日，“扫荡”完全结束。其间，鲁中银行及印钞厂人员隐蔽到山里打游击。

《北海银行鲁中分行发展史略》载，1944 年春天，马馥塘兼任鲁中分行行长，贾洪任副行长，任志明他调。年底，支行办事处撤销，多数干部转业到金库、工商贸易、财经部门工作，分行本身干部 10 余名（不包括印钞厂），业务主要是发行。此时银行农贷及货币管理等业务划归实业、工商等部门进行，银行只留发行任务。据黄嘉和回忆，1944 年春天，印钞厂曾一度迁到北边的王家庵子，秋天又返回。

1945 年春天，为了密切与财政局、工商局的联系，营业、会计两部门随鲁中行署行动，发行、出纳仍在万粮庄。这时环境比较稳定，行署也未有大的移动，驻在沂南薄板台，与万粮庄相距十几里。8 月，鲁中分行从财政处分离出来，与总行合并。贾洪任秘书主任兼会计科长。

二、鲁中分行发行的北海币

（一）1943 年发行的北海币

本年度鲁中分行发行北海币总额 2800.8 万元。其中发行山东地名北海币 1015.35 万元，鲁中地名北海币 1785.4 万元。

分行成立之初，继续印发民国三十二年农夫挑担二角五分、民国三十二年前门红十元等总行系列山东地名北海币。根据鲁中分行《1943 年末印刷成品与销废比较表》知，鲁中印钞厂共印制了二角五分券 5.35 万元，但是总行《发行北海钞票券别统计》中，二角五分券发行量是 241735.15 元，多出的 188235.15 元估计系滨海印钞厂印制。

夏季，山东根据地全面实行北海币分区发行限区流通的货币政策，鲁中分行开始印发民国三十二年火车枣红一元、民国三十二年凉亭红五元、民国三十二年房子树景茶色十元、民国三十二年码头绿色五十元等鲁中地名北海币。各版北海币印制量见下表。

1943 年末印刷成品与销废比较表

票　类	号　数	金　额（元）	销　废（元）	备　考
红版十元	1,010,000	10,100,000	85,047	
茶版十元	1,000,000	10,000,000	82,608	
贰角五分	214,000	53,500	5,386	
枣红一元	469,000	469,000	25,254	
五十元	76,000	3,800,000	14,236	
亭楼五元	217,000	3,585,000	51,676	
合　计	3,486,000	28,008,000	264,206	销废 7.57%

注：此表采自山东档案馆藏资料，档案号 G041-01-0001-001。茶版十元、枣红一元、五十元、亭楼五元均为鲁中地名北海币。

枣红一元券有大号码和小号码之分。根据上表及对照实物知，小号码者为1943年发行，号码止于469,000号。凉亭红五元的号码止于217,000号，超过此号者系1944年1、2月间续印。

到目前为止，我们尚未发现超过1百万号的茶色十元券，说明这类券1944年未再续印。此类券有两个品种值得一提：一种是正面加盖"只限鲁中流通"字样者（见图6-7），另一种是正面为绿色者。鲁中地名券本来就是分区发行限区流通政策的产物，再在票面加盖"只限鲁中流通"字样，似有画蛇添足之意。这样做只有两种可能：一是误盖；一是分区发行分区流通政策实施之初，为了加强对民众的宣传，特意在票面加盖"只限鲁中流通"字样，以昭示此券种与过去发行的北海币不同，只能在鲁中区流通，而不能在其他区使用。如系后者原因造成的，则说明茶版十元券的发行时间，要早于其他鲁中地名券。我们已经发现三枚绿色十元券，其特征是正面无号码、印鉴，背面有号码，经仔细对比，印刷工艺与常见品无异，肯定不是假票。三枚均有明显的流通痕迹。其中两枚正面有张贴后揭贴的痕迹（见图6-9）。很可能是当年为了反假宣传，特意将那些一面印偏色的北海票改作张贴用的票样。张贴的票样后来被人们揭下来使用了。

本年度印制的房子绿色五十元券号码止于76000号，超过此号码的即为1944年续印。

1943年9月25日的《大众日报》载："北海银行总行决定北币分区流通。山东版伍元拾元本币，在鲁南鲁中流通者已开始加盖鲁南鲁中字样，限在各地区流通，未加盖者限滨海地区流通。其余带山东字样的贰元以下角票限在滨海鲁中鲁南三个地区流通。"1943年9月30日的《山东省战时行政委员会关于半年工商管理工作的指示》要求，加盖工作应当于1943年度基本完成。

全年烧毁本币表（单位：元）

北海钞票　322,104.20

农民合作社　242,587.65

鲁西钞票　6,618.00

合计　571，309.85

（二）1944～1945年发行的北海币

1944年2～6月的鲁中分行工作计划如下：完成拾元票2000万，单元票150万。印刷工作要提高效率，建立制度，实行奖惩；尽量搜集印刷工具和工人，最低限度石印要补充到8个班，扩充一台石印机，一台铅印机。采购工作要保证上半年的材料供给，并准备下半年的印刷材料；采购方式除找商人关系，对他们进行经常联系和教育外，准备设一附属商店，由专人负责经营；建立材料保管关系，经常检查。鉴定工作要建立销废制度，成立销毁委员会，严格销毁手续；布置识别，将本币票样及识别要点要通知各工商机关。

1943年9月23日的《中共山东分局关于银行工作的决定》要求鲁中区1944年上半年发行4000万元。1944年12月6日的《中共山东分局关于货币政策的决定》要求鲁中区两个月之内完成发行北海币3000万元。任务完成后，滨海、鲁中、鲁南再印2亿至2.5亿，不打号码印章，于市场需要时请总行批准随时发行。旧历正、二月间，除渤海、鲁南外暂不增发本币，防止物价高涨。为完成印刷任务，必须充实银行印刷机构。鲁中联办负责增加30名青年工人。

按鲁中分行计划，1944年上半年，印钞厂须印制十元券2000万元，一元券150万元。此二数之和远低于山东分局的要求。鲁中分行1944年发行的十元券为民国三十三年蓝色楼房树景鲁中地名背

“建”“设”两种十元券。而存世的这两种十元券的流水编码告诉我们，最终他们的印发量已接近4000万元，远超鲁中分行1944年上半年的计划发行量。其中，已经发现背“建”者的冠字到了J，背“设”者的冠字到了K。鲁中分行计划发行的150万元一元券，为民国三十二年鲁中地名大号码枣红一元券。此券系用旧版续印，仅是流水编码字幅增大。

为了完成山东分局的计划，1944年上半年，鲁中分行继续印发民国三十二年鲁中地名五元、五十元券。由于辅币极度匮乏，还发行了民国三十三年房子树五角券。发行数量不详，但是由已经发现的五角券流水编码知，其发行量肯定超过25万元。7月至滨海、鲁中、鲁南三区统一印发山东版北海币止，鲁中分行继续印发了民国三十三年鲁中地名蓝黑色楼房树景背“建”及“设”字十元券，民国三十二年蓝黑色亭楼鲁中地名背“建”字五元券。

红五元券方面，先是用民国三十二年凉亭红五元钞版续印了至少150万元。之后，稍作修版，印发了民国三十二年鲁中地名背“建”字五元券，数量在500万元以上。此券种已经发现了以J为冠字的。

在采集样本过程中，我们见到的五十元券最大号码是0259643。以此估计，其发行量超过900万元（最大号码减去76000乘50）。续印的五十元券与之前印的相比，颜色偏灰、号码稍细。我们采集的样本绝大多数图幅差不多，仅有一例短图幅券（见图6-11）号码是0142169。令人不解的是，比其号码小的0087813（大于0076000号的即为1944年发行）号券，比其号码大的0259643号券，以及和其号码接近的0116342号券都是长图幅券。山东钱币博物馆藏有不少鲁中五十元票样（见图6-12），这些票样与鲁中红、蓝五元票样不大一样，后两者印有票样专用的号码如A0000000，而鲁中五十元票样未印号码和印鉴，系用印好的半成品北海币直接加印“票样”而成。这些票样都是短图幅券。根据色彩看，他们都印制于民国三十三年。以上现象说明短图幅券位于某一号码段间，且绝非偶然现象。由此让我们联想到总行1946年10月15日的回收通函。该通函说：“决定把一些票版有错误，印制技术太差的，出假票过多的票子收回。”回收品种中，鲁中五十元券赫然在列。鲁中五十元券会不会是因为票版有错误而收回？

目前尚不知“三区”统一印发山东版北海币的具体时间。可以参考的是以下两份史料：1944年8月5日，省政委会主任委员黎玉在《滨海鲁中鲁南工商管理工作会议上的总结》中谈道：“一个是滨海、鲁中、鲁南三地由于地域扩大，经济联系日益密切，要求取消本币分区发行制度，以利物资交流。现在这三个地区的货币斗争均已胜利（由于本币发行不足，鲁南尚有部分地区，鲁中亦有极少数地区尚未完成停用法币工作），本币比值几已完全一致，已有统一本币发行的可能。”1945年2月21日，中共山东分局在《关于山东一年来货币斗争主要情况的报告》中说：“滨海、鲁中、鲁南三根据地已经连成一片，为便物资流通，三地本币已经做到统一发行，自由流通，实行半年尚无问题。”综合这两条信息，我们认为“三区”北海币开始自由流通的大致时间是1944年6～7月，统一发行的时间可能在8月以后。统一是个渐进过程，开始是货币自由流通，然后才统一发行。

鲁中分行印发的鲁中地名北海币流水编码均采用单字轨；1943年印发的所有品种都只用字母A做冠字；1944年，除了五角券及续印的一元券和五十元券仍只用字母A做冠字外，其余品种有多种字母冠字。我们通过对比发现，蓝黑色楼房树景背“建”字鲁中地名十元券流水编码每隔20万号更换一个冠字，而背“设”十元券每隔10万号便更换一个冠字。后者是在前者流水编码的基础上连续编码的。

1944年夏季，滨海、鲁中、鲁南三区开始实行北海币统一流通，之后逐渐统一发行。印发的北海币重新换用山东地名。此时带山东地名的北海币仅能在前述三区流通，还不能在其他区使用。1944年12月6日至1945年1月底，鲁中分行印发的3000万元北海币均为山东地名。

第二节　后鲁中分行的发展

1945年9月临沂城解放，之后总行机关随党政军机关迁驻临沂城，印钞厂仍留在鲁中，11月，在鲁中又组建了一个鲁中分行的新班子，刘涤生任分行行长。淄博解放后，新鲁中分行曾一度进驻博山。这一时期银行业务迅速扩大，新解放的城市都及时设立了银行机构，开始开展城市金融业务。

新分行下设营业、会计、出纳、发行四股，辖青州办事处（主任钱文林），共有干部30人。当时主要经营城市存放业务，农贷又交政府实业部门进行。1946年10月，银行重新接管农贷业务，县设贷款所，并撤销青州办事处，分设莱芜、新泰、沂南、沂北四中心办事处，1947年春，增设临朐中心办事处。谢华堂、金波、寇丰田、钱文林、彭怀正等分任中心办事处主任。莱芜办事处辖泰安、历城、章丘、莱芜4县；新泰办事处辖沂源、蒙阴、新泰、泰宁4县；沂南办事处辖沂南、沂东、沂水、蒙山4县；沂北办事处辖安丘、莒沂、淮安、沂北4县；临朐办事处辖益都、临朐、昌乐3县。全体干部约150人。

1947年夏、秋时节，敌人重点进攻沂蒙山区，为适应形势，分行、办事处机构先后撤驻渤海地区，至年底返回鲁中。

1948年1月，普设银行机构，专署设支行，县设办事处，区设贷款员。计有一、二、三支行暨博山支行。一支行辖泰安、章丘、历城、莱芜4处；二支行辖新泰、泰宁、蒙山、沂南、沂东、沂源、蒙阴、沂水8处；三支行辖沂北、莒沂、安丘、淮安、昌乐、临朐、益都7处；博山支行辖淄川、博山2处。此时全行干部共580名，除经营农贷外，并代理金库工作。

鲁中区行政公署关于普遍建立银行机构的决定

（1984年2月4日）

为加强金融工作效能，促进经济发展，普遍建立银行机构，本署遵省府命令作如下决定：

1．银行机构的建立：（1）行署级设分行，（2）专署级设支行，（3）县级设银行办事处，（4）每区设贷款员。

2．银行的主要工作任务：（1）发放农贷及副业贷款，扶助生产。（2）代理金库。

3．干部配备：过去银行机构极不普遍，已有的也大多数不健全，今后既要接受代理金库任务，又要发放农贷以扶助翻身农民，故银行机构必须建立与健全。

（1）县办事处主任须调相当于县府科长级干部担任。

（2）区贷款员须遴选贫雇成份，公正无私的积极分子担任。

（3）各级银行干部由各级党政机关负责配备，配备后如有调动，应征得上级银行之同意。

（4）各级银行工作人员，在政治生活上归各级党政机关领导，按级参加政治性会议，及阅读一定文件，按照同级党政干部享受照顾。

4．银行的经常费自民国三十七年度起，可由同级政府统一供给，一般的应与政府同一伙食单位，不另建立伙食单位。

5．各级银行之警戒由同级政府负责。

当年8月，鲁中分行、鲁南分行、滨海直属支行合并成立鲁中南分行。鲁中分行至此终。

万粮庄小南山

绕万粮庄而过的汶河，紧急情况下印钞设备就埋藏在河边沙滩里

鲁中地名北海币

6-1

编　　号：B290　　★★★

票　　幅：131×66mm

面　　额：壹圆

主　　色：枣红 / 褐

票面时间：民国三十二年

印刷单位：鲁中印钞厂

发行时间：1943 年

收 藏 者：编委

备　　注：小号码

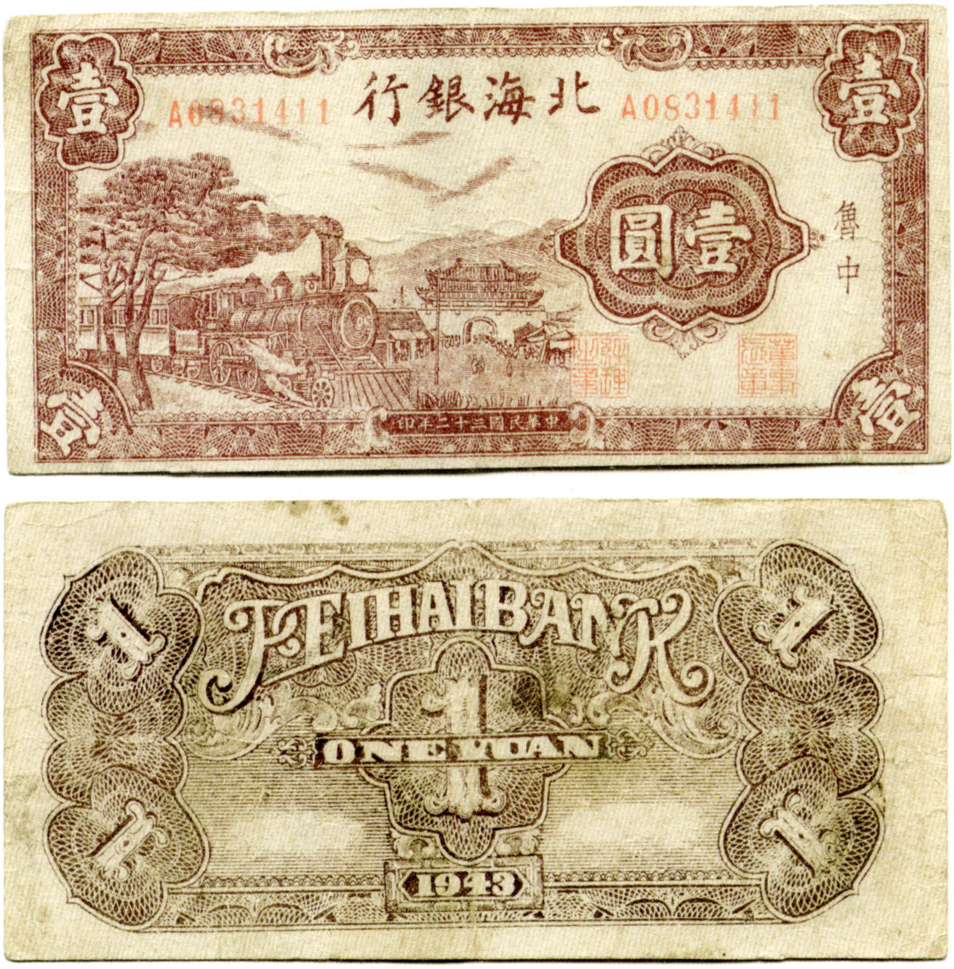

6-2

编　　号：B291　★★★

票　　幅：127×62mm

面　　额：壹圆

主　　色：枣红 / 褐

票面时间：民国三十二年

印刷单位：鲁中印钞厂

发行时间：1944 年

收 藏 者：编委

备　　注：大号码

6-3

编　　号：B292　　★★★　　票　　幅：129×65mm
面　　额：伍圆　　主　　色：红 / 红
票面时间：民国三十二年　　印刷单位：鲁中印钞厂
发行时间：1943 年　　收 藏 者：编委

6-4

编　　号： P179　　**票　　幅：** 129 × 65mm

面　　额： 伍圆　　**主　　色：** 红 / 红

票面时间： 民国三十二年　　**印刷单位：** 鲁中印钞厂

发行时间： 1943 年　　**收 藏 者：** 印钞造币总公司

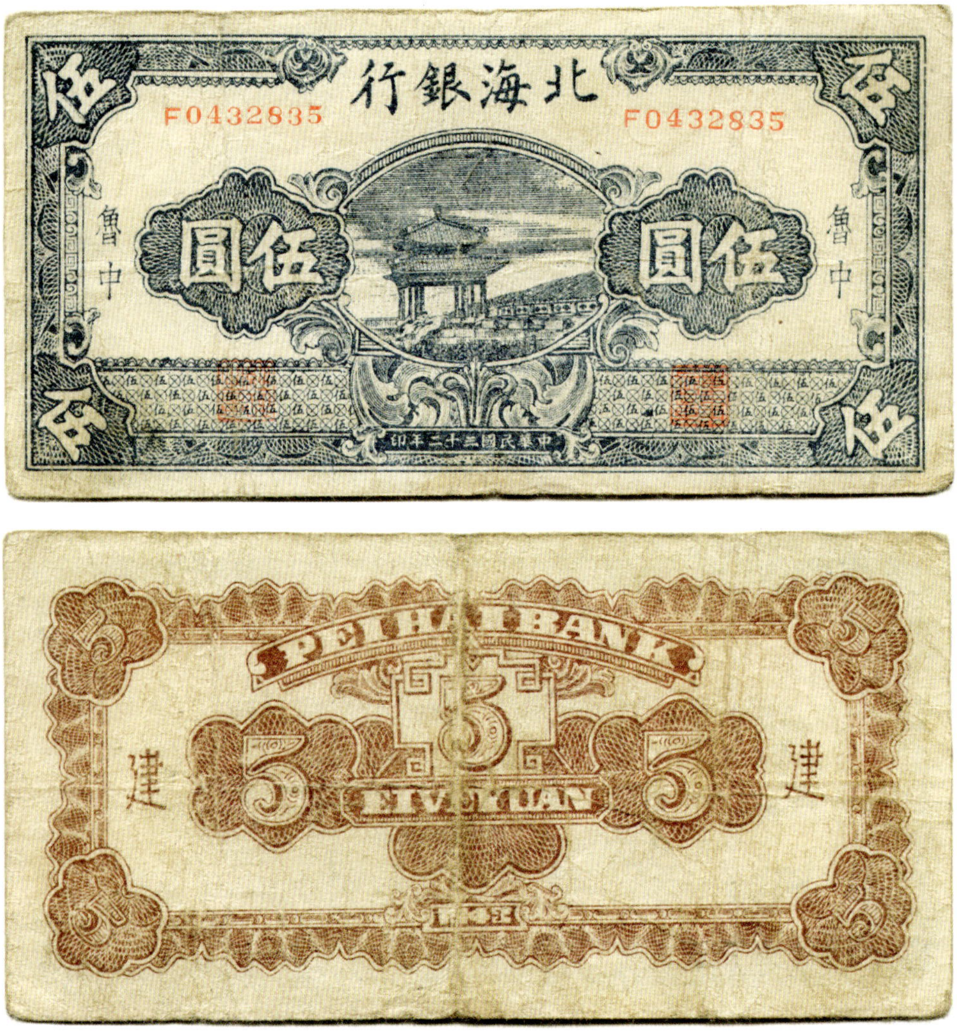

6-5

编　　号： B293	★★	**票　　幅：** 128×65mm	
面　　额： 伍圆		**主　　色：** 蓝 / 褐	
票面时间： 民国三十二年		**印刷单位：** 鲁中印钞厂	
发行时间： 1944 年		**收 藏 者：** 编委	

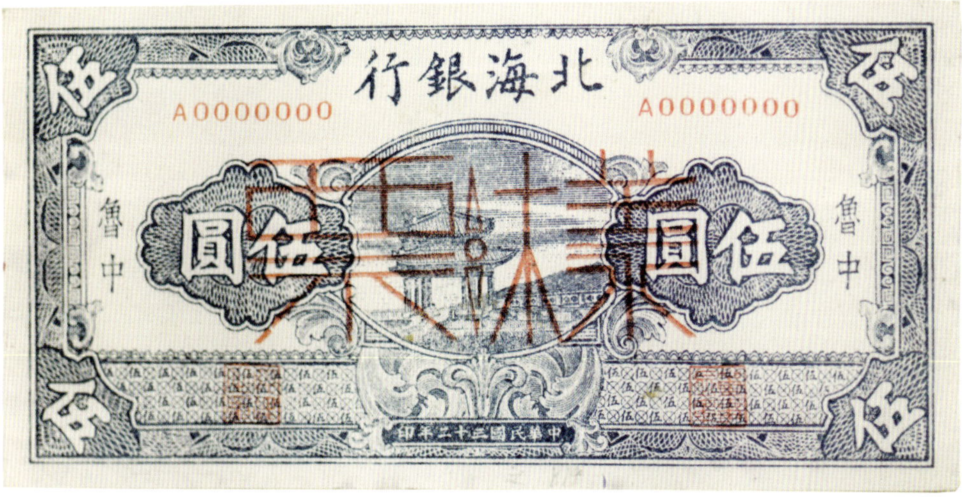

6-6

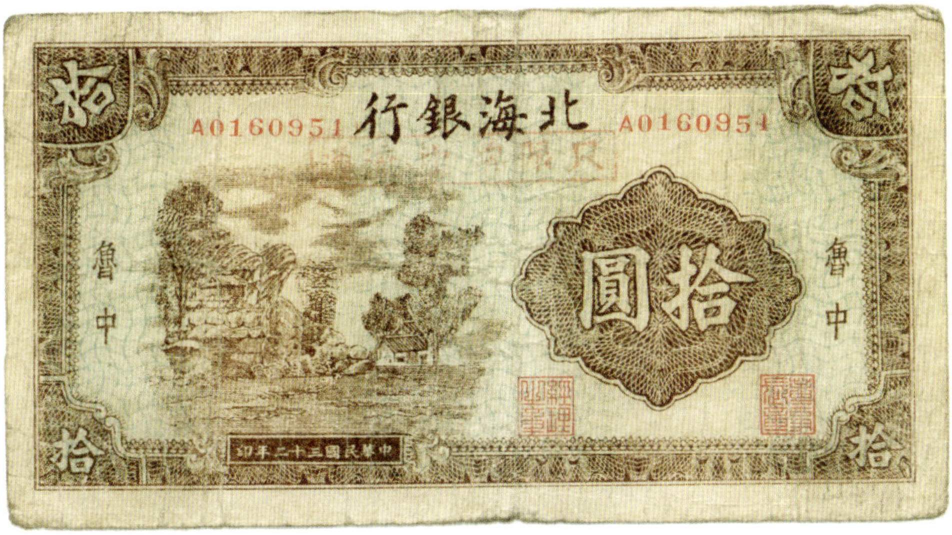

6-7

6-6 **编　　号：** P180　　**票　　幅：** 128×65mm

面　　额： 伍圆　　**主　　色：** 蓝 / 褐

票面时间： 民国三十二年　　**印刷单位：** 鲁中印钞厂

发行时间： 1944 年　　**收 藏 者：** 印钞造币总公司

6-7 **编　　号：** B294 ★★★★　　**票　　幅：** 138×73mm

面　　额： 拾圆　　**主　　色：** 棕 / 蓝

票面时间： 民国三十二年　　**印刷单位：** 鲁中印钞厂

发行时间： 1943 年　　**收 藏 者：** 编委

备　　注： 加盖“只限鲁中流通”

6-8

编　　号： B295-1	★★	**票　　幅：** 138×73mm	
面　　额： 拾圆		**主　　色：** 棕 / 蓝	
票面时间： 民国三十二年		**印刷单位：** 鲁中印钞厂	
发行时间： 1943 年		**收 藏 者：** 编委	

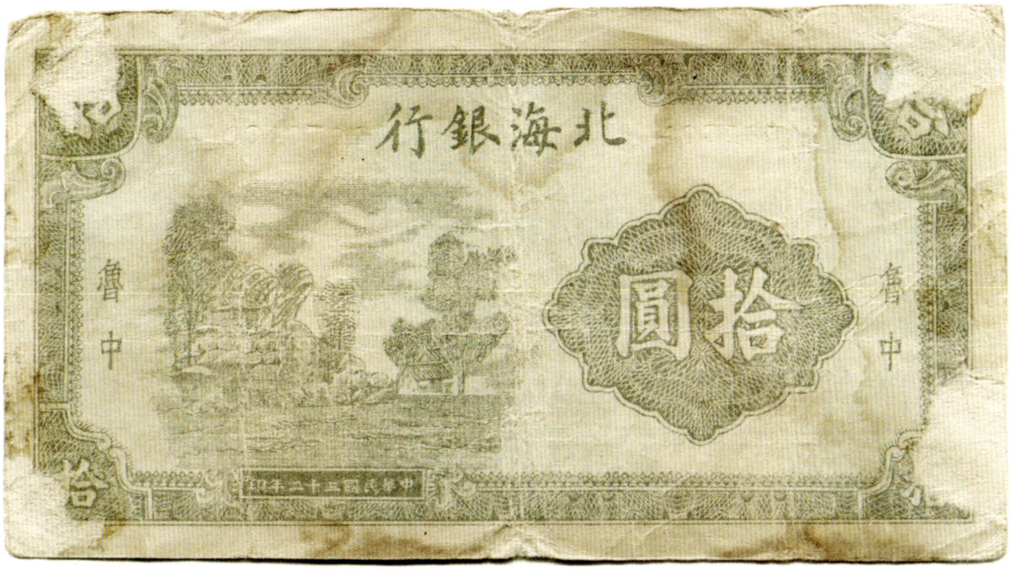

6-9

编　　号：	B295-1	**票　　幅：**	138×73mm
面　　额：	拾圆	**主　　色：**	绿 / 蓝
票面时间：	民国三十二年	**印刷单位：**	鲁中印钞厂
发行时间：	——	**收 藏 者：**	编委

6-10

编　　号： B296　　★★★★★　　**票　　幅：** 143×65mm

面　　额： 伍拾圆　　**主　　色：** 绿 / 蓝

票面时间： 民国三十二年　　**印刷单位：** 鲁中印钞厂

发行时间： 1943 年　　**收 藏 者：** 编委

备　　注：（一）图幅是 136×57mm

（二）1946 年 10 月 15 日开始回收

6-11

编　　号：B297	★★★★★	票　　幅：139×66mm	
面　　额：伍拾圆		主　　色：绿 / 蓝	
票面时间：民国三十二年		印刷单位：鲁中印钞厂	
发行时间：1944 年		收 藏 者：编委	

备　　注：（一）图幅 130×59mm，细号码

（二）1946 年 10 月 15 日开始回收

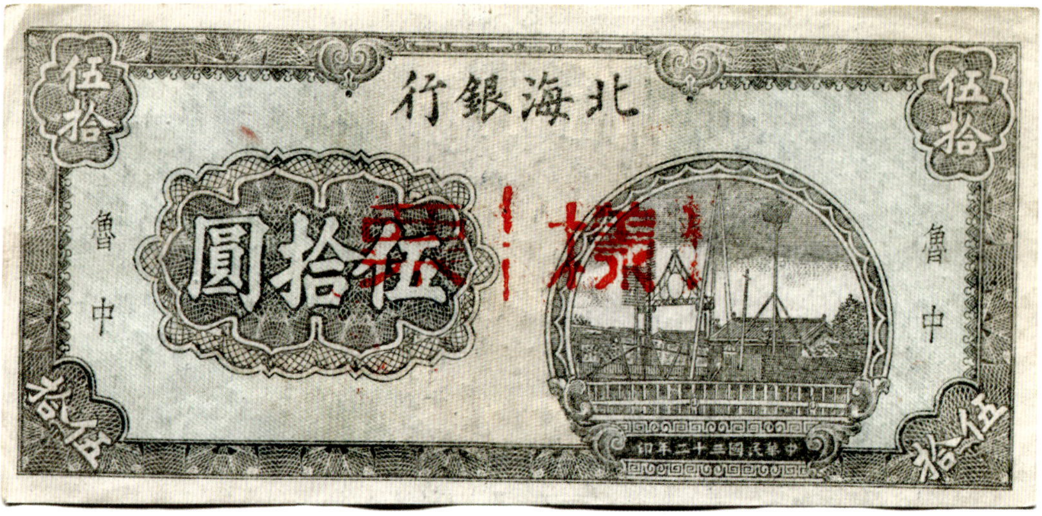

6-12

编　　号：	P181	票　　幅：	139×66mm
面　　额：	伍拾圆	主　　色：	绿 / 蓝
票面时间：	民国三十二年	印刷单位：	鲁中印钞厂
发行时间：	1944 年	收 藏 者：	编委
备　　注：	图幅 130×59mm		

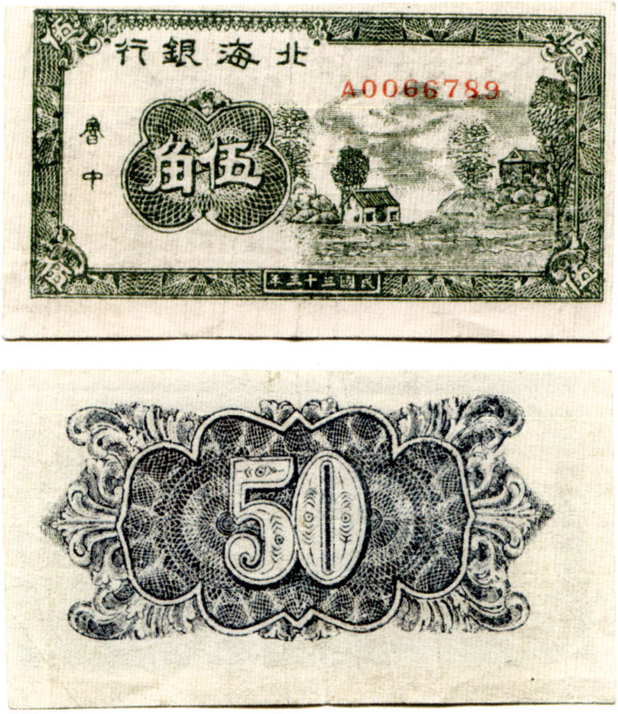

6-13

编　　号： B298	★★★★	**票　　幅：** 82×45mm	
面　　额： 伍角		**主　　色：** 绿 / 蓝	
票面时间： 民国三十三年		**印刷单位：** 鲁中印钞厂	
发行时间： 1944 年		**收 藏 者：** 编委	

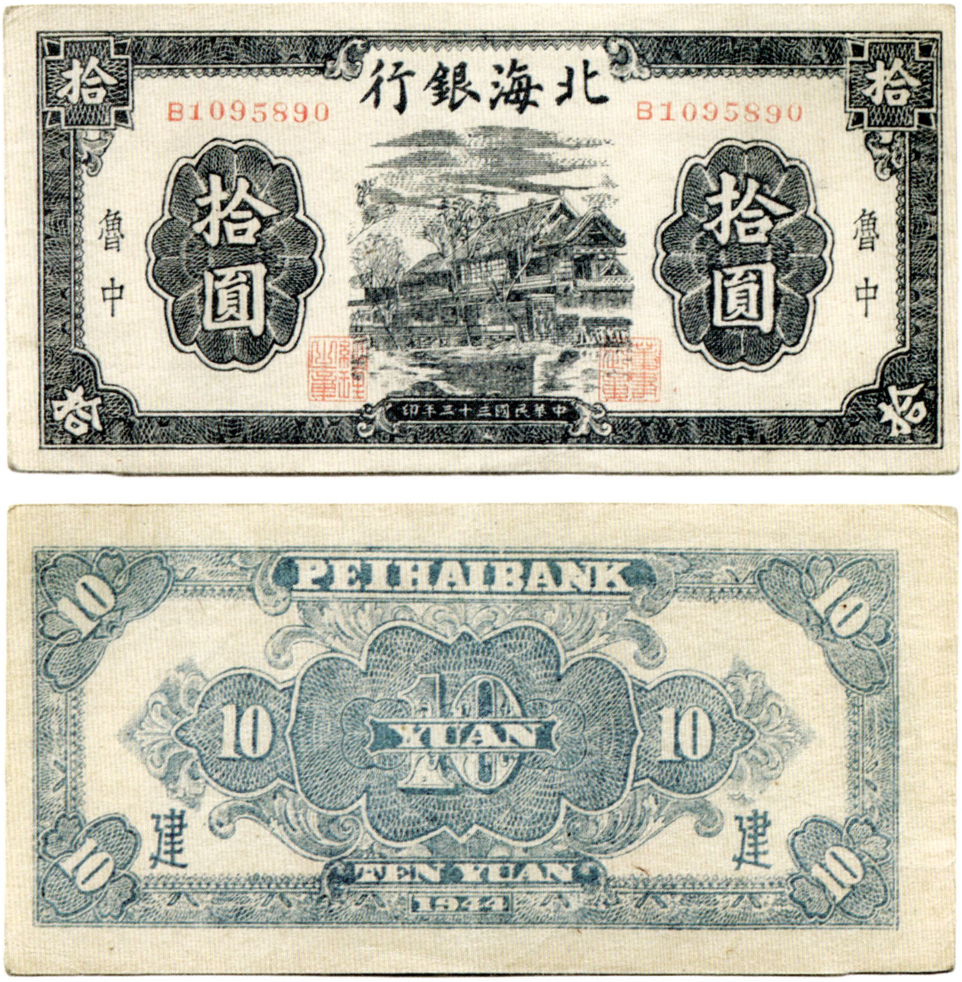

6-14

编　　号：B299　★★

票　　幅：130×62mm

面　　额：拾圆

主　　色：蓝黑 / 蓝

票面时间：民国三十三年

印刷单位：鲁中印钞厂

发行时间：1944 年

收 藏 者：编委

备　　注：背印“建”字

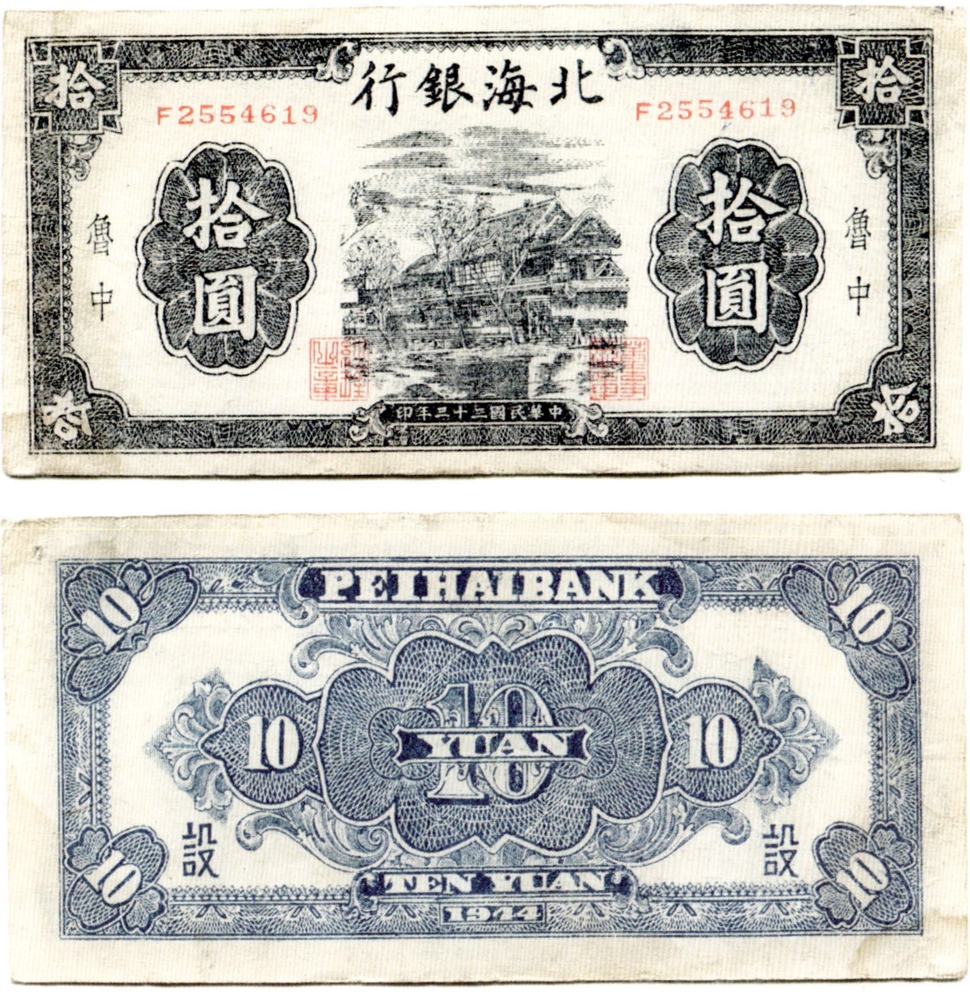

6-15

编　　号：	B300　★★	**票　　幅：**	130×62mm
面　　额：	拾圆	**主　　色：**	蓝黑 / 蓝
票面时间：	民国三十三年	**印刷单位：**	鲁中印钞厂
发行时间：	1944 年	**收 藏 者：**	编委
备　　注：	背印“设”字		

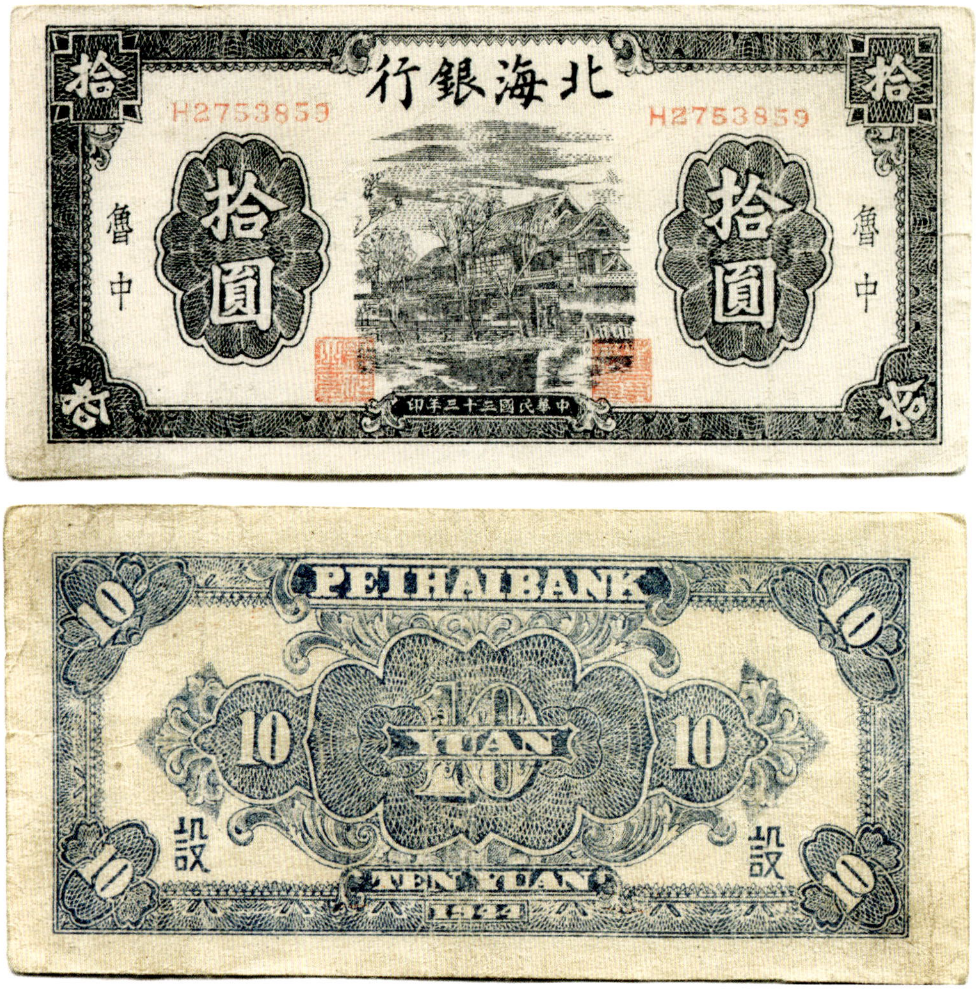

6-16

编　　号：B301　　★★

票　　幅：130×62mm

面　　额：拾圆

主　　色：蓝黑 / 蓝

票面时间：民国三十三年

印刷单位：鲁中印钞厂

发行时间：1944 年

收 藏 者：编委

备　　注：粗印文厚纸

第七章

鲁南分行的发展及发行的北海币

鲁南地处山东南部，东邻沂河、沭河，南界陇海铁路，西跨津浦铁路达微山、昭阳、独山、南阳湖即所谓“南四湖”，北临滋（阳）临（沂）公路，与鲁中行政区相接。境内抱犊崮、天宝山两大山脉南北相连，沟壑纵横，地势险要，又处于陇海、津浦铁路交汇点徐州的东北，历来为兵家必争之地。抗战时期，这里是日军华北派遣军和华中派遣军的结合部，也是山东国民党政府和军队与其大后方联系的主要通道，同时也是华中新四军与华北八路军、华中与山东和陕北中共中央的联系枢纽。其战略地位可想而知。

天宝山东西走向，海拔 501 米，面积约 11 平方公里，系尼山山脉的主要山峰，在平邑县城东南 26.5 公里处，过去又叫苏家崮。鲁南印钞厂曾长期驻扎此地。

1940 年 6 月设置鲁南行政区，初设时其行政单位（政权机构）称专署，其所属相当于专区级的行政单位则称行署。1944 年 10 月，鲁南专署改称鲁南行政主任公署，原辖之各行署相应改为专署。

（一）鲁南第一专署

1940 年 7 月，鲁南第三行署成立，1941 年 8 月，改称鲁南第一行署，先后辖泗水、湖东、邹滕边、滕峄边等办事处（县级）和邹县、费滕、沛滕边县、滕东、双山等县。1944 年秋鲁南第一行署改称鲁南第一专署，先后辖邹县、费南、双山、温河、赵镈等县。

（二）鲁南第二专署

其前身为1943年7月成立的运河地区行政委员会，时辖运（河）北、沛滕边、峄县等。1944年10月（一说 6 月）撤销运河行政委员会，成立鲁南第二专署，辖临城、凫山、双山、峄县和铜山办事处等。

（三）鲁南第三专署

1940 年 7 月鲁南第一行署成立，辖临沂、郯城和现属江苏省的东海、赣榆、邳县等。1941 年 8 月改称鲁南第三行署，辖临沂、郯城、峄县、邳县、临西、临郯费峄四边联等县。1944 年 8 月鲁南第三行署改为鲁南第三专署，先后辖临沂、峄县、赵镈（隶属前后有变化，故两见）、兰陵、运河、邳县等。

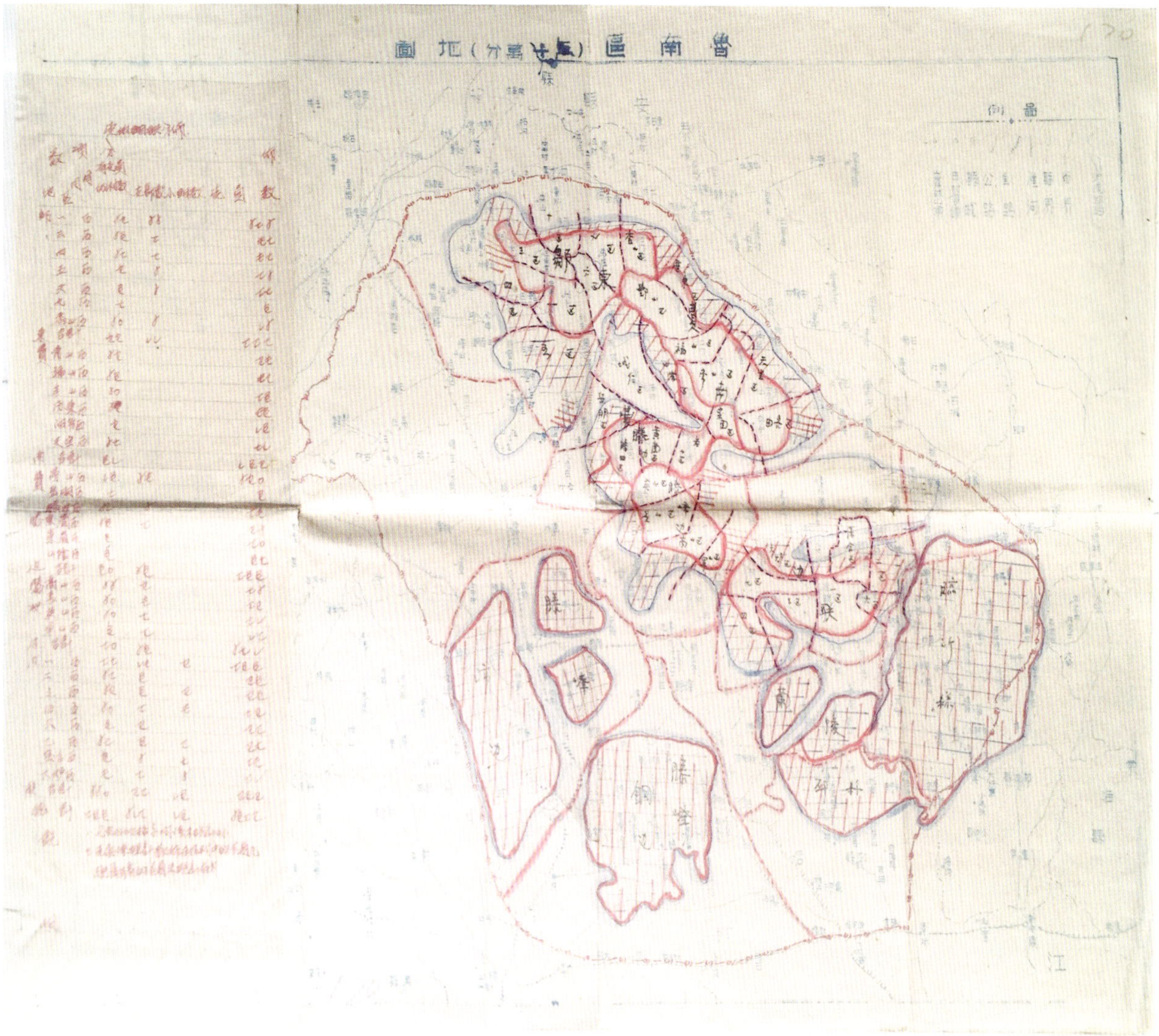

鲁南区地图

（四）鲁南第四行署

1941 年 8 月成立，辖苍马（临沭）、郯城、赣榆、东海（海陵）等县。1942 年 3 月，该行署与鲁中第五专署辖区合并为滨海专区。

抗日战争胜利时，鲁南行政区下辖三个专区和徐州、枣庄两市。1946 年 4 月，第二专区撤销，所辖各县分别划归第一、三两专区。曲泗县析为曲阜、泗水二县，兖（州）济（宁）县改称滋阳县，费南县改为平邑县，温河县改为费县，徐州市政府办事处改为铜山办事处。同年 9 月，复设鲁南第二专区。1948 年 2 月，将一、二两专区合并为新的第一专区。 同年 8 月，鲁南行政区与鲁中行政区、滨海专区、原属冀鲁豫边区的泰西专区合并为鲁中南行政区。原鲁南第一、三专区改称鲁中南第四、五专区。

第一节　鲁南北海银行机构的建立及发展

1938 年下半年，日伪发行的伪联银券就已流通到鲁南。太平洋战争爆发前，日伪利用伪联银券到根据地大量收兑法币，太平洋战争爆发后，则改变策略，将法币投向根据地掠夺物资。鲁南天宝山区即发现敌占区平邑商人挟带大批法币收购物资。同时由于根据地市场流通的主要货币法币迅速贬值，导致物价飞涨，给人民带来了巨大的损失。为了维护人民大众的利益，抵制日伪的掠夺行为，1942 年春，鲁南专员公署决定建立北海银行。

一、北海银行鲁南办事处以及支行的建立

有关鲁南建立北海银行机构的记载都较模糊，没有具体的时间。据耿荆山回忆："这年春节过后，派干部去山东北海银行总行学习业务。学习时间四十天，毕业回来总行拨给一部分资金，迅速建立了北海银行办事处。"1942 年春节是 2 月 15 日，假设初三动身学去习，当时总行驻地在沂南，步行的话，基本上一二天就能到达，学完归来也就是 3 月底或 4 月初。大概办事处就是这个时间成立的。《临沂地区金融志》也支持这一判断。据其记载，1942 年 3 月，鲁南支行在平邑成立。这个"支行"肯定就是鲁南办事处的误释。办事处归鲁南专署直接领导。耿荆山任主任，纪兴隆为会计。另有数名青年参加了办事处。专署通知各县指定专人负责银行工作。办事处的任务是：（1）代理鲁南专员公署财政金库和各县的财政金库；（2）举办生产贷款扶助群众农业生产和手工业生产；（3）开展货币斗争，使北海币逐步占领鲁南市场；（4）规定北海币在市场流通中与法币等价使用。其实，成立初期的主要任务就是发行北海币，开展排法斗争。鲁南发行的北海币由总行代印。

鲁南办事处升为支行的时间，史料记载也很含糊。据总行档案《滨海区北海银行创设变化情况介绍》载，"一九四二年九月间正式成立滨海分行，调任王子芹同志为行长，内部设有会计、营业、出纳、发行等四股及印钞厂，原滨海区各县金库全部划归银行，按行政区划改设县办七处计：莒县、莒南、沭水、赣榆、日照、海陵、临沭等。鲁南区设支行，由耿荆山同志任行长，亦归滨海分行所辖。"1943 年 8 月 20 日，省战工会主任委员黎玉在省临时参议会一届二次大会上作的施政报告中说："四二年成立滨海分行、鲁南支行。"《莒南县金融志》载，1942 年 9 月，滨海分行辖莒中、莒南、沭水、赣榆、日照、海陵、临沭及鲁南 8 个办事处。这说明 9 月份以前，鲁南支行尚未成立。耿荆山回忆："在鲁南建立北海银行机构，大约是一九四二年秋，开始是叫办事处，后来改称支行，归滨海分行管辖。"由于办事处成立于 1942 年 3 月，所以秋季成立的当指支行。《北海银行鲁南分行历年机构干部变动情形》则载："鲁南区在一九四二年开始建立银行机构，当时该区是鲁南支行，支行主任耿荆山同志，而支行是隶属滨海分行领导的，下辖五个县办事处如边联、双山、滕峄等。"综合以上信息，我们认为鲁南支行成立于 1942 年 9 月或稍后。支行成立后隶属滨海分行，行长耿荆山，下辖边联、双山、滕县、峄县等 5 个县办事处。

二、鲁南分行的成立

支行升格为分行的说法也颇多，时间各不相同。现将各种说法罗列如下：

据《中国共产党平邑县历史》（第一册）载："1943年3月，在费南县[1]王崮山成立了北海银行鲁南分行，耿荆山出任分行行长。"《中共平邑县党史大事记》同此，但地址是西崮山。

但是，耿荆山回忆说："1943年秋鲁南成立工商局，我是工商局副局长兼银行行长。那时银行工作仍未开展。后来总行派来牟逵、刘鸿儒、耿振华三同志，分任出纳、会计、营业股长，才把各项制度建立起来，把各项业务开展起来。这时银行是与工商局合署办公。直到总行派任志明同志来鲁南建立分行，银行才和工商局分开。"按耿荆山的说法，任志明到来后建立了分行，银行才和工商管理局分开。

任志明的回忆是："一九四四年底，我到山东分局党校学习，日寇快投降时结业，分配到鲁南分行任行长。日寇投降后，山东组织五路大进军，我是去徐州的一路。后因形势变化，我又回到鲁南。鲁南银行原来和工商局合在一起，由工商局副局长耿荆山同志兼任行长，是叫鲁南支行。我去后和工商局分开，银行机构改作分行。这时晋洪西、耿振华、牟逵等同志都在鲁南分行。"也就是说，任志明是在日本快投降时才被分配到鲁南任分行行长，到任后银行才和工商管理局分开，银行机构改称分行。

时任鲁南分（支）行会计股长的刘鸿儒，却有不同说法："1944年，由于鲁南地区的发展及工作需要，北海银行鲁南支行升格为分行。这年6月，总行调我到鲁南分行工作。当时鲁南分行行长耿荆山，下设三个股，发行股长耿振华，会计股长刘鸿儒，出纳股长牟逵。另有一个印刷厂。原鲁南支行的业务主要委托鲁南工商管理总局代办，自升格为分行后，才逐渐把业务工作从工商管理局接过来自己办理。"按此说法，分行成立于1944年6月或之前。刘鸿儒的回忆较细致，可信度较高。比如，鲁南工商管理局的全称是鲁南工商管理总局，这一细微差别他都回忆得很准确。

《北海银行鲁南分行历年机构干部变动情形》披露的情况与刘鸿儒的说法差不多："直至一九四四年七月鲁南正式宣称分行，银行机构才正式单独进行业务，当时人数增至十余人，主要任务除整理旧欠之农贷及发放一部分农贷外，即是搞印刷钞票工作。内部设有三个股，业务股长耿振华，会计股长刘鸿儒，出纳股长牟逵。在当时明确了职责，但业务较少，大都兼任工商局工作，有些季节性的农贷工作，因此县银行机构也完全依赖工商局之下层组织，直至一九四五年秋。""日本投降后，总行调任志明同志任副行长，至一九四六年春原分行行长耿荆山同志调山东分局学习，当时即提升任行长，以后行长皆为任志明。"

按刘鸿儒和《北海银行鲁南分行历年机构干部变动情形》的意思，鲁南分行成立于1944年，成立之后又和工商局合署办公了一段时间。其中《北海银行鲁南分行历年机构干部变动情形》说得更具体：1944年7月，鲁南支行宣称分行，日寇投降后，任志明才去鲁南任副行长，1946年春才升为行长。此说法与任志明的说法差异较大。

耿荆山在其他回忆录方面说得都比较详尽，基本符合史料，说明其记忆力较好。说任志明来建立分行，并不等于分行就是那时成立。此话可以理解为任志明来了才成立分行，也可以理解为分行已经

---

① 为适应战争形势，1940年6月，以滋临公路为界，将费县县城以西的地区划分为费南、费北两县。1943年12月，费南县改称费县。1946年4月19日，鲁南行政公署颁布训令，决定费县改称平邑县。

存在，他来之后建设和健全分行组织机构。可能耿荆山要表达的是银行与工商管理局分开的时间。刘鸿儒说的也没有瑕疵，通过刘鸿儒其他方面的回忆录，发现他的记忆力也很强，所回忆的事情基本符合史料。《北海银行鲁南分行历年机构干部变动情形》也应当是可信的。只有任志明的回忆矛盾较多。

当时山东根据地除总行驻地行政区外，各大行政区无一例外都设分行，其中，滨海升格为大行政区之前就设立了分行。1944 年 10 月，鲁南直属专署就升格为行政主任公署了，照理，鲁南分行怎么样也不会拖到日本投降前后才成立。所以不能依据耿荆山、任志明的说法简单地认为鲁南分行成立于日本投降前后。

有一个史料应该特别重视，那就是 1943 年 6 月 12 日战工会发布的《北海银行组织章程》。该章程第十二条规定："本币之发行除经指定之分行外，其他分支行及以下之组织不得代理发行事宜，并依战略区为单位注以地名。"依据该章程，只有指定的分行有代理发行货币之权，其他分支行以下组织无代理发行权。1943 年 9 月 20 日，省工商管理处发出了《对鲁南货币贸易的指示》，该指示要求鲁南："准备年内发行北海币五百万元，将来发至一千万元（总行代印）。"1943 年 9 月 23 日，山东分局在《关于银行工作的决定》中，给鲁南下达 1944 年上半年的发行计划是 1000 万元。鲁南的北海银行于 1943 年下半年开始发行鲁南地名北海币。也就是说鲁南的北海银行不仅有代理发行货币权，而且其发行的北海币依战略区为单位注以地名。这就说明，此时鲁南的北海银行已经不是支行了，很可能已升格为分行，至少是分行级支行。这种现象在当时的行政区划上也曾出现过。如 1943 年 4 月滨海区就已升格为行政区，但仍沿用滨海专区的名称，直到 1945 年 4 月，滨海专区才改称滨海行政区。结合《中国共产党平邑县历史》，可以认为鲁南支行升格为分行的时间是 1943 年 3 月。

综合上述各方面因素，我们认为鲁南分行建于 1943 年 3 月，地址在费南县王崮山，1944 年 7 月正式对外宣布分行成立，抗战胜利后脱离工商管理局而独立，并开始健全银行机构。分行隶属总行，行长耿荆山，下设业务股、会计股、出纳股，耿振华、刘鸿儒、牟逵分任股长，共有 10 余人。分行成立后一段时间内银行业务还是很少，仍与工商管理局合署办公，借助工商管理局这个平台开展发行北海币、季节性农贷等业务。

三、抗战胜利前分行机构的发展

1942 年，国民党进行战区调整，将鲁苏战区与苏鲁皖战区合并为第十战区，命李仙洲部接防山东。1943 年 1 月，李部先头部队进入山东，3 月 8 日，李部第九十二军一四二师师长刘春霖、副师长朱乐亭率三个团越过微山湖和津浦路进入鲁南，10 日夜，包围费滕峄边区莨子口，杀害干部群众，并将全村粮食抢劫一空。接着向北占领白彦、山亭、大炉等地，企图控制鲁南，再北上鲁中。7 月，于学忠部未等李部接防就让出阵地，八路军迅即占领于部阵地，导致山东国共双方关系进一步紧张。8 月，刘桂堂部也乘虚而入，鲁南环境进一步恶化。乃至有被顽固派、日伪吞掉之虞。银行工作和其他部门的工作都做了应变准备。县银行机构随即撤销，分行机构虽未撤销，但工作也极少，即与鲁南专署财政科合署办公。在这样的条件下，领导们认为绝不能退步，必须采取措施加强北海币的地位。这时正值开征春季田赋，专员公署通知各县，群众交纳田赋必须使用北海币，拒绝接受法币。这个措施果然奏效。北海币在群众中的信用并没有因局势紧张而降低，与法币比较显得更坚挺，即便是在已被顽、伪吞掉的地区，北海币还可通行。

1943 年 11 月，鲁南区工商管理局成立。为了加强鲁南区北海银行工作，充实人员，健全机构，使银行工作走上正轨，银行即由专署财政科划出，并入工商局管理局，实行统一领导。耿荆山兼工商管理局副局长。此时银行干部只有 7 人，而工作又需要开展，于是即在工商局内设一金融科，县级工商局内设有金融股，主要任务是发行北海币，协助工商管理局开展货币斗争，收回农贷及合作贷款等工作。实际上，早在鲁南工商管理局成立前的 9 月 20 日，省工商管理处在《对鲁南货币贸易的指示》中就决定银行和工商管理局合并。合并的理由是工商管理处成立后，银行本身已无重要工作。由此看，之前鲁南北海银行的主要工作就是进行货币斗争，很少开展其他银行业务。

工商管理局成立后，迅速建立了公营商店。公营商店网点遍布鲁南各地。鲁南地区的主要土特产品如花生米、花生油、羊毛皮张等，都由公营商店经营，并实行食盐专卖和烧酒专酿。这些工作和措施，都为停止使用法币，确立北海币为鲁南地区的本币打下基础。工商管理局通过公营商业的业务开展投放北海币业务，使北海币的流通范围随公营商店的业务发展而扩展到全地区。

1944 年 4 月 9 日的《大众日报》载："主署发下决定从四月十日起停用法币，一律用北海票，根据地老百姓如有存法币的，可到兑换所兑成北海票。四月十六号以后，查着法币就没收，按百分之三十五提成奖励。"由于极为残酷的斗争环境，鲁南区是山东根据地最后一个宣布停用法币的战略区。

四、抗战胜利后银行的大发展

日本投降后，总行调任志明任鲁南分行副行长。分行开始着手建设和健全分行机构，逐步从工商管理局分离出来，独立开展业务。1945 年 12 月 14 日，滕县城解放。之后分行由农村迁到滕县城，兼理滕县业务。1945 年底或次年初，为了适应工作发展，总行派了一批干部到鲁南分行，其中有戴伯超、郭玉梓、刘惠厚、时平、郭新璋、高群、庄玲、李秀春、王君秀等人。这批干部到鲁南后，都分配到分支行处工作。

此时分行主要是存放汇、质押等业务，人数增至 20 余人，内设三个股，业务股（营业股）长晋洪西，会计股长刘鸿儒，出纳股长孙英，下辖一个枣庄办事处，主任牟逵。枣庄办事处主要任务为扶持工业发展，共有 10 余人；业务有张庆瑞、李锐、曹汶等人；会计股有杨若浩、汪效民、刘瞍、刘发成；出纳股有孙敏、李健、吴小朋等人。

分行进滕县城不久，因工作需要，曾吸收一部分社会青年，其中有王仰君、王修涵、李锐、李悦、刘发成等人。为了适应形势发展和扩建分支机构的需要，鲁南分行抓紧时机，从各方面抽调和招收了一部分青年开办会计训练队，由刘鸿儒兼任队长，王林任副队长，学员约 40 人，其中有刘传璋、汪效民、曹汶、刘弢、刘坤、魏华、宋仙、刘兰嵩、杨永礼、刘华等人。主要学习会计，时间约半年，毕业后分配到各分支行处工作。

1946 年春，原分行行长耿荆山调山东分局学习，任志明接任行长，以后行长皆为任志明。

秋季，国民党军进攻鲁南，鲁南分行转移到农村，机关干部撤出，银行同工商、粮食、财政等部门合并为财粮局。此前分行辖三个中心办事处：枣庄中心办事处，主任牟逵，辖赵博、苍山、邳县、兰陵、枣庄等县业务；滕县中心办事处，主任晋洪西，辖滕县、凫山、临城等县业务；平邑中心办事处，主任龙维寅，辖平邑、费县、泗水、邹县、曲阜等县业务。

为发放农贷，1947 年 1 月，全行干部增至百人以上，因工作需要开展，即将原平邑办事处划出一部分成立了邹县办事处，主任耿振华，该办包括邹县、曲阜、泗水等地。此时分行业务股长为刘惠厚。

4 月，国民党军重点进攻鲁南，形势大逆转，奉上级指示，机关全部北撤到鲁中地区，鲁南分行转移到鲁中沂水一带，以后又将老弱病残及妇女同志分两批继续北撤，一直撤到渤海地区，其中有耿振华、杨若浩、刘惠厚、高群等人；另一批撤到滨北地区，其中有戴伯超、郭玉梓、李秀春、王君秀、刘弢、王瑞玉、庄玲等人。留在鲁中的有行长任志明、会计股长刘鸿儒以及张德敏、宋仁等一部分青年，他们随鲁南军区后勤部行动，主要为支援前线服务。直至 8 月，因要坚持鲁南局面，即由任行长率十余人随同级党政军机关插入鲁南敌区坚持工作。当时鲁南财经机关为了统一对敌斗争，即将工商、银行、粮食、财政四大部门合并为财粮局，而其中工作仍按四个系统性质明确划分。秋季，鲁南分行由鲁中回到鲁南后，开始主要是搞支前和货币工作，接着就是恢复银行机构，开展银行业务。

1948 年 1 月，鲁南形势好转，北撤到渤海和滨北地区的人员都相继返回鲁南。从此逐步在各专区、各县设立银行机构，开展业务工作。鲁南分行内部的股改为课，干部也做了调整：业务课长晋洪西，会计课长刘鸿儒，出纳课长龙维寅。鲁南分行再次分设，并成立了平邑、费县、麓水、白彦四个银行办事处，龙维寅、刘惠厚、郭玉樟、戴伯起分任主任。2 月，鲁南分行成立一、二、三支行。一支行由平邑办事处主任代理，辖平邑、邹县办事处；二支行行长王安邦，辖白彦、麓水办事处；三支行副行长牟逵，辖费县、赵镈、苍山、兰陵、邳县等办事处。至合并前，鲁南分行共辖 15 个县办事处，全体职工 280 余人。

7 月 26 日，总行在益都召开了行处会议。会议决定鲁中分行、鲁南分行和滨海支行合并为北海银行鲁中南分行，滨北直属支行划归胶东分行领导。要求鲁中、鲁南两分行账务根据 7 月底报表移交鲁中南分行接收。滨海支行账务由鲁中南分行根据 7 月底报表接收，滨北支行账务由胶东分行根据 7 月底报表接收。8 月，北海银行鲁中分行、鲁南分行和滨海支行正式合并为北海银行鲁中南分行。鲁南分行至此终。

鲁中南分行行长任志明，第一副行长刘涤生，第二副行长李文灏。下设五个科：秘书科长龙维寅，人事科长彭怀正，业务科长金波，会计副科长刘鸿儒，出纳科长张延卿。当时鲁中南分行会计科有刘惠英、薛镜澄、宋修义、孙文宗、夏军、臧锦霞、侯欣等人。成立之初驻沂水城北的农村，不久即迁往临沂城。分行辖一、二、三、四、五、六、七支行及淄博、济宁、徐州三个城市银行，11 月增设新海连支行。由封培乾、王金甲、王矛、于国屏、牟逵、王安邦、耿振华、王有成、黄玉明、晋洪西分任行长。其中封培乾还兼任新海连支行行长。

一支行辖莱芜、泰宁、新泰、历城、章丘 5 处；二支行辖沂南、沂东、沂水、沂源、蒙阴、蒙山 6 处；三支行辖淮安、安丘、临朐、沂北、莒沂、益都、昌东 7 处；四支行辖平邑、泗水、济北、白彦、凫山、滕县、邹县、曲阜 8 处；五支行辖苍山、麓水、费县、峄县、临城、赵镈、邳县、兰陵、枣庄等办事处；六支行辖莒县、莒南、临沭、竹庭、东海、郯城、日照、临沂 8 处；七支行辖长清、肥城、汶上、东平、平阴、宁阳、泰西 7 处；新海连支行辖连西、云港办事处；淄博支行辖周村、张店、博山办事处。

1949 年 6 月，淄博所属行处划归省直辖。三支行随行政区划变动撤销；淮安、安丘、临朐、益都、昌乐划归昌潍支行管辖；沂北、莒沂划归二支行管辖。8 月沂北办事处撤销，与莒沂合并；沂东办事处撤销。随后泰西、肥城等办事处亦撤销。当年 8 月改称人民银行，所辖一、二、四、五、六、七支行改称为泰山、沂蒙、尼山、台枣、滨海、泰西支行。10 月间由平原划来华山、丰县、沛县、萧县办事处，归台枣支行管辖。秋季，分行由临沂县城迁到曲阜县城。11 月 1 日，更名为中国人民银行鲁中南分行。

1950 年 4 月鲁中南分行撤销。

第二节 鲁南印钞厂的建立与合并

关于鲁南印钞厂的建立及撤销合并时间，史料也是众说纷纭。下面我们将罗列相关史料，并进行梳理，以便还原历史真貌。

一、鲁南印钞厂的成立时间

时任北海银行鲁南分行长的耿荆山回忆：“直到一九四四年才由滨海总行支援了几位印钞工人，成立了有四五个人的印钞厂，是石印的机子，版是总行给的，纸也是总行给的。当时主要是印辅币，壹元以下的，壹元以上的还是从滨海领来。印钞厂设在天宝山区（平邑县），是大后方，最安全的地方。日本投降后印钞厂搬到滕县上下辛庄一带，增加了印机和工人。后来撤销了，合并到总行去了。”

时任总行滨海印钞厂长任子敏在谈印钞厂建立和发展的经过时说：“一九四三年下半年，又由总行印钞厂抽调了一部分人和机器到鲁南，建立了鲁南分厂，厂长是刁如心同志。”

时任鲁南分行会计科长刘鸿儒则回忆：“1944 年，由于鲁南地区的发展及工作需要，北海银行鲁南支行升格为分行。这年 6 月，总行调我到鲁南分行工作。当时鲁南分行行长耿荆山，下设三个股，发行股长耿振华，会计股长刘鸿儒，出纳股长牟逵。另有一个印刷厂。”

据《战斗在山东解放区》一书披露：“鲁南印钞厂成立于一九四四年冬。由于地区分割，交通不便，北海银行总行决定，由北海银行鲁南支行出纳股长耿振华出面牵头，并从鲁中印钞厂抽调骨干李维恭、刁新如（当为刁如心——编者注）等同志及部分印钞设备（主要是小石印机）调至鲁南，成立鲁南印钞厂。开始由李维恭任厂长，刁新如任印刷组长，李调走后由刁新如接任。日寇投降后，所有人员、设备全部迁沂南县东西柳沟和鲁中、滨海印钞厂合并，统一称为鲁中印钞厂。”

《中国人民银行第三印刷局印钞厂管理概况》载：“一九四四年冬，因地区分割，交通不便，故由鲁中厂配备领导与骨干，以少数器材成立了鲁南印钞厂。”

《临沂地区金融志》载：“1943 年下半年，总行印钞厂抽调一部分人员和机器，到鲁南成立了四五个人的印钞厂（地址：平邑县天宝山区朝阳洞里），印制一元以下的辅币，1945 年 6 月，与鲁中印钞厂合并。”

《中国共产党平邑县历史》（第一册）载：“1944 年 4 月 8 日，北海银行鲁南分行决定成立鲁南印钞厂，厂址设在费南天宝山区内的朝阳洞内。印钞厂有十余名工人，大都来自济南大中印刷厂，其中技术工人 4 名，其他为一般操作工。全部设备仅有石印机 3 台、脚蹬子 1 部。石印机印票面，脚蹬子打号码，裁切纸张全部用手工。印制壹角票、贰角票和伍角票三种面额票，票面印有‘北海银行’字样。整个票面为同一种颜色。印钞厂设一个警卫班负责保卫工作。形势较稳定时，将机器搬到朝阳洞外左侧的小圣堂内工作，印制钞票；一旦环境恶化，就将机器搬回朝阳洞内继续生产。票纸一部分由总行供应，不足时通过‘内线’到日伪占领区购买。印好的票币，由骡马驮着运到总行或鲁南分行，由银行统一发行。”

任子敏及《临沂地区金融志》均说1943年下半年总行抽调了一部人建立了鲁南印钞厂。任子敏回忆的事情大都较准确，可信度高，他的说法也很合理。1943年秋季，鲁南分行有了发钞权，有了发钞权自然会考虑筹建印钞厂。参与筹建的人数，据《临沂地区金融志》和耿荆山说，只有四五个人。

刘鸿儒的说法，1944年6月，印钞厂已经存在了，与耿荆山之说并不冲突，与任子敏回忆及《临沂地区金融志》也不矛盾。

《中国共产党平邑县历史》对鲁南印钞厂的建立及运作描述得极为详尽，应当是参考了相关具体史料，其说法更为可信。关于“1944年4月8日，北海银行鲁南分行决定成立鲁南印钞厂”一语，应当理解为印钞厂建成后正名的一个决定。

《战斗在山东解放区》和《中国人民银行第三印刷局印钞厂管理概况》的“鲁南印钞厂成立于一九四四年冬”一说，与刘鸿儒的回忆相悖，与其他各说也相异。估计可能是将1943年冬误为1944年冬了。从文字上看，《战斗在山东解放区》成书时应当是参考了《中国人民银行第三印刷局印钞厂管理概况》一书。该书出版于1949年，对比其他史料发现，书中个人撰写的简史多少存在一些错误。

综合上述史料，我们认为鲁南印钞厂于1943年底在费南天宝山区着手筹建，参与筹建的人员有四五人。1944年4月8日建成。建成后有10余名工人，3台石印机，1部脚蹬子，主要印制北海币辅币。

二、鲁南印钞厂的撤销合并时间

《战斗在山东解放区》一书在《鲁南印钞厂概况》一段说：“日寇投降后，所有人员、设备全部迁沂南县东西柳沟和鲁中、滨海印钞厂合并，统一称为鲁中印钞厂。”但是该书在《滨海印钞厂概况》中却说：“一九四六年七月底，鲁中、滨海及鲁南三个印钞厂合并后，李伦同志为厂长，李维功（实际应为李维恭——编者注）同志为副厂长。”

《中国人民银行第三印刷局印钞厂管理概况》载：“一九四五年六月滨海、鲁南两厂与鲁中厂合并。北海银行总行发行科改为印钞总厂，并编制鲁中的为印钞一厂。”《临沂地区金融志》说法与此同。

《中共平邑县党史大事记》则说：“1946年3月，随着鲁南行署南迁滕县，北海银行鲁南印钞厂也随之由天宝山朝阳洞迁往滕县。从1944年春到1946年3月，鲁南印钞厂在朝阳洞工作了3个年头。”

据任子敏回忆：“在日寇投降前的反攻阶段，总行和印钞厂又迁回鲁中，和鲁中分行、鲁中分厂合并，又组成总行印钞厂。”

耿荆山回忆：“日本投降后，印钞厂搬到滕县上下辛庄一带，增加了印机和工人。后来撤销了，合并到总行去了。”

1945年6月，滨海印钞厂与鲁中印钞厂在沂南合并是无可置疑的事实，但是任子敏在回忆此次合并时，并未提及鲁南印钞厂。其他史料也不支持《中国人民银行第三印刷局印钞厂管理概况》的说法。估计，当时可能决定三厂合并，由于鲁南情况特殊，最终是合而未并。

我们认为《战斗在山东解放区》的第二说法较为可信。《中共平邑县党史大事记》及耿荆山的回忆都支持这一说法。

耿荆山说，日寇投降后，鲁南印钞厂迁往滕县。1945年，滕县曾两次获得解放。第一次是9月8日，当月下旬，中共鲁南区党委、鲁南行署，迁驻滕县城内。10月20日，国民党第九十七军占领了滕县城。

天宝山鲁南印钞厂远景

印钞厂所处的洞口

洞内印钞厂原址

从洞内边隙向外眺望

12月12日晚9点，山东军区八师对滕县城发起进攻，与国民党保安二师及暂一旅部展开激战。14日凌晨4点，滕县城再次获得解放。下旬，中共鲁南区党委、鲁南行署迁驻滕县城。第一次解放后不久，滕县即被国民党军占领，此期间印钞厂迁往滕县的可能性不大，因为印钞厂需要相对稳定的环境。印钞厂迁往滕县的时间应当是在滕县第二次获得解放后的一段时间，很可能是在1946年春天。耿荆山的说法符合《中共平邑县党史大事记》。印钞厂迁驻滕县后不可能马上又他迁，至少要呆上几个月。此时鲁中印钞厂（即总行印钞厂）已随总行迁往临沂。因此，我们的结论是，鲁南印钞厂于1946年7月底在临沂与鲁中印钞厂合并。

第三节　鲁南北海银行发行北海币大致情况

到目前为止，我们还不知道1942年度鲁南区北海币的发行数额，仅知道1942年总行计划发行北海币500万元，调剂泰山、沂蒙、滨海、鲁南等地区。由于鲁南斗争环境复杂，分配到的额度肯定很少，不会超过150万元。

1943年9月20日，省工商管理处发出了《对鲁南货币贸易的指示》，内云："准备年内发行北海币五百万元，将来发至一千万元（总行代印）。"从次年初山东分局、省工商管理处联合给鲁南区党委、鲁南专署及工商管理局的指示看，该项发行年内基本上完成，其中150万元投作春耕农贷，其余的全部拨给工商管理局做基金。由于本年夏季山东根据地全面实行了分区发行、限区流通的货币政策，故这批代印的北海币为民国三十二年鲁南地名十元券。

关于1944年鲁南分行发行的北海币，我们可以从下述文件中获得大致信息。1943年9月23日的中共山东分局《关于银行工作的决定》及9月30日的山东省战时行政委员会《关于半年财政工作的指示》中均规定，未来半年内，鲁南分行应发行1000万元北海币。山东分局、省工商管理处联合给鲁南区党委、鲁南专署及工商管理局的指示，则进一步将时间明确为1944年3～5月。1944年12月6日的中共山东分局关于货币政策的决定言明，鲁南再增2000万元（连前共6000万元），须于今后两个月（1月底止）内完成。经过对比山东分局给其他区下达的发行指示，"连前"是指该区历年总发行额。假设分行于12月10号开始执行决定，并能按期完成计划，12月10日到次年1月底共53天，平均每天须印发近38万元。机器正常运转的话，年内大约能印发830万元。以此计算，1944年及之前，鲁南分行合计发行了约4830万元北海币。1942年，鲁南区的北海币由总行调剂，发行量计入总行。1943年鲁南支行发行北海币500万元。扣除这500万元，本年度合计发行北海币约4330万元。大致发行情况如下：3～5月，发行北海币1000万元；6月至12月6日前，发行约2500万；12月6日至年底，发行830万元。

本年除了继续印发民国三十二年十元券外，还印发了民国三十三年五十元、五元、一元及五角券。年底印发的当是山东地名北海币。下面，我们根据票面信息结合已有资料具体分析鲁南地名各券种的发行情况：

1944年夏季以后，鲁南、滨海、鲁中（以下简称"三区"）三区北海币自由流通，9月以后三区开始统一发行北海币，估计年底不会再印发"鲁南"地名北海币。因此鲁南地名北海币的总发行量不会超过 4000 万元。

鲁南地名的北海币都很少见，已经面世的鲁南地名北海币有个共同特点，那就是所有品种有效流水编码没有超过 6 位的。如五十元券是 7 位号码，所见实物前两位均为 0；十元券 7 位号码，所见实物第一位均为 0；五元券 6 位号码；一元券 7 位号码，所见实物第一位均为 0；五角券 7 位号码，所见实物第一位均为 0。这就意味着鲁南地名北海币各品种发行量可能都不到 100 万枚。其中鲁南五十元券最少，可能不到 10 万枚。若此说成立的话，五十元券的发行量不会超过 500 万元，十元券不会超过 1000 万元，五元券的发行量不会超过 500 万元，一元券的发行量不会超过 100 万元，五角券的发行量不会超过 50 万元。鲁南地名北海币发行量合计不超过 2150 万元。也就是说，到 12 月 6 日前，鲁南分行可能已经发行了 1850 多万元山东地名北海币。目前鲁南地名北海币各品种的稀有程度也支持我们的上述估计。

我们再对各品种发行顺序以及鲁南地名北海币停发的时间做个大致估计。由于五元券的形式与十元券相近，故 1944 年首次新发的品种应当是五元券。3 ~ 5 月发行的 1000 万元北海币中，主要是十元券和五元券。6 月以后，随着辅币的缺乏以及鲁南印钞厂的投产，发行了一元券和五角券，为了保证发行数量，同时发行了 500 万元五十元券。

前面估计了，本年 12 月 6 日前可能发行了 1850 多万元山东地名北海币，按印钞设备正常连续运转，以 12 月 10 日至次年 1 月底的平均印发速度，并以 12 月 10 日为时间点倒退计算，山东地名北海币至少在 9 月 20 日之前就开始印发了。也就是说，五十元、一元、五角券大致印发于 6 月 1 日至 9 月 20 日之间。这应当是个保守估计。因为 12 月 6 日到次年 1 月底期间，正值形势好转，货币供需缺口巨大，为了突击完成任务，此时的印发速度应该较之前的印发速度快得多。根据 1944 年 8 月 5 日省政委会主任委员黎玉在《滨海鲁中鲁南工商管理工作会议上的总结》，三区统一发行北海币的时间可能是本年 8 月。以此推算鲁南地名五十元、一元、五角券大致印发于 6 ~ 8 月。

1944 年 12 月 6 日的中共山东分局《关于货币政策的决定》还规定鲁南明春增发至 9000 万元，迅速完成运河区停法停伪工作。

鲁南分行自 1943 年 9 月 20 日以后开始发行鲁南地名北海币，至 1944 年 9 月 20 日前停发，历时近一年，前后发行 5 种面额的鲁南地名北海币，每种面额又都仅有一个版别。目前这 5 种北海币存世量均极少，相对来说，五元券稍多。

有一个奇怪的现象：1946 年 10 月 15 日，总行发出《关于收回几种本币的通函》，里面列了民国三十二年滨海地名五十元券，鲁中地名五十元券，民国三十三年山东地名塔景五十元券（此币正背图案均与鲁南五十元同），三区中唯独没有列鲁南地名五十元券。

据《中国共产党平邑县历史》（第一册）载，鲁南印钞厂曾印制过一角、二角北海币。我们认为鲁南印钞厂可能没有印制过这两种券。原因是，在鲁南印钞厂建立的这一时期，山东各根据地由被动防御转向主动进攻，伴随着地盘的不断扩大，北海币供需缺口日益拉大，为了让北海币快速占领新解放区市场，各印钞厂都在赶印大票。比如 1944 年胶东就停发了一元以下小票。鲁南印钞厂由于技术落后，不能印制大票，但也不会去印制滨海、鲁中早已不印的一角、二角北海币。尤其是一角券，自 1943 年以后，各北海银行都未再印发过。再者，到目前为止，尚未发现这一时期鲁南地名一角、二角北海币。《中国共产党平邑县历史》所以如此说，可能是编委误以为民国二十九年鲁南地名一角、二角北海币是鲁南印钞厂印制。

《中国共产党平邑县历史》还载，印好的票币，由骡马驮着运到总行或鲁南分行。说明鲁南印钞厂印制的北海币不只是在鲁南发行，部分北海币由总行统一调度。

鲁南地名北海币

7-1

编　　号： B302　　★★★★★　　**票　　幅：** 129×65mm

面　　额： 拾圆　　**主　　色：** 绿 / 绿

票面时间： 民国三十二年　　**印刷单位：** 总行印钞厂

发行时间： 1943 年　　**收 藏 者：** 编委

7-2

编　　号：B303　　★★★★★

票　　幅：91×50mm

面　　额：伍角

主　　色：绿 / 紫棕

票面时间：1944 年

印刷单位：鲁南印钞厂

发行时间：1944 年

收 藏 者：编委

7-3

编　　号： B304　　　★★★★★　　　**票　　幅：** 110×54mm

面　　额： 壹圆　　　**主　　色：** 红 / 枣红

票面时间： 民国三十三年　　　**印刷单位：** 鲁南印钞厂

发行时间： 1944 年　　　**收 藏 者：** 编委

7–4

编　　号： B305　　★★★★		**票　　幅：** 114×60mm	
面　　额： 伍圆		**主　　色：** 红 / 蓝	
票面时间： 民国三十三年		**印刷单位：** 总行印钞厂	
发行时间： 1944 年		**收 藏 者：** 编委	

7-5

编　　号： P182	**票　　幅：** 114×60mm
面　　额： 伍圆	**主　　色：** 红 / 蓝
票面时间： 民国三十三年	**印刷单位：** 总行印钞厂
发行时间： 1944 年	**资料来源：**《中国历代货币大系》

7-6

编　　号： B306	★★★★★	**票　　幅：**	129×65mm
面　　额： 伍拾圆		**主　　色：**	蓝 / 绿
票面时间： 民国三十三年		**印刷单位：**	总行印钞厂
发行时间： 1944 年		**收 藏 者：**	编委

第八章

反假斗争

北海币诞生于抗日战火中，是山东根据地民主政权创设的货币，深受根据地广大民众的欢迎，为根据地及解放区的经济发展、军事斗争做出了巨大贡献。但是自北海银行发行北海币始，造假就相伴而生，并伴随北海币始终。

北海币制假者主要有二大类：一是政治集团制假，主要为日伪政府及抗战胜利后的国民党政府；二是各种敌对势力及个人制假，包括国民党顽固派、奸商和一些市侩。制假工具主要有木板印、石印机、铅印机及胶版印刷机等四种。因为集团制假印钞设备先进，印制的假票逼真且数额巨大，传播途径广，传播的手段多样化，故集团制假的危害性最大。尽管胶版印刷机先进，由于抗战时期根据地主要是用石印和铅印机印制北海币，集团制假除采用胶版印刷外，为了保持与根据地印钞工艺相近，也大量采用石印及铅印。集团制假的目的主要是为了争夺根据地物资，破坏北海币信誉，扰乱根据地金融秩序，从而达到破坏根据地经济建设的目的。敌对势力和个人制假的目的主要就是为了谋利，有时敌对势力还兼有破坏根据地金融秩序的目的。由于敌对势力和个人缺乏先进的印钞设备和技工，制作的假币数量少且易于鉴别，传播的范围及途径也很有限，危害性明显不如集团制假。尤其是个人制假，基本是用木板印制假票，这种假票粗陋不堪，很容易鉴别。根据地反假斗争的焦点就是集团制假。

不管制假者的目的是什么，假币的流入，实实在在地破坏了根据地的金融秩序，降低了北海币的信誉，损害了群众利益，影响了一部分人的生活，危害极大。因此，山东根据地及解放区历来十分重视反假斗争。采取的反假措施主要有：制定反假条例和查禁假票办法；广泛宣传假币的危害性及识别假币办法；教育和动员群众参加反假，拒绝使用假币；鼓励群众揭发和举报他人制假贩假行为，给予揭发举报者重奖；对制假贩假者采取严格防范、严厉打击和坚决镇压的措施；不断改进印刷工艺，尽量提高北海币印刷质量，在北海币中增加不同形式的暗记。由于根据地和解放区灵活运用了上述手段，经过广大军民的共同努力，一波又一波的假币潮被打了下去，并未出现大规模假币蔓延的现象。

不同版别的北海币印有不同的暗记，根据反假文件，这些暗记绝大多数是由虚实点、虚实线条的组合变化构成。在北海币实物中，我们发现也有用人名或字母做暗记的。如掖县版（含无地名及胶东地名者）北海币中的一角、五角及一元券，在其正面图景框右下边有票样设计者邓振元的行草签名“振元”二字。如民国三十三年山东地名浇秧五十元，正面图景框内左右树景中分别隐藏着北海二字的首写字母“H”“B”，民国三十六年山东地名宝塔五百元券也有类似情况，正面树丛中小房子台阶前左右分别印有字母“H”“B”。目前仅在 1946 年以后发行的个别北海币券种中发现字母暗记。点线组合的暗记与用字母或汉字做暗记各有优缺点，前者不易被制假者发现，但自己人也难识别，后者则恰恰相反。

反假斗争属于货币斗争的一部分。1938 年至 1943 年秋季，反假斗争的主导者是北海银行。为了统一领导根据地的经济斗争和货币斗争，从 1943 年秋季始，山东各根据地相继建立了工商管理局。领导货币斗争的重任落到了工商管理局的肩上，银行配合工商管理局进行包括反假斗争在内的货币斗争。1946 年以后，领导反假斗争的重任又逐步重新落了到北海银行肩上。由于工商管理局拥有庞大的缉私队、检查站及公营商店等反假重器，工商管理局领导反假斗争时期，假币案例明显减少，大宗假币案基本都是工商管理局破获的，反假斗争卓有成效。

纵观山东反假史，北海币的制假贩假活动呈波浪式变化，一波未平一波又起。整个制贩假活动有两个高潮，第一个高潮发生在 1942 年底至 1943 年秋，第二个高潮发生在 1947 年至 1948 年，且第二个高潮远比第一个高潮凶猛。巧合的是，从掖县北海银行成立到第一个高潮的形成用了四年时间，第一个高潮过后，到第二个高潮的形成又经历了四年。假币以输入型为其主要特征，绝大多数假币来源于敌占区，为敌对集团所制。这种假币不仅数量大且更接近真币，因此其危害性极大。根据假币这一特征，仅仅靠宣传和教育是不够的，截流堵源才是根本之法。工商管理局所以取得反假斗争的优异成绩，关键在于将大多数假币拒之门外。

不同时期反假斗争的方式及策略不同，不同战略区反假情况也不尽相同，下面我们就分时段分区域探讨北海银行的反假斗争。

第一节　排法斗争前的反假斗争

太平洋战争爆发之前，日伪对根据地的货币斗争策略主要是倾销日伪币收购法币，用以到国际市场上套购物资，太平洋战争爆发之后，则转而向根据地大量倾销法币，抢夺根据地物资，故尚未大面积的利用假币这个武器。因此，这一阶段根据地的制假贩假案例不是很多，假票数量也不是很大，加之假币的印刷工艺也与真北海币有差距，反假任务不是很艰巨。

此阶段尚未出台全省统一的反假办法或规定。唯一可参考的反假文件就是《北海银行总行推行新钞宣传大纲及三个附件》（1941 年 4 月 1 日）的附件三。由于 1941 年夏季前，北海银行总行并不领导全省各地的金融机构，所以附件三只能是个指导性文件。估计此时的制假案件由各地政权依据当地制定的相关法令或参考“附件三”酌情处置。

北海币始发于掖县，并率先在胶东区普及，所以假北海币亦始发于胶东。故北海币反假斗争从胶东说起。

一、胶东区的反假斗争

胶东区有关假北海币的情况最早见于原胶东分行陈文其与刘涤生的回忆录："敌人见北海币不但不能禁止流通，而且信用越来越高，便有计划地伪造我们的北海币，企图用假票来收买我根据地的物资，破坏北海币的信用，扰乱我金融市场。"至1941年，几乎所有胶东区发行的北海币都发现假票。

这一时期，贩假的方式主要是在边沿区或据点附近，以几百元伪钞换一千元假北海票的比价，把假票推销给跑解放区的商人，由他们带进根据地行使。携带的方式比较隐蔽，有的装在油篓里，有的塞在车胎里，有的夹在火纸里。到我根据地后，大都在粮食市、牲口市、花布市上，找不识字的农民和妇女买东西，有时直接用假票，有时则把假票混在真票中用出去。

为了保护群众的利益，维护北海币的信誉，抗日民主政府颁布了查禁伪造和行使假票的法令，对伪造和行使假票的罪犯依法惩处，进行严厉打击。并在边沿地区组织查缉，防止假票流入我根据地。假票一经发现，便立即向有关部门发出通报和写稿登报，使大家提高警惕。同时，在集市上挂出真假票样，向群众宣传，在识字班和夜校里向群众讲解，帮助群众提高识别能力。群众一经发动起来，敌人的鬼计就很难得逞了。

胶东区一系列反假措施收到了很好的效果。群众反假意识很强，反假积极性很高，有时斗争方法还很巧妙。比如，有个行使假票的罪犯，在海阳被群众发觉后，两个民兵为了查明根底，一直跟踪到赵保原的据点附近，才把这个罪犯缉拿归案。这样不仅抓到了罪犯，还发现了假票的来源。

二、鲁中、滨海、鲁南区的反假斗争

除了根据地实行北海币分区发行限区流通的货币政策期间外，鲁中区、滨海区与鲁南区（以下简称"三区"）基本上使用同版北海币，反假情况大同小异，故合并介绍。

根据我们的调查，三区反假斗争的史料较胶东区少多了，尤其是这一时期，很少见三区单独的反假斗争或制贩假案例介绍。但是，这并不意味着三区没有制假贩假现象。我们从一些当年的文件中可以一窥端倪。

首先披露假币的是黎玉主任委员在山东省临参会一届二次大会上的施政报告。报告说："敌人为破坏我金融，一九四〇年在鲁中即发现两种伪造北票。一九四二年内复有计划、有组织地在各地区伪造北海票多种，利用奸人向我根据地行使。在我们的宣传查禁、建立识别所等办法的打击下也均先后绝迹。在胶东曾破获大伪造假票犯五起，滨海、鲁中亦查获数起。"其次是《北海银行总行推行新钞宣传大纲及三个附件》（1941年4月1日）的附件三。该附件间接透露了一种民国二十九年火车轮船二角北海币假票。真票系一纵在鲁中印制，流通于三区。据该附件介绍，假票比本币的纸质要低劣柔薄；假票的号码往往都是重复的；本币贰角周围是网丝状，轮船小旗是黑色，假票贰角周围是点状，轮船小旗是白色，其他各种花纹也模糊。

附件三是目前已知的山东根据地最早的指导性反假文件。虽然此时北海银行总行还未领导全省各地的银行机构，由于北海银行总行归战工会直接领导，总行发布的这个附件对全省各地的反假斗争都具有一定的指导意义。

1941年5月5日的《山东省战时工作推行委员会关于查禁北海银行假钞问题的通知》也披露了一个假票案例。通知见本章第六节。

北沂水属于鲁中区，发现的假票则是仿胶东北海银行发行的民国二十七年加“北”字石庙一元券。该假票可能是由胶东区流入的。

1941 春季，北海银行总行发行了民国二十九年红五元券，秋季发行了民国三十年蓝五元券，据后来的报道，此两种券均发现大量假票。估计 1941 年就有此两种券的假票出现。

这时期的反假策略之一，是在现有设备的条件下，尽量提高印刷工艺。早期北海银行印钞机主要是小石印机和铅印机，很容易被敌人伪造。为了便于识别真假，北海银行除了在票版上设计暗记，还在印票子时充分发挥工人的智慧和技术，力求印出质量最好的票子。这样，在同等技术设备条件下印出的票子，赶不上北海银行印得好的，就可以看出是假币。而用胶版机等比北海银行好的设备，印制得比真北海币好的票子，也可以明显地看出不是真币。

三、清河区、冀鲁边区的反假斗争

因清河区、冀鲁边区的特殊地理位置，及两区后来合并为渤海区，故合并介绍。

此时期仅见《清河区五年工作总结》（1944 年 6 月）中披露 1942 年清河区成功反假本币 10 余种，未见此时期二区的其他反假斗争报告与假票案例。由于清河区、冀鲁边区处在艰苦的斗争环境中，加上清河分行、冀鲁边分行印钞设备落后，所印的北海币较粗糙，当年清河区、冀鲁边区为假币的重灾区是肯定的。

另外，从清河区 1942 年初的辛庄事件中我们知道，清河印钞厂的铅印厂遭成建基部袭击，钞版及人员被俘获。成部用俘获的工人及票版印制了大量假票投向根据地。因此批假票与真票无异，反假的难度极大，故根据地只能采取更换票版发行新北海币逐步收回旧票的反假办法。

第二节　排法斗争开始至工商管理局全面成立前的反假斗争

排法斗争开始后，根据地逐渐停用法币，日伪无法向根据地倾销法币抢购物资，转而大量印制假北海票倾销到根据地，盗取根据地物资，破坏根据地金融，进而达到破坏根据地经济的目的。因此，这一阶段根据地的制假贩假案例较前期明显上升，假币数量急剧增多，加之假币印制得较精致，与真北海币差距不大，反假工作十分艰巨。反假斗争进入了一个新阶段。

鉴于日伪疯狂向根据地倾销假币，省战工会出台了一系列反假法令，以镇压贩假活动。如《山东省战时工作推行委员会关于查禁伪造北海本币的指示》（1942 年 12 月 11 日）、《省战工会查禁伪造北币办法》以及《省战工会处理伪造及行使伪造北海本币案件暂行办法》（1943 年），等等。根据地反假斗争算是有了统一的标准。经过各地政府及广大军民的共同努力。这一波假币狂潮总算是被打了下去。

1943 年夏季，山东根据地各战略区全面实行了分区发行限区流通的货币政策，除胶东区外，多数战略区实行这个货币政策的初始目的是为了防止外区北海币的倾销，而不是反假。但是，限区流通对于抑制假币的扩散确实有一定的作用。

一、胶东区的反假斗争

排法斗争开始后，胶东区停用了法币。北海币的信誉与币值大大提高。敌人为了进一步扰乱根据地金融，破坏北海币信誉，大批量地印制假北海币倾销到胶东区根据地。这一时期涌入胶东的假票数量急剧增多，案例明显增多。

如 1942 年 9 月 20 日的胶东机关报《大众报》报道："（敌人）在烟台设立制造假北海票的机关，大量印刷，秘密运进我抗日根据地，鱼目混珠地来吸收我根据地的物资，坑害我抗日军民，破坏北海票的威信。汉奸毕文运拿假北海票（拾元一张的）在蓬莱潮水集上购买粮食，据其供认，钱是从烟台开客栈的朋友那里拿来的，说是花出去二一添作五均分，他这一股运出一万多元。还有用灵柩运到各地的。" 1943 年 9 月 23 日的《大众日报》载："胶东敌伪则无耻涂改北海银行钞票，将清河区字样改为胶东区，以图扰乱破坏。并伪造山东版北海银行钞票，利用奸商向我根据地推行，已在海阳、招远、蓬莱等地先后发现。胶东主署为此特布告全区军民严缉假票，杜绝其流行，在招远查获贩卖伪造本币犯张桂荣，在掖北查获勾通敌人行使假北币犯徐寿堂，前者贩卖一千一百元以上，后者亦在五百元以上，皆因案情重大，为群众所切齿痛恨，送经主署核准分别执行枪决。现群众性反假票斗争，正在普遍深入开展中。"据《东海支行 1943 年工作总结》报告："一年来，各县缉获及剪毁假票数目如下：文登缉获假票犯三人，缉获剪毁假票一万二千元。荣成缉获假票犯一人，缉获剪毁假票四千二百五十元。海阳缉获假票犯三人，缉获剪毁假票四千三百五十元。牟海缉获剪毁假票二千五百七十六元。牟平缉获剪毁假票一千零七十九元。"《西海支行一九四三年上半年工作报告》记录："各县曾缉获假票犯多起。掖南缉获两名，枪毙一名，使用数量在二百元以上。平北抓获一名，'胶东'字拾元券二十张，只三个号码。招南缉获五名，计七百七十元，经调查不是故意行使，准予保释。掖北抓获四名，枪决一名，数量五百元。"《胶东分行一九四三年至一九四四年上半年营业报告》记录："根据去年年终总结，东海一个海区共捕获假票犯七名，查获与剪毁假票达二万四千二百四十五元，其他海区亦均有很大成绩，但未详细总结。"

从以上不难看出，案件发生率较前期明显上升，单个案子有上万元者，但与三区比，还是小巫见大巫。西海支行记载的那位行使二百多元被枪毙的案犯，可以说是反假斗争以来，有明文记载的死刑案首例。由此推测，省战工会的《处理伪造及行使伪造北海本币案件暂行办法》当时尚未出台，如果出台了，这位行使二百多元的案犯就不会被枪毙。

关于假票的来源，前后亦有变化。如前述 1942 年 9 月 20 日的《大众报》报道，敌人在烟台设立制造假北海票的机关，大量印刷，秘密运进根据地。据《东海支行一九四三年工作总结》："敌人制造大批假北钞，由青岛、烟台、威海运到靠根据地的据点内，再利用汉奸伪装商人或工作人员，向根据地内行使。"《西海支行一九四三年上半年工作报告》则称："假钞之来源，大致是：印刷在敌占外埠（据闻平、津及青岛浪人商店公开标价出售，利诱奸商内运行使），掩藏在敌投区，畅流在边缘区，特别是我占劣势的游击区。招南线索在招北，追源是由烟台、龙口运进，掖北来自平津，掖南平莱来自青岛。涂改的清河本币出在平度，发现在掖北朱由。"即 1942 年基本只有烟台一个印假钞地点，到了 1943 年则发展到北平、天津及青岛多地。威海可能是中转站，也可能是印假钞点。

1942 年假票品种有：民国二十九年天坛拾元"村"字，石坊伍元蓝色"繁"字，以及民国二十七年"掖县县政府”一元，其中有“南海”字的，等等。假票基本上是元以上的北海币，尤以十元票最多。当时根据地最大面额就是十元票。

1943年发现的假票有：民国二十九年天坛十元 带有“发”“展”“农”“村”“经”“济”及“胶东”字者，民国三十年胶东区地方本位币火车十元。涂改清河拾元（火车头图）本位币一种。基本没有发现元以下假币。假币开始以“农”“村”“经”“济”字为多，后以“发”“展”字者为多。

此时期假币出现了新特点：一是印刷得相当精细，稍有不慎即易被骗；二是除了本地发行的北海币有假票外，外地发行的北海币的假票也大量流入胶东；三是出现了变造票，即将清河区字样改为胶东区；四是假币数量大，且多集中于当时的最大面额十元券。变造票的起因主要有两条：一是胶东为清河代印的北海币与胶东版北海币图案相同，仅仅是地名差别，易于变造；二是胶东区与清河区北海币币值不同，胶东区北海币币值较高。

敌人倾销假北海币的手段及途径多种多样：如利用奸商在根据地边缘区高价收买粮食，每千元里混合三四百元假票；利用汉奸找关系，到根据地内，专在粮食市、布子市行使，因为农民和妇女只喜欢新票，不认识假票；利用假票到乡村购买汇票，既可大宗推行假票，又不是在市上购买，使我不易发觉；利用“扫荡”推行假北海币，如“扫荡”中用假北海币强行购买东西，发给强行征用的劳役假北海币作为工钱，让他们带回根据地行使，既笼络了人心，又扰乱了根据地的金融。手段较高明的如掖县伪县长，为了便于假北海币打入根据地，公开声明准用北海币，然后按伪军部队中官级大小分给假北海币。这样一来，普通百姓来伪区购货使用的是真北海币，卖货换回的却是假北海币，然后伪政权用这些真北海币到根据地去套购物资。招远、黄县也有这种情况。据《北海支行一九四三年七、八、九月工作报告》：“敌伪大量推行假北钞，使群众害怕使用北钞。招黄敌占区北钞公开流通，敌伪不加禁止，表面上好像我货币斗争取得胜利，实质上是敌人利用北钞的合法地位大量倾销伪造北钞。现此阴谋已为我黄招党政当局所注意，正设法制止。”最恶毒的手段莫过于四处散布谣言，指真为假，说某些真北海币为假币，利用奸细伪装我工作人员，背着背包在边缘区市上冒充查假人员，专剪真票[①]，推行假北海币。如平里店市上伪军造谣“甲”字“乙”字一元北海币是假币。版底模糊之“胶东”字十元真北海币有被剪废者。如此下去，不但倾销了假票，还使真票流通受阻。正所谓“假作真时真亦假”。敌人既盗取了物资，又破坏了根据地的金融秩序，真是一箭双雕。

当敌人采取咄咄逼人的假票攻势时，根据地政权及广大军民奋起还击。

针对假票印制较精细，推行手段多样化，根据地政权及银行经几次详细研究，找出了假币特点及应对策略，重新布置反假票工作。具体措施如下：首先是建立了赶集制度，各级行均派出一定干部按时赶集，到粮市及交易集中场所向群众解释假票特点，揭发敌人阴谋；二是制作榜牌，在集上张挂各种假票，标明假票式样及特点；三是印发传单，印制假票特点说明，支行印发两次；四是将假票票样发给各部门，供辨认参考和作宣传依据；五是利用各种机会到处宣传解释，教育人民增强自己的识别能力。除了五项措施，还辅以奖惩手段。对反假有功的给予奖励，对制假贩假者进行惩罚，情节严重的甚至枪毙。

① 当时胶东根据地发现假票后，除没收假票外，留下一张剪掉一角的假票给持有者，以资今后辨认真假。

在党政军民的配合下，经两月余的一致努力，基本区假钞已渐绝迹，但边缘区并没有绝迹。

此次反假斗争也有不足之处：一是对捉获的假票犯只是问问或罚几个钱就完了，没有追查假票来源，未详细做总结；二是在工作中由于宣传解释不够，奸顽之人乘机造谣，部分群众认识模糊，以为假北海币是出自根据地，或者感到这也是假的，那也是假的，而不敢用；三是各级人员亦有识别不清而误剪没收者，致使北海币流通受到阻。

经过各方协同斗争，上述缺点已逐渐克服。群众经过几个月的反假钞教育，也丰富了经验，吃亏的事也减少了。唯有部分边缘区游击区的区政府及税收人员尚不断发生没收假钞等事。敌伪推行假钞办法，除前所述花样外，还多利用奸商、落后群众向我根据地（首先是边缘）推行假钞，盗取物资，破坏我币信用，反假钞的斗争在北海大部分地区仍方兴未艾。

二、鲁中、滨海、鲁南区的反假斗争

此期间，三区贩假案例急剧增多，一度达到猖獗的地步。《大众日报》曾大量报道相关案例。如1942年12月23日载："鲁中近发现大批假造之伍元北海票（根据后面描述，为民国三十年山东天坛五元券）……此显系敌奸为扰乱我金融，破坏我根据地经济建设所伪造。现我各县党政军民及税收机关，正严格追查并一律禁用云。" 当月25日载，滨海区城头、十字路、筵宾等集市分别查获伪造的五元假北海币数起（根据后面描述，亦为民国三十年山东天坛五元券），该假票系青口一带敌人所为。27日又载："蒙阴敌寇近以三百万元向我根据地收买食量、棉花，其中一百万元即系近日发现之伪造蓝色五元北海币。" 1943年9月23日载："据悉由青岛运到日照大批伪北币，多系红版拾元票。现涛雒敌伪以伪造本币兑换法币，十四日一集兑出伪造本币数万元，并强迫限价掠夺物资，棉花一斤假本币四十元，猪肉一斤十元。十六日巨峰集，敌寇派出大批女奸细，并利用奸商，倾售假本币，我缉私人员曾查获三百余元。黑林欢、墩埠等地亦曾发现奸商及冒充北海银行兑换所者欺骗商民，兑以伪本币。"

除此之外，1943年2月8日的《群众报》载："（新华社鲁中二十日电）滨海各地连日发现大批敌人伪造之北海银行纸币，混入我根据地，企图捣乱我金融。据悉，此系敌寇财阀巨头三井、三菱策划下之阴谋，其伪造票已达两千万元之多。山东省战工会已于日前通令各地，紧急动员，展开群众性反假票斗争。北海银行总行并同时公布真假北币识别办法，张贴大小集市。在我党政军民紧急动员下，群众性反假票斗争已广泛展开，各地现已查获散布假票之奸商多起。滨海区莒南民兵捕获奸商数名，俱承认不讳，已送政府法办。泰南区 × 地集上，目前已查获奸商三名，搜出假票一万三千余元。现滨海各地连日纷纷召开村民大会，深入传达真假票识别办法，动员群众协助政府缉私。"《莒南县金融志》记载，1943年1月，莒南市面发现伪造的北海币五元券。18日、19日，在十字路查获三人带入伪造的北海币10万余元（根据后面描述，系民国三十年山东天坛五元券）。犯人被移交司法机关依法处置。据《鲁中分行一九四三年工作报告》："敌人在三月间继去年之阴谋，又复推行新伪造之红版拾元票，继则利用商人在边沿区收买土产或收买法币，致使内地物价飞涨，本币信用在某些边沿地区因之降低。因此重新进行宣传动员，配合禁用法币，到各地布置识别，在各集市普遍成立了识别所，并查获处决了假票犯（莱芜的）。"

我们发现一个奇怪的现象，上述资料披露的1942年假票均为五元券，且均为民国三十年山东天坛五元券。此时三区已经发行了民国三十一年山东绿山水十元券，而且十元券并不比五元券印制得更精致。按一般的规律，造假者都尽可能伪造最大面额的纸币。如胶东区，这一阶段以十元假票最多。那么，为什么三区发现的大多是五元假票而不是十元？如果说绿十元有可能系年底发行，制假者尚未来得及仿造，为什么 1943 年披露的假票只提到红十元，而没提绿十元？

这一阶段明显与前期不同，不仅假票出现的频次较高，而且数额极大。动辄上百万元，这在同期各大战略区的反假斗争史料中，是绝无仅有的。1943 年以前，三区北海币合计发行量才 6304.6 万元，仅仅 1943 年初，日伪印制的假票数量就已经占三区历年发行总量的 32%。真是触目惊心！如果任其流入根据地，势必给根据地的经济和人民带来灾难性后果。为此，三区深入动员各组织认识反假的重要性，广泛宣传反假法令，普遍设立识别所，教育群众识别真假票，动员群众协助政府反假，奖励反假有功人员，严厉打击制假贩假活动，对情节严重的坚决予以镇压，以遏制假票的泛滥。根据《省战工会处理伪造及行使伪造北海本币案件暂行办法》（1943 年），伪造北海本币，意图行使者处死刑。行使数量达五百元以上者处死刑。典不可谓不重，在重典的震慑下，在各级政府及银行的指导下，在群众通力的协助下，假票泛滥势头终于得到遏制。正如省政委会主任委员黎玉在山东省临参会一届二次大会上的《施政报告》中所说：“（假票）在我们的宣传查禁、建立识别所等办法的打击下也均先后绝迹。”据《鲁中分行一九四三年工作报告》：“从总行东迁改为分行（1943 年 5 月），至十月间货币斗争已得到初步胜利。假票已被杜绝。”

三、清河区、冀鲁边区的反假斗争

在胶东区、三区进行如火如荼的反假斗争时，有关清河区、冀鲁边区的反假案例史料依然很少，看似较为平静。难道二区假币流入少，反假斗争不如胶东区和三区激烈吗？绝对不是！清河区、冀鲁边区处于重敌包围之中的特殊地理位置，又盛产棉花、粮食和食盐等战略物资，是敌人利用假币争夺物资的焦点。加上清河区、冀鲁边区印钞技术较落后，印制的北海币较粗糙，反假斗争应当异常激烈。从当年一些文件、报纸中可窥一斑。

1943 年 2 月的《清河行政区主任公署关于法币折价的补充指示》中说：“对敌人的破坏政策（劣货倾销与行使假票的阴谋）防范得不够严密，没有把对敌货币斗争，在思想上，政治上，组织上与物资使用上好好准备起来，形成一个群众性的斗争，在群众则漠不关心，在政府仍然轻视，让大批的假票流入根据地内，把土产吸收出去，这是最严重的一个事实。”“对假票的认识不够，没有分析的能力，真假莫辨，造成假票行使的良机，以致市面上的货币紊乱达于极点。”

1943 年 9 月 18 日的《群众报》刊载了清河分行行长王泽民《三论货币攻势》：“敌人为了更进一步地破坏我金融，更大批地印发假北海币，利用低价卖给商人，再推销到我根据地来。当时这里敌人推销来的假北钞有‘山东’字蓝色拾元的和伍元的，红色伍元的和蓝色贰元的，‘北’字壹元的，‘清’字壹元的，‘清’字伍角的，四边伍角的，清河贰角的九种，企图利用这种形式来降低我北钞的价格与威信。”

另外，1943 年日军冬季大“扫荡”时，日军缴获了清河印钞厂全套设备及票纸，这些设备和票纸肯定会被敌人用来制作假票。这样的假票肯定也是真假难辨。

从上述史料可以看出，当年清河区对敌行使假票没有给予足够的重视，没有广泛宣传和动员群众反假，致使大批假票流入，大量土产流出。市面上假币的品种五花八门，有山东版、胶东版（“北”字壹元即胶东版）及清河版，面值从十元至二角都有。与胶东区、三区明显不同的是，胶东区及三区此期间仅发现五元以上面额的假票，而清河区几乎所有版别、所有面额的北海币均出现了大量假票，包括两角票。加上清河印制的北海币较粗糙，真假难辨，最终导致市面上的货币紊乱达于极点。想一想，走在街头，过手的每一张北海币不论大小都有可能是假币，人人自危，这个场景多么可怕，用“市面上的货币紊乱达于极点”来形容一点也不为过。

我们没有冀鲁边区的反假资料。但是，清河区如此，冀鲁边区也不会好到哪里，甚至情况会更糟。尤其是1942年夏季，冀鲁边印钞厂遭到敌人的突袭，一部脚蹬子和半成品北海币被敌缴获。敌人肯定会利用缴获的号码机将这批半成品打上号码投入市面。这样的假票就是神仙也难鉴别。

为了扭转反假的被动局面，彻底根绝假票及伪杂钞，1943年3月，清河区行政委员会做了如下部署：继续向群众宣传解释，指导其认识假票。各县银行办事处要在各集场上张贴真假票样，并张贴使用假票处理办法：使用一百元以下者将假票完全没收，并说明假票的记号，留一张盖上“假票”二字交还原主，余者完全烧掉；使用一百零一元至五百元者逮捕，逮捕后除将假票烧掉外，斟酌情况予以处罚；使用五百元以上者，按情况处罚，重者处死刑；有组织使用者处死刑；公务人员违犯者加倍处罚。

同年9月，为严整金融秩序，继续积极开展反假票运动，清河主任公署驻清东办事处多次召开专门的货币斗争会议，并作出具体计划，按步骤实施：“在准备工作中首先由办事处印制‘怎样进行货币斗争’教材，大量发到党政军民各级机关，以便在干部中作深入的宣传教育，及在群众中进行广泛的宣传动员，求得思想上行动上的一致。同时在布告上颁布了伪造与行使假法币、假本位币的奖惩办法及假票的辨认办法。在通知上指明自上月一日至二十日为动员宣传教育时期，二十日以后即行严加取缔，无论何人见到均有撕毁假票及持假票之左半到政府领奖之权利。”各机关在此统一步调与努力下，掀起群众性的反假票热潮。

据1943年9月18日的《群众报》载：“全高苑普遍掀起了货币斗争热潮，很多干部配合纠查队到各集场上宣传解释，各市场上张贴着真假票样，纠查队到处检查，每个集市上的老百姓拥挤着详细地辨别着真假票的特点，以后我们就实行彻底纠查假法币和假北海币的办法，如查获即在票面上盖上‘假’字的戳记，再使其认识真的特点。”

此阶段，胶东区、三区基本上是根据省战工会颁布的《查禁伪造北海本币的指示》及《处理伪造及行使伪造北海本币案件暂行办法》进行反假斗争。由于清河区情况特殊，清河区反假斗争是使用自己颁布的《伪造法币、本位币及行使伪造法币、本位币处罚暂行办法》，该办法内容见本章第六节。

对比省战工会的《处理伪造及行使伪造北海本币案件暂行办法》（未知此“办法”颁发的具体时间，但胶东区8月1日开始执行此办法），清河区的《伪造法币、本位币及行使伪造法币、本位币处罚暂行办法》对意图行使假币者处罚明显偏轻。如战工会“暂行办法”中规定，意图行使（假北海币）数量达五百元以上者处死刑，行使数量不满五百元者处十年以上有期徒刑，并科以行使数量一至五倍之罚金。在清河区的“处罚暂行办法”中，则是意图行使伪本位币（假北海币）在二千五百元以上者，处死刑、无期徒刑或五年以上有期徒刑，并科一万元以下罚金，使用伪本位币在五十元以上不满二千五百元者，处五年以下有期徒刑，并科五千元以下罚金。也就是说，在胶东区或三区，意图行使五百元假北海币就会被处死刑，而在清河区，意图行使同样数目假北海币者也就处以五年以下徒刑。

这也难怪，当时清河区假币泛滥，真假难辨，很多人都使用过假币，参与贩假、故意行使假币的人肯定也不在少数，法不责众，故而从轻处罚。如果执行战工会的“暂行办法”，肯定会有不少人掉脑袋，很多人被判刑罚；处罚较轻的另一个原因估计是清河印钞厂印制的北海币粗糙，对假币横行难辞其咎。但是，反过来说，处罚轻了，没有震慑力，会纵容制假及贩假活动。当制假贩假成本远低于所获利益时，会有人铤而走险。若运用不好法令这一利器，必将陷清河区政府于两难境地。

战工会的“暂行办法”中没有伪造法币处罚之条款，而清河区有。这是因为从 1942 年 7 月起，山东根据地陆续开展排法斗争，各大区陆续禁用法币。当年胶东区排法斗争取得胜利，已经禁用法币，次年 7 月，滨海区也开始布置禁用法币，并也取得排法斗争的胜利。接着鲁中区也完成排法的工作，等等。也就是说此阶段，战工会已将法币列入禁用之列，自然不会有伪造法币处罚之条款。由于清河区排法斗争进展缓慢，在清河区公布“处罚暂行办法”前，法币还横行于整个清河区，市场交易多数是用法币，故有伪造法币处罚之条款。

第三节　工商管理局全面成立后至 1945 年底的反假斗争

1943 年 9 月 15 日，滨海区率先成立了工商管理局，当年 12 月 15 日，胶东区最后一个建立了工商管理局。从此，领导货币斗争之重任落到了工商管理局的肩上。作为货币斗争内容之一的反假斗争，自然也归工商管理局领导，银行配合工商管理局进行反假斗争。

北海银行由于人员少，银行网点不多，没有足够的反假武装力量配合，所以反假斗争进行得不够彻底，持续性也差。贩假活动往往是此消彼长，一波被压下去，另一波又起来了。而工商管理局就不同了，除了拥有缉私队、检查站以及遍布根据地的公营商店网店，各县级局还配有警察股、警卫连，领导反假斗争具有得天独厚的优势。工商管理局领导反假斗争时期，反假斗争进行得比较彻底，也具有持续性，除胶东外，此时期假票案例很少。在工商管理局的领导下，反假斗争进入了另一个新阶段。

以前，当假币大量进入根据地造成危害后，根据地才采取反假行动，进行各种堵截，犹如亡羊补牢，只不过为时不晚。新阶段反假斗争的特点是防患于未然，将大部分假票拒之于门外。分工是，工商管理局主要负责缉私堵截，北海银行主要负责查假验假。因此，当根据地不断扩大，北海币发行量突飞猛进的时候，根据地内假币发案率及发现假币的数量却直线下降。根据地的反假斗争取得了辉煌的成绩，并且这个成绩达到了整个山东区反假斗争的顶峰。此期间，尤以三区反假斗争成绩最大。由此我们总结，在那个年代，广泛宣传和发动群众反假十分必要，但是，仅仅这样做还不够。当假票一波一波变着花样不断涌入时，宣传和教育往往会慢半拍，给假票以危害大众之空隙。何况假票往往会根据真币的特点及变化在不断变化，尤其是当假票比较接近真票时，不是人人都能鉴别真假，在交易中不是每一张都能防范。因此反假的最高境界，就是将假票拒之门外。

1945 年 8 月 1 日，山东省战时行政委员会发布《统一本币流通令》：全省各地区发行的北海币，不分地区统一流通。当月，日本宣布投降，最大的制假主体垮台，根据地内进入了暂时的假票真空期。

一、胶东区的反假斗争

1943 年 12 月 15 日，胶东区工商管理局成立。北海银行各级机构基本上与工商管理局一致行动，接受工商管理局的领导。胶东区的货币斗争及货币管理归各级工商管理局。银行配合工商管理局进行包括反假的货币斗争。这一时期，虽然胶东区假票案例明显减少，但是，仍然发现大宗行使假票案。胶东区的反假斗争形势依然较为严峻。

此阶段胶东区见诸《大众报》的假票案例如下：

1944 年 1 月 12 日载："威海敌人最近制造一批带火车头的假北钞，利用奸细到根据地行使，上月二十日被我在文登营及六区沟上集捕获两名，共搜出假票七千元。"4 月 19 日载："现在市面发现胶东北海银行发行票面额壹百元的本票改为壹仟元。北海银行发行的本票共有三种：（1）票面额壹百元的是小黄花地子。（2）伍百元的是紫地花瓣凑成圆花；（3）壹仟元的是紫地布纹没有花。使用本票时不但要注意票面额当中的大写数，还要注意下头的阿拉伯码数，再牢牢记住三种本票花纹和颜色是不同的，就不能受骗。"1945 年 1 月 27 日载："南海讯：从十二月份上旬到一月的上旬，一个月间，伪钞与本币的币值从五折跌到一折五，伪钞的信用扫地。青岛敌人为破坏我之金融，近来大量印制假本币，边缘区域敌伪据点中，即发现奸商卖伪造本币（大部分是伍拾元票面的），每三十五元伪钞，买伪造北钞一百。其中三个现已被我逮捕。"当月 29 日载："最近敌人又伪造我新发行的 A、B 字票面伍拾元本币，利用奸商利徒，来我根据地行使。海荣工商局查获假票犯一名，由青岛带来假北钞二万元，在海莱一带行使。"

其他史料报道的案例如下：

据《东海支行一九四四年工作总结报告》："最近发现牲口贩在鞍子底带着新伍拾元票、绿底的一张，该牲口贩承认在玩底一带买的。"《北海支行一九四四年上半年工作报告》则称："共捕获真正来根据地推销者四名（栖东），每犯都带有假票数百元，均交当地政府处理。"

上述史料给我们的印象是假票案例在减少，但是，个案金额在增多。尤其是海荣工商局查获的假票案，是迄今为止胶东区发现的最大案值的假票个案。此贩假案由工商管理局查获，说明当时工商管理局确实是反假的主体。此案是 1945 年破获的，若参考根据地物价指数的变化，案值相对于 1943 年也就 7000 多元。也就是说个案相对最高值，较 1942 年、1943 年还是有所下降。从 1943 年开始，因北海币不敷流通，胶东分行发行了定额本票代替货币流通，制假活动也渗透到了本票领域。

这一时期胶东区以东海反假斗争最有成绩。

1944 年，东海区各县普遍建立赶集制，随时随地向群众解释真假票的区别，用布粘贴各种票样，向群众宣传解释，并特别注意粮食市缉获假票工作，随时具体帮助各公营商店、商会及有关经济部门识别假票。利用农村识字牌及识字班、夜校等，大量解释假票的特点和来源。

东海区又以海阳反假票斗争最为出色，荣成次之，其他各县情况一般。海阳反假票方式比较灵活，曾三次有计划地去国民党顽固势力范围抓假票贩子，每次都抓了四五名，并及时地进行了宣传，群众非常高兴，说明反假斗争已深入群众。

据海阳的报告，国民党顽固势力赵保原部发假票方式有五种：第一种是发给具有联系的地痞、恶棍或流氓或较大的奸商，使其当真票往外卖，七月份是三十元投钞（顽固派及投降派发行的钞票）买假票一千元，有一时期一元伪钞买一元假票；第二种是利用亲联亲的关系，将假票带到根据地或边缘区；第三种是由士兵拿着假票强行买东西；第四种是由交通邮差带到根据地之反动分子或奸商手中推销；第五种是利用小商贩、牲口贩向根据地带。

1944年东海全年剪毁假票统计（元）：

文东 1050

文西 590

荣城 571 查改本票犯1名，本票1张100元

牟海 1532 并查改本票百元改仟元1张，改五百元1张

海阳 8032 捉获假票犯17名

牟平 213.50

合计 11988.50

1945年，随着反假工作的深入，除运用一切方式，如街头黑板报、民校、识字班、赶集帮助人民识别外，又在边缘区发动民兵缉查，发现假票后即搜根，海阳曾搜至五龙县将犯人查到。一年来东海区共查出假票22种，955张，金额30350元。缴获假票金额是上一年的两倍多。

北海区的反假斗争进行得远不如东海区。其西部黄县、招远边区及东部栖霞、福山边区发现假票最多，原因是西靠龙口，东靠烟台，敌人有计划地向我根据地内推销。根据地对付的办法是与当地商会、事务所联系，共同负责，宣传假票特征，及在集上检查，有时并把真假票贴在白布上，使群众识别。

未见其他区的反假斗争情况报道。

据1944年4月19日的胶东机关报《大众报》载，为了彻底粉碎敌人行使假票破坏我金融的阴谋，与开展群众性反假票斗争工作，胶东分行特制定了关于查获伪造、变造本币（包括本票）发给奖金的规定：

（1）三十元以上到五十元，给奖五元。

（2）五十元以上到一百元，给奖十元。

（3）一百元以上到五百元，给奖三十元。

（4）五百元以上到一千元，给奖五十元。

（5）一千元以上到五千元，给奖一百元。

（6）五千元以上到一万元，给奖一百五十元。

（7）万元以上，给奖五百元。

（8）连同制造机关人犯工具一并查获者（不论假票有多少），给奖一千元。

（9）无论军队、机关、群众团体、工商、各界人民，凡将假票和犯人交到各级政府者，均按以上规定办理之；仅有假票而没犯人，或犯人逃跑而无证明者，皆不给奖。

此时期胶东区单独出台奖励规定，一方面说明胶东分行十分重视反假斗争，另一方面则说明胶东区当时反假斗争形势较为严峻，反假工作压力大。

二、鲁中、滨海、鲁南区的反假斗争

1943年9月15日，滨海区工商管理局成立，10月，鲁中区工商管理局成立，11月，鲁南区工商管理局成立。滨海工商管理局成立后，滨海区各县已建立的银行办事处均撤销，金库移交给县府财政科，人员撤回。鲁中区工商管理局成立后，鲁中支行及各专署设立的办事处亦均撤销。鲁南工商管理局成立后，鲁南支行及各级机构并入工商管理局。此期间，工商管理局不仅领导反假斗争，而且直接参与

反假斗争。

当时制假和倾销假币的主体是日伪集团，根据地内制假的极少，绝大多数假票来源于日伪占领区。三区工商管理局利用其缉私队、检查站，成功地将大多数假票堵截在根据地大门之外。工商管理局领导货币斗争取得巨大胜利，其中就包括反假斗争的胜利。所以这一时期三区内查获的假票案例及假票的数量极少，与上一阶段动辄查获百万元以上假票案有天壤之别。

此时期，有关假票的报道有四条，且均来自《大众日报》：

1944 年 1 月 13 日《大众日报》载："沭水发现敌伪伪造北海票一种，系深蓝版带滨海字样园丁打水图的拾元票。"1945 年 4 月 29 日载："省政委会通知称：最近滨海区滨北及日照之柘汪一带，先后发现两种敌人伪造我鲁中区印行之鲁中字蓝版（带'建'字）拾元票及带'山东'字之黄版伍元票假票，票版木刻印制甚为马虎粗糙，纸质亦甚低劣，一看即知显系伪造者，兹特通知各级政府及工商机关等，严加查缉并向群众说明，识别点不另批。"5 月 7 日载："径启者：敝店于去年（民国三十三年）因北币缺乏，经政府批准发行壹百元、贰百元、伍百元之临时期票三种，承蒙各界信赖，已流通于滨海各地。乃近得悉赣榆敌伪破坏我期票信誉，捣乱我市场金融，企图掠夺我根据地物资，而大量伪造假票。本店恐各界信假为真，而遭受损失，特登报声明，凡本店之期票，于登报日起停止市面流通，并限半月内至各地商店兑换，过期恐真假难辨，决定只准来本店兑换，其他商店不负兑换之责。望各界见谅！" 12 月 27 日载："临沂伪职员姜兴结伙伪造本币两万余，县府按照山东省政府处理伪造及行使伪造本币案件暂行办法第一条及第二条第二款之规定，将该犯判处死刑。"

从以上资料看，第二条报道的假币系敌对势力或个人所为，不是日伪所为。以奸商制假的可能性为大。假币可能来自敌对势力占领区，也可能来自根据地内。第三条报道的是期票制假。出现假票的原因是由于面额较大，反假性能又不及北海币。由于期票主要用于大宗交易，不是常人所用，传播范围肯定不是很大。第四条报道的是个人制假，这种假币很容易识别，故而危害很小。

三、渤海区的反假斗争

1943 年 10 月，渤海区工商管理局成立。1944 年 1 月，清河区与冀鲁边区合并成立渤海区。3 月，成立渤海区行政公署。北海银行清河分行、冀鲁边分行合并成立北海银行渤海分行。渤海分行成立后不久就并入工商管理局。渤海分行一改往昔之颓势，不断引进先进的印钞设备，提高印钞工艺，更换票版，印制了渤海地名北海币。这一举措提高了制假难度。加上工商管理局缉私队及检查站的堵截与检查，渤海区市面假票几乎绝迹。在工商管理局的领导下，反假斗争进入了新阶段。

此期间，有关假票的报道仅两则，且均为伪造本票。如 1944 年 8 月 27 日的《渤海日报》报道："北海银行本票壹百元之红色版，近发现假票，其识别最易者为颜色淡，花纹模糊，号码字体大而笨，印刷不清等。希各地群众严格注意，不要使用，并即应追究使用者之来源，送政府法办。"12 月 23 日的该报又载："据博蒲报告：带有白十字地子的百元本票，发现假票，已由县政府通知各区严厉反假。本行唯恐假票流行各地，为害非浅！兹将该假票特点公布如下，希各界鉴识，广为宣传，杜绝假票流通市面，勿使危害商民为荷！"

第四节 1946 年的反假斗争

1946 年是反假领导权过渡的一年。1945 年 8 月，省政委会更名为山东省政府，省工商管理处改组为山东省政府实业厅，1946 年 1 月，以滨海、鲁中、鲁南工商管理局为基础，合并成立了山东省工商管理总局，隶属实业厅。随着形势变化及一系列的改组，工商管理局的职责也在跟着变化。本年年初，工商管理局的汇兑工作开始移交北海银行，此举显露出工商管理局正逐步淡出货币斗争领域，全力抓经济斗争。领导反假斗争的重任逐渐回落到北海银行的肩上。由于北海银行缺乏缉私、检查站等反假利器，加之根据地地盘的不断扩大，制假贩假活动死灰复燃，重新活跃起来。此阶段假票案例明显增多，预示着又一波假币高潮即将到来。解放区的反假斗争任重而道远。三区由于有省工商管理总局坐镇，假币潮一时还未兴起。

随着日伪集团的垮台，国民党集团的反扑，制假主体也来了个大转换。国民党集团在军事反攻的同时，为配合经济上的进攻，印制了大量假北海币向根据地渗透。同时由于人员调动及贸易往来，友区根据地纸币也流通到山东，伴随而来的是相应的假币，故而反假斗争趋向于复杂化。

鉴于制假贩假活动的猖獗，山东省政府于 1946 年 9 月 24 日公布了《修正处理伪造及行使伪造北海本币暂行方法》。当年 11 月 24 日，北海银行公布了《查缉伪造及行使伪造北海本币奖励暂行办法》。

一、胶东区的反假斗争

由于工商局逐渐淡出反假斗争领域，反假斗争缺乏统一的领导，以及工作人员被和平麻痹，思想松懈和人员不足等原因，制假及贩假活动又开始猖獗。此阶段不仅发案率高，而且金额特别巨大。比如，据胶东分行 1946 年 10 月 12 日通知："据悉上海最近发现国民党反动派为破坏我金融，设立印刷厂专门印刷假北钞，最近发出一批山东字红色版贰佰元券假北钞。数量达数千万元。"

胶东区的反假总结是：反攻以后对这一工作思想上有些松懈，加之银行机构转到城市，县区贷款员转到实业部门，下面无人领导。这一时期敌人利用奸商大力向我倾销假票，引起我们警惕，又加强了反假斗争。

假票来源与数目及票犯处理情况：

（1）来源据供系由青岛、天津两地运进的。

（2）正式票犯 24 名，经政府审判死刑 7 名，徒刑 6 名，罚款 1 名，释放 1 名，其余尚未处理，共查获假票数：813800 元。

（3）胶东金库下半年误收假票 107559 元。

（4）各级行误收数全年共计 12849.50 元。

（5）收款时共剪毁 112024 元。

（6）胶东全年共发现假票 1046232.50 元。

7、8 月份以后再未发现大批假票，只偶尔收款时发现两三张用旧了的假票。

据《西海支行一九四六年工作总结报告》：全年在收兑中，共剪假票 45550 元，其中剪群众 29550 元，剪机关 16000 元。在沙河配合其他部门查获犯人 8 名，假票 20500 元，其他机关团体共查获犯人 26 名，假票 404000 元。

该报告列举了12名重大案犯：如马开富，使用胶东红版伍拾元伪造本币29000元，由青岛带来，供出5万元。此犯南掖政府意见处极刑，现在复判中。曲春华，查获于青岛带回的伪造红色佰元农民锄地图本币2900元，在高密被查获，送南掖政府。据供认共带23300元，到高密卖出20000元，这3300元交给他姨兄弟带来家向外行使，走到沙岭被胶高即工商局查获。因此犯勾结敌人，罪恶昭著，南掖意见处极刑，现在复判。王寿山、王洪岳、潘登山、毛凤太均在青岛谋生，于今年4月竟合伙买伪造本币20000元，每人分到5000元回家行使。南掖政府依法判处王寿山、潘登山有期徒刑1年，王洪岳判徒刑6个月。并课以罚金5000元。毛凤太念其是盲人，虽购买了假票，但悔悟后分文未花，本宽大未予判刑，以观后效。等等。

西海支行对此的总结是：自日寇无条件投降后，国民党反动派结合敌伪不断向我们进攻，在经济上亦采用敌人的那一套卑鄙手段，印刷大量的假票。利用奸商向我根据地内行使。在此期间，我们部分同志被和平麻痹，对反假票斗争工作有些松懈。

西海支行采取的对策是：一方面加强对假票特点研究，发现假票能够及时向上级报告，由上级传播到其他地区；另一方面，有组织、有计划地向群众解释宣传，帮助群众识别，并查获行使者。

具体办法如下：

（1）到集上兑换辅币破币时说明假票的来源，解释假票的特点。

（2）昌潍一带干部对假票的认识模糊，由于不少真假的误剪，加上坏分子的造谣，对某些真本币也不敢要了。因此西支干部拿着票样子配合专署和工商局工作队向群众宣传，加上对这种钱照样收或兑换，现在这些本币群众又敢使用了。

（3）从三月份沙河发现红版百元伪造本币很多，即派人在沙河分段查缉，变换地方使之不易发觉我们的规律。

（4）查缉重点是牲畜市、破烂市、粮食市，因这几个市使假票的较多，卖东西的识别能力差，容易被骗。

（5）将假票的来源、特点向群众解释，说明过去日寇汉奸出假票，今天国民党反动派又出假票，他们的目的都是坑骗人民，掠夺根据地的物资，捣乱金融，破坏本币信用。

（6）把真假票张贴出来，将真假票样不同特点注明。

（7）将查获伪造本币奖励办法抄写张贴在明显地方，使群众了解查获假票可得到奖励，造成群众性反假斗争。

（8）在群众到银行兑换时发现假票，做好宣传解释，使痛恨敌人。

（9）对真假难辨的，帮助识别，鼓励解释。

（10）商人存取款时，抓紧进行宣传教育。

（11）发现假票，将特点复写分发各县有关部门，以资识别。

从上述资料可以看出，虽然假票面额分布在十元到二百元之间，但是，以当时北海币最高面额二百元的假币数量为最多。有据可查的个案案值在几千元到数万元不等，即便按物价指数进行折算，案值也明显高于去年。胶东全年共发现假票一百多万元，看来敌人发出的那数千万元二百元券假北海币并未流进胶东。这批假票最终流向了哪里？上述有据可查的案例，无一是银行工作人员查获的，有一例大案是工商管理查获的，说明银行的反假力量还很薄弱，工商管理局虽逐渐淡出反假领域，但还在正常执法。在总结时，无一例外地归结于思想松懈。西海支行采取的对策虽然详尽，但主体仍是老套路。其实，当时假币泛滥的根本原因是反假力量薄弱，缺乏强大的缉私与检查队伍，才导致假币潮一波平息一波又起。因为我们不可能天天搞运动，动员群众反假。

为了提高广大群众的反假热情，1946年4月15日，胶东分行发出了《提高查获伪造北钞奖金的通知》（内容见本章第六节）。

二、鲁中、滨海、鲁南区的反假斗争

未见此时期三区的反假史料。自省战工会颁布《处理伪造及行使伪造北海本币案件暂行办法》，尤其是工商管理局成立后，三区制贩假活动大为减少，几有绝迹之势。加上此时，鲁中临沂是山东的政治及军事中心，北海银行总行及山东省工商总局均驻扎此地，因此反假力量肯定较其它区强大得多。假票案例估计较其他区少得多。

三、渤海区的反假斗争

此阶段，渤海区发现的假票案例、假票品种及金额均大幅度上升。1946 年 6 月，德州市解放后，渤海分行德州支行成立。由于德州市新解放，情况比较复杂，管理一时跟不上，以致德州市成为渤海区假票的重灾区。

1946 年 3 月 24 日的《渤海日报》报道：近来一分区之靖远、黄骅、沧县等地发现反动派及奸商大批倾销“中华民国三十二年印之红色纺织图的拾元假北海银行钞票”；在高苑、蒲台、无棣等地亦发现胶东红色佰元和渤海深蓝色佰元两种伪造北海票；耕牛图拾元票与牧羊图拾元票亦曾在许多地方发现伪造假票。根据 1947 年 1 月 1 日的渤海分行出纳工作总结，1946 年渤海区发现的北海币假票版别如下：

A、贰佰圆

1. 山东版红色，左边山下农夫耕地景一种。
2. 山东版蓝色，中间高山林立及农夫锄地景，现有两种。

B、壹佰圆

1. 山东版反正面红色，中间树林汽车景，现有两种。
2. 山东版反正面蓝色，右边山林景，已发现四种。
3. 胶东黄色版耕牛耕地景一种。
4. 胶东版红色，农夫锄地景已发现两种。
5. 渤海版蓝色，左农民种树景，已发现四种。

C、伍拾圆

1. 山东版蓝色，左圆圈塔景，已发现三种。
2. 胶东版红色，农夫打水景一种。
3. 胶东版红色，中间农夫打场景一种。

D、拾圆：

1. 山东版红色，左边农夫锄地景一种。

2. 山东版红色，中间房屋景一种。

3. 山东版蓝色，中间房屋景，已发现二种。

4. 渤海版红色，中间牧羊景，已发现二种。

5. 渤海版红色，左边农夫锄地景一种。

6. 渤海红色版，左右两边纺织景一种。

据查获的假票犯供称，假票大多数是由济南、天津、青岛、北平运来。天津、济南、沧县等地，国民党反动派专门设立工厂，印刷假票。有一种正背面蓝色，树下农民锄地图，山东版贰佰圆假票，据确实消息是天津国民党部印刷；红色伍拾圆及蓝色佰圆山林景，系由济南印行。

敌人推销假票的方法主要是利用一切唯利是图的奸商及强迫商人廉价购买，然后通过各种办法到我解放区使用。在天津，假币公开交易，法币 2.5 万买假北海币 1 万元。将假币花出去的办法很多。如利用奸商在我解放区的边缘高价收购物资；钻两个货币不同地区的空子，如利用对友邻地区货币检查不严之空隙，带假北钞先到冀南钞流通区散布，然后由外线进入内地，使两方不易辨别真假；和真票掺在一起混合行使，叫人不注意；将假票借给别人或亲戚朋友，不知不觉地传出去，或者说明是假的，使出后利益均分。

携带方式多种多样，如有的藏在洋铁水舀子柄内，有在烧纸捆内挖一洞，将很多假票藏在里面，有的藏在自行车胶皮带或车架子内，还有的在运死人的棺木中重底内藏着，更有的妇女在腰中携带，凡此等等。

渤海区反假的办法主要有：

（1）政府重新颁布“修正处理伪造及行使假造本币办法”。

（2）假票识别点的及时印发及交换假票样，作各地反假参考，某些行处据以进行黑板报的反假宣传。

（3）利用组织力量，党政民工商部门民兵等密切配合，进行边缘缉私，严密纠查。

经过各方努力，反假斗争取得了胜利。具体成绩如下：

（1）德州由 8 月起到 10 月 10 日，查获带入假票 44.2 万元，其中刘俊臣即带入 28 万余元（政府已将其处死刑）。

乐陵县统计查获有 9 起，共带入假本币 13.86 万元。

下洼：仅沾化不完全的统计有 4 起。

李镇：有统计的仅桓台 2 起，其中一主犯带入 6 万余元，已枪决。

反假中各地查获假票犯颇多，但各处反映材料不全，据上述统计即有 26 起，照查获有数的款项来统计，共 64 万元之多。

（2）发现、揭穿了反动派奸商推行假本币的新花样。

（3）假票流通基本被杜绝。

关于德州市查获的假票案，据 1946 年 11 月 26 日的《渤海日报》载：“自八月到十月的三个半月，查获巨额假票犯达九起，共达三十四万余元，其中贰佰元假票者八万六千、三千、九万八千三起；佰元假票者一万二千、五千二起；伍拾元假票者八千八百、一千九百、三千共三起；带伍佰元一张的伪造冀南币十二万三千一起。如从假票流入数量来看，最严重的有的五千元内有一百元到二百元假的，因而不少贫苦商贩受到损失。” 当年12月23日该报又载：“半个月来，已有八个假票犯先后落网，最近又查获罪大恶极之假票犯刘俊臣，据该犯自己坦白说：‘在天津、沧州国民党特务指使下，曾二次携带蓝色贰佰元伪造北海票到德州，第一次是七万二千元，第二次是一万三千元，并以卖土布与火纸等物作掩护，利用小摊贩执行。’”

为稳定金融保护人民利益，保护解放区的经济建设，德州市银行、工商局等经济机关，特组织群众性的查假票运动。并制定了反假办法：

A 普遍教育商人，召开各种商人会议，使每个商人知其利弊并检举商人。

B 透支户、往来户委托以监视假票之责任，每遇有新票，即送银行审查。

C 实行检票，组织几个人，有的固定在交易重地，有的上街串，遇有假票即追根找其来源。刘俊臣主犯即是跟踪追迹找出的。

D 查店房旅客，杜绝其散发。

E 凡处理大的假票案件（假票主犯）可召开商人大会、群众大会，造成反假运动。

第五节 1947年以后的反假斗争

此阶段先是国民党军大举进攻山东，之后解放军大举反攻，局势瞬息万变。其中随着华中部队、机关和银行撤到山东，华中银行与北海银行合并，华中银行币开始大量在山东流通。伴随而来的是华中假币的出现。

1948年3月，华东财政经济办事处决定今后外汇管理工作应逐步从工商局贸易机关移交北海银行管理。此“决定”标志着工商管理局将完全淡出货币斗争领域。8月，鲁中区、鲁南区、滨海专区、原属冀鲁豫边区的第一（泰西）专区合并为鲁中南行政区。9月，华北、华东货币统一联席会议（德州）决定，华北解放区和山东解放区货币按固定比价（冀南、北海币为一比一，冀南、北海币与晋察冀边币为一比十）在两区境内自由流通。随着各友区货币的涌入，给反假斗争带来了新的挑战。

此时期假币案数不胜数，案值也无可计量，总行及各大区的反假通函及反假文件也特别多，是山东区反假史上最混乱时期。由于此时银行机构及印钞均已统一，故不再分区介绍。

虽然这一期间反假文件很多，但是，自1946年山东省政府公布《修正处理伪造及行使伪造北海本币暂行方法》以后，至北海银行并入中国人民银行，省政府并未出台新的法规。而1947年的物价就已经是1946的十余倍了，物价今非昔比，1946年的量刑标准已不再适用，这也可以理解。物价多变，法规不能多变。只是不知道此时山东区依据什么来处理假币案。其实，在物价剧烈变动时期，不宜单纯以贩假金额大小作为入刑标准，而应当以北海币实际购买力作为入刑标准。如规定凡意图行使假币数量到达能购买白银、黄金，或棉花若干者处以某刑，等等。并以暂行条例的形式对外公布。

无法可依恐怕是假币泛滥的一个重要原因。正如胶东区南村办事处反假总结中就说：“在思想上未能重视，成绩不大。主要原因，觉得上级只空谈反假，而反假条例等均未及时公布，故对此项工作无法指导。”无法可依，会造成各地对假票案处理标准不同。例如，同时期同在鲁中南区，章丘抓获票犯9名，行使假票200万元，人均20多万元，无一人被处死刑；淄川抓获票犯1人行使假票40万元，未处死刑；周村市抓获票犯 14 人，行使假票 1257.3 万元，人均近 90 万元，亦无人被处死刑；而泰西抓获票犯 1 人，行使假票 12 万元即被枪毙。又如在胶东南村，行使一两万元假北海币根本不算什么。由此看，当时各地处理案子标准差异太大，十分混乱。

过轻的处罚，会纵容贩假活动的进一步升级。胶东南村办事处反假总结中有如下记载："至携带少数仅一二万元（北币——以下同）假票之小商贩，除没收其假票及进行教育予以释放外，未有其他适当的严格处理。因此小商贩有利可图，乃被敌人利用，盖其最大损失不过没收其假票，以致一般人于使用本币时，亦多不注意检查，造成赶集商人都有假票现象。后经与政府研究，这是因为处罚过于轻微所致，被敌人利用，后确定小商贩亦处罚一倍至十倍的罚金，再进行教育释放。这样他们即使能带十次，被我们查获一次，也是赔本的。此项办法施行后所收效果甚佳。"

造成如此混乱局面的原因是多方面的，除去无法可依外，与之有关的是局势动荡，敌人不择手段地向解放区倾销假币；地域扩大，发行量猛增；货币品种增多，等等。

反假斗争除了靠宣传教育与处罚外，更重要的是防患于未然。正如胶东分行 1948 年下半年反假工作报告所说："与工商局缉私队、公安局、当地民兵加强了封锁，南村办事处获得的成绩最大。"对案犯较有震慑力的是边沿区检查站，如胶东区胶河一假票犯就供述："只要是过了边沿区，就可以放心了。""在过边沿区时我害怕检查。"而检查站属于工商管理局。这就不难理解，为什么工商管理局领导反假斗争时期，成绩那么辉煌。

我们通过北海银行总行 1948 年下半年反假工作总结，大致可以了解此一时期山东区反假状况：

成绩：

1. 查获假票（日常点票中发现的不计在内，数额以北海币计算）：

鲁中南为 2206.1 万元，济南为 9605 万元，渤海为 545.75 万元，胶东为 1487.61 万元，昌潍为 326.5 万元，潍坊为 93.05 万元，共计 14264.01 万元，折合人民币 1426401 元。

其中查获最大数字（如南村）北海币为 200 万元。

在票额上绝大多数是伍佰元券的，其图景以汽车、泰山、玉皇顶为最多。

2. 查获假票犯：济南 2，鲁中南 80，胶东 45，渤海 15，昌潍 11，潍坊 4，总计 157 名。其中可分特务、直接印制者、奸商、被利用、被骗等五类，而以奸商、被利用、被骗的占大多数。在处理上，通过政府按情节轻重予以不同处分：对印制者、特务分子，一般的是处极刑或长期徒刑；对奸商及被利用者，根据查获假票之总数予以一倍至十倍的罚金，或处以短期徒刑；对被骗者一般是具保释放。

假票来源及其携带行使方式：

1. 来源：在济南、德州、天津、临沂未解放之前（还有未解放之青岛），差不多成为整个山东解放区假票的策源地。敌人为了有计划地掠夺我物资和破坏我区金融，在济南、天津、徐州组织印刷厂，由伪绥区及军统局亲自掌握，大量伪造北海币。当然也有经济上与敌人有密切联系的匪特分子与奸商、流氓进行制造。

2. 携带方法：

（1）直接派特务人员化装商人或车夫，将假票装在货物内，运向解放区内地推销，这些特务人员均有伪绥区及军统局之护照。

（2）将假票以低价贷给投机商人向解放区携带，或利用奸商在运往解放区的货物内匿藏假北币，伪绥区及军统局并给予种种便利。

（3）将假票放在自行车或大车车胎内，也有妇女隐匿在裤子里，或事先做好双层底的箱子或纸盒子专藏假钞，也有缝在棉衣夹层里携带。

（4）分散携带，一次一两万，倘若破获，即以“被骗”或“不知道是假票”为借口。

3. 行使方法：

（1）将假票混在大宗款内，进行大额交易，如购棉、布、牲口等，买后迅速转移。

（2）当面谈好交易，背后付款；昼谈交易，夜晚付款。

（3）由于农村妇女不识字，因而作为推销的主要对象。

宣传与具体进行方法：

1. 发给有关部门（特别是收支频繁的部门）票样，并函告其特点。解款机关如解款时发现假票，当即指出特点，使其返回。征收税款有假者，再教群众，达到一教十、十教百的目的。

2. 在城镇悬挂真假票样，或张贴通告，详注真伪区别。逢集亦可派专人一方面公开或秘密检查，另一方面向群众宣传，帮助识别，使群众见到可疑案主动找我们同志识别。潍县查获 70 万元假票即是这样发现的。

3. 在乡村，通过各区农贷员结合贷款工作，利用黑板报、村干部会或群众大会进行宣传，评述假票来源及对人民的危害，引起群众对蒋匪的仇视和对假票的警惕，然后再通过积极分子秘密调查。昌潍寿光查获假票 193.5 万元，即是积极分子了解后报告政府查获的。

4. 在城市人口较集中的地方，可以出纳部门为主成立反假小组，有计划有组织地进行检查，或查获假贩时，按情节轻重予以游街，向群众坦白贩假钞的经过，表示悔过。

5. 在边沿区，主要是结合进出口局、公安局、缉私队到游击区与验货场所进行缉查，并由地方民兵盘查哨在进出口要道查缉。

由上可知，虽然采取多种多样的宣传办法，仍无法遏制假币的泛滥。仅半年，全省缴获假币金额就达 1.4 亿元北海币，查获假币犯 157 名。估计多数小额贩假者不在其内，否则人均贩假达 100 多万元。制假地点多数在敌占区，携带方式多种多样。

为了便于工作人员识别假票，北海银行总行于 1948 年 9 月、1949 年元月先后编印了第一、二期《真假票识别手册》（因封面印有内部刊物，该手册只可能是给工作人员看的），其中列举假票如下：

一、壹仟圆券：淄博矿区风景图深茶色一种。

二、伍佰圆券：共计三十种。

1. 汽车图旁有树木蓝色版：AA 字三种，AH 字一种，BK 字一种，AJ 字一种，AN 字二种，AT 字一种，CS 字一种，DT 字一种，计十一种。

2. 农人装牧茶色：CC 字一种，BB 字二种，AA 字一种，计四种。

3. 小版玉皇顶棕色：A 字一种，B 字二种，C 字一种，计四种。

4. 小版玉皇顶青莲色：B 字一种，H 字一种，计二种。

5. 宝塔图蓝色：三种。

6. 泰山图蓝色：N 字一种，AN 一种，Pu 字一种，计三种。

7. 湖亭图蓝色：BL 一种。

8. 牛图红茶色：A 字二种。

三、贰佰圆券：共计十七种。

1. 农人锄地图红、蓝两色：九种。

2. 两端圆圈图红茶色：四种。

3. 左端两农锄地图红色：三种。

四、壹佰圆券：共计十七种。

1. 当中汽车图红色：五种。

2. 右端山景图蓝色：四种。

3. 左端山景图：二种。

4. 烈士纪念塔：三种。

5. 右端农夫锄地图红色：一种。

6. 左端栽树图墨色：二种。

五、伍拾圆券：共计五种。

1. 中间农人打场图红色：一种。

2. 右端宝塔图：三种。

3. 左端山景图：一种。

以上共计发现七十种假票。

该手册详尽地列举了真假票的特征。对于鉴别真假北海币很有指导意义。

为了配合反假斗争，1949 年 8 月 10 日，总行颁发了《关于发现假票没收及其处理办法》，内容如下：

一、为统一没收假票，便于管理查考及明确真伪鉴定权，特制定本办法。

二、假票（新发现或可疑票）鉴定、决定权均属银行，但为协助群众识别真假，可在适当地方委托有识别能力的其他财经部门之基层组织，成为真假票识别对照所。

三、对照所一经成立，一方面应报告上级行备案，另一方面应给予正式委托书，并给予鉴别及没收权（但不得授予新假票之决定权）。银行应紧紧掌握，不能任其自流。

四、各级银行及其委托之识别所，如发现假钞时均作下列处理：

1. 首先应向持票人指明特点，并解释假票来源，使其对假票有一正确认识。

2. 当面在假票上加盖假票戳记。

3. 由没收机关开给持票人“假票没收证明”（式一）并加行章及经手人私章。

4. 零星数字，除新假票需留作票样而必须给予正式没收手续外，一般可当面撕毁，或加盖假戳后剪角四分之一退还。

5. 持票人经银行研究有假犯嫌疑者，除没收假票外，并须扭送公安部门审理。

五、各级行处及识别所，对假票之鉴别，应谨慎细心，切勿草率行事，如无确实把握，可呈请上级行鉴别，以免误真为假，或认假为真，更不得在可疑票上加盖假戳。

六、可疑票送上级行同时，对持票人应给予临时收据，并要其暂具铺保释放，经上级行确定真钞者，退给持票人，系假票者，仍按上述有关各条处理之。

七、各级行处对假票确定后，连同初步特点，直接转送发行库统一通知，使特点的说明取得一致。

八、各级行处，应建立假票分类账，及每月按级向上报告，并在假票有了一定数字以后，进行焚烧（至于如何建立账簿、报告、焚烧制度，另有规定）。

九、本办法如有未尽事宜，得随时修改之，但修改权属总行及发行库。

十、本办法自公布日施行。

此阶段，北海银行反假通函，以及报纸中涉假案例较多，不一一列举，各择一例以飨读者。

北海银行总行关于反假问题的通函

一九四九年二月十二日　出字第九号

据悉：目前国民党匪帮在青岛组织三泰印刷局、正中印刷局及民言报社等三处印刷厂，正在大量地印刷仟元及贰仟元假北海币，向我解放区内地倾销，由伪绥区及军统局亲自掌握。具体推销方式有下列几种：

1. 派其特务人员，化装车夫或化装商人将假票装在货物内，向解放区内地推销，在边沿区则以假票直接强购民间物资，那些特务人员均有绥区及军统局护照。

2. 将假票以低价卖给投机商贩，向解放区推销。

3. 利用奸商在运往解放区商品内携带假北海币，伪绥区及警备司令部还给以出口的种种便利。

希靠近青岛及沿海地区行、处组织配合政府及各有关部门严密缉查，勿使侵入内地，在内地各行、处亦应严格注意为荷。

1949年2月26日的《大众日报》载：“北平市公安局破获伪钞印销机关（新华社北平二十三日电）北平市公安局最近破获制造及推销解放区银行假钞票的机关六起。此种假钞的制造与推销，系由国民党特务机关伪国防部保密局长毛人凤所组织的‘特别委员会’所主持策划。其中印制假钞者为北平宣武门外的长城印刷局，该局在案发后业经军管会接收。其他破获的推销贩运机关为上述‘特别委员会’在平津、平汉、平绥、津浦各线所设的‘特种组’分组及天津市一个公开的营业机关。已发现的伪钞有四种，即人民银行币伍拾元券，晋察冀边区银行币伍仟元券，晋察冀边区银行附有冀热辽字样的伍仟元券及北海银行币伍佰元券。”

1949年2月，北海币停止印发。11月6日，中国人民银行山东省行对外公开宣布收回北海币，争取年内全部收回。北海币反假斗争至此终结。

第六节　反假法规条例及相关图片资料

北海银行总行推行新钞宣传大纲及三个附件

1941年4月1日

附件三　对付假造本币的办法

一、对群众的宣传教育：

1. 发动各种群众组织继续深入的作拥护新钞的广泛宣传，把拥护新钞、反对一切伪币、建立与巩固山东抗战经济阵地的工作，作为本身中心的战斗任务之一。

2. 政令与群众政治动员的密切配合，说明新钞对于山东抗战人民切身利益具有血肉关联不可分离的意义。从这个基点上掀起反对日寇、汉奸、一切阴谋家、捣乱者伪造新钞，危害人民利益，破坏山东抗战的运动，铲除经济战线里的奸细。

3. 明令军、政、民各级组织及全体同志，除严密的防止伪币以外，应随时的组织经济游击小组等到集会、市场、群众所在之地检查伪币，并帮助群众对本币及伪币的识别。

4. 普遍的由银行办事处（在未成立银行办事处的县份暂由第二科代理），并设立各地的纸币识别所，帮助群众识别本币与伪币，随时供当地群众之咨询。

二、揭破伪造本币者的阴谋：

日寇、汉奸以及一切阴谋派、捣乱者，对于任何有利于人民、有利于抗战的设施是在切齿的痛恨着，到处破坏着，北海银行是抗战的经济堡垒，当然也不例外的。

1. 正因为北海银行纸币是替人民谋利益，它才获得了广大群众的热烈拥护。在这面前，日寇、汉奸、阴谋家、捣乱者的公开破坏是失败了，于是跟着必然的又采取了一贯的卑鄙无耻的下流手段，偷偷摸摸的伪造北海币，企图从暗中来破坏。

2. 伪造北海币的出现，是日寇，汉奸、阴谋家、捣乱派一贯的卑劣勾当，企图利用北海币坚固不拔的信仰与广大群众的拥护，来大量的印发无基金的伪币，来吃吸我们民众的脂膏，来攫取我们抗战的物资，来作为他们的向中国人民进攻、破坏中国抗战的资本。

3. 伪造北海币的出现，是日寇、汉奸、阴谋家、捣乱派的下流手段，企图以伪造币的混迹市场来损污北海币在群众中至高的威信，来阻碍北海币在广大地区里的发展，来达到他们破坏北海币、破坏我抗战事业的阴谋。

4. 伪造北海币的出现，是日寇、汉奸、阴谋家、捣乱派一贯的毒辣诡计，企图以毫无代价的伪造币无限度的倾注到我们的内部，来摧残我们抗战的金融，来保持伪准备票毒害民众的地盘，特别是企图以这些废纸的潜入到市场来贬低币值，使人民生活愈益艰苦，危害民众，驱广大人民群众于饥寒交迫的绝境。因此对于日寇、汉奸、阴谋家、捣乱派及其所制造出来用以破坏抗战、危害人民利益的伪造北海币，我们山东三千八百万人民应该义不容辞的共同起来坚决反对之，严格肃清经济战线上的奸细。

三、假票之处理及奖惩办法：

1. 凡查获持有五元以下之假票而确系善良人民，经可靠者负责证明后不予处分。但为制止假票之混淆市场，必须予以注销作废，以免继续危害人民。

2. 如果持有五元以上之假票者，一经查获后即送交当地区县抗日政府，除将假票没收呈交上级机关外，须按情法办。但经证明确属无辜良民者，可由两个以上之县级群众团体绝对负责保释。

3. 如确系故意携带假票在五元以上企图使用变利者，经县府调查属实后呈报上级机关核办，以私造伪钞扰乱抗战金融论罪，定予严厉处分。

4. 凡拘获使用假票犯送交政府或报告政府因而捕获者，经讯明属实后，得给予以下的奖励。

甲、奖金：

（1）凡查获在五十元以下者，给予百分之十五的奖金。

（2）五十元以上百元以下者，给予百分之二十的奖金。

（3）百元以上另议，酌情优待。

（4）凡自行拘获送交政府者，增加奖金百分之五。

乙、名誉奖：凡查获假票在五十元以下而不愿受领奖金者，得在各报给予登载，以资表扬。

丙、奖章：凡查获假票在五十元以上而不愿受领奖金者，得给予特制的名誉奖章。

丁、其他：军政机关人员凡经自动查获者，亦得按上列加法奖励之；如愿放弃，可由军政机关首长酌情予以嘉奖或记功。

四、识别假票办法：

A、识别机关：

1. 在银行县办事处尚未设立之地区，由县、区、中心村各级政府负责帮助群众识别假票，供群众之咨询，如系假票即予盖销作废。

2. 县银行办事处设立以后，由办事处与政府方面共同负责，召集各村公所财经干事，授以区别本币与假票的办法及盖销假票之手续。然后由各村财经干事负担纸币识别所的责任，随时帮同当地民众对于纸币的识别与咨询。

B、识别法：

1. 纸质：假票比本币的纸质要低劣柔薄。

2. 号码：假票的号码往往都是重复的。

3. 花纹：本币贰角周围是网丝状，轮船小旗是黑色；假票贰角周围是点状，轮船小旗是白色，其他各种花纹也模糊。

山东省战时工作推行委员会关于查禁北海银行假钞问题的通知

1941 年 5 月 5 日

查北海银行发行之“北”字壹元票业经流通市场，深得民众拥护，在打击伪钞、调剂金融上已起伟大作用。而敌寇汉奸竟蓄意破坏，制造假票，秘密流行，近在北沂水一带发现假票一种。兹将识别办法列后，希即转知所属县府，布告民众一体注意，并严行查禁为要！

附假票识别办法：

1. 假票的纸质不好，且反正面之颜色较真票为淡，系石印的。

2. 假票号码多系一三三一六。

3. 假票花纹模糊，红白颜色不分明。

4. 真票背面“一”字下有数小点，假票没有。

山东省战时工作推行委员会关于查禁伪造北海本币的指示

1942 年 12 月 11 日

最近在鲁中沂蒙泰山等地发现奸人伪造北海伍元本币，计有红色的、第一次发行套版蓝色的及胶东版蓝色正面盖有“繁”字的三种。伪币来源就现有端倪观察，似自泰安、章丘、新浦等县临敌区偷运入境，此外是否尚有其他来源，尚待继续调查。除此三种伍元的伪造北海本币之外，是否尚有他种伪币出现，或尚有他种伪造北海本币已经暗中流通未被发觉，亦堪注视。为了巩固抗日根据地的经济阵地，保证金融的流通，对此种伪造北海本币自应予以严密查禁。兹经本会财政处召集有关各方负责人员缜密研究，一致认为有如下意见特提出供各地区参考执行。

（一）首先我们应该从政治上认识此三种伪造北海本币，是敌寇有组织有计划破坏我根据地的整套阴谋表现之一种形式，他的目的是在以假乱真，降低北海本币的信用，提高根据地的物价，从金融问题上来破坏我根据地的经济壁垒，以配合其政治上军事上摧毁我根据地的阴谋。另一方面由于（以下一段原件字迹无法辨认）类此事件尚在意料之中，我们究竟怎样统筹对策才能杜绝伪造北海本币的来源和巩固北海本币的信用呢？

第一，通过党政军民各种组织自上而下地深入动员，先使每个组织内的成员对于这个问题有正确的认识，能够识别真钞、伪币，这样才能从各方面向广大人民深入宣传。

第二，由政府布告人民，指出真钞与伪币区别之点，使群众自己能够识别。

第三，由县政府以区为单位召集村长联席会议，研讨识别方法及如何查禁问题，会后各村分别召开村民大会深入动员，确定识别和查禁办法。

第四，由贸易局、北海银行召开各地商人座谈会，说明敌寇阴谋和对北海本币爱护的必要，从商人本人的识别做起达到禁绝伪币的目的。

第五，利用各种报纸书刊及冬学等教育机关，揭露敌寇扰乱我金融的阴谋，指出维护北海本币，查禁伪造假票是全体抗日人民的严重政治任务，告诉群众识别伪币的方法与发现使用大批伪币的奸人对策，造成查禁伪币的群众运动。

第六，对于伪币来源，应由各地公安局负责严密侦察，必要时可以利用与我关系好的商人到敌区去找线索，做到正本清源。

第七，查获大批使用伪造北海本币，确与敌寇勾结，计在破坏我根据地金融之奸人，应即处以极刑，以资镇压。但执有伪币之安善良民，因昧于识别方法致被愚弄者，应耐心解释说服，除将其执有之伪币作废外，不能苛责。

第八，北海银行总行，各地分行及办事处，应会同各地政府机关，设立识别所，替人民辨别真伪。其组织为：

（1）有集市的村镇，其村镇长兼任识别所负责人。

（2）区公所兼识别所责任。

（3）各地贸易、税收机关兼任识别所。

（4）各级银行机构兼识别所（无银行办事处之县份由县府财政科兼任识别所）。

在宣传时亦可利用集市，用彩色布幅粘贴各种真钞伪币，号召群众自己鉴别。

（二）这一工作是巩固根据地的基本环节，必须党政军民全体动员有机配合，才能达到预期的目的。因此我们要求各地政府应负主要责任来组织查禁伪造北海本币的各种工作，北海银行为自己业务所关，贸易、税务各局与金融有密切联系，均应主动与政府配合进行这一工作，各地公安局为查缉违反根据地的利益的各种罪犯的主要机关，查禁伪币亦是其应尽的天职。这里我们并且要求各地党与群众团体动员其组织内的成员，对于这一工作予以确切的保证。

（以下原件缺一页）

今天已经发现的三种伪造之北海币（以下讲伪造币的特点，略）各地区在识别真假时应即特别注意此数点。但望各地区继续调查研究，以期继续发现其他种类之伪币，达到杜绝伪造假票，安定根据地金融。本会为防止伪造假票之继续暗中扩大流通额，现决定由北海银行即日公告停止使用红色的及胶东版蓝色带“繁”字的两种伍元票，以后再由银行公告定期全部收回。其兑换基金可暂由各地政府收入项下垫借，由银行拨款偿还。

（五）最后要使根据地益臻巩固，金融币制不为敌寇所扰乱，必须把维护本币信用，查禁伪造假票与平抑物价，统制货物出入口等工作密切联系起来。因此我们号召各级政府切实研讨制发购物证与卖物证，以粉碎敌寇破坏与掠夺我根据地物质资源的阴谋，尖锐地展开对敌经济斗争。

（六）这一指示所提查禁伪造北海本币的办法，只是原则的规定，具体灵活运用是各地政权机关的责任。只要我们认清楚这一工作的政治意义，掌握住对敌斗争的钥匙，北海本币信用的继续提高，伪造假票的根绝，是可以办到的。

黎玉 艾楚南 冯平

省战工会顷为巩固北海币信用，查禁伪造北币，特规定下列办法

（一）各地政府应负主要责任，组织查禁伪造北币的工作。北海银行，贸易、税务各局须主动与政府配合。并要求各地党与群众团体动员其组织内的成员，予以确切保证。

（二）对确与敌寇勾结，大批使用伪造北币，企图破坏根据地金融之奸人，应即处极刑，以资镇压，但对执有伪造北币之安善良民，因昧于识别方法，致被愚弄者，应耐心解释说服，除将其执有之伪币作废外，不能苛责。

（三）北海银行总行，各地分行及办事处应会同各地政府设立识别所，帮助商民识别真伪。

（四）由北海银行自即日公告停止使用红色的及胶东版蓝色带“繁”字的两种伍元票，以后再由银行公告定期全部收回，其兑换基金可暂由各地政府收入项下垫借，由银行拨款偿还。此外并指明如红色崭新面码号超过〇四〇〇〇〇号以上的五元北币，即系伪造，因此票系去年春天一次发行二十万，总数四万张，号码止至〇四〇〇〇〇号，以后即未续发。（林）

省战工会处理伪造及行使伪造北海本币案件暂行办法

1943 年

第一条：伪造北海本币，意图行使者处死刑。

第二条：查获行使伪造北海本币之人犯，经证明确系勾结日寇，扰乱金融，或意图营利者，按下列各款治罪：

（1）行使数量达五百元以上者处死刑。

（2）行使数量不满五百元者处十年以上有期徒刑，并科以行使数量一至五倍之罚金。

第三条：查获行使伪造北海本币之人犯，经证明确系良民，因不能识别，致受欺骗而行使者，按下列各款处理：

（1）行使数量在五十元以下者，将其行使假钞每张剪留四分之一，并将持票人姓名、住址登记后，即予开释。

（胶东主署注：本款所定，区公所可以办理，其他人可以查捕送区，不得随便乱剪，且区公所开释人犯后，须将剪留之假票及登记事项一并报缴县府。）

（2）行使数量超过五十元者，须送缴县级以上政权机关处理，如持票人经证明确系良民，除剪所持假票每张四分之一，并登记持票人姓名、住址外，须取确实保结，始能释放，但不得无故久押。持票人如系商贩除按上项规定外，须经贸易局或商会证明其确系忠实商人始得释放。

（胶东主署注：第三条一、二两项所列行使伪造本币之再犯及累犯者，均应送交县府，详予考查后，分别情节按章处理。）

第四条：查获行使伪造北海本币之奖励办法如下：

（1）各机关之工作人员，查获假票著有成绩者，一般由其主管机关在会议上或报纸上予以褒扬，如能根究假票来源，因而破获重要人犯者，由政权机关函请北海银行，予以物质上之慰劳。

（2）群众团体，地方武装，民兵自卫团，主动配合政府银行，查获行使假钞数量在百元以上者，得由政府函请银行，酌情奖励之，但严禁乱查乱罚，以维市场秩序。

第五条：关于行使假票案件，其情节较重，应科罚金或徒刑者，须由县以上政权机关处理，违者应受处分。

第六条：行使假票案件，情节重大应处死刑者，须经主署及战略区专署批准始得执行。

第七条：各县政府每月应将查获假票人犯姓名、住址、罚金总额、判刑种类及办理情形，连同剪留与没收之假票，呈报专署或主署，转送银行存查，以资考绩。

第八条：本办法有未尽事宜，得随时修正之。

第九条：本办法自山东省战时工作推行委员会公布之日施行。

（胶东主署注：本办法在胶东自民国三十二年八月一日起实行。）

清河区伪造法币、本位币及行使伪造法币、本位币处罚暂行办法

（1943 年 7 月 2 日清河区第三届临参会四次驻会议员会议通过）

第一条：伪造法币或本位币者，处死刑。

第二条：阴谋推销伪造之法币、本位币或意图供行使之用而收集或交付于人者，按数目多少，影响大小，依下列办法处断：

（1）伪法币在五千元以上，伪本位币在二千五百元以上者，处死刑、无期徒刑或五年以上有期徒刑，并科一万元以下罚金。

（2）伪法币在一百元以上不满五千元，伪本位币在五十元以上不满二千五百元者，处五年以下有期徒刑，并科五千元以下罚金。

（3）伪法币不满一百元，伪本位币不满五十元者，处五百元以下罚金，或易以训诫。

第四条：查获之法币，或伪本位币，均销毁之。

第五条：触犯本办法规定之罪者，由县以上之政府处理之。

第六条：现役军人，或公务人员，触犯本办法规定之罪时，加倍处罚。

第七条：查获人得按查获数目之多少，向政府领取五元以上五百元以下之奖金。

第八条：本办法所未规定者，适用刑法之规定。

第九条：本办法由清河区行政委员会制定，清河区临时参议会通过公布施行。

（摘自一九四三年七月十四日《群众报》）

胶东分行提高查获伪造北钞奖金的通知

1946 年 4 月 15 日

为了加强各界人民对查获假票的责任及保护人民利益起见，特将过去奖励查获假造北钞办法的奖额增加一倍，具体如下：

一、查获 50 ～ 100 元者奖 20 元。

二、查获 100 ～ 500 元者奖 60 元。

三、查获 500 ～ 1,000 元者奖 100 元。

四、查获 1,000 ～ 5,000 元者奖 200 元。

五、查获 5,000 ～ 10,000 元者奖 300 元。

六、连同制造机关、工具、人犯一并捕获者（不论假票有多少）奖 1 万元起码，并可酌情增加。

无论军政机关、群众团体、工商各届人民，凡将假票和犯人交到县以上政府者，均以以上规定办理之。到银行提奖时须持县以上政府证明文件。并将假票扫数交给银行。仅有假票而无犯人，或犯人逃跑而无证据者，概不发奖。

（摘自胶东分行档案第四十五号卷）

山东省政府公布修正处理伪造及行使伪造北海本币暂行方法

1946 年 9 月 24 日

第一条：伪造北海本币意图行使者处死刑。

第二条：查获行使或收集伪造北海本币之人民，经证明确系勾结奸党，扰乱金融或意图营利者，按下列各项治罪：

一、行使数量达二千元以上者处死刑。

二、行使数量不满二千元者，处十年以下有期徒刑，得并课以行使数量十倍至五十倍的罚金。

前二款之罪犯，如向政府坦白供出伪币来源，因而捕获要犯搜得大量伪币者，得酌情减轻或免除其刑。

第三条：查获行使伪造北海本币之人犯经证明确系良民，因受骗而行使者，按下列各款处理：

一、行使数量不满十张者，除将行使之伪币每张斜形剪留二分之一外，加盖伪币戳记，发还持币人，并将持票人姓名、住址登记后即予释放。

二、行使数量在十张以上者，须送区级以上政府处理，如持票人经证明确系良民，除剪留所持伪币二分之一，并登记持票人姓名地址外，须取具确实保结，始能释放，但不能无故久押。

如持票人系商贩，除按前款规定办理外，须更经商联会证明其确为忠实商人，始得释放。

第四条：查获行使伪造北海本币之奖励办法如下：

一、各机关之工作人员查获伪币著有成绩者，一律由其主管机关在会议上或报纸上予以表扬，如能追究伪币来源，因而破获主要犯人者，由政府机关函请北海银行予以物资之慰劳或给予奖励金。

二、群众团体、地方武装民兵自卫团，主动配合政府或银行，查获行使伪币数量在一千元以上者，银行应酌予奖励之，但严禁乱查乱罚，以维市场秩序。

三、凡机关部队团体及公营事业人员查获伪币不按本办法规定处理而包庇或私行没收暗中行使者，均按行使伪币从严惩处。

第五条：破获行使伪币案件按其情节应课罚金徒刑或死刑者，须送县以上政府处理。区政府不得擅自处理，违者应受处分。

第六条：行使伪币案件重大判处死刑者，须呈经该管行政公署或直属专署批准，始得执行。

第七条：各县政府每月应将查获伪币案件，人犯姓名、住址，罚金总额，叛徒种类及办理情形连同剪留没收之伪币汇呈该管行政公署或直属专署，转送银行存查。以资考绩。

第八条：本办法如有未尽事宜，随时修正公布之。

第九条：一九四三年一月十三日，山东省战时工作推动委员会公布之处理伪造及行使伪造北海本币案件暂行办法，即行废止。

第十条：本办法自公布之日起施行。

山东省北海银行查缉伪造及行使伪造北海本币奖励暂行办法

（总行 1946 年 11 月 24 日发字第 9 号通函附发）

一、本办法依据山东省政府民国三十五年九月二十四日公布之《修正处理伪造及行使伪造北海本币暂行办法》第四条一、二两项之规定制定之。

二、本办法之目的，在奖励我解放区军政民查获制造伪本币及行使伪本币之主犯与从犯，而给以物资上之奖励。

三、凡查获在解放区内部伪造本币之罪犯人员及伪造本币之器材全部或一部者，得按案件大小、破获程度、查缉人员之努力状况等，酌量给予五千元以上五万元以下之奖励金。

四、凡因告密而捕获或告密而协助捕获在解放区内部伪造本币之罪犯人员及伪造本币器材之全部或一部者，得在上项五千元以上、五万元以下之奖金内，分给二分之一，以为奖励。

五、凡查获蒋伪顽特分子或牟利奸商自蒋占区携带伪本币潜入解放区行使者，得按查缉人员之努力程度及金额多少（多者比例数较低，少者比例数较高），酌量以其查获之伪本币数额百分之五至百分之二十以下之北海本币奖励之。

六、凡因告密而捕获或告密再协助捕获蒋伪顽特分子或牟利奸商自蒋占区携带伪本币潜入解放区行使者，得在上项奖励金内分给二分之一，以为奖励。

七、凡三、四、五、六项所列举之案件，经政府司法机关判决后通知所在地之本行之分支行或办事处，该行处则依三、四、五、六项所规定之办法，确定奖励金额，由受奖人具条盖章亲领之，同时须由司法机关为之证明。

八、凡未经政府司法机关判决之制造伪本币及行使伪本币案件，不得引之向本行请求发给奖励金。

九、本办法自公布之日起施行。

几种处理假币手续表格

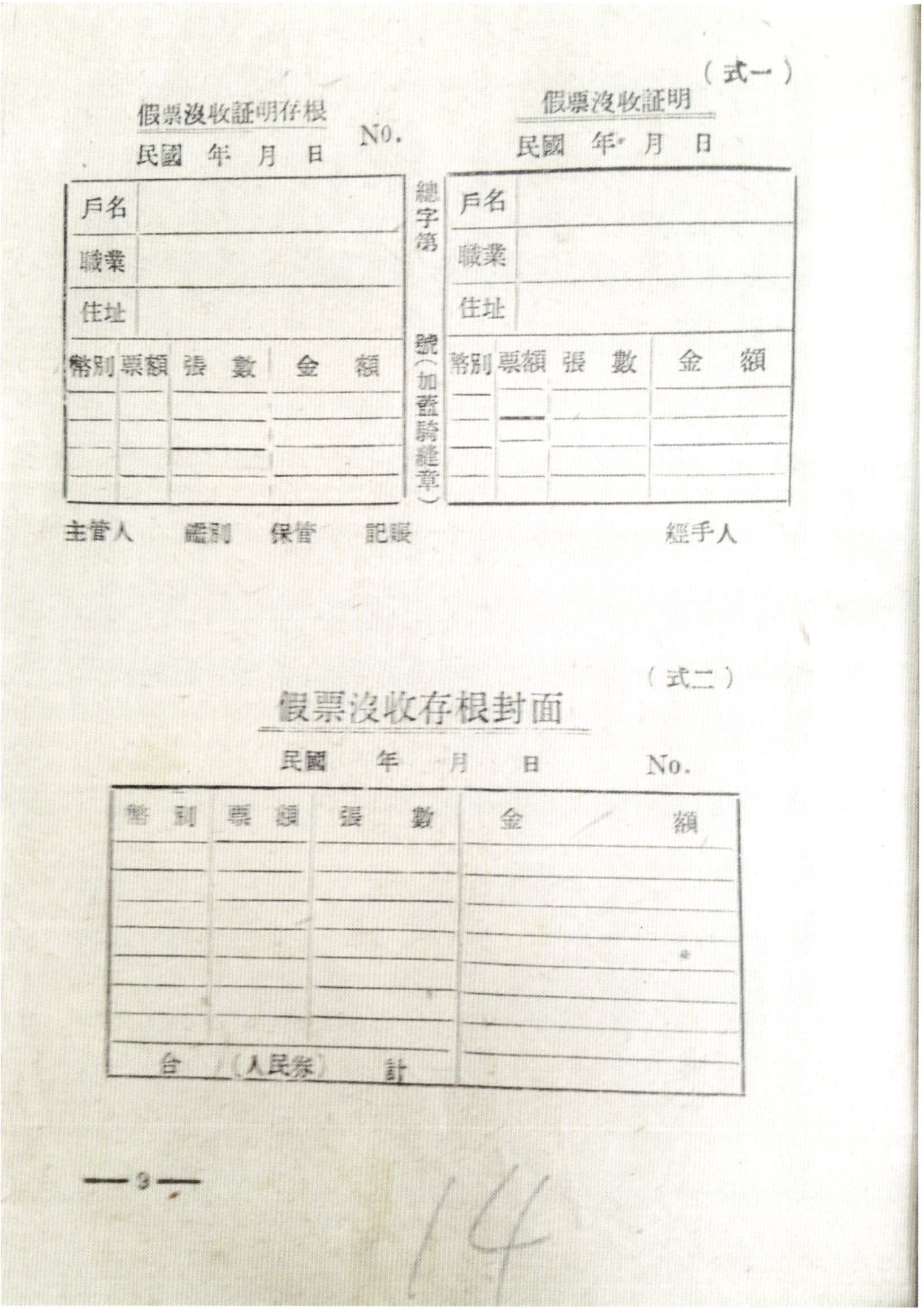

（式一）

假票沒收証明存根

民國 年 月 日 No.

戶名			
職業			
住址			
幣別	票額	張數	金額

主管人 鑑別 保管 記賬

總字第 號（加蓋騎縫章）

假票沒收証明

民國 年 月 日

戶名			
職業			
住址			
幣別	票額	張數	金額

經手人

（式二）

假票沒收存根封面

民國 年 月 日 No.

幣別	票額	張數	金額
合（人民券）計			

—9—

14

（式三）

假票分類賬

幣別＿＿＿＿票額＿＿＿＿　　　　No.＿＿＿＿

年		單據	摘要	戶名	收方		付方		餘額	
月	日	號碼			張數	金額	張數	金額	張數	金額

（式四）

假票焚燒證

民國　年　月　日

幣別	票額	張數	金額	監燒人
折合人民劵				

主管人　　　　保管　　　　記賬

15

—10—

查獲假票臨時報告書

（式五）

民國　年　月　日　　No.

幣別		票額		式樣			
張　數		金(大寫)額					
犯者	犯別	姓名		性別		年齡	成份
	出身	職業		住址			
假票來源及印製地點							
印製多少		已用多少		尚存多少			
攜帶及使用方式							
查獲經過							
處理情形	獎勵						
	懲處						
其　他							
附註	1.本報告書係指新發現假票。 2.「犯別」係指特務、印製者、販運、奸商、或受騙。 3.該報告只限於填寫一個人，一種假賬。 4.如當時不能填寫詳細，日後再作補充報告。						

沒收假票統計表

（式六）

民國　年　月　日　　No.＿＿＿＿

幣　別	票　額	張　　數	金額	
			原　　幣	折合人民幣
合		計		

主管人　　　　記賬　　　　製表

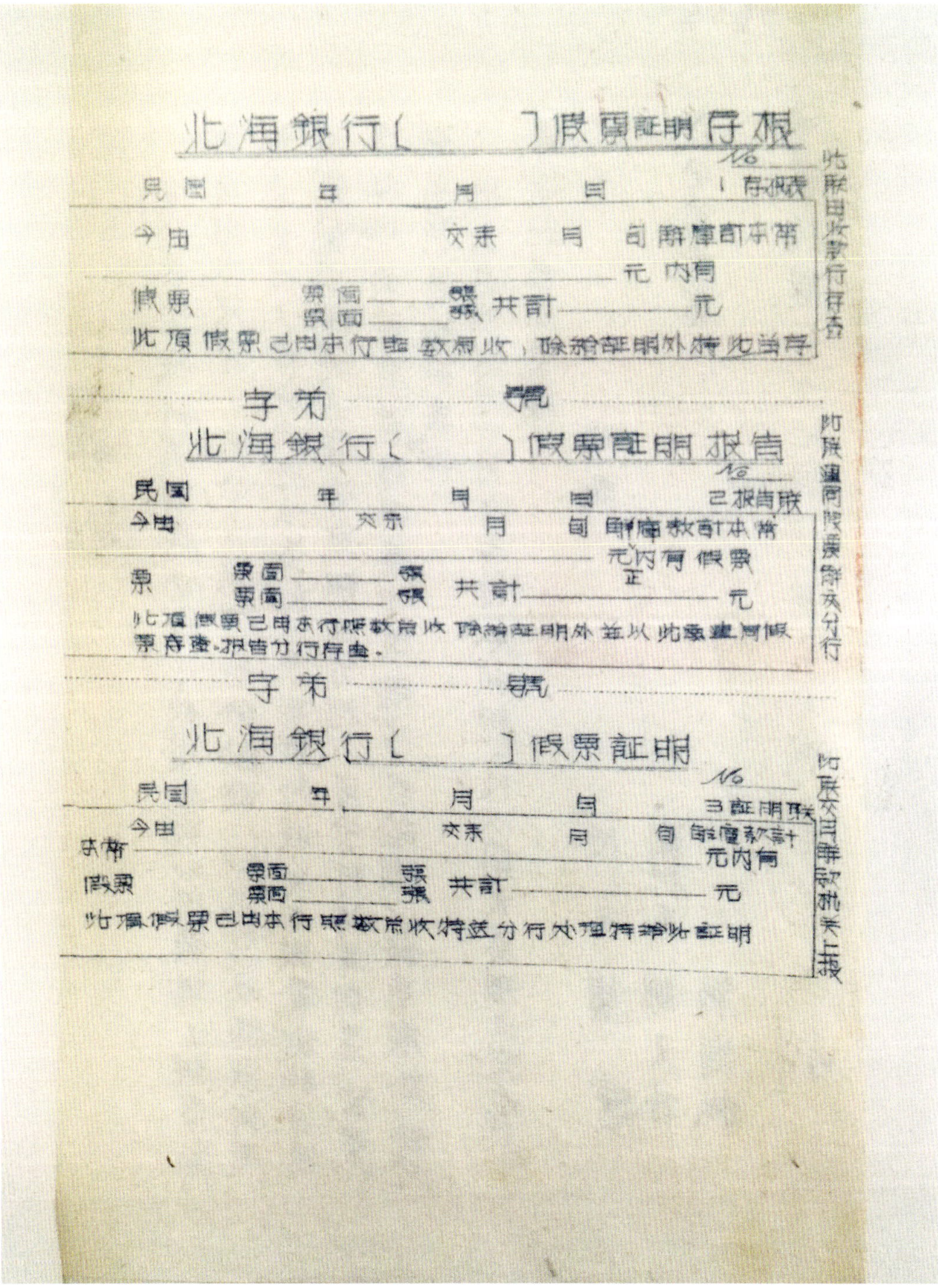

北海銀行（　　）假票証明存根
No
民国　年　月　日　1存根联
今由　交来　月　日解庫款計本币
元内有
假票　票面　張　票面　張　共計　元
此項假票已由本行照数扣收，除給証明外特此留存
此联由收款行存查
字第　号
北海銀行（　　）假票証明报告
No
民国　年　月　日　2报告联
今由　交来　月　日解庫款計本币
元内有假票
正
票　票面　張　票面　張　共計　元
此項假票已由本行照数扣收除給証明外并以此連同假票存查-报告分行存查。
此联連同假票解交分行
字第　号
北海銀行（　　）假票証明
No
民国　年　月　日　3証明联
今由　交来　月　日解庫款計
本币　元内有
假票　票面　張　票面　張　共計　元
此項假票已由本行照数扣收特送分行处理特給此証明
此联交由解款机关上报

当时的部分假币

北海銀行
AB146057
AB146057
拾
膠東
拾圓
憑票即付國幣拾圓

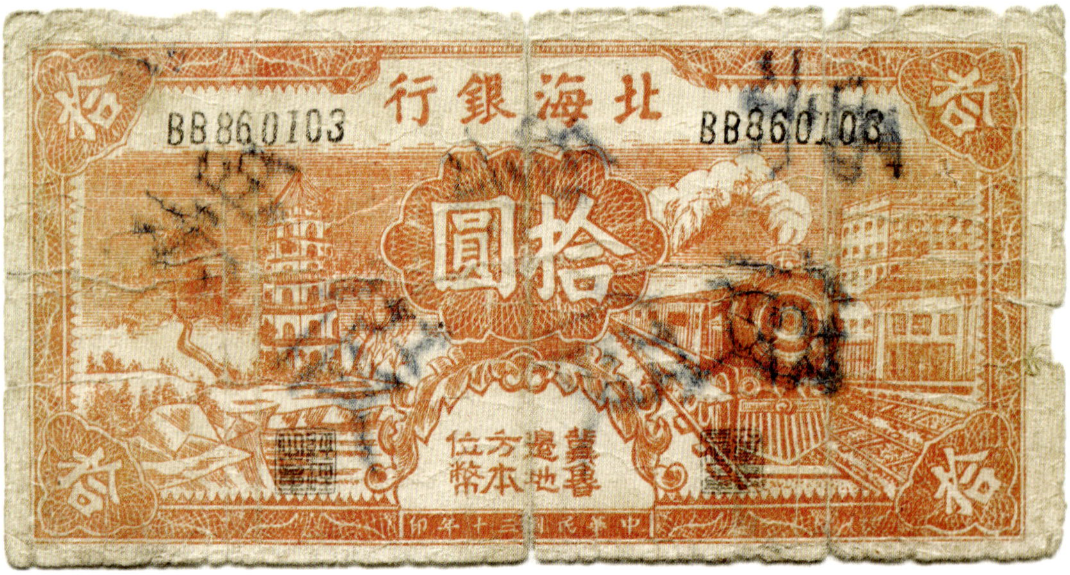
北海銀行
BB860103
BB860103
拾圓

北海銀行
A4259732
A4259732
拾圓
拾圓
山東
山東
中華民國三十三年印

北海銀行
5166350A
5166350A
拾圓
渤海
渤海
中華民國卅三年印

北海銀行
TJ236677
TJ236677
壹百
膠東
壹百
中華民國三十四年印

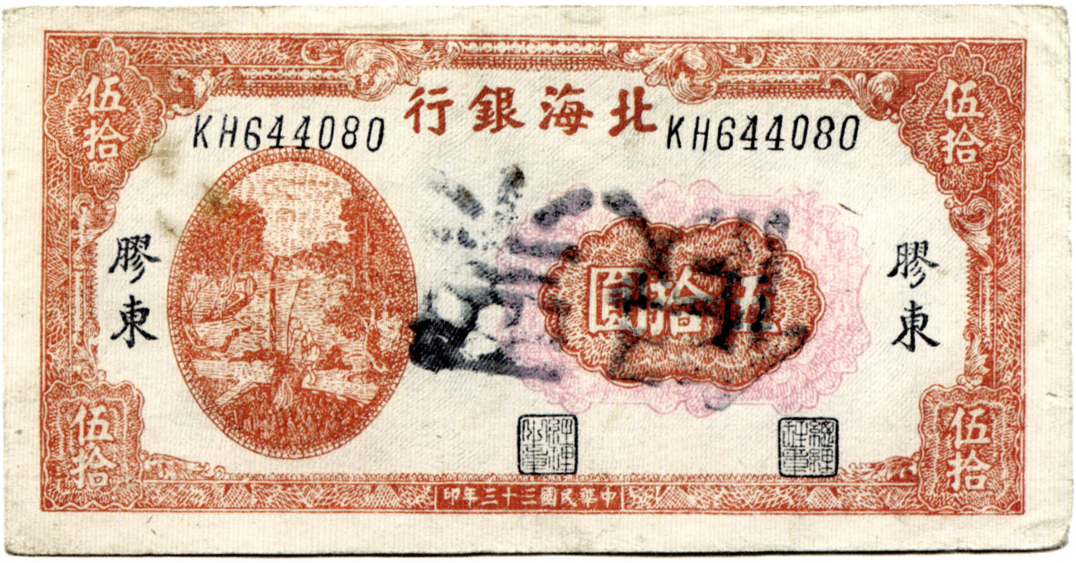
北海銀行
KH644080
KH644080
伍拾
膠東
伍拾圓
中華民國三十三年印

北海銀行
KF188631
KF188631
伍拾圓
伍拾
膠東

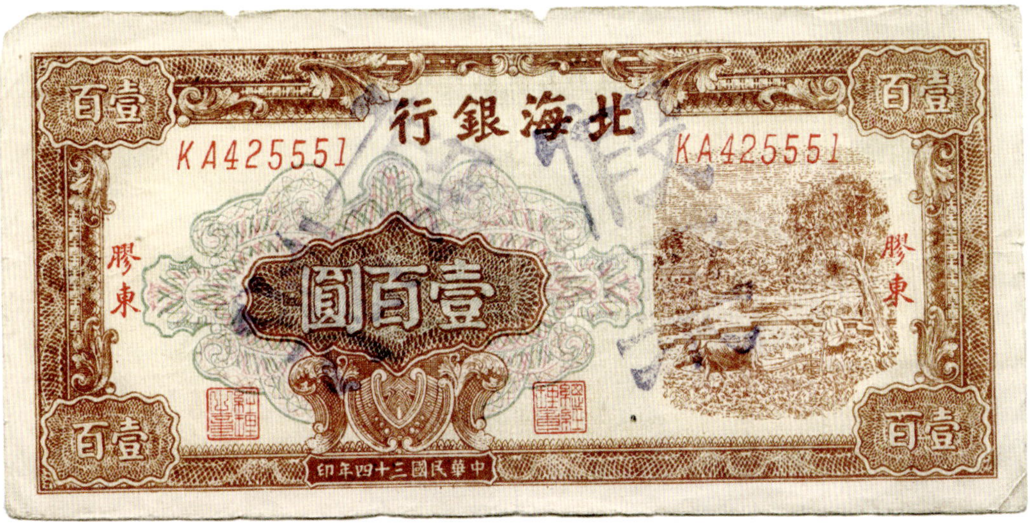
北海銀行
KA425551
KA425551
壹百圓
壹百
膠東
中華民國三十四年印

北海銀行
TH236646
TH236646
壹百
壹百
膠東
膠東
壹百圓
中華民國三十四年印

北海銀行
0176933
0176933
壹百圓
山東
中華民國三十四年印

北海銀行
KC629056
KC629056
山東
山東
貳百
假票
中華民國三十四年印

北海銀行
<BL>
313436
伍佰圓
伍佰圓
伍佰
山東
山東
中華民國三十六年印

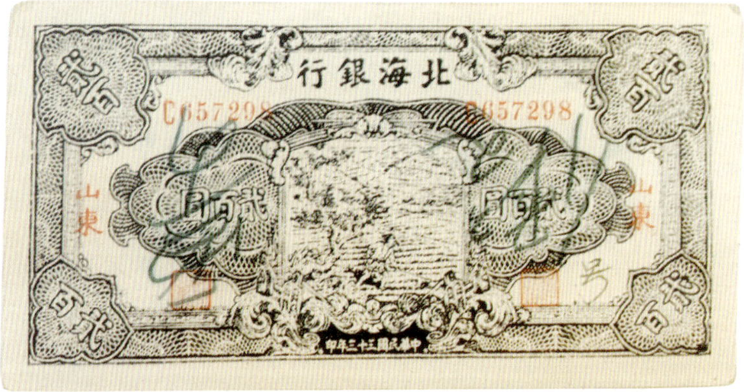
北海銀行
C657298
C657298
山東
山東

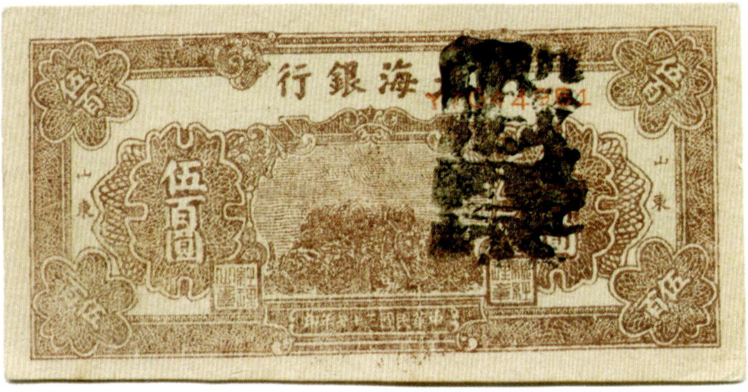
北海銀行
伍百圓
山東
山東

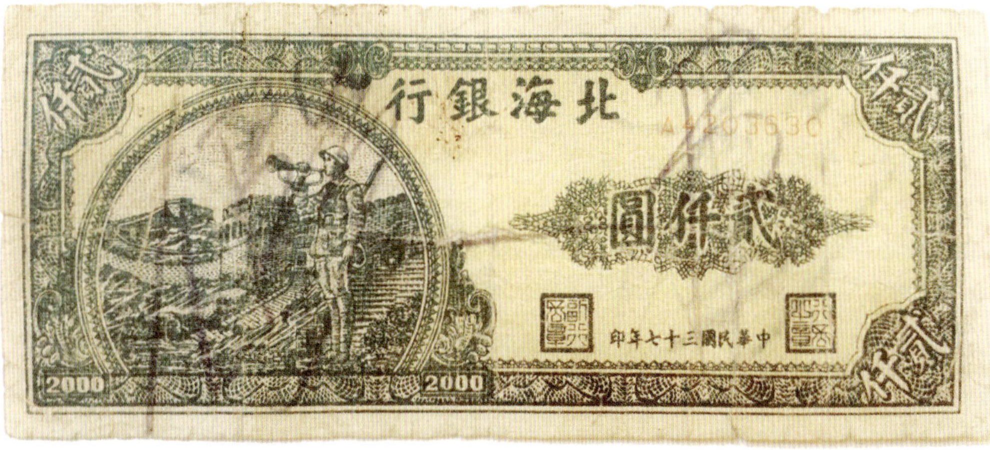
北海銀行
貳仟圓
中華民國三十七年印
2000
2000

北海銀行
019374
019374
伍圓
山東

臆造品及当代假票

(A) 北海銀行 (A)
貳
山東
貳分

2
FEN

北海銀行
000222
000222
貳角
貳角
貳角
魯中
魯中
中華民國三十二年

20
20
20

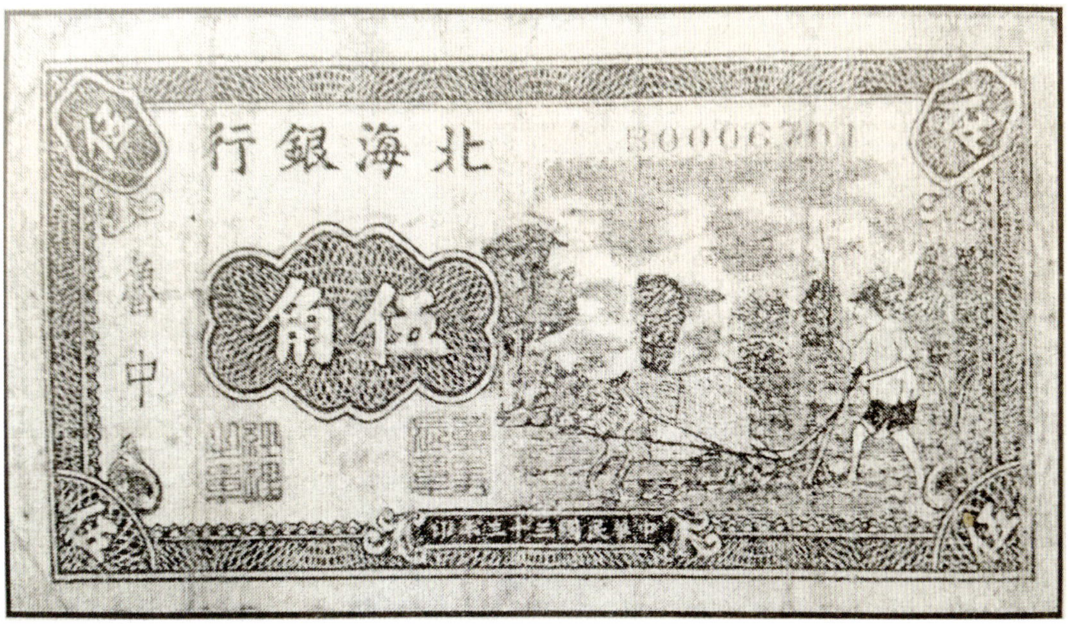
北海銀行
B0006701
伍角
魯中

FIFTY CENTS
1944

北海銀行
壹分
山東
壹分
山東
壹分
壹分
壹分

THE CENTRAL BANK OF CHINA
A655378C
ONE CENT
壹分

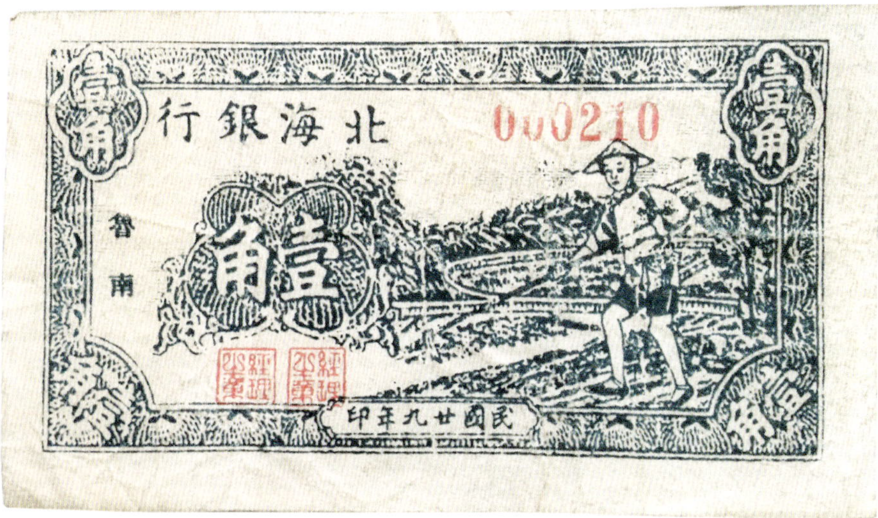
北海銀行
000210
壹角
魯南
民國廿九年印

北海銀行
656563
656563
壹圓
渤海
壹
中華民國三十三年印

第九章

几种北海币考证及若干问题探讨

第一节 几种北海币考证

一、北海银行民国二十九年山东红五元考证

自20世纪90年代民国二十九年山东红五元券北海币在莱芜首次面世以来，到目前为止，面世的约有10枚。由于之前许多泉友对该币种是否存在提出种种质疑，李银先生曾于2010年在《中国钱币》杂志第三期撰文辨析。限于当时资料匮乏，该文仅是利用间接史料粗略地对其身份、发行时间、发行情况进行判断。经过几年的苦苦追寻，我们终于发现了关于该券的直接史料。这些史料不仅证明了当时该文的判断正确，还提供了新线索。

2013年夏季，为配合山东省钱币学会在临沂举办纪念北海银行成立七十五周年的纪念活动，临沂市钱币学会进行了一系列的先期准备工作。在查阅早期的《大众日报》时，刊载在民国三十一年十二月二十九日第一版的一则告示引起了我们的注意。告示摘要如下：

> 省战工会规定查禁伪造北币办法（以下简称“办法”）
>
> 省战工会顷为巩固北海币信用，查禁伪造北币，特规定下列办法：
>
> ……
>
> （四）由北海银行即日公告停止使用红色的及胶东版蓝色带“繁”字的两种伍元票，以后再由银行公告定期全部收回，其兑换基金可暂由各地政府收入项下垫借，由银行拨款偿还。此外并指明如红色崭新面码号超过〇四〇〇〇〇号以上的五元北币，即系伪造，因此票系去年春天一次发行二十万，总数四万张，号码止至〇四〇〇〇〇号，以后即未续发。

告示中的“去年春天”，就是1941年春天。此红五元会不会是山东民国二十九年红五元券？根据此前的研究判断，山东民国二十九年红五元券系总行发行，发行时间约在1940年底至1941年春之间。那个时期，除一纵和胶东的北海银行曾经印过无地名北海币外，总行发行的北海币印“山东”字样，

其他战略区发行的北海币印战略区区名。从“办法”的叙述逻辑看，红色五元就是指山东红色五元。如果不是总行发行的红色五元，则会说明是哪里发行的红五元。如蓝五元“繁”字版就注明了胶东。“办法”透露出两条信息：一是红五元发行于民国三十年春天，二是红五元发行 20 万元。

过了一年，为了写书和参与筹建北海银行纪念馆，本书主撰来到山东省档案馆查阅北海银行档案，从中发现二份相关重要资料。一份是 1942 年 12 月 11 日省战工会关于查禁伪造北海币的指示（山东省档案馆资料，索引号是 G004-01-007-015，以下简称“指示”）。另一份是 1946 年 10 月 15 日总行关于收回几种本币的通函（发字第六号，山东省档案馆资料，索引号是 G013-01-0007-009，以下简称“通函”）。“指示”说：“最近在鲁中沂蒙山等地发现奸人伪造北海五元本币，计有红色的，第一次发行套版蓝色的及胶东版蓝色正面盖有‘繁’字的三种。”其中“套版蓝色的”是指民国三十年山东天坛五元券。该券系总行第一次采用套色印刷技术印制的北海币。“指示”后面介绍了三种假币的特点。关于红五元假币特点的描述与“办法”的描述相同。对另外两种假币的描述则十分详细具体。“通函”说：“三、五元券两种：A 正面红色，反面淡枣色，山东字三十九年印，正面主要图纹为左边山景（印刷不好出假票过多故收回）。”其中，“三十九年”实为“二十九”年之误。因为在《渤海分行出纳发行工作总结》（1947 年 1 月 1 日，山东省档案馆资料，索引号 G040-01-0005-001）中，亦有总行的回收通知，同一票子的年份写作“二十九年”。这些史料对解开民国二十九年山东红色五元券（以下简称“山东红五元”）之谜大有裨益。

尽管“通函”描述的红色五元与目前面世的山东红五元左边图景有差异，我们仍然认为二者为同一币种。理由如下：

1. 已经面世的山东红五元有流通过的，有几乎没有流通过的。从纸质看，确系那个时代产物。从印刷工艺看，属于石印，印刷质量也算不错了，非奸商和国民党地方顽固势力所能为。如果这些红五元不是总行印制，则必定是日伪所为。日伪仿制北海币主要有两大目的，一是破坏根据地金融秩序，二是抢购根据地物资。要现实这两个目的，必须以当时流通的北海币为造假对象，而不可能臆造。另外，总行发行的民国三十二年山东地名前门十元券、民国三十三年山东地名红山村十元券等背图均采用了红五元主图。故，总行当年确实印发过这种版别的红五元。

2. “通函”对红五元正背面颜色的描述与面世的山东红五元正背面颜色相符，对印刷质量的描述亦相符。的确，与山东民国三十年蓝五元相比，山东红五元印刷工艺确实要差点。“通函”说红色五元左边是山景，而面世的山东红五元左边是寺庙山景，且以寺庙为主图，山景为虚景，二者虽有差异，但均有山景。差异可能是由叙述偏差导致的。这种情况并不罕见，如“通函”在回收民国三十一年山东十元券一款中就描述该券正反面色同。其实，该券正面是草绿色，背面为蓝色，差异甚大。再如，“通函”在回收民国三十年山东五元一款中描述该券主图为右边图圈，圈内亭子，而“指示”将该币的主图描述为楼景。其实圈内是天坛。北海币中，画面主体不很显眼也是常有的事。如民国三十四年山东烈塔伍拾元券，档案中称该券为烈塔，可是该券主景是山，山前有汽车和梯田，仅远处山顶上立着一个不起眼的小塔，若不仔细看，真不会注意到。再如档案中称作水车版的胶东民国三十三年拾元券，该券主景是山，山前有水车，有牛耕地，且牛耕地是近景，等等。

3. 除民国二十九年二角外，从 1940 年到 1942 年，一纵供给部（总行筹建机构）或总行发行的北海币，同年份同面值仅有一种版别。民国二十九年二角券所以有两种版别，是由济南大中印刷局和一纵供给部分别独立印刷造成的。总行发展初期，制版能力极为有限，这种现象很容易理解。所以，不大可能存在另外一种版别的民国二十九年山东红五元券。

“办法”说红五元系1941年发行。那么是否存在票面年份是民国三十年的山东红色五元券？直到今天尚未发现这种北海币。年份为民国三十年的山东五元券仅见到前面所说的“套版蓝色券”。我们认为不存在民国三十年山东红色五元券。“办法”所说的红色五元券，就是“通函”中的民国二十九年山东红五元（以下简称“通函红五元”）。原因有三：

1. 据当年曾经参与印钞和发行工作的贾洪（之前参与过打号码，1941年任营业科兼出纳科科长）、任志明（负责印钞、发行）等人回忆，1941年以前，总行仅印过一角、二角、五角券，1941年才开始印一元、五元券。贾洪记忆力较强，其回忆录中，大小事都叙述得较为详尽，且与史料基本相符，故其说法应当是可信的。从大环境来看，1941年以前，山东根据地的货币政策是巩固法币，支持法币的货币市场地位，发行的北海币仅是作为法币的辅币参与流通。1941年起，货币政策才开始有了微妙的变化，逐步提升北海币的地位。1942年，掀起了排法（币）斗争，推行以北海币为本位币的货币政策。综合这两条，我们认为“通函红五元”不是1940年印制的。

2. 任志明曾提到，“银行发行的票子，印刷的时间都比发行时间提前，是一种惯例，记得是辛葭舟同志提意见这样打印的”。虽然这段话是任志明针对1940年《大众日报》一则公告所说。但是，确实许多北海币票面印的时间比实际发行时间早，提前的时间也不尽相同。但是有一点是肯定的，早期总行发行的同面值北海币，票面时间早的发行时间肯定不会晚于票面时间晚的。民国三十年山东蓝五元发行于1941年10月18日，所以“通函红五元”应当发行于1941年1月以后10月之前。

3. 前面说过，一纵及总行前期发行的北海币，一般情况下同年份同面值仅有一种版别。既然已经有了民国三十年山东蓝五元，故不大可能再有民国三十年山东红五元券。无论《大众日报》还是“指示”，在言及红五元时，均没有叙述其特征，说明1941年总行只发行了一种红色五元北海币，如果有两种，肯定要叙述其特征，不然如何区分。

“办法”与“指示”均言明，红五元仅发行了20万元，即4万枚，4万号以上的五元券即系假币。以往公布某种北海币发现假票时，会同时公布真假票特征，以便广大群众识别。而“办法”与“指示”均仅仅以4万号为界判定红五元真假，且“指示”对另外两种北海币的真假特征却介绍得十分详细，很不合常理。难道制假者只印制4万号以上的，未印4万号以下的红五元？难道真假红五元像得仅仅靠号码来区别了？不公布其他真假特征，如果出现假票号码在4万号以下的怎么办？

带着这些疑问，我们查阅了《大众日报》、总行档案、《临沂地区金融志》、《沂南县志》、《莒南县金融志》等史料，发现1940年至1943年间，能判定行使山东地名假五元北海币的案例有4例，这四例分别载于1942年12月23日、25日、27日的《大众日报》及《莒南县金融志》。根据这些报道对假币特征的描述，均可断定为民国三十年山东天坛五元券，无一例是山东红五元。假币数量方面，27日的《大众日报》报道，“其中一百万元即系近日发现之伪造蓝色五元北海币”，《莒南县金融志》记载的数量次之，是10余万元。其余两条报道无具体数目，一说大批，一说数起。从现有资料看，并不支持山东红五元假票过多这一说法。

到目前为止，已面世的山东红五元号码有1万多号（如015999），3万多号（如036522，图2–9），4万多号（如047059）、6万多号（如069913）和8万多号（如图2–8），分布区域较广。除036522

印刷较粗糙外，其余的印刷工艺水平基本一致。若按“办法”所说，仅两枚可能是真，其余为假票。但是，基于以下理由，可以认定多数面世的红五元系总行印制：

1. 从印刷工艺上讲，多数面世的山东红五元与同时期总行发行的其他北海币印刷工艺相当。以082868为例，与稍后印刷的民国三十年山东一元券（见图2-12）印刷工艺水平基本一致（下列二者局部放大图供对比），与当年10月印发的套版天坛五元券（见图2-16）比，印刷工艺水平是差点。符合“通函”所说“印刷不好”这一特征。

这也很正常，印制山东红五元时，印钞厂刚建成，经过几个月的发展，印钞厂的印刷水平应该有所提高。总体看，这些山东红五元的印刷水平符合总行印钞厂早期的印刷水平。另外，尽管015999号券照片很不清楚，但是从云的形状、大雁的形体及位置看，与082868券相同。

2. 不论北海币还是其他纸币，除了新假，面世的纸币基本上是真票远多于假票。仅就总行1941年前后发行且目前存世较少的北海币来说，我们见过几十枚民国二十九年鲁南字二角票，数枚一角票、五角票，无一假票。见过二三十枚民国三十年山东字五角、一元、五元券，仅发现一例五元假票。见过十余枚民国三十一年五分券，仅发现一例五分假票。其中五元券的真假，是依据“指示”及《大众日报》披露的真假币特点判断的。这一现象很容易理解，不论当时出现了多少假票，经过持续的反假斗争，假票在流通使用过程中不断被发现被销毁或是加以标记，漏网的自然很少。虽然“通函”说山东红五元“假票过多”，但是在此“通函”回收的其他北海币中，多数也是说“假票过多”，甚至说民国三十二年鲁中五十元是“假票太多”。我们见过数枚鲁中五十元券，和山东钱币博物馆藏的票样对照，无一是假票。曾经明确记载有110万元以上假票的民国三十年山东五元券，今天才一见假票，所见票中，假真比率小于三十分之一，史料无大宗假票行使记录的山东红五元，今天怎么可能假票反而远多于真票？很不符合常理！从道理上讲，一种发行不久就停发的票子，其流通范围肯定不广，影响力也不大，甚至根据地都很少人知道有此种票子，假票自然也不会很多。

3. 面世的4万号以上的票子无一被加盖“假票”字样或是剪角（部分根据地曾以在票子上剪去一角作为假票标记）。这一现象说明4万号以上票子和以下票子可能无法仅从图案细节、纸张、号码及印鉴上识别。五元票在那个时候是大额纸币，当银行发现持有4万号以上票子者，并告知是假票时，持有者肯定不干，会让你拿真票比对。一比较，二者完全一样，银行根本无法说服群众，从而无法在票面上加盖“假票”字样或是剪角。

我们不否认山东红五元存在假票。如015999与036522号券，号码虽都在4万号以下，但对比两券图案发现，015999号券前面小屋顶上的大雁较036522号券的肥大，且两翅膀间的夹角也较036522号券大，显得较为平缓。说明其中一券可能有问题。相邻时期有大雁图案的还有一纵发行的民国二十九年北海银行鲁南字一角、二角、五角券。这些纸币上的近景大雁也都较肥大，所有的大雁都有个共同点，就是两翅之间的夹角都不是很陡，显得较平缓，与 015999 号券及 082868 号券相近。而 036522 号券左边三只大雁两翅膀夹角明显较陡。民国二十九年鲁南券、山东红五元券均系赵克勤制版同班人马印刷，估计票样设计也应该出自同一人。同一个人画动物应该有个习惯模式。

鲁南券三种面额上的近景大雁

036522 号券近景大雁　　082868 号券近景大雁

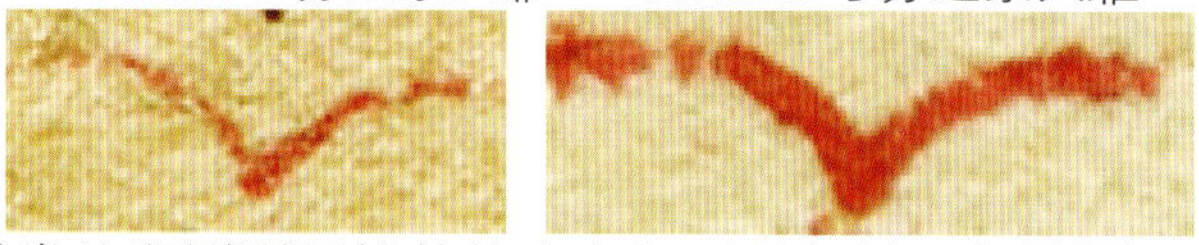

不仅如此，036522 号券的印刷明显较其他山东红五元粗糙，与民国三十年山东字五角、一元、五元券比，印刷工艺水平也差之甚远。与山东红五元背图基本相同的是民国二十九年北海银行蓝石坊五元券，该券为胶东分行 1941 年 9 月发行，钞版可能系总行代制。胶东分行印制的北海币大多较总行精致，但是差别不是很大。我们对比 036522 号券、“蓝石坊五元券”（山东钱币博物馆藏票样）及 082868 号券背图相同位置的局部放大图（见下列附图），明显看出，082868 号券的印刷工艺比较接近“蓝石坊五元券”，而 036522 号券差之甚远。根据任志明及黄嘉和（1925 年出生，原北海银行鲁中分行职员）等人的回忆，用石印机印出的票子，赶不上我们印得好的，就是假的。082868 号券与 036522 号券均为石印，是非应该明了了。反过来，如果说 082868 号券是假票，而 036522 号券是真票，那么造假者以 036522 号券为蓝本印制的假票，背图细节怎么可能反而更丰富，更接近“蓝石坊五元券”。

“通函”说山东红五元“印刷不好”，并不意味着山东红五元印刷得很粗糙，与总行印的其他北海币有较大差距。如“通函”还说，民国三十一年山东绿十元“印刷不好”，民国三十三年山东红十元“印刷不好”，民国三十二年滨海五十元“印刷不佳”，民国三十年山东蓝五元“图案粗糙”。仔细对比这些北海币与总行相近时间发行的其他北海币，发现他们的印刷工艺水平基本相近，只是粗点精点而已，差别并不大。同一印钞厂相近时期印刷水平有差异很正常，但是不会差得很多，毕竟是同一设备，同批技工所为。何况这批技工又是来自济南大中印刷局，有一定的工作经验，不是初学者。以上仅是对 036522 提出一些质疑，由于 036522 与 082868 号券正面总体风格一致，票纸差不多，印鉴也基本一致，不排除系个别学徒用墨不均导致的差异。

036522 背图局部

石坊五元票样背图局部

082868 背图局部

既然 4 万号以上的山东红五元并非都是假票，为什么“办法”要指真为假？细细推敲，或许“办法”与“指示”里面有难言之隐。当时条件艰苦，设备简陋，制作一块钞版很不容易。制好钞版，绝不会仅仅印 4 万枚就弃之不用。目前，我们见到的山东红五元券最大号码没有超过 9 万号的，估计当时山东红五元可能印制了不到 10 万枚，但仅仅发行了 4 万枚就因故停发。在纸张极度匮乏，连干部用纸都实行配给制的那个时代，未发行的的山东红五元绝不会就地销毁，而是被封存起来，伺机再发。后来由于种种原因，这些被封存的北海币又非正常地进入了流通领域。比如，人为盗出，“扫荡”中被日伪缴获，或遭国民党反共势力突袭被劫去，等等。当时总行印钞厂在沂南大梨峪，离蒙阴垛庄日伪据点很近，时有小规模的“扫荡”。1941 年 11 月初至 12 月中旬，鲁中遭遇日伪 5 万人大“扫荡”，其间北海银行总行人员基本上分头行动，印钞厂曾被日军包围于蒙山之中。1941 年 9 月，国民党五十一军、五十七军中的反共派曾连续数次袭击了鲁中根据地。纵观北海银行档案，被日军缴获票子、职员盗取票子等事件并非没有发生过。这也可能就是 “通函”不再说 4 万号以上是假票的原因。这些非正常流出的票子，虽系总行印制，却是非法流通，回收时又不便明言。言明了，按理不该收，可是群众不会理解，故只能说是假票。

山东红五元仅仅发行了 20 万元就停发，应当属于非正常停发。是什么原因导致其停发的？

抗战时期共产党政权承认国民政府为中国政府并拥护法币。早期，多数根据地以辅币不敷流通为由发行了元以下的小额纸币。随着国民政府逐渐停发八路军军饷，国共两党之间关系紧张，尤其是皖南事变后，部分根据地开始印制五元券试图挑战法币的统治地位，这样一来必然招致干预。就山东红五元来说，很可能与蒋介石给财政部长孔祥熙发的快邮代电有关。

1941年1月13日，蒋介石给财政部长孔祥熙发了快邮代电。

全文如下："财政部孔部长 极机密亲阅 查第十八集团军在鲁成立北海银行擅发伪币 强迫人民行使 窃换粮食 企图破坏金融 吸收法币 现国军为整饬纪纲 除已令该军调开黄河以北作战外 对于该北海银行破坏金融事 应由贵部拟定计划 定于卅年元月号日前径电山东沈主席遵行 并与洽办具报为要 中正 覃午 令一元育（意即13日午间，军令部一厅一处一科——编者注）印。"[①]

当月20日，财政部致电山东省主席沈鸿烈："迅饬各该县政府即日布告并鸣锣周知，禁止收受行使。"估计沈鸿烈接电后即照会山东分局或战工会，要求北海银行停发纸币。且不说沈鸿烈主席素与根据地不合，双方多有摩擦，利益攸关之大事，根据地是不会轻易让步的，我们无从知晓根据地是怎样回应的。从当时山东的金融形式分析，山东国民党游击区许多地方政府及一些武装力量也发行了元以下辅币，单独禁止北海银行发行辅币似不合理，根据地政权肯定会借此并假以辅币缺乏之理由力争。但是，禁发五元以上大票的要求应该不算过分，毕竟根据地还打着拥护法币的旗号。在沈鸿烈与根据地交涉过程中或交涉后，北海银行总行发行了山东红五元，沈鸿烈政府知道后，肯定严加干预，为了统战关系，战工会最终决定停发山东红五元券，转而发行一元券。再后来，随着当年3月2日朱信斋率部投奔国民党百十一师，"四二五"事件，5月8日的南马口事件，"七二五"事件，8月10日国民党六六五团抢粮事件，9月份国共双方多次交战等一系列摩擦的发生，双方关系进一步恶化，当年10月，北海银行总行终于撕破面皮再次印发五元券。

发行于1941年春天的山东红五元，为什么票面时间印"民国二十九年"？据时任分管印钞发行工作的任志明回忆，是辛葭舟（当时对外宣称贸易局局长）建议票面上的时间要比发行时间提前。这样做应当有深层次的用意。可能是在沈鸿烈交涉前，根据地就已计划发行五元北海币，在交涉过程中或交涉后，根据地按计划发行五元券，碍于规定，或为避免激化矛盾，有意将时间提前，给人以去年发行之假象，一旦遭到干预，最多停发就是了，也不至于落个意图对抗国民政府之名。其实，当时情况下，根据地发行五元以上的纸币，肯定会受到责难和干预，将票面时间提前的最大好处是遇到干预可以推之于往昔所为。由于红五元发行于春天，不排出时间提前的原因系钞版完成于1940年。

山东红五元开了山东根据地纸币发行有意将票面时间提前之先河。此后，胶东分行经常采用此法，总行在首次发行大额北海币时也多次采用。

关于山东红五元的发行动机。1940年9～10月间，济南大中印刷局开始把卖给总行的印钞设备陆续拆卸运往根据地。这就意味着，大中印刷局代印北海币的工作逐渐停顿或已经完全停顿，到1941年2月，总行约有4个月未印北海币。加之当时战事频繁，军队及地方需求颇多，财政吃紧是肯定的事。为了应急，选择印制五元"大票"也在情理之中。

北海银行总行成立后，于1941年春天在大梨峪建立了印钞厂。我们所知道的山东红五元发现地主要有莱芜和沂水两处，其中多数出于莱芜。这两地当时均属于鲁中区，离红五元的印制地点沂南大梨峪都不是很远。由于山东红五元发行于1941年春天，所以山东红五元很可能是总行印发的第一种

---

① "覃"字为民国电文中的韵目代日，即十三日，"午"为地支代时，即十一至十三点间，"令"指军令部，"一"代表第一厅，"元"即一处，"育"这里代表一科。

北海币。

关于山东红五元印制的大致时间。根据任志明回忆，1941年春节过后，他带领济南来的技工由城子村进驻大梁峪（实为沂南大梨峪——编者注）印钞厂，开始了印钞工作。1941年春节是1月27日，以此推算，红五元当始印于2月，即初春。

关于山东红五元钞版。山东红五元钞版是制版技师赵克勤亲自设计制作的。由于1941年2月就开始印制红五元，钞版的制作要早于这个时间，所以，不排除钞版的制作始于1940年。

带胶东地名或无地名民国二十九年石坊蓝五元券（见图3-26）背图与山东红五元背图几乎相同。除了些小差别外，就是山东红五元背图下方有英文"北海银行"，"石坊五元"没有。可以肯定二者使用的是同一设计制作单位制作的背版。"石坊五元"首发于1941年9月，山东红五元要比"石坊五元"早发行近7个月，加上总行有刻板技师和制版工具，而胶东分行此时期什么都没有，所以我们认为胶东分行使用的是总行雕刻技师雕刻的背版。

山东红五元是总行正式成立后自己印制的第一种北海币，亦是第一种印有山东字样的北海币。总行在北海币上印"山东"二字，意味着总行要逐步统一山东根据地流通货币。加上存世量稀少，山东红五元在北海币中占有重要的地位。

二、六种无地名及一种无年号北海币考证

（一）六种无地名北海币之考证

在洋洋大观的北海币中，除了重建后的胶东北海银行用民国二十七年掖县版印制的部分北海币，一纵供给部自己印制的北海银行二角券，以及总行1948年印制的部分北海币不带地名外，存世实物中，尚有六种不带地名的北海币，分别是：民国二十九年石坊蓝五元，民国二十九年天坛红十元，1941年、1942年蓝色一元，无年号红色山水一元，以及1942年红色山水一元券。所有山水一元券正背图案均一样，系同版所印。这些无地名北海币票面时间段基本分布在1940至1942年间。

由于胶东的北海银行创建最早，为了与之区别，总行筹建时印发的北海币，除供给部自印的北海币外，均印鲁南字样，总行成立后，印制的北海币均印有山东字样。清河分行、冀鲁边分行发行的北海币分别加印清河、冀鲁边字样。在上述时间段内，鲁中区、滨海区、鲁南区使用总行版北海币，渤海分行尚未成立。因此，有理由认为上述那些无地名北海币均为胶东的北海银行印发。

佐证一是，胶东北海银行发行无地名北海币由来已久，自1939年重建时就开始了。

佐证二是，上述无地名北海币除了红山水一元外，均有加盖胶东地名的同版北海币。查总行并未发行过上述同版北海币。虽然民国二十九年石坊蓝五元有加盖清河、冀鲁边字样的，十元天坛有加盖清河字样的，那都是胶东分行代印的。

佐证三是，《胶东区版别发行年月统计表》（山东省档案馆资料，索引号G013-01-0001-004）中有发行石坊五元之记录，始发时间是1941年9月。且1946年11月13日，胶东分行补充9月7号的回收通知中（山东省档案馆资料，索引号G039-01-0045-006）有如此记载："A五元正背均是深蓝色，正面左图石坊树木，民国二十九年印，两端代（带）'繁''荣'字，背面中间楼房。"在回收通知中，所有地名的均标明，此处未说地名，当是无地名石坊五元券。另外，1942年12月11日，省战工会关于查禁伪造北海币的指示中将带"繁"字的蓝色五元定为胶东版。其中对该券图案的描述

与加盖“繁”字的无地名石坊券极为吻合。此三条中的任何一条都足以说明，加盖“繁”“荣”字无地名石坊券为北海银行胶东分行发行。目前已经发现的民国二十九年石坊（俗称蓝牌坊）无地名蓝五元券（以下简称“无地名石坊券”）均加盖单个汉字，分别是“繁”“荣”“春”三字。“繁”“荣”二字显然系同一人书写。而所见的“春”字与“繁”“荣”二字不是一种字体，极不协调。此字显然系模仿民国二十九年石坊蓝五元冀鲁边 “春”字版，但字的态势有倾斜之感。我们认为这类“春”字系伪作。

佐证四是，总行、冀鲁边分行并无发行天坛十元版北海币的记录。而《胶东区版别发行年月统计表》中却有发行天坛十元记录（始发时间实际是 1941 年秋季）。且该系列币上加盖的“发”“展”“农”“村”“经”“济”等字，与陈文其、刘涤生等人的回忆相吻合。更为重要的是，1946 年 11 月 13 日的胶东分行补充 9 月 7 日的回收通知中亦有如下记载：“B 拾元正背均是红版，正面图右面前门，左面图楼，中间大写拾元，两端区别字有胶东，发、展、农、村、经、济，民国二十九年印，背面中间房子，石崩上还有亭子。”这两条中的任何一条都足以证明天坛十元为北海银行胶东分行印发。

佐证五是，查总行、清河分行、冀鲁边分行并未发行过山水一元券，但是《胶东区版别发行年月统计表》中却有发行山水一元之记录。首发时间是 1941 年 6 月。《东海支行 1942 年上半年工作报告》中言及印制过“发展”字一元及“A”字一元券，与目前发现的无地名蓝山水一元上有加盖“发”“展”及冠字 A 相吻合。1946 年 11 月 13 日的胶东分行补充 9 月 7 日的回收通知中有如此描述：“B 壹元正面有红色绿色深蓝色，左面图内有山房子树木，1942 年印。”结合存在 1942 年绿山水一元胶东版，所有山水一元券正背图案均一样，系同版所印，可以认为，所有 1941 年、1942 年蓝山水一元，无年号红山水一元，以及 1942 年红山水一元均为胶东北海银行发行。

（二）无年号红山水及蓝山水一元券发行时间及印制单位考证

目前发现的无年号红山水一元券均无地名，号码前均不带冠字，票面两边要么加盖“繁”字要么加盖“荣”字（这些字虽是为了防假，也相当于冠字）。票面年号是 1941 年的蓝山水一元券格式与此类似，均无地名，号码前没有冠字，且票面两边均加盖单个汉字——目前发现有“发”“展”“农”“村”等字。票面时间是 1942 年的无地名山水一元券则大不同了，流水编码前均有冠字，票面两边均没有加盖单个汉字的。红山水流水编码前均为天干冠字，蓝一元流水编码前为冠字 A。由票面这些特点，我们认为无年号红山水一元的印发时间和 1941 年蓝山水一元券相近。

胶东分行当时只有东海印刷所、北海印刷所两个印刷（印钞厂），其中东海印刷所是主力印刷所。从 1942 年东海印刷所印制北海币成品看（参见中国人民银行金融研究所、中国人民银行山东省分行金融研究所编辑《中国革命根据地北海银行史料》第一册，山东人民出版社 1986 年出版，第 137 页），1 月 7 ~ 18 日印制了“发展”字一元成品 296626 元。3 月 22 日至 6 月底，完成“A”字一元成品 2133503 元。两种一元券合计共 2430129 元。之后，年内未再印制一元券。1943 年至 1945 年间，胶东并未换发新版一元券，其间发行的一元券均为胶东地名绿山水一元券。

存世的蓝色山水一元券仅有 1941 年、1942 年两种年号。票面时间为 1941 年的一元券均无冠字，正面两边加印“发”“展”“农”“村”等单个字；票面时间为 1942 年的一元券均有冠字 A。有理由认为 1942 年及以前，东海印刷所印制的山水一元券正面均为蓝色。其中 1 月 7 日至 18 日印制的“发展”字一元券票面时间是1941年，3月22日至6月底印制的蓝山水一元券票面时间是1942年。也就是说，票面时间是1941年的蓝山水一元券始印于1941年6月，止于次年1月。无年号红山水一元券也可能印发于此期间。

按《胶东区历年发行北海币统计表》，1942年，胶东分行共发行一元券3115000元。扣除东海印刷所印制的2430129元，另外684871元山水一元券必为北海印刷所印制。这些山水一元券肯定包含无地名红山水一元券。理由是山水一元券仅有无地名蓝山水、红山水及胶东地名绿山水三大类，蓝山水属于东海印刷所印制，胶东地名绿山水一元券年号均是1942年，年号为1942年的无地名红一元发行时间不会晚于胶东地名绿山水一元券，不会早于1942年。由此可以认定无地名红山水一元券系北海印刷所印制。两个印刷所用不同的颜色印制同版北海币，可能是这个时期北海银行胶东分行为了识别而有意的安排。因不同颜色的一元券分别流通于不同的区域，这个识别主要是为了反假斗争。

胶东地名绿山水一元券发行较晚的理由如下：自1941年夏季，省战工会确定各大区的北海银行为总行的分行后，到1942年上半年，胶东分行仍沿用老习惯，未在发行的北海币票面上加印胶东地名，下半年才开始出现加印现象，次年则根据战工会发布的《北海银行组织章程》全面加印地名[①]。有据可考的是，民国二十九年天坛加印胶东地名十元券及民国三十年火车胶东区地方本位币十元均券始发于1942年下半年，风船胶东五元始发于1943年9月。

按照胶东北海银行冠字及流水编码的演变规律，同一版式北海币，流水编码前无冠字的发行时间要早于有冠字的（渤海分行发行的北海币有个别例外）。无年号无地名的红山水一元券流水编码前无冠字，而1942年无地名红山水一元券流水编码前有天干冠字，故无年号无地名的红山水一元券发行时间早于1942年无地名红山水一元券。即无年号无地名的红山水一元券发行于1942年或之前。

东海印刷所3月开始将一元券两边加盖单字改为流水编码前加印冠字。同属一家银行的北海印刷所也应进行相应的调整。依据类比法，那些无年号又无地名的红山水一元券系北海印刷所1942年3月或之前印发，1942年无地名红山水天干冠字一元券，系1942年3月以后印发。

《胶东分行一九四一年全年工作总结报告》记载：“北海印刷所于下半年又因环境恶劣停止工作，至十月才恢复工作。”《胶东分行一九四二年一至三月份工作总结》则说：“北海因环境恶劣未工作，只东海印了十元券二百万元。”也就是说，北海印刷所在1941年6～10月和1942年1至3月两个时间段内并未印制北海币，所以无年号无地名的红山水一元券当印发于1941年10～12月间。在所有山水一元券中，无年号红山水一元券印制时间最短，印量最少，所以存世也最少。

由于东海印刷所1942年仅印了“发”“展”字蓝山水一元券，以后未再印两边加字一元券，故目前存世的两边加印单个“农”或“村”字的蓝一元肯定系东海印刷所印制于1941年6至12月间。

三、关于民国二十九年天坛十元、民国三十年胶东地名火车十元始发时间之考订

---

① 1943年6月12日山东省战工会发布了《北海银行组织章程》，第十二条规定：“本币之发行除经指定之分行外，其他分支行及以下之组织不得代理发行事宜，并依战略区为单位注以地名。” 参见中国人民银行金融研究所、中国人民银行山东省分行金融研究所编辑《中国革命根据地北海银行史料》第一册，山东人民出版社1986年出版，第70页。另外，民国三十年火车及许多票面时间为民国三十一年，胶东地名北海币系1943年始发。

目前存世的民国二十九年天坛十元券（以下简称天坛十元），是已发现的十元券中票面时间最早的北海币，民国三十年胶东地名火车十元券（以下简称火车十元）次之，其始发时间会如票面载明的时间吗？答案是否定的。

时任行长陈文其在谈胶东印钞厂时说："大概到一九四一年冬（由于是叙述者的回忆，时间不一定很精确。——编者注），北海印钞厂离开分行和东海厂搬到了乳山县（现海阳县）牙山里。……印钞厂搬到牙山后才开始印发五元、十元券。"也就是说，1941 年秋冬季节，胶东印钞厂才开始印制面额五元、十元的北海币。《胶东区历年发行北海币统计表》也支持这一说法。该表中，1940 年以前栏目里无面额五元以上北海币发行量，1941 年栏目内载明十元券发行量是 3746 千元。

但是，查《胶东分行版别发行年月统计表》却发现，胶东分行 1942 年 4 月才开始发行十元券，该月同时发行了两种版别，分别是火车版与天坛版，此与前述说法有较大差异。胶东分行 1941 年发行十元券，不仅有《胶东区历年发行北海币统计表》中的具体数字作证明，还有时任领导人的佐证，肯定没有错。错的应该就是《胶东分行版别发行年月统计表》。

我们认为发行于 1941 年秋冬季节的十元券就是民国二十九年天坛十元券，民国三十年火车十元始发于 1942 年下半年。两种十元券均系东海印刷所印制。目前尚未发现东海印刷所、北海印刷所 1941 年的具体印钞资料。只能借助两印刷所及胶东分行 1942 年的资料加以考证：

1. 根据《胶东分行一九四二年上半年的工作布置》，上半年安排东海印制印制 100 万元十元券，未安排北海印刷所印制十元券。《东海支行一九四二年上半年工作总结》报告，上半年共印制了"发""展"字十元券 200 万元，"经""济"字 204.5 万元。《东海支行一九四二年工作总结》记载，全年共印制十元券 1882 万元，扣除为其他战略区代印的十元券，供胶东区使用的为 1691 万元。其中天坛"发""展"字十元券 200 万元，"经""济"字 493 万元；天坛胶东地名字母冠字 682 万元；胶东地名火车版 316 万元。无印制五元记录。又据《胶东区历年发行北海币统计表》载，胶东分行 1942 年发行五元券 333.5 万元，十元券 1736 万元。十元券的差额 45 万元如果不是统计有误，则为北海印刷所 1942 年下半年印制。对以上数据综合分析后，明显可以看出，当时胶东分行主要是安排东海印刷所印制十元券，北海印刷所印制五元券。据此可以认为，发行于 1941 年的十元券均为东海印刷所印制。

2.1942 年下半年，天坛十元券由两边加盖单字改为字母冠字并加印胶东地名，此种格式延续至终。结合 1942 年东海印刷所只印了"发""展""经""济"字十元券，以及"发""展"字上半年的印制量，可以进一步确认那些两边加盖"农""村"字以及部分"发""展"字的天坛十元券始发于 1941 年。按陈文其的回忆理解，五元、十元券似乎同时发行。五元券始发于 1941 年 9 月，十元券很可能也始发于 1941 年 9 月。

3.1942 年 7 月，山东根据开始进行第一次排法斗争，宣布北海币为本位币。之前一直认可法币作为主要流通之货币。9 月，胶东区排法斗争获得初步胜利。火车十元券正面下方印有"胶东区地方本位币"字样。仅凭这一条，就可以排除该币始发于 1942 年 4 月的可能。《东海支行一九四二年上半年工作总结》及《东海支行一九四二年工作总结》也支持这一判断。1942 年上半年，北海印刷所未印十元券，东海印刷所未印天坛十元券，下半年才开始印制天坛十元券。

但凡出错，都有其主观因素。《胶东分行版别发行年月统计表》出错的主观因素就是会计或出纳在统计往年数据时马虎大意看错了数字。"统计表"中火车十元和天坛十元二者上下相邻，火车十元年月写作“31 4”，其下方天坛十元的年月则用两点代替。我们已经知道，火车十元的始发时间是民国三十一年，但不可能是 4 月。故正确的月份数必定是与 4 容易混淆的数字。在所有阿拉伯数字中，容易与 4 混淆的只有 9。考虑到火车十元的确发行于下半年，且有可能发行于胶东排法斗争取得胜利以后，所以认定 9 月为火车十元始发月当没有错。天坛十元出错的原因，一是也将 9 误认为 4（两券始发时间仅差一年，原始数据可能系一人所写），二是看到发行早的券种反在发行晚的后面，以为是以前的人搞错了年份，想当然地将二者时间改为一致。也可能就是直接没看清楚，误以为二者时间相同，等等。我们的结论是，火车十元始发于 1942 年 9 月，天坛十元首发于 1941 年 9 月。

顺便说一下，在《胶东分行版别发行年月统计表》中，同面额发行早的券种排在发行晚的券种之后并非孤例。如民国二十七年发行的石庙一元券就排在民国三十年发行的山水一元券之后，民国三十二年发行的高楼十元券，就排在民国三十四年发行的拾苞米十元券之后，民国三十二年发行的树木五十元券就排在民国三十三年发行的火车五十元券之后。

四、北海银行鲁中民国三十二年房子树图景绿色十元辨析

本世纪初在沂南发现两枚鲁中民国三十二年房子树图景绿色十元券（以下简称“绿十元”），后来钱币市场上又出现了一枚，这些绿色十元券与鲁中民国三十二年房子树图景棕色十元券（以下简称“棕色十元”）图案相同。区别是前者正面绿色，无印鉴及流水编码，后者正面为棕色，有印鉴及流水编码。背面完全相同。泉界对此亦有争议，有说是真票，有说是假票，也有模棱两可的。

仔细对比绿十元和棕十元，除绿十元正面底纹比棕十元粗糙些，二者纸质基本相近，图案基本一致，背面完全相同，仅正面局部有些小差别，比如棕十元山顶房子的墙基拐弯处有斜粗线条，绿十元不明显等。这些差别不是由来自不同的钞版导致的，而是印刷过程导致的。总体看，棕色十元正面比绿色十元正面印刷质量要精良些，但二者印刷工艺差别不大。

三枚绿色券均有明显的流通痕迹。其中两枚正面有张贴后揭贴的痕迹（见图 6-9）。很可能是当年为了反假宣传，特意将那些一面印偏色的北海票改作张贴用的票样。张贴的票样后来被人们揭下来使用了。我们倾向于绿十元券系当年的不合格品。

反过来，如果说绿十元是假票，以其印刷水平看，亦当出自日伪之手。奸商及土顽势力伪造技术还达不到这个水平。日伪伪造这种正面颜色不一样，又无印鉴和流水编码的北海币，如果拿到市面，即便是普通人一眼便能识别，怎能使用？那些做伪者再笨也不会笨到如此地步。此说不通。另外，绿十元背面与棕十元背面完全一致，也不支持其系假票之说。

五、北海银行鲁中民国三十三年牛耕地五角券辨伪

由王宣瑞先生主编的《专题集钞》期刊 2002 年第 2 期封底珍品欣赏一栏中，介绍了一枚北海银行民国三十三年鲁中牛耕地图案五角券（见图 8-24，以下简称“牛耕地五角”）。该纸币系某泉商十几年前在徐州购得，后转让他人。北海银行民国三十三年鲁中树房子图案五角券（见图 6-13）已经比较难见到了，如果该票为真品，则必为北海币家族新贵之一。当年见过此币的几位藏家认为该票为真品（部分藏家如今已经改变了看法）。但是我们仔细审视图片后，感觉疑点有六：

（1）总行东迁后，印钞厂留在了鲁中，更名为鲁中印钞厂。故其印制的纸币和民国三十一年北

海币有很多相似的地方，比如元以上面额的纸币，“北海银行”（以下简称“行名”）四字和地名均为同一人书写，书写风格一致（如图）。元以下面额的纸币，行名和地名书写虽与元票明显不同，但是，同一版别纸币的行名和地名仍为同一人书写，书写风格一致。而上述“牛耕地五角券”行名书写与元票行名不一致，但地名“鲁中”二字的书写却与元票一致，有悖于北海银行鲁中分行的常规做法，况且“鲁中”二字大小与票幅明显不协调，此其疑点一也。

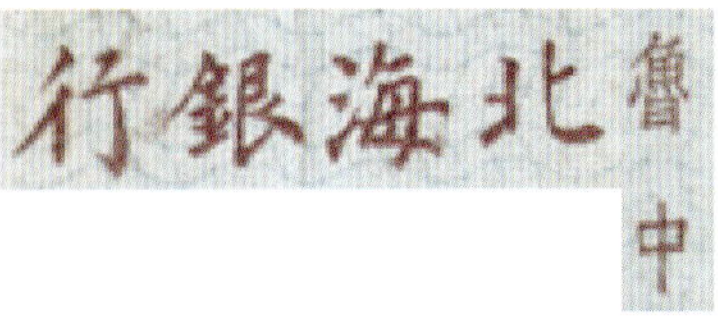

（2）所有的北海币，其行名字幅没有小于地名的，包括鲁中地名北海币，而牛耕地五角券地名却明显大于行名。此其疑点二也。

（3）鲁中分行的纸币在发行量不是很大的情况下，流水编码前仅用字母A做冠字。目前发现的北海银行鲁中分行的纸币，除民国三十二年蓝五元、民国三十三年蓝十元因发行量大有多种冠字外，多数品种的流水编码前都仅用字母A做冠字。从民国三十三年开始，由于战争形势好转，革命根据地迅速扩大，因而导致北海币供需缺口日益扩大，而印钞能力短期无法快速扩张，北海银行不得不加大大面额纸币的发行量，同时大幅度缩减小面额纸币的发行量。所以北海银行民国三十三年鲁中树房子图案五角券当年发行量很少，不足百万元，这就是为什么今天很难见到该券的主要原因。到目前为止，“牛耕地五角券”未再出现第二枚，如果该券为真，说明当年发行量极少。如此少的发行量，怎么可能会出现字母B做冠字？虽然有个时期胶东分行发行的北海币，同面值但不图案的北海币会以不同的冠字分组编号，但是鲁中没有这个情况。比如说，鲁中地名民国三十二年山亭图景红蓝两色五元券，就都是从冠字A开始编号的。此其疑点三。

（4）从构图效果看，基本是采用民国二十九年鲁南地名五角券的图案（见图2-7），只是树景不同。虽然该币正面的树和牛首看不清楚，但是，牛肚皮画得过于平直，体现不出牛肚子浑圆的感觉。人的前腿画得也很别扭，上下比例严重失调。尤其是树景，有两棵树几乎像长在田地里一样，部分树也画得很别扭。此其疑点四也。

（5）民国三十二年山东二角五分券（见图2-31，该券系鲁中分行印钞厂印制）、民国三十三年鲁中树房子图案五角券，均没有加盖印鉴。也就是说，鲁中分行印发的角票是不加盖印鉴的。此为鲁中角票之一大特色，其他分行尚未发现这种现象。这种现象并不难理解。随着物价上涨，从民国三十二年起，北海银行角票已经开始逐步边缘化。鲁中分行印钞厂在印钞任务繁重的情况下，对辅币印制少一道工序，既省时、省力、省墨，又无碍纸币的流通和反假（之前已经有五十元券了，当年五角券已经是鲁中分行发行的最低面额纸币，造假者必不屑为之），何乐而不为。而牛耕地五角券却加盖印鉴，真是画蛇添足。加盖印鉴的颜色也过于鲜艳，与鲁中分行其他票子的印鉴为暗红色相异。左边“经理之章”印文未留边框，不符合鲁中分行印文的式样。这些都算疑点之一吧。

（6）上述牛耕地五角券的流水编码为B0006701，如果该券为真，当为已经发行的纸币，而不会是试样票。鲁中分行发行纸币有一个特点，就是同年同面额的纸币只有一种主图，面额不同主图不同，面额相同，则主图必同。即便民国三十二年鲁中五元券有红、蓝两种颜色，但其主图却相同，何况红、蓝两种颜色五元券并非同年印发。蓝五元券是民国三十三年在红五元票版的基础上，对背版略加修改续印的。民国三十三年鲁中树房子图案五角券确为鲁中分行民国三十三年发行。鲁中分行怎么可能在印钞任务繁重的民国三十三年，自寻烦恼，去发行面额相同主图却不同的两种北海币，何况是已经边缘化了的角票！此为疑点六。

一枚纸币，仅正面就透露出如此之多的疑点，怎么能确认它是真品！仅仅一个疑点，我们可以把它说成是或然事件，二个疑点也可以归咎于偶然因素，但是，如果疑点重重，就说明这枚纸币肯定有问题了。

最近我们获得了鲁中牛耕地五角券的背图。总体感觉印刷粗糙，不符合鲁中印钞厂的印刷工艺水平。英文50分及四角的“5”字基本上是仿造民国二十九年鲁南地名牛耕地五角券背面的写法，但过于生硬和别扭，尤其是英文50分，竟然写成了“FIFTY OENTS”。由于流通中的磨损，目前见到的民国二十九年鲁南地名牛耕地五角券背面“FIFTY CENTS”中的字母“C”，基本都有磨损，仔细辨认才能看出是“C”。仿制者未看清，依葫芦画瓢，竟将背面英文面值中的字母“C”误写作了“O”。这种错误在北海币中还未曾见过。

英文面值是50分，按理四角应该印“50”而不是“5”，而该券四角却印了四个“5”，这是明显的错误。顺便说一句，鲁南地名民国二十九年五角、山东地名民国三十年五角以及清河地名民国31年五角北海币也曾出现过这种错误，但是山东地名北海币自民国三十一年起，所有角票都未再出现这种错误。清河分行之后未再发行角票。其他地名北海币未出现过类似错误。

鲁中牛耕地五角券背图下边的年号“1944”，数字长度由左到右呈阶梯式减小，有点类似于当今人民币的流水编码，这在已知的北海币中绝没有出现过。

为慎重起见，2014年11月29日，编委们在临沂新闻大厦专门对鲁中牛耕地五角券图片进行了探讨，一致认定鲁中牛耕地五角券是臆造品。我们郑重声明，此次鉴定仅仅是就票论票，绝无攻击何个人之意。

鲁中地名北海币出现臆造品并非仅此一例。多年前，我们曾见过一枚鲁中地名二角假票，红色，票纸系用解放前的票纸，印刷质量还是不错的，惜未留照片。今年又见一枚（见图8-23），印刷工艺大不如前面那枚，图案、票纸及票幅也不一样，主图仿山东地名民国三十一年二角券。此票为臆造是显见的。一是鲁中分行民国三十二年档案资料中无此票，二是印刷工艺及纸张与鲁中地名北海币差异较大。此枚假票与“牛耕地五角券”有个共同点，就是均以总行或其前身一纵曾经发行过的北海币为蓝本。鲁中地名北海币图案亦有沿用总行发行的北海币图案，但基本上是原图照搬。“牛耕地五角券”虽也沿用总行前身一纵发行的鲁南地名五角券图案，但对背景进行了较大的改动。

第二节　若干问题探讨

一、1940年初，艾楚南供职于八路军一纵供给部还是八路军山纵供给部

几乎所有的史料在介绍艾楚南时，都言其曾任山纵供给部政委。艾楚南自己在1978年12月的访问录中也说：“1940年1月1日，过津浦路来到山东，我被分配到山东纵队供给部任政委。”仅贾洪回忆说，当时艾楚南任一纵供给部政委。查《山东省志·军事志》及《临沂百年大事记》，一纵成立后，其机关于当年（1939年）10月中旬与山纵机关合并，组成统一的指挥机构，对外宣称一纵，但仍保留山纵番号。供给部属于机关序列，山纵供给部自然要并入一纵供给部。1940年6月，徐向前赴延安，

一纵番号撤销（对外沿用至 1941 年 1 月），山纵的名义随即恢复使用并指挥其所属部队。

1940年初，艾楚南到达山东时，山纵供给部早已并入一纵，所以，艾楚南肯定是供职于一纵供给部，而不是山纵供给部。原一纵组织部长谢有法的回忆也支持我们的观点。造成错位的原因，就是一纵番号撤销后，艾楚南可能又改任山纵供给部政委。艾楚南不是记错了，而是记混了。

二、关于北海总行是否由胶东的北海银行发展而来的探讨

有一种观点认为北海银行总行系由胶东的北海银行发展而来。此观点甚误。

大量史料证明，总行是在战工会财政处所属的北海银行筹建机构的基础上成立的，此机构的前身是一纵的北海银行筹建机构。一纵印发纸币筹建银行有其必然性，而不是受胶东北海银行的启发。（1）当时山东境内除国民党山东省政府发行山东民生银行票筹措经费外，其余大小军政头目多数都在发行钞票筹措经费。山东根据地军政领导应该是看得一清二楚；（2）无论是一纵司令还是山东分局书记，对银行都不陌生，深知银行发行钞票对军队后勤保障的作用。1930 年至 1932 年间，一纵司令徐向前曾先后任过红一军副军长、红四军长，转战鄂豫皖苏区，后率部开辟川陕革命根据地。期间，鄂豫皖省苏维埃银行（原鄂豫皖特区苏维埃银行）、川陕省苏维埃政府工农银行都曾发行过钞票。1936 年 7 月，第四方面军与第二方面军会师后，徐向前任中共中央西北局委员，后率部转战甘肃、宁夏之间。苏维埃国家银行西北分行及由其改组后成立的陕甘宁边区银行发行钞票的事，他应该耳闻目睹。1938 年 4 月，徐向前率第一二九师和第一一五师各一部进入河北省南部，创建冀南抗日根据地。入鲁前，冀南银行已经开始筹建。山东分局书记朱瑞任红一军政治部主任时，曾在陕北参加过东征、西征等战役，苏维埃国家银行西北分行发行钞票的事应有所耳闻。入鲁前，朱瑞任中共北方局组织部部长，应该熟知晋察冀边区银行。

一纵印发北海币、筹建的银行取名北海银行却具有很大的偶然性。当时根据地建立银行，通常是以直接领导银行的那一级政权的行政区名作为银行的名称。山东军政机关筹建的银行，似乎应该叫山东区①银行。但是，山东军政领导清楚，银行从成立到取信于民有个过程。而成立于 1938 年的胶东北海银行，由于地方富庶，有专业人士的参与，运作得较为成功，信用卓著，发行的北海币在群众中有较好的口碑。套用“北海银行”作为一纵筹建中的银行行名，不失为一种快捷途径。正如总行成立初的营业科兼出纳科科长贾洪在《回忆抗战时期的北海银行总行和鲁中分行》一文所说，“还在一九四○年春，八路军第一纵队供给部，即已根据山东分局的指示筹建银行，印发钞票。……在这之前，胶东已成立了北海银行，印发的北海币已有相当信用，因此也就沿用了北海银行的名称。”可见，总行仅仅是套用了胶东的北海银行之名。

总行成立前，胶东的北海银行在胶东独立运作，一纵和后来战工会的银行筹建机构在鲁中独自运作，彼此不相往来。如果说总行是由胶东的北海银行发展而来，那么战工会就应该以胶东的北海银行为基础成立总行，或从胶东的北海银行抽调人员或设备来鲁中区筹建总行，至少应该从那里抽调人员来鲁中指导银行筹建。要做到这些很容易。当年为了建立鲁中根据地，省委曾从胶东等根据地调集武

① 山东区地域涵盖津浦路以东山东大部，河北、江苏两省各一部。

装力量进入鲁中。调几名技术人员或设备来鲁中根本算不上什么，可是一纵或战工会没有这样做，压根儿就是打算自己建立银行。

两者的体制也不同：胶东的北海银行是公私合营的股份制银行，而总行则是纯公营性质的银行。以至于总行成立后，在统一各大区北海银行过程中，北海银行胶东分行、清河分行先后退回私股，改为公营性质。

两者的体制不同，运作模式不同，彼此独立运作，没有任何传承关系，怎么能说总行是由胶东的北海银行发展而来。

三、关于《大众日报》（1940 年 5 月 13 日）刊载北海银行发行的辅币有二十七年度及二十九年度者之探讨

1940 年 5 月 13 日，《大众日报》载："北海银行为我山东抗战军民自营之银行，信用素著。倾为维护法币，稳固流通社会金融，粉碎敌寇'以战养战'之经济侵略阴谋，争取抗战最后胜利，特发行该行壹角、贰角、伍角辅币三种（有民国二十七年及二十九年者）凑足十角即可兑换法币一元。"

1940 年 11 月 22 日，山东省财委会发出了关于发行北海银行辅币的通知："本会为保护法币、稳固金融与粉碎敌寇'以战养战'之经济侵略，争取最后胜利之到来起见，爰拟发行'北海银行'辅币，以资周转而利抗战，其意义之重大，实关整个战略。此'北海银行'之辅币计分壹角、贰角、伍角等三种（计有二十七年度及二十九年度），十足兑换（凑足十角换法币一元）。"

此二者均提到 1940 年北海银行发行的辅币有民国二十七年及二十九年者。任志明在《对北海银行印钞厂的几点补充说明》一文中说："关于一九四〇年五月十三日《大众日报》在报道北海银行发行一角、二角、五角三种辅币时，注明'有二十七年度及二十九年度者'，这是印刷厂有意把时间提前的。银行发行的票子，印刷的时间都比发行时间提前，是一种惯例，记得是辛葭舟同志提意见这样打印的。"

的确，北海银行发行的北海币有许多票面时间比实际发行时间早。但是，一纵供给部或总行是否发行过民国二十七年辅币券值得商榷。理由有二：一是供给部及济南大中印刷局印制北海币的时间都不长。从开始印制北海币，到见诸 1940 年 5 月 13 日的《大众日报》，也就三个月左右。在短短几个月的时间内，在那艰难的环境里，以及制版能力有限的条件下，同时印制两种年号的北海币不合情理，也无必要。二是时至今日也没有发现相关的实物资料。我们认为，前述报道所以称有民国二十七年者，最大的可能是把胶东发行的民国二十七年一角、二角及五角北海币统计在内了。任志明很可能是记混了，只是根据后来有些北海币票面时间有意比实际发行时间提前，而做出如上叙述的。

四、关于几个人名之探讨

北海银行文献资料中多次出现"刁新如""刁如心"、"李维功""李维恭""李维公"、"李纶""李伦"等名字。现摘录如下：

比如上海市新四军历史研究会印刷印钞组和山东省印刷印钞历史研究组合编的《战斗在山东解放区》（1984 年出版）一书载的任子敏关于《抗日战争时期北海银行印钞厂的一些片段回忆》中说："这时，总行、印钞厂都住在沂水万粮庄。印钞厂设在南山上，由李伦任厂长。""当时大中印刷局被动

员去根据地的，现在记得的人有：制版技师赵学诗（1943 年在滨海去世），着色技师张树梓，印刷工李维功、田杰、刁新如。”由殷毅主编的《中国革命根据地印钞造币简史》一书，相关人名同此。估计后者与前者基本是引用同一资料。

而山东金融学会编辑的《北海银行五十周年纪念文集》（1988 年出版）一书载的任子敏相似内容的文章《我在北海银行总行印钞厂的经历》一文中却说：“这时，总行、印钞厂都住在沂水的万粮庄。总行机构扩大了，设了会计、营业、发行几个科。印钞厂设在南山一个小村子里，由李纶任厂长。”“愿意跟我们到根据地去的，记得有制版技师赵学诗（1943 年在滨海病故，后又从济南动员来贾兆民，补上了制版空缺），着色技师张书梓，印刷工李维恭、田杰、刁如心。”

另据战工会主任黎玉在省临参会一届二次大会上的施政报告中说：“其次是吸收了大批的技术人才，如任子敏、赵克勤、李维公、李昆等。”

通过以上内容不难看出，“刁新如”“刁如心”实际上是同一人，“李维功”“李维恭”“李维公”及“李伦”“李纶”等亦各是同一人。由于缺乏其他的史料佐证，孰是孰非今已不好判断。我们只得根据大多数人的习惯，采纳“刁如心”“李维恭”及“李伦”之称谓。

五、关于渤海分行成立时间之探讨

关于渤海分行成立的时间，据《中国革命根据地北海银行史料》一书摘录北海银行总行档案第七十二卷《渤海分行历史情况简介》一文说：“一九四三年夏清河区奉命与冀鲁边区合并，改称渤海区，而我银行亦奉命将两区银行合并改称‘山东北海银行渤海分行’，渤海行署财政处长王泽民同志兼任行长。”《北海银行五十周年纪念文集》中所有当事人均回忆说，清河分行与冀鲁边分行合并为渤海分行的时间是 1943 年清河区与冀鲁边区合并之时或之后。

但是据《山东省志·政权志》载：“1944 年 1 月，中共中央山东分局决定清河区党委与冀鲁边区党委合并，建立中共中央山东分局渤海区委员会（简称渤海区党委）。同时，成立渤海行署和渤海军区。3 月，渤海区党委、行署、军区正式组成。景晓村任区党委书记，王卓如任副书记，杨国夫任军区司令员，龙书金任副司令员，景晓村兼军区政治委员，刘其人代理行署主任兼军区副政委，李人凤任行署副主任。”据《滨州地区志》载：1944 年 1 月 11 日，清河区与冀鲁边区合并为渤海行政区，建立中共渤海区党委和八路军山东渤海军区。2 月，中共山东分局和山东军区任命景晓村任区党委书记兼军区政委。3 月，成立渤海区行政公署，刘其人代理行署主任。此与《渤海分行历史情况简介》一文有较大出入。

此外，我们还注意到渤海工商总局成立于 1943 年 10 月，渤海分行发行的北海币有民国三十二年一元、五元和十元券。能不能依据《渤海分行历史情况简介》一文、渤海工商总局成立的时间以及民国三十二年渤海分行北海币，就认为清河区与冀鲁边区合并于 1943 年夏季？我们认为不能。理由如下：

1. 两个大区的合并不是小事，并非一朝一夕就能筹划完毕。1944 年初进行的合并，其筹备工作启动时间不会迟于 1943 年下半年。由于两大战略区即将合并，故成立于 1943 年 10 月的渤海工商管理总局提前冠以渤海名，以统一领导两大战略区的工商事务。

2. 根据渤海分行 1944 年 5 月 31 日的余额，除了民国三十二年绿色渤海地名和印鉴的纺织十元券印发于 1944 年 6 月以前，其余民国三十二年渤海地名北海币均发行于 1944 年 6 月以后。这并不奇怪，北海币票面时间比实际发行时间早是常有的事。

3. 原北海银行冀鲁边分行行长张耀曾在 1978 年的寻访录中说："一九四三年底冀鲁边区与清河区合并后我到山东分局党校学习，离开了工作岗位。"年底冀鲁边分行行长张耀曾才离开工作岗位去党校学习。年底正是寒冬季节，与总行档案所说的炎热夏季甚为矛盾。按老习惯，人们将春节前的腊月称作年底，1944 年 1 月 25 日是春节，1944 年 1 月 11 日，清河区与冀鲁边区合并为渤海行政区，所以张耀曾离开冀鲁边分行的时间是 1944 年 1 月 11 日以后，25 日之前。同时，张耀曾调走，并不能说明清河分行与冀鲁边分行已经合并了。

4. 1943 年 9 月 23 日的《中共山东分局关于银行工作的决定》给清河分行下达了 1944 年上半年的发行计划。如果清河分行夏季就已和冀鲁边分行合并为渤海分行，山东分局不至于糊涂到 9 月底还给清河分行下达明年的发行计划。

5. 1943 年 10 月 27 日的《群众报》发表了题为 "清河印钞厂开展赵占奎运动"的报道。该报还于 1944 年 1 月 22 日刊载了《清河分行发行本票通告》："本行于去年（一九四三年）十一月十五日，用宣纸印成壹百元本票……"1944 年 2 月 9 日该报还刊载了《清河主署指示二月底停止法币》的告示。由此不难看出，至少到 1944 年 1 月底，清河分行还在运行，到 2 月，清河区行政机构还未更名。这就排除了合并之前先行挂牌运行的可能。

北海银行总行档案和《山东省志·政权志》都具权威性。但是总行关于早期银行的档案多系相关老同志的回忆，难免有瑕疵。如同在总行档案第七十二卷的《中国人民银行鲁中南分行发展史》记载"一九四五年九月滨海分行再次与总行合并"，其实总行离开滨海后，滨海分行并未重建，何来得"再次与总行合并"。

尽管所有当事人的回忆略有不同，清河分行与冀鲁边分行的合并有说在夏天，有说在秋天，有说在冬天，但是，有个共同点，即清河分行与冀鲁边分行合并于清河区与冀鲁边区合并之后。由于清河区与冀鲁边区正式合并为渤海区的时间是 1944 年 3 月，我们认为，清河分行与冀鲁边分行正式合并为渤海分行的时间是 1944 年 3 月之后，很可能是 5 月。渤海分行库存余额表（1944 年 5 月 31 日）中没有冀鲁边区发行的北海币，说明此时渤海分行成立不久，还没有全面接手原冀鲁边区的发行与回收破损北海币工作。至今未发现一份渤海分行 1944 年 5 月以前的文件便是另一个很好的佐证。

总行档案所以会出现如此大的偏差，主要是因为渤海工商管理总局成立时，清河分行奉命将下层机构撤销，原金库干部仍归政府，重建金库，其余干部多充实配备各级工商管理局。估计冀鲁边分行亦如清河分行，将金库移交政府，裁撤了下级机构并入渤海工商管理局，加上印钞厂已经并入清河印钞厂，此时冀鲁边分行已经是仅有领导机构的空架子了，清河分行除了领导班子外，也只剩发行科和印钞厂。到年底，冀鲁边分行行长张耀曾到山东分局党校学习后，冀鲁边分行已经名存实亡。我们认为，清河分行与冀鲁边分行的大部分人员于 1943 年 10 月并入渤海工商管理局，是导致人们误以为两行合并于 1943 年的主因。

另外，由于工商管理局当时领导银行，不排除有这种可能：在渤海工商管理总局成立后，已经合并的印钞厂更名为渤海印钞厂。

六、关于北海币印鉴印文及背面拼读演变之探讨

北海币的背面常常印有由字母拼读的行名及地名。这些行名及地名有时是用英文，有时是用某种音系的音标，为方便起见，我们统称之为行名拼读。北海币的印鉴印文及背面行名拼读写法不是一成不变的，而是呈阶段性的变化。但在一个阶段内，北海币的印鉴印文及背面的行名拼读写法相对固定，总行及清河分行初创时期除外。因此，我们可以借助那些已知发行单位和发行时间的北海币票面信息，总结出不同阶段北海币印鉴印文及背面行名拼读写法的演变规律。把握印鉴印文及背面行名拼读写法的演变规律，有助于我们界定一些北海币的实际印发单位和发行时间段。

（一）胶东北海银行发行的北海币印鉴印文及背面行名拼读演变规律

1938 年三支队在掖县创建的北海银行属于股份制银行。股份制银行设有董事会，尽管掖县的北海银行可能没有成立真正意义上的董事会，但其发行的北海币使用“董事长章”“经理之章”的印鉴组合算是名实相符。

1942 年上半年，北海银行胶东分行发还民股，取消股份制，变更为公营性质的银行。没有了股份制，印鉴印文似应变更。但是，直至 1943 年，印鉴印文并未没有改变。1943 年 6 月，山东省战时工作推行委员会发布了《北海银行组织章程》，其中第三条规定总行设经理一人，第四条规定分行设经理一人。也就是说，该章程规定北海银行总行及分行领导人的职务称经理。根据北海币实物与胶东分行《版别发行年月统计》对比，胶东分行 1943 年 9 月发行的民国三十年风船五元券为此类印文的关门票。10 月，胶东分行发行的民国三十一年轮船五元及高楼十元券率先使用“总经理章”“经理之章”的印文印鉴组合。此种印文组合一直延续到 1947 年。

1945 年，《山东北海银行各级行处组织暂行规定》出笼，该规定第三条为总行设正副行长二至三人，第十一条分行设正副行长各一人。但是，各北海银行发行的北海币印鉴印文并没有立即变更。直至 1947 年的某个时间，胶东分行发行的北海币才全面换用“行长之章”“副行长章”的印文印鉴组合。根据我们对胶东为总行代印且加盖“行长之章”“副行长章”印鉴的北海币研究，这个时间很可能在 4 ~ 6 月间。此种印文印鉴组合延续到当年 8 月印钞发行权统一于总行止。使用该组合印鉴的是山东地名民国三十六年海关五十元及打场二百元券（不含为总行代印的北海币品种）。

掖县北海银行发行的北海币背面行名拼读均写作“BEEI HAI BANK”，这种情况一直延续到 1941 年 6 月之前。1941 年 6 月以后至 1943 年，胶东的北海银行新制版印发的北海币背面基本没有印行名拼读字母，仅 1942 年 9 月发行的胶东地名民国三十年本位币火车十元北海币背面印了行名拼读，但行名拼读已变更为“BO XAI INXANG”。从 1944 年起，胶东分行发行的北海币背面几乎都印“BO XAI INXANG”，并一直延续到 1945 年底，用以前钞版修版后再印的北海币除外。民国三十三年火车十元、民国三十四年水车一元、山野五角券背面未印行名拼读。部分北海币 1945 年 10 月开始印山东地名。从 1946 年起，胶东印制的新版北海币正面全部印山东地名，背面基本换用“BANK OF BAI HAI”行名拼读。1946 年发行的山东地名民国三十二年驴运一元、三十四年锄地十元及绿色烈塔五十元券除外。一元驴运背面行名拼读是“PEHAI BANK OF CHINA”，显然该钞版制作的时候正处于行名拼读的选择期，该钞版当系 1946 年 4 月之前制作。锄地十元的钞版肯定始制于 1945 年底。这两种钞版制作之后所以没有即时印发，缘于当时胶东分行为了赶任务已无暇顾及小额纸币（1946 年十元券已经沦为小额纸币了）的印发，直到北海银行发文收缩大票推行小票，甚至是到禁发二百元以上大票之后，才开始印制这两种小票。绿色烈塔五十元券先是在背面印了“BANK OF SHAN DUNG”行名拼读，之后又用“BANK OF BAI HAI”覆盖。“BANK OF SHAN DUNG”是山东银行之意，错误是明显的，故而改正。

胶东印钞厂曾为清河分行、冀鲁边分行、渤海分行及总行代印过北海币，根据胶东印钞厂为三家分行代印的北海币实物看，其背面行名拼读沿用胶东的拼读习惯。为总行代印的北海币情况稍微复杂，背面有不印行名拼读的，有印胶东式行名拼读的，但是，基本上都在票背面下方印有手写体英文“新民主”“自由中国”。

胶东分行印发的山东地名北海币，许多品种背面印英文山东“SHAN DUNG”。总行印发的北海币背面英文“山东”无此拼法。根据我们对胶东分行 1946 年发行的北海币的观察，除了首发的中花一百元券及调整期制版的驴运一元券外，所有品种背面下方均印“SHAN DUNG”。我们还发现一个现象，凡印有“行长之章”“副行长章”的胶东 1947 年印制的北海币（含为总行代印的北海币），均未印“SHAN DUNG”。这说明 1947 年某个时间，胶东开始停止在北海币背面印制“SHAN DUNG”。根据这一规律，可以认为背面印“BANK OF BAI HAI”字样的那些北海币，有“SHAN DUNG”的首发时间要早于没有的。

（二）一纵、总行及鲁中、鲁南分行发行的北海币印文及背面拼读演变规律

1940 年，一纵供给部自己印制的北海币未加盖印鉴，其余的加盖两枚印文相同的“经理之章”印鉴。总行续印的亦如此。1941 年发行的民国三十年山东地名五角券仍然加盖两枚印文相同的“经理之章”印鉴。当年发行的民国二十九年山东地名五元券、民国三十年山东地名一元券则改为“总经理章”“副经理章”的印鉴组合。10 月发行的民国三十年山东地名五元券印鉴印文变更为“董事长章”“经理之章”组合，这种组合一直延续到 1945 年。其间民国三十一年山东地名绿山景十元券及部分小额纸币未加盖印鉴。

由于 1945 年总行发行的多种北海币仍旧加盖“董事长章”“经理之章”印鉴（如亭子二元、工农兵五十元等），并且那些年号在 1941 年至 1944 年之间加盖“总经理章”“经理之章”印鉴的山东地名北海币，如右山林一百元券等，均已经被证明发行于 1945 年以后，其中有些不是总行发行，如帆船二角、汽车一百元等。由此说明，1941 年 10 月至 1944 年底，总行发行的北海币均加盖“董事长章”“经理之章”印鉴。1945 年的某个时间起，总行发行的北海币换用“总经理章”“经理之章”印鉴。如发行于 1945 年的亭子五元、牛耕五十元券等。

“总经理章”“经理之章”的印鉴组合一直沿用到 1948 年发行的泰山系列图案及牛图等五百元券。之后，总行全面换用“行长之章”“副行长章”的印鉴组合，直至停发北海币。其间，1947 年初撤到山东的华中印钞厂印制的民国三十五年牛耕一百元、打场二百元北海币曾沿用华中纸币的习惯，印“行长之章”“副行长章”印鉴。之后又统一改用“总经理章”“经理之章”印鉴。由于总行印钞厂当时均为石印设备，原华中印钞厂又无石印设备，区别是明显的。

首现玉皇顶五百元假票的反假文件是 1948 年 7 月 28 日，首现无山东地名蓝色泰山五百元券假票通知的时间是 9 月 6 日，首现牛图五百元假票的通知是 10 月 7 日。根据我们对反假文件的研究，北海币从首发到发现假币，再到形成文件，一般需四五个月，快的也要 3 个多月。说明这些小票幅五百元券可能均首发于 1948 年上半年。因此“总经理章”“经理之章”印鉴大约使用到 1948 年上半年。

由于一个阶段内印鉴印文的使用具有相对持续稳定的性质，那些总行 1948 年之前发行且印有“行

长之章”“副行长章”的北海币，必为原华中印钞厂印制或胶东代印。

一纵发行的北海币均为角票，所以票背面均未印行名拼读。1941年总行开始发行一元以上的北海币，并在一元以上面额北海币的背面印“BEEI HAI BANK”，此与掖县版北海币背面行名拼读同。这种情况仅仅延续到1942年（1942年仅五分券背面未印行名拼读字母）。1943年伊始，北海币背面的行名拼读均改为“PEI HAI BANK”，并一直沿用到1946年底，其间少数北海币背面未印行名拼读。这些未印行名拼读的北海币均非当时的大票。民国三十四年左山林一百元、五十元券印发于1947年。1947年至北海币停止发行，北海币背面不再印行名拼读。

我们对总行发行的票子进行了大量的分析对比，凡是能确定为总行印钞厂印制，并发行于1941至1946年之间的大票，背面均印行名拼读。所谓大票是个动态的相对概念，当时一般指行用票中最高面值及其一半以上面值的票子。因此，不同阶段大票所指的面值不同。比如1942年，五元以上的称大票，到了1945年，五十元以上才称作大票。

总行发行的北海币，除民国三十一年二角券背面印“SAN TUNG”（山东）外，其余品种均未印地名拼读。

自1944年总行发行民国三十三年右宝塔五十元起，总行印发的北海币背面常印有手写体英文“新民主”“自由中国”的宣传口号，并一直延续到1946年底。1947年以后这种口号方绝迹。当时一般人都不认识英文，估计此口号主要是为了防伪。渤海地名及胶东地名北海币背面无一印这种口号的。能明确为胶东发行的山东地名北海币，亦无印此口号的。胶东印钞厂印制的山东地名北海币中，少数品种印有该口号。经过我们研究，这些北海币均系为总行代印，首例为民国三十四年轮船火车一百元券。胶东为总行代印的北海币有其特点，要么背面不印行名拼读，要么印胶东使用的行名拼读，而且基本上都印手写体英文“新民主”“自由中国”以示区别，并且这种情况一直延续到1947年。其关门票为民国三十五年蓝色耙地一百元券。

鲁中、鲁南及滨海地名北海币的印鉴印文及背面行名拼读演变规律与总行同。

（三）清河、冀鲁边及渤海分行发行的北海币印鉴印文及背面行名拼读演变规律

1. 清河分行发行的北海币印鉴印文及背面行名拼读演变规律

清河分行成立初期亦是股份制银行，但是其发行的北海币印鉴印文并不都是“董事长章”“经理之章”的组合模式。一角券的印鉴印文为“经理之章”“副经理章”的组合。二角券、五角券、一元券的印鉴印文为“董事长章”“经理之章”的组合。后两种北海币是采用胶东北海银行的钞版印制的，一角、二角券明显是用济南大中印刷制作的钞版印刷的。1941年至1942年，胶东分行为清河分行代印了民国二十九年清河地名石坊五元、天坛十元及民国三十年清河区地方本位币火车十元券，这些北海币的印鉴印文均是“董事长章”“经理之章”的组合。清河分行自己印制的民国三十一年清河地名前门五角券（钞版可能系总行代制）的印鉴印文沿用一角、二角券的“经理之章”“副经理章”，并且这种印鉴印文组合延续到整个1943年。1944年发行的民国三十三年清河地名风船牛耕图十元券的印鉴印文变更为“总经理章”“经理之章”，此币为清河地名关门票。根据胶东分行《胶东分行一九四三年、一九四四年上半年营业报告》，截至1944年6月还在印制该券。总体看，凡是使用总行或总行前身提供钞版印制的北海币多使用“经理之章”“副经理章”印鉴组合，凡使用胶东提供的钞版印制的北海币，或胶东代印的北海币，印鉴印文与胶东同。此现象说明总行和胶东分行在提供钞

版的同时，也提供印鉴。

1942年以前，清河分行发行的北海币除一角、二角及胶东代印的石坊五元券背面未印行名拼读外，其余北海币背面均印“BEEI HAI BANK”。1942年，清河分行印发的民国三十一年五角券背面仍旧延续以前的拼读方法。胶东为其代印的民国二十九年天坛十元背面未印行名拼读，代印的民国三十年火车十元券背面为“BO XAI INXANG”。1943年的情况相对复杂。民国三十二年清河地名锄地五角背面行名拼读为“BEEI HAI BANK”，加印“巩”字十元券的背面是“BO XAI INXANG”，而总行制版印制的民国三十二年清河地名五元券则是采用总行的行名拼读法“PEI HAI BANK”。1944年仅有一种清河地名北海币，且背面未印行名拼读。

2. 冀鲁边分行发行的北海币印鉴印文及背面行名拼读演变规律

由于冀鲁边分行存续的时间短，发行的北海币品种少，故其印鉴印文及背面行名拼读较统一。除了胶东分行代印的北海币印鉴印文为“董事长章”“经理之章”组合外，其余的印鉴印文均为“经理之印”“副经理印”组合。

胶东分行1941年代印的民国二十九年冀鲁边地名石坊五元券背面未印行名拼读，1942年代印的民国三十年冀鲁边地名火车十元券背面行名拼读为“BO XAI INXANG”。1941 ~ 1943年间，冀鲁边行自己印发的北海币背面行名拼读基本上都是“BEIXAI INXANG”，仅1942年牧羊一元券的背面行名拼读是“BANK OF PEI HAI”，这大概是受总行的影响，以此推之，该券很可能印发于1943年。

3. 渤海分行发行的北海币印鉴印文及背面行名拼读演变规律

渤海分行发行的北海币印鉴印文较统一，基本上是“总经理章”“经理之章”的印鉴组合。仅民国三十二年渤海地名风船一元券例外，该券正面印鉴印文为“经理之印”“副经理印”组合。

背面行名拼读有四种形式。除民国三十二年渤海地名风船一元券背面行名拼读为“B. X. INXANG”及少数北海币背面没有印行名拼读外，1944年至1945年底，渤海分行发行的北海币行名拼读均为“BO XAI INXANG”，与胶东分行同时期发行的北海币行名拼读相同。牧羊五元券背面的“BO XAI”是地名拼读，不是行名拼读。由此可以看出，“BO XAI”在当时既能拼为“北海”，也能拼成“渤海”。1946年新发行的民国三十二年驴运一元券背面行名拼读与胶东分行该年发行的山东地名同版北海币同，都是“PEHAI BANK OF CHINA”。1947年发行的民国三十三年渤海锄地二百元券背面行名拼读为“BANK OF BAI HAI”，亦与胶东分行同时期发行的北海币背面行名拼读同。1947年发行的民国三十六年渤海地名农人装收五百元券背面未印行名拼读。

另外，民国三十二年施肥浇地五元券背面下方正中印有“GUINGUE ARGENTENS”（五元之意），其左右分别印有手写体渤海、银行拼读。民国三十二年纺织十元券背面下方左右两旁印有手写体拼读总经理、经理，正中下方印有“DECEM ARGENTENS”（十元之意）。估计这是受钱庄票防伪花押的启发作防伪之用。亦为北海币系列中所独有。

（四）小结

总体看，胶东印发的北海币印鉴印文仅有三种形式，且分布在三个不同的时间段内：“董事长章”“经理之章”印鉴组合使用的时间段是1938 ~ 1943年9月；“总经理章”“经理之章”印鉴组合使用的时间段是1943年10月至1947年初；“行长之章”“副行长章”印鉴组合的使用时间段是1947年至当年8月总行统一印发北海币。背面拼读主要有三种写法，亦分布在三个时间段内：“BEEI

HAI BANK”使用的时间段是1938～1941年6月；1941年6月至1943年，基本未印行名拼读，仅一例背面印“BO XAI INXANG”，这种拼读在之后的1944～1945年间一直使用；1946至印发权收归总行这个时间段票背面主要印“BANK OF BAI HAI”，只有三例例外，且这三例有特殊情况。

1941年10月之前，总行系列北海币的印鉴印文形式较为多样。1941年10月至1945年某个时间，则全面使用“董事长章”“经理之章”的印鉴组合，1945某个时间之后至1948年上半年某个时间，主要使用“总经理章”“经理之章”印鉴组合（1947年曾一度使用“行长之章”“副行长章”印鉴），之后则全面使用“行长之章”“副行长章”印鉴。总行发行的北海币背面行名拼读仅两种形式，分布在两个阶段：1941～1942年，行名拼读为“BEEI HAI BANK”；1943～1946年为“PEI HAI BANK”。1947年至停发北海币，背面均未印行名拼读。另外，总行发行的北海币背面一般不印英文山东。

清河、冀鲁边分行发行的北海币，印鉴印文虽有多种形式，但清河地名北海币的主流印鉴印文是“经理之章”“副经理章”组合，冀鲁边地名北海币的主流印鉴印文是“经理之印”“副经理印”组合。清河地名北海币背面拼读主要随胶东，个别随总行。冀鲁边地名北海币背面主流行名拼读是“BEIXAI INXANG”，代印的除外，另有一个例“BANK OF PEI HAI”。

渤海分行发行的北海币印鉴印文除一例为“经理之印”“副经理印”外，其余均为“总经理章”“经理之章”的组合。背面行名拼读除一例为“B. X. INXANG”外，其余均随同胶东分行。虽然渤海分行发行的北海币背面行名拼读基本与胶东分行一致，但渤海分行发行的北海币，除了胶东代印的部分北海币印山东地名外，自己印制的北海币均带渤海地名，而胶东则不然，1945年10月以后，胶东分行发行的北海币全部换用山东地名。

在集藏活动中，当你看到一枚山东地名北海币，其背面拼读为“BANK OF BAI HAI”，就可以断定该币为胶东印钞厂1946年以后印制。如见到山东地名北海币的背面印有“SHAN DUNG”者，亦可断其为胶东印钞厂印制。如果发现某种北海币背面同时印有“BANK OF BAI HAI”与手写体英文“新民主”“自由中国”，则可断定为胶东印钞厂为总行代印。胶东为渤海代印的山东地名北海币判断起来要困难些，须借助其他条件。

七、几个地名考释

根据《沂水地名志》《沂南县志》，以及我们实地考察询问一些当地人，尤其是询问了当年曾参与总行印钞工作的黄嘉和先生，对一些地名考释如下：

（1）一纵最初印钞地点沂水夏庄艾山。夏庄今名艾山东。查《沂水地名志》，1930年沂水行政区划夏庄称作艾山东，属于第九区艾山社。1936年沂水行政区划仍叫艾山东村，属于第九区塘子乡。1944年沂南行政区划则将艾山东变更为夏庄，属艾山区。估计系1939年12月4日，南沂蒙联防办事处成立，原沂水艾山东村划归南沂蒙联防办事处时更名。1940年3月，南沂蒙联防办事处更名为沂南行署，夏庄归属沂南行署。1944年5月23日，改沂南行署为沂南县政府，夏庄隶属沂南县。1981年4月夏庄复更名为艾山东村。

艾山东村位于艾山东南方，紧靠艾山。艾山海拔407.2米，面积3.5平方公里，位于沂南县西北方的岸堤镇东南部，南邻南山（大众日报社曾驻扎此山中），西靠孟良崮山脉，北有北大山脉，汶河从艾山东边数里处穿过，可谓山清水秀。当时一纵北海币印钞厂就设在艾山南面偏东部的山沟里。

（2）《中国革命根据地北海银行史料》《北海银行五十周年纪念文集》二书中许多地方都提到总行成立后的次年成立印钞厂，但对印钞地名说法不一，如“大劳峪”（贾洪、薛文林、刘惠英、王金甲等回忆如是说）、“大老峪”（任志明说）、“沂水大梁峪”（任子敏说）等。经我们考证和询问黄嘉和先生，无论大劳峪、大梁峪还是大老峪，就是今天的沂南大梨峪，民间称作大涝峪。

据黄先生说，大涝峪之名起于明代，当年此处的和尚们霸占妇女做坏事，官府将他们缉拿后，碍于离沂水县城较远，就地设了两座监狱，大劳狱、二劳狱，地名由此而起，后因“劳狱”二字不吉祥，且地处山谷，改为“涝峪”二字，民国时已更名为大梨峪，因习惯，民间一直沿用大涝峪之称呼。

大梨峪今属沂南县依汶镇，位于沂南县城西北数十公里处，村东北有条栗子沟，村西边是大旺山。与万粮庄、南瓦庄构成三角地带。

按《沂水地名志》，1930 年，大梨峪属于九区艾山社，1936 年，属于九区塘子乡，1944 年大梨峪隶属沂南县常山区。

（3）总行印钞厂滨海常驻地杨家圈。“杨家圈”全名为“北杨家圈”，在当时总行所在地李家宅以北数里处，地图上无标示，原属相邸乡，今属坊前镇，村庄位于莒南县城以东十公里左右，附近山势连绵，龙王河由村东北向西南穿过。1958 年兴修水库，全村搬迁到现在的地方，1960 年水库建成蓄水，原来的北杨家圈如今已沉睡库底。

第十章

益寿临广流通辅币券及胶东各县流通券

第一节　益寿临广流通辅币券

1939年10月，中共清河区委决定撤销广饶县，将临淄县二区、广饶县二区、寿光县五区、益都县铁路以北六、七、八、九区组成益（都）寿（光）临（淄）广（饶）四边县。1940年4月，中共益寿临广四边县委撤销。1942年2月3日，中共益寿临广四边县委、行政办事处重建。同年7月，行政办事处改为四边县抗日民主政府。益寿临广四边县隶属渤海区第五专员公署。1945年8月，益寿临广四边县撤销。许多人认为益寿临广流通辅币券系益寿临广四边县发行，实误。益寿临广流通辅币券初为八路军山东抗日游击第三支队十团发行，北海银行清河分行成立后，改由清河分行发行。发行初期，益寿临广流通辅币券流通范围大致在益寿临广四边县及周边地域，之后流通于整个清河区。1943年开始回收。

一、清河分行成立前的印发情况

1938年4月，中共益都县委建立了鲁东抗日游击队十支队，李云鹤任司令员，5月，该部与李人凤在临淄组织的抗日武装合并。6月16日，中共苏鲁豫皖边区省委决定将山东人民抗日救国军第五军改编为八路军山东抗日游击第三支队，马耀南任司令员。益都的十支队与广饶的九支队等抗日武装改编为第三支队十团，李人凤任团长。12月，抗日游击第三支队改编为八路军山东纵队第三支队。

为筹措军费，活跃乡村商品流通，李人凤指派寇鉴堂以益寿临广四边县名义（实际是十团供给处），通过傅子方与益都县城益济印刷局（私办）经理韩庆荣的亲戚关系，同益济印刷局经理韩庆荣、汲永顺协商，委托该局秘密印制流通辅币券。当时确定印制一角、二角券。因为汲永顺是王伯和的亲姐夫，就把印刷的任务交给了王伯和，由王伯和亲自制版印刷。票版是用“冥币”版拼合制成的，用手工打号机打号。此时益都县城属于敌占区，在城里给八路军印票子，很危险。印了很短时间，汲永顺有些害怕，想不干了。1939 年 1 月间，傅子方利用到益济印刷局联系工作之机，同王伯和商定，寻找时机将印刷机偷运出来，到根据地印制。1939 年 2 月的一个夜晚，拆卸了一部三号脚踏圆盘机（脚蹬子），拿了一令纸和两把裁纸手刀以及部分印刷材料，从益都城里直接偷运到广饶县三区李瞿村。机器安放在一个烤烟房的闲院子里，继续印制一角、二角券，并开始印制五分及五角票（目前尚未发现此时期印制的五角券，其特征是票背面没有“清河续印”四字）。这个闲院子有两间草屋，草屋下边有两间屋大小的潮烟地窨子（地下室），机器就安在地窨子里。草屋后山墙上挖了个洞，洞口是前院子的后夹道，出了洞口就可以到前院的住户家，洞口用高粱秸堵着，平时由这里进出。此时，新增于新法、宁耐安二人，领导人是薛品三。钞版和一些印刷材料由益济印刷局经理韩庆荣代买。为了保密，在李瞿村生产了七八个月，又搬到了一公里外的杨瞿村。

在既无政府又无银行的情况下，为了取得社会承认，票子印好后，交由当地有点名望的商号，加盖印鉴后发行，以担保兑换，保持信用。担保的商号有白兔丘的信昌公司、石佛堂的益兴永、皇城营的德聚公、王官庄的三益成等。开始仅在益寿临广四边县流通，不久就流通到寿光、桓台、长山和邹平等根据地，成为清河抗日根据地的通用货币。

至变更为清河印钞厂前，十团供给处印发的益寿临广流通辅币券有五分、一角、二角、五角四种面额，总计 10 万元，背面均无“清河续印”字样。这些票子大多数做了党政军的经费开支。

目前已经面世的此时期印发的辅币券如下：

五分券（图 10-1）；一角券（图 10-2 ~ 10-5），正面绿色，背面有紫色、绿色等多种颜色；二角券（图 10-6）。

二、清河分行成立后的印发情况

1940 年 5 月，清河专署成立，随即接收了原印制益寿临广辅币流通券的三支队十团印钞厂。8 月，该厂改称北海银行清河印钞厂，厂址仍设在广饶县，开始只有主任商质卿、会计李志让、工人于新法三人，1 台脚踏圆盘铅印机（脚蹬子），印制益寿临广辅币流通券二角、五角券，号码是手揿的。

早在清河专署成立前的三四月间，为了给印钞厂选择新厂址，王国兴（专署成立时的副专员）专程来到临淄县第二区雪宫乡许家庄（今临淄区北羊镇许家村），住在许绍先家里，发现他家楼下有条二三里路长的通道，一直通到村北的淄河崖边。淄河是一条很宽的大沙河。许家楼底下还有一个隐蔽的二开间地下室。加上许庄地处淄河东南岸，地势险要，群众基础很好，就决定把印钞厂搬到这里，并对地下室进行了修建。

1940 年 10 月下旬，印钞厂迁到许家庄，机器安在地下室里。

1941 年 2 月，了解印钞厂的临淄县独立营营长王砚田叛变，10 日晚，清河分行印钞厂转移到博兴县牛家庄。据《中国革命根据地印钞造币简史》载，印钞厂转移的时间是 3 月。时间差可能是采用的历法不同造成的。

1943 年 2 月 26 日，《大众报》载，清河分行于日前发出布告，决定将益寿临广五角辅币（因流行已久，破烂不堪）一律收回。五角券都已破烂不堪，其他券种更不用说了，估计此前已公告收回。益寿临广流通辅币券终于完成了她的使命。

目前已经面世的此时期印发的辅币券如下：

二角券（图 10-7、10-8），五角券（图 10-9）。其与之前印的辅币券显著不同的是背面印有“清河续印”字样。

三、综合探讨

《渤海分行工作报告》（1945 年）载：“一年（一九四一年）中印四县流通辅币（伍角、贰角、壹角、五分）过五十万元，大部分是政府借用了。”《淄博市志》载：“开始只是续印券别为一角、二角、伍角的益寿临广流通辅币。”但是，根据《中国革命根据地印钞造币简史》及《战斗在山东根据地》二书，续印的仅有二角及五角券。由渤海分行 1944 年 5 月库存余额表及目前发现的实物看，《中国革命根据地印钞造币简史》及《战斗在山东根据地》二书说法正确。

目前见到的益寿临广流通辅币券正背图景均相同：正面图景均为教堂；背面中间主图亦为教堂，左边为一中式庙宇，右边可能是与宗教有关的建筑，比如地府之类的建筑等等。这一题材，不仅冥币用，民国时期钱庄票也常常使用，如民国十八年寿光德兴车行三角背图，二十年郓城邑裕兴号二角、巨野同兴帽庄一角正面主图，民国二十四年潍县协增成三角正面主图，民国二十七年阿邑广兴号合记一角正面主图等等。甚至北海银行及国民党地方势力发行的纸币也曾采用此图景。如民国二十九年北海银行山东地名红五元背图、民国三十二年新生合作社系列纸币正面主图就采用了教堂图景。

所有“辅币”券均无年号。正面两边均印“公司款项 一律通用”字样，面额下方加印“主任之章”“课长之章”印鉴；背面上边印券名拼读，左边印流水编码。无“清河续印”字样的五分、一角、二角券背面右边印“五十角兑法币五元”，下边有英文草签。有“清河续印”字样的二角及五角券背面右边印“每十角兑国币壹元”。

由于当时环境恶劣，印钞条件差，颜料、钞纸购进的途径不同，以及经常修补钞版等原因，这些辅币券各种面额多数都存在版别差异。这些差异主要表现在图纹细节、加盖文字字体及颜色等方面。因此，虽然这类券大版别不多，就 6 种，小版别却很丰富。

根据渤海分行五月份余额表及实物，益寿临广流通辅币券共有 6 个品种，分别是五分、一角、二角、背面加印“清河续印”二角、五角、背面加印“清河续印”五角。目前尚未发现不带“续印”二字的五角券。由于清河分行 1943 年就开始回收流通辅币券，故渤海分行五月份余额应当是未发行及已回收的总和。虽说一般情况下，大票到小票的回收率是逐次递减的，但是这个余额表多少能反映出当年的发行比例。由下表我们看出，当年带“清河续印”字样的五角券发行量（金额）最大，其次是带“清河续印”字样的二角券，五分券发行量最小。但换算成枚数，则是不带“清河续印”字样的五角券发行量最小，连五分券的一半都不到，其次是不带“清河续印”字样的二角券，发行量虽远多于不带“清河续印”字样的五角券，但比五分券少很多。这就不难解释为什么至今尚未发现不带“清河续印”字样的五角券，很难见到不带“清河续印”字样的二角券，甚至连很多藏家都认为不存在不带“清河续印”字样的五角券。

渤海分行五月份余额表（1944年5月31日）

科目：四县辅币

户　名	账　页	收　方		付　方	
伍角票	2			26189	50
续印伍角票	4			150503	00
贰角票	6			15590	00
续印贰角票	8			34228	80
壹　角	10			25202	10
伍　分	12			6196	20

注：资料采自于山东省档案馆，索引号G040-01-0001-002。

第二节　胶东各县流通券

1940年10月16日的《大众报》载：“北海专署为着调整金融，取缔伪私钞及调整辅币不足现象，根据北海区参议会议议案，决定发行各县地方流通券计二百九十万元，分为伍角、贰角伍分、贰角、壹角、伍分、叁分、贰分七种。此券以北海银行之公积金为准备金，俟北海银行钞票足敷流通时，即将该券如数收回。”该系列流通券由成立于1939年的蓬（莱）、黄（县）、栖（霞）、福（山）四县印刷所印制。该印刷所并非印钞厂，还印妇女识字课本等印刷品。目前尚未发现五分、三分、二分面额的各县流通券，当时未发行的可能性很大。

1941年7月2日，胶东行政联合办事处召开牟、海、栖、福地方金融调剂委员会会议，会上讨论了调剂地方金融问题。会后文、荣、牟印刷所印制了牟平、海阳、文登、荣城和福山县地方流通券，计有二角、五角两种面额。

8月，文、荣、牟印刷所并入北海银行东海印刷所。该所并入东海印刷所的设备有四部铅印机、一部裁切机，人员有以赛丰元、邢忠信为主的二十余人。9月18日，蓬（莱）、黄（县）、栖（霞）、福（山）四县印刷所在栖霞曹高家村遭日军突袭，一名炊事员牺牲，一台小石印机的部分零件被劫去。此时印刷所有两三台小石印机，一台老虎嘴铅印机。是年底，印刷所划归北海银行，北海银行印刷的由李友琴、郝世德、汪精华等接收。接管各流通券印刷厂后，由东海印钞厂及北海印钞厂继续分别印制各县流通券，并分别由东海支行及北海支行发行。

为了使根据地内货币逐渐走上统一，胶东分行在1942上半年的工作布置中曾要求停止发行各县流通券，增加印制北海币辅币。但是这个措施并未得到贯彻执行。直到1943年，胶东区仍在继续印发各县流通券。

据《东海支行一九四二年上半年工作总结》，1942年上半年，东海支行发行流通券316950元。这些流通券是东海印刷所本年上半年印制的海阳五角流通券成品88950元，以及上年库存文登流通券6万元、荣成流通券10.8万元、海阳流通券6万元。据《东海支行一九四二年工作总结》，海阳五角流通券的发行量仍旧为88950元，说明下半年东海支行未再发行。又据《北海支行一九四二年一至九月份工作报告》，上半年北海区共发行流通券10.65万元，其中黄县2.25万元，栖霞5.4万元，福山

3 万元。

目前已知北海区的栖霞、黄县、蓬莱民主政权发行了一角、二角、二角五分、五角流通券，福山县民主政权只发行了五角流通券，东海区的文登、荣城、海阳、牟平四县民主政权发行了二角、五角流通券。合计已发现 27 种流通券。各流通券的发行是以各县财政收入作为发行准备金。

北海区各县发行的流通券一角、二角、二角五分券图案一致。一角券正面主图均为山前房屋图景，背面是石桥教堂图景；二角券正面均为亭阁图景，背面为花符；二角五分券均为天坛图景，背面是山崖房屋。五角券图案稍不一致：蓬莱、黄县以及栖霞民国二十九年五角券正面图案均为房屋，背面是花符；栖霞民国三十年及福山五角券正面均为山崖房屋图景，背面是天坛图景。北海区各县发行的流通券图案均一致。二角券正面均为牌坊图景，背面为布币图景；五角券正面为牛耕图景，背面是农人割稻图景。总体看，胶东各县发行的流通券以古建筑为多，只有极少数是农活图景。

胶东各县民主政权发行的流通券印鉴加盖有固定格式，均为领导印鉴配纸币管理单位印鉴。领导印鉴为左右并列的两颗小印鉴，左边是“副主任章”，右边是“主任之章”。管理单位印鉴为大印鉴，印文为“×× 地方流通券总管理处印”或“×× 地方流通券管理委员会”。其中东海区各县发行的流通券大多数加盖“×× 地方流通券总管理处印”印鉴，仅发现文登县民国三十年五角券加盖“文登地方流通券管理委员会”；北海区所属各县发行的流通券大多数加盖“×× 地方流通券管理委员会”印鉴，仅发现栖霞县民国三十年五角、福山县民国三十年五角加盖“×× 地方流通券总管理处印”印鉴。民国二十九年各县流通券并未出现一个地方发行的流通券加盖两种流通券管理单位印鉴，所以当时东海区所属各县应是由县“地方流通券总管理处”管理流通券，北海区所属各县应是由县“地方流通券管理委员会”管理流通券。1941 年，北海银行接管了地方流通券的印发，才出现了管理单位印鉴混盖的现象。

《山东革命根据地货币史》一书将掖县地方流通券和招远地方流通券定为民主政府发行，我们认为不妥。目前发现的所有掖县地方流通券正面均加盖“董事长章”“经理之章”印鉴，背面加印号码，招远县地方流通券正面加盖“主任委员书章”“副主任委员章”，无一加盖管理单位的大印鉴。这不符合胶东各县地方流通券的用印规制。“两县”地方流通券部分无年号，部分印民国二十九年。掖县和招远先是同属于北海区，1941 年 4 月以后又同属于西海区。按理说这两县地方流通券各面额图案应该与北海区各县地方流通相同面额的一致，至少这两个县相同面额的图案应一致。对比存世实物，没有一枚图案一致，这有悖于胶东各县地方流通券的风格。不仅如此，北海银行东海印钞厂、北海印钞厂接管各流通券印刷厂后，继续印制各县流通券，唯独没印此二县流通券。“两县”地方流通券肯定不是民主政权发行，很可能是国民党掖县政府及招远县政府发行的。

1945 年 8 月 1 日省政委会发布通令：“过去各地北海银行及工商管理局所发行之本票与流通券等，应立即停止在市面流通，并限期由各发行机关负责兑回。”但是，由于辅币缺乏及北海币不敷流通，胶东各县流通券并未立即停止流通。1945 年 9 月 16 日，胶东分行发布启事：“胶东区各县所发行之地方流通券，仍作本币辅币继续流行市面，并不马上收回。”

1945 年，胶东共收回二角五分券 13396 元。1946 年 9 月之前，胶东分行开始陆续回收胶东各县流通券，但对外不声明。11 月 13 日，胶东分行决定，胶东各县地方流通券，不分面额及新旧一律收回。至此，胶东各县流通券终于完成了她的使命。

胶东区地方流通券发行统计表

年度＼种类	五角	二角五分	二角	一角	基金存款	合计
1939						601013
1940						
1941	404738				601013	684738
1942	478450		280000			478450
1943	83000	290000		127000		500000
合计	966188	290000	280000	127000	601013	2264201

胶东区地方流通券版别统计表

地名＼票面年份＼面额		一角	二角	二角五分	五角	版别统计
北海区	蓬莱	三十年棕、蓝两色	三十年	二十九年	二十九年	5
	黄县	三十年	三十年	二十九年、三十年	二十九年	5
	栖霞	三十年棕、蓝两色	三十年	二十九年、三十年	二十九年、三十年	7
	福山				三十年	1
东海区	文登		三十年		三十年红、蓝券名	3
	荣成		三十年		三十年	2
	海阳		三十年		三十年	2
	牟平		三十年		三十年	2
种类合计		5	7	5	10	27

注：此表系编委根据存世实物资料编制。年份为民国纪年。如，“二十九年”即民国二十九年。“棕、蓝两色”是指票正面主图有棕色及蓝色两种。“红、蓝券名”是指票面名称有红、蓝两种颜色。

第三节　北海银行印制的华东野战军军用流通券

1947 年 1 月 23 日，根据中央军委命令，山东军区与华中军区合并，成立华东军区；山东野战军与华中野战军在临沂前河湾村合并，成立华东野战军。华东军区由陈毅任司令员，饶漱石任政治委员，张云逸任副司令员，黎玉任副政治委员，陈士榘任参谋长，舒同任政治部主任，辖胶东、鲁中、渤海、鲁南、苏中、苏北 6 个军区和滨海军分区及东江纵队等，共 30 万人。华东野战军由陈毅任司令员兼政治委员和前委书记，粟裕任副司令员，谭震林任副政治委员，陈士榘任参谋长，唐亮任政治部主任，辖第 1、2、3、4、6、7、8、9、10、11（留苏中）、12（留苏中）共 11 个步兵纵队、一个特种兵纵队（3 月 18 日组建）和东江纵队，总兵力 27.58 万人。

1949 年 1 月 15 日，中央军委决定各野战军改为按序数排列，华东野战军改称第三野战军（简称三野）。2 月 9 日，实施统一整编。陈毅任司令员兼政治委员，粟裕任副司令员兼第二副政治委员。

山东钱币博物馆藏有华东野战军军用流通券二百元及五百元券票样，均为双字轨 6 位数号码。其中二百元票样的冠字均为 AA，五百元票样的冠字有 AZ、BZ 两种。我们认为这两种面额的流通券及票样系北海银行印制。理由有二：一山东钱币博物馆藏品的数量分布有个特点，即外大区的纸币或票样各品种数量都极其有限，唯独北海银行印制的票样多数品种有一定的数量，而该馆藏的两种面额的华东野战军军用流通券票样亦有一定的数量；二据 1948 年 9 月的北海银行渤海分行工作总检查载，“六月间工厂（渤海印钞厂）南移，曾将所印之二百元军用票计 633 箱全部交分行接收保存。”箱分大小两种，大箱每箱装五包，小箱装四包。共 2699 包，每包 1 万张，合计金额 54.98 亿元。由此断定，北海银行曾经印制过华东野战军军用流通券二百元及五百元券。目前存世的华东野战军军用流通券五十元、一百元券不是北海银行印制，系冀南银行第三印钞厂印制。

10-1

面　　额：	五分　　　★★★★	**票　　幅：**	110×63mm
票面时间：	——	**主　　色：**	枣红 / 蓝
发行时间：	1939 年	**印钞单位：**	三支队十团
发行单位：	八路军三支十团	**收 藏 者：**	编委

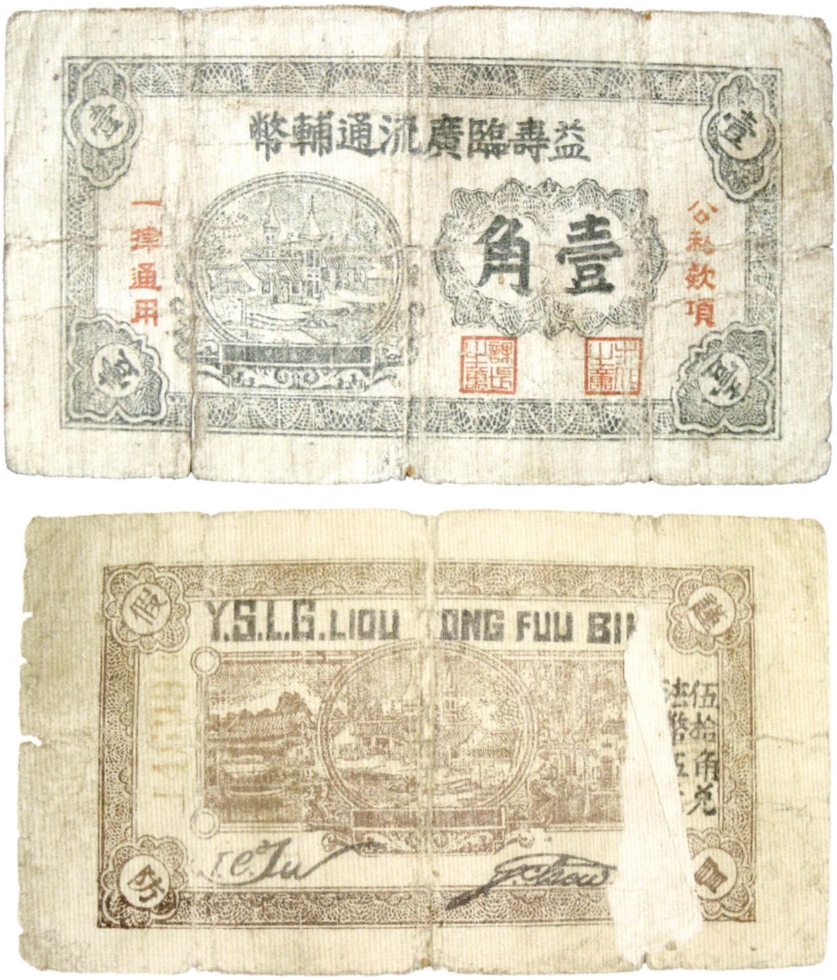

10-2

面　　额：	壹角　　★★★	票　　幅：	112×63mm
票面时间：	——	主　　色：	绿 / 棕
发行时间：	1938 年底	印钞单位：	同益济印刷局
发行单位：	八路军三支十团	收 藏 者：	淄博陈旭

10-3

面　　额： 壹角　★★★	**票　　幅：** 112×63mm
票面时间： ——	**主　　色：** 绿 / 棕
发行时间： 1938 年底	**印钞单位：** 同益济印刷局
发行单位： 八路军三支十团	**收 藏 者：** 博兴张海港

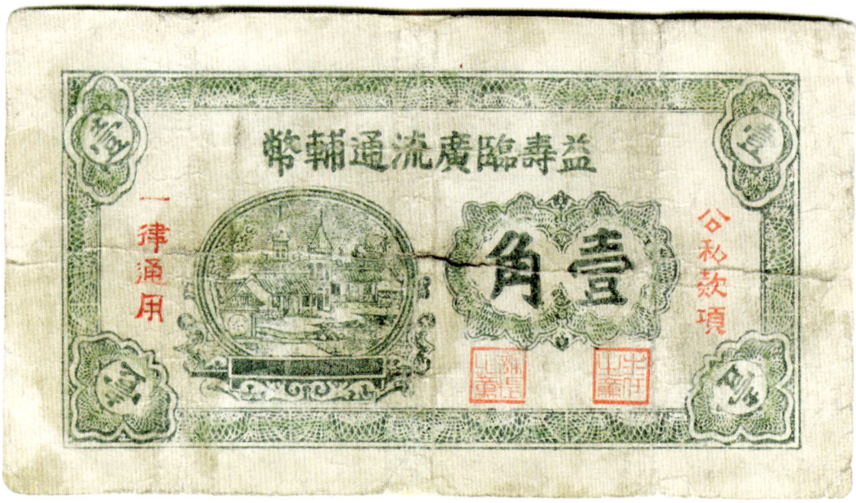

10-4

面　　额： 壹角　　★★★

票　　幅： 111×62mm

票面时间： ——

主　　色： 绿 / 绿

发行时间： 1938 年底

印钞单位： 同益济印刷局

发行单位： 八路军三支十团

收 藏 者： 编委

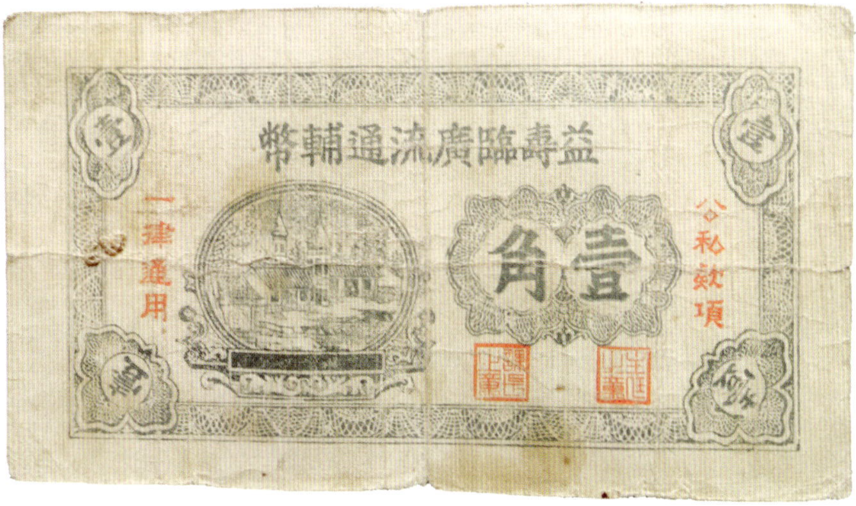

10−5

面　　额： 壹角	★★★	**票　　幅：**	111×62mm
票面时间： ——		**主　　色：**	绿 / 棕绿
发行时间： 1938 年底		**印钞单位：**	同益济印刷局
发行单位： 八路军三支十团		**收 藏 者：**	博兴张海港

10-6

面　　额：贰角　　　★★★★

票　　幅：——

票面时间：——

主　　色：——

发行时间：1938 年底

印钞单位：同益济印刷局

发行单位：八路军三支十团

资料来源：《中国历代货币大系》

10-7

面　　额：贰角　　★★★

票面时间：——

发行时间：1940 年

发行单位：清河分行

备　　注：背印“清河续印”

票　　幅：104×62mm

主　　色：绿 / 紫

印钞单位：清河印钞厂

收 藏 者：淄博陈旭

10-8

面　　额：	贰角　　　★★★	**票　　幅：**	104×62mm
票面时间：	——	**主　　色：**	绿 / 紫
发行时间：	1940 年	**印钞单位：**	清河印钞厂
发行单位：	清河分行	**收 藏 者：**	博兴张海港
备　　注：	背印“清河续印”		

10－9

面　　额： 伍角	★★★	**票　　幅：**	100×58mm
票面时间： 无		**主　　色：**	蓝 / 绿
发行时间： 1940 年		**印钞单位：**	清河印钞厂
发行单位： 清河分行		**收 藏 者：**	编委
备　　注： 背印“清河续印”			

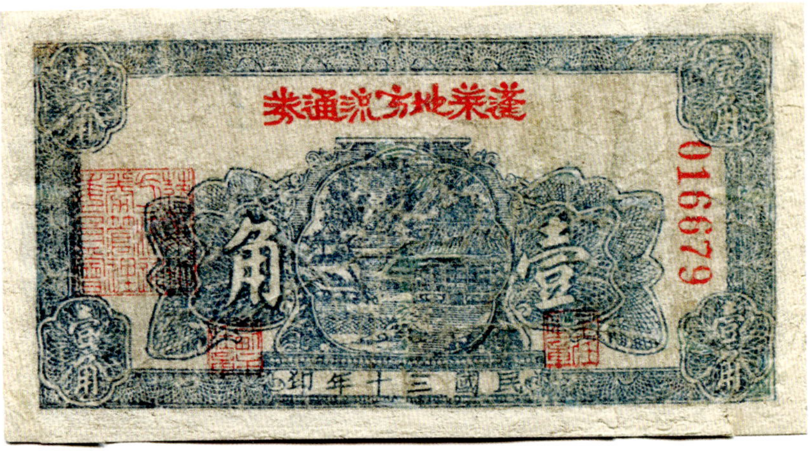

10−10

面　　额：	壹角　★★★★	**票　　幅：**	108×58mm
票面时间：	民国三十年	**主　　色：**	蓝 / 棕
发行时间：	1941 年	**印钞单位：**	四县印刷所
发行单位：	蓬莱民主政权	**收 藏 者：**	编委

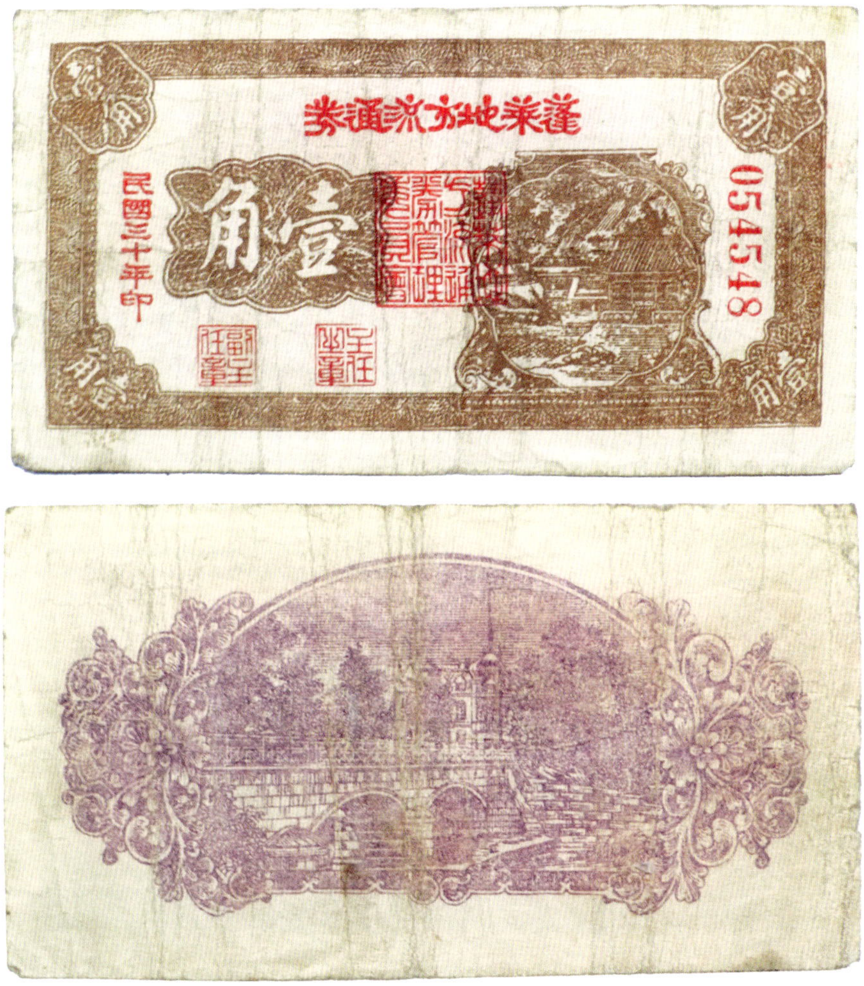

10-11

面　　额：	壹角　　★★	**票　　幅：**	106×56mm
票面时间：	民国三十年	**主　　色：**	棕 / 紫
发行时间：	1941 年	**印钞单位：**	四县印刷所
发行单位：	蓬莱民主政权	**收 藏 者：**	烟台张勇

10-12

面　　额：贰角　　★★★　　**票　　幅：**112×69mm

票面时间：民国三十年　　**主　　色：**蓝 / 绿

发行时间：1941 年　　**印钞单位：**四县印刷所

发行单位：蓬莱民主政权　　**收 藏 者：**烟台张勇

10－13

面　　额：	贰角伍分　　★★	**票　　幅：**	106×60mm
票面时间：	民国二十九年	**主　　色：**	黑褐 / 绿
发行时间：	1940 年	**印钞单位：**	四县印刷所
发行单位：	蓬莱民主政权	**收 藏 者：**	编委

10-14

面　　额： 伍角　★★★

票面时间： 民国二十九年

发行时间： 1940 年

发行单位： 蓬莱民主政权

票　　幅： 124×68mm

主　　色： 蓝 / 棕

印钞单位： 四县印刷所

收 藏 者： 编委

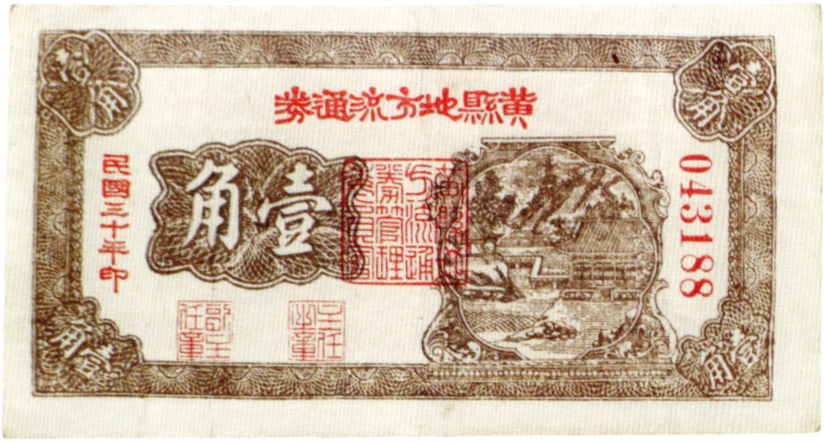

10-15

面　　额：壹角　★★

票　　幅：110×59mm

票面时间：民国三十年

主　　色：棕 / 橘红

发行时间：1941 年

印钞单位：四县印刷所

发行单位：黄县民主政权

收 藏 者：烟台张勇

10–16

面　　额：贰角　　★★★

票面时间：民国三十年

发行时间：1941 年

发行单位：黄县民主政权

票　　幅：112×60mm

主　　色：蓝 / 棕

印钞单位：四县印刷所

收 藏 者：烟台张勇

10-17

面　　额：贰角伍分　　★★　　**票　　幅：**110×60mm

票面时间：民国二十九年　　**主　　色：**棕灰 / 棕绿

发行时间：1940 年　　**印钞单位：**四县印刷所

发行单位：黄县民主政权　　**收 藏 者：**编委

10-18

面　　额：	贰角伍分　★★★★	**票　　幅：**	110×60mm
票面时间：	民国三十年	**主　　色：**	棕灰 / 棕
发行时间：	1941 年	**印钞单位：**	四县印刷所
发行单位：	黄县民主政权	**收 藏 者：**	烟台张勇

10-19

面　　额： 伍角	★★★	**票　　幅：** 122×68mm	
票面时间： 民国二十九年		**主　　色：** 蓝 / 绿	
发行时间： 1940 年		**印钞单位：** 四县印刷所	
发行单位： 黄县民主政权		**收 藏 者：** 北京崔维	

10–20

面　　额：壹角　★★★★

票　　幅：108×58mm

票面时间：民国三十年

主　　色：蓝 / 绿

发行时间：1941 年

印钞单位：四县印刷所

发行单位：栖霞民主政权

收 藏 者：编委

10-21

面　　额：	壹角　　★★	**票　　幅：**	108×58mm
票面时间：	民国三十年	**主　　色：**	棕 / 绿
发行时间：	1941 年	**印钞单位：**	四县印刷所
发行单位：	栖霞民主政权	**收 藏 者：**	编委

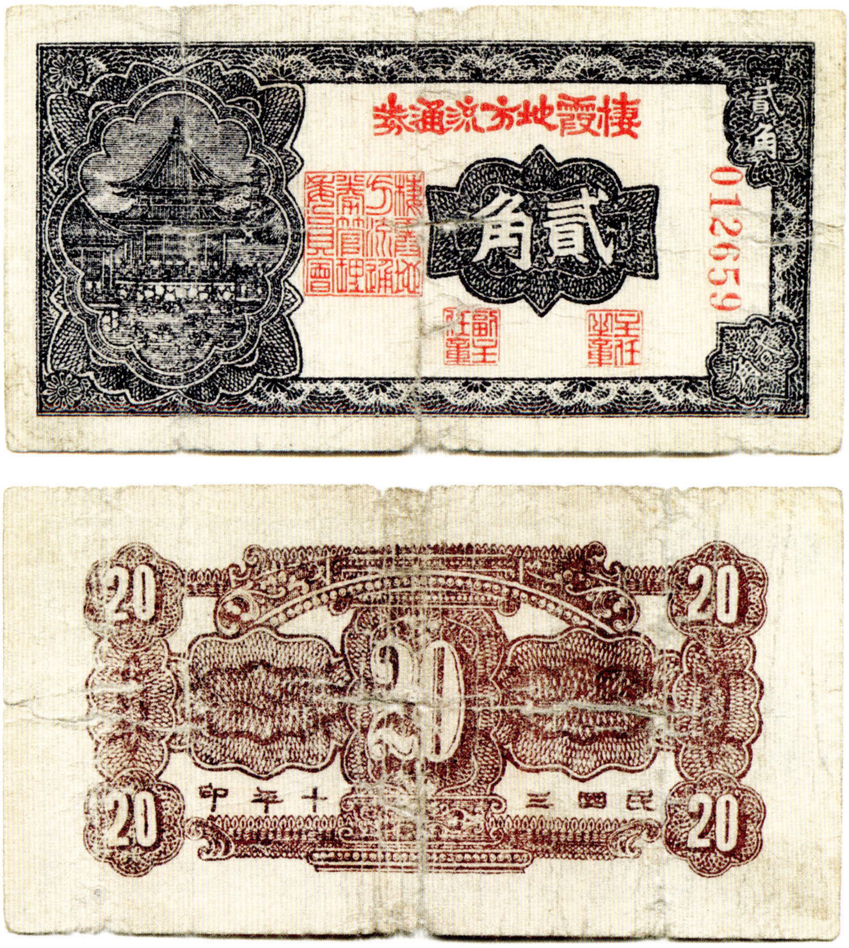

10−22

面　　额： 贰角　　　　★★

票面时间： 民国三十年

发行时间： 1941 年

发行单位： 栖霞民主政权

票　　幅： 112 × 59mm

主　　色： 蓝 / 棕

印钞单位： 四县印刷所

收 藏 者： 编委

10−23

面　　额：贰角伍分　　★★　　票　　幅：108 × 58mm

票面时间：民国二十九年　　主　　色：棕 / 红棕

发行时间：1940 年　　印钞单位：四县印刷所

发行单位：栖霞民主政权　　收 藏 者：编委

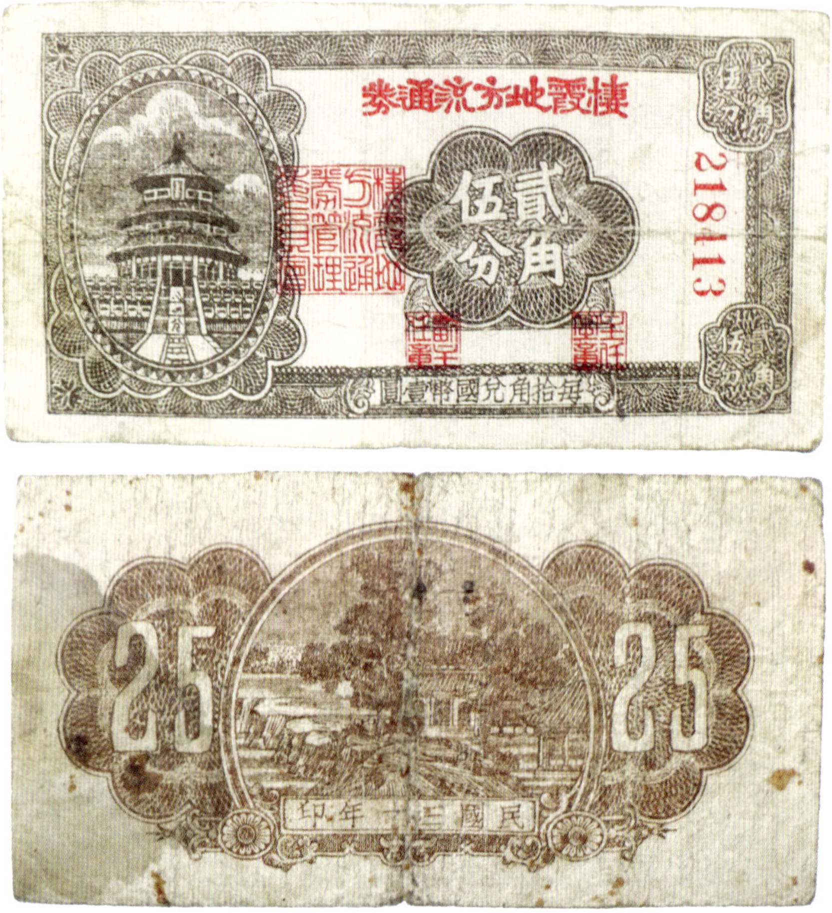

10-24

面　　额：贰角伍分　　★★　　票　　幅：108×58mm

票面时间：民国三十年　　主　　色：棕绿 / 棕

发行时间：1941 年　　印钞单位：四县印刷所

发行单位：栖霞民主政权　　收 藏 者：烟台张勇

10-25

面　　额：伍角　　★★★

票　　幅：124×68mm

票面时间：民国二十九年

主　　色：蓝 / 紫

发行时间：1940 年

印钞单位：四县印刷所

发行单位：栖霞民主政权

收 藏 者：编委

10－26

面　　额：	伍角　　　　★★★	**票　　幅：**	124×68mm
票面时间：	民国三十年	**主　　色：**	蓝／绿
发行时间：	1941 年	**印钞单位：**	四县印刷所
发行单位：	栖霞民主政权	**收 藏 者：**	编委

10-27

面　　额：	伍角　　★★★	**票　　幅：**	122×65mm
票面时间：	民国三十年	**主　　色：**	蓝 / 绿
发行时间：	1941 年	**印钞单位：**	四县印刷所
发行单位：	福山民主政权	**收 藏 者：**	编委

10-28

面　　额： 贰角　　★★

票面时间： 民国三十年

发行时间： 1941 年

发行单位： 文登民主政权

票　　幅： 118×64mm

主　　色： 紫 / 紫

印钞单位： 三县印刷所

收 藏 者： 编委

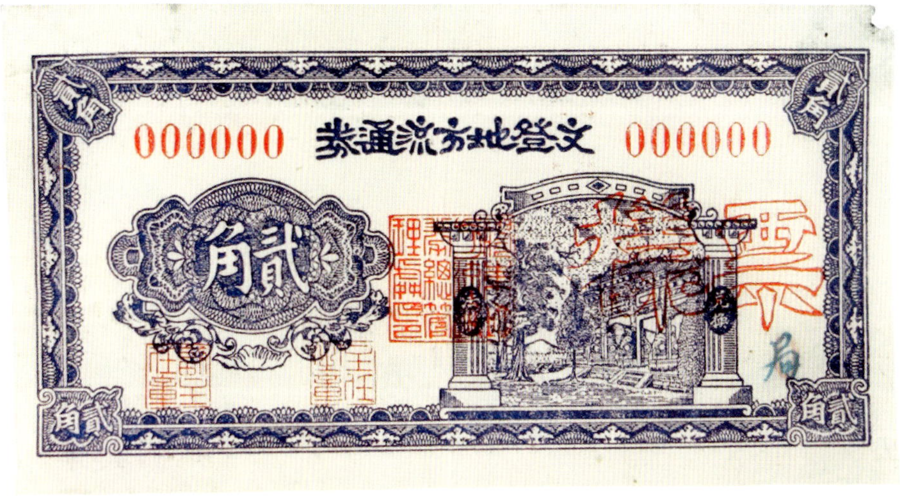

10-29

面　　额：贰角	**票　　幅：**118×64mm
票面时间：民国三十年	**主　　色：**紫 / 紫
发行时间：1941 年	**印钞单位：**三县印刷所
发行单位：文登民主政权	**收 藏 者：**南京王锡平
备　　注：票样	

10-30

面　　额：伍角　　★★★　　票　　幅：125×70mm
票面时间：民国三十年　　主　　色：蓝 / 棕
发行时间：1941 年　　印钞单位：三县印刷所
发行单位：文登民主政权　　收 藏 者：编委
备　　注：红券名

10-31

面　　额：伍角　　**票　　幅：**125×70mm

票面时间：民国三十年　　**主　　色：**蓝 / 棕

发行时间：1941 年　　**印钞单位：**三县印刷所

发行单位：文登民主政权　　**收 藏 者：**南京王锡平

备　　注：票样

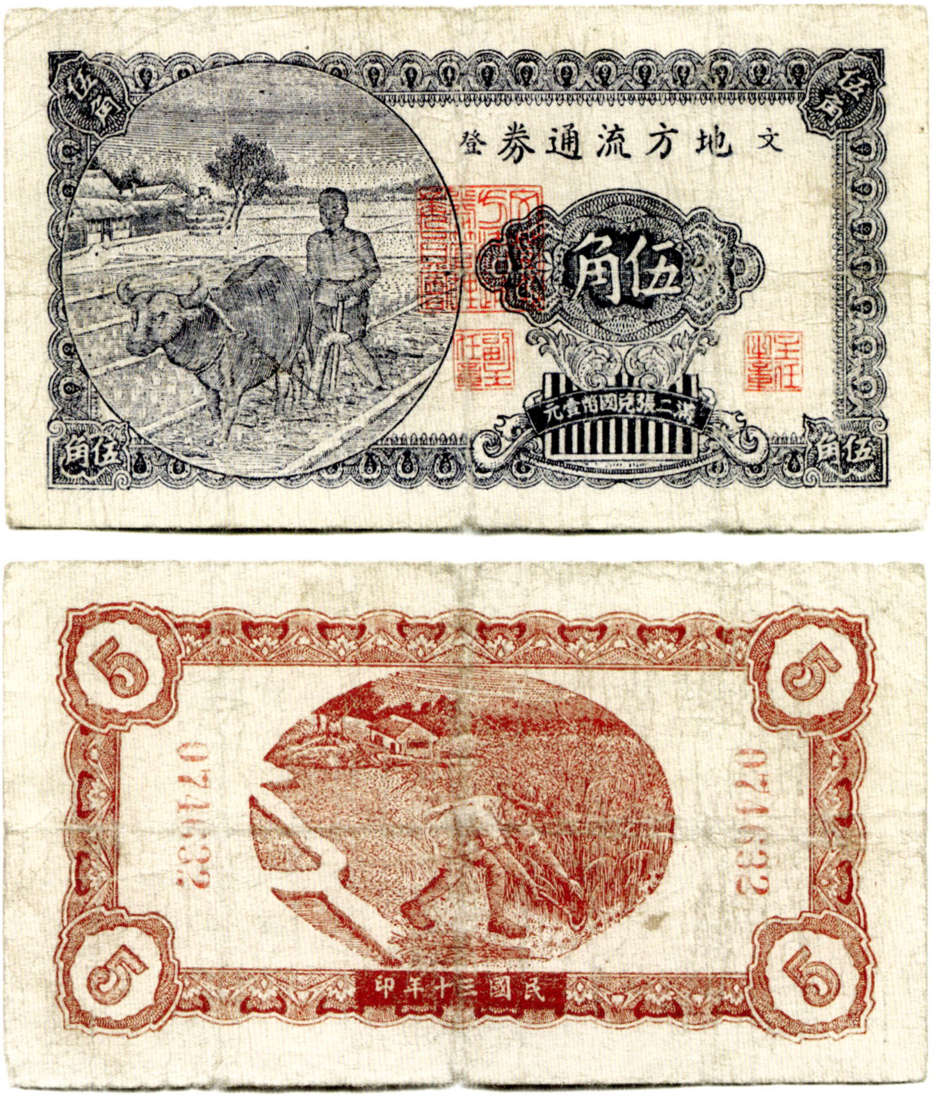

10-32

面　　额：伍角　　★★★

票　　幅：125×70mm

票面时间：民国三十年

主　　色：蓝 / 棕

发行时间：1941 年

印钞单位：三县印刷所

发行单位：文登民主政权

收 藏 者：编委

备　　注：蓝券名

10－33

面　　额：	贰角　　　★★	**票　　幅：**	118×64mm
票面时间：	民国三十年	**主　　色：**	蓝 / 蓝
发行时间：	1941 年	**印钞单位：**	三县印刷所
发行单位：	荣成民主政权	**收 藏 者：**	编委

10-34

面　　额：伍角　★★

票　　幅：124×68mm

票面时间：民国三十年

主　　色：墨绿 / 蓝

发行时间：1941 年

印钞单位：三县印刷所

发行单位：荣成民主政权

收 藏 者：编委

10-35

面　　额： 贰角　　★★	**票　　幅：** 118×64mm
票面时间： 民国三十年	**主　　色：** 蓝 / 褐
发行时间： 1941 年	**印钞单位：** 三县印刷所
发行单位： 海阳民主政权	**收 藏 者：** 编委

10-36

面　　额：贰角

票面时间：民国三十年

发行时间：1941 年

发行单位：海阳民主政权

备　　注：票样

票　　幅：118×64mm

主　　色：蓝 / 褐

印钞单位：三县印刷所

收 藏 者：南京王锡平

10-37

面　　额：伍角　★★★　票　　幅：123×68mm

票面时间：民国三十年　主　　色：绿 / 蓝

发行时间：1941 年　印钞单位：三县印刷所

发行单位：海阳民主政权　收 藏 者：编委

10-38

面　　额：	贰角　　★★	**票　　幅：**	118×64mm
票面时间：	民国三十年	**主　　色：**	蓝 / 绿
发行时间：	1941 年	**印钞单位：**	三县印刷所
发行单位：	牟平民主政权	**收 藏 者：**	编委

10-39

面　　额：伍角　　★★

票　　幅：123×68mm

票面时间：民国三十年

主　　色：红 / 棕

发行时间：1941 年

印钞单位：三县印刷所

发行单位：牟平民主政权

收 藏 者：编委

10-40

面　　额：伍角
票　　幅：123×68mm
票面时间：民国三十年
主　　色：红 / 棕
发行时间：1941 年
印钞单位：三县印刷所
发行单位：牟平民主政权
收 藏 者：南京王锡平
备　　注：票样

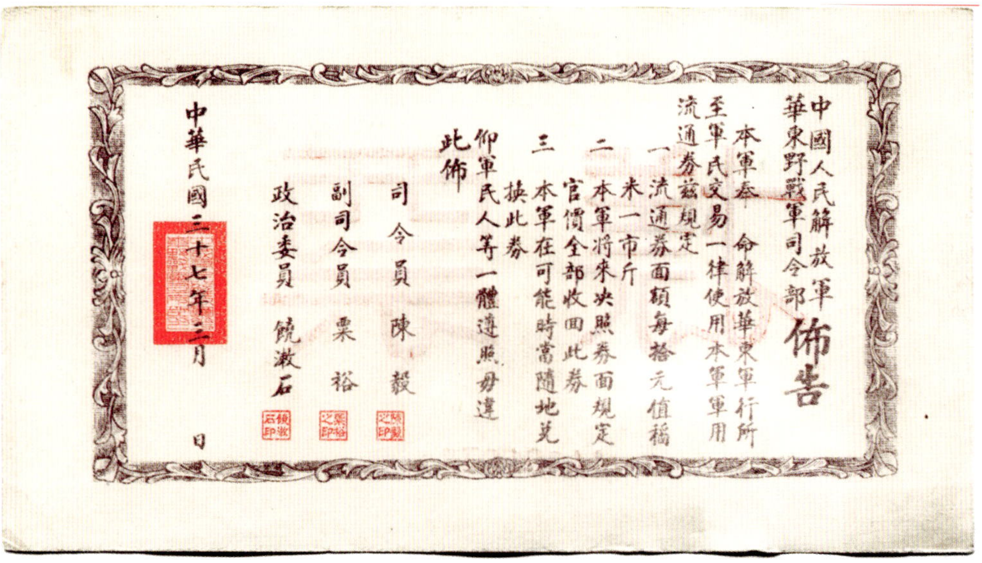

10-41

面　　额： 贰佰圆	**票　　幅：** 132×72mm
票面时间： 民国三十七年	**主　　色：** 绿 / 紫
发行时间： 未发行	**印制单位：** 总行渤海印钞厂
发行单位： 华东野战军	**收 藏 者：** 编委

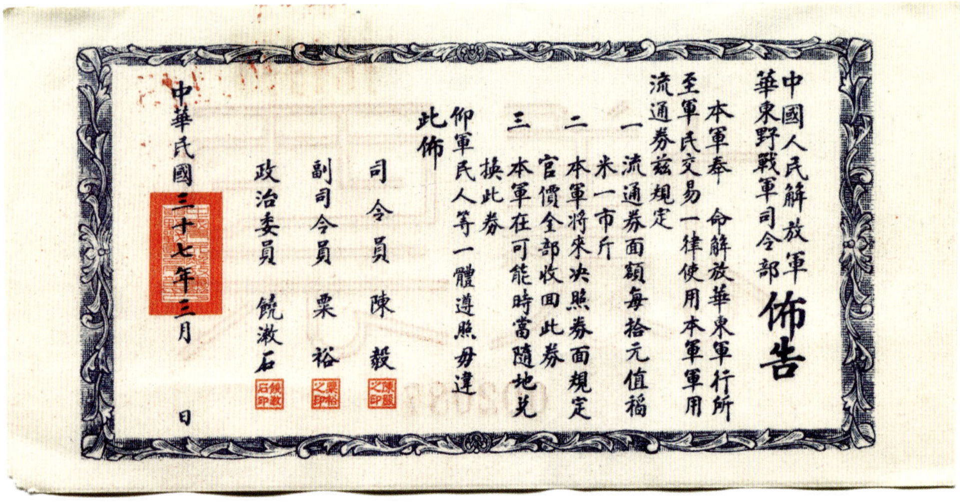

10-42

面　　额：伍佰圆

票面时间：民国三十七年

发行时间：未发行

发行单位：华东野战军

备　　注：票样

票　　幅：126×64mm

主　　色：蓝/蓝

印制单位：总行某印钞厂

收 藏 者：编委

第十一章

工商局系统发行的临时货币

所以撰写此章，并将工商管理局系统发行的纸币纳入《北海银行货币大系》中，一是因为自山东根据地的工商管理局成立后，就被赋予了领导货币斗争、制定货币政策、管理货币、调控本币币值、外汇管理、汇兑以及工商贷款等职责，一段时期，各大战略区的北海银行分行与支行要么并入工商管理局，要么与工商管理局一致行动，接受同级工商管理局的领导，研究山东根据地金融史，研究北海银行历史，就不得不研究当时工商管理局的历史；二是工商管理局系统发行的纸币，以北海币为本位，主要是作为北海币的补充。

第一节　抗战时期的工商管理局

一、工商管理局的成立

由于日伪疯狂向根据地进攻，遍设据点，不断蚕食和封锁山东抗日根据地，以及第一次排法斗争的失败，1943 年上半年，山东抗日形势可以算得上是黎明前的黑暗，根据地经济面临着严峻考验。为了尽快从困境中走出去，有必要组建一支强有力的机关统一领导根据地经济建设和协调金融事业。

1943 年 7 月，中共山东分局决定在政权系统设立工商管理机构，统一领导对敌经济斗争和根据地经济管理工作。8 月 12 日至 9 月 8 日，山东省临时参议会一届二次参议员大会先后在莒南县坊前村和日照县桑庄召开。大会通过了《山东省战时施政纲领》，决定将山东省战时工作推行委员会改称山东省战时行政委员会（简称省政委会）, 选举黎玉等 11 人为省政委会委员，黎玉任主任委员。9 月 8 日宣誓就职。省政委会下设民政处、财政处、教育处、战时高级审判处、公安处、工商管理处。黎玉兼任工商管理处处长。9 月 10 日，中共中央山东分局决定，各战略区一律设立工商局，区党委具体指导，派 1 名委员参加。同时要求各级党委派得力干部参加工商管理工作，要了解情况，掌握政策，灵活运用各种斗争方法，争取对敌经济斗争的胜利。15 日，滨海专署以贸税局为基础，合并了纺织局、盐务署，率先组建了工商管理局。30日，省政委会指示，建立工商管理局，统一领导各地区的经济斗争，工商管理局的中心工作是货币斗争、贸易管理、生产建设，三者互相配合，以期加强对敌经济斗争，保障军民生活，克服困难，坚持抗战。省政委会决定各级工商管理局加强党的领导，设监察委员，其职责是：协助行政工作，掌握政策，教育干部。10月，山东省临时参议会通过了《山东省各级工商管理局组织条例》，省政委会制定了《山东省工商管理暂行规程》。此后，鲁中、渤海、鲁南、胶东亦依次建立了工商管理局。各工商管理局成立时，均吸收合并了所在地部队和机关的商店。在工商管理局的领导下，1944年，山东根据地排法斗争取得全面胜利。

1945年8月，省工商管理处改组为山东省政府实业厅。1946年1月22日，山东省政府决定撤销鲁中、鲁南、滨海工商管理局，合并成立山东省工商管理总局，隶属实业厅。

二、工商管理局的主要职责

不同时期、不同区域的工商管理局职责略有不同。

抗战时期，省工商管理处的职责有八项：负责对敌经济斗争的领导，负责手工业生产及渔盐矿产业的管理，负责抗日根据地出入的贸易统制及物资管理，负责外汇管理、商业行政市场管理，负责合作事业的指导推动，负责公营事业管理，负责进出口税、盐税、所得税、营业税的征收与缉私稽查等。

从现有的史料中，我们发现省工商管理处不仅领导对敌经济斗争，还领导货币斗争，掌握货币政策，领导北海银行。如1943年9月20日，省工商管理处发出的《对于鲁南货币贸易的工作指示》中，就规定鲁南年内计划发行北海币五百万元，将来发至一千万元，并决定鲁南的北海银行与工商管理局完全合并等。在《给胶东管理局的指示信》中也谈到本币发行问题。1945年7月6日，山东省工商工作会议决定实施北海币的统一流通，该会议还就货币政策、贸易政策、税收政策等做出决定，8月1日，山东省政委会通令北海币统一流通。再如后面提到的山东省政府工字第一号令，内中下达了各地本币发行量。从这一系列的例子当中，可以看出当时重大的货币政策都是由工商部门做出，然后实施。

滨海工商管理局的主要职责是：统一领导货币斗争、生产建设、合作事业，实行贸易统制、掌握货币政策和金融，调控币值、物价，负责外汇管理、税收、缉私稽查、商业行政、市场管理、统筹物质、金银收购、工商贷款、公营商店经营等。

鲁中区工商管理局的职责除了类似于滨海区工商管理局外，一段时期还兼有管理北海币发行等工作。目前尚未查到其他大区工商管理局的职责，这些区工商管理局的职责应当类似于滨海区工商管理局。其中，由于北海银行渤海分行、鲁南支行一段时期曾经并入该区工商管理局，这段时期，这两个区的工商管理局肯定也同时兼有管理北海币发行等职责。

工商管理局不仅在经济领域发挥着主导作用，在金融领域亦扮演着重要角色。不仅制定各项经济、金融政策，还直接参与各种经营。按现在的话说，既当裁判员又当运动员。根据地正是有了这样一个权力集中的强力机构统一领导货币斗争、经济斗争，才使得根据地货币斗争取得了胜利，经济在短时间内迅速崛起，为山东抗战的胜利打下了坚实的基础。虽然就长期看，由权力集中的强力机构领导经济，不利于市场公平竞争，不利于经济健康发展，有许多弊端。但是，在抗战的特殊环境下，为了快速发展经济和保障军事供给，集中权力，实行一元化领导不失为一个良策。

北海银行相当于山东根据地的“中央银行”，不仅管理山东根据地的金融事业、发行北海币、开展货币斗争、代理金库，还经理存贷款、汇兑等其他业务。山东根据地成立工商管理局后，大部分银行业务划归工商管理局（1946年以后，这些业务才陆续回归银行），北海银行发行的北海币一半以上拨给工商管理局。为了便于工商管理局领导同级北海银行，一段时间内，多数银行分、支行要么与工商管理局一起行动，要么并入工商管理局。如北海银行鲁中分行的一大部分、鲁南分行、渤海分行曾经并入该区的工商管理局，胶东分行的各支行与工商管理局一致行动。其间，银行行长多兼任同级工商管理局副局长。鲁中区特别，由工商管理局局长兼北海银行鲁中分行行长，原行长调任副行长。工商管理局正是通过这种组织形式领导北海银行的。胶东区的陈文其，在任北海银行胶东分行行长七年后，于1946年12月2日升任胶东区工商管理局局长，之后，由此转任北海银行总行副行长、行长。自工商管理部门成立至1946年，北海币的发行额度及用途，基本上由工商管理部门掌握，北海银行仅仅从事北海币的印制、发行和少量农业贷款等业务，机构和业务范围急剧收缩。

总之，工商管理局不仅领导经济斗争、货币斗争，一段时间还是北海银行的领导者。

三、工商管理局的机构序列

关于工商管理局的机构序列，《山东省志·政权志》《山东省志·工商行政管理志》《北海银行史料》的记载各互有出入。按《山东省志·政权志》，省政委会领导期间，即1943年9月至1945年8月，省政委会下设工商管理处，各行署、直属专署的工作部门设工商管理局，各专署、相当专署的行署及行政联合办事处设工商管理分局，县政府设工商管理局。按《山东省志·工商行政管理志》，省政委会下设工商管理处，各行署、直属专署设工商管理总局，各专署、相当专署的行署及行政联合办事处设工商管理分局，县设工商管理局。区别是行署、直属专署工商管理局的设置。综合各种史料分析，《山东省志·工商行政管理志》所言正确。当时山东根据地工商管理局的机构序列是：省工商管理处→大区行署工商管理总局→专署或相当专署的行署工商管理分局→县级工商管理局。

应当指出的是，县设工商管理局，是依据1943年9月山东省临时参议会通过的《修正山东省县政府组织条例》。限于当时的斗争环境，抗战时期并未完全实现一县一局的设置。那个时期，多数县城被日伪占领，民主政权只是占据县城之外的一部分区域，因此，民主政权往往是在其控制的二至三个县的毗邻区域设置一个县级工商管理局管理该区域的工商事务。

关于各级工商管理局的机构设置，根据1943年12月30日的《山东省财经会议关于工商工作决议》，分局和县级局机构设置如下：

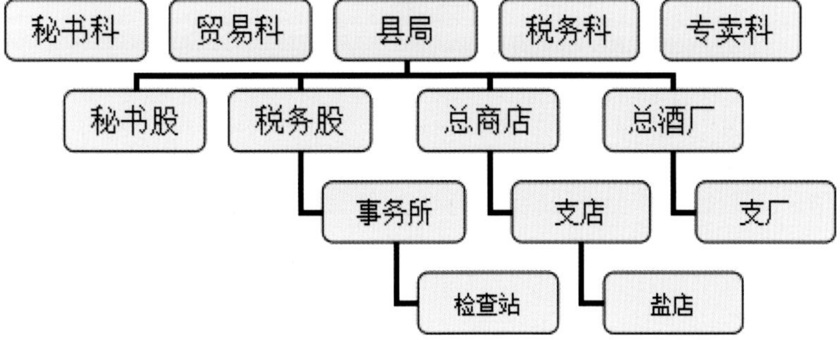

但是，据《临沭县志》载："（莒沭）支局配局长政委各一人。内设人事、税务、办事、警察四个股，并配备一个警卫连。各股配股长、干事、办事员数人。支局驻地设总商店，各重要集镇或交通要道上设分店和事务所、检查站。总商店和分店经营商业。除收购布匹、食盐、油料、硝以外，还通过地下工作者和进步商人到敌占区收购一些急需的中西药材、枪支、弹药、服装等，供给根据地部队使用。事务所和检查站负责税收和市场管理。"莒沭支局是县级局，其机构设置与《山东省财经会议关于工商工作决议》中的县局机构设置差别较大。可能是省财经会议后，各地并没有如此执行，也可能系后来改动所致。

总体来看，各县级局均下设一个公营商店总店、多个事务所和检查站。公营商店总店一般设在工商管理局驻地，总店下设数个分店，分店下设若干公营商店。公营商店网点遍布整个根据地，尤其是在各交通要口上都设有公营商店。抗战后期，北海银行总行才配备一个警卫连，直到解放战争时期才增加到一个警卫营，而一个县级工商管理局竟也配备一个警卫连。由此可见，当时根据地是何等重视工商管理工作。

根据上述组织结构图，以及 1946 年 1 月 22 日的工商管理局各级机构组织与分工看，分局一级不设公营商店。

第二节　各大战略区工商管理局体系发行临时货币状况

1944 至 1945 年，是山东根据地由敌后战场转入主动向敌人进攻的一年，伴随着根据地地盘的迅速扩大，北海币流通领域也迅速扩大。同时，为了支持战争，地方财政支出远超财政收入，产生巨大亏空，急需发行北海币弥补财政赤字，北海币一时不敷流通。在这特殊时期，工商管理局系统发行了期票、流通券，作为北海币（山东革命根据地的本位币）的补充或北海币的辅币参与流通，签发的支票、汇票、汇兑券等票据一度也曾在市场上流通，充当了货币。为了便于分类叙述，本文将那些以流通为目的而发行且能在指定范围内正常流通的各种票据称作临时货币，除此之外，参与流通的票据统称准临时货币。

工商管理局系统临时货币及准临时货币的发行，主要是通过公营商店①、直接投资、工商贷款等来实现的。自山东民主政权设置工商管理局后，辖区内的公营商店均划归工商管理局领导。公营商店是工商管理局的一个重要对外窗口，担负着输入输出物资、调剂外汇、为军队采购军需物资，兼有具体调控物价及收买金银等重任，在货币斗争中起着重要的作用。各公营商店同时是北海银行的代办所，负责兑换破旧本币，进行反假票斗争，肩负着北海币及工商管理局纸币的投放与回收任务。由于公营商店网点遍布整个根据地，其对货币的投放与回笼具有得天独厚的优势。

目前仅知山东根据地滨海区、鲁中区工商管理局系统发行过临时货币。各战略区工商管理局可能都签发过汇兑券、支票等准临时货币。渤海工商管理局还曾签发过属于准临时货币范畴的"本币汇票"。

---

① 1940 年，由于日伪实行经济封锁，根据地采购供应十分困难。为了粉碎敌人的经济封锁，军队和政府财贸部门组织贸易机构创建商店。

就滨海区而言，见诸史料的有滨海同泰商店发行的临时期票，见诸实物资料的有滨北工商管理局临时流通券、莒沭商店流通票和赣海商店纸币。就鲁中区而言，仅见鲁中区工商管理总局公营商店代办流通券。渤海区工商管理局系统签发的支票、“本币汇票”史料有记载但没有实物发现报道。目前尚没有发现胶东区、鲁南区工商管理局系统发行临时货币、准临时货币的史料和实物资料。下面分别介绍和探讨各种临时货币、准临时货币的发行与回收情况。

一、滨海工商管理局系统发行的临时货币

（一）抗战时期滨海区工商管理局机构序列及主要负责人

1943 年 9 月至 1945 年 4 月滨海专区升为行政区前，专区设滨海区工商管理总局，总局长石英，监察委员周纯全。总局辖滨北分局和莒沭、日赣、海赣、临郯、莒南五个县级局。滨北分局局长王寅东，副局长胡铁生，监委张戟；日赣局局长韩文一，副局长步筱峰，监委倪天铎；海赣局代局长张鹤村，副局长李夺元，监委郭士毅；莒沭局局长申友鸿；临郯局局长詹道吉，监委高立明；莒南分局局长王中农，监委黎元哲。其中日赣、海赣、莒沭、临郯既非县的建制，也不是行政体。1940 年 3 月之前，曾经有过中共临郯县委，但没有建立相应的行政机构，与此临郯无任何关系。1945 年 3 月，滨海区设置过海赣工委和海赣办事处，辖赣榆南部墩尚、朝阳和海陵东部临洪、七里沟一带地区，当年 8 月撤销。此海赣与彼海赣涵盖地域虽相当，但意义不同。

滨海专区升为行政区后，滨海区工商管理总局更名为滨海工商管理局，辖一、二、三分局，后增设日照县局，沂山分局 。总局长石英（兼），副局长孙立基，监委周贤。

（二）滨海工商管理局体系发行的临时货币

1. 滨海同泰商店临时期票

滨海同泰商店是公营商店，隶属滨海工商管理总局，1945 年前后，更名为滨海商店。参考莒南县志，滨海同泰商店的前身，很可能就是莒南县委 1940 年 2 月在钱家仕沟设立的泰吉号商店。

1944 年，是滨海区乃至全山东革命根据地由防御转向主动进攻的一年。7 月下旬，滨海区发动胶诸边攻势，攻克日伪据点 38 处，炮楼 300 余座，光复国土百余平方华里，打通了滨海与胶东两区的联系。11 月，又沿莒临公路长达 140 里的战线上发动战役攻势，连连取胜，使得滨海与鲁中根据地乃至山东主要山区完全连成一片。1943 年，滨海区根据地仅占据 34154 平方华里，到了 1945 年，根据地已经扩大到 53604 平方华里。随着战事不断取得胜利，解放区迅速扩大，新解放的地方急需大量的北海币占领市场，而北海银行总行（当时北海银行滨海分行已并入总行）印钞厂短期内提高印钞能力有限，一时无法提供足够的北海币供市场流通。正如薛暮桥在前述“全省工商工作会议上”所说，“从一九四四年一月到一九四五年一月，本币的发行数量增加了三、四倍，所以仍感不够流通，还需增加发行量。”按测算，当时根据地至少人均五十元始能满足流通需求，而实际人均仅四十元，缺口尚大。如何解决这个问题，薛暮桥没有讲。从当年北海币的发行情况可以看出，是通过同时加大大额北海币的发行量来增加货币的供给。即使如此，还是无法满足市场急剧膨胀的需求。而北海币最高面值又不能提得过快，否则，会导致人们对通胀产生强烈的预期，进而可能引起严重的通胀。鉴于此，滨海工商管理总局旗下的滨海同泰商店发行一百、二百、五百元三种大面值定额临时期票流通于滨海各地，以期缓解因北海币缺乏而造成的市面流通之不足。从实际情况看，滨海同泰商店大面值定额临时期票

发行后，信誉较好，肩负起了流通任务，一定程度上缓解了市面流通不足的问题，算是比较成功的。

所谓期票，就是由债务人签发，载有一定金额，承诺在约定的期限由发票人无条件地将所载金额支付给债权人的信用凭证。期票与货币有本质的区别，一般不能也不允许参与流通。但是，滨海同泰商店此次发行的大面值定额临时期票，目的就是为了流通，其实质是以期票之名行货币之实，因此，是真正意义上的临时货币。当时北海币是山东根据地的本位币，所以“期票”的面值元，是以北海币元为计值单位。

按规定，滨海同泰商店期票的流通范围应当仅限于滨海区。由于期票都是大面额的，主要用于商人的大额支付，而商人常常会跨区域经营，部分期票会随着商人的跨区域经营而流通到其他战略区。

我们没有见到滨海同泰商店发行临时期票的公告，因此无法确定期票的具体发行时间，只能通过局势变化，结合山东根据地往往是秋冬贸易繁荣，货币需求量大的特点，大体上判断期票发行于1944年7月下旬以后，很可能是11月前后。因为，处于滨海中心地位的莒南，每年11至12月（农历10至11月）举行大型商贸活动——山会。山会规模大，上市物资多，货币流通量大。

期票因面值大，防伪措施不如北海币，行用一段时间后，市面发现大量假期票，因此，已经更名为滨海商店的滨海同泰商店，于1945年5月7日在《大众日报》上刊登启事，决定停止期票流通并收回期票。启事全文如下：

滨海商店启事

径启者：敝店于去年（一九四四年）因北币缺乏，经政府批准发行壹佰元、贰佰元、伍佰元之临时期票三种，函蒙各界信赖，已流通于滨海各地。乃近得悉赣榆敌伪破坏我期票信誉，捣乱我市场金融，企图掠夺我根据地物资，大量伪造期票。本店恐各店信假为真，而遭受损失，特登报声明，凡本店之期票，于登报日起停止市面流通，并限半月内至各地商店兑换，过期恐真假难辨，决定只准来本店兑换，其他商店不负兑换之责，望各界见谅。

四月二十三日

此启示并不是期票回收的最后通牒，过了回收期，还是可以到滨海商店兑换北海币。因此，逾期后期票会继续流通，只不过流通数量会逐渐减少。1945年8月1日，省政委会发布了财字第22号通令，要求过去各地北海银行及工商管理局所发之本票及流通券等，立即停止在市面流通，限期由发行机关兑回。滨海商店奉命收回全部期票。可是该通令未设最后期限。从实际情况看，整个1945年乃至1946年上半年，北海币流通不足的问题并没有得到根本改善，省政委会无法给上述票券设置最后回收期限，各地也无法落实该通令。1945年8月，滨海商店虽然奉命收回全部期票，估计仍然有部分期票继续在市面流通。

1946年5月8日，山东省工商总局发出《山东省工商总局关于陆续收回期票不再发行的通令》，全文如下：

查我局曾因现款不足，各由各分局发行各种期票，现在支绌情形已过，特决定各局将发出的期票陆续收回，未发行的不再发行。各局即应根据现金周转情形开始收回，但不准各地区相互代收，原则上确定，何局发出归何局收回。该项期票留作现款不足时，厝支周转随发随收，不能使其影响到市场金融混乱为原则。

由此通令内容可以看出三则信息：一是省政委会发布财字第22号通令后，期票仍在继续流通；

二是此通令并未严令收回期票，而是相机收回；三是不准异地兑现。因此，该通令发布后，部分期票继续流通，外地持有人想兑现也很困难。本年 8 月 28 日，山东省工商管理总局发出《山东省工商管理总局紧要启示》，严令收回各工商管理局发行的汇兑券、流通券、期票，限 9 月底前收兑完毕，过期作废。该“启示”为期票回收的最后通牒。为了便利群众就近兑现，此次未设地域限制。

期票的面值较大，滨海商店第一次决定收回期票时，一斤小麦市价才 2.5 元左右，一百元约能购买 40 斤小麦。当年 8 月奉命全部收回时，一斤小麦市价也仅 2.8 元左右。即使在期票的最后回收期限 1946 年 9 月底，一斤小麦也只 15 元多。当时根据地一个教师月薪才 60 斤小麦，由此可见，期票购买力相当强，故当年回收得很彻底。至今，我们尚未一睹期票真容。是否有存世者不得而知。

2. 滨北工商管理局临时流通券

由前面所述，随着 1944 年下半年战事的节节胜利，流通北海币的地域越来越广，短时期，北海银行印钞厂提高印钞能力有限，为了弥补市场流通之不足，北海银行不得不加大高面值北海币的发行量，相应缩减低面值北海币的发行量，同时，由于根据地采取了正确的货币政策，至 1945 年初，滨海区以本币计值的物价平稳回落，两个因素相叠加，滨海区市面流通的小面额纸币（主要指五元以下纸币）及辅币已经相当匮乏。为此，滨海专署对外公告，启用早已停止流通的旧有铜元作为北海币的辅币参与流通：“滨海讯：由于民主政府采取了正确的货币政策，本币币值大大提高，物价降低并日益平稳，然市场交易中出现缺乏辅币的困难。专署为此召开行政委员会讨论决议，在本行政区内，以旧有的铜元作为辅币使用，并确定十文之铜元一枚作本币一角，自一九四五年元旦开始，凡市场交易，公私款项准予一律使用。并同时加强缉私，防止铜元外流。”与此同时，对调控金融负有责任的工商管理局直接或是通过公营商店间接发行小面额纸币投入市面，以解决市面找零问题。滨北工商管理局临时流通券就是在这种历史背景下产生的。

目前面世的滨北工商管理局临时流通券仅有一元券和二元券两种面值，且均无图案仅有文字。一元券为仅见品，二元券面世二枚。所附图片均为李银先生所藏。另外一枚二元券藏于莒县一钱币爱好者手中。

所附一元券的流水编码是 081492，二元券的流水编码是 146044。当时小额纸币极度缺乏，这两个编码应该不会是最大的编码，估计两种券的发行总额可能会接近 300 万元。

临时流通券的流通范围应该就是滨北工商管理分局当时职权行使区域，即莒北、日北、诸城、诸莒边、诸胶边、藏马等县。

由票面信息推测，临时流通券的发行时间应是 1945 年 1 月。

临时流通券的回收时间分为两个阶段：第一阶段是 1945 年 8 月 1 日至 1946 年 8 月 26 日，第二阶段是 1946 年 8 月 26 日至 9 月底。第一阶段，虽然省政委会发布了财字第 22 号通令，由于当时市面流通辅币缺乏状况并未得到缓解，滨海工商管理一分局（原滨北工商管理分局）回收临时流通券的数量应当有限。大规模地回收“临时流通券”应该在第二阶段，即省工商管理总局发布限期收回汇票券、流通券、期票的紧急启示之后。过了 9 月份，临时流通券作废。从目前的存世量看，当年回收得比较彻底。

3. 莒沭商店流通票

1943 年春，莒沭贸税局在岭泉设立莒沭商店总店，在大店、十字路、坪上设分店。当年 9 月，在莒沭贸税局的基础上成立了莒沭工商管理局，地址在峰山后村（现属莒南县），莒沭商店随即划归莒沭工商管理局。此时，总店仍在岭泉，有大店（属莒南）、十字路（属莒南）、寨里河（属莒中县）和莒中县4个分店。1944年，总店迁住大店，增设道口分店。因大店属于莒南，总店迁往大店就意味着莒沭工商管理局已经和莒南工商管理局合并。

据我们所知，莒沭商店流通票面世的有三枚，都是相同的一元券，品相均不佳，其中的二枚发现于莒南汀水，胶东盛先生得其一，后转给吕乃涛，另一枚发现于莒南十字路，为李银所藏。票面介绍如下：

正面靛青色，花边框四角各印一“壹”字，主图由两座古建筑和面额构成，“滨”“海”二字分列主图两边，主图右下方是红色“莒沭商店”印鉴，左下方疑似“经理之印”印鉴，“莒沭商店流通票”六字在主图正上方。背面为红色印刷，边框四角各印“1”字，中心图案是花卉图案，图案下面印“中华民国三十四年”，图案左右两边分别印“流通范围 太石路南”与“便利找零 行使市面”。

莒沭商店流通票的发行历史背景与滨北工商管理局临时流通券的发行背景相同，估计其发行时间也相近，约在1945年初。

本书所列莒沭商店流通票的流水编码是072205号，粗略地估计，莒沭商店流通票的发行量在10万元以上，百万元以下。由于当时辅币缺乏严重，满编码发行是很可能的事。所以“莒沭商店流通票”的发行量很可能近百万元。

按理说，莒沭商店流通票的流通范围应该仅限于莒沭工商管理局职权行使区域，但是，由票面印有“滨”“海”二字，以及票背面的发行说明“流通范围 太石路南”知，其实际流通于整个滨海南部，涵盖滨中、滨南二专区。“莒沭商店流通票”发行时，泰石路以北，为滨北工商管理分局职权行使区域，路南则有多个县级局职权行使区域。莒沭工商管理局似无权让“莒沭商店流通票”流通于其他区域。唯一的解释，就是“莒沭商店流通票”的流通范围，系滨海工商管理总局的统筹安排。这样的安排，可能基于以下原因：首先，莒沭商店当年规模堪比滨海商店，其分布多个重镇的分店，便于纸币发行和流通，是其他工商管理局的商店无法比拟的，更为重要的是，总店所在地大店是省政委会驻地，是全省政治中心。

莒沭商店流通票的回收时间和回收状况也和滨北滨北工商管理局临时流通券差不多。

4. 赣海商店纸币

目前面世的仅有赣海商店一元券一种（如图11-4）：正面中间花框内竖印面额“壹圆”，左边椭圆框内为塔景，右边椭圆框内疑似三峡行船图。面额正上方印“赣海商店”四字，正下方是年号“1945”。背面边框四角分别印有数字“1”。

我们未查到赣海商店的相关资料。但是，根据票面名称、印票时间和当时的体制，赣海商店应当是公营商店，隶属海赣工商管理局。

因为大背景相同，赣海商店纸币的发行时间应当和滨北工商管理局临时流通券、莒沭商店流通票相似，估计其发行时间也在1945年初。可能是在莒沭商店流通票不敷找零时，赣海商店才发行了这种小额纸币。

由赣海商店一元券的流水编码536396估计，其发行量约在60万至100万元之间。按当时的情景满编码发行的可能性较大，也就是说发行量接近100万元。

赣海商店纸币的流通范围应该仅限于海赣工商管理局辖区，即赣榆南部墩尚、朝阳和海陵东部临洪、七里沟一带。

赣海商店纸币的回收时间和回收状况应当和滨北工商管理局临时流通券、莒沭商店流通票差不多。

二、鲁中工商管理局系统发行的临时货币

（一）抗战时期鲁中区工商管理局机构序列和主要负责人

1943年10月，以鲁中区贸税管理局、矿业、纺织及机关部队生产贸易单位为基础，在沂南县组建了鲁中区工商管理总局。鲁中行政联合办事处副主任马馥塘兼局长，衣钦堂任副局长，孟英任监委。总局辖泰山、沂山分局和四个直属县局，即南沂蒙县局（1944年11月改为分局）、北沂蒙县局（1944年1月成立）、沂临边联县局和沂中县局（1944年1月成立）。1944年所辖县局有泰历县局（5月1日成立）、蒙山县局（1月成立）、鲁山县局（5月成立）、泰宁县局（1月成立）。1945年8月25日，根据省政府命令，鲁中区工商管理总局更名为鲁中区工商管理局，李继祥任副局长，苏展任监委。辖一、二、三分局。1946年1月22日，山东省政府决定撤销鲁中工商管理局，原鲁中一、二、三分局改为总局直接领导的四、五、六分局。五分局辖五个支局，即泰安、淄博、章历、淄章、莱芜支局。1948年8月20日，成立鲁中南工商管理局，原属鲁中区的四、五、六分局，改设为沂山、泰山、沂蒙、淄博分局。

（二）鲁中区工商管理总局公营商店代办流通券

1. 发行背景及发行情况

1945年，随着战争的不断胜利，解放区迅速扩大，至日本投降前夕，山东境内大部分中小城市已被解放，全省根据地基本上连成一片。在此大好形势下，法币、伪币跌价，本币（北海币）币值上升，相邻敌占区也开始大量使用本币，部分本币离开流通领域成为贮存工具。所有这些，导致了本币需求的急剧扩大。然而受印刷条件限制，本币发行量一时间跟不上市场流通需求的扩张。恰在此时，为了整顿金融秩序，统一山东货币，山东战时行政委员会发布了通令（1945年8月1日财字第22号），内云："同时过去各地北海银行及工商管理局所发行之本票与流通券等，应立即停止在市面流通，并限期由各发行机关负责兑回。"这就加剧了货币供给之不足，其结果是导致了一些新解放区未能及时彻底地停用伪币，一段时期市场经济萧条，人民生活极为不便。从后面的山东省政府布告（1945年8月29日财字第24号）看，各地北海银行发行的本票和流通券并未立即停止使用，而是限区流通逐步收回。可见因为本币供给之不足，当时无法贯彻落实上述省政委会通令。

为了缓解本币之不足，在山东战时行政委员会通令发布后的第十二天，山东省政府发布了工字第一号令（1945年8月13日）："立即大量调剂城市所需本币，胶东、鲁中各增发一万万元，其他各地各增发五千万元。并立即扩大银行职员，接管城市印刷机关，突击印票，准备继续增发。在本币不够流通前可发流通券（每张壹百元至壹千元），以应市场急需。"从一号令不难看出，当时本币供求矛盾已十分尖锐。鲁中区工商管理总局就是在这个背景下印发公营商店代办流通券（以下简称"流通券"）的。流通券的发行对缓解当时本币之不足有一定的积极作用。

所以将流通券的发行时间界定为发行于山东省政府发布"工字第一号令"之后，一是因为该券印刷质量较好，并有防伪底纹，明显优于前期工商管理局系统发行的纸币，说明此券发行较晚；二是此前为了避免刺激物价过快上涨，工商管理局发行的纸币，凡是名称像流通券、流通票等和百姓熟知的

货币名称关系密切的纸币都是小面额的，大面额的纸币一般以期票、汇兑券等名义发行，“工字第一号令”发布后才允许发行大额流通券。

此券虽名为流通券，但票面印“转手之间商号盖章”“如有遗失准许挂号”等类似本票之规定。因此它同时又具有本票的功能，当时称这种流通券为具有本票性质的流通券。此券由鲁中区工商管理总局发行，通过公营商店对外流通。

由所列实物品相看，经过多次流通，却没有按规定在背面盖章，即所谓背书。估计当时在流通过程中并不需要按票面之规定背书。

由“工字第一号令”，结合已经发现的鲁中区工商管理总局公营商店代办流通券本位币五百元券看，鲁中区工商管理总局此次可能发行了一百元券、五百元券、一千元券等三种面值的流通券。

2. 关于此券的发行及回收时间

（1）发行时间。此券发行于山东省政府“工字第一号令”之后。当月 25 日，鲁中区工商管理总局奉省政府命令改名为鲁中区工商管理局。其发行时间当早于更名之前，所以鲁中区工商管理总局公营商店代办流通券的发行时间应当在 8 月 13 日到 25 日之间。由于时间短暂，可以肯定鲁中区工商管理总局仅进行了此次印发。尽管此券的发行时间在日本投降前后，我们仍然把该券定于抗战系列。

（2）回收时间。日本投降以后，随着民主政权进驻中小城市，以及国共重庆和谈开始，根据地急剧扩张的势头暂时停顿下来，伴随着北海币源源不断地涌入流通领域，货币紧张的局面逐渐缓解。由 1946 年 8 月 28 日的《山东省工商管理总局紧要启示》看，鲁中区工商管理局已于 1945 年 8 月 29 日以后开始着手收回流通在外的流通券。但是该流通券当时并没有停用，未收回的仍然继续在市面上流通使用。其中一部分甚至退出流通领域成为贮存品种。最后回收期限亦是 1946 年 9 月底以前。过此期限，所有工商局以前发行的各种票券均作废。

3. 关于此券发行量之分析

仅从五百元券的流水编码分析，该编码为 7 位数，如果满编码发行，发行量近千万张，每张 500 元，合计近 50 亿元。假设一百元、一千元面额的流通券流水编码亦是 7 位数，也是满编码发行，那么流通券的总发行量应该接近 160 亿元。一般情况下，一百元面额的流通券流水编码不会少于五百元面额的流水编码，一千元面额的流水编码不会多于五百元面额的流水编码。如果满编码发行，实际总发行量可能会少于前数。考虑到 1945 年北海银行北海币全年总发行量才 15 亿元，流通券的实际总发行量应该远远不到 160 亿元。本文所列流通券实物的流水编码是 0013094，由于流通券的发行时间短暂，估计五百元券的发行总张数不会超过 10 万张，发行量不会超过 5000 万元。如果一百元面额和一千元面额的发行张数与五百元大致相当，那么估计流通券的总发行量可能不足 1.6 亿元，约占当年北海币发行总数的 11% 弱。这个发行量估计比较接近当年的实际发行量。北海币当年是山东根据地的本位币，是主导货币。流通券仅是在特殊情况下为弥补北海币的供给不足而发行的临时辅助货币，在流通市场中居于次要地位，自然不应喧宾夺主，其发行量占主币的 10% 左右较为合理。如果发行量过低，则起不到补充市场流通货币不足的作用。

三、关于渤海区工商管理局签发的支票、汇票

1943年10月，渤海工商管理总局成立，局长吕镜符，副局长王有山，监委刘群，下辖2个分局、2个直属县局、8个县局，即：博蒲分局和清西分局，直属县局是沾化县和垦利县工商管理局。1945年8月，渤海区工商管理总局改为渤海工商管理局，局长吕镜符，副局长王寅东，监委王有山，下设4个分局、14个县局。

到目前为止，尚未发现渤海工商管理局系统专门发行的临时流通货币。但由1946年8月5日《渤海工商局限期收回支票、汇票的通告》推测，渤海区工商管理局1945年签发的支票、汇票曾一度在市场上流通。

该通告如下："本局在去年所发行之两种支票（一种是只限后勤处与会计科使用，一种是采购科与公营商店使用）和发出的'本币汇票'（原规定只限到敌占区流通使用），在使用中发生'本币汇票'有在根据地内流通使用及支票在市场流通使用之现象，为此本局前已公告收回。现查现在各部队、机关、团体、商民中仍有存留者，今复决定在八月底以前两种支票与'本币汇票'完全收清……"

渤海工商管理局开出的两种支票本无意做货币使用，后来由于北海币供给的严重不足，支票逐渐在当地市场参与流通。"本币汇票"发行之初就限定只能在敌占区流通使用。在敌占区，该汇票流通明显属于"非法"行为，肯定不能以货币的身份公开使用，只能暗地流通。也就是说"本币汇票"不允许在根据地流通，在敌区流通也是"非法"的。后来部分"本币汇票"回流到根据地充当了货币。所以从严格意义上讲，两种支票和"本币汇票"都还算不上工商管理局发行的临时货币。但两种支票和"本币汇票"在一段时间内又具有货币职能，充当了货币，它们的流通对弥补市场流通量之不足起到了一定的积极作用。渤海区的情况可能不仅仅是个案，估计其他战略区也有类似情况发生——尽管我们查阅了大量北海银行及工商局档案，未见类似通告。

所谓汇票是由出票人签发的，要求付款人在见票时或在一定期限内，向收款人或持票人无条件支付一定款项的票据。"本币汇票"即以北海币计值的汇票。按理说到敌占区流通使用的汇票应该以伪钞计值，渤海工商管理局所以开出"本币汇票"主要是为了配合货币斗争，间接地把北海币推广到敌占区使用，以便换回大量的物资。敌占区人民也乐意使用这种汇票。1945年，随着日军在战场上的节节失利，伪钞币值一泻千里，极不稳定，敌占区人民持有伪钞有恐惧感。北海币则不同，币值坚挺。汇票前冠以"本币"，就是要昭示敌区人民，该汇票是以北海币计值的。当时敌区开的汇票很多也曾在根据地私下流通过。

根据"通告"，两种支票和"本币汇票"的开出或发行时间是1945年，最后回收时间是1946年9月底。

四、关于《山东省工商管理总局紧要启示》（1946年8月28日）中提到的"汇兑券"

"启示"全文如下："启者：我山东地区各区分局，从一九四三年开始在本币不够流通地区，印发部分汇兑券、流通券、期票等数种票据代替了本币之不足，支持了货币斗争。但自从去年省政府颁发统一北海币命令后，各地区即已大量兑换收回。唯迄今为止，仍有一部分在市场上流通，一部分变为一般商人殷户的储藏手段。为了贯彻省府统一本币精神，特决定全部收回。兑换办法以便利群众的原则，不限地区。凡本局所属范围内的商店酒店皆负责按印发时所宣布的条件（详票据上正反面的说

明）兑换，限九月底以前收兑完毕，过期作废。望各地存户从速到附近的商店酒店中兑换，时间不长，希勿延误为荷。”

根据地对汇兑的定义是：一、用汇票代替货币之运送，清理不同地区的债权债务或借贷关系。二、用汇票代替货币之携带，以解决不同空间的经济需要 。

抗战时期，为解决商人携带货币之不便，山东根据地各大战略区北海银行曾经开展过汇兑业务。至 1940 年底，北海银行已经与冀南银行等多家银行通汇 。此项业务后来划归贸税局，工商管理局成立后又划归工商局。1945 年底逐步回归北海银行经营。目前尚未发现汇兑券实物，也未见到实物发现相关报道。有关汇兑券的研究至今还是空白。现将相关的山东根据地重要汇兑史料摘要如下：

1.1941 年 6 月 4 日的《大众日报》在关于《滨海开展汇兑便利盐业运销》的报道中载：“应在滨海一带设汇兑总局，在各县设分局。”

2.《鲁中分行一九四三年工作报告》载：“为了配合货币斗争……布置了汇兑工作，确定了与滨海、泰山、泰南通汇 。”

3. 山东分局《五年工作总结及今后任务》（1943 年 8 月 19 日出版）载：“掌握与建立商业及各项汇兑，以扩大北币流通范围。”

4.1941 年 3 月 9 日的《群众报》刊载了《北海银行清河分行汇兑暂行办法》其中第（2）款说：“本行汇兑不分团体、个人，除汉奸、托匪、顽固派外，具有抗战性质者一律汇兑。”第（7）款说：“汇款收款人收到汇款票后，立即持票到交付机关挂号并于取款地区内觅得妥实保人盖章始得领取之。”1943 年 11 月 14 日的《群众报》在题为“清河主署与工商管理局再发货币斗争指示”一文中载：“伪币（即日伪币，以下‘伪’字同此——笔者注）与伪汇票应介绍至分局以上机关兑换。”

5.《胶东分行一九四一年工作总结报告》中说：“汇兑工作从（一九四一年）八月份才开始的，其范围还只限于党政军民款项经费等的汇拨，一般营业上的汇兑还没有。”《胶东分行一九四三、一九四四上半年营业报告》中又说：“几年来胶东内地的汇兑，只是便利了机关支拨款项，群众的汇兑根本未做，自去年（一九四三年）下半年开始做，以后接到上级指示，‘……各战略区应停止通汇’，以后即行停止。”

6.《东海支行一九四三年工作总结》载：“各县亦按期将各货价格及汇票涨落情形填写行情单寄支行、分行各一份。”“各县于七月份均已建立汇票交易所……交易所由贸易公司负主要责任，银行配合掌握，商号设一人专负登记（当时在西海汇票入境盖‘登’字，成交后盖‘交’字，并形成形式——笔者注）购买汇票的手续。买汇票要有保证人。”《北海支行一九四三年四、五、六月工作报告》说：“由于汇兑没有建立，内地商人须到处买伪钞（即日伪货币，本文所有伪钞均指此——笔者注）或汇票。”《北海支行一九四三年四、五、六月工作报告》载：“我们对熟悉市场和掌握汇兑的工作做得相当差。……而对于调剂物价和掌握汇兑，还无此力量和能力。……我们对汇兑的掌握只限于配合税局、商会予买卖者以登记与统计，其他未做什么工作。”

7.1944 年 7 月 1 日的《大众报》刊载了陈文其的《北海银行与胶东人民》一文，其中说道：“开展商汇后，制止了南海本币大量向西海流的现象。” 盛文楼在《掖县外汇管理的经过》一文中谈道：敌方有较大资本的银号经敌方许可签发的小汇票可以代替伪钞使用，在胶东普遍通行，我行政区还未做到彻底限制。还说：因市场检查太严，老百姓愿拿汇票交给商人代兑，在暗中成交或黑市上公开成交。

8.《胶东区贸易统制外汇管理暂行条例》（1944 年 8 月）第（10）条载："凡根据地之商民，出入口货物及汇票，必须向工商管理机构登记，随时换回汇票或等价物。"

9.《胶东区货物出入汇兑管理暂行办法》（1944 年 8 月）第（11）条："自本办法公布后，根据地之商民现存之汇票限半月内一律到工商管理机关登记，并领取外汇登记证。"第（12）条："出卖汇票时，须具殷实保证到工商管理机关按挂牌价格卖出之（得携带外汇登记证）。"第（13）条："凡拟购买汇票外出买货入口者，须先到工商管理机关，领取外汇登记证，按挂牌价格买汇票。"

10. 1945 年 6 月，省政委会主任委员黎玉在全省工商工作会议上的报告谈道："汇兑券、流通券应该慎重，不应乱发。今后汇兑券限邻区使用，如胶东可向渤海发汇兑券购粮食棉花（可用金子换回）。……汇兑券可转让，但不能在市场流通（双方自愿者不禁止）。"

综合以上史料，笔者的印象是：1941 年汇兑工作就已展开，早期除滨海外，汇兑工作基本上由银行经营，但并不很成功，贸税局成立后，就归到了贸税局，最后由工商局掌管；汇兑工作为货币斗争的一部分；汇兑有内汇（本根据地内各区汇兑）、外汇（与友区或日伪区汇兑）之分；汇票管制较严，有交易所，买卖须登记，随行情涨跌，但也有黑市交易；无论是敌伪汇票还是根据地汇票，其中一部分曾经充当过货币。没有见到鲁南区、冀鲁边区的汇兑史料。

按黎玉主任委员的报告，汇兑券主要用于向邻区采购大宗商品，可以转让，但不能流通，私下流通不禁止。从这几方面看，汇兑券体现的主要是汇票功能，货币功能弱些。由于当时北海币不敷流通，估计这些汇兑券曾私底下在异区市场上小范围流通。其不可能大范围流通的原因一是政府不允许，二是这种大面值的票据在异区不容易获得广泛认同。从黎主任委员的报告看，之前个别区发行的汇兑券可能流通于本区。由于汇兑券发行的目的不是为了流通，故将其定为准临时货币。

汇兑券诞生于工商管理局管理汇兑业务时期，故其发行机关当是工商管理局。鉴于当时各战略区都有对邻区贸易，如渤海区输出棉花、粮食、食盐、土硝，胶东区输出黄金、印刷材料、军需材料（主要是化工产品），滨海区输出食盐、生油、煤炭，鲁中区输出生油、黄金、煤炭，鲁南区输出粮食、生油和煤炭，渤海区输入生油、黄金、印刷材料、军需材料，胶东区输入粮食和棉花，滨海、鲁中、鲁南亦输入棉花，等等。因此，可能各大战略区都发行过汇兑券。

汇兑券起源于跨区交易。1943 年夏季，山东根据地开始全面实行北海币分区发行限区流通的货币政策，各战略区发行的北海币币值不一，不能相互流通，一个战略区发行的北海币不允许被携带到另一个战略区，更不允许在另一个战略区流通。战略区之间的商贸往来不能用北海币或以北海币计值的各种票据直接进行结算，而是以伪钞作为中间值进行结算。具体流程是，公家或商人持北海币到工商管理局按本地当日北海币对伪钞的牌价开出以伪钞计值的汇票，或兑换成伪钞（持伪钞需开证明并封包），到达目的地以后，以当地当时伪钞的牌价为参照进行交易，持伪钞者不能直接进行交易，须持证明及伪钞到当地工商管理局按牌价兑换成北海币进行交易。持汇票者也可以到当地工商管理局兑换成北海币进行交易。交易结束后，收受汇票方同样要到工商管理局兑换成北海币存入账户或提现。因此，不论采用何种方式交易，均需兑进兑出，而兑进兑出有差额。这样一来，一笔交易除了有兑进、兑出的差额损失，当伪钞持续下跌时，还会产生较大的汇兑损失，对跨区贸易极为不利。不仅如此，由于汇票是以伪钞计值的，两地清算时，票据交换差额部分的清算是用伪钞，在伪钞持续下跌时，收票多的一方必然受到较大损失，所以工商管理局此时不愿意接受汇票，汇兑工作几乎处于停顿状态。两区之间的商贸往来多数只能以货易货。为了便于商贸往来，兑换券应运而生。

笔者没有查到汇兑券的面额是以什么为标的计值的。但是，透过黎主任委员的报告“胶东可向渤海发汇兑券购粮食棉花（可用金子换回）”，初步判断，汇兑券的面额是以目的地北海币元计值的，在哪个战略区行使，其面值就等同于该战略区北海币面值。若不以当地货币单位为标准，就不便于交易。过程可能如下：工商管理局印好带有本地地名的汇兑券（可能有多种面额），去哪个战略区交易，就加盖哪个战略区的地名（也可能事先印好战略区地名）。本系统去外区采购，可持汇兑券到对方直接进行交易。客商则需持本地北海币到工商管理局，按近期同一时间两地伪钞牌价计算出本地北海币与对方北海币的比价关系，以这个比价关系加付一定的手续费换成汇兑券，持票人到达目的地后，凭票按当地北海币的面值进行交易。这样做，不仅减少了一次兑换的麻烦，节省了一点手续费，更为重要的是，主客双方都避免了可能因伪钞下跌带来的重大汇兑损失。

交易后，由于北海币匮乏，汇兑券可能在当地被多次转让，或小范围流通。两地每隔一段时间进行一次清算。清算时，工商管理局按对方的价格用实物收回汇兑券。也可能先以两地北海币的比价关系进行票据交换，差额部分，用实物收回。

根据地当时所以用伪钞作为中间值进行结算，是因为很长一段时间伪钞较其他币种稳定。但是，随着欧洲反法西斯联盟的一系列胜利，以及美国在太平洋的反攻等军事形势的逆转，到 1943 年底伪钞已经初露疲态。1944 年以后，伪钞随着欧洲反法西斯战场及美军对日作战的不断胜利呈逐波加速下滑之势，尤其是到 1945 年日本投降前夕，更是直线下跌。由 1944 年山东根据地伪币对北海币的平均变动指数看，1 ~ 7 月，跌幅为 48%，跌幅已经不小了，但是，7 ~ 12 月跌幅更达 78%，跌势甚为凶猛。如此跌势之下，用伪钞做中间值交易风险极大，估计汇兑券就是在这种情况下产生的，很可能产生于 1944 年 8 月以后。

顺便说一下，山东根据地各战略区之间的交易虽以伪钞作为中间值，但是，根据地禁止伪钞流通，也不允许私自携带伪钞出入境。确实需要携带伪钞出入境者，要到工商管理局开证明，并办理伪钞封包手续。因过境持有伪钞者，亦应去工商管理局登记并办理封包手续。封包主要是防止中途使用伪钞。

1944 年 7 月以后，滨海、鲁中、鲁南三区北海币已开始统一流通，这时候滨海、鲁中、鲁南三区之间的跨区交易不大可能用汇兑券，而是用期票或其他以北海币计值的票据，也可以直接用北海币。

“汇兑券”名称的产生，可能是受到北洋政府时期东三省官银号汇兑券的启发。虽然不止东北发行过汇兑券，如淮海实业银行、热河兴业银行等亦发行过汇兑券，但是，山东人尤其是胶东人闯东北的较多，大量的东三省官银号汇兑券曾涌入山东，给山东人留下了深刻的印象。

关于工商管理局汇兑券的发行情况，目前没有实物和相关史料可供参考。但是，工商管理局系统发行纸币的大环境都相同，可以依据工商管理局其他纸币的发行情况对汇兑券做个大体判断：

目前已知的工商管理局纸币的发行时间在 1944 年到 1945 年 8 月之间。故汇兑券的发行时间当亦在此区间。尤其是 1945 年 8 月，全省北海币已统一流通，跨区交易可以携带本币汇票、本票或北海币，汇兑券已无存在的必要。汇兑券是用来跨区交易的，故不可能是那种作为辅币的小额纸币，其面额可能在一百至一千元之间。根据后来北海银行发行的汇票看，汇兑券很可能是竖式票。

汇兑券的回收情况与期票、流通券同，亦分两个阶段，最后回收时间应当也是 1946 年 9 月底。

五、关于工商管理局系统发行的含息期票

省政委会主任委员黎玉在 1945 年 6 月全省工商工作会议上的报告中谈道："流通券应准许随时兑换，不能随时兑换可发期票，期票需有一定时期，一至三月，且有利息，发行流通券和期票需经政府批准，绝对不许代替货币大量流通。"

根据黎主任委员的报告，期票有一至三月的期限，要支付利息，发行需经政府批准，且"绝对不许代替货币大量流通"，言外之意就是可以适量流通。不能流通，发行流通券就毫无意义，不能流通，就不需要政府批准了。如该报告谈到的汇兑券，就没有提发行需要政府批准。这句话的真正含义是不允许临时货币大量取代北海币。尽管这种期票更像是债券，由于发行的目的之一是为了流通，故属于临时货币。

此时山东根据地正处于大反攻时期，随着军事上的不断胜利，地盘不断扩大，北海币流通范围也不断扩大，北海币不敷流通现象也愈演愈烈。估计黎主任报告之后，部分战略区发行过这种含息期票。这种期票主要用于区内的大宗交易，跨区交易则用汇兑券或汇票。由于期票用于大宗交易，所以其面额亦应当在一百元至一千元之间。

当时北海银行胶东、渤海分行都发行了大量定额本票及支票，估计胶东区、渤海区工商管理局不会再发行这种成本较高且需要政府批准的含息期票。滨海区自回收滨海商店临时期票后，未见银行发行定额本票、支票之报道，大宗交易支付出现空档，为了便于大宗交易很可能会发行这种期票。如果滨海区发行这种期票，其面额可能还是一百元、二百元、五百元三种。鲁南、鲁中也有可能发行过这种期票。但均未见报道。

由《滨海商店启事》看，该商店发行的期票流通于整个滨海区，流通范围广，数量大，流通时间远超过三个月，而且不是因为到期回收，是因为假票泛滥而回收。回收"启示"未谈到利息，应当是无息票，与黎主任所说的期票差异甚大。也许之前的期票、流通券曾大量代替货币流通，才导致"报告"中有"绝对不许代替货币大量流通"之语。

含息期票应当发行于黎主任报告之后，即 1945 年 6 月以后，8 月 1 号之前。回收时间应当也是分两个阶段，最后回收期限是 1946 年 9 月底。

临时货币

11-1

面　　额： 壹圆	★★★★★	**票　　幅：**	104×51mm
票面时间： 民国三十四年一月		**主　　色：**	蓝 / 红
发行单位： 滨北工商管理分局		**收 藏 者：**	编委

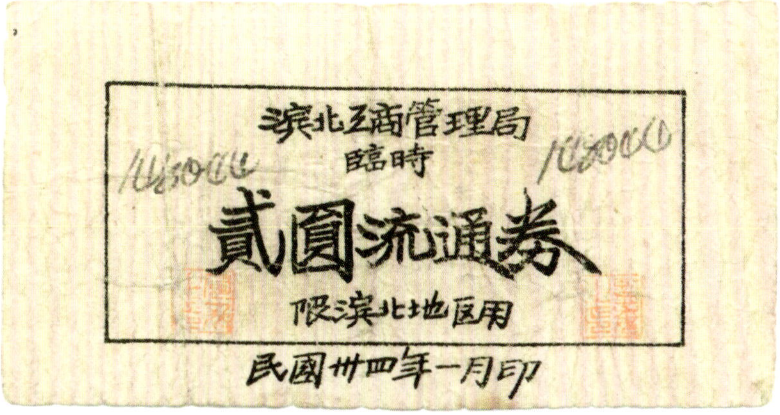

11-2

面　　额：贰圆　　★★★★★　　票　　幅：105×54mm

票面时间：民国三十四年一月　　主　　色：蓝 / 红

发行单位：滨北工商管理分局　　收 藏 者：编委

11-3

面　　额：壹圆　　★★★★　　**票　　幅：**104×51mm

票面时间：民国三十四年　　**主　　色：**蓝 / 红

发行单位：莒沭公营商店　　**收 藏 者：**编委

11-4

面　　额： 壹圆	★★★★	**票　　幅：** 104×51mm	
票面时间： 民国三十四年		**主　　色：** 红 / 红	
发行单位： 赣海商店		**收 藏 者：** 编委	

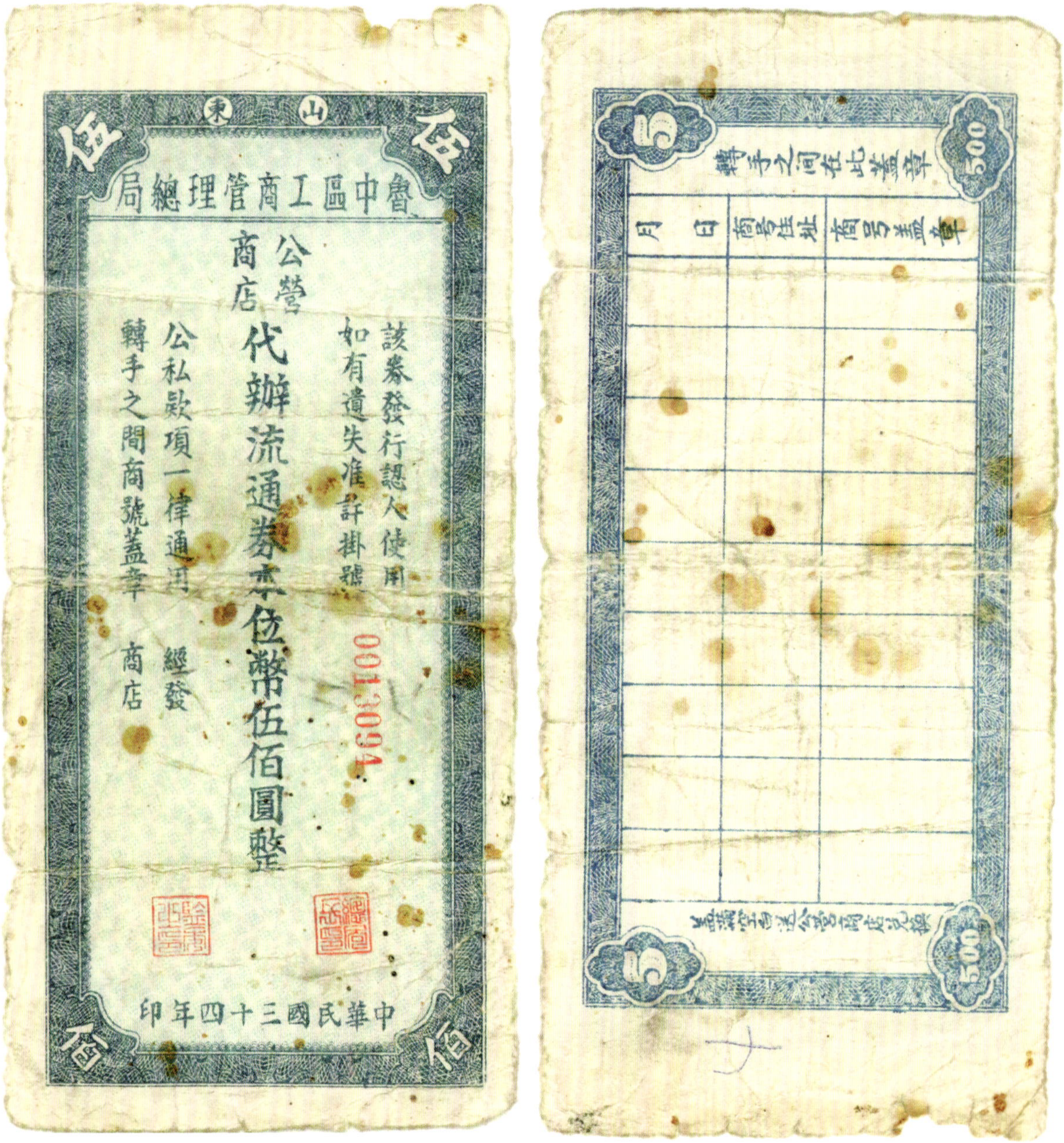

11-5

面　　额：伍佰圆　　★★★★★　　**票　　幅：**163×66mm

票面时间：民国三十四年　　**主　　色：**墨绿 / 蓝

发行单位：鲁中区工商管理总局　　**收 藏 者：**编委

第十二章

文献及资料选编

第一节 文献选编

中共北方局对山东工作的意见（节选）

1940 年 1 月 20 日

A、分局下设财政经济委员会，统一党政军财政政策，建立财政经济制度，实行开展节约办法。分局财委会不仅为设计机关，而且为财政经济的最高执行机关。

B、北海银行应在胶东、清河发行纸币，还可适当增加。鲁南、鲁西应统一发行纸币，纠正不统一的各自为政的办法，例如各发流通券（鱼台、单县、湖西）。在群众中提高这些纸币的信用。坚持反对顽固分子破坏纸币行为，大量以我们的纸币收买现金，发展生产合作企业。胶东尤其（应）注意此项工作。

山东分局对各种工作的指示（节选）

1940 年 2 月 29 日

今后决定：①扩大分局财委会，以一纵供给部兼财政部为最高设计及执行机关。山东及苏鲁边各区财委会、财政机关，必须立即向分局财委会及财政部建立关系，将收支财经状况与建设计划详细具报。②整理北海银行，杨、罗、霖之、萧、符、杨、景、王、邓负责。筹办鲁西、鲁北、清河三银行，扩大及整理泰莱区流通券，发行曲泗宁自治区流通券。上述银行及流通券一切业务、收支管理统归分局财委会及财政部。③建立各级分金库，统由山东财政部管理，绝对建立预决算统一筹支及统一收入与支出的管理。一切收入归金库，一切支收有预算，一切出纳经批准。

中央对山东分局财政工作决定的指示（节选）

1940 年 5 月 5 日

（二）各区银行所发行纸币额，需按各地每年度可能流通额为准，发行的纸币数，事实上不能全部作为收入，并须以一部分为改善人民生活用。

（三）黄银资本以本地向外出售为好，并可以一部分为银行准备金，如本地确实难售，可将一部分送中央。

《大众日报》载北海银行发行辅币

（本报特讯）北海银行为我山东抗战军民自营之银行，信用素著。顷为维护法币，稳固流通社会金融，粉碎敌寇“以战养战”之经济侵略阴谋，争取抗战最后胜利，特发行该行壹角、贰角、伍角辅币三种（有民国二十七年及二十九年者），凑足十角即可兑换法币一元。为协助战时经济之发展，各民选政府、八路军以及其他抗日部队与各地合作社均负责兑换。此项辅币准备金既极充裕，故信用昭著。暨今全省民众均盼其大量发行，以杜绝伪钞与伪币的行使，并解决破票的困难。（建）

（摘自1940年5月13日《大众日报》）

山东省战工会秘书长陈明在山东省行政会议上的报告提纲（节选）

1940年9月

丁、发行辅币，对调剂金融、巩固法币、抵制伪币上起了很大的作用。

……

确定货币政策，建立银行业务。

甲、发行一定数量纸币，应有限制，反对滥发，并须准备兑换，广设兑换所。

乙、印发票款，应投资建设生产事业，提高票款信用。

丙、建立银行业务，办理汇兑、低利信用贷款、生产、农业借贷、商业借贷与节约储金。

丁、对新发纸币，应进行政治动员解释，提高纸币信用。

戊、严防假票及造谣破坏。

朱瑞同志关于山东工作报告（节选）

1940年11月

已发行纸币，计北海银行新钞六十万元（因机器原料困难，不能大量发行），鲁西银行四十万元，泰山农民合作社地方票十万元，鲁南北海分行角票十五万元，信仰均高。法币因受敌捣乱与破坏（如不用破币并大量造发假币），使法币流通困难，价格低落，反使我北海票信用提高，一般商民均用北海票甚于法币。

……

扩大北海银行及分行新钞与鲁西银钞（在今年全山东发行新钞至七百万）。

（1）以新钞来维持、延伸及辅助法币流通与提高信用，并以新钞收回一部分法币作基金。（2）以新钞来展开各种生产、贸易、合作等事业，树立自力更生的基础，反对把新钞看作解决经济困难唯一办法的错误观念。（3）建立各地互相汇兑制度。（4）建立对农村之信用合作低利借贷，帮助农民生产事业的发展。

……

确定贸易基金，胶东、鲁西各三十万，清河、泰山各二十万，鲁南、鲁北、湖西各十万，由银行拨三分之二，各地方吸收三分之一。

山东省财委会关于发行北海银行辅币的通知

1940 年 11 月 22 日

当抗战进入艰苦的相持阶段的今天，敌寇愈益加紧对其占领区及敌后抗日根据地之经济上的榨取、掠夺、破坏、封锁等种种阴谋，不一而足。其毒计，一方面吸收国家资财物力，大量抛弃我法币，企图使我外汇暴跌，经济陷于困难；一方面极力挽救其经济危机和加强其侵略中国之经济实力，以达其彻底灭亡中华民族之目的。

目前我们在敌后的财政经济政策，亟应针对敌寇侵略诡计急筹对策，始能粉碎其以战养战之经济掠夺阴谋，并增其困难，促其崩溃。此乃我们渡过艰关，争取最后胜利之重大任务之一。

因此，山东敌后财政经济政策急需发行辅币，以便维护法币之备用和整理地方金融之需要。我们必须深刻认识，它与开发地方经济、创设产业工厂、扶助农村手工业之发展、推行产销合作事业等，有不可分离之关系。

本会为保护法币、稳固金融与粉碎敌寇“以战养战”之经济侵略，争取最后胜利之到来起见，爰拟发行“北海银行”辅币，以资周转而利抗战，其意义之重大，实关整个战略。此“北海银行”之辅币计分壹角、贰角、伍角等三种（计有二十七年度及二十九年度），十足兑换（凑足十角换法币一元）。凡我各地民选政府、部队及附属机关、合作社等，均得负责兑换。

“北海银行”为抗战后我山东军民艰苦自营之银行，信用素著，妇孺皆知，兹扩大使用范围和给敌寇有力打击计，特先通知。希各级政府、部队、机关、团体人员等，将发行辅币之重大意义，对附近民众做普遍深入的宣传，务使群众彻底认识，以利发行。此告。

中共北方局对山东工作的意见

1941 年 3 月 28 日

根据送来报告，对山东工作，我们意见：……切实整理北海银行，严禁涛税（二字疑有误）钞票。该银行应成为北局（应为分局）直接管理下有组织分配与创办生产事业，各机关不得谈论已发票额若干。准金（疑为准备金）及信用的情形，分局应向北方局报告。

山东省战时工作推行委员会关于发行北海银行一元新钞的通知

1941 年 5 月

查目前敌伪除在军事上加紧对我根据地不断进攻、在政治上实行引诱分裂投降外，尤其在经济上实行残暴之掠夺，实行“以战养战”，滥发伪钞，破坏我金融，实行各种封锁，以致物价日益昂贵，影响人民生活至巨。本会为坚持敌后长期抗战，保证抗战经费，稳定金融与发展农村经济，彻底打破敌人经济掠夺与封锁，遂徇各界之要求，特继续印发胶东区民国三十年度北海一元票币，以期维持金融之流通，抵制伪钞之行使。除经山东省临时参议会核准在山东省一律通用外，并可与华北各抗日区域之各银行互相建立汇兑制度，以资流通。希即转知所属并布告民众周知是要。

山东分局关于紧急动员起来为建设坚持巩固的山东民主抗日根据地而斗争的号召（节选）

1941 年 7 月 1 日

要建立独立的银行业务，把全省的银行直接统一于分局财委会与省战工会的财政处领导之下。把印发纸币的权力，完全交于银行，非经银行许可，任何地方政权不能随便发行纸币或流通券。银行纸币应完全用于生产、贸易、汇兑、流通、贷款之用，立即停止以发行纸币来解决财政困难的“挖肉补疮”、

“坐吃山空”的办法。保证银行有一定的基金，并要在一年内用各种方法收回其他地方纸币与流通券，做到在山东以北海币（鲁西区以鲁西币）作为市面流通的本位币，保护法币，巩固与提高法币汇兑比值，以抵制伪币，以巩固根据地金融。

战工会响应山东分局的号召所作出的决定（节选）

1941年7月7日（秘字第23号）

立刻建立独立的北海银行组织系统，直接受战工会财政处的领导。印发一定数量的北海银行票，作为本位币，维持市面流通，保存法币，防阻法币外流，并将印发纸币全部投资生产建设事业。保存一定基金，发展银行业务，办理储蓄、汇兑、借贷、投资等工作。并在各地建立北海银行分行、办事处与银行网，便利于金融流通。

山东省战时工作推行委员会关于发行北海银行五元新钞的通知

1941年10月18日

据北海银行总行呈称：“本行现发行新五元券一种，该券正面为淡黄，底套以蓝色花致，背面为深绿色，在‘伍’字两旁有经理图章，在行名两旁反正面打有双号码，特印制票样，请转发各机关团体部队以资识别”等情。查该行此次发行新钞，乃在适应市场之需要，维护法币之信用，巩固根据地之金融，为此，兹将票样发下，希即转知所属并布告民众，以便行使而利抗战是要。

山东省战时工作推行委员会财政处关于一九四二年财政工作的指示（节选）

1942年1月

关于金融问题上，为提高北票信用，巩固我抗战金融，各地区应迅速确定以北票及民主政权所发行之纸票为本位币，对法币实行七折、八折、九折等使用。对伪杂钞在我占区流通者，一律禁止使用（如民生银行、平市官钱局等票），但必须通过各级机关、团体、部队向民众宣传动员后方限期执行，反对不加解释强迫执行的办法。

中共山东分局财委会对各财委会工作指示（节选）

1942年4月5日

1. 决定一九四二年发行新钞总数一千万元，胶东五百万元，总行五百万元。

2. 胶东发行的新钞调剂胶东、清河、冀鲁边三地区，总行调剂泰山、沂蒙、滨海、鲁南等地区。

3. 发行额数规定一元以下之辅币（五角、二角五分、二角、一角）占三分之一，一元以上货币（一元、二元、五元、十元）占三分之二，十元票尽量少印。

4. 新钞用途百分之五十投资农业生产，百分之二十投资于农村工业、合作事业、小商人，百分之十五投资于贸易局，百分之十五投资于部队兵工生产。

5. 总行及胶东分行应计划购买足够两年需用之材料，各地区并可找关系购买送总行代印，仍发回该地区流通。

6. 应切实去整理各个地区的金融，绝对的取缔伪钞在我根据地的流行，整理杂票，根据每个地区流通法币数量情形，适当的贬值法币价格和提高北票的信用。

中共山东分局财委会关于今后财经工作的指示（节选）

1942年4月12日

敌人正在发行伪造法币，吸收我物资。我们目前除降低法币的价格，必须宣传法币跌价的原因与敌人利用的必然性。一般我不囤集法币，在相当巩固地区内，各机关合作社将所得法币随时交贸易局到境外迅速换回货物，逐渐做到巩固区禁止法币流通，扩大我北海票之流通范围，同时提高其信用。目前北海票在未超过规定数目下应大量印发之，北海票应（以）使用于生产贸易事业上为主。对于某些奸商投机抬高物价的行为，应予以适当的纠正与制裁，并应领导各地贸易机关组织各地公私商店合作社，适当进行平稳物价的斗争。

中共山东分局财委会关于法币问题的指示（节选）

1942 年 5 月 29 日

甲、各个根据地已建立贸易机构，应立即实行贸易统一管理制，严格实行对外以货易货制度，以阻止法币内流及物资低价外流现象。这是最基本的最有效的办法。

乙、各地税收机关及财政上一切收入，党政军民之公营事业，均应只收我北钞，其余法币等概不收受。如有的地区因我钞流通量少非征收法币不可时，则必须折价征收。至于折价多少，由各地区视我钞流通量而自行决定。此办法一方面在于提高北票，另方面亦可拒止法币流入。

丙、各级政府应立即严禁粮食、耕牛、棉花、毛皮等重要产品出口，与商人合力共筹。一般土产剩余品应由贸易局统一运出；商人亦可自行运出，但须经贸易局检查登记，并保证换同样价格或一定比例的我之必需品，否则不发出口证（无证者不准出口）。因此贸易局及税局缉私工作必须加强，并加强对根据地商人的联系和组织工作。只有这样，才能阻止法币大量流入。但在我不巩固地区内，统制限制是不可能的，一般应劝告商人运货换货，并减少资敌原料之输出。

丁、宣布以北海银行票为我山东各地之本位币。自七月一日起，所有军政民间之来往账目、借约契据，一律以北币计算。北币与法币则应以北海银行规定比价折合使用。如能真正做到以货易货时，则我还可能将北票的价值提到伪币的高度，以完全停止法币的流通。并以我钞吸收一部分伪币，储存一部分金银以作基金，以便将来更困难时购买我之军用品。

《大众日报》特讯：省战工会召开扩大金融会议决定实施以北海币为根据地的本位币

省战工会财经处于目前召开扩大金融会议，到会者有北海银行洒主任，税务局衣局长，沂蒙区贸易局翟局长，滨海区贸易局赵局长，战工会各常委均出席。会议由艾（楚南）处长主持，首先由各单位报告工作，皆着重提到数年来对敌经济斗争的宝贵经验教训。报告完毕即展开小组讨论，在讨论中特别注意今后对敌经济斗争的方式方法和对策，以及如何取得经济斗争主动权问题。会场发言极为热烈，最后由艾处长总结。在总结中对各单位今后中心任务分别提出，首先，北海银行的中心任务是：（1）从 × 月份起，实行以北海币为山东各抗日根据地的唯一的本位币，预先要做好废除法币的准备工作。（2）建立各个根据地内外的汇兑。（3）加强银行的业务，和群众的利益联系起来。其次，生产贸易的中心任务是：（1）建立生产贸易管理局，统一生产统一贸易。（2）加强出入口货的统制，普遍组织合作社。（3）平抑物价，争取出超。……

（摘自 1942 年 7 月 13 日《大众日报》）

山东省战时工作推行委员会发布北海银行组织章程

1943 年 6 月 12 日

第一章 总则

第一条：为繁荣根据地经济，加强对敌金融货币斗争，特设立北海银行。

第二条：各地北海银行均依本章程组织之。

第二章 组 织

第三条：总行设经理一人，副经理一人，下设秘书一人，科长三人。

（1）发行科：分发行、鉴定、收支各股及印刷所。

（2）会计科：分稽核、会计、金库三股。

（3）营业科：分营业、汇兑二股。

（4）庶务股。

各股设股长一人，并视事务之繁简，设股员若干人。印刷所之组织另定之。

第四条：分行设经理一人，下设秘书一人，科长三人。

（1）发行科。

（2）会计科。

（3）营业科。

各科视事之繁简，各设科员若干人。

第五条：支行设主任一人，行员三人，办事员一人至二人，分掌会计、营业、出纳等事宜。

第六条：县办事处设主管员一人，办事员二人，分掌会计、营业、出纳等事宜。

第七条：各县得在重要集镇酌设代办所，其组织另定之。

第八条：各级银行除受上级银行之垂直领导外，并受同级政府之指导与监督。

第三章 营业

第九条：各级银行得兼理所在地下级银行之业务。

第十条：总行对各分行及直属支行除在工作上作原则的领导督导外，其一切银行业务，得按各地区之需要自行统一办理之，但本币发行数目应事先报告总行批准。

第十一条：各级银行除照规定经营存款、放款、汇兑及一切银行业务外，并代理同级政府之金库事宜。

第十二条：本币之发行除经指定之分行外，其他分支行及以下之组织不得代理发行事宜，并依战略区为单位注以地名。

第十三条：各分行或直属支行每年决算一次（一月一日至十二月三十一日），以计算营业之盈亏，并将决算报告总行审核，如有盈余，按下列比例分配之：

（1）公积金：百分之二十。

（2）公益金：百分之十。

（3）资本红利：百分之七十。

（4）奖劳金：在结账时，提经总行批准后，可从资本红利内扣除。

第四章 附则

第十四条：本章程如有未尽事宜，得随时修正之。

第十五条：本章程由山东省战时工作推行委员会公布施行。

中共山东分局关于五年工作总结及今后任务（节选）

1943 年 8 月 19 日

（今后）方针是巩固北币，驱逐伪币，停用法币，克服财政之紊乱，巩固收支平衡，增强经济建设力量，协助物资统制。办法如下：（1）以积极建设谋取经济上自足自给，争取出超，以稳定币值，这是基本的。反之，稳定币值、争取主动将无从谈起。（2）必须扩大筹码，收回旧币，掌握市场，以确定北币之本币地位。（3）制定法令，严格禁止伪币流通，如议定查禁处罚法则，以禁止伪币的通行及黑市，但为商人便利，我必须掌握一部分伪币，以便商人兑换，方能稳定本币，否则黑市如难禁绝，则本币自难提高。（4）统一样式颜色，印发各区独用北币，规定限制各区间流通，制定识别办法，设立勘验所等，以禁绝伪造北币的捣乱。（5）掌握与建立商业及各项汇兑，以扩大北币流通范围，缩小伪币流通市场。（6）加紧教育，不但在人民和商人中，首先在我党政军机关及人员中，要上下一致严格遵守法令，爱护北币，巩固及提高其地位，禁止任何违法自私，只顾自己不顾整体的破坏行为。（7）广设兑换所以便利人民，使人民感觉手握北币比什么都可靠都便利。（8）必须规定北币为本币，在税收、田赋、海口、公私款项等，均须使用北币，或以北币为基准，折合使用法币及伪币。（9）使用北币贷款，密切北币与人民的经济联系及政治关系，通过贷款组织人民，从人民方面获取真正之爱护支持，此亦为巩固货币之有力办法。（10）在这些工作都有了成就之后，经过充分动员，可以开始将法币贬值使用，继之以停用一部，以达全部停用。在动员中必须把为何将法币贬值及法币与敌我经济斗争间的关系，向群众详细解释，在无把握前，切莫轻举妄动。一旦决定贬值或停用，则应将办法贯彻到底。在财政问题上，如果主观，轻举妄动，将会受到严重不可收拾之损失。

山东省战时行政委员会关于半年财政工作的指示

1943 年 9 月 3 日

1. 发行方面：

（1）调整印刷机构，利用时机有计划的印发本币。要求在半年内发行二万万元（连前发行数），胶东、滨海各六千万，清河三千万，鲁中四千万，鲁南一千万（由总行代印）。

（2）提高技术，加强管理，并大量购买材料作完成工作的准备。

2. 贷款方面：

（1）确定工商贷款九千五百万元（连同以前的），胶东、滨海各三千万，清河一千五百万，鲁中一千五百万，鲁南五百万。秋耕和春耕贷款 × 元。

（2）彻底整理过去之各种贷款，按期收回，以加强资本之周转与流通。

（3）提高一般人员重视银行业务的观点，不得随意干涉和借用银行之款，以前借用者要逐渐归还。

3. 关于货币斗争方面：

（1）配合工商管理局，运用一定的经济力量，从掌握物资、发展生产、争取出超、调剂差额的实施上来提高本币比值，扩大本币流通范围，争取货币斗争的胜利。

（2）彻底打击伪币和伪造北币，继续停用和贬低法币，多设边沿区兑换所和识别所，实行兑出兑入，消灭黑市，消灭假票。

（3）确实做到限制地区流通，逐渐做到统一颜色、式样。已发行之山东票，要在本年年底普遍完成盖戳任务，以免被敌人利用，乘机捣乱。

4. 关于组织领导方面：

（1）省行政委员会下成立金融事业委员会，加强总行及金融工作的设计及领导。各地区可延聘专家作指导。

（2）调整银行干部，加强薄弱地区，充实下层工作，尤其与工商管理局要有密切配合。

（3）自各地工商管理局成立之后，改变过去银行代理金库的制度，将各级金库划归政府，各地自行讨论执行。

省工商管理处对于鲁南货币贸易工作的指示（节选）

1943 年 9 月 20 日（第 2 号）

准备年内发行北海币五百万元，将来发至一千万元（总行代印）。为着便利本币发行，必须动员人民排挤法币，如向银行兑换本币，或向顽占区敌区购买粮食，工商管理局应动员一切经济力量打击法币，抑低法币比值，直至自动拒绝法币，要把法币排挤出去，本币才有流通余地。

鲁南过去工商管理工作，主要是由银行领导，工商管理处成立后，银行本身已无重要工作，所以银行可与工商管理局完全合并，为其重要骨干，这样可以减少缺乏干部困难，但仍须从其他机关补充干部，单靠原有干部是担负不了这样繁重责任的。

中共山东分局关于银行工作的决定

1943 年 9 月 23 日

关于银行工作，最近决定如下：

甲、本币发行数，决定胶东、滨海各发行六千万元，鲁中四千万元，清河三千万元，鲁南一千万元（总行代印）。该发行数连前发行数在内，一般流通量暂以不超过根据地每人三十元为标准，如发行数需要增加时，应先说明理由，报请分局批准。以上数目限于明年上半年完成。各分支行应大量购置材料，做好完成任务之准备。

乙、暂决定胶东分行拨工商局三千万元，滨海、清河两行各拨二千万元，鲁中拨一千五百万元，鲁南拨五百万元。该款包括过去各分支行投资于工商等款在内（已移交工商局者），但须拨给部分现款。

丙、各地区发行之本币，应以百分之五十投资到工商局，作统制物资、调剂外汇用，其余百分之五十作农贷及其他临时之用。各地接电后，即将过去各种贷款及投资彻底整理，按期收回，以加强资本之周转。其有损失或不能收回者，须经财委会审查后报销，并将办理经过、分配情形、报销数目在一个月内报告本会。

丁、过去财政机关借用银行之款，应在财政收入中逐渐归还。今后财政及供给机关，不能随便借用银行之款，各分支行不经过分局财委会或者总行之批准，亦不得擅自向外借支。至临时性少数急需，须经各区党委之批准。

戊、为加强银行工作之领导与开展对敌金融斗争，在省政委会领导下成立金融事业委员会，作金融事业之设计、策划机关。各地区亦可延聘专家，作工作上之指导。

中共山东分局、省工商管理处给鲁南区党委、专署及工商管理局的指示（节选）

1944 年

鲁南工商管理局的资金决定增至一千五百万元，并于上半年内全部拨足。此次滨海总行代印本币五百万元，除以一百五十万元拨作春耕贷款以外，其余三百五十万元完全拨给工商管理局。自三月至五月三个月内，应再添印本币一千万元，其中大部分亦充作工商管理局之资金，俾能凑足一千五百万元。

省工商管理处给渤海区工商管理总局的指示（节选）

约 1944 年

要在本年度再发行三千万（把本票支票收回）。胶东只能稍稍帮助，主要依靠你们自力更生，总行准备抽一干部前来主持印刷厂的工作，不日即可出发，应当用一切方法来采购印刷器材（目前向潍县采购机器票纸并不困难），石印机也可以采用，目前滨海区的票子还完全是石印的。到增发三千万元本币发行足数时，工商管理局的资金可以增至四千万元。为着管理物资，四千万元资金是完全必需的。在银行无力供给时，或可暂时借用一部分的公粮凑足此数。

中共山东分局关于货币政策的决定

1944 年 12 月 6 日

过去一年各地货币斗争相继胜利，普遍停用法币伪钞，完成单一本位币制，停止物价上涨，巩固本币信用，予法币伪钞以很大的打击；滨海、鲁中、鲁南且已完成统一发行，这是过去货币斗争所得到的成绩。

但因客观的形势发展超过主观估计，和我未下决心充实银行印刷机构，以致本币发行始终未能满足市场流通需要。目前冀鲁边区及运河地区因缺乏本币未能停用法、伪币，× 数地区土产物价跌落过大，影响生产发展，加重人民困难（交纳出赋），亟应设法挽救。同时胶东、渤海发展比较落后，不能共同前进，妨碍全省币制进一步的统一。

为此今后货币政策除继续稳定币值、稳定物价外，必须注意：

（1）服从发展生产、对敌经济斗争要求，供给必要资金，增加各种贷款，勿使土产物价继续跌落（亦勿过分上涨）。粮价且应适当提高，使与群众购入必需品，如粮布价格比值求得相称。

（2）准备反攻以〔与〕巩固物质基础结合起来，充实印刷机构，贮存大量本币，以适应新的发展，并积蓄力量、物资，随时用于反攻。

（3）加强全省经济情报联系，统一斗争步调，首先争取胶东、渤海的统一发行，接着完成全省币制的统一。

为此特作如下决定：

（1）目前全省发行约为四亿七千万元，须于今后两个月（一月底止）内突击增发一亿三千万元，并须于明年上半年增印四亿元（合共十亿元），按照发展需要随时发行，但需要呈请批准。

胶东增发二千万元（连前共二亿元）。今后发行应当慎重，防止物价高涨，严格保证发行不作财政开支，过去政府借支款项迅速归还。

渤海增发三千万元，明春继续增发至一亿元，迅速完成冀鲁边区停法工作。

滨海、鲁中各增三千万元，两地合计连前约共二亿五千万元。鲁南再增二千万元（连前合共六千万元），明春增发至九千万元。迅速完成运河区停法停伪工作。

上述数额完成后，胶东再印一亿元，渤海再印五千万元，滨海、鲁中、鲁南再印二亿至二亿五千万，不打号码印章，于市场需要时请总行批准随时发行。旧历正、二月间，除渤海、鲁南外暂不增发本币，防止物价高涨。

（2）按照以前规定，以发行半数充实工商管理局之资金，加强对市场及物资之控制力量，以便应付任何货币危机。目前各地工商资金总数为二亿四千万元，一月底止再增六千万元，合共三亿元，以后增加发行，仍以半数作为工商管理局之资金。各地资金分配：胶东现有六千万元，再增二千万元（可能时应增至一亿元以符规定）；渤海现有四千万元（尚未交足），再增一千万元；滨海现有六千万元，再增一千万元；鲁中现有五千万元，再增一千万元；鲁南现有三千万元，再增一千万元。

（3）明年春耕贷款准备发放一亿元，须于今冬完成准备工作，发给贷款证，明春按证领款。各地贷款分配：胶东三千五百万元（连渔业贷款在内），渤海一千二百万元，滨海、鲁中各一千五百万元，鲁南八百万元。贷款必须用于生产，以棉花、水利为主，且须保证收回，不准机关及脱离生产干部挪用贷款。

（4）今冬明春购存物资一亿元，除购军工原料、西药等外，今冬可以大量购存棉花、生油、粮食（粮价低落地区）等类物资。各地资金分配：胶东二千五百万元（余款可以购存黄金），渤海一千五百万元，滨海、鲁中各一千五百万元，鲁南一千万元。今后发行本币应以百分之三十购存物资。购存物资由工商局负责，向银行抵押贷款，月利一分。

（5）为完成印刷任务，必须充实银行印刷机构。滨海专署负责扩大青年工人四十名，鲁中联办负责扩大三十名，胶东应立即代渤海区印五十元票二千万元，并协助充实渤海印刷机构。工厂工人可采用工资制及公私两利奖金制度，改善工厂管理，提高生产效率。

（6）加强各地情报联系，统一各地斗争步调。滨海、鲁中、鲁南之间筹设电话联络，胶东、渤海应用电报经常报告币值物价变化，严格纠正过去忽视统调工作，不作经常报告，甚至省方一再去电置之不复的麻烦现象。各地每月应作两次经常报告，遇有重大变化应用最迅速之方法报告省工商处，并与邻区经常保持密切联系，用最迅速方法互相交换情报。

（7）渤海与胶东间如果币值渐趋一致，可即会商统一发行。渤海票印刷差，应整理，可以先让胶东票在渤海通行，进而印行两地通用货币。但因两地贸易不平衡，应防止胶东票的大量挤往渤海。渤海输往胶东棉花、粮食等，应尽可能多换回物资及外汇，其具体步骤由两地工商局会商决定之。

……

中共山东分局关于山东一年来货币斗争主要情况的报告

1945 年 2 月 21 日

中共北局：

山东一年货币斗争主要情况报告：

（1）去年春季山东各根据地停法排伪工作胜〔利〕完成，本币已成市场上的唯一工具。本币发行数额一年间自二亿元增至六亿元，但因流通范围扩大，仍感不足。现按根据地人口一千五百万计，每人平均仅四十元，至少须达每人五十元，始够流通需要。

（2）去年根据地物价，胶东稍涨，其他地区普遍跌落，滨海、鲁中均跌百分之二十，粮食跌价一半（近已上涨），棉花涨价一倍。其他物价鲁南、渤海因开始停法，物价均跌一倍上下，均较稳定。同年联币物价涨七倍半，储币（苏鲁边）物价涨九倍半，因此外汇比值发生巨大变化，联币一年前合本币一元四角，现合一角至一角五分，储币自二、三角跌至二、三分（滨海、鲁中、鲁南一致，胶东、渤海部〔分〕地区相同）。

（3）货币斗争胜利原因，除军事政治上之胜利外，主要由于对外贸易出超及我掌握重要输出物资支持货币斗争。此外，对敌经济斗争统一领导，掌握市场规律，灵活调剂外汇，亦为保证胜利之重要条件。这些工作做不好的地区所得胜利较少，如胶东、渤海客观条件均好，但因主观领导薄弱，成绩较差。

（4）本币印刷力量不能满足市场需要，造成工作中之许多困难及政府与人民的巨大损失。如渤海、冀鲁边及鲁南运河区，均因缺乏本币未能及早停法排伪；有些边沿区在停法排伪成功后，因缺乏本币，仍被法伪侵占，或因强制没收法伪引起人民反感，并因本币不足政府调剂，引起秋冬时期布贵粮贱严重困难；尤在交纳田赋时期，本币缺乏，粮价狂跌，人民负担几增一倍。

（5）过去所发本币，工商管理局基金及借款共三亿四千万元，农贷一亿五千万元（一亿元今春发出），余为银行购存物资及各种借款。今年准备增发四亿元，连前共十亿元，除以半数充工商管理局资金及入民生产借款外，准备大量购存物资以作反攻准备。资金多了用于调剂物资、稳定物价，对政府及人民均有极大利益。

（6）滨海、鲁中、鲁南三根据地已经连成一片，为便物资流通，三地本币已经做到统一发行，自由流通，实行半年尚无问题。但应于领导上逐渐统一，否则，货币涨落不齐，容易引起货币投机，使我受到巨大损失。胶东、渤海币值稍低，交通亦不方便，还是分区发行。今后拟提高两地比〔币〕值，求得全省币值一致，逐渐达到全省货币的统一。

（7）与华中及〔湖〕西贸易来往，因币制不同，颇感困难，妨碍物资交流。近与湖西对贸易问题意见冲突，对人民的印象不好，今后需要加强工作联系，会谈解决贸易上之具体问题。希中央对此问题能有明确指示，并交换各地区的斗争经验。

黎玉在全省工商工作会议上的报告（节选）

1945 年 6 月

关于货币斗争法方面：要求继续完成某些地区的停法排伪工作，继续巩固本币，扩大本币流通范围，在斗争中应完全避免过去的错误和损失。要求：（甲）根据地应完全成为本币市场。（乙）解放区要在解放后几个月内完成停法排伪工作，同时照顾新解放群众的政治上的落后与经济上的破产，多取经济力量说服宣传办法，以扩大我政治影响，团结群众共同斗争。（丙）孤立和突出的游击根据地，要用经济力量驱逐伪钞，巩固本币。（丁）游击区要争取本币优势，即以本币作为市场主要通货，但是仍有法币伪钞流通。（戊）敌占区要打入本币，压缩伪钞。要通过自由贸易扩张本币，争夺敌游区的物资。要严防敌伪造本币，巩固本币信用。（己）汇兑券、流通券应慎重，不应乱发。今后汇兑券限邻区使用，如胶东可向渤海发汇兑券购粮食棉花（可用金子换回）。流通券应准许随时兑换，不能随时兑换可发期票，期票要有一定时期，一月至三月，且有利息。发行流通券和期票需经政府批准，绝对不允许代替货币大量流通。至于人民储蓄本币，可试发储蓄券，规定利息。汇兑券可转让，但不能在市场流通（双方自愿者不禁止）。

中共山东分局财委会关于今后对敌经济斗争的指示（节选）

1945 年 6 月 30 日

针对着这种新的情况，我们对敌经济斗争的总方针，应当是配合军事政治胜利，掌握有利时机，实行经济上的主动进攻。即继续压缩伪钞，扩大本币流通范围，与敌争夺物资，准备反攻需要；同时掌握重要物资，争取有利交换，争取对外贸易的优势地位，并便利各地区间物资交流，完成全省货币的进一步的统一，以便互相配合夹击敌区。具体办法如下：

（1）配合政治攻势打击伪钞，号召敌区人民拒用伪钞，但应依靠宣传教育，不应采取搜查没收等类强制办法。政府机关一切收支（包括田赋税捐）均用本币，不准再用伪钞。但敌区无本币缴纳赋税时，可以粮食代替。公营商店一切买卖原则上也限用本币，就连输出输入也应尽可能用本币收支（但应注意，勿使输出输入受到阻碍）。如果贸易出超，外汇供过于求，可即宣布废止“登记外汇”办法，特种输出改收本币，或者换回指定物资。

在伪钞兑入过多时候，可即宣布停兑伪钞。但为便利对外贸易，某些物资的输出输入仍可特许兑换伪钞，且可放任敌游区的黑市存在，便于通过黑市调剂外汇，勿使对外贸易因此停滞。且应认识，宣布停兑伪钞是为打击伪钞，而非完全不要伪钞，在有利时机亦可酌量吸收伪钞，立即携赴敌区换回各种有用物资，避免贮存伪钞，蒙受巨大损失。

（2）争夺物资是我对敌经济斗争的主要目的。应当利用敌区商人抛售存货、贮存本币机会，大量吸收敌区物资，即向敌区扩张本币，换回各种有用物资。要善于利用有利时机，采取敏捷手段与敌进行物资的争夺战。如在麦收后大量吸收敌区小麦，秋收后大量吸收敌区生米、棉花等，均应列为重要工作。尤其是粮食的争夺，今后将更激烈，应按前发指示积极进行。

在反攻开始后，城市工业品的采购将更困难，而我消费数量更大，故须利用目前有利时机，完成今后二年所需各种军需品和必需品的采购工作。由各机关造出预算，交工商管理局统一采购贮存，需用时仍按预算向工商管理局交款购领，以免浪费。

（3）秋冬时期应当大量吸收内地重要农产，如粮食、棉花、生米、生油等，防止敌人利用农产跌价机会廉价掠夺。此项农产除保证军民生活需要外，应以剩余部分争取高价输出，换回各种军需品和必需品。且应掌握农产秋冬贱、春夏贵的规律，大部贮存，待至明年春夏输出，争取更有利的交换。

贮存物资同时亦为调剂内地供求，平衡物价，保护生产，保证生活需要。今夏应即采购军队冬衣布匹，秋后收存粮食，提高粮价，防止秋冬再闹粮贱布贵。为着保护纺织生产，应即有计划地调剂棉花供求，应于秋冬收存充分棉花，保证明年春夏需要，并尽可能减少棉价和布价的波动。粮食亦应有计划地调剂，减少地域及季节间的差额。

为防敌人掠夺破坏，如何保护物资，应当特别重视。在向敌区抢购物资时，必须立即运回，分散埋藏，各商店所积存物资亦应分散埋藏，免受损失。负责干部必须检查督促，纠正太平麻痹思想。在敌“扫荡”中，保护物资有功人员应受奖励，不负责任丧失物资〔者〕应受严厉处罚，乘机吞没或偷窃公家资财者按汉奸论罪。

（4）欢迎敌区工商业家来我根据地投资，欢迎把他们的资财移到根据地来。为着保护民族资财，为使敌区人民少受损失，我们宣布保护他们移来根据地的资财，在不违反抗日民主法令的范围内，保护他们营业和获利的自由，扶助私营和公私合营的企业，利用私资发展生产。

现在我势力渐向城市扩张。今后争取工商业家，对我开展城市工作、夺取敌占城市、重建城市经济即将占有更重要的地位。过去某些工商管理机关的垄断市场、排挤私营企业、任意限制贸易自由及在劳动政策和群众斗争中的某些偏向，妨碍我们团结工商业家，应即检讨纠正。

（5）便利抗日邻区间的物资交流，互相调剂有无，并在贸易政策上要求协同动作，使我对敌经济斗争更有力量。如果邻区互相连接，不必通过敌区，则原则上应自由贸易，不征进出口税，亦无任何限制，必须征税或限制输出者，须经省政委会批准；如须经过敌区，或有走私可能，则出口时可酌量征税。专卖及禁出物资，须有邻区的采购证方准输出。

各地区的对敌经济斗争，应当互相协商，求得步调上的相当一致。如食盐、生油、羊毛等的出口专卖，棉花、粮食的互相调剂等，必须照顾邻区，不应只顾自己。除各地区间自行协商外，省工商管理处亦应负责调整各地斗争计划，及时解决各地区间纠纷，并尽可能定出统一的斗争计划来。

（6）为着完成上述任务，需要大量增发本币，并争取全省货币的完全统一。由于今春各地物价均有上涨趋势，我们本币发行暂不膨胀，但须准备秋冬利用有利时机大量发行，吸收重要物资。应于八月底以前赶印 ××× 元贮存，准备机动使用。此项资金究于何时使用、如何使用以及各地数额分配，均由本会随时决定电告。

准备全省本币统一发行，自由流通，以利物资交流，为使统一发行不致发生困难，各地应求币值相当一致。边沿地区任其自由流通，等价兑换。但因各地票版过于复杂，为便防止假票，各地可以互相协商，只准几种票子流往他地，一切印刷较差、发行较少票子，逐渐设法收回。胶东应以黄金及军工材料、印刷材料调剂渤海，部分抵付贸易差额，以免本币大量流出。

今后各地本币印刷应由北海银行总行统一计划，胶东、渤海成一印刷单位，滨海、鲁中、鲁南成一印刷单位；同一单位采用同一票版，所印本币互相调剂，不一定在本地发行。尽力提高印刷技术，减少票版种类。同时还要加强反假工作，发现假票时，即互相通知，并严密追查假票来源，把这当作对敌斗争之一重要工作。

（7）为着争取对敌经济斗争的更大胜利，并解决今后财政供给上的困难，各地应再加强工商管理工作，大批培养经济工作干部，现有工商工作干部轮流整训。各级党委及政府机关，对于工商管理工作应当多讨论、多检查、多作方针政策上的指示，但勿过于干涉具体业务工作，以免妨碍各地斗争计划的统一，更不应把工商管理局当作供给机关，任意拖借工商资金。

各地应即讨论此项指示，具体布置执行，并须随时电告执行情形及币值物价变化。各地经济情报至少每月两次，由省工商管理处汇集通报各地。各地并应指派专门干部，建立敌占大城市（如济南、青岛、潍县等）的经济情报工作，并将所得材料迅速向上报告。

本指示发至县党委、县政府及县局为止，对外保守秘密。

山东省战时行政委员会通令

1945 年 8 月 1 日财字第 22 号

随着年来我对敌军事经济斗争的巨大胜利，我山东各根据地基本上已打破过去的分割状态，货币斗争亦已普遍胜利。今后为全面地调剂物资，稳定金融，统一步调，更有力地开展对敌经济斗争，特决定全省各地区发行之本币，不分地区统一流通，同时过去各地北海银行及工商管理局所发行之本票与流通券等，应立即停止在市面流通，并限期由各发行机关负责兑回。

全省本币统一流通，政府暂不公开宣布，希各级党政军民接此通令后，立即传达所属各部门，遵照执行，并自行商定具体实施办法为要。

此令

主任委员 黎玉

山东省政府工字第一号命令有关“货币问题”的指示

1945 年 8 月 13 日

立即大量调剂城市所需本币，胶东、鲁中各增发一万万元，其他各地各增发五千万元。并立即扩大银行职员，接管城市印刷机关，突击印票，准备继续增发。在本币不够流通前可发流通券（每张壹佰元至壹仟元），以应市场急需。并宣布铜元按二角、一角市价使用，代替辅币，银元亦可作价使用。宣布北海钞为唯一合法的本位币，一切收支来往账目、票据均须按本币市价计算，要求商会、银号、钱庄立即执行。对法币、伪钞暂不表示态度，立即停止收兑伪钞，亦不没收，任其自行消灭，在本币不够流通时，人民使用法币暂不没收，并可低价收兑法币。

山东省政府布告北海币统一流通

1945 年 8 月 29 日财字第 24 号

随着日本无条件投降，山东我解放军向大城市交通要道进军的胜利，现在我全省各根据地基本上已联成一片。为全面调剂物资，流通金融，特决定全省各地区（滨海、鲁中、鲁南、胶东、渤海）过去所发行之北海银行本币，今后不分地区统一流通，过去各地区北海银行所发行之本票流通券等仍限本地区流通，并由发行机关负责收回。

以上仰我全体军民遵照执行为要。

主席 黎 玉

山东北海银行各级行处组织暂行规定

（1945 年）

第一章 总则

第一条：为适应目前山东之情况，使之趋于统一与正规，暂制定本规定，以供发展之准绳。

第二条：各级行处定名为：（1）总行——山东北海银行总行；（2）分行——各行署区为山东北海银行 ×× 分行；（3）支行——以支行所在地之名称命名；（4）办事处——以办事处所在地之名称命名。

第三条：各级行处组织系统表（附后）。

第二章 总行编制及分工

第四条：总行设正副行长二至三人，负责领导全行行政、计划工作；实施检查；掌握政策事宜。

第五条：秘书室设秘书主任一人，负责辅助正副行长处理有关行政及领导全行处，处理日常工作等事宜。下设秘书及文书一至三人，收发、油印、保管一至二人。

1. 秘书及文书——负责文电之拟撰、缮写、编纂及一般文书等事宜。
2. 收发人员——负责一般文件之收发、油印及保管等事宜。

第六条：总务科设科长一人，下设庶务、管理两股，各设股长一人，科员、练习生三至五人分掌各项工作，及警杂人员十七至二十四人。

1. 庶务股人员——负责购置、供给、保管之职。
2. 管理股人员——负责总行总务、会计、生活及警杂人员管理教育。
3. 警卫班兼通讯班七至十人，内设正副班长各一人。
4. 勤务员四至六人。

5. 炊事员四至五人。

6. 饲养员二至三人。

第七条：会计科设科长一人，下设会计、稽核两股，各设股长一人，科员二至四人，办事员及练习生二至四人。

1. 会计股负责各级行处会计制度统一领导、会计设计、会计检查、供给制度之设置及总行会计工作等事宜。

2. 稽核股负责各级行处会计复核及资产负债之统计等事宜。

第八条：营业科设科长一人，下设营业、汇兑两个股，各设股长一人，科员二至四人，办事员及练习生二至四人。

1. 营业股负责掌握政策，指导各级行处处理日常存放款项、投资及一般银行业务等事宜。

2. 汇兑股负责掌握政策，指导各级行处，处理内外汇兑，代收代付外埠款项及有关银行业务事宜。

第九条：出纳科设科长一人，下设出纳、保管两股，各设股长一人，科员三至六人，办事员及练习生三至六人。

1. 出纳股负责全行各种款项之收支、库存保管等事宜。

2. 保管股负责生金银及一般实物之保存。

第十条：发行科设科长一人，下设工厂及发行股，工厂设正副厂长各一人，正厂长由科长兼（工厂组织及编制另定），发行股设股长一人，科员、办事员及练习生三至六人。

1. 工厂负印刷钞票之责，详情另定。

2. 发行股负责办理破币兑换，组织销毁委员会销毁破币及发行事宜。

第三章 分行编制及分工

第十一条：分行设正副行长各一人，承总行之命，负责领导分行行政、计划工作实施，对下级行处之检查等事宜。另设秘书一人，承正副行长之命，处理日常工作，一般文件之拟撰及保管等事宜。

第十二条：总务科设课长一人，课员一至二人，办事员及练习生一至三人，及警杂人员十至十七人。

1. 总务课负责购置、供给、卫生、保管，分行警杂人员之管理教育及收发油印等事宜。

2. 警卫班兼通讯班五至七人，内设班长一人。

3. 勤务员二至四人。

4. 炊事员三至五人。

第十三条：会计课设正副课长各一人，课员一至三人，办事员练习生二至四人，平时根据统一之会计制度，承总行会计科之指导，负责实施对下级行处会计之检查与领导，及分行会计工作之处理等事宜。

第十四条：营业课设正副课长各一人，下设营业、汇兑二股，各设股长一人，课员二至四人，办事员及练习生二至四人。

1. 营业股承总行营业科之指导，负责领导下级行处处理日常业务，及分行存放款项投资汇兑等事宜。

2. 汇兑股承总行营业科之指导，负责领导下级行处处理日常汇兑及分行汇兑等事宜。

第十五条：出纳课设正副课长各一人，课员二至六人，办事员及练习生三至六人，平时负责全行各种款项之收支、库存与生金银之保管及破币兑换，并组织销毁委员会办理销毁破币工作。

第十六条：仓库设主任一人，办事员及练习生一至四人，平时负责保管抵押放款之收买实物及收付登记等事宜。

第四章 支行编制及分工

第十七条：支行设正副行长各一人，承直属分行之命，负责领导支行行政、计划工作，实施对所属各办事处之检查等事宜。

第十八条：会计股设股长一人，办事员及练习生二至四人，平时承直属分行会计课之领导，负责实施对下级所属各办事处会计之检查与领导，及支行会计工作之处理等事宜。

第十九条：营业股设股长一人，办事员及练习生四至六人，平时承直属分行营业课之领导，负责领导下级所属各办事处之日常营业及支行一般业务之处理等事宜。

第二十条：出纳股设股长一人，办事员及练习生五至八人，平时负责全行各种款项之收支库存与生金银之保管，破币之兑换等事宜。

第二十一条：仓库设主任一人，办事员及练习生一至三人，平时负责保管抵押放款及收买之实物及收付登记等事宜。

第二十二条：另设文书一至二人，庶务员一至二人，警杂人员八至十三人。

1. 文书承正副行长之命，处理日常行文、收发、保管及一般文书事宜，并负责领导庶务工作。
2. 庶务员负责支行及一切总务工作，并受文书之指导，管理教育警杂人员。
3. 警卫班兼通讯班四至六人，内设班长一人。
4. 勤务员二至三人。
5. 炊事员二至四人。

第五章 办事处编制及分工

第二十三条：办事处设正副主任各一人，承直属支行或直属分行或直属总行之命，负责领导办事处行政工作、计划工作及一般业务等事宜。

第二十四条：会计设主管员一人，办事员一至二人，平时承直属上级行会计之领导，负责处理日常及办事处总务会计。

第二十五条：营业设主管员一人，办事员二至四人，平时承直属上级行营业之领导，负责办理各种存放款投资及汇兑等有关业务。

第二十六条：出纳设主管员一人，办事员二至三人，平时负责办事处各种款项之收支、库存、生金银之保管及破币之兑换，直属总行之办事处，呈请总行组织销毁委员会处理销毁破币之工作。

第二十七条：仓库设主管员一人，办事员一人，平时负责保管抵押放款与收买之实物及收付登记等事宜。

第二十八条：另设庶务员一人，练习生六至八人，警卫员兼通讯员二至五人，勤务员一至二人，炊事员一人。

第六章 附则

第二十九条：各分支行及办事处，得酌量情形在各处设破币兑换所，委托妥实商店代为办理，原则上不派人协助。

第三十条：渤海、胶东两地，得根据当地情形酌增设金库，设主任一人，办事员及练习生一至二人，各级行处如因业务需要得呈请总行酌增人数。

第三十一条：各级行处人员之任用，待山东省政府颁布北海银行各级行处组织条例后，再行规定。

第三十二条：在山东省政府未颁布北海银行各级行处组织条例前，本规定暂行通用。

第三十三条：本规定如有未尽善处，得提交总行行务会议修订之。

第三十四条：本规定自公布后实行。

山东省工商总局关于陆续收回期票不再发行的通令

1946 年 5 月 8 日

查本局曾因现款不足，由各分局发行各种期票，现在支绌情形已过，特决定各局将发出的期票陆续收回，未发行的不再发行。各局即应根据现金周转情形开始收回，但不准各地区相互代收，原则上确定何局发出由何局收回。该项期票留作现款不足时，厝支周转随发随收，不能使其影响到市场金融混乱为原则。

山东省工商管理总局限期收回汇票券、流通券、期票的紧急启事

1946 年 8 月 28 日

启者，我山东地区各区分局，从一九四三年开始在本市不够流通地区，印发部分汇兑券、流通券、期票等数种票据代替了本币之不足，支持了货币斗争。但自从去年省政府颁发统一北币命令后，各地区即已大量兑换收回。唯迄今为止仍有一部分在市场上流通，一部分变为一般商人户的贮藏手段。为了贯彻省府统一本币精神，特决定全部收回。兑换办法以便利群众为原则，不限地区。凡本局所属范围内的商店酒店，皆负责按印发时所公布的条件（详票据上正反面的说明）兑换，限九月底以前收兑完毕，过期作废。望各地存户从速到附近的商店酒店中兑换，时间不长，希勿延误为荷。

中共华东中央局关于克服目前经济危机与今后财政经济方针的指示（节选）

1946 年 9 月 9 日

自四月以来，我山东各地物价不断上涨，发生数年来未有的暴涨现象。迄今为止，平均上涨五倍至六倍，个别物价有上涨到十倍以上者。因此使各种农工生产事业受到严重影响，财政开支扩大，通品膨胀，本币信仰降低，党政军民日常供给都遭受到很大困难。检讨造成这一现象的原因，除由于时局紧张，内战刺激，出口减少等客观因素外，主要由于在领导上对和平估计过高，对时局斗争的曲折过程掌握不足，认识不够，因而：

（一）加倍印发货币，改变紧缩方针，过早的作了退却的打算，致形成工商机关与各军政党民抢购物资，囤积居奇，与平衡出入口、调剂市场巩固币值不相结合，市场混乱恐慌与群众怨言必伴随而来。

（二）由于和平麻痹，不作艰苦打算，享乐倾向上升，制度松懈，浪费自流，大手大脚，形成财政漏洞甚大。

（三）更由于竞相投机取巧，放松生产，使用自给自足的基础无大进展，日常用品不足，供不应求，再加抢购，更促成市场恐慌物价动荡。

目前经济危机，又表现于一般预算异常庞大，收支不平衡，而支出预算竟超过总收入之一倍半（收入尚不足 ×× 亿本币），如收支间巨大差额不能克服，不但难以支持战争，且必依赖银行作为财政开支，如此物价继续飞涨，军民生活必受严重打击。……在目前经济情况下，我们必须采取以下具体办法：

（一）紧缩预算，扩大收入，确保财政收支平衡。战争费用浩大，自必扩大预算，但必须准确计算，用之得当。

（二）紧缩通货，稳定物价，应为当前积极措施。除基本上停止发行外，工商局应首先抛售部分存货旧货，同时各地政府在九、十月份左右完成征收田赋，各种到期之贷款均应争取全部收回，并限令各机关贸易囤积之物资向市场出卖，不得再有抢购囤积居奇行为。

（四）大力发展生产，做到自给自足。

山东北海银行总行分行行长联席会议决议案

1946 年 9 月 18 日

在过去一年中，因对形势的估计略有偏差，故没能从形势变化中机动地掌握我们的工作。中国经过八年抗战，城市农村的创伤太多，都需要我们银行投资放款来复兴，但是我们的力量有限，不能不择其首要者来逐步恢复，如果工作的重点注意不够，就可能发生浪费资金的现象，如果投资放松，就会造成社会投机囤积，通货膨胀，物价上涨。如果我们认识到，可以从放款中防止一部分，要多投到生产方面去，少投到贸易方面去，资金运用得当，也可以防止发行庞大，不致形成现在的物价高涨，军民生活发生困难，财政开支日趋扩大。现在是如何挽救这个危局，集中一切力量来稳定金融，紧缩货币的时候了。首先我们银行在发行方面，要调整票面种类，少印大票（如贰百元、伍百元、仟元等），禁止发行，多印拾元、伍元、伍十元及零星壹元、贰元等。在业务方面，过去的一些农贷限年底收齐，以便紧缩一部分货币，贸易贷款要防止囤积居奇，今后多采取分散性的贷款，投资工矿业要看环境组织条件如何，以免意外损失。在开支方面紧缩开支，防止浪费，一切建筑费、设备费完全停止，县支办公因陋就简，尽量紧缩。在组织机构方面，要照顾城市农村，在精简方针下，又要照顾工作，又要作到精干战斗。因此一个县办事处要照顾两三个县的工作，普遍设立组织要看干部的条件而决定。总之，精干而有力，领导组织都比较合乎精简原则。

中共华东中央局关于解决目前山东财政困难的请示（节选）

1948 年 11 月 12 日

中财部核准我们今年下半年发行额为三千亿，截至 11 月半止可印好票发行二千三百亿，尚余七百亿无法印出。此项发行用以弥补今年下半年之亏空二千亿，预先调度明年开支三千亿，尚不足二千亿，因此请求中央核准我们再增加发行二千亿，以应付战争紧急需要，以便我们全力支持华野歼灭当面之敌。

董、薄、黄戍齐电曾、艾、方，要求通知北海银行立即用胶版改印人民币，中央批准华东发行之数未印足者用人民币折合补足。我们研究结果，认为下列问题值得严重考虑：第一，目前我们集中全力印刷北海币、华中币，并将票面以一千元改至两千元，全部生产能力尚无法满足每日要求，如停印北海币改印人民币，必致青黄不接，无法应付和支持目前严重的战争。第二，在目前徐州战役和每日支付空前巨大之时，以人民票来和北海票作接力赛跑，不但可能发生因人民不习惯、不熟悉人民票而增加主要战场支援战争的困难，而且可能直接影响人民票本身价格的稳定。为了不致影响当前巨大的支前工作及不致使人民票本身不利起见，我们建议将人民票发行的时间延期到徐州战役胜利结束，该区蒋匪大部就歼（或逃往江南）之后再来发行（这可能使人民票发行后易于相对稳定，且可能在一定程度上起着紧缩发行之作用），或采取其他较妥善办法，使我们可以避免青黄不接及不致影响支援战争。

华东财政经济办事处关于半年来财经统一及供应战争工作综合报告（节选）

1948 年 11 月 20 日

战争供应中的主要经验。由于战争规模一次比一次大，作战兵力一次比一次多，因此在供应上要有充分准备，才能主动。如陷入被动，供应不上已不是财政本身问题，而是关系到战争胜负的问题了。没有上半年努力的积蓄，济南战役与淮海战役的供应将是困难到无法解决。为了争取战争供应的主动，必须掌握正确的发行政策。在发行问题上要展开两条战线的斗争，反对盲目不顾市场的可能而发行，同时又反对不顾战争需要只顾市场物价及币值而不肯发行这两种倾向。估计到全局需要（尽量节省，严格遵守制度），不可再减少时，与其压到头上时的被迫发行，不如先争取事先主动发行，准备物资以保证前线的供应，争取战争的胜利。

供应问题上的缺点。表现在济南战役后，特别是对淮海战役的新的战争规模的巨大性认识不够，在供应问题上发生很多困难，感觉到炮弹供应军工生产不够用，原料采购供应不能及时，首先是发行问题无法解决，我们要求上级能给我们指示，关于军工生产原料的采购及增加发行问题。

中国人民银行总行令

1948 年 12 月 16 日总秘字第 2 号

查华北银行、北海银行、西北农民银行已奉命于十二月一日合并为中国人民银行，并确定华北银行为总行。华北人民政府已以金字第一号训令及金字第四号布告周知在案。除华北银行总行已遵照改为中国人民银行总行外，北海银行总行即改为中国人民银行华东区行，西北农民银行总行改为中国人民银行西北区行，原华北银行、北海银行、西北农民银行之各分支行处所，于十二月一日一律改为中国人民银行分支行处所。

中共中央关于财政经济工作及后方勤务工作中若干问题的决定（节选）

1949 年 3 月 20 日

中央掌握除东北以外的人民银行货币发行权。东北的货币发行计划须经中央批准。东北以外各解放区得发行小额的人民银行票，或发行地方货币，作为人民银行票的辅币，其发行计划亦须经中央批准。

中央暂以华北人民银行为中国人民银行的总行，各地方银行兼为中国人民银行的分行，但各地方银行仍归各解放区自己领导，进行原来业务。

国民党反动政府的央、中、交、农四行和合作金库及其一切产业，经各地军事管制委员会接收后，原则上应交由中国人民银行负责接管，暂时得委托我各地军管会代管。其他国民党统治区的地方政府银行及官僚资本银行，均归我各地方银行接管。

山东北海银行改称中国人民银行山东省行，各分支机构亦同时更名。

前华北人民政府，与山东省政府会商决定将华北银行、山东北海银行合并为中国人民银行业经布告在案，惟山东北海银行为便利业务之进行，对外债务仍沿用旧有名义。兹中央人民政府成立，为统一起见，自十一月一日起改称中国人民银行山东省行，各分支机构亦同时更名，改辖于中国人民银行山东省行。嗣后对外之一切公函、公告、契约、合同、债权债务一律改用中国人民银行名义，所有以前以山东北海银行名义对外订立之一切契约合同，债权债务仍继续有效，改由中国人民银行负责承受。北海币未收回前仍与人民币按固定比值照旧流通，不得拒用或私定比价。

（录自北海银行总行《金融旬报》第 3 卷 10 期，1949 年 10 月 10 日出版）

第二节 统计资料选编

北海银行各区北海币发行额统计表

单位：北海币千元

年 度	胶 东	渤 海	鲁中、滨海、鲁南	合 计
1943 年以前	64575	22957	63046	150578
1944 年	132799	48500	206337	387636
1945 年	521569	247747	781395	1550711
1946 年	4510585	3479375	6295110	14285070
1947 年	12245114	12455114	38613073	63313301
合 计	17474642	16253693	45958961	79687296

注：（一）此表中胶东 1945、1946 年的原数据分别为 551569、3631865，已经根据《胶东地区历年发行北海币统计表》改之。经核对 1945、1946 年胶东各券种发行量，《胶东地区历年发行北海币统计表》中的数据正确。相应的 1946 年、1947 年的总额与原表总额有出入，亦与《北海银行历年发行货币额统计表》中相应年份的数据有出入。（二）本表摘自《山东革命根据地货币史》第 347 页。

北海银行历年发行货币额统计表

单位：北海币千元

年度	当年发行额	其中			累计发行额	其中		
		北海币	华中币	人民币		北海币	华中币	人民币
1939	324	324			324	324		
1940	7905	7905			8229	8229		
1941	14558	14558			22788	22788		
1942	47945	47945			70732	70732		
1943	79847	79847			150579	150579		
1944	387636	387636			538215	538215		
1945	1550711	1550711			2088927	2088927		
1946	13629091	13629091			15718018	15718018		
1947	69562747	69562747			85280765	85280765		
1948	571096270	521896270	49200000		656377035	607177035	49200000	
1949	7537922197	182068400	252953797	7102900000	8194299232	789245435	302153797	7102900000
总计	8194299232	789245435	302153797	7102900000				

注：为取得一致口径，均折合北海币为单位。华中币按 1:1、人民币按 100:1 折算。资料来源：北海银行总行档案第二九九号卷。本表采自《中国革命根据地北海银行史料》第四册第 565 页。

北海银行累计发行货币券别统计表

单位：北海币千元

币 别	券 别	分计金额	合计金额	说 明
人民币	贰佰元	1000400000		1. 为取得一致口径．金额均折合北海币为
人民币	壹佰元	4974600000		单位。华中币按 1:1、人民币按 100:1 折算。
人民币	伍拾元	948200000		2. 券别仍为该币的票面金额。
人民币	贰拾元	147580000		3. 北海币于 1949 年底后即停止发行。
人民币	拾元	32120000	7102900000	4. 资料来源：北海银行总行档案第二二九
北海币	伍拾元以下	5270509		号卷。
北海币	壹佰元	29865372		5. 据文字资料：
北海币	贰佰元	37790058		1940 年以前发行伍元以下券；
北海币	伍佰元	199681096		1941 年发行伍元券、拾元券；
北海币	壹仟元	143838600		1942 年发行拾元券；
北海币	贰仟元	372799800	789245435	1943 年发行伍拾元、壹佰元券；
华中币	贰佰元	707385		1944 年发行贰佰元券；
华中币	壹仟元	66412		1945 年发行贰佰元券；
华中币	贰仟元	138680000		1946 年发行贰佰元券；
华中币	伍仟元	162700000	302153797	1947 年发行伍佰元券；
总 计		8194299232	8194299232	1948 年发行壹仟元券、
				秋季发行贰仟元券。

注：（一）据考证，1943 年各北海印未发行百元券，百元券的首发时间是 1944 年；1944 年各北海银行未发行贰佰元券，贰佰元券的首发时间是 1946 年。（二）本表采自《中国革命根据地北海银行史料》第四册第 566 页。

山东解放区历年物价指数表（以倍数计算）（算术平均）

品名 时期		副产品			输出品			输入品			总指数
		小麦（斤）	高粱（斤）	土布（匹）	生油（百斤）	食盐（百斤）	猪肉（斤）	棉花（百斤）	洋布（匹）	火柴（箱）	
1937 年	价格（元）	0.0294	1.0	1.8	5.0	0.5	0.11	4.8	7.0	9.6	
	指数	1.0	1.3	1.0	1.0	1.0	1.0	1.0	1.0	1.0	1.0
1938 年		1.6	3.9	1.4	1.2	0.8	1.2	1.3	1.4	2.5	1.4
1939 年		3.2	7.2	2.5	1.4	2.0	2.7	2.1	2.1	5.0	2.7
1940 年		6.0	20.8	5.5	16.0	2.4	3.6	8.3	5.7	7.5	6.9
1941 年		18.4	72.0	10.0	26.0	10.0	11.0	13.0	10.0	625.0	20.0
1942 年		80.0	35.0	89.0	120.0	40.0	45.0	45.0	112.0	150.0	84.0
1943 年		37.4	35.0	100.0	50.0	25.0	36.0	41.6		156.0	60.0
1944 年		44.2	57.0	111.0	76.0	34.0	32.7	52.0		175.0	70.0
1945 年		158.0	246.1	267.0	156.0	116.0	91.0	119.0	348.0	400.0	193.0

（续表）

品名 时期	副产品			输出品			输入品			总指数
	小麦（斤）	高粱（斤）	土布（匹）	生油（百斤）	食盐（百斤）	猪肉（斤）	棉花（百斤）	洋布（匹）	火柴（箱）	
1946年6月	407.0	669.0	644.0	678.0	109.0	262.0	316.0	853.0	1612.0	570.0
1946年12月	986.0	3424.1	1754.0	1418.0	418.0	1000.0	692.0	2014.0	3243.0	1355.0
1947年	8503.4			9040.0	2500.0	6000.0	579.16			6032.5
1948年										(7416.0)
1949年										(28969.5)

注：（一）资料来源：中共中央财政经济部1949年6月编印的《全国历年物价指数》，财经资料统计汇集之四。

（二）1937年后物价是法币价，至1943年后系本币价。

（三）1943年至1945年系根据滨海、鲁南两地数计算，1946年、1947年系全省平均。1946年涨价最大，故分6月、12月列入。1948、1949年数系根据另表数列入的。

（四）本表采自《中国革命根据地北海银行史料》第四册第159页。

我区（北币）与敌区（伪蒋币）物价指数对比分析表（按倍数计算）

品名 时期	副产品			输出品			输入品			总指数
	小麦（斤）	高粱（斤）	土布（匹）	生油（百斤）	食盐（百斤）	猪肉（斤）	棉花（百斤）	洋布（匹）	火柴（箱）	
1937年 价格（元）	0.0294	1.0	1.8	5.0	0.5	0.11	4.8	7.0	9.6	
1937年 指数	1.0	1.3	1.0	1.0	1.0	1.0	1.0	1.0	1.0	1.0
1938年	1.6	3.9	1.4	1.2	0.8	1.2	1.3	1.4	2.5	1.4
1939年	3.2	7.2	2.5	1.4	2.0	2.7	2.1	2.1	5.0	2.7
1940年	6.0	20.8	5.5	16.0	2.4	3.6	8.3	5.7	7.5	6.9
1941年	18.4	72.0	10.0	26.0	10.0	11.0	13.0	10.0	625.0	20.0
1942年	80.0	35.0	89.0	120.0	40.0	45.0	45.0	112.0	150.0	84.0
1943年	37.4	35.0	100.0	50.0	25.0	36.0	41.6		156.0	60.0
1944年	44.2	57.0	111.0	76.0	34.0	32.7	52.0		175.0	70.0
1945年	158.0	246.1	267.0	156.0	116.0	91.0	119.0	348.0	400.0	193.0
1946年6月	407.0	669.0	644.0	678.0	109.0	262.0	316.0	853.0	1612.0	570.0
1946年12月	986.0	3424.1	1754.0	1418.0	418.0	1000.0	692.0	2014.0	3243.0	1355.0
1947年	8503.4			9040.0	2500.0	6000.0	579.16			6032.5
1948年										(7416.0)
1949年										(28969.5)

注：（一）本表是根据前面材料上引用的数字计算的，目的是进行一个概略的分析对比。

（二）北币在1944年前，未建成统一的货币市场，作为法币的辅币发行，无可比性，故只列1945年后环比数字。

（三）法币1944年后退出市场，其物价与比价缺，到日寇投降后又进入市场，因战争关系，材料缺乏。

（四）敌区物价指数以济南为代表。济南于1948年10月解放，故1948年与1949年改以青岛为代表。

（五）本表采自《中国革命根据地北海银行史料》第四册第585页。

相关图片资料

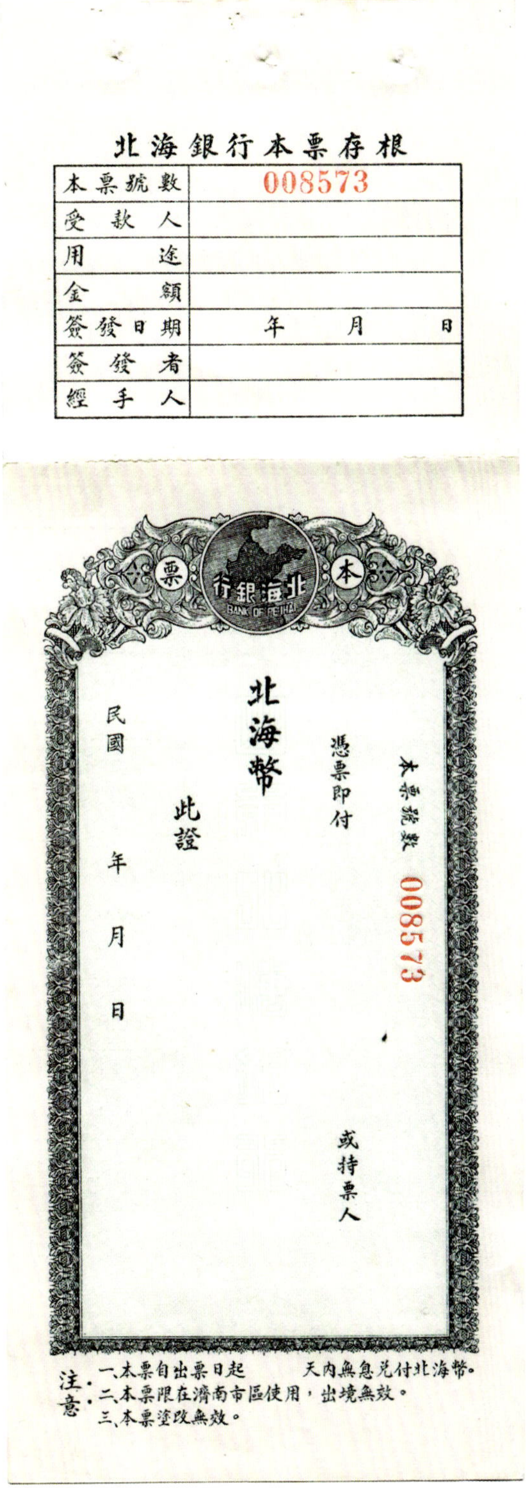

北海銀行本票存根

本票號數	008573
受款人	
用途	
金額	
簽發日期	年 月 日
簽發者	
經手人	

北海银行空白本票

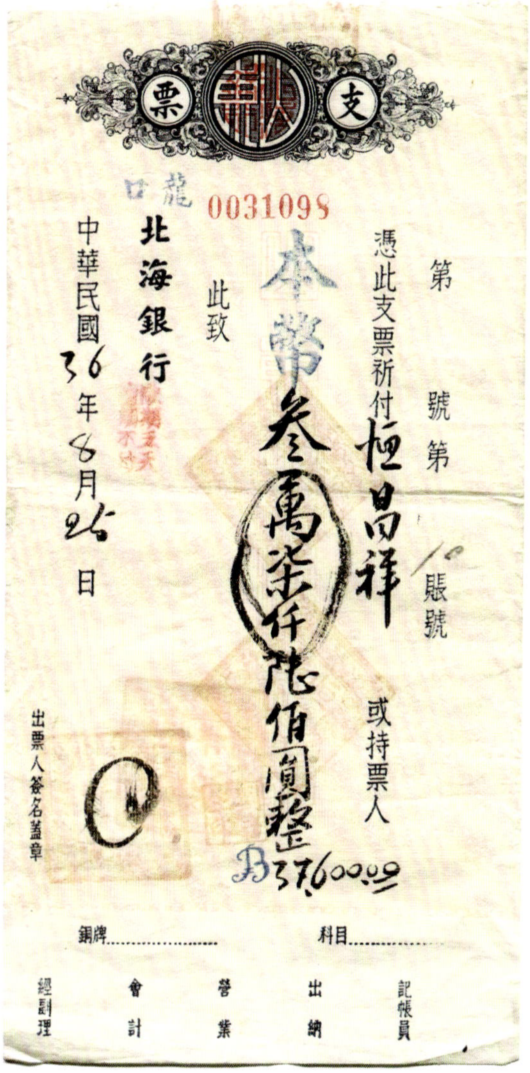

北海银行民国三十六年支票

票幅：196mm x 98mm

北海银行民国三十八年支票

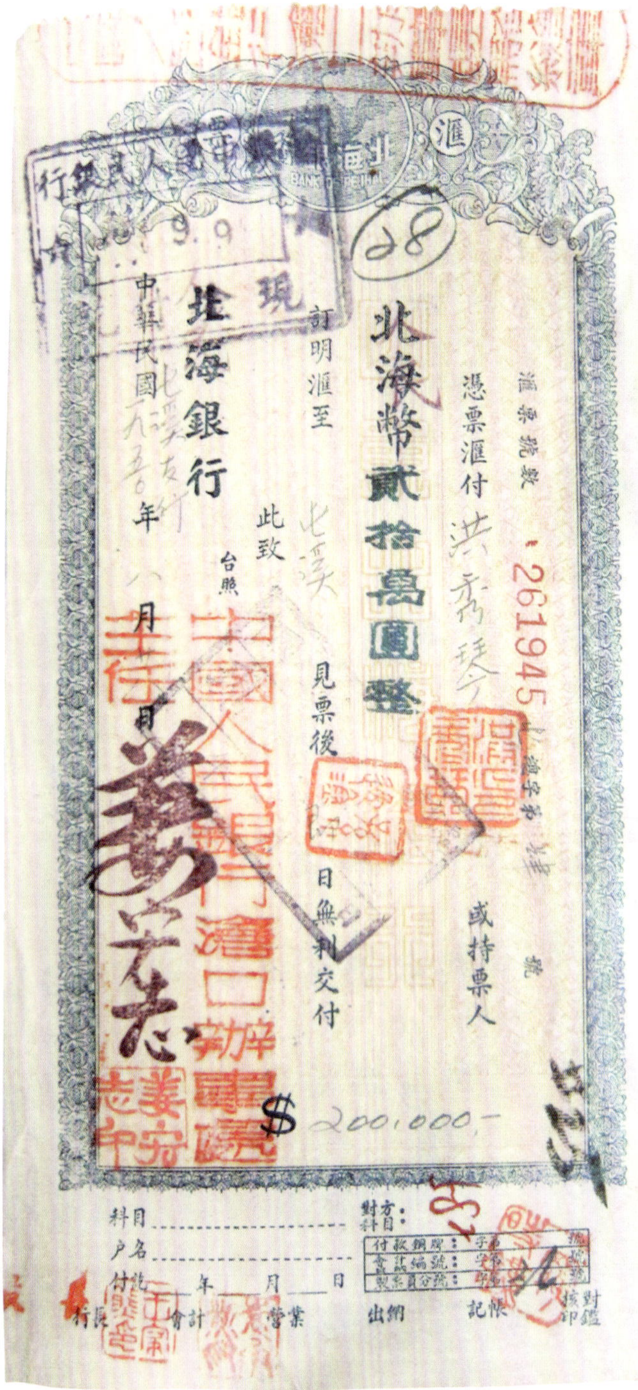

北海银行定额汇票贰拾万圆

中国人民银行沧口办事处签发（编委提供）

北海银行汇票

票中手写体疑似伪作

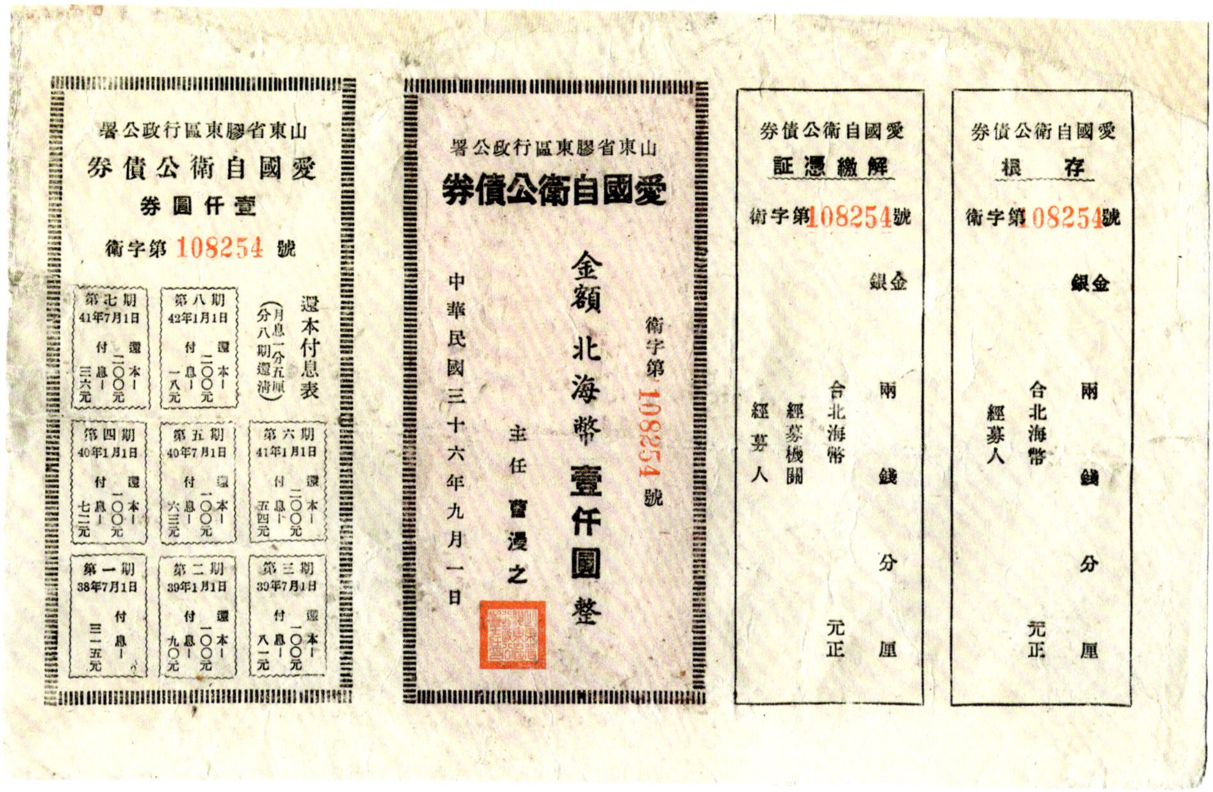

胶东区爱国自卫公债壹仟圆

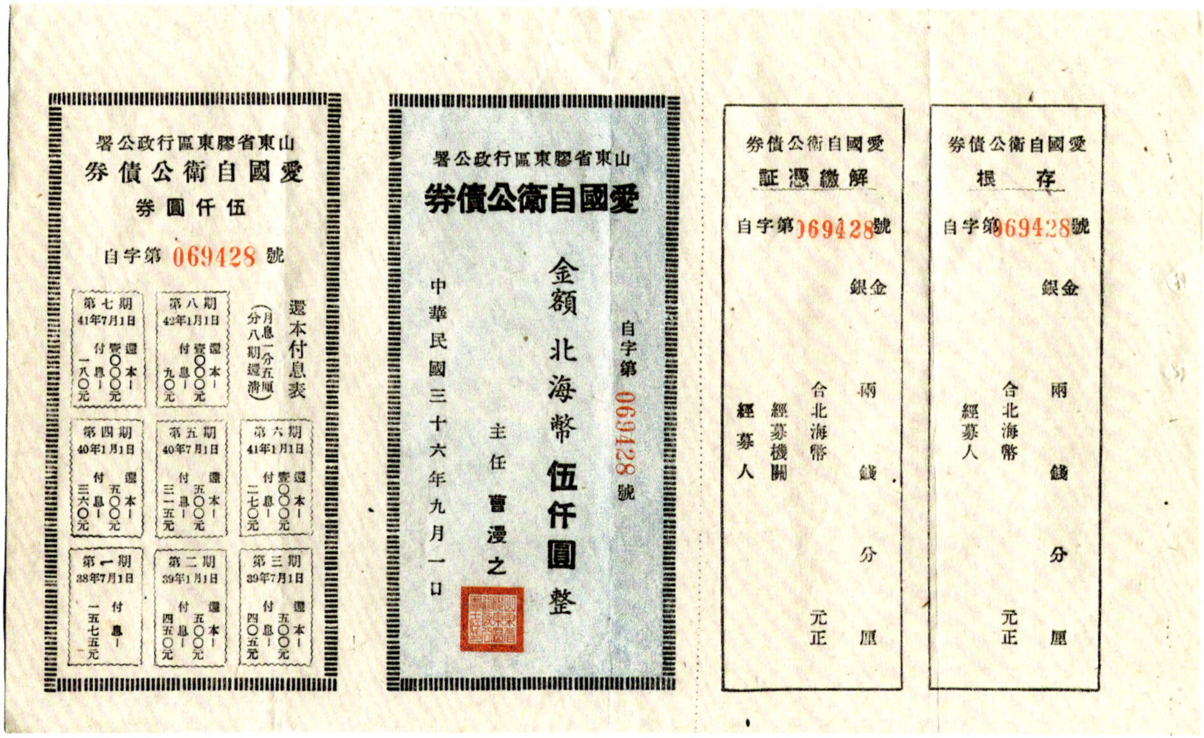

胶东区爱国自卫公债伍仟圆

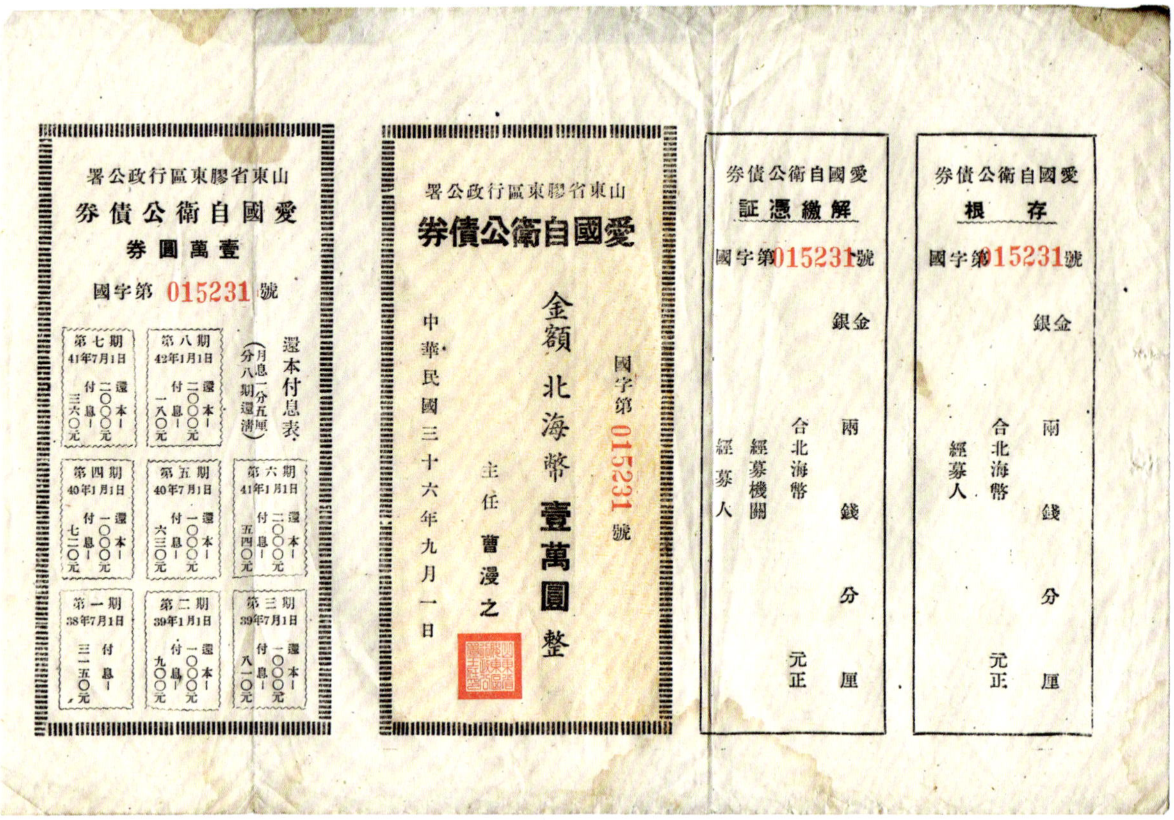

胶东区爱国自卫公债壹万圆

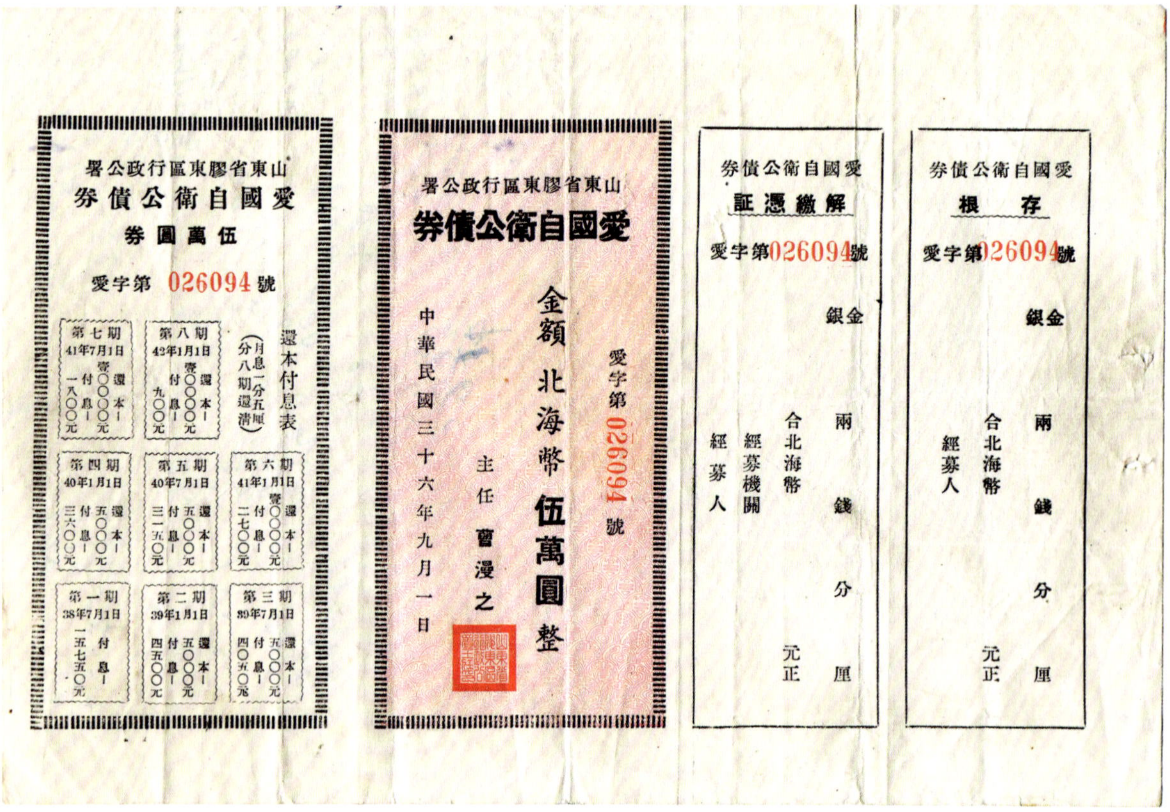

胶东区爱国自卫公债伍万圆

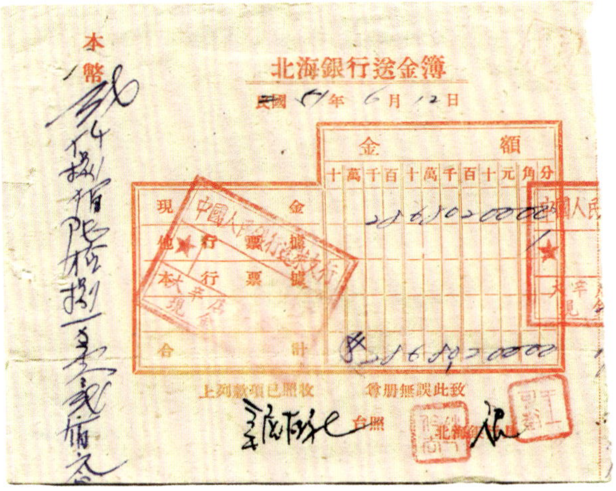

北海银行送金簿

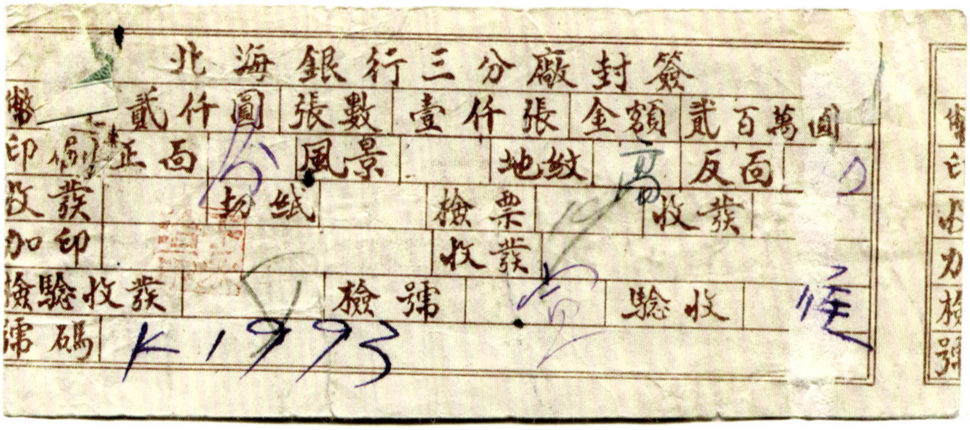

长城号兵贰仟圆券北海币正面改印贰仟圆券封签

（背北海银行代理新华书店收款书）

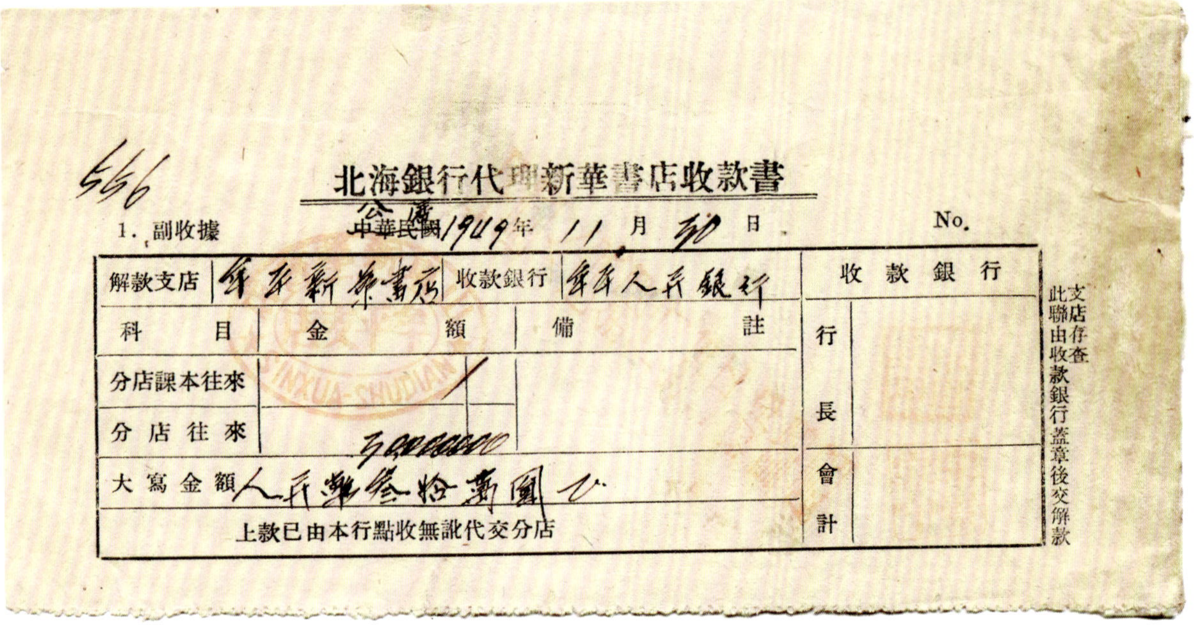
北海銀行代理新華書店收款書

1. 副收據　中華民國 1949 年 11 月 30 日　No.

解款支店	华东新华书店	收款銀行	华东人民银行	收款銀行
科目	金額	備註		行長
分店課本往來				
分店往來	300000			會計
大寫金額	人民幣叁拾萬圓正			
上款已由本行點收無訛代交分店				

此聯由收款銀行蓋章後交解款支店存查

北海银行代理收款书

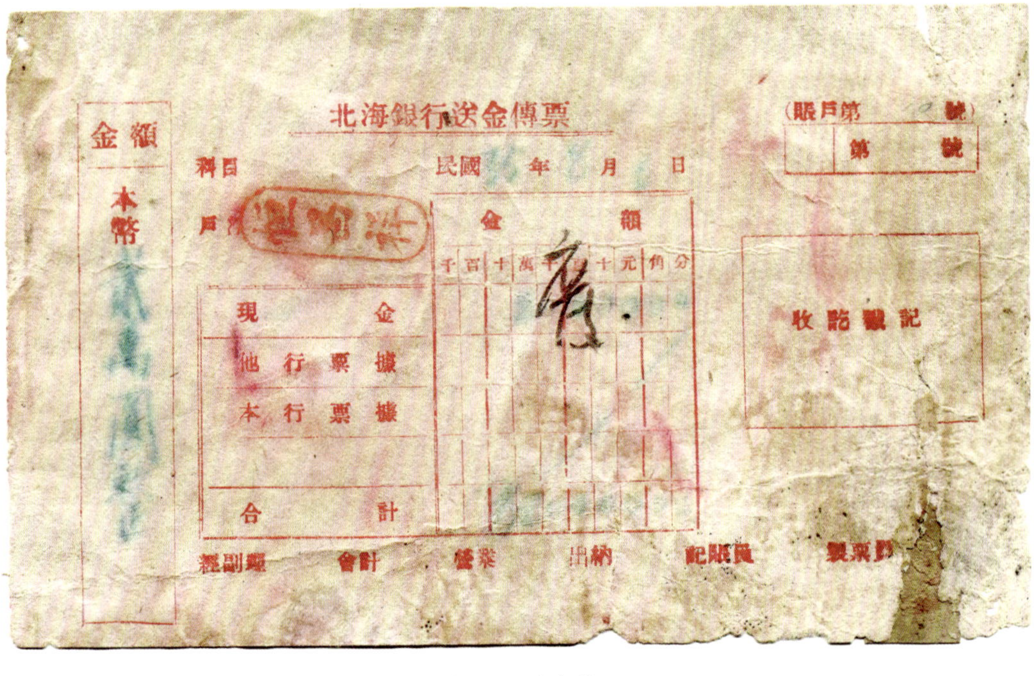
北海銀行送金傳票

(賬戶第　號)　第　號

金額　本幣

科目　民國　年　月　日

戶名

	金額（千 百 十 萬 千 百 十 元 角 分）
現金	
他行票據	
本行票據	
合計	

收訖戳記

經副理　會計　營業　出納　記賬員　製票員

北海银行送金传票

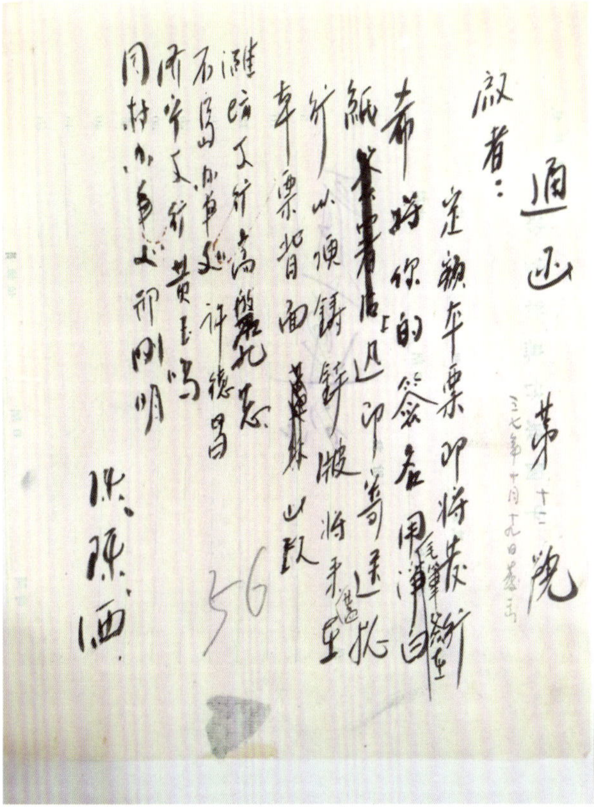

通函 第十七號

三七年十月十九日發

叙者：

定額本票即將發行，希將你的簽名用毛筆在薄白紙[illegible]迅即寄送我行，以便鑄鋅版將來印在本票背面為盼。此致

濰坊支行高經理、石島辦事處許總局、濱海支行黃長鳴、同村辦事處邢明明

陳、陳、洒

56

为发行拾万元定额本票征集支行领导人签名通函（山东省档案馆藏品）

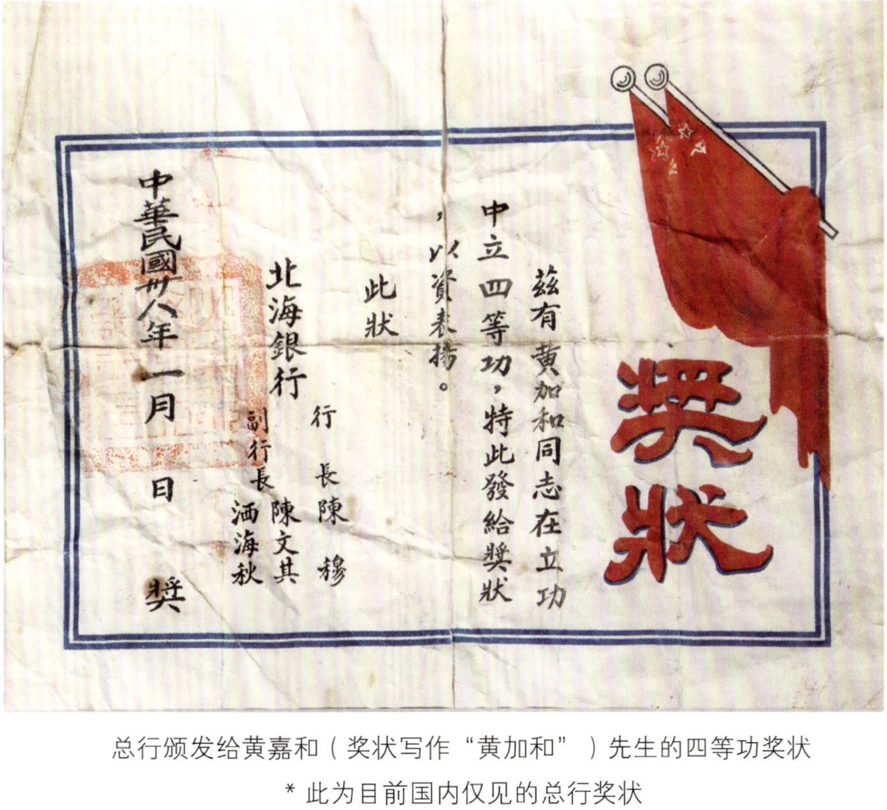

獎狀

茲有黃加和同志在立功中立四等功，特此發給獎狀，以資表揚。

此狀

北海銀行 行長 陳穆

副行長 陳文其 洒海秋

中華民國卅八年一月 日 獎

总行颁发给黄嘉和（奖状写作“黄加和”）先生的四等功奖状

* 此为目前国内仅见的总行奖状

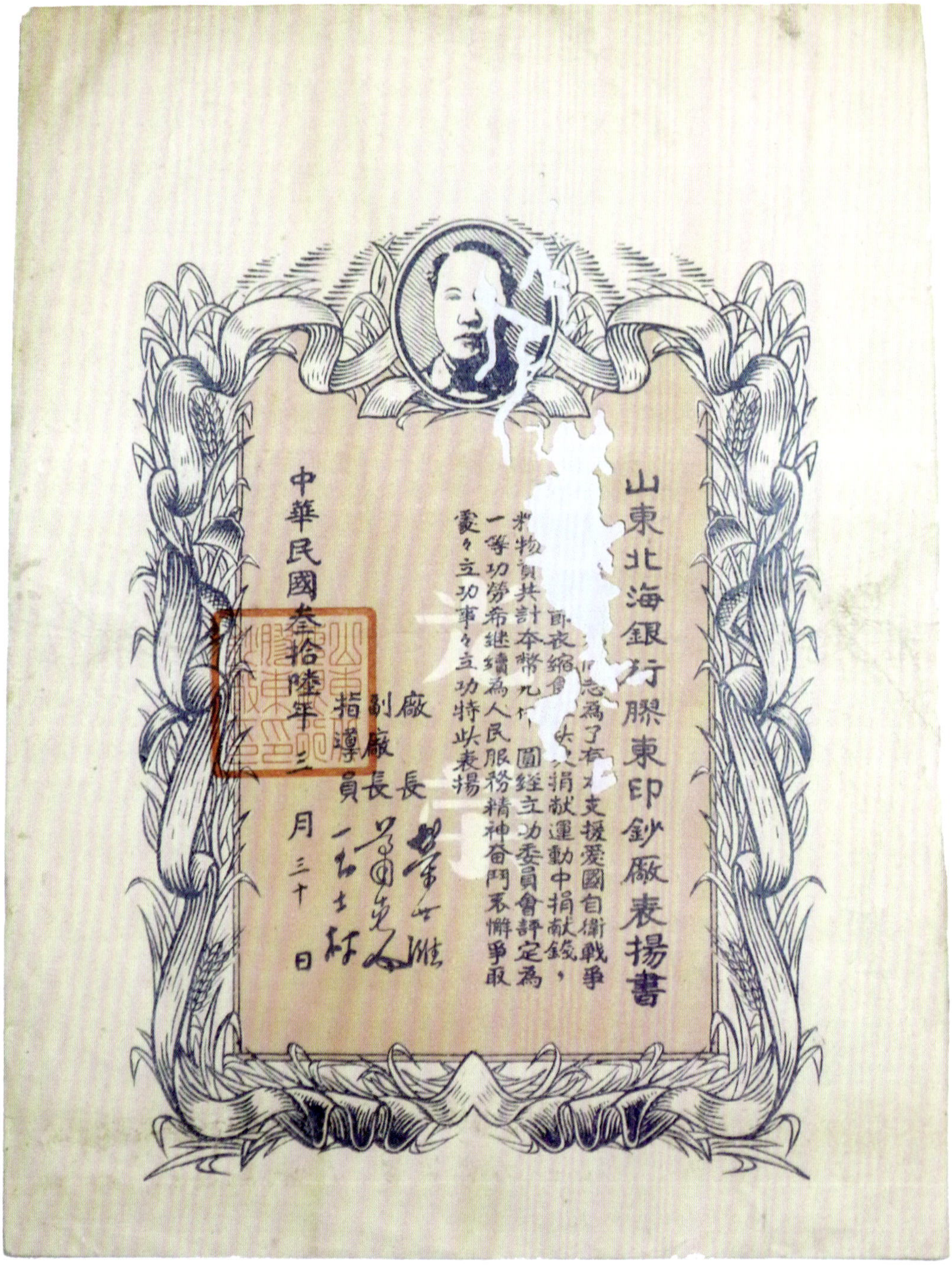

胶东印钞厂一等功奖状（烟台张勇藏品）

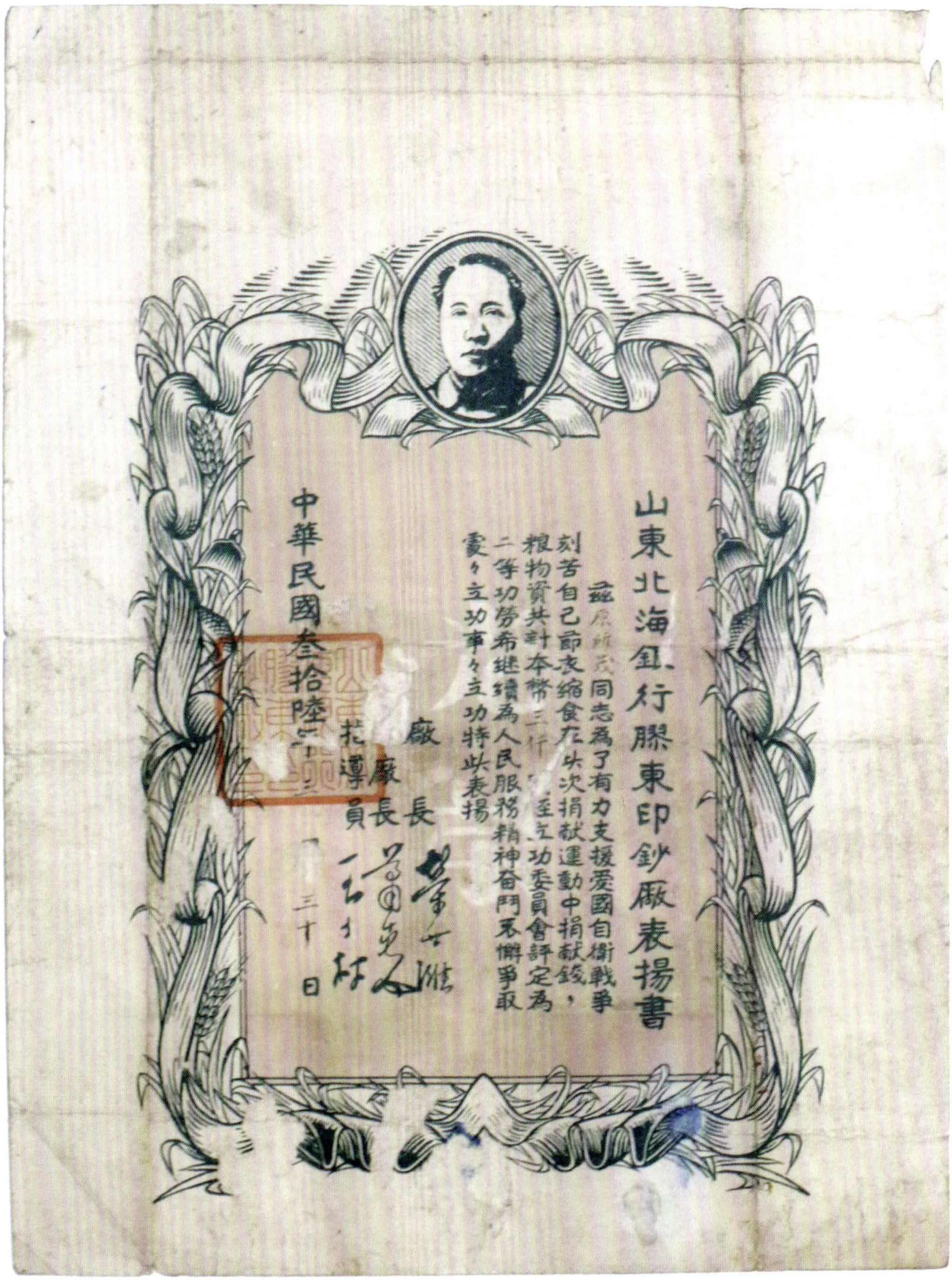

胶东印钞厂二等功奖状（烟台张勇藏品）

注意事項

(一) 票樣本所粘貼之票樣，須指定專人負責保管，不得有所損失。

(二) 保管票樣人員，如因工作調動，必須實行移交手續，並由主管負責人監督辦理移交手續。

(三) 機關組織如有變動，實行交代時，須將票樣列入移交主要事項，所具移交清冊除接管機關留存一份外，並呈報上級機關一份備查。

(四) 票樣目錄登記，應於粘貼票樣同時進行，並須登記清楚，粘貼整齊，切勿馬虎。

票样本

渤海印钞厂胸章（李成广藏品）

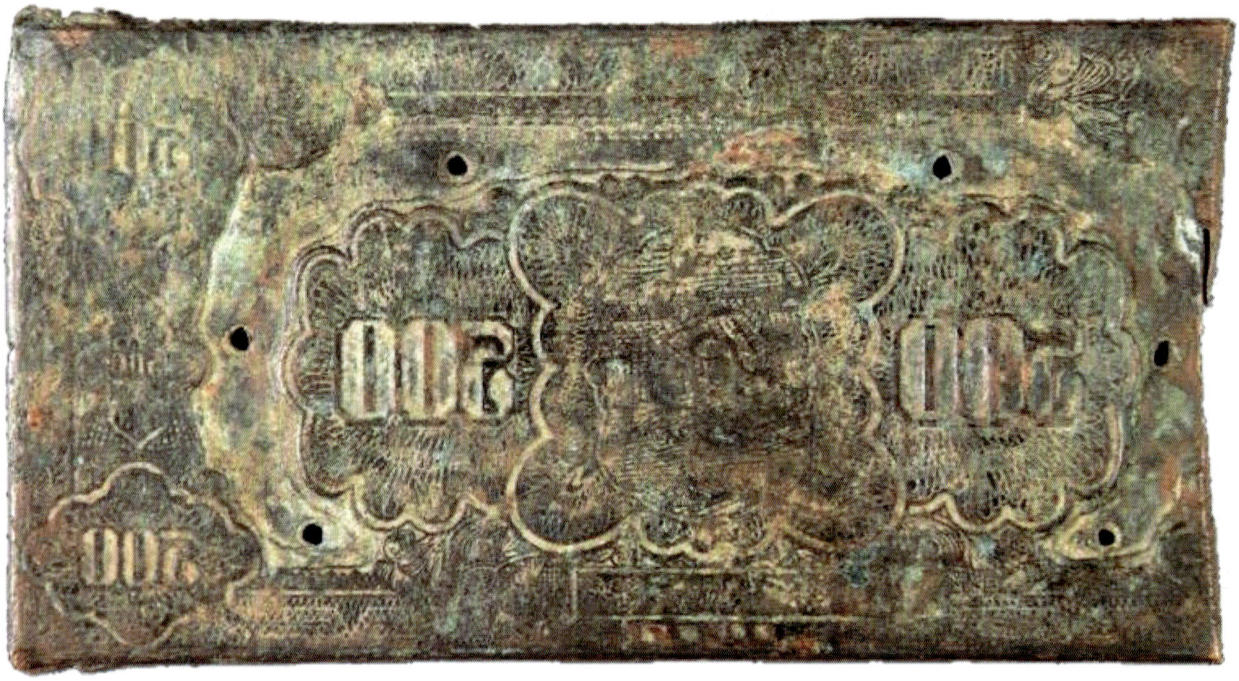

渤海地名民国三十六年农人装收五百元券背图钞版

* 前几年某拍卖公司流拍品，真伪待考

原鲁中南分行长任志明工作证（北海银行纪念馆藏品）

铅钞车间工作情景（上图为用圆盘机印钞，下图系用石印机印钞）

小石印机（照片来源于中国钱币博物馆）

圆盘机（照片来源于中国钱币博物馆）

印钞机

工人正在打磨钞版石

裁切（照片来源于中国钱币博物馆）

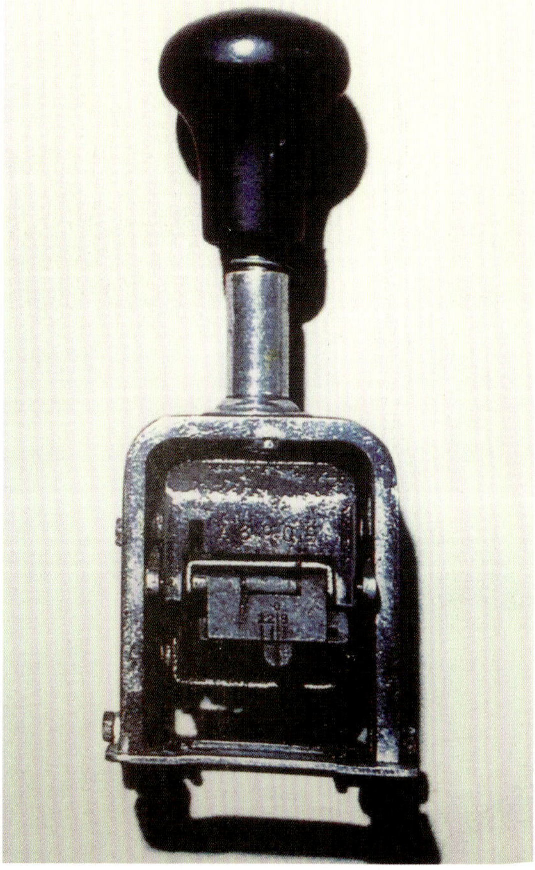

手动打码机（照片来源于中国钱币博物馆）

工作人员清点北海币

艾楚南（1901–1987年），陕西省米脂县人。1940年10月至1947年8月，兼任北海银行总行行长，8月16日正式离任

陈穆(1910-1996 年)，江苏省南京市人。1947 年 8 月 16 日任北海银行总行行长，1949 年 3 月 31 日离任

陈文其（1895-1988 年），山东省龙口市人。1939 年起任胶东北海银行行长（1941 年改称胶东分行行长），1946 年 12 月调任胶东工商管理局长， 1948 年 2 月升任北海银行总行第一副行长，1949 年 3 月 31 日升任北海银行总行行长

张玉田（清末 –1945 年），山东省莱州市人。1938 年任北海银行行长，1939 年 2 月下旬离任

刘涤生（1907–1980 年），山东省龙口市人。1945 年 11 月任重建后的北海银行鲁中分行行长，1948 年 8 月，北海银行鲁中、滨海、鲁南三分（支）行合并为鲁中南分行，任鲁中南分行第一副行长，10 月 15 日，改任胶东分行行长。青岛市解放后，任北海银行青岛分行行长

王有山（1914-1977 年），山东省泰安市人。l940 年 6 月 1 日起兼任北海银行清河分行行长，1944 年，北海银行清河分行、冀鲁边分行合并为渤海分行，任渤海分行行长，1945 年 2 月中旬离任

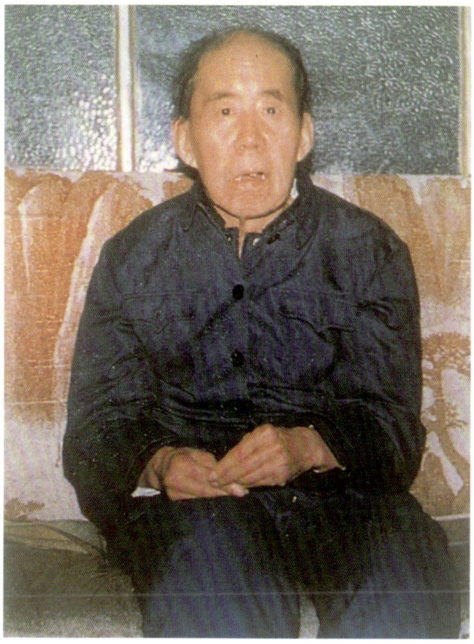

张耀曾（1909-？），河北省盐山县人。1941 年秋至 1943 年底兼任北海银行冀鲁边区分行行长

王子芹（1915-？），山东省淄博市人。1942年9月任北海银行滨海分行行长，翌年夏季，滨海分行撤销，改任总行会计科长。1945年2月中旬，任北海银行渤海分行行长。1949年7月升任北海银行总行副行长

贾洪（1923-？），山东省泰安人。1943年5月任北海银行鲁中分行主任（相当于行长），1945年8月鲁中分行与总行合并后改任总行会计科长

任志明（1917-？），陕西省米脂县人。1946年春任鲁南分行行长。1948年8月，北海银行鲁中、滨海、鲁南三分（支）行合并为鲁中南分行，任鲁中南分行行长

耿荆山（1907-2004年），山东省金乡县人。1943年3月任鲁南分行行长。1946年春离任

班鹏志，第一批北海银行钞票铜版的制作者

邢松岩，“北海银行”行名题写者

北海银行清河分行地下印钞厂旧址（现位于淄博市临淄区） 北入口

北海银行清河分行地下印钞厂旧址（现位于淄博市临淄区） 南入口

北海银行清河分行地下印钞厂旧址（现位于淄博市临淄区） 北室

北海银行清河分行地下印钞厂旧址（现位于淄博市临淄区） 南室

北海银行渤海分行地下印刷所旧址（现位于滨州市沾化县） 入口通道

北海银行渤海分行地下印刷所旧址（现位于滨州市沾化县） 左室

北海银行渤海分行地下印刷所旧址（现位于滨州市沾化县） 右室

北海银行渤海分行地下印刷所旧址（现位于滨州市沾化县） 室内通风口

北海银行渤海分行地下印刷所旧址（现位于滨州市沾化县） 出口通道

2013 年 10 月 25 日，山东省钱币学会在临沂市组织召开“北海银行成立 75 周年纪念大会暨学术研讨会”

2014 年 12 月 1 日，山东省钱币学会在临沂市组织召开“北海银行纪念馆开馆暨红色金融文化学术报告会”

有关领导同志为北海银行纪念馆开馆

2014 年 7 月 15 日，山东省钱币学会组织召开《北海银行货币大系》编撰工作座谈会

大事记

1938年（民国二十七年）

3月8日，中共掖县县委郑耀南、张加洛等联合其他党派在玉皇顶举行抗日武装起义，12日，组建了胶东抗日游击第三支队和掖县抗日民主政府，郑耀南任支队长。为了保障军政供给，稳定市场流通秩序，扭转混乱的金融局面，抵制日伪货币，三支队成立了财政经济委员会，孙康侯任主任。

4月，郑耀南和财经委委托原青岛中鲁银行经理张玉田筹建银行，初拟定名掖县银行。筹建伊始，由三支队通过民主政府向各区征集25万元作为开办基金。后拟定对外招股，变更为股份有限公司。公司设有董事会。由于战事不断及内部肃反，筹建银行计划一度被搁置。

7月，银行筹建工作基本完成。

8月12日，三支队与中共胶东特委领导的胶东抗日救国军第三军合编。18日，银行在掖县成立。

本月下旬，中共胶东特委和第三军总部机关进驻掖县，接管了原三支队的银行。

9月18日，第三军与三支队整编为八路军山东人民抗日游击第五支队。因掖县地处胶东西北部，北临渤海，五支队司令高锦纯提议银行改称北海银行，银行因此定名为“北海银行”。银行原定资本金25万元（法币），公股占30%，私股占70%，由五支队和蓬莱、掖县、黄县三县民众集资合办。初期因为战事不断，军费匮乏，公股没有认购，实收资本金10.1万元（法币），后私股陆续发还，变为完全公营。

10月，北海银行首次印制了面额一角、二角、五角及一元四种带有“掖县”地名的北海币。该套北海币系道林纸石印机印刷，由掖县沙河中心小学校长邓振元设计票样，拟成立的北海银行员工邢松岩（原青岛中鲁银行职员）书写行名，青岛光华制版社的班鹏志制版，掖县城西门里同裕堂印刷局承印。其中一角、二角券的主图是掖城火神阁，五角券的主图是掖城鼓楼，一元券的主图是掖县抗日民主政府门景。前后共发行了95000元。

12月1日，北海银行在掖县民主政府大院举行正式成立开幕仪式，行长张玉田，副行长兼黄县分行行长陈文其，行址设在掖县城大十字路口以南路西一所四合院内。并发行北海币，通告北海币为蓬莱、掖县、黄县三县通用货币。

本月30日，因青岛伪军张宗援部进攻掖县，北海银行撤离掖县城向黄县转移。

年底，八路军山东纵队三支队十团供给处委托益都县城益济印刷局印制一角、二角益寿临广流通辅币券。1939年2月，在广饶县三区李瞿村设厂继续印制一角、二角票，并开始印制五分及五角票。该厂为清河印钞厂前身。

1939年（民国二十八年）

2月下旬，北海银行职员在蓬莱县草甸附近疏散离去，北海银行解散。

5月，中共山东分局指示胶东区委："北海银行努力经营，保持在我们手里，必须成为全省的金融调济〔剂〕机关。"

8月，北海银行在莱阳张格庄重建，陈文其任行长，随后印发了北海币一角、五角、一元券。

10月，毛泽东在中国共产党扩大的六中全会报告指出："……要有计划地与敌人发行的伪币及破坏法币的政策作斗争，允许被割断区域设立地方银行，发行地方货币。"

本月，胶东区党委从大众报社拨出一部平页机、两部圆盘机给北海银行，从报社调配郝世德、王连志等技术工人，在掖县狍脑山前的西家塘村建立了北海银行印钞厂，姜文任厂长，开始独立印刷北海币。

1940年（民国二十九年）

2月29日，中共山东分局指示：（A）扩大分局财委会，以一纵供给部兼财政部为最高设计及执行机关。（B）整理北海银行。筹办鲁西、鲁北、清河三银行。

2月12日，八路军第一纵队开始筹建银行印发纸币。具体事宜由一纵供给部审计处负责。参与人员有王志成、贾洪、陈中、任志明四位同志。由任志明带领二人在沂水夏庄（后属沂南县，1981年4月更名为艾山东村）后面的艾山山沟里的两间草房里，用一台小石印机和一台打码机印制北海币火车轮船图案二角券。印钞所需材料、生活用品以及印好的北海币，由供给部设在夏庄的药铺转运，药铺老板郝丁臣（真名辛葭舟）为地下联络人。当年夏收结束时，该券停印。

春季，一纵供给部委托济南大中印刷局代印标有"鲁南"字样的北海币一角、二角、五角券。赵克勤制版。印好的北海币运回根据地，在沂南南瓦庄公立学屋的三间东屋加该印章和流水编码。该印刷场所由辛葭舟负责，对外宣称贸易局。

5月13日，《大众日报》刊载北海银行发行一角、二角、五角三种辅币公告。

本月中旬，一纵供给部审计处发行北海银行二角券，在鲁中、鲁南地区流通。

6月1日，北海银行清河分行在寿光县成立，发行北海币及续印益寿临广辅币流通券二角、五角券。初期为官民合办股份制银行，采取有限公司制，行长王有山（又名王泽民）。

6月，济南大中印刷局派了三名员工带着两台打印机前往沂南南瓦庄根据地协助补印工作。

8月1日，山东战时工作推行委员会在鲁中区沂南青驼寺成立，印发北海币事宜转归战工会财政处。

本月，在原三支队十团供给处印钞厂的基础上组建了清河印钞厂。当年10月，厂址由广饶迁往临淄许庄。开始印制带"清河续印"字样的益寿临广流通货币二角、五角券及北海币。

秋季，战工会着手购买大中印刷局全套印钞设备。

10月，北海银行总行正式成立，归战工会财经组（1941年3月24日改为财政处）领导，两机关合署办公，艾楚南任组长兼主任，洒海秋任副主任。下设三个科：发行科、会计科和营业科。发行科负责人是王志成和任志明，会计科负责人陈中，营业科负责人由洒海秋兼。之后，总行用一万元日伪币购买济南大中印刷局全套印钞设备。动员大中印刷局二十几名技工前来根据地。大部分设备于当年冬季陆续运到根据地，人员分数批抵达根据地，最后一批到达根据地的时间是1941年初春。

10月16日，北海专署决定发行各县地方流通券，有黄县、蓬莱、栖霞等地方流通券，计一角、二角、二角五分和五角四种面额。

11月22日，中共山东分局财委会下达关于发行北海银行辅币的通知，发行北海币一角、二角、五角三种辅币。

本年度一纵供给部及北海银行总行合计发行北海币15万元。

1941年（民国三十年）

1月17、18两日，山东省战工会召开扩大组长联席会议，李澄之、艾楚南等出席了会议。大会讨论要案多起。对货币发行和流通作出决议：（1）统一货币发行流通；（2）开办运销合作社，补助商品流通，严厉杜绝伪钞，巩固货币信用；（3）组织商人救国会。

本月，总行印钞厂在沂南大梨峪村建成，任志明负责，后李伦任厂长。厂址设在地主林民芳家。开始印制年号为民国二十九年的红色山东五元券北海币，以及民国三十年五角、一元、五元券北海币。

本月13日，蒋介石给孔祥熙发了查禁北海币的快邮代电。

2月，北海银行滨海办事处在莒南洙边区东书院村开始筹建。

本月10日晚，清河分行印钞厂转移到博兴县牛家庄。

3月初，清河分行面向社会招股，公布了《招股启示》和《集股简章及组织草案》。“简章”暂定资本金为国币三十万元，分为三万股，每股十元，招股比例为官六民四。

4月1日，北海银行总行发布推行新钞宣传大纲及三个附件，在山东抗日根据地推行使用北海币。

4月28日，山东省战工会主持的全省财经文教大会在莒南西岭泉村开幕。大会主要议题是总结过去工作，确定今后方针。财经方面议题主要是统一全省的财粮工作，建立统一的预决算、财粮、税收、供给标准和收支制度。此次大会一直持续到6月18日。关于银行方面，大会确定了全省统一建立北海银行，战工会的北海银行设为总行，各大区北海银行设为分行。决定加强北海银行工作，扩大北海币的发行，在根据地推行北海票，加强货币斗争，扩充银行机构。大会之后，总行从财政处分离出来，归战工会直接领导，行址设在的艾于湖，印钞厂则设在沂南大梨峪。主任仍由艾楚南兼任，洒海秋任副主任（当时亦称秘书主任）。下设发行科、会计科、营业科三个科及印钞厂，后增加出纳科。洒海秋兼任营业科长，后由陈中、贾洪兼；会计科长陈中；发行科长王志成，副科长任志明；出纳科长贾洪；印钞厂厂长李伦。一般干部有会计王一，营业薛文林，发行彭怀正、张延庆、王金甲，出纳金波、辛毅、宋希英等。

本月，胶东分行东海印刷所（印钞厂）成立，主任王亮。

5月，战工会发出《关于发行北海银行一元新钞的通知》。即无地名山水一元券。

6月，国民政府财政部制定了《禁止根据地货币办法》七条。

7 月 1 日，中共山东分局发出指示：建立独立的银行业务，把全省的银行直接统一于分局财委会与省战工会的财政处领导之下。把印发纸币的权力，完全交于银行，非经银行许可，任何地方政权不能随便发行纸币或流通券。……并要在一年内用各种方法收回其他地方纸币与流通券，做到在山东以北海币（鲁西区以鲁西币）作为市面流通的本位币，保护法币，巩固与提高法币汇兑比值，以抵制伪币，巩固根据地金融。

本月 2 日，胶东行政联合办事处召开牟、海、栖、福地方金融调剂委员会大会，会后东海专署印发了牟平、海阳、文登、荣成和福山县地方流通券，计有二角、五角两种面额。

本月 7 日，战工会决定：“立刻建立独立的北海银行组织系统，直接受战工会财政处的领导。印发一定数量的北海银行票，作为本位币，维持市面流通，保存法币，防阻法币外流，并将印发纸币全部投资生产建设事业。保存一定基金，发展银行业务，办理储蓄、汇兑、借贷、投资等工作。并在各地建立北海银行分行、办事处与银行网，便利于金融流通 。”

夏季，北海银行冀鲁边分行及印钞厂在山东乐陵县大桑树建立，张耀曾任分行行长，开始印制发行带“冀鲁边”区名的北海币一角券。

8 月初，北海银行滨海办事处在莒南洙边区东书院村建立。初期仅四名工作人员，滨海专署财政科科长王子芹兼任主任，业务员谢华堂，会计孙良臣，出纳牟逵。其主要业务是协调政府取缔土杂钞，推行北海币，筹建印钞所。

本月 19 日，胶东北海银行正式更名为北海银行胶东分行。

本月 20 日，公布了《山东省金库暂行条例》，共二十四条。

秋季，清河印钞厂搬到广饶县北部靠近海边的辛庄和王家岗村。为安全起见，将铅印与石印分为两个厂进行生产。铅印厂驻辛庄，石印厂驻王家岗村。

10 月 18 日，战工会发出《关于发行北海银行五元新钞的通知》，即发行山东地名天坛五元券。

11 月 2 日 ~ 12 月 28 日，日伪军 5 万余人对鲁中展开了山东抗战史上最大规模的“扫荡”。总行及印钞厂被迫疏散转移。大部分人员疏散到泰山和泰南区，少部分人员随战工会行动。

12 月 8 日，太平洋战争爆发，日伪政府货币政策开始大转变，从利用法币转向排挤法币。

1942 年（民国三十一年）

1 月 5 日，中共中央财政经济部发出《关于法币贬值各根据地应采取的对策》，决定华北各根据地应完全不用法币，在经济上实行必要的反封锁，并允许发行地方流通券，以减少法币贬值的损失。

1 月 11 日，鉴于山东省民生银行被日伪接收，省战工会通令禁止民生银行纸币在根据地流通。20 日，省战工会发布禁用伪平市官钱局纸币的通知。

春节前，总行及印钞厂进驻沂南县万粮庄。印钞厂设在万粮庄山西村地主于学修（东辛庄人）家的学屋（相当于私立学校）里。

2 月，北海银行滨海办事处以滨海时报社一部分为基础，加上从总行调来的一部分人员和器材，在洙边区孙家沟建立了北海银行滨海印钞厂（对外宣称印刷所或工作队），厂长李维恭。初期仅有两台圆盘机（由鲁中印钞厂调拨而来）和两台小石印机（系报社支援），20 余名职工。后来小石印机增加到 10 余部，脚踏机近 10 部。

本月，清河分行开始派发股息，并奉上级指示改为国家银行，停招民股，原招民股悉数拨归贸易局，民股股东可持股票到贸易局更换贸易局股票。

本月，驻辛庄清河印钞厂铅印厂的人员、设备及印钞材料被成建基部俘获，之后成部印制了大量的假北海币。

4月5日，中共山东分局财委会在对各财委会工作指示中决定，1942年发行新钞总数一千万元，胶东五百万元，总行五百万元。

春季，北海银行鲁南办事处在平邑成立，鲁南专署经建科长耿荆山兼主任。成立之初主要任务是代理鲁南专员公署和各县的财政金库，举办生产贷款扶助农业生产和手工业生产，开展货币斗争，使北海币逐步占领鲁南市场，规定北海币在市场流通中与法币的比价。

5月，山东省战工会颁布《山东省金库暂行条例》，责成各级北海银行经理金库业务。

5月29日，山东分局财委会发出《关于法币问题的指示》，提出在山东抗日根据地排除法币、建立独立自主的北海币市场的要求和措施。

6月1日，公布了《山东省借贷暂行条例》，共八条。

6月14日，山东战工会召开扩大常委会，规定北海银行贷款最低利率为：农业贷款四厘至六厘，工业贷款六厘至八厘，合作贷款八厘至一分，商业贷款一分到一分二厘。

上半年，胶东分行奉上级指示改为国家银行，开始退还民股。

7月13日，《大众日报》载：山东省战工会财经处召开扩大金融会议。会议提出，北海银行今后的中心任务是：实行以北海纸币为山东各抗日根据地的唯一本位币。建立各个根据地内外的汇兑。加强银行的业务，密切和群众的利益联系起来。

本月，滨海专署发布告规定：山东根据地自8月1日起，滨海地区以北海银行钞票为本位币。自8月15日起，法币一律五折使用。滨海区拉开了排法斗争的序幕。之后山东各抗日根据地陆续开展排除法币以北海币为本位币的货币斗争。

本月，冀鲁边区印钞厂迁至盐山县城东小山一带。

9月，滨海办事处升格为分行，王子芹任经理，分行驻峧山区何家店子村（今属相邸乡），共有员工10余人，下设业务股、会计股、出纳股、发行股、印钞所；谢华堂任业务股长、辛毅任秘书兼会计股长、牟逵任出纳股长、张汉卿任发行股长。分行管辖莒南、莒中、日照、赣榆、海陵、临沭、沭水及鲁南8个办事处。主要职责是印刷钞票用于军费和地方党政开支，发放农业、渔业、手工业、商业贷款，打击伪币、排挤法币，让北海币占领市场，办理金库业务。同时滨海专署所属各县金库划归银行，并以原金库人员为主，成立各县银行办事处。

本月19日，胶东区行政公署发布《关于停止法币流通的布告》，之后宣称“排法”斗争获得成功。

本月鲁南办事处升格为支行。

12月1日，《群众报》载清河分行公布整理金融办法，主要内容为：以北海币为本位币，法币按八折计算；自十一月二十日至十二月三十一日止，收回本行流通在外的“清河”字五角票及“清”字一元票，过期不兑换者，停止使用。

12月11日，山东省战工会发出《关于查禁伪造北海本币的指示》，29日，对外公布《查禁伪造北币办法》。“办法”第四条规定由北海银行即日公告停止使用1941年春天发行的红色五元券及胶东版蓝色带“繁”字的五元券。

本月27日，《大众日报》载，蒙阴敌寇近以三百万元向我根据地收买粮食、棉花，其中一百万元即系近日发现之伪造蓝色五元北海币。

本月，鲁中发现大批民国三十年天坛五元假北海币。

本月，滨海区城头、十字路、筵宾等集市分别查获伪造的民国三十年天坛五元假北海币数起。25日，滨海专署布告全区查禁伪造五元北海币，并指出，该假票系青口一带敌人所为。

1943年（民国三十二年）

1月，莒南市面发现伪造的北海币五元券。1月18日、19日，在十字路查获三人带入伪造的北海币10万余元。犯人被移交司法机关依法处置。

本月，鉴于假币泛滥，胶东区开始实行北海币限区流通的政策。

2月26日，《群众报》载：“清河分行于日前发出布告，决定将益寿临广伍角辅币（因流行已久，破烂不堪）一律收回。”

3月，北海银行滨海印钞所迁驻岐山区北杨家圈（今属相邸乡）。

本月，总行由鲁中迁到滨海，驻莒南县岐山区何家店子村，滨海分行撤销，人员及业务并入总行，总行兼理滨海区的银行业务。此时总行的经理仍由省战工会财政处处长艾楚南兼任，副经理洒海秋兼秘书主任，主持北海银行日常工作。总行内部下设营业科、会计科、发行科，分别由王寅东、王子芹、王志成任科长。科以下设股，有营业股、会计股、发行股、汇兑股、收支股、鉴定股、稽核股、金库股、庶务股。整个机关共50余人，另有一个警卫连保卫机关和印钞厂。

本月，总行印钞厂由沂南县万粮庄迁到莒南县岐山区北杨家圈村，滨海分行印钞所并入总行印钞厂。厂长任子敏，副厂长李维恭，指导员许杰，有印钞机20余部，职工50多人，借用闲置民房五间作为厂房。

本月，北海银行鲁南支行升格为分行，行址设在费南县王崮山，行长耿荆山。

4月15日，清河区也开始实行北海币限区流通：规定清河版北海币及清河版北海币辅币在市面流通，其余山东、胶东、冀鲁边北海币，一律禁止在清河使用，在限期内凡存有山东、胶东、冀鲁边北海币者，速到清河分行兑换，过期停止使用。

5月，留在沂南县万粮庄的总行人员成立了北海银行鲁中分行，贾洪为主任，任志明任副主任，下设秘书股、营业股、会计股、发行股、出纳股、总务股及印钞厂，后增设鉴定股。印钞厂仍设在大梨峪，主要印钞设备为石印机。当时平均每小时740印。分行在各专署设支行，各县设办事处，下辖泰山、泰南、沂蒙3个支行。泰山支行辖莱芜、莱东、淄川、章丘、益临、淄博等6个办事处。泰南支行辖泰宁、新蒙、泰南、新南等4个办事处。沂蒙支行辖沂水、沂北、沂南、费县等4个办事处。全行干部约七八十人。当时分行的主要业务是货币印发、发放农贷、代理金库和停用法币等工作。

夏季，冀鲁边区印钞厂迁至沾化。

6月12日 山东省战工会发布了《北海银行组织章程》，健全了北海银行制度。

本月20日，滨海专署决定：自布告之日起，粮食交易一律不准使用法币，自7月21日起，停止市面流通。自7月21日至8月10日为兑换期，自7月21日至31日为第一期，法币一元换本币一元；

自8月1日至10日为第二期，法币二元换本币一元。自8月11日起查出行使法币者概予没收。第二次排法斗争由此拉开了序幕。

8月12日至9月8日，山东省临时参议会一届二次参议员大会先后在莒南县坊前村和日照县桑庄召开。大会通过了《山东省战时施政纲领》，决定将山东省战时工作推行委员会改称山东省战时行政委员会（简称省政委会），选举黎玉等11人为省政委会委员，黎玉任主任委员。9月8日黎玉宣誓就职。省政委会下设民政处、财政处、教育处、战时高级审判处、公安处、工商管理处、调查研究室和战时邮务总局。黎玉兼工商管理处长。之后决定成立金融事业委员会，加强银行工作的领导，调整银行干部，发行一定数量的本币，增加各种生产贷款，加强对敌货币斗争。

8月19日，中共山东分局决定北海币统一样式颜色，印发各区独用北币，规定限制各区间流通。

9月3日，战工会要求在半年内发行北海币二万万元（连前发行数），胶东、滨海各六千万，清河三千万，鲁中四千万，鲁南一千万（由总行代印）。

本月15日，滨海工商管理总局成立。

本月20日，省工商管理处对鲁南货币贸易工作做出指示：准备年内发行北海币五百万元，将来发至一千万元（总行代印）。银行可与工商管理局完全合并。

本月25日，北海银行总行决定北海币在山东抗日根据地分区发行分区流通。

10月，渤海工商管理局成立。清河分行奉命将下层机构撤销，原金库干部仍归政府，重建金库，其余干部多数充实配备各级工商管理局。

本月，冀鲁边印钞厂与清河印钞厂合并为清河印钞厂，因合在一起目标太大，印钞厂分别驻扎惠鲁村和杨家村，分行亦驻惠鲁村。

冬季因李仙洲部入鲁，环境恶化，北海银行鲁南支行与鲁南专署财政科合并。

11月，鲁南工商管理总局成立，耿荆山任副局长兼行长，之后，鲁南分行由专署财政科划出，并入工商局。银行干部7人。

12月，总行由何家店子迁驻李家宅子村。除中间因日军“扫荡”，短暂移驻过小山前、吴家庄子外，至1945年6月总行迁出滨海前，基本一直驻扎此村。

本季，在日伪“扫荡”中，清河印钞厂厂房被日军焚毁，设备全部被缴获。全行伤亡被俘者10余人。“扫荡”过后，在蒲台万家重新建厂。

本年，北海银行胶东分行发行一百元、五百元二种面额的北海银行本票，共157.2万元。各县银行发给各工商局大宗五百元、一千元定额支票，由各县级工商局签发，流通于县级工商局管辖区。

1944年（民国三十三年）

1月10日，中共中央山东分局决定清河区党委与冀鲁边区党委合并，建立中共中央山东分局渤海区委员会（简称渤海区党委）。同时决定成立渤海行署和渤海军区。

1月22日，清河分行发行二十五元、五十元、一百元三种本票。其中百元票发行量13.73万元。

3月，渤海区党委、行署、军区正式组成。景晓村任区党委书记，王卓如任副书记，杨国夫任军区司令员，龙书金任副司令员，景晓村兼军区政治委员，刘其人代理行署主任兼军区副政委，李人凤任行署副主任。

之后北海银行清河分行与冀鲁边分行正式合并为北海银行渤海分行，原清河分行行长王有山（王泽民）任行长。

春季，省工商管理处决定，自 3 月至 5 月三个月内，鲁南应再添印本币一千万元。

4 月，刁如心带领十余名工人前往平邑县天宝区筹建北海银行鲁南印钞厂，其中四名技术工人，其余为一般操作员，厂址设在朝阳洞内，洞门设有警卫一名。1944 年冬季，印钞厂建成，李维恭任厂长，刁如心先任印刷组长，后继任厂长。设备为石印机三台、脚蹬子一部。石印机印票面，脚蹬子打号码，裁切用手刀。均印单色票。环境好的时候，将机器暂时移到洞外左侧的小圣堂印票子。三区统一发行北海币前，只印一元券及五角券。钞版、纸张及其他原材料均由总行提供。

本月，山东抗日根据地"排法"斗争取得全面胜利，北海币成为根据地唯一流通的本位币。

5 月 1 日，北海银行胶东分行制版厂在牟平县成立，对外代号"中兴东"，杨杰任厂长。

夏季，鲁中联办副主任马馥塘兼任北海银行鲁中分行行长，贾洪任副行长。年底，因战事需要，精简银行机构，支行及办事处撤销，多数干部转到财政部门及工商局工作。原支行及办事处的业务分别合并到相应级别的财政及工商局。分行的一部分业务如工商信贷及外汇管理划归工商局。分行仅剩十余名干部（不包括印钞厂），主要业务就是印发北海币。

上半年，北海银行胶东分行发行一百元、五百元、一千元定额本票，共 682.7 万元。

7 月，北海银行鲁南分行正式对外宣布成立，耿荆山仍任行长。下设发行股、会计股、出纳股，耿振华、刘洪儒、牟逵分别任股长。辖边联、双山、滕县、峄县等 5 个银行办事处。银行机构从此才开始步入正常轨道单独经营银行业务。

8 月，滨海、鲁中、鲁南根据地实现北海币统一发行、自由流通的政策。

本月，渤海分行印钞厂迁至利津县城。

9 月 20 日，《渤海日报》载，渤海分行发行北海银行本票一百券。

秋季，日军大规模"扫荡"滨海根据地，总行先后移驻过小山前、吴家庄子，印钞厂被迫分为数个小厂，分别迁驻小沈家扁山和石泉湖村（二村今均属十字路镇）、朱家庄子、响河崖、庄家滩井、浔河北等村（前述四村均属大店）。驻扎小沈家扁山的印钞厂设在沈贵善家的三间屋里，厂长李维恭。驻扎石泉湖的印钞厂设在村西北的李义红家的三间堂屋里，厂长田杰，指导员徐杰，共有二十几名员工。驻扎朱家庄子的印钞厂，设在地主官澜堂的柜屋子（当时俗称存放钱柜的房子）的 16 间堂屋里。

10 月 2 日，莒南李家宅村书记李森为了查看北海银行为躲避"扫荡"而埋藏的北海币，在返回途中不幸被日军击中而牺牲。

12 月 6 日，中共山东分局下达《关于货币政策的决定》，进一步部署了胶东、渤海两区的货币统一工作。决定今后两个月（1 月底止）内突击增发一亿三千万元，并须于明年上半年增印四亿元（合共十亿元），按照发展需要随时发行，但需要呈请批准。胶东增发二千万元（连前共二亿元）。渤海增发三千万元，明春继续增发至一亿元，迅速完成冀鲁边区停法工作。滨海、鲁中各增三千万元，两地合计连前约共二亿五千万元。鲁南再增二千万元（连前合共六千万元），明春增发至九千万元。上述数额完成后，胶东再印一亿元，渤海再印五千万元，滨海、鲁中、鲁南再印二亿至二亿五千万，不打号码印章，于市场需要时请总行批准随时发行。

本月，滨海专署决定铜元可作辅币使用。

冬季，总行驻扎石泉湖的印钞厂发生一重大盗窃北海币事件，全村 28 户人家被排查，后查明系内部员工作案，作案者被处决。

本季，王子芹任渤海分行行长。印钞厂长李聘周。

本年度，因北海币缺乏，经政府批准，滨海同泰商店发行一百元、二百元、五百元三种临时期票，流通于滨海各地。翌年 5 月份开始回收，1946 年 9 月为最终回收期。

1945 年（民国三十四年）

1 月 5 日，滨海专署对外公告，启用早已停止流通的旧有铜元作为北海币的辅币参与流通。规定十文铜元一枚作本币一角，自元旦开始，市场交易，公私款项准一律使用。

本月，因辅币短缺，滨北工商管理局发行临时流通券一元、二元券流通于滨北地区。

春季，总行迁回李家宅，印钞厂重返北杨家圈村。

本季，因辅币短缺，莒沭商店发行莒沭商店流通票一元券流通于滨海区泰石公路以南的地区。赣海商店发行一元券纸币流通于赣榆南部墩尚、朝阳和海陵东部临洪、七里沟一带。

本季，鲁中分行与鲁中联办财政处合并，贾洪任副行长兼财政处会计科长。此时分行干部仅十余人，银行只管发行。

5 月 25 日，渤海行署发布告，特定以铜元作辅币使用，规定当十文之铜元暂作本币一角，当二十文者作本币二角。

5 月，日军“扫荡”十字路、朱家洼子、演马庄、大店等村镇，总行设在北杨家圈的印钞厂厂房和部分半成品钞票被日军焚毁，另有大量半成品北海币被抛撒在大街上，村民捡拾者众多，“扫荡”过后，八路军逐户征集并登记半成品北海币。

6 月 30 日，山东分局财委会发出《关于今后对敌经济斗争的指示》，提出配合军事、政治上的胜利，实行经济上主动进攻的总方针，即继续压缩伪钞，扩大北海币流通范围，与敌争夺物资，准备反攻需要，完成全省货币的统一。

6 月，总行及印钞厂迁往鲁中，进驻沂南县西柳沟。

本月，鲁南印钞厂、鲁中印钞厂并入总行印钞厂（其中鲁南印钞厂是并而未合）。总行发行科改为印钞总厂，编制鲁中的印钞厂为一厂，胶东的为二厂，渤海的为三厂。

6 月～ 9 月，渤海分行发行了北海银行本票五百元券 1945 万元、一千元券 1080 万元。

7 月 6 日，山东省工商工作会议决定实施北海币统一流通。

8 月 1 日，山东省战时行政委员会发布《统一本币流通令》：全省各地区发行的北海币，不分地区统一流通；全省各地区过去发行的地方流通券等，应立即停止在市面流通，并限期由各发行机关负责兑回。

8 月 13 日，山东战时行政委员会改称山东省人民政府，黎玉任主席。

本日，山东省政府工字第一号令规定：立即大量调剂城市所需本币，胶东、鲁中各增发一万万元，其他各地各增发五千万元。并立即扩大银行职员，接管城市印刷机关，突击印票，准备继续印发。在本币不够流通的情况下，准许发行流通券；银元可作价使用。

本月 15 日，日本宣布无条件投降。

8月16日，胶东行政公署决定以铜元代替辅币：规定小铜元一枚代替本币一角，大铜元代替本币一角五分，公私款项一律通用，但任何公私款项的来往，每次总额不得超过五元，希各专署接到指示后，急速转令各县执行。

8月29日，山东省政府布告："为全面调剂物资，流通金融，特决定全省各地区（滨海、鲁中、鲁南、胶东、渤海）过去所发行之北海银行本币，今后不分地区统一流通。"北海币在全省实现了统一。

本月，北海银行总行将北海印钞厂、东海印钞厂及胶东制版厂合并，在乳山县崖子钟家村组建成北海银行胶东印钞厂。

本月，鲁南分行迁驻滕县县城，行长任志明。下设营业股、会计股、出纳股，晋洪西、刘鸿儒、孙英分任股长。分行辖枣庄办事处，主任牟逵，另在滕县、平邑建立两个中心办事处。

本月，鲁中分行与鲁中联办财政处分开，并入总行。

本月，北海银行临沂办事处在河东成立，主任李赛文。

本月，鲁中区工商管理总局发行了一百、五百、一千元三种面值的流通券。

9月2日，日本签订投降书，抗日战争胜利。

9月11日，解放军解放临沂城，北海银行临沂办事处迁驻临沂城，并成立伪币兑换所，两天时间兑换四百余万元。之后总行随党政军机关迁驻临沂城。

9月16日，北海银行胶东分行发布启事："本行过去所发行之壹佰元、伍佰元、壹仟元三种本票，现定于十一月三十日以前陆续收回。"18日，《大众报》刊载该启事。

本月，总行在莒南大店重建滨海办事处，于国屏任主任。下设营业、会计、出纳三个股。分别由袁明秀、许洪三、黄守义任主管，共有十余名员工。

11月，鲁中分行在博山重建，刘涤生任行长。分行机关设营业、会计、发行、出纳四个股，下辖第一、第二、第三支行、淄博支行和青州办事处。谢华堂、金波、彭怀正和王有成分别任第一、第二、第三支行和淄博支行行长。主要经营城市存放款业务。

12月10日，渤海分行通函收回历年发行的本票、支票，及在市面流通已久的四种本币。

1946年（民国三十五年）

1月，总行召开了大鲁南地区银行分行、办事处会议，制定了定期存款、短期存款、定期放款、短期放款、核算、汇兑等项营业章程，对放款政策、原则和利率作了统一规定。

2月，总行发行科、印钞厂陆续迁往临沂，分别设在临沂城北曲沂、大朱夏村（现均已成开发小区）。

本月，为了占领沿海经济重地，总行决定撤销滨海办事处，将原班人马迁往日照石臼所，改称北海银行石臼所办事处。

3月，鲁南印钞厂迁往滕县。

4月19日，王志成任总行发行科科长，兼总行印钞总厂厂长。

本月22日，胶东分行规定支票限期支付，不准流通。

春季，渤海分行发行了千元本票，后因刺激物价上涨，于5月1日发文，限本月5日至20日内收回。

6月，总行撤出临沂，移驻临沂半程以东地区。北海银行临沂办事处仍留临沂城继续营业。

7月15日，《大众日报》载郯城码头镇刘锦华、冯保顶、吴玉贤、张志、杨起峰等人伪造北海

26 万元一案。

本月底，鲁南印钞厂迁往临沂，与鲁中印钞厂合并。

秋季，国民党军进攻鲁南，鲁南分行转移到农村，机关干部撤出，银行同工商、粮食、财政等部门合并为财粮局。此前分行辖三个中心办事处：枣庄中心办事处，主任牟逵，辖赵博、苍山、邳县、兰陵、枣庄等县业务；滕县中心办事处，主任晋洪西，辖滕县、凫山、临城等县业务；平邑中心办事处，主任龙维寅，辖平邑、费县、泗水、邹县、曲阜等县业务。

9 月，山东省政府颁布了《修正处理伪造及行使伪造北海币的暂行办法》。

10 月 7 日，北海银行滨海直属支行在莒南洙边区东书院成立，行长李文灏，副行长陈子未，下设业务股、秘书股、会计股、出纳股，袁明秀、谷树屏先后任业务股股长，许洪三、赵萍先后任会计股股长，出纳股长先是由陈子未兼任，后为孙晋灼。之后，滨海直属支行先后移驻莒南寺后、朱梅、桃花林、山底等村。

10 月 15 日，总行通函收回“滨海”“鲁中”字民国三十二年五十元、“山东”字民国三十三年五十元，“山东”字民国三十一、三十二、三十三年十元券，“山东”字民国二十九、三十年五元券。

本月，鲁中分行接管农贷业务，撤销青州办事处。增设莱芜、新泰、沂南、沂北四个中心办事处，次年增设临朐中心办事处，谢华堂、金波、寇丰田、钱文林、彭怀正分任中心办事处主任。莱芜办事处辖泰安、历城、章丘、莱芜四个县；新泰办事处辖沂源、蒙阴、新泰、太宁等四县；沂南办事处辖沂东、沂水、蒙山、沂南等四县；临朐办事处辖益都、临朐、昌乐三县。各区设农贷所。全行干部约 150 人。

11 月 13 日，胶东分行决定收回部分五十元及以下面额的北海币。胶东各县流通券不分面额及新旧一律收回。

11 月 24 日，《山东省北海银行总行查缉伪造及行使伪造北海本币奖励暂行办法》发布。

12 月 4 日，陈文其调任胶东工商管理局局长，胶东行署财政处处长孙揆一兼任胶东分行行长。

12 月 27 日，北海银行票据存款简章公布。

本月，北海银行票据存款暂行办法出台。

本年渤海分行决定回收部分十元及以下面额的北海币。

1947 年（民国三十六年）

1 月， 山东省政府发出《关于贷款问题的决定》，确定农业贷款主要由北海银行负责，政府实业部门配合。

2 月 15 日，驻临沂城党政军撤出，总行撤到沂水。北海银行临沂办事处撤到临沂东部洪瑞、板泉一带，与临沂县金库合并。

3 月 23 日，陈醒任胶东分行行长，原兼任行长孙揆一不再兼任。

4 月 1 日，撤至山东的华中银行与北海银行总行合并，两行组织机构调整后合署办公；华中银行发行局与北海银行发行科合并为北海银行发行局，杨秉超任发行局局长；华中银行印钞厂与北海银行印钞总厂合并组建成北海银行印钞一厂、印钞二厂和印钞三厂。

春季，总行鲁中印钞厂开始淘汰石印设备。鲁中印钞厂一部分人员并入华中印钞厂，一部分由李伦带领并入渤海印钞厂，其余人员由李维恭带领并入胶东印钞厂。

5月19日，胶东分行发现赝造的“山东”字红色二百元假票。此案例为整个北海银行反假案例中的孤例。

本月，因国民党进攻山东，总行印钞二厂转移至诸城县插旗崖。

6月18日，胶东分行通知，海阳办事处发现私自签发万元票面之“凭票照付”支票五张在各商行流通，并要求查处。

7月，总行印钞厂撤出鲁中，经诸城短暂停留后，撤至胶东乳山崖子。

夏季，国民党军进攻山东，滨海直属支行由山底村迁往竹庭县（今赣榆县）照半庄。

本季，因国民党军进攻沂蒙山区，鲁中分行撤到渤海区，年底返回鲁中。鲁中印钞厂部分人员撤到渤海，与渤海印钞厂合并，李伦任厂长。

8月16日，因艾楚南奉命南调，山东省政府免去财政厅长艾楚南兼任北海银行总行行长职务，任命陈穆为总行行长。

9月中旬，因国民党军进攻胶东，总行印钞厂分三路突围。一路奔大鲁南区，一路去东北，一路回华中。

本月，北海银行大鲁南分行行长联席会议决定：从1947年起，所有农业、副业、渔业贷款等由政府移交银行直接经营。

12月，华东局财委召开大鲁南财经会议，通过了银行工作决议，确定以发放农贷、代理金库为中心工作。

本年冬季，北海银行印钞厂一行180多名职工，用18辆马车将印钞设备运抵莒县桑园镇柏庄，机器安装在胡明成前院。

1948年（民国三十七年）

1月7日，华东财委会关于银行工作的决议：银行接受代理金库任务，增设县办事处。依据此决议，鲁中、鲁南普设银行机构，专区设支行，县设办事处，区设农贷员。

年初，总行决定胶东、渤海两厂与鲁中各厂大合并，仍编为一、二、三厂，当年各厂合并，进入正常生产。

本月，鲁南形势好转，鲁南分行再次分设，并成立了平邑、费县、麓水、白彦四个银行办事处，龙维寅、刘惠厚、郭玉樟、戴伯起分任主任。

本月，鲁中分行成立一、二、三支行和博山支行。一支行辖泰安、莱芜、章丘、历城等办事处；二支行辖新泰、泰宁、蒙山、沂南、沂东、沂源、蒙阴、沂水等办事处；三支行辖沂北、莒沂、安丘、淮安、昌乐、临朐、益都等办事处；博山支行辖淄川、博山两个办事处。全行干部580名，除经营农贷外，并代理金库。

2月17日，山东省政府、华东财办指示：将各级政府之金库全部归并北海银行，并规定北海银行代理山东省各级金库，各级政府原有之金库人员，应随金库并入银行。

本月21日，山东省政府发布公告，规定一切生金银、元宝、银元等不准在市场上当作货币流通，或私自买卖，应由各地北海银行统一收买。

本月28日，山东省政府发文任命陈文其、洒海秋为总行第一、第二副行长。

本月，鲁南分行成立一、二、三支行。一支行由平邑办事处主任代理，辖平邑、邹县办事处；二支行行长王安邦，辖白彦、麓水办事处；三支行副行长牟逵，辖费县、赵博、苍山、兰陵、邳县等办事处。至合并前，鲁南分行共辖15个县办事处，全体职工280余人。

3月8日，华东财政经济办事处决定：今后外汇管理工作应逐步从工商局贸易机关移交北海银行管理。

3月23日，中共华东中央局发出《关于公布华东局财委会委员并成立华东财经办事处的通知》，明确华东财经办事处为实际行政权力机关，统管财经、粮食、工商、银行、收支审核等工作。曾山任主任，艾楚南、方毅任副主任。

春季，北海银行胶东印钞厂转移到临朐，合并了原华中印钞三厂留下的设备和人员，在辛寨附近的孔村建厂，改称北海银行印钞三厂，厂长荣世潍任。

4月，北海银行总行自五莲县移驻益都。

本月13日，在解放区华北金融贸易会议上，山东解放区与华北解放区就两区接壤地带建立货币混合流通区及汇兑和兑换等问题草拟了《华北与山东两区货币工作的协定》。

本月，北海印钞一厂职工奉命从东北回山东临朐朱位庄重新建厂复工。

夏季，为了便于山东之外的新解放区人员使用北海币，从本年夏季始，北海银行印发的部分北海币未印山东地名。

7月26日，总行在益都召开行处会议。会议总结工作经验，明确政策原则，制定业务章程，通过了《修正处理制造及行使假北海币奖惩暂行办法》，在各解放区展开群众性的反假币斗争。禁止银元流通。同时决定北海银行鲁中分行、鲁南分行和滨海支行合并为北海银行鲁中南分行。滨北直属支行划归胶东分行领导。要求，鲁中、鲁南两分行账务根据7月底报表移交鲁中南分行接收。滨海支行账务由鲁中南分行根据7月底报表接收，滨北支行账务由胶东分行根据7月底报表接收。

7月28日，总行通函收回1947年发行的民国三十六年山东地名湖亭五百元券。但不公开收兑。

本月，北海银行滨海直属支行改称北海银行鲁中南分行第六支行。

本月，渤海印钞厂的部分人员迁往临朐南流，与春季在这里建厂的二厂合并，另一部分人员及机器迁往益都，建立票据厂。

8月，北海银行鲁中分行、鲁南分行和滨海支行正式合并为北海银行鲁中南分行，行长任志明。成立之初驻沂水城北的农村，不久即迁往临沂城。分行辖一、二、三、四、五、六、七支行及淄博、济宁、徐州、新海连四个城市银行。由封培乾、王金甲、王矛、于国屏、牟逵、王安邦、耿振华、王有成、黄玉明、晋洪西分任行长。

9月15日，总行通函统一伍佰元券票样名称。

9月23日，华北、华东货币统一联席会议（德州）决定：自10月1日起，华北解放区和山东解放区货币以固定比价（冀南、北海币为一比一，冀南北海币与晋察冀边币为一比十）在两区境内自由流通，后因故变更时间。

9月24日，省城济南解放，陈穆行长率领工作组参加中国人民解放军济南市军事管制委员会金融部，随军进驻济南，接管官僚资本银行，组建北海银行济南分行。冯锦璋、李维恭等七八人前往济南接收官僚企业的一部分印刷设备，同时接收了济南的敌伪造纸厂，并在济南筹建第四印钞厂，代号东记仓库，于12月正式开工生产，印制一千元北海币。

10月5日，山东省人民政府和华北人民政府分别发出两区货币统一的布告：“从本年十月五日开始，冀南银行、晋察冀边区银行所发行之钞票，与北海银行所发行之钞票，在华北与山东两区准许互相流通。”

10月13日，山东、华中两解放区决定在华中五、六、七分区建立了华中币、北海币混合流通市场。

10月15日，胶东分行行长陈醒调往新区工作，刘涤生接任行长。

10月下旬，经中财部批准，北海银行改印二千元券，已开始制作，预计下月初旬即可开始印制。

秋季，总行发出发行火车站五百元公函。

11月9日，总行公函发行长城号兵图景二千元面额北海币。

11月13日，山东省政府与华中行政办事处共同决定：自11月16日起，北海币与华中币按1：1（北海币1元等于华中币1元）固定比价互相流通。

11月20日，北海银行颁布《北海银行发行本票暂行办法》。12月，在济南、潍坊、徐州、德州、济宁、新海连、周村、博山、益都、烟台、石岛等新解放的城市发行定额本票拾万元券，计490000万元。该本票由北海银行印钞一厂于11月份印制。

11月26日，总行公函发行商船图景二千元和万寿山图景二千元券，后者为山东地名的关门票。

12月1日，北海银行与华北银行、西北农民银行合并为中国人民银行，并发行中国人民银行券（人民币），定为华北、华东、西北三区的本位货币，统一流通。

本日，总行通函逐渐收回五十元券以下北海币，不再发出。

12月16日，中国人民银行总行指令“北海银行总行即改为中国人民银行华东区行”。

1949年（民国三十八年）

1月6日，总行通函，经省政府批准，发行溶铁工厂二千元。此为总行的关门票。

1月27日， 山东省政府布告自2月1日起以人民币为本位币。

1月31日，山东北海银行总行通函各分支行按人民币一元比北海币一百元的固定比价收回二百以下面额的北海币，根据各地行处头寸情况，逐步收回作破币处理，对外不公布。

1月，北海银行发行局奉命改组为中国人民银行第三印刷局，局长王志成，以加强对人民币印制工作的统一领导。

2月，北海币停止印发，10多年来北海银行共印发北海币7892亿多元。

本月20日，在陈穆行长和杨秉超局长的带领下，由北海银行南下干部组成的青州总队押解着满装中国人民银行钞票的40辆大卡车从青州出发，随解放大军渡过长江，进占南京、上海。

3月31日，总行通函，行长陈穆、副行长洒海秋已奉调南下，省府决定，陈文其任北海银行总行行长。

5月21日，总行通知收回五百元券北海币，不再发出。

6月2日，青岛解放，中国人民解放军青岛市军管会金融部授权北海银行胶东分行接管国民党金融机构，限期收兑金元券和青岛银元辅币券。

7月1日，北海银行总行正式成立中国人民银行山东发行库，负责掌管人民币的发行、票样管理、旧币的收回处理及反假币等项工作。

7 月 2 日，总行通知收回北海币一千元和二千元券（因恐挤兑，对外不公布），该通知还言明，如遇库存不足或缺乏人民币时，仍可付出，要求下半年收回三分之二。

同日，北海银行开始对流通山东的晋察冀边币、鲁西银行定额本票和流通券、冀南定额本票和钞票通过营业解交款方式逐步收回。

7 月 18 日，北海银行开始将山东城市流通的西北农民币和带冀热辽字的边币收回处理。

本月，北海银行第一、第二、第三印钞厂从鲁中迁至济南，印钞一厂、二厂合并为济南第一印刷厂（凹版厂），厂长张赢，印钞三厂、四厂合并为济南第二印刷厂（胶版厂），厂长冯锦璋，造纸厂厂长陶厚卿，统一印制人民币。

8 月 11 日，山东省人民政府发出“关于不得拒用北海币的通令”。

10 月 13 日，高磐九任济南分行行长。

9 月 20 日，北海银行总行指示将去年 12 月以来发行的定额本票（票面 10 万元）由各签发银行全部收回。其他行处签发者与未签发行处一律不兑。

11 月 1 日，山东北海银行奉命改称中国人民银行山东省行，北海银行各分支机构亦同时更名，改辖于中国人民银行山东省行。

11 月 6 日，中国人民银行山东省行对外公开宣布收回北海币，争取年内全部收回。到月底，据不完全统计，已收回北海币 4416468220 元，占总发行额的 56% 弱，预计年底能收回 80% 以上，收回 1948 年发行的 10 万元定额本票 4345929000 元，占总发行额的 89% 弱，人民币在市场货币流通量中已占 98.66%，北海币完成了她的历史使命。

新中国成立以后

20 世纪，一女性在泰山造纸厂待打浆的废纸堆中发现民国三十三年鲁南一元北海币，该币后归其女儿高女士。高女士在收藏了多年之后，于 2014 年将其转让他人。2006 年，临沂藏家在费县购得了另一枚鲁南一元券。

1998 年前后，烟台一币商在滨州一次性发现三枚民国二十九年清河地名天坛十元券，后散归三位藏家。

20 世纪末，沂南马木池出现逾千枚北海币，其中有民国二十九年鲁南地名五角券一枚，一角、二角券数枚；民国三十年山东地名五角、一元、五元数十枚；民国三十二年鲁中五十元券数枚，五角券一枚，民国三十二年、三十三年五元、十元券十余枚；民国三十三年鲁南地名五十元券一枚、五元券数枚，以及其他北海币等。此批北海币最后多数归临沂藏家。

同时期，莱芜张先生发现数枚民国二十九年山东地名五元券。后来沂水又发现数枚。散归临沂、北京、烟台、聊城等藏家。

同时期，沂水一古玩商张先生发现民国三十二年滨海地名五十元数枚、民国二十九年山东地名五元券一枚、民国三十三年鲁南地名五十元券一枚。后多数归烟台藏家。

21 世纪初，莒南县钱币商巩先生购得二枚半民国二十九年轮船火车二角券北海币。此后该券种未再有新发现。

2007年，平邑县发现民国三十二年鲁南地名十元券一枚，民国三十三年鲁南地名五元券数枚，不久又发现民国三十三年五角券一枚，次年又发现该五角券残品数枚。后归临沂、北京等地藏家。

2013年9月4日，李银、王强在沂南辛庄采访北海银行鲁中分行职工黄嘉和先生时，发现北海银行总行颁发给黄嘉和先生的四等功奖状，先生当即表示愿意捐献。11月12日，齐鲁钱币博物馆馆长贺传芬在中国人民银行临沂市中心支行副行长牛庆国陪同下，亲赴辛庄主持捐赠仪式。此为目前国内仅见的总行奖状。

2013年10月25日，山东省钱币学会在临沂市组织召开"北海银行成立75周年纪念大会暨学术研讨会"。参加会议的领导同志有：中国人民银行党委宣传部巡视员马林，时任中国钱币博物馆馆长李明，时任临沂市委常委、市政府常务副市长左沛廷，中国人民银行济南分行党委委员、副行长、山东省钱币学会理事长李建文。会议由中国人民银行济南分行齐鲁钱币博物馆馆长、山东省钱币学会副理事长兼秘书长贺传芬主持。

2014年7月15日，《北海银行货币大系》编撰工作座谈会在中国人民银行济南分行举行。齐鲁钱币博物馆馆长贺传芬主持会议，李建文副行长到会作了指示。根据会议的安排，李银具体负责全书的撰稿工作。

2014年12月1日，山东省钱币学会在临沂市组织召开"北海银行纪念馆开馆暨红色金融文化学术报告会"。参加会议的领导有：中国人民银行原副行长马德伦，时任中国钱币学会副理事长温克勤，中国钱币博物馆党委书记李明，时任中国人民银行济南分行党委书记、行长杨子强，时任临沂市委书记张少军，时任临沂市委常委、市政府常务副市长左沛廷，中国人民银行济南分行党委委员、副行长、山东省钱币学会理事长李建文，中国人民银行临沂市中心支行党委书记、行长吴金忠。会议由中国人民银行济南分行齐鲁钱币博物馆馆长、山东省钱币学会副理事长兼秘书长贺传芬主持。

同一天，北海银行纪念馆在临沂落成，齐鲁钱币博物馆馆长贺传芬主持开馆仪式。中国人民银行总行原副行长马德伦，中国钱币学会副理事长温克勤，中国钱币博物馆党委书记李明，时任中国人民银行济南分行党委书记、行长杨子强，临沂市委书记张少军等有关领导为北海银行纪念馆揭牌；临沂市委常委、常务副市长左沛廷，中国人民银行济南分行副行长李建文先后作了重要讲话。各地市钱币学会理事长、秘书长及临沂市钱币学会、金融学会、辖区金融机构相关负责人共200余人参加了开馆仪式。

主要参考文献

1. 中国人民银行金融研究所、中国人民银行山东省分行金融研究所合编：《中国革命根据地北海银行史料》（1 ~ 4 册），山东人民出版社 1986 年版。

2. 山东金融学会编：《北海银行五十周年纪念文集》（内部资料）。

3. 山东省档案馆藏资料。

4. 临沂市档案馆藏资料。

5. 郯城县档案馆藏资料。

6. 蒙阴档案馆藏资料。

7. 山东省财政科学研究所、山东省档案馆于 1985 年合编：《山东革命根据地财政史料选编》（内部资料）。

8. 殷毅主编：《中国革命根据地印钞造币简史》，中国金融出版社 1996 年版。

9. 上海市新四军历史研究会印刷印钞组、山东省印刷印钞历史研究组合编：《战斗在山东根据地》（内部资料）。

10. 山东省地方史志编纂委员会编：《山东省志政权志》，山东人民出版社 1995 年版。

11. 山东省地方史志编纂委员会编：《山东省志・大事记》，山东人民出版社 1998 年版。

12.山东省地方史志编纂委员会编：《山东省志・商业志》，山东人民出版社 1997 年版。

13. 山东省地方史志编纂委员会编：《山东省志・工商行政管理志》，山东人民出版社 1997 年版。

14.《大众日报》（解放前部分）。

15. 中国人民银行金融研究所、中国人民银行山东省分行金融研究所合编：《冀鲁豫边区金融史料选编》，中国金融出版社 1989 年版。

16. 中共冀鲁豫边区党史工作组财经组编：《财经工作资料选编》，山东大学出版社 1989 年版。

17.《中国历代货币大系》编辑委员会编辑：《中国历代货币大系》第 11 卷，上海人民出版社 1989 年版。

18.临沂地区金融志编纂组编：《临沂地区金融志》（内部资料），1992 年印。

19. 中共临沂地委组织部、中共临沂地委党史资料征集委员会、临沂地区档案馆合编：《中国共产党山东省临沂地区组织史料》，中共党史出版社 1991 年版。

20. 临沂地区史志办公室、山东省出版总社临沂分社合编：《临沂百年大事记》，山东人民出版社 1989 年版。

21. 中共临沂地委党史资料征集委员会编：《中共沂蒙党史大事记》，山东人民出版社 1992 年版。

22. 中共山东省临沂市委党史委编撰：《抗日战争的艰难岁月》，中央文献出版社 2001 年版。

23. 莒南县地方地方史志编纂委员会编：《莒南县志》，齐鲁书社 1998 年版。

24. 莒南县金融志编纂办公室编：《莒南县金融志》，山东省临沂市新闻出版办公室 1996 年版。

25. 中共莒南县党史资料征集委员会编：《中共莒南县党史大事记》，山东省出版总社临沂分社 1989 年印。

26. 中共平邑县委党史研究室编：《中国共产党平邑县历史》，中共党史出版社 2008 年版。

27. 中共平邑县党史资料征集委员会编：《中共平邑县党史大事记》，中共党史出版社 1997 年版。

28. 山东钱币学会编：《山东革命根据地货币史》，中国金融出版社 2009 年版。

29. 中共临沂市委党史研究室编：《八路军第一一五师师部转战沂蒙驻地村庄概览》（内部资料）。

30. 中共临沂市委党史资料征集委员会编：《中共临沂地方史》（第一卷），中共党史出版社 2009 年版。

后　记

中国共产党在山东革命根据地创建的北海银行是中国人民银行的三大基石之一。中国人民银行济南分行党委历来高度重视红色金融文化的挖掘保护和研究宣传，将北海银行以及北海币作为弥足珍贵的历史遗产倍加珍视。1998 年，在当时中国人民银行山东省分行的支持下，山东省钱币学会组织编撰了《北海银行暨鲁西银行货币图录》，该书收集北海币品种较全、内容丰富，深受红色钱币爱好者的喜欢。近二十年来，特别是近些年来北海币新品迭出，版别不断丰富，对北海币的收藏和研究也不断深入。为此，在中国人民银行济南分行党委的高度重视和支持下，由山东省钱币学会在总结近年来山东红色金融文化挖掘保护工作重要成果基础上，组织编撰了《北海银行货币大系》一书，2014 年被中国钱币学会确定为全国重点学术研究课题。

本书的资料收集和图片采集等工作还得到以下单位和个人的大力支持和帮助，在此一并表示感谢：

中国钱币博物馆李明、杨君、赵颐丽、高聪明

中国印钞造币博物馆曲振荣

山东省档案馆洪升、赵奎元等

山东博物馆李娉

临沂党史办李洪彦、李晓华

人民银行烟台市中心支行

人民银行聊城市中心支行

人民银行淄博市临淄区支行

人民银行滨洲市中心支行及沾化县支行

莒县的陈长峰

烟台的张勇

淄博的李林

博兴的张海港

南京的王锡平

济南的郭允旺

临沂的全先达等

人世沧桑，世事变迁，如今战争的硝烟早已随时光散去。望着一枚枚见证当年艰难历程的北海币，我们在欣赏其艺术美的同时，不要忘记去寻找北海币身后的故事。在那艰难的岁月里，无数红色金融工作者，顶着严寒酷暑、冒着枪林弹雨忘我地工作；无数群众为掩护北海币的印制发行做出巨大无私的奉献。可以说，每一枚北海币都渗透着红色金融工作者的勤劳、智慧与艰辛，渗透着革命先烈的鲜血。北海银行货币，曾经为根据地和解放区人民生活提供了极大的便利，有力地促进了根据地及解放区的经济发展，保障了军事供给，为抗日战争和解放战争的最终胜利做出了巨大贡献！编撰《北海银行货币大系》，就是为了永远铭记那段艰难而又辉煌的历史，保存那段难忘的记忆，缅怀金融先辈和革命英烈，珍爱来之不易的和平和幸福，激励后来人为实现中华民族伟大复兴的中国梦而努力奋斗。

希望此书有裨于北海币爱好者的集藏和研究，同时能为金融史研究者提供新的线索和参考资料。由于水平和时间所限，在资料收集和编撰过程中难免挂一漏万，敬请读者批评指正。

图书在版编目（CIP）数据

北海银行货币大系 / 山东省钱币学会编 . —济南：齐鲁书社，2015.9
ISBN 978-7-5333-3386-7

Ⅰ . ①北… Ⅱ . ①山… Ⅲ . ①革命根据地—货币—山东省—图录 Ⅳ . ① F822.9-64

中国版本图书馆 CIP 数据核字（2015）第 194781 号

北海银行货币大系（上、下册）
山东省钱币学会　编

主管单位　山东出版传媒股份有限公司
出版发行　齊魯書社
社　　址　济南市英雄山路 189 号
邮　　编　250002
网　　址　www.qlss.com.cn
电子邮箱　qilupress@126.com
营销中心　（0531）82098521 82098519
印　　刷　济南大邦印务有限公司
开　　本　880mm×1230mm 1/16
印　　张　57.75
插　　页　4
字　　数　1445 千
版　　次　2015 年 9 月第 1 版
印　　次　2015 年 9 月第 1 次印刷
标准书号　ISBN 978-7-5333-3386-7
定　　价　**890.00** 元（上、下册）

北海银行货币大系

BEIHAI YINHANG HUOBI DAXI

山东省钱币学会 编

（上）

齊鲁書社

《北海银行货币大系》编委会

顾问： 杨子强　金鹏辉

编委会主任： 李建文

编委会副主任： 贺传芬　吴金忠　李　银

编委： 杨景昌　丛修竹　王之厚　于　芹　吕乃涛　林海威
徐建磊　宫延辉　张　明　张建华　邓　强　陈　旭

主编： 山东省钱币学会

主撰： 李　银

总纂： 贺传芬

序

山东革命根据地是抗日战争和解放战争时期中国共产党领导人民群众创立的主要根据地之一。其范围东临大海，西接冀鲁豫区根据地，北连冀东、冀中区两个根据地，南邻华中苏北区根据地。辖内物产丰饶，河流交错，津浦、胶济、陇海铁路贯穿其中，是华北、华中联系的枢纽，战略地位十分重要。抗战时期，山东成为全国敌后抗日的主战场之一，山东革命根据地因此承担着“巩固华北，发展华中”的重要战略任务。

北海银行是中国共产党领导的红色政权在山东革命根据地建立的红色银行。最初由掖县（现为莱州市）抗日民主政府于1938年12月1日在掖县创建，很快发展到整个胶东地区。1940年6月1日，清河分行在清河区寿光县成立，当年总行在鲁中区沂南县成立；1941年夏季，冀鲁边分行在冀鲁边区乐陵县成立；1942年9月，滨海分行在滨海区莒南成立；1943年3月，鲁南分行在鲁南区费南县成立，北海银行逐渐发展为山东革命根据地遍布全省的地方银行。1948年12月1日，中国人民银行成立，北海银行成为中国人民银行三大基础银行之一。北海银行是战时银行，诞生于艰难的抗战岁月，在抗日战争和解放战争的腥风血雨中走过了十一个年头，为山东的抗战胜利，山东及华东区乃至全国的解放战争胜利做出了巨大贡献，为创建新中国的金融事业立下了汗马功劳。

1948年1月7日，华东财委会关于银行工作的决议中，将北海银行界定为“山东省的地方银行，但由于它被授权发行山东省范围内独占的货币，因此它在山东省内执行了国家银行的任务，是政权的一个组成部分”。为支持战争和经济的发展，北海银行发行了大量的北海币。自1938年掖县民主政权成立北海银行始，至1949年北海银行总行更名为中国人民银行山东省行止，北海银行前后共印发北海币7892多亿元。其中财政透支为2722亿元，占比约34.5%；工商资金2302亿元，占比约29.2%；交通资金1229亿元，占比约15.6%；金融事业资金775亿元，占比约9.8%；文化出版事业资金143亿元，占比约1.8%；供应生产资金116亿元，占比约1.5%；实业资金94亿元，占比约1.2%；工矿资金87亿元，占比约1.1%；另外银行周转资金534亿元，占比约6.7%。北海币有力地支持了根据地的经济发展，支援了军队后勤保障，为抗日战争和解放战争的胜利做出了不可磨灭的贡献！

十一年中，北海银行发行的北海币不仅流通于山东，后来还流通于整个华东区，其流通之广，版别之多，雄冠各区票之首。今年是中国人民抗日战争和世界反法西斯战争胜利70周年，为牢记历史，展望未来，山东省钱币学会组织专家学者编撰了《北海银行货币大系》。这是一部内容丰富、资料详实、有很强学术研究价值的资料性图书。该书以档案史料和存世北海币实物为基础，全面系统地介绍了北海银行及其印钞厂的建立与发展，不同时期发行的北海币，以及为了北海币顺利发行而进行的货币斗争。并对一些问题做了深入考证，充分地将史料和北海币实物有机结合起来。该书收录各种相关史料图片 60 余幅，北海币流通票 300 余个版别，票样 180 余种。几乎囊括了目前已经发现的所有北海币版别及票样，并对各种版别北海币目前的存世量评定了星级。除了北海币，该书还收录了与北海币密切相关的益寿临广流通辅币、胶东各县地方流通券以及工商管理局系统发行的流通券。并对发行背景、发行的品种进行了简要介绍。全书文字部分约 40 万字，占全书版面三分之一。

丰富的史料与大量的实物资料相互印证，其史料和图片资料之全面令人叹为观止，可以说是截至目前集全国北海银行货币研究收藏之大成者，称之为“北海银行货币大系”，也是名副其实。它为山东革命根据地货币研究又增添了浓墨重彩的一笔。该书是全国红色政权货币研究及收藏爱好者们不可或缺的参考书，它的出版发行是中国钱币界的一大幸事，可喜可贺！值此抗战胜利70 周年之际推出此书，也为抗战纪念活动献上了一份厚礼。

希望大家阅后能够全面了解到北海银行货币从诞生到不断发展壮大，艰巨而曲折的光辉历程，以及在整个中国抗日战争和解放战争中所发挥的巨大作用。从中学习金融前辈们不屈不挠、奋发图强和求真务实、勇于探索的革命精神，为践行习近平同志“四个全面”的战略部署，实现伟大的中国梦而不懈努力！

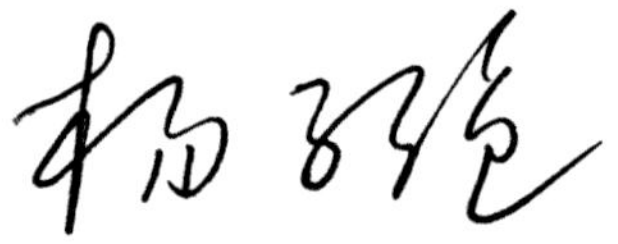

2015年4月

凡 例

一、本书为叙述方便，在行文中使用部分简称。如“八路军山东纵队”简称为“山纵”，“八路军第一纵队”简称为“一纵”，“中共山东分局”简称为“山东分局”，“山东省战时工作推行委员会”简称为“省战工会”，“山东省战时行政委员会”简称为“省政委会”，“北海银行总行”简称为“总行”，北海银行发行的纸币统称为“北海币”。

二、本书文字资料部分主要涉及北海银行及其印钞厂的成立及发展，各个时期发行的北海币，反假斗争，对部分纸币及历史问题的考证，以及为配合北海币的流通，部分单位发行的临时辅助纸币等。

三、图片资料的取材范围包括北海银行总行、各分行以及掖县的北海银行发行的北海币，北海币票样、北海银行本票、支票和钞版，以及与北海银行或印钞厂有一定关联的实物资料。

四、本书名为《北海银行货币大系》，除了北海币，自然还应涵盖那些与北海银行或北海币密切相关的其他纸币或债券。它们分别是北海银行清河分行曾经参与发行的益寿临广流通辅币券，胶东分行曾经参与发行的胶东各县流通券，北海银行各印钞厂印制的中国人民解放军华东野战军军用流通券，以及为弥补北海币流通之不足，工商管理局系统发行的以北海币为本位的流通券，胶东区行政公署发行的以北海币为本位的爱国自卫公债等。

五、本书纸币图片颜色、尺寸与原纸币相同，另在纸币图片下标明。如有不一致者，以说明为准。纸币尺寸以票幅为主，个别品种注明图幅。票幅为整个票面的尺寸，图幅为图案部分尺寸。所有纸币尺寸均以毫米（mm）为单位。编委提供的纸币图片不署名。

六、书中所列纸币的发行时间为首次发行时间，回收时间指首次回收时间。

七、1948 年 12 月 1 日，总行通函回收面额五十元以下北海币，1949 年 1 月 31 日，通知收回二百元以下券，5 月 21 日通知收回五百元券， 7 月 2 日通知收回一千元和二千元券，9 月 20 日指示回收十万元定额本票。凡于上述回收时间之前公告回收的纸币，在图片下方标明，余者概不标识。

八、依据纸币的稀有程度分为五等，用五角星的数量表示等级。珍罕为五颗星★★★★★，罕见为四颗星★★★★，稀见为三颗星★★★，少见为二颗星★★，常见为一颗星★。存世量相近的情况下，发行单位级别高的，星级相应高些。发行单位级别由高到低的顺序依次为一纵、总行、大区工商管理总局、分行、工商管理分局、县级单位。存世量相近的同级单位发行的北海币，大版别纸币星级较小版别纸币高些。虽然票样及半成品的纸币存世量都较小，但因收藏群体小，故未标星级。

九、纸币正背图案、颜色及年号相同者，凡行名及其他字体明显有差异，细节差异较多，以及图幅差异 3mm 以上者，均列为不同版别。

十、为便于爱好者和研究者统计不同性质的北海票数量，我们对不同性质的北海票做了分类编号：图片序号前字母 B 代表北海币，b 代表那些作为临时流通货币的定额本票，P 代表票样，W 代表未正式发行的北海币。

十一、本书图片的编排顺序是：一纵及总行发行的北海币附在总行一章之后，但不含总行发行的滨海地名北海币，滨海地名北海币附在滨海一章之后；掖县、胶东北海银行及北海银行胶东分行发行的北海币附在胶东分行一章之后；清河、冀鲁边、渤海分行发行的北海币附在该章之后；鲁中、鲁南发行的相应地名北海币附在各相应章节之后；滨海、鲁中、鲁南发行的山东地名北海币附在总行一章之后；益寿临广及胶东各县流通券、工商管理局系统流通券附在相应章节之后。同一章节纸币，以票面时间为主线，按先后顺序排列，时间相同者，按面额从小到大排列，两者均相同的，随机排列。无票面时间的放在同图同面额带时间者之后，但掖县一角、二角例外。定额本票随北海币排列，放在同一单位发行的北海币后面。遗迹及地图照片放在相应章节。与各行有关的其他实物（含支票及普通本票）照片附在第十二章。假票（含当今假票）及臆造品图片放在第八章《反假斗争》一章之后。

十二、纸币图片注释部分一般不注明发行单位。但是，一纵发行的票面无地名北海币（民国三十七年者除外），胶东及渤海发行的山东地名北海币均注明发行单位。

十三、综述之后附有《北海币查询导引表》《流通券查询导引表》《其他图片查询导引表》。《北海币查询导引表》的编排顺序是：按面额由小到大排列；同一面额，按票面时间先后顺序排列，无时间者排在最后，但是有同图同面额带时间者，排在其后；时间面额均相同的，按一纵、总行（含滨海地名北海币）、胶东、清河、冀鲁边、渤海、鲁中、鲁南等发行单位顺序排列。第一纵栏“–”之前的数字为序号，之后的数字为该纸币所在的页数。建议读者在查阅相关纸币图片时，先查看《查询导引表》。

十四、北海币具体品种名称以北海银行档案中的名称为准，通俗名称列在括号内，无史料记载的，以通俗名称为准，史料无载，且各地通俗名称不一致者，以票面主图命名。

十五、本书引用了大量图表资料，但许多资料原文件的数据有误，为了保持资料来源的原貌，本书不做订正。

十六、同一事件，若不同史料表述不同，则编纂人员依据采集的史料综合判断后采用可信度较高的表述。

十七、本书史料来源，除图书、报刊外，主要是山东省档案馆、山东博物馆、部分县档案馆馆藏资料，另外还有当事人、知情人的回忆，以及编纂人员的实地考察。编纂时一般不注明出处。纸币图片主要来源于私人藏家、中国钱币博物馆、中国人民银行印钞总公司、山东博物馆和齐鲁钱币博物馆，并于各图片下方注明图片来源，编委藏品除外。

目　录

第一章

综　述

北海银行是山东抗日民主政权于抗战初期创设的银行。她在抗日战火中诞生、成长，在解放战争的硝烟中发展、壮大，最终于1948年12月1日与华北银行、西北农民银行合并，成立了中国人民银行。北海银行发行的货币——北海币，因其存续时间长，使用范围广，影响面大，币值稳定，版别丰富，而成为红色货币体系中一颗璀璨的明星。红色货币又称人民货币，特指中国人民银行发行人民币前，那些在共产党领导下的各级政权、组织或机构发行的货币。其萌芽于北伐战争时期湖南、湖北、江西、广东等省农民协会组织发行的货币。纸币部分又被收藏界称为区票。

第一节　北海银行的创建及统一

一、北海银行的创建

山东位于我国中东部，东临大海，西接冀鲁豫区根据地，北连冀东、冀中区二根据地，南邻华中苏北区根据地，境内物产丰饶，河流交错，津浦、胶济、陇海铁路贯穿其中，是华北、华中联系的枢纽，战略地位十分重要。抗战时期，山东是敌后抗日的主战场之一，是“巩固华北，发展华中”的关键所在。

七七事变后，日军于当年10月初，进犯山东，至12月27日，占领了济南，次年3月，山东大部沦陷，5月，山东全境沦陷为敌后。

7月15日，中共中央发出指示，各地党组织迅速、切实地组织抗日民族统一战线，以扩大救亡运动。中旬，中共山东省委代表黎玉从延安返回山东，在省委会议上传达了中央关于山东省委由黎玉、林浩、张霖之组成，黎玉任书记的决定，会议研究了山东的抗战形势，决定组织抗日游击队，组织抗日团体大联合，加强抗日宣传，开展全民总动员。9月下旬，根据中国共产党在敌后开展游击战争的方针和抗日救国十大纲领，以及中共中央北方局提出的“脱下长衫，参加游击队伍”的号召，中共山东省委制定了发动抗日武装起义的10条纲领。纲领指出：建立党直接领导的武装，发动抗日武装起义是当

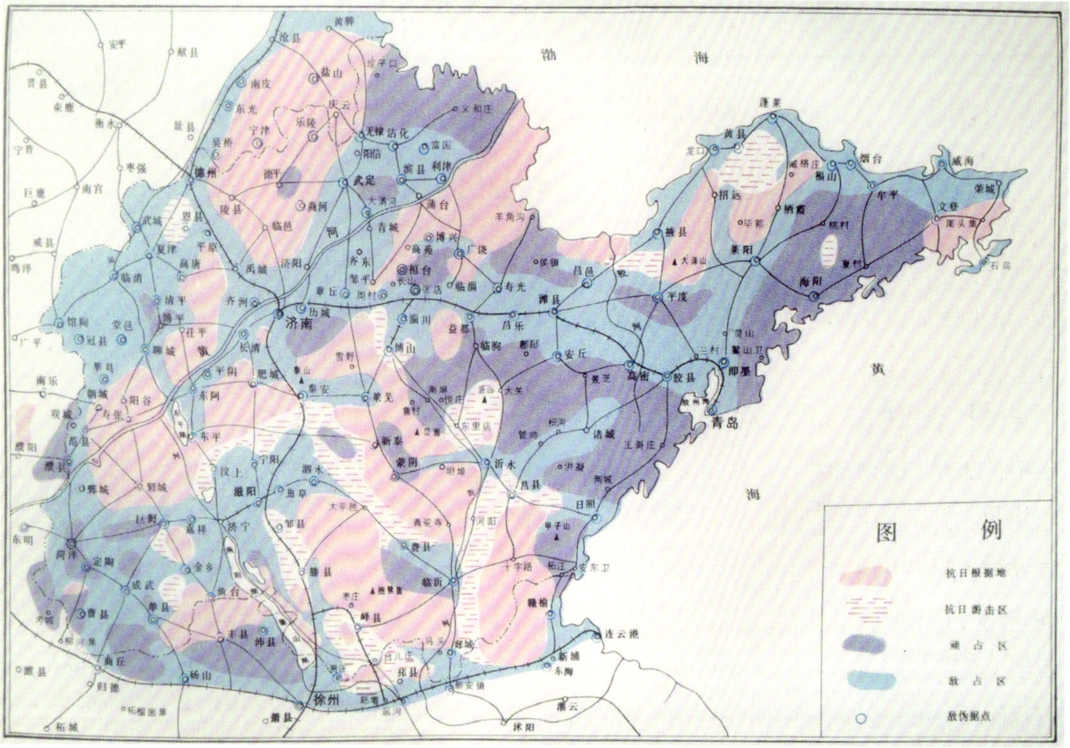

山东抗日根据地大发展时期形势图（1940）

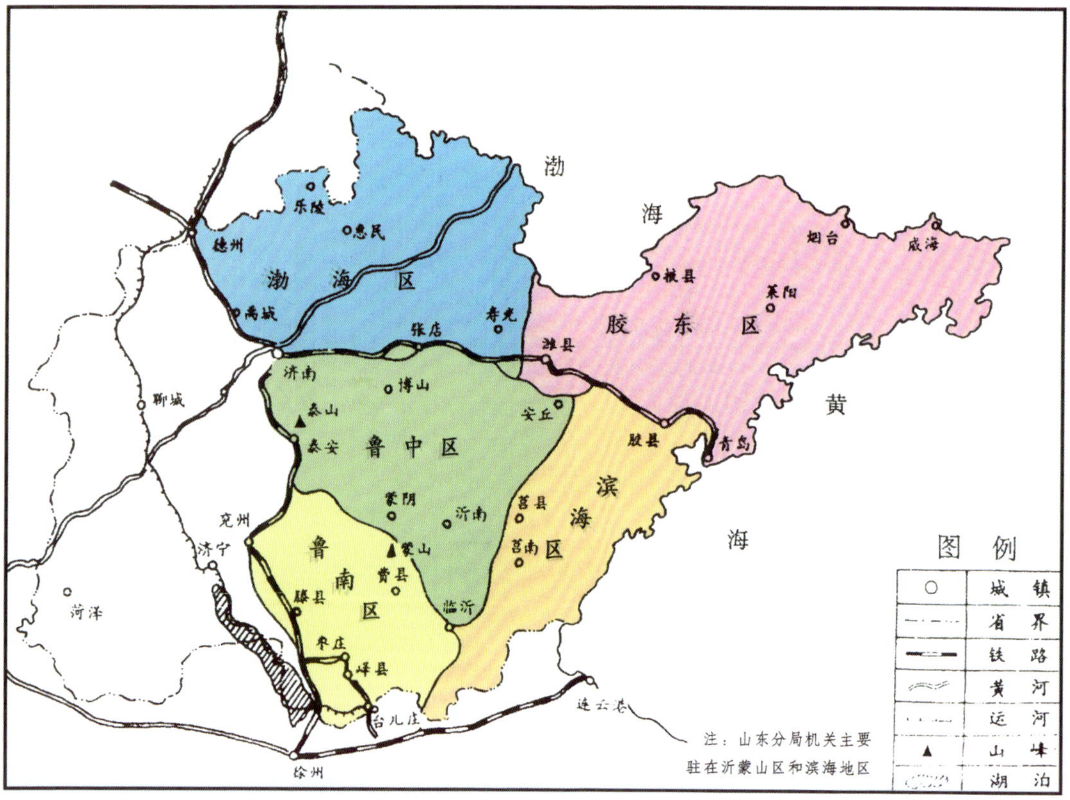

五大区地理位置图

前的紧迫任务。12 月 26 日，中共山东省委在泰安城南篦子店召开紧急会议，决定立即在徂徕山发动抗日武装起义。

1938 年 1 月 1 日，中共山东省委在泰安徂徕山大寺举行起义誓师大会，宣布成立“八路军山东抗日游击第四支队”。洪涛任司令员，黎玉任政治委员。此前的 1937 年 12 月 24 日，中共胶东特委在文登天福山发动抗日武装起义，当月 29 日，中共鲁东工委和寿光县委在寿光牛头镇发动抗日武装起义。1938 年 3 月 8 日，中共掖县县委郑耀南、张加洛等联合其他党派在掖县城北玉皇顶发动抗日武装起义。9 日上午，起义部队攻进掖县城，消灭了伪政权。12 日，组建了胶东抗日游击第三支队和掖县抗日民主政府，山东大地陆续燃起了抗日熊熊烈火。

为了保障军政供给，抵制日伪货币，取缔土杂钞，稳定市场流通秩序，扭转混乱的金融局面，三支队组建不久就成立了财政经济委员会，并开始筹建北海银行。1938 年 12 月 1 日，掖县的北海银行正式对外开业。开业后不到一个月，因形势恶化，被迫停业。1939 年夏季，胶东区党委在莱阳张格庄重建北海银行。掖县的北海银行从此升格为胶东的北海银行。

1938 年 1 月 15 日，中共中央在给山东省委的信中指示：“省委工作的中心地区应当放在鲁中区，并依靠新泰、莱芜、泰安、邹县的工作基础，努力向东发展，尤应以莒县、蒙阴等广大地区为重心。”5 月初，中共中央派郭洪涛来山东工作，21 日，郭洪涛传达了毛泽东关于建立抗日根据地的指示，会议讨论了《发展和坚持山东游击战争的战略计划》，确定在山东各地创建抗日根据地。根据中共中央决定，重组山东省委，郭洪涛任书记。下旬，中共中央决定将中共山东省委扩大为苏鲁豫皖边区省委，郭洪涛任书记。根据 1 月 15 日中共中央给山东省委的指示信，中共苏鲁豫皖边区省委于 6 月 30 日制定了《发展和坚持山东游击战争的战略计划》：在鲁中，创建以沂蒙山区为中心的根据地，向北开辟清河地区，向南开辟抱犊崮山区，向东发展沿海地区，向西创立梁山、微山湖等抗日根据地。在胶东创建以大泽山为中心的根据地。并报中共中央审批。7 月 7 日，毛泽东复电：“战略计划尚妥，照此做去。”为了贯彻中央关于山东工作的中心应放在鲁中区的指示，中共苏鲁豫皖边区省委决定率领四支队挺进沂蒙山区，着手创建以沂蒙山区为中心的山东抗日根据地。8 月，边区省委进驻沂南岸堤。在不断扩充四支队武装力量的同时，陆续抽调清河、胶东的部分抗日武装进入鲁中区。各路大军云集鲁中，以加强鲁中的抗日武装力量。

1938 年 12 月上旬，中共中央决定，中共苏鲁豫皖边区省委改为中共中央山东分局（简称山东分局）①，郭洪涛任书记。不久，山东分局移驻沂水王庄。12 月 27 日，根据中共中央决定，八路军山东纵队（不含冀鲁边与鲁西地区）在沂水县王庄宣告成立，统一指挥山东各抗日起义部队。张经武任指挥，黎玉任政治委员，隶属第十八集团军总司令部。山东纵队辖 10 个支队、1 个总队、两个直属团，共 2.45 万人。山东纵队的成立，标志着山东人民起义武装已由若干分散的游击队，成为在战略上统一指挥的游击兵团。当月，根据抗日战争相持阶段的到来及形势的变化，中共中央和中央军委决定，八路军一一五师主力挺进山东。山东纵队与相继入鲁的八路军一一五师主力一起，肩负起开辟山东抗日根据地的重任，对山东抗日根据地的发展和巩固发挥了极其重要的作用。

---

① 1939 年 4 月 27 日，中共中央决定山东分局改称中共中央苏鲁皖分局，不久又恢复了山东分局的名称。

1939 年 4 月 24 日，中共北方局致电中共中央，建议派徐向前来山东统一指挥山东和苏北的八路军各部队。5 月 4 日，第十八集团军总部根据中央书记处的决定，组建八路军第一纵队（以下简称“一纵”），统一指挥山东、冀鲁边和苏北地区的八路军，以及一一五师、新四军游击支队等武装，任命徐向前为司令员，朱瑞为政治委员。8 月 1 日，一纵在沂水岱庄正式成立，徐向前、朱瑞以第一纵队司令员、政治委员的名义通电就职。徐向前率一纵司令部驻防大诸葛、马牧池（今属沂南）一带。为了统一领导山东党政军各方面的工作。8 月 9 日，山东军政委员会成立，朱瑞任书记，徐向前、郭洪涛、罗荣桓、陈光、黎玉为委员。10 月中旬，山东分局书记郭洪涛、山纵指挥张经武去延安开会，朱瑞代理山东分局书记，后中央任命朱瑞为山东分局书记。10 月，毛泽东在中国共产党扩大的六中全会报告中指出：“……要有计划地与敌人发行的伪币及破坏法币的政策作斗争，允许被割断区域设立地方银行，发行地方货币。”10 月 13 日，一纵机关和山纵机关合并，组成统一的指挥机关，但山纵番号仍然保留。

在发展初期，山东财经工作方面未能建立完善的统一收支与供给制度，各地自筹自支及多募均无从审核。1940 年 1 月 20 日，中共北方局在对《对山东工作的意见》中决定：“扩大分局财委会，以一纵供给部兼财政部为最高设计及执行机关。”此决定赋予一纵供给部以行使分局财委会职权的职能。一纵供给部开始整理健全财政供给机关，建立仓库，初步规定财政正规收支预决算。为了筹措军政费用，年初，一纵供给部开始印发票子和筹建银行。后来银行定名为北海银行总行。为了抗御日伪的经济侵略，保障军政供给，6 月 1 日，清河区成立了北海银行清河分行。8 月 1 日，省战工会在沂南青驼寺（当时属于临费沂边联县）成立，一纵的北海银行筹建机构划归省战工会财经组，10 月，北海银行总行正式成立。

随着武装力量的快速壮大，抗日游击根据地疆域也在迅速拓展。中共山东党组织自发动武装起义以来，先后在胶东、鲁东南、清河、鲁中、湖西、鲁南、泰西、鲁西北、冀鲁边等地创建了抗日游击根据地。在这些根据地内，相继建立了抗日民主政权。总的形势是：为数不多的日伪军，占据铁路沿线和重要城镇，国民党军队及其地方武装和中国共产党领导的抗日武装，控制广大乡村和山区，敌我友并存，防区相互交错。共产党领导的人民武装力量在夹缝中求生存，在斗争中谋发展。山东根据地民主政权的初步建立，为北海银行的创立和发展奠定了较为稳固的政治基础。

1941 年 6、7 月份，北海银行冀鲁边分行成立。8 月，北海银行滨海办事处成立。翌年 9 月，滨海办事处升格为分行。为了开展货币斗争，1942 年春季，北海银行鲁南办事处成立，当年 9 月升格为支行，第二年升格为分行，1944 年 7 月正式对外宣称分行。

根据中央的战略意图，1941 年，山东分局、一一五师机关开始东移滨海区。1942 年底日军大“扫荡”后，战工会机关也东迁滨海。1943 年 3 月，总行随之东迁，滨海分行撤销，并入总行，由总行兼理分行业务。总行东迁后，北海银行鲁中分行成立。至此，山东根据地各大区都先后成立了北海银行分行。总行所在的大区，由总行兼理分行业务。

二、由分立走向统一

初期总行与各分行彼此独立。总行隶属战工会，各大区北海银行分属各大区行政机构领导。票子分区发行，发行额度由山东分局及战工会根据实际情况下达。总行账目不反映各分行情况。

1941 年 1 月，省战工会召开的扩大组长联席会议决定统一货币发行流通。这次会议后，各北海银行发行的北海币可以在山东境内互相流通。4 月至 6 月召开的全省财经文教大会决定，全省统一建立北海银行，战工会的北海银行设为总行，各大区北海银行设为分行。进一步加强北海银行工作，扩大北海币的发行，在根据地推行北海币，加强货币斗争，扩充银行机构。此次大会，确定了北海银行的组织框架，为日后的统一做了铺垫。

7 月 1 日，山东分局指示：建立独立的银行业务，把全省的银行直接统一于分局财委会与省战工会的财政处领导之下。把印发纸币的权力完全交于银行，非经银行许可，任何地方政权不能随便发行纸币或流通券，做到在山东以北海币（鲁西区以鲁西币）作为市面流通的本位币。这个指示不仅确定建立独立的银行体系，还赋予银行专门的发钞和货币管理权。7 月 7 日，战工会决定："立刻建立独立的北海银行组织系统，直接受战工会财政处的领导。印发一定数量北海票，作为本位币，维持市面流通。"根据战工会的决定，总行从财政处（原财经组）分离出来，归战工会直接领导。由于财政处长艾楚南长期兼任总行行长，实际领导北海银行的还是财政处，这种局面一直延续到省工商管理处的成立。

随着统一进程的推进，1942年7月22日，总行下发了关于组织、会计出纳、营业、发行等问题的决定。"决定"首先将各分行纳入总行的组织框架中。会计方面，要求实行月报制度，支行定期向分行送月报，分行汇总后，尽可能将月计表送总行，各分行建立预算制度。发行方面，要求冀鲁边、清河、胶东各区除将以往发行数统计报告总行外，还须将每月发行数以电报形式向总行报告。

前进的道路并不平坦。为了防止低币值区域的北海币流向高币值区域，以及反假，1943 年 1 月，胶东区率先实行北海币限区流通的货币政策，4 月，清河区跟进，到了夏季，山东根据地全面实行北海币分区发行限区流通的货币政策。可以说，这是统一进程中的一次小逆流。

虽然北海币的统一流通暂时受到挫折，但是，本年机构的统一则向前迈进了一步。6 月 12 日，省战工会发布《北海银行组织章程》，明确了各级北海银行人员及组织编制，规定："总行对各分行及直属支行除在工作上作原则的领导督导外，其一切银行业务，得按各地区之需要自行统一办理之，但本币发行数目应事先报告总行批准。""本币之发行除经指定之分行外，其他分支行及以下之组织不得代理发行事宜，并依战略区为单位注以地名。"各分行或直属支行每年决算一次，并将决算报总行审核。

1944 年 3 月，清河区与冀鲁边区合并，之后清河分行与冀鲁边分行合并为渤海分行。夏季，滨海、鲁中、鲁南三区开始实行北海币统一发行、自由流通的政策。

1945 年 8 月 1 日，省政委会通令：全省各地区发行之本币，不分地区统一流通。为缓解统一流通对一些地区的压力，本通令先不对外宣布，只是内部传达。13 日，省政委会更名为山东省政府。29 日，省政府布告："为全面调剂物资，流通金融，特决定全省各地区（滨海、鲁中、鲁南、胶东、渤海）过去所发行之北海银行本币，今后不分地区统一流通。"时隔两年，北海币再次全省统一流通。10 月，胶东开始印发"山东"地名北海币。

为了使山东北海银行组织形式趋于统一，《山东北海银行各级行处组织暂行规定》于 1945 年出台。该规定对银行名称、领导称谓、组织编制等进行了规范。行领导由原先的经理改称行长。总行会计科之会计股负责各级行处会计制度统一领导、会计设计、会计检查、供给制度之设置及总行会计工作等事宜；稽核股负责各级行处会计复核及资产负债之统计等事宜；总行营业科之营业股负责掌握政策，指导各级行处处理日常存放款项、投资及一般银行业务等事宜；汇兑股负责掌握政策，指导各级行处处理内外汇兑，代收代付外埠款项及有关银行业务事宜。

继而，总行在《目前关于银行工作的指示》中决定：在鲁南、鲁中、滨海，印钞工厂统一起来，胶东、渤海暂缓统一。主要因为运输上的困难，因而两分行仍各设印刷工厂，但在发行计划上需要统一，今后可根据总行原则指示而有计划地发行。并决定，1945年底统一执行决算制度，一定将过去累积的旧欠，或应销但未销的一些资产负债，在本年底前清理，并按照总行会字二、三号关于会计科目的规定办法严格执行，1946年以后要按期造月报送总行，以便统计了解。财务制度的统一，为今后的大统一奠定了基础。

1946年1月，总行召开了大鲁南地区银行分行、办事处会议，制定了定期存款、短期存款、定期放款、短期放款、核算、汇兑等项营业章程，对放款政策、原则和利率作了统一规定。至此，北海银行机构、制度以及北海币的流通实现了统一，只是印钞和发行尚未完全实现统一。建章立制方面胶东区一直是走在各分行前面。其订立的各项规章制度远较其他分行早而且详尽。

1946年3月1日，省政府在《关于公布1946年上半年财粮工作方针的命令》中指出，统一本币的发行为省政府的任务之一。5月29日，北海银行总行在《关于精简机构与实行薪级制的决定》（总字第4号）中规定："因为胶东、渤海两地区暂因运输交通困难，总行仍委托分行直接领导两工厂。为了统一印刷工作与减免票版样式太多，技术不一致起见，总行加强发行科组织，各地分行取消发行组织。"此时胶东分行虽然领导印钞厂，但是票版及发行量都由总行决定。

1947年4月，迁来山东的华中银行总行与北海银行总行合并，华中发行局与北海银行发行科合并为北海银行发行局。8月，胶东分行的发行权统一于总行，11月，渤海分行发行权也统一于总行。山东根据地从此真正地实现了北海币发行的统一。

1948年初，总行决定胶东、渤海两厂与鲁中各厂大合并，仍编为一、二、三厂，取消总管理处，统一归发行局领导。当年各厂合并进入正常生产，北海印钞厂终于实现了大统一，北海银行真正实现了从银行机构到印钞厂的完全统一。7月26日，总行决定北海银行鲁中分行、鲁南分行和滨海支行合并为北海银行鲁中南分行。

12月1日，华北银行、北海银行、西北农民银行合并为"中国人民银行"。考虑到当时的实际情况，经批准：原北海银行一切业务之进行仍沿用北海银行旧行名义，北海银行继续挂牌营业。

1949年1月底，北海银行开始分批收回发行在外的北海币。为了更进一步地统一货币发行管理，7月1日，中国人民银行总行特决定在北海银行总行设立山东发行库。11月1日，北海银行总行改称中国人民银行山东省行，各级分支机构亦同时更名。对外之一切公函、公告、契约、合同、债权债务一律改用中国人民银行名义，所有以前以山东省北海银行名义对外订立的一切契约、合同、债权债务亦继续有效，改由中国人民银行负责承受。北海银行终于在走过了十一个春秋之后，融入了中国人民银行的大一统中。

第二节 货币斗争确立了北海币的本位币地位

一、太平洋战争爆发前的货币斗争

所谓货币斗争，其实质就是各方势力为其发行的货币争夺流通范围和市场份额的斗争。

抗战爆发后，日本为了维持其庞大的军费开支，发行了大量的日伪币，这些日伪币不仅充斥着整个占领区，还涌到了游击区及根据地套购物资。同时，私人商号及国民党各军政单位也趁乱发行了大量的土杂钞，加上国民政府发行的法币，抗战初期山东游击区及根据地金融秩序一片混乱。各北海银行建立初期，大都面临着相似的环境——内有土杂钞的横行，外有日伪币的侵扰。为了肃清日伪币及土杂钞，维持根据地的金融秩序，尤其是为了推行北海币，北海银行配合地方政权开展了一系列的货币斗争。

太平洋战争爆发前，山东根据地货币斗争的中心任务是巩固法币、抵制日伪币、取缔土杂钞。斗争是艰难和曲折的。除了要考虑百姓的利益，还要面对敌对势力的宣传攻势及假币攻势。土杂钞大都散布在百姓手里。取缔土杂钞，必然会暂时损害百姓的利益。根据地的做法是：禁止商号店铺发行私钞，限令收回已发行的私钞，冻结已远走他乡的发钞东家财产以便清偿。对于敌对势力发行的杂钞，除停止使用外，民主政权还通过调查没收其发行基金，用以兑现。如发行基金不够（多数都没有发行基金），就没收他们的一部分财产，再不够，则将其所有财产折扣兑现。对商会发的票子，则由政府明令限期收回，并发动持票人拿着票子找发票人兑现，或由发票人交纳保证金，由政府负责收回。发行人逃走者，即以其财产作抵押，收回其发行的私钞。禁止伪钞流通方面则区别对待，对于持有伪钞数量小的给予兑换，数量大的则予以没收。

由于山东省民生银行及山东平市官钱总局纸币系国民党山东省政府发行，开始根据地并没有将其列为取缔范围。1941 年秋季，日军在“扫荡”中俘获了民生票印制厂的工人和机器，并押往济南。12 月 1 日，伪山东兴农委员会宣布“接收山东省民生银行暨平市官钱局两整理委员会事务”。1942 年 1 月 11 日，省战工会发布禁用山东省民生银行钞票通知，20 日发布禁用伪平市官钱局纸币的通知。此后，山东省民生银行及山东平市官钱总局纸币列入伪钞系列。

推行北海币方面也不是一帆风顺。初期，北海币仅是作为法币的辅币参与流通，尽管如此，要让百姓接受北海币、放心使用北海币，要做大量细致的宣传工作。为了破坏根据地的金融，敌对势力也在不断进行反宣传。比如 1939 年 6 月 15 日的《大众报》曾报道，在胶东就有人说“北海银行钞票的流通就是破坏了行政系统”，“北海银行钞票将来是会骗老百姓的”，“谁使用北海银行钞票，谁就是汉奸”，等等。如赵保原、蔡晋康部更是宣布北海钞是伪钞，一律禁用。日伪及部分敌对势力为了破坏北海币的信誉同时也是为了掠夺物资，大量制造假北海币。

巩固法币仅是权宜之计。就长期看，无论是为了显示主权，还是保证巨大的利益和金融安全，一个政权不可能容许其他货币作为主币在自己的地盘内流通。根据地的最终目的绝不仅仅是让北海币辅助法币流通，而是要让北海币占领整个根据地市场，成为根据地唯一的本位币。1941 年春，山东根据地开始发行北海币五元券，9 月份更是推出了十元券，已初现挑战法币的端倪。此时之所以没有开展排法斗争，一是法币流通的时间长，流通区域广，流通量大，又有一定的国际信誉，群众基础好，一时不易撼动；二是自身还不够强大；三是碍于当时的国共合作关系。

很多人把根据地的排法斗争归结于太平洋战争后日伪向根据地大量倾销法币。这只是看到了问题的表面。实际上，日伪向根据地倾销法币至多只能算是根据地公开排法的一个契机，太平洋战争只是将根据地排法斗争的时间提前了。没有太平洋战争，根据地一样会开展排法斗争，只不过时间可能会推后一些。

1941 年 7 月 1 日，山东分局在《紧急动员起来，为建设坚持巩固的山东民主抗日根据地而斗争》的号召中提出："做到在山东以北海币（鲁西区以鲁西币）作为市面流通的本位币。"这标志着排法斗争的号角已经吹响，只是还没有大张旗鼓地进行。

此阶段，根据地流通的货币主要是法币和日伪币，北海币所占的份额较小，货币斗争的焦点是敌对势力发行的杂钞及日伪币。经过此阶段的斗争，私钞基本被肃清，杂钞大部分被肃清，但是，日伪币仍在某些地方尤其是边沿区大量流通，有些地方的流通量甚至超越法币。根据胶东北海区的统计，截至 1942 年 9 月，各种货币占总流通量的份额分别是：北海币占 15.56%，胶东各县流通券（北海币辅助币）5.4%，法币 32.88%，私钞 0.88%，投钞（国民党右翼势力）9.2%，伪钞 36.08%。其中北海系列纸币合计占比不到 20%，伪钞占比最大。胶东推行北海币算是比较成功的尚且如此，其他如鲁中、滨海、鲁南、清河及冀鲁边区可想而知。所以没能肃清日伪币，一是法币连续贬值，而伪币最为坚挺（见附表）；二是贸易往来的需要；三是伪钞有强大的军事和经济后盾。

我区（法币、北海币）、国统区（法币）、日占区（伪币）物价环比指数表

年　度	我区物价	国统区物价	日占区物价
1937 年	1	1	1
1938 年	1.40	1.35	1.21
1939 年	1.98	2.04	1.37
1940 年	2.50	3.28	1.72
1941 年	2.89	2.58	1.20
1942 年	4.20	3.69	1.65

二、太平洋战争爆发后的货币斗争

太平洋战争爆发前，日本把掠夺或是用日伪币换取的法币在港沪金融市场上大量抛出，套取外汇资金，然后在国际市场上套购大宗战略物资。太平洋战争爆发后，上海租界及香港先后沦陷，加之英美对日宣战，封存了我国外汇资金，日本无法再用法币套取外汇，转而向根据地及国民党控制区倾销法币，套购大宗物资，扰乱金融秩序，根据地物价因此飞涨。为了粉碎敌人的经济攻势，也是为了金融稳定，山东根据地展开了新形势下的货币斗争。斗争分为第一次排法（法币）斗争和第二次排法斗争。此阶段货币斗争的方针是巩固北海币、驱逐伪币、排挤法币。货币斗争的基本目的是争夺物资、稳定物价、繁荣市场。

（一）第一次排法斗争（1942年下半年至1943年上半年）未获圆满成功

太平洋战争爆发后不久，中共中央就预见到日伪会向根据地倾销法币，在1942年1月5日下达的《中央财政经济部关于法币贬值各根据地应采取的对策的指示》中说："敌人可能以大批法币用各种手段向我根据地抛出，吸收我资源，扰乱我金融，同时敌人为了应付战争，在敌占区可能实行通货膨胀政策，今后伪币的购买力也必然日趋下降，这对于我们边币也会发生同样的影响。为此，各根据地不能不预为防范，以避免或减轻上述可能遭受的损失及影响。"

山东根据地未雨绸缪，在大规模排法前，陆续发文要求各地降低法币的比价。如1942年1月，战工会财政处下达《关于一九四二年财政工作的指示》，要求"各地区应迅速确定以北票及民主政权所发行之纸票为本位币，对法币实行七折、八折、九折等使用。对伪杂钞在我占区流通者，一律禁止使用"。山东分局财委会于4月5日下达《对各财委会工作指示》，要求"应切实去整理各个地区的金融，绝对的取缔伪钞在我根据地的流行，整理杂钞，根据每个地区流通法币数量情形，适当的贬值法币价格和提高北票的信用"。连续发文降低法币比价，是为之后大规模的排法斗争做"战前"准备。由指示不难看出，经过几年的货币斗争，伪钞是禁而不止，杂钞也没有完全绝迹。

4月12日，山东分局财委会下达了《关于今后财经工作的指示》："稳定金融，平稳物价，发展合作事业，对于山东整个经济平衡有重大作用。敌人正在发行伪造法币，吸收我物资。我们目前除降低法币的价格，必须宣传法币跌价的原因与敌人利用的必然性。一般我不囤积法币，在相当巩固地区内，各机关合作社将所得法币随时交贸易局到境外迅速换回货物，逐渐做到巩固区禁止法币流通，扩大我北海票之流通范围，同时提高其信用。目前北海票在未超过规定数目下应大量印之。"排法斗争由此进入倒计时阶段。

为了顺利展开排法斗争，5月29日，山东分局财委会下达《关于法币问题的指示》，做了具体部署：1.建立贸易机构，实行贸易统一管理制，对外贸易严格实行以货易货及审查登记制，以阻止法币内流及物资外流；2.各地税收机构及财政上一切收入，党政军民之公营事业，均应收北海币，其余法币概不收受，如有的地区因我钞流通量少非征收法币不可时，则必须折价征收；3.严禁重要物资出口；4.宣布以北海银行票为我山东各地之本位币。自7月1日起，所有军政民间之来往账目、借约契据，一律以北币计算；5.以发展农村经济建设为主；6.健全各级银行组织，有计划地发行、管理北钞，提高信用，扩大我钞流通范围，逐渐实现取消法币。凡党政军民所办公营合作事业，应保证我钞之信用，反对暗中折价的行为；并用所得之法币速向敌占区购回我之必需品，不得存留或用于我境内。

7月13日，《大众日报》载，省战工会召开扩大金融会议，决定实施以北海币为根据地的本位币。第一次排法斗争由此拉开序幕。本月，滨海专署打响了排法斗争第一枪，颁发布告规定：一、滨海区自本年8月1日起，以北海银行票为本位币，凡一切财政收支、市面交易一律以北海币为标准，同时公私企业机关之会计，亦以北海币为计算单位。二、自本年8月15日起，法币一律五折使用，并逐渐实现停止法币在市面上流通。三、自布告之日起，凡敌占区商人带法币在百元以下者，须按五折向当地政府机关或北海银行兑换北海票使用。百元以上者，须交当地政府或贸易局代为封存保管，并限期由原主带去。四、8月15日起，凡由敌占区带法币入境在五百元以上者，禁止入境，一经查获，即予没收。之后，胶东、清河区次第跟进。

9月19日的《大众报》刊载了胶东区行政公署关于停止法币流通的布告，主要内容如下：一、东海区与北海区，自本决定公布之日起，我行政区即行停止法币流通，凡一切公私交易，货币收授，绝禁使用法币，违犯者都予没收。二、自本决定公布后七日内，在根据地携带法币来往而非行使者，暂不没收。但由敌投区携带入境满一百元以上者，由政府封存，七日后发还，带回敌投区。其自我行政区携带出境者，不加限制。三、自本决定公布七日后，在根据地内行使法币及携带法币入境在一百元以上者，一经抓获，即一律没收。携带出境，不加限制。

由于物价飞涨，胶东区在1942年第一季度就开始做大量排法斗争的前期工作，加上胶东区有雄厚的物质基础做后盾，初次排法即告成功。如胶东区1～3月就开始实行记账以北海币为本位币，拒收华南地名法币，并根据以前规定之破旧法币使用标准严格挑剔，以减少根据地法币数量。第一条做法为实现北海币为本位币做了铺垫，后两条做法给敌人倾销法币、抢购原料品及粮食增加了很大的困难，倾销抢购现象有所收敛。

10月17日的《群众报》刊载了清河主任公署公告，宣布以北海币为本位币，规定法币折兑办法。

由于种种原因，第一次排法斗争除胶东区初步取得胜利外，其余战略区并未获得成功。胶东区的东海区排法斗争首先取得胜利，然后是北海区。但是，由北海区获得胜利后各种货币占总流通量的份额看，这个胜利只能算是初步胜利。

北海地区1942年下半年（9月以后）各种货币所占比重表（百分比）

	北　钞	地　券	法　币	私　钞	投　钞	伪　钞
蓬　莱	40		5.8			54.2
黄　县	15	15	4			66
招　北	30		40			30
栖　霞	75		15		1	9
栖　东	61		26			13
福　山	24		10		6	60
全北海	40.8	2.5	16.7		1	39

对于第一次排法斗争失败的原因，中共山东分局在1943年6月30日的《关于对敌货币斗争的指示》中总结如下：首先由于不调查市场供求规律，用感想来代替政策；其次由于官僚主义（主观主义的另一种表现），单纯依靠政府法令，不知动员自己支配下的一切力量，不顾民众的利益，不解决商人的困难；最后由于宗派主义，自私自利，不顾大局，军政机关不但非是执行法令的模范，反而带头破坏法令。1943年8月，黎玉在省临参会二次大会上的施政报告中总结如下：一、货币发行数量太少，不够市场流通需要，同时又没有充分的准备金，无法调剂发行数量，调剂外汇。二、斗争方法的主观主义，不合市场规律，孤立地看问题。三、执行上的官僚主义。四、领导的不统一，自己破坏自己的政策。

不难看出，对第一次排法斗争失败的原因，山东分局总结为主观因素造成的，而政府则强调了客观因素。当时货币需要量是按人口估算的，根据地内平均每人计划达到50元，由于印钞能力低，实际为人均30元。没有足够的北海币，根本无法将法币驱逐出境，客观地讲，印钞能力低的确制约着排法斗争的进程。胶东排法斗争的胜利，与印钞能力不无关系。

（二）第二次排法斗争（1943年下半年）确立了北海币的本位币地位

鉴于国民政府为维持抗战军需大量增发法币，以及日伪继续向根据地大量倾销法币并伪造法币争夺物资，1943年6月30日，山东分局在《关于对敌货币斗争的指示》中指出："货币斗争已到了更严重的阶段。如我货币斗争失败，则我坚持敌后抗战，将会感到更多的困难。各级党的领导机关，必须亲自来研究这个问题，亲自来组织和领导这个货币斗争工作。"7月，山东分局决定在政权系统设立工商管理机构，统一领导对敌经济斗争和根据地经济管理工作。9月10日，山东分局进一步决定，各战略区一律设立工商局，区党委具体指导，派1名委员参加。自9月至12月，根据地各大战略区相继成立工商管理局。之前，排法斗争的工作主要属于北海银行，工商管理局成立后，这一工作主要由工商管理局负责。

针对大量法币及伪造法币涌进滨海区，造成滨海区物价陡涨的局面，滨海专署采取紧急措施，6月20日，特将停用法币的决定通知各地切实执行。决定内容如下："自布告之日起，粮食交易一律不准使用法币，自七月二十一日起，停止市面流通。自七月二十一日至八月十日为兑换期，自七月二十一日至三十一日为第一期，法币一元换本币一元；自八月一日至十日为第二期，法币二元换本币一元。自八月十一日起查出行使法币者概予没收。"第二次排法斗争由此拉开了序幕，并以全面胜利而告终。

对于滨海专署的这一决定，山东分局发出指示："这一决定，是根据党中央的货币政策，根据华北、华中各地斗争经验，根据滨海区的具体情况，经分局详细研究后的结果。这是民主政府的法令，同时也是我们党的政策，全体党员必须保证它的胜利实现。任何党员如果违反停用法币的法令，他不但要受政府国法的制裁，而且要受我党党纪的制裁。"滨海区是山东根据地的政治、军事中心，滨海区的货币斗争具有风向标的地位，所以受到山东分局及战工会的高度重视。

8月20日，省府针对去年斗争失败的原因提出了改进办法："（1）确定以发行额百分之五十为准备金（其中大部为重要物资），俾于必要时能收回一部分货币（出售物资）或换取外汇，保证本币比值，贷款应保证按时收回本息。（2）研究市场变化，掌握市场规律，采用合于市场规律的灵活的斗争策略，反对官僚主义，反对主观主义。（3）设立经常兑换所，调剂外汇，按照市场情况，随时规定兑换比率，一切输出输入在得到贸易机关许可后，均有权利按照法定比率，去向兑换所调剂外汇，兑进兑出，切实加以保证。（4）统一经济斗争领导，货币斗争应与贸易统制密切配合，只有贸易出超，才能继续保证并提高北海票之比值。"

据7月17日的《大众日报》社论载，滨海区停用法币虽然只有几天，已经获得了初步的胜利：第一，从法币的大量输入，变为法币的大量输出；第二，各地人民于政府停用法币前即自动拒绝接受法币；第三，本币的价值已在步步上涨，物价开始趋向稳定。8月13日的《大众日报》载，滨海区货币斗争的第一阶段已经胜利地完成了。在这一阶段中间，我们已经大体上完成了排挤法币的工作，换回来大量物资，粉碎了敌伪倾销法币掠夺物资的阴谋。

1944年3月，薛暮桥在总结滨海区半年来的货币斗争时说："滨海区的货币斗争是从去年七月专署布告停用法币开始。这时期的货币斗争主要依靠政府行政力量和群众团体的帮助，在艰苦斗争中缓缓进展着，获得了初步的胜利，这可以说是货币斗争的第一时期。到去年九月工商管理局成立，十月间开始展开全面性的对敌经济斗争，于是货币斗争得到了巨大的经济力量的支持，顺利开展，获得了更显著的成绩，这可以说是货币斗争的第二时期。”由此可以看出，第二次排法斗争的胜利，主要归功于工商管理局。

鲁中区排法斗争的情况大致如下：1943 年 8 月 18 日，鲁中区成立停用法币委员会，并决定各专署县区成立法币停用委员会，设立兑换所，兑换按七折。10 月 15 日，鲁中区工商管理局成立。工商管理局成立后即宣布停用法币。停法工作开始于沂南、沂临县，随后是蒙山区，其他地区 1944 年才开始。1944 年 7 月，全区停用法币。据估计，1943 年 10 月至 1944 年 5 月底八个月内，流通于我根据地的法币及杂钞（民生票等），约有九千万至一亿元被排挤出鲁中市场。而本币流通范围则大大扩大，过去只流通在南至张庄北至坦埠很小的一片地区，而后来停用法币的地方都成为本币流通的范围了。

本阶段，胶东区继续巩固已经取得的胜利。我们未发现此阶段北海区各种货币占总流通量的数据，但是根据东海区的相关数据可见一斑：

1944 年上半年各县本币流通量所占比重表（百分比）

	行政区		敌占区		游击区	
县　别	数　目	流通量	数　目	流通量	数　目	流通量
文　东	11	100	1	98	1	90
荣　成	8	100	2	30	3	95
海　阳	12	100				
牟　平	6	95	3	5	3	40

注：此表采自《东海支行一九四四年上半年工作报告》。

清河区的排法工作如下：清河主任公署决定自本年（1943 年）11 月 30 日起，根据地内一律停用法币，不论多少，概不许使用。为体念人民困难起见，一律自 10 月 10 日起，各家所存法币，准予到各地银行兑换所按市价兑换本位币使用。自 10 月 20 日起，市面法币只允许在一百元以下者（本数在内）可自由行使，如超过一百元，即应到银行兑换所兑换本位币使用，自动兑换者按市价，如违法行使，经查获后，除按市价予以兑换外，并予以百分之三十的罚金。清河区并未如期完成停法工作。1944 年 2 月 9 日的《群众报》载，清河主署指示二月底停用法币。此次停用法币终获成功。

鲁南区排法斗争的政策如 1944 年 4 月 9 日的《大众日报》载：“主署发下决定从四月十日起停用法币，一律用北海票，根据地老百姓如有存法币的，可到兑换所兑成北海票。四月十六号以后，查着法币就没收，按百分之三十五提成奖励。”

由于极为残酷的斗争环境，鲁南区是山东根据地最后一个宣布停用法币的战略区。鲁南停用法币，标志着山东根据地排法斗争取得了全面胜利。北海币在货币战场上经历了七个春秋之后，终于一统天下，夺得了霸主地位，成为山东根据地唯一的本位币！ 1944 年 7 月 1 日的《大众日报》刊载了薛暮桥的总结：“去年七月滨海民主政府领导人民开展货币斗争，不到一个月就使几千万元法币离开根据地的市场，币值的上涨和物价的下落也引起了根据地人民莫大的兴奋。这个胜利立即影响鲁中，再转而鲁南和渤海。现在山东各根据地已经胜利完成币制改革的初步工作，北海票已经成为根据地市场上唯一的本位币了。”

三、反假斗争为北海币保驾护航

自北海币开始在市面流通，假币就相伴而生。制假者主要分为两大类：一是伪政权、国家政权做后盾的制假，姑且称为集团制假；二是市侩、奸商及地方政权或武装势力的制假，姑且称之为敌对势力制假。由于集团制假者拥有先进的印刷工具、广泛的传播途径，故其危害性最大。

纵观山东区反假史，北海币的制假贩假活动呈波浪式变化。整个制贩假活动有两个高潮，第一个高潮发生在 1942 年底至 1943 年秋，第二个高潮发生在 1947 年至 1948 年。而且第二个高潮远比第一个高潮凶猛。假币以输入型为其主要特征，绝大多数假币来源于敌占区，为敌对集团所制。这种假币不仅数量大且更接近真币。

假币的危害主要体现在以下三个方面：一，破坏了我方金融秩序，降低了北海币的信誉，让一部分人不敢放心使用北海币；二，损害了群众利益，影响了一部分人的生活；三，掠夺了我方的物资。因此，山东区历来十分重视反假斗争。采取的反假措施主要有：制定反假条例和查禁假票办法；广泛宣传假币的危害性及识别假币办法；教育和动员群众参加反假，拒绝使用假币；鼓励群众揭发和举报他人制假贩假行为，给予揭发举报者重奖；对制假贩假者采取严格防范、严厉打击和坚决镇压的措施；不断改进印刷工艺，尽量提高北海币印刷质量，在北海币中增加不同形式的暗记；通过各检查站和缉私人员，堵截各种流入的假币。经过广大军民的共同努力，山东区取得了一个又一个反假斗争的胜利，确保了北海币的正常流通秩序。

反假斗争属于货币斗争的一部分。1938 年至 1943 年秋季，反假斗争的领导者是北海银行。为了统一领导根据地的经济斗争和货币斗争，从 1943 年秋季始，根据地相继建立了工商管理局。各级工商管理局领导货币斗争，银行配合工商管理局进行包括反假斗争在内的货币斗争。1946 年以后，领导反假斗争的重任又逐步重新落到了北海银行肩上。由于工商管理局拥有庞大的缉私队、检查站及公营商店等反假重器，工商管理局领导反假斗争时期，假币案例明显减少，大宗假币案基本都是工商管理局破获的，反假斗争卓有成效。

第三节　五彩缤纷的北海币

自 1938 年掖县民主政权成立北海银行始，至 1949 年北海银行总行更名为中国人民银行山东省行止，北海银行在风雨中走过了十一个春秋。十一年来，北海银行共印发北海币 7892 多亿元，其中财政透支为 2722 亿元，占比约 34.5%；工商资金 2302 亿元，占比约 29.2%；交通资金 1229 亿元，占比约 15.6%；金融事业资金 775 亿元，占比约 9.8%；文化出版事业资金 143 亿元，占比约 1.8%；供应生产资金 116 亿元，占比约 1.5%；实业资金 94 亿元，占比约 1.2%；工矿资金 87 亿元，占比约 1.1%；另外银行周转资金 534 亿元，占比约 6.7%。北海银行发行的北海币有力地支持了根据地的经济发展，支援了军队后勤保障，为抗日战争的胜利和解放战争的胜利作出了巨大的贡献！北海币不仅流通于山东，还流通于华东区，北海币不仅是山东的骄傲，也是华东区的骄傲！

在这十一年中，除北海银行总行先后发行过大量的北海币外，掖县的北海银行、北海银行胶东分行、清河分行、冀鲁边分行、滨海分行、鲁中分行、鲁南分行以及渤海分行均发行过北海币。总体而言，胶东区印发的北海币票幅大、印制精美，其他单位印发的北海币票幅相对较小，印制也不甚精美，尤以冀鲁边、清河区印发的北海币最粗糙。北海银行发行的北海币不仅存续时间长，而且版别极为丰富。

除了北海币，在北海币不敷流通时，北海银行部分分行还先后发行过定额本票及支票代替北海币流通。其中胶东分行发行过面额一百元、五百元、一千元定额本票及面额五百元、一千元等定额支票，清河分行发行过面额二十五元、五十元、一百元定额本票，渤海分行发行过面额一百元、五百元、一千元定额本票。1948 年 11 月 20 日，北海银行颁布《北海银行发行本票暂行办法》，并在济南、潍坊、徐州、德州、济宁、新海连、周村、博山、益都、烟台、石岛等新解放的城市发行加盖上述地名的定额本票拾万元券，计 49 亿元。

因为北海币版别多，收藏难度大，如今收藏领域中，北海币是所有区票中最具魅力和最有影响的币种。

关于版别的划分，目前同一发行单位发行的纸币基本上分为大版别、小版别两种。大版别一般是以名称、年号、面值、地名、图案、颜色、图幅等不同而构成的版别，小版别则一般以冠字、号码位数、号码颜色、号码尺寸大小、号码及冠字位置、印鉴印文及颜色、加盖字、签字、签字颜色及底纹颜色等不同而构成的版别。如果再细分，图案中细节的不同（主要是修版造成的）、冠字字母、印鉴的大小、字体、偏色等不同也能构成不同的版别。如果像当今铜元那样划分版别，北海币的版别何止千种!

许多北海币的票面时间和实际发行时间不一致，尤其是胶东分行发行的北海币。一个时期，总行及各分行发行的北海币印鉴及背面行名拼读写法相对固定（早期除外），我们可以借助那些已知发行单位和时间的北海币票面信息，判断具有相同特征的待考北海币发行单位及发行时间。

北海币中，山东地名北海币最难归类。不仅仅总行发行的北海币印山东地名，自 1945 年 10 月以后，胶东分行发行的北海币也印山东地名，而且其印制的北海币票面时间有些早于实际发行时间好几年，渤海分行发行的北海币也有印山东地名的。尽管多数山东地名北海币可以根据票背面的行名拼读区别发行单位，但是，有些属于胶东代印的北海币就较难区分了，只能借助票面其他特征，以及求证某区发现该品种的多寡进行综合判断。

虽然总行成立后就有了制版技师，但是，由于缺少绘图人员，总行早期发行的北海币上常现钱庄票图影。如民国二十九年火车轮船二角券，正面主图与交通银行民国十六年一角正面主图相仿，背图为济南大明湖北极阁图景，与民国十四年莒南西北庄复泰昌五千文、十六年曹州永顺成二百文背图、民国十七年益都茂盛祥三角正面主图、民国二十年东阿集祥斋四角背图、民国二十四年莱芜德盛永三角正面主图、民国二十五年齐河双盛合油店五角正面主图等相同或相似。民国三十年火车五角正面主图，与民国十五年昌邑锦成裕四百文、民国二十年东阿集祥斋四角正面左图、平阴义兴堂五百文正面左图相近。民国三十年一元正面主图，与民国十六年曹州永顺成一百文背图、民国二十七年长清萃丰衣店五十枚正面主图、曹郡福庆公一千文背面下图、泰安仁义堂二吊背下图、临沂广利银行系列纸币背图（反向）相同或相似。滨海及民国三十三年鲁南、山东五角券正面主图，与民国十五年昌邑锦成裕四百文右图、民国十八年青州穷生意五百文右图、民国二十年平阴义兴堂五百文正面右图、东阿集祥斋四角正面右图、民国二十三年无棣恒德临二吊左图等相仿。甚至有的钱庄票集多种北海票图景于一身。如民国二十年东阿集祥斋四角、平阴义兴堂五百文券等，集三种北海币图景于一身。这种例子不胜枚举。其他分行亦存在类似情形。

北海银行实行分区发行、限区流通的货币政策期间，鲁中、鲁南分行在部分山东地名北海币上加印只限某区流通字样，由于这些加印系银行所为，且与货币的流通区域有关，故不同加印的北海币应视作不同的版别。

我们见过不少北海币上加盖宣传口号。到目前为止，我们见到的这些宣传口号无一是当年加盖的，均为当代伪作。比如民国三十二年山东地名牛耕五角加印“抗日救国”券，民国三十三年山东地名浇秧五十元加印“中苏联合打败日军”券，民国三十三年山东地名汽车一百元券加印“日兵最怕地雷阵”券，等等。这些口号用的字体显然有别于当年的字体，部分口号内容不符合时代背景。前述三例北海币发行于抗战胜利后的1945~1947年，那个时候面临的是内战即将爆发，怎么可能印抗日宣传口号。本着保护北海币的目的，当时是不允许在北海币上乱涂乱抹，因此，各机关团体也不会在北海币上乱盖宣传口号。

为了反假，不同版别的北海币常有不同的暗记。根据反假文件，这些暗记绝大多数是由虚实点、虚实线条的组合变化构成。少数北海币用个人签名做暗记。后期，个别北海币也有用字母等其他方式做暗记的。如掖县版（含无地名及胶东地名者）北海币的一角、五角及一元北海币，在其正面图景框的右下边有票样设计者邓振元的行草签名“振元”二字。目前仅在1946年以后发行的个别北海币券种中发现字母暗记。如民国三十三年山东地名浇秧五十元，正面图景框内左右树景中分别隐藏“H”“B”代表“北海”，民国三十六年山东地名宝塔五百元券也有类似情况，正面树丛中小房子台阶前左右分列字母“H”“B”。点线组合的暗记与用字母或汉字做暗记各有优缺点，前者不易被制假者发现，但自己人也难识别，后者则恰恰相反。由于北海币中，同一版式暗记相同，所以版别划分不考虑暗记。

除了暗记，总行还曾在发行的北海币背面印手写体英文口号，渤海分行在部分北海币背面印手写体字母行名、领导职务拼读用以反假。

所有北海币，除了本票，没有竖式票子，也均没有印私人签名（暗记除外）和加盖私人印鉴的。本票均为竖式。十万元定额本票背面或是行长私人签名，或是加盖行长私人印鉴。

一些北海币，尤其是胶东分行印发的北海币，分有水印无水印两种。因为这些水印不是北海银行印钞厂有意为之，而是购进的某些纸张中带有水印，因此不做版别划分的依据。如果将有水印的作为一种版别，那些不同纸张印制的同一版别北海币亦当划为不同的版别。这样划分显得太繁琐。

北海币的发行量是呈逐年递增的态势。根据地或解放区地盘扩大时，因为流通地域增加，增发北海币，当根据地地盘缩小时，因为税源减少，财政困难，也增发北海币。持续大规模增发货币的最主要原因，是因为货币发行是根据地或解放区的一个很重要的财源。有的地方，如晋察冀，甚至靠发行吃饭[①]。战争规模的扩大，也是刺激货币大量增发的一个主要原因。不仅山东区如此，其他区亦然。

下面分阶段介绍北海银行发行的各种版式北海币。

---

① 参见《中国革命根据地财政史料选编》第三册，第260页，曾山在华东局胶东高干会议上的报告。

一、1941 年以前山东根据地发行的北海币品种

1940 年春天，一纵未成立银行即开始印发民国二十九年火车轮船二角北海币，同时委托济南大中印刷局代印鲁南地名一角、二角、五角北海币。轮船火车二角券系一纵自己印制，正面两边各一组五位数流水编码，无冠字，无印鉴，无地名，可分为薄云版与厚云版两种。济南代印的北海币均为农活图案，流水编码七位数，编码前无冠字，其中一角、二角仅正面有一组流水编码，加盖红色印鉴，五角券正面有两组流水编码，加盖蓝色印鉴。印文均为相同的“经理之章”。总行成立后至 1942 年前，仍然印发此种一角、二角券，未更换钞版，1942 年仅更换了二角钞版。此一角券可以说是总行系列中唯一的一角券。滨海印刷所成立后，又续印了鲁南地名一角、二角券。这些续印的北海币与大中印刷局代印的区别，是续印的角票地名和票正面主色一致。尽管这些续印行为发生于 1942 年 2 月以后，由于票面年号一致，所以仍将续印导致的新版别归入本阶段。

1938 年，掖县的北海银行发行了印有掖县地名的楼房（俗称掖城火神阁）一角、二角，市楼（俗称掖城鼓楼）五角，石庙（俗称抗日民主政府门景）一元四种面额的北海币。这四种北海币一角、二角券无年号，五角、一元券印有年号；一角券仅一组流水编码，位于背面中心，二角、五角券各有两组流水编码，在正面两边，一元券正背各有两组流水编码，正面为蓝色编码，背面为红色编码，但均无冠字；所有北海币均正背面加盖印鉴，除一元外，均为红色印鉴，一元券正面为蓝色印鉴，背面为红色；所有北海币均为古建筑图景。在北海币系列中，正背面都加盖印鉴是一种特殊现象。

1939 年，重建后的北海银行用旧版印制了一角、一元北海币。此次印制的北海币除了没有印掖县地名外，其他都未变。1940 年又用旧钞版印制了一角、五角、一元券。此次除了没有印掖县地名外，还有其他重大变化：所有品种背面不再加盖印鉴；一角券正面加印了流水编码；一元券正面开始加盖区域名。目前发现的区域名有“东海”“南海”“南”“北”等字。据回收公告称，尚有“西”字者，未见。

此时期胶东的北海银行合计发行了大小版别北海币 13 种。所有的印鉴印文均为“董事长章”和“经理之章”。

除了一纵及胶东的北海银行，1940 年，北海银行清河分行也印发了一角、二角、五角北海币。其中一角、二角券系用济南大中印刷局为一纵制作的钞版印制的，左边加印“清河”两字，红色印鉴。一角券印文为“经理之章”“副经理章”，有单字轨和无字轨两大类，其中无字轨者根据“清河”字体的大小又分为大中小三种，合计四种版别。二角券印文是“董事长章”“经理之章”，按“清河”字的大中小分为三种版别。五角券系用 1940 年胶东民国二十七年市楼（俗称掖城鼓楼）五角钞版印制，正面左边加印“清河”地名，红色印鉴，印文为“董事长章”“经理之章”。

本阶段一纵及胶东北海银行、北海银行清河分行发行的北海币大小版别合计 33 个。所有的北海币均无冠字，面额有一角、二角、五角、一元四种，面额相对大的左右各一组编码，图案涵盖交通运输、农活、古建筑等内容。部分北海币加盖了地名或地域名。印鉴印文有“经理之章”“经理之章”、“董事长章”“经理之章”、“经理之章”“副经理章”三种组合。第一种组合是总行所特有。胶东的北海银行发行的北海币背面均印“BEEI HAI BANK”行名拼读，一纵及总行印发的北海币背面均未印行名拼读。

二、1941、1942年北海银行新增的北海币版别

（一）总行新增的北海币版别

1941年春天，北海银行总行印发了民国二十九年山东地名五元券、民国三十年山东地名五角、一元、五元券。其中民国二十九年山东地名五元券开了北海银行加印山东地名之先河，也开了总行北海币背面加印行名拼读的先河，民国三十年山东地名五元券开了北海币加印底纹之先河。总行本年印制的北海币均为六位数流水编码，无冠字，五元券正背有号码，其余仅正面有号码，除了辅币，背面均印“BEEI HAI BANK”行名拼读。民国二十九年五元券为山景寺庙图案，正面印有“凭票即付国币五元”字样（此亦是北海币的一个先例），蓝色印鉴，印文为“总经理章”“副经理章”，此乃总经理印鉴之肇始。民国三十年五角券图案为山前工厂，红色印鉴，两印鉴印文均为“经理之章”；此券前后印的版别有差异，早期印的“海”字第六笔为直勾，“款”字顶部不连，后期印的“海”字第六笔为圆勾，“款”字顶部相连。一元券火车图案，红色印鉴，印文与民国二十九年红五元同；根据车厢是否满布线条，可分为黑车厢、白车厢两种；另有背面红棕色者，不计入版别。五元券天坛图案，红色印鉴，印文是“董事长章”“经理之章”，依据底纹可分为纵列18个“伍”和14个“伍”两种。“董事长章”“经理之章”印鉴组合一直沿用到1945年。总行本年共印发了5种北海币。

1942年，总行印发了五分、二角、一元、二元、十元五种面额北海币。五分券为短号（过去所谓的死号码），无印鉴，有两种相近的颜色，但图幅差异较大，估计系鲁中和滨海印钞厂分别印制导致的。五分券不仅开了北海币用短号的先例，还是北海币系列中最小的面额，且是唯一的品种。除了五分券，其余券种均为六位数编码，二角、一元、二元券仅正面有编码，十元券正背均有编码。二角、一元、二元券正面有印鉴，印文为“董事长章”“经理之章”。一元、二元券存在两种图幅，且细节也有差异，当归为不同的版别。十元券无印鉴，但正面印有“凭票即付国币五元”字样（此券种为这一系列的关门票）。北海银行发行的最大面额北海币无印鉴者仅此一例。本年共新增北海币8种。

（二）胶东分行新增的北海币版别

1941年6月，胶东北海银行更换了一元票版，开始印发1941年无地名蓝山水一元券及无年号无地名红山水一元券。两种券正面两边均新增了类似冠字的单个字。所以说类似冠字，是因为就其形式与位置而言与一般冠字有区别，但是也起到了分组的作用。加印这些字主要是为了防伪。蓝一元有“发”“展”“农”“村”四字，红一元有“繁”“荣”二字。9月印发了无地名民国二十九年石坊五元券及天坛十元券。这两种券正面均印有“凭票即付国币”字样，两边加印单个汉字。五元券有“繁”“荣”二字，背图与同年号山东五元券同。十元券有“发”“展”“农”“村”“经”“济”等六种。所有本年新印发的北海币品种印鉴与之前没有变化。一元券仅正面有流水编码，五元、十元券正背均有流水编码。均无冠字。本年新增14种北海币。

1942年，北海银行胶东分行印发了年号为1942年的山水一元，民国二十九年五元、十元，民国三十年十元券。除了民国三十年十元券，其余券种图景均与去年发行的相同，但版式不同。一元券分蓝、红、绿三种颜色，流水编码前使用了冠字，其中蓝色券为字母冠字，红、绿两色券均为天干冠字，且绿一元加印胶东地名。北海币中，天干用作冠字亦仅胶东一家。五元券除加印胶东地名外，分别印有“生”或“产”字，仍无冠字。十元券亦加印了“胶东”地名，流水编码前为双字轨。民国三十年

十元券为火车宝塔图景，正背均有冠字和编码，流水编码前为双字轨，票正面首次印有“胶东区地方本位币”字样，背面为天坛图景，与同年号山东五元券正面主图相似，印有“BOXAI INXANG”行名拼读。本年共新发北海币 7 种。

（三）清河、冀鲁边分行新增的北海币版别

1941 年，清河分行用胶东带来的民国二十七年石庙（俗称抗日民主政府门景）一元钞版印制了“清”字一元券，票正面两边加印“清”字，蓝色印鉴，印文为“董事长章”“经理之章”。胶东分行为清河分行代印了清河地名的民国二十九年石坊图景五元券，该券有加印“春”“耕”两种字者。“耕”字者档案有载，未见实物。1942 年，清河分行印发了民国三十一年山东清河地名前门图景五角券，该券流水编码前均无冠字，印鉴印文为“经理之章”“副经理章”。是年胶东分行又先后为清河分行代印了“清河”地名天坛十元及印有“清河区地方本位币”字样的火车图景十元券，均为双字轨，正背都有冠字编码。正面均加盖蓝色印鉴，印文为“董事长章”“经理之章”。两年合计，清河分行发行了 6 种北海币。

冀鲁边分行 1941 年仅印发了民国三十年“冀鲁边”湖景一角券。该券无冠字，蓝色印鉴，印文为“经理之章”“副经理章”。同年，胶东分行为其代印了民国二十九年冀鲁边地名石坊五元券。该券无冠字，有“春”“耕”两种加盖，红色印鉴，印文为“董事长章”“经理之章”。1942 年，冀鲁边分行印发了民国三十一年年号在背面的“冀鲁边”地名湖景五角、牧羊五角、牧羊一元券。该系列券均无冠字，印文均为“经理之印”“副经理印”。下半年，胶东分行为冀鲁边分行代印了民国三十年“冀鲁边地方本位币”火车十元券。该券为双字轨，印文为“董事长章”“经理之章”。两年合计，冀鲁边分行共发行了 7 种北海币。

（四）本阶段小结

本阶段各北海银行合计新增 48 种版别北海币。新增了寺庙、山水、名胜、湖景、牧羊等图案。从 1942 年起，胶东分行印的十元券（包括为其他区代印的）流水编码前出现了冠字，有字母冠字和天干冠字等形式，字母冠字均为双字轨。民国二十九年石坊五元、天坛十元，民国三十年火车十元有冠字者均为 1942 年发行。其中，民国三十年火车十元券背面出现了“BOXAI INXANG”行名拼读。这种行名拼读一直沿用到 1945 年底，渤海分行成立后亦采用此拼读。此时总行发行的北海币尚无冠字，但率先使用了短号码。总行开始采用“PEI HAI BANK”行名拼读，并一直沿用到 1946 年。总体看，小面额的北海币为单面单组号码，大面额的为双面双组号码。

北海币新增了五分、二元、五元、十元等面额。五元券系总行首先印发，此举打破了几年来根据地只印辅币的惯例，而且民国三十年五元券开了北海币印制底纹的先河。十元券则是胶东率先为之。五分、二元面额为总行所独有，其他北海银行未发行过此种面额的北海币。其中五分券为北海币中唯一品种。部分北海币票面出现了“凭票即付国币”“×× 区地方本位币”等字样。

三、1943、1944 年北海银行新增的北海币版别

鲁中、滨海、鲁南三区先是使用总行版的山东地名北海币，1943 年夏季，山东根据地全面实行北海币分区发行、限区流通的货币政策，这三区分别使用印有各自区名的北海币。故本阶段新增鲁中、滨海、鲁南地名北海币。1944 年夏季以后，鲁中、滨海、鲁南三区重新实行北海币统一发行自由流通

的货币政策，三区地名北海币至此终结。1944年春季，清河分行与冀鲁边分行合并为渤海分行，新增渤海地名北海币。

（一）总行新增的北海币版别

1943年，总行迁滨海前新发行了山东地名民国三十二年二角五分、十元券，迁滨海后，又发行了滨海地名的五角、十元、五十元券。合计发行了5种北海币。

山东地名二角五分无印鉴，单字轨，七位数流水编码，为北海币唯一品种；十元券印鉴印文为“董事长章”“经理之章”，亦为单字轨，七位数流水编码，背图系采用民国二十九年山东五元主图，依据底纹“拾”的颜色可分为明黄色底纹和橙色底纹两种。

滨海地名所有券种流水编码前无冠字，印鉴印文均为“董事长章”“经理之章”。

1944年，总行先是印发了滨海地名红色十元北海币，该券为单字轨，七位数流水编码，系滨海地名关门票。之后印发了民国三十三年山东地名火车过桥蓝五角、右山景红蓝两色一元、左山村五元、红蓝两色房屋十元、水边山景十元及右宝塔五十元券，合计16种版别。

滨海十元仅有一种版别，单字轨七位数编码。山东地名五角券一种版别，单字轨七位数流水编码，印鉴印文均为“董事长章”“经理之章”。一元券有相同图案红蓝两种版别，流水编码前均无冠字，印鉴印文均为“董事长章”“经理之章”。五元券有橘红和橘黄二种颜色，单字轨，印鉴印文同前。十元券中蓝色房子树景有无冠字、单字轨大号码及单字轨小号码三种，前两种的印鉴印文为“总经理章”“经理之章”，后一种的印鉴印文为“董事长章”“经理之章”；红色房子树景一种，单字轨，印鉴印文均为“董事长章”“经理之章”；红水边山景图一种，无冠字，印鉴印文为“董事长章”“经理之章”。五十元券仅有一大版别，但分大号码、中号码、小号码、背有号码、无底纹等五种版别，背无号码者均印有红色手写体英文“新民主”“自由中国”，印鉴印文均为“董事长章”“经理之章”。

蓝色十元券有“董事长章”“经理之章”及“总经理章”“经理之章”两种加盖。这是一个奇怪的现象，在所有北海币中恐怕是绝无仅有的。这一现象说明该券延续印发到1945年。此券既是总行加印“董事长章”“经理之章”系列北海币的关门票，也是加印“总经理章”“经理之章”系列北海币的开山票。其意义非同寻常。右宝塔五十券背面的手写体英文“新民主”“自由中国”，为总行系列币中之首现，并且之后出现在绝大多数总行发行的北海币背面。当时一般人都不认识英文，估计此口号主要是为了防伪。

此阶段总行共新增22种版别。

（二）鲁中分行发行的鲁中地名北海币品种

鲁中分行刚成立时还是发行总行版北海币，这部分品种计入总行系列。1943年夏季以后，鲁中分行开始发行鲁中地名北海币。本年共发行了一元、五元、十元、五十元北海币。其中十元券正面有棕、绿两种颜色；绿色者可能是因正面颜色有误改作张贴票样，不计入版别。所有品种均为七位数流水编码，以A做冠字。

1944年，鲁中分行发行了五角、一元、五元、十元、五十元北海币。五角券为新增品种，七位数流水编码，冠字为A，无印鉴。一元券系用旧版印制，与旧券的区别是号码大。五元券正背图案与旧版同，但是，旧版正背均为红色，新版正面为蓝色，背面为咖啡色，且添加“建”字，有多种字母冠字。十元券为新增品种，根据背面加印的字分为“建”“设”两种版别。五十元券正背图案与旧版同，但墨色稍有变化，流水编码字体较旧版为瘦，存在长、短图幅两种版别。

另外，北海币分区发行限区流通期间，鲁中分行曾对已经流通于鲁中的二元以上山东地名北海币加盖“只限鲁中流通”字样，由此产生了新版别北海币。理论上，新增版别应该有山东地名民国三十年五元，民国三十一年二元、十元，民国三十二年十元四种加盖券，算上错在鲁中地名十元券上的加盖，应该新增五种版别。目前已经发现二元加盖和两种山东地名十元加盖券，未发现山东地名五元加盖券。

鲁中分行发行的北海币均有字轨，除五角外，均有印鉴，印文均为“董事长章”“经理之章”。图案方面多涉及山、房子、凉亭。一元券主图系翻版民国三十年一元券主图。

鲁中分行合计发行鲁中地名北海币大小版别 16 种。

（三）鲁南分（支）行发行的鲁南地名北海币品种

鲁南分行 1943 年仅发行了十元券北海币。1944 年发行了五角、一元、五元、五十元北海币。

与鲁中情况相似，北海币分区发行限区流通期间，鲁南分行曾对已经流通于鲁南的二元以上山东地名北海币进行加盖，由此应该产生四种新版北海币。目前我们未见到相关实物。

两年来，鲁南分行共发行 5 种北海币，算上加盖的共新增 9 种北海币。除了加盖票，所有鲁南地名北海币均有印鉴，印文均是“董事长章”“经理之章”。十元以下面额的北海币无冠字，十元以上的为七位数流水编码加单个字母冠字。所有品种中，仅五元券是六位数流水编码。其余均为七位数流水编码。五十元券的图案与总行相同，但冠字均为 C，无底纹。十元券首现长城图景。

（四）胶东分行新增的北海币版别

1943 年，胶东分行新发行了一角、二角、五角、五元、十元、五十元券北海币。一角、二角、五角券系用掖县版换上胶东地名印制的，印鉴印文均为“总经理章”“经理之章”。五元券有风船和轮船两种大版别。风船图案年号为民国三十年，有两边竖印“胶东”者，有上面印“胶东”两边印“建”或“设”字者，印鉴印文均为“董事长章”“经理之章”，该券为此种印鉴的关门票；轮船图案年号为民国三十一年，印鉴印文为“总经理章”“经理之章”。十元券为高楼图案，年号为民国三十一年，有绿底纹和无底纹两种版别，印鉴印文均为“总经理章”“经理之章”。五十元券为树木版（俗称河边村），图景有树、房子和小船，年号亦是民国三十一年，印鉴印文为“总经理章”“经理之章”。

本年胶东分行共新发行了 10 种北海币。

1944 年，胶东分行新发行了春耕十元、水车十元、火车五十元、插秧一百元券北海币。其中春耕十元年号为民国三十二年，有蓝、绿、紫三种版别，蓝色券为单字轨，绿色券为以天干为冠字的单字轨，紫色券为双字轨。民国三十三年水车十元券初始发行品种的年号与发行时间一致，但多数品种是次年发行的，详情参阅第三章第三节二；水车十元券有 8 种版别：正面蓝色底纹橘色（仅见票样）、灰紫色（仅见票样）、绿色；正面紫色底纹蓝色（仅见票样）；正面红色底纹橘色、紫色（仅见票样），其中橘色底纹者又分冠字在流水编码前和冠字在中间者；正面水红色底纹橘色（仅见票样）。火车五十元券年号亦与发行时间一致，有红色底纹、绿色底纹两种版别。一百元为插秧版，年号也与发行时间一致，此币为北海币中首次使用多色套印技术。

本年共新增 14 种版别。

此阶段胶东分行共新增 24 种北海币版别。印刷工艺大为提高，出现了多色套印的北海币。从 1943 年起，胶东分行开始将印鉴印文固定为“总经理章”“经理之章”之组合模式，并一直延续到

1947 年。总体看，胶东分行发行的北海币票面时间与发行时间多不一致；图案较丰富，有轮船、火车、大楼、山水、农耕等；印刷较精致；票幅较大。

（五）清河分行、渤海分行新增的北海币版别

1. 清河分行新增的北海币版别

1943 年，清河分行用总行制作的钞版印制了清河地名民国三十二年带“开”或“源”字农夫锄地五角券，湖景五元券；用冥币钞版改制，印刷了民国三十二年“巩”字清河区地方本位币十元券。除五元券外，均无冠字，印鉴印文均是“经理之章”“副经理章”。

一年来，清河分行共新增北海币版别 4 种。

2. 渤海分行新增北海币品种

1944 年渤海分行成立，当年可能发行了以下渤海地名北海币：民国三十二年风船一元券，该券分正面“渤海”粗字、“渤海”细字、无渤海地名（仅见票样）、楷书行名等四种版别，背面下方均印有渤海地名拼读，据说另有行名成直线排列者（未见实物）；施肥浇地五元，该品种有咖啡色与蓝色之分，其中咖啡色又分大号背无签字和小号背有签字两种，其下方左右分列手写体拼音“北海”“银行”，正中下方是拼读五元；牧羊五元；纺织十元，该版分绿色加印和黑色加印，绿色加印的目前发现有单字轨和无冠字两种，其中无冠字者又可细分为背两“夏”字和背无夏字两种，黑色加印的分左右两“渤海”和上“渤海”两种，背面下方印有手写体拼音“总经理”“经理”，正中下方是拼读十元。民国三十三年湖景五角；耕马一元；挑担五元；耕牛十元；推磨五十元，该品种分右“渤”左“海”和左右各竖印“渤海”两种；牛耕一百元，此品种分棕色与橘色两种，棕色者为红“渤海”、红号码、红印鉴，橘色者则为黑“渤海”、黑号码、黑印鉴。合计共印发 21 种版别北海币。因为没有见到本年渤海分行的发行资料，前述北海币中肯定有始发于 1945 年的。比如湖景五角、耕马一元、挑担五元、耕牛十元、无冠字纺织十元券、推磨五十元等，可能始发于 1945 年。

另外，1944 年，清河分行与冀鲁边分行合并为渤海分行前，曾委托胶东代印民国三十三年清河地名风船牛耕图十元券北海币，直到二行合并后才印好，亦当归渤海分行发行。该券采用两边开光印制图景的形式，单字轨，印鉴印文首次采用“总经理章”“经理之章”。根据细节，此类券能分出两个小版别。

部分渤海地名北海币背面印的手写体行名及领导职务拼读，当系受钱庄票防伪花押的启发作防伪之用。这是北海币系列中所独有。

此阶段两行先后发行的北海币版别合计 27 种。

（六）本阶段小结

本阶段各北海银行新增北海币合计 96 种。新增滨海、鲁中、鲁南、渤海地名北海币。新增二角五分、五十元、一百元等面额。某些同一大版别北海币，出现了大、中、小各三种流水编码。冠字的形式亦有突破，有冠字在两组流水编码中间，且加有括号者。胶东的一百元插秧版率先使用了多色套印技术。由此出现同图有多种不同颜色底纹的北海币，其中有些北海币仅见票样未见正票。印鉴印文亦有变化。胶东分行、渤海分行发行的北海币票面印鉴最终定格为“总经理章”“经理之章”组合形式。总行印发的北海币背面首次出现了英文手写体口号“新民主”“自由中国”，这个口号一直沿用到 1947 年。图案方面新增湖景、新式火车等题材。

四、1945、1946 年北海银行新增的北海币版别

（一）总行新增的北海币版别

1945 年，总行新增了民国三十四年亭子二元、亭子五元、牛耕五十元、工农兵五十元、轮船火车一百元券等。民国三十四年亭子二元有大圆号码、小直号码 2 种版别，大圆号者另有疑似背橘黄色版（此版未列入版别统计数中）；亭子五元分七位大号码与八位小号码 2 种；牛耕五十元仅一种版别；工农兵五十元一种版别；轮船火车一百元为双字轨，系总行第一种双字轨北海币，胶东代制版、代印。本年合计新增 7 种版别。

1946 年，总行新增民国三十二年右山林一百元券，民国三十四年右山林一百元、棕色中花一百元券，民国三十五年山桥一元、牧羊二十五元、山田二百元。一元券仅有一种版别；二十五元券背面手写体英文“新民主”“自由中国”，分咖啡色和黑色两种；民国三十二年右山林一百元券分单字轨大号（背印“保”字）、单字轨小号、无字轨三种，背面均印有手写体英文“新民主”“自由中国”，印鉴印文均为“总经理章”“经理之章”；民国三十四年右山林一百元券仅有一种版别，中花一百元券系胶东代印，亦仅一种版别；山田二百元仅有一种版别。本年合计新增 9 种版别。

此阶段总行新增北海币 16 种，1945 年印鉴印文开始启用“总经理章”“经理之章”组合，这种组合一直沿用到 1948 年。此阶段出现了数字加括号的短号码，新增了工农兵图案。面额方面也有所突破，新增了二十五元、一百元及二百元面额。

（二）胶东分行新增的北海币版别

1945 年，胶东分行新增民国三十二年山东地名风船版二角、耕牛五角券；民国三十三年胶东地名推车一元、水车十元、浇秧五十元券，山东地名浇秧五元券；民国三十四年胶东地名山野五角、水车一元券、水车十元、刨地十元、拾苞米十元、割稻二十五元、打场五十元、耕地一百元、刨地一百元券，山东地名汽车一元、浇秧五元、汽车十元券。

风船二角为山东地名，有背咖啡色和灰色 2 种版别。耕牛五角亦为山东地名，有 AA、BB、CC 三种冠字。山野五角为胶东地名，仅有一种版别。推车一元为胶东地名，有蓝号码背蓝色与红号码背红色 2 种；胶东地名水车一元券，档案记载有 5 种，目前仅发现一种版别；汽车一元为山东地名，有双字母加括号短号码和单字轨长号码 2 种版别。浇秧五元为山东地名，档案记载有 4 种版别（估计系含 1946 年发行的券种），背面褐色，印英文“胶东”。水车十元券为胶东地名，正面有蓝色、枣红、粉色、紫色四种，蓝色券中，有橘色、灰色、绿色三种底纹，枣红色券有橘色底纹和紫色底纹两种，粉色仅有一种版别，其中橘色底纹的又分两边冠字加流水编码，和中间括号冠字配两边流水编码，合计 8 种版别；刨地十元胶东地名，仅发现一种版别；拾苞米十元胶东地名，亦仅发现一种版别；汽车十元为山东地名，档案记载有 8 种版别，目前仅发现正面蓝、绿、咖啡三色，其中咖啡色为两边流水编码前加单字母冠字，其他颜色的均为图案上方两边流水编码，图案左右两边为三个字母组成的冠字，这是胶东分行的又一创新。割稻二十五元券均为胶东地名，有蓝红 2 种版别，蓝色券为单字轨，红色券行名两边流水编码，图案左右两边为单字母加括号冠字。浇秧五十元券为胶东地名，有字母冠字和天干冠字 2 种；打场五十元也是胶东地名，有红蓝 2 种颜色。耕地一百元券胶东地名，有咖啡色及蓝色 2 种版别；刨地一百元，胶东地名，仅一种版别。本年胶东分行合计新增 41 种版别北海币。

从1946年起，胶东印发的北海币，正面均印山东地名。1946年新增的北海币有：山东地名民国三十二年驴运一元、汽车一百元，民国三十三年背浅蓝色的浇秧五元、红山水十元、浇秧五十元、打场五十元，民国三十四年浇秧五元、汽车五元、锄地十元、烈塔五十元、中花一百元、二百元券，民国三十五年烈塔一百元。其中驴运一元券首次采用了数字加括号短号码形式；民国三十三年背浅蓝色浇秧五元，背面印英文山东及1945年，仅见票样，民国三十四年者有正面枣红色及蓝色2种，枣红色者仅见票样，未见实物；红山水十元仅有一种版别；汽车五元分单字轨和双字轨2种版别，其冠字与流水编码分开，冠字在票面左边，为字母加括号形式，流水编码在右边；锄地十元正面分加盖单字和无加盖两大类，加盖的单字有“发”“展”“农”“业”“生”“产”“巩”“固”“金”“融”“阵”“地”等十二字；无加盖者又分无字轨、左边两字母冠字大字和小字三种，合计共有15种版别；浇秧五十元有背绿背棕两种；扬场五十元仅一种版别，其冠字形式类似汽车五元；烈塔五十元，档案记载有5种，目前见到4种，票正面分红、蓝、绿三种颜色，绿色者背面北海银行拼读写法分“BANK OF SHAN DUNG”及“BANK OF BAI HAI”2种，后者系对前者进行的拼读覆盖处理。烈塔一百元，档案记载有5种，《中国革命根据地印钞造币简史》中列出了7种，目前已发现票正面有红色、咖啡色、蓝色、绿色、黑色、深蓝绿色等，红色者分天干冠字和字母冠字2种，咖啡色者分橘黄、橘红及绿色底纹3种，蓝色、绿色者均为单字轨，黑色者分前后字轨及单字轨2种，深蓝绿色者为双字轨，合计共有10种版别，估计部分品种系为渤海代印；汽车一百元、枣红色中花一百元各一种版别。棕色者中花二百元分单字轨，双字轨及六位号码3种。本年胶东共印发山东地名北海币45种。

此阶段胶东分行共印发北海币86种。新增了花纹图景和烈塔图景，图案基本围绕着农活及交通工具，比较贴近人们的日常生活。民国三十三年山东地名浇秧五元创造了北海币两个特例：背褐色浇秧五元，背面印英文“胶东”，为北海币中之仅见，可能是一种识别印发单位的尝试；背浅蓝色浇秧五元券，背面印1945年，正背面年号不一致，在北海币中亦是绝无仅有的。

（三）渤海分行新增的北海币版别

1945年，新增渤海地名民国三十四年牧羊十元、植树一百元券两种大版别。其中十元券冠字有A23、B34、C45三种区别字，冠字在票的左边，流水编码在右边。这也是北海银行流水编码和冠字组合的一种创举。本年新增2种版别。

1946年新增民国三十二年渤海地名驴运一元券，山东地名民国三十三年蓝色锄地二百元券、民国三十四年蓝色中花二百元券。其中锄地二百元券分单字轨和双字轨两种。山东地名者均为胶东代印。本年新增4种版别。

此阶段渤海分行新增北海币6种。

（四）本阶段小结

本阶段各北海银行新增北海币合计108种，是北海银行北海币版别增加的顶峰时期。此后为了便于统一流通及反假，北海币版别急剧减少。新增了二十五元及二百元面额。冠字亦出现了新的形式，新增了冠字和号码分据两边，冠字与号码不在同一水平线，以及三个字母组成的冠字等多种形式。图案方面新增了工农兵及纯花纹图案。1946年，胶东及渤海印发的北海币背面开始印“BANK OF BAI HAI”行名拼读，并一直沿用到1947年发行权统一于总行止。

五、1947 年以后北海银行新增的北海币版别

本阶段除了渤海分行于 1947 年印发了渤海地名锄地二百元、装收五百元券外，各北海银行均印发山东地名北海币，1948 年开始印制无地名北海币。1947 年 8 月，胶东分行的发行统一于总行，11 月，渤海分行的发行亦统一于总行。从 1947 年起，总行印发的北海币背面不再印行名拼读。

1947 年，总行新增山东地名民国三十四年左山林五十元、一百元券，民国三十五年绿色牛耕一百元券、蓝色耙地一百元券、棕色打场二百元券，民国三十六年农人装收五百元、湖亭五百元、宝塔五百元、汽车五百元、工农五百元券。左山林五十元券已经发现的版别有：无字轨 7 位数中号码、大号码 2 种，大号码者“海”字第四笔异书；黑色和紫色无字轨 8 位号码；单字轨 6 位号码，该券分为蓝色和蓝黑 2 种；单字轨 7 位号码等 7 种版别。左山林一百元券发现黑紫和紫色 2 种版别。绿色牛耕一百元券背面分橘红和橘黄两种颜色（未做版别区分），印鉴印文为“行长之章”“副行长章”。蓝色耙地一百元券胶东代印，印鉴印文亦为“行长之章”“副行长章”，正面有蓝色和浅蓝色、背面有咖啡色与棕色之分，当为偏色所致，仅算作一种版别；打场二百元仅有一种版别，印鉴印文为“行长之章”“副行长章”，印鉴与图景同版印刷，此为北海币之先例。五百元券各仅有一种版别，印鉴印文均为“总经理章”“经理之章”。另外，上海阳明拍卖有限公司新近上拍了一件民国三十六棕褐色万寿山二百元券半成品，以 5.5 万元的价格成交。该券未正式发行，首次面世。据说是从越南回流的，发现于越南公家档案中。算上此券，本年合计共新增 18 个品种。

1947 年，胶东分行新增民国三十三年汽车一百元、红色锄地二百元券，民国三十四年打场五十元券，民国三十六年海关五十元、打场二百元券。其中打场五十元仅一种版别；海关五十元分红色及暗红两种版别，印鉴印文为“行长之章”“副行长章”；汽车一百元券分为粗细两种版别；红色锄地二百元券分无字轨、单字轨、双字轨、红山东地名 4 种（红山东可能系为渤海代印）；打场二百元券分左号码右双冠字带括号、左边单字轨灰色、左边单字轨咖啡色 3 种，印鉴印文亦为“行长之章”“副行长章”。以上合计 12 种版别。

1947 年，渤海分行新增渤海地名民国三十三年锄地二百元券、民国三十六年农人装收图五百元券，该券有 AA、BB 两种冠字。

本年共新增北海币 32 种。新增海关图案。总行及胶东印发的部分北海币出现了“行长之章”“副行长章”印鉴。并首现印鉴与主图同版印刷。后来总行印发的北海币统一用“总经理章”“经理之章”印鉴。

1948 年、1949 年，北海银行新增的北海币有山东地名和无地名两大类，票面时间均为民国三十七年。

1948 年山东地名券有如下品种：拖拉机二百元券，该券分大小两种号码；玉皇顶五百元券，该券有棕色与绿色 2 种，棕色的图景在票面中间，绿色的图景在左端；牛图五百元，该券分咖啡色与褐色 2 种，山东二字左右分开；火车站五百元，按“发行通函”该券正背为酱紫色，按《中国革命根据地印钞造币简史》一书，该券分为咖啡色、深咖啡和茶色 3 种；塔楼一千元券分无底纹有底纹 2 种；毛泽东像一千元券（未正式发行）；宝塔一千元券（未正式发行），分红茶和绿茶色 2 种；万寿山二千元券，该券有茶色和咖啡色 2 种。合计新增 16 种版别。

无地名券有如下品种：泰山五百元券；长城号兵五百元券（未正式发行）；淄博矿区一千元券，正面分茶色、绿色、紫色、红色4种，除茶色者外，其余均未正式发行；工农像一种（未正式发行）；长城号兵二千元券；商船二千元券。合计新增北海币9种。

1949年1月，北海银行发行了最后一种北海币——溶铁图二千元券。

两年来北海银行新增北海币版别26种。泰山、火车站、矿区、铁厂、拖拉机等图案开始出现。北海币票幅明显减小。印鉴印文先是“总经理章”“经理之章”，后统一为“行长之章”“副行长章”。千元以上面额均为“行长之章”“副行长章”，千元以下仅火车站五百元为“行长之章”“副行长章”。

本阶段新增北海币58种。新增版别较上一阶段明显减少，北海币票幅也明显减小。图案方面远不如上一阶段丰富，体现生产的图案明显增多，冠字与号码的组合形式基本固定。首现山东地名二字分开写的格式。新增五百元、一千元、二千元面额。

综上所述，自1938年10月掖县的北海银行开始发行北海币，到1949年2月初，北海银行总行停止发行北海币止，北海银行前后发行过五分、一角、二角、二角五分、五角、一元、二元、五元、十元、二十五元、五十元、一百元、二百元、五百元、一千元、二千元等16种面额的北海币。其中1941年春季开始发行五元券，秋季开始发行十元券，1943年开始发行五十元券，1944年下半年开始发行百元券，1946年开始发行二百元券，1947年开始发行五百元券，1948开始发行千元以上面额的北海币。

十一年间，北海银行共印发了300多种不同版别的北海币，目前已知的就有341种①，品种之丰富实乃区票一大奇观！

六、如何收藏北海币

北海币家族如此庞大，一个人要想集齐几乎不大可能。那么，一般爱好者如何集藏北海币呢？我们建议刚入门的爱好者可在中低档北海币中，选择各大区北海银行在不同时期发行的品种收藏。低档品种要尽量选择品相好的收藏。有了一定的鉴别经验，且经济条件许可的话，可选择某一专题进行集藏。比如集藏与交通运输、农活、古建筑等有关的题材集藏。也可以专门集藏一纵、总行或某一分行发行的所有版别北海币。

一纵是山东区最高的军事单位，并通过山东军政委员会领导山东党政军的工作，其发行的北海币自成一个系列，是北海币爱好者不可或缺的品种。总行发行的北海币品种虽多，但是，高精尖品种不是很多，以目前的价格计算，花三十几万元就能将为数不多的高端北海币集齐。在所有分行中，发行北海币品种最多的是胶东分行，最少的是鲁南分行。但是，最难集齐的并不是胶东分行发行的北海币，而恰恰是鲁南分行。虽然鲁南分行仅仅发行了5种北海币，但几乎枚枚是珍品。比较容易集齐的是鲁中、滨海、冀鲁边等分行发行的北海币。

有实力的收藏者可以走珍品路线。以下我们列出北海币二十大珍：

---

① 本数据含史料有载未见实物者、见有票样未见正票者，以及未正式发行者，但不含市场传闻者。同一券种诸如AA、BB等冠字者，档案作为不同的区别字，我们归之为一种版别，除非颜色、冠字大小等有差异。

1. 无地名民国二十九年轮船火车二角
2. 鲁南地名民国二十九年锄地五角
3. 山东地名民国二十九年红五元
4. 山东地名民国三十年天坛底纹十八个“五”字五元
5. 山东地名民国三十一年五分
6. 山东地名民国三十二年二角五分
7. 鲁南地名民国三十二年十元
8. 鲁南地名民国三十三年五角
9. 鲁南地名民国三十三年一元
10. 鲁南地名民国三十三年五十元
11. 滨海地名民国三十二年五十元
12. 鲁中地名民国三十二年五十元
13. 掖县地名民国二十七年五角券
14. 胶东地名民国三十一年树木五十元
15. 清河地名民国二十九年石坊五元
16. 清河地名民国三十年天坛十元
17. 清河地名民国三十二年红色“巩”字十元
18. 冀鲁边民国二十九年石坊五元
19. 渤海地名民国三十三年耕地一百元
20. 渤海地名民国三十三年推磨五十元

集藏活动一靠金钱，二靠眼力，三靠机遇。金钱靠自己去赚，机遇无法把握，我们能够帮助爱好者的就是长眼。本书几乎囊括了目前已经面世的所有北海币图片。这些图片都经过编委和北海币资深藏家精心鉴别，基本能确保为真品。本书还收集了大量的北海币票样。其中绝大多数票样原属于北海银行总行，现归属山东省钱币博物馆。所有北海币的图片都有足够的清晰度，是鉴别北海币真伪的利器。本书是北海币爱好者、投资者不可或缺的工具书。当今造假不外乎电子打印和激光照排后刻版印刷两大类。电子打印者放大后，明显可以看出图像是由色素点构成的，识别不难。激光照排刻版印刷者，图像细节多少与原票有差异。结合对纸质、颜料的分析，判别真假并非难事。在集藏北海币的活动中，爱好者或是投资者遇到疑难问题时，可将实物与本书图片仔细比对。重点关注复杂部位线条和点的变化。

当今许多集藏者热衷于收集那些号码排列特殊的票子。比如生日号、“豹子”号等。这无可厚非。但是对于研究者来说，这并不重要。重要的是那些尽可能大的号码和尽可能靠后的冠字。战争年代，多数纸币的发行档案记录不齐全，有的甚至已经缺失，研究大号码及靠后的冠字，对判断某一品种的发行量至关重要。有些冠字有其特殊的意义，这另当别论。

第四节　各种北海币辅助币

除了北海银行本票及支票，我们把那些北海银行曾经参与发行及为弥补北海币之不足，工商管理局系统发行的以北海币为本位的各种纸币统称为北海币辅助币。这些辅助币有清河分行续发的益寿临广流通辅币券，有胶东分行发行的胶东各县流通券，还有工商管理局系统发行的流通券、期票及汇兑券等票据。这些辅助币不同程度上缓解了北海币的找零及流通压力，为根据地的金融稳定及经济发展做出了重要贡献。为了支援大军南下，1948 年初，北海银行曾经为中国人民解放军华东野战军印过二百元、五百元流通券。

清河分行成立后，为便利市面找零，用原抗日游击第三支队十团印钞厂的设备及人员继续印发了益寿临广流通辅币券。据记载，续发的品种有二角及五角券，背面均加印“清河”“续印”四字。这些流通辅币券票幅均较小，为横式、无冠字，虽然面额不同，颜色不同，但主图均相同，与民国二十九年山东地名五元券背图相似，稍有变异。1943 年 2 月，清河分行决定收回益寿临广流通辅币券。

1941 年，胶东分行陆续接收了胶东各县流通券印刷厂所有器材及工作人员。接管各流通券印刷厂后，由东海印钞厂及北海印钞厂继续分别印制各县流通券，并分别由东海支行及北海支行发行。

目前发现的各县地方流通券实物如下：东海支行发行的地方流通券有民国三十年文登地方流通券二角券及红蓝两种券名的五角券，荣成地方流通券二角及五角券，海阳地方流通券二角及五角券，牟平地方流通券二角及五角券。北海支行发行的地方流通券有蓬莱民国二十九年二角五分、五角券，民国三十年红蓝两色一角、二角券；黄县民国二十九年二角五分、五角券，民国三十年一角、二角及二角五分券；栖霞民国二十九年二角五分、五角券，民国三十年一角、二角、二角五分及五角券；福山民国三十年五角券。合计胶东区共发行 27 种各县流通券。各流通券票幅都不大，均为横式、无冠字，均加盖二枚领导小方章和一枚管理单位大方章。这在山东根据地是一种新的尝试。有农活、建筑、风景及火车等多种内容的图案。1946 年，胶东分行决定收回各县流通券。

1943 年 9 月 3 日，省政委会设立工商管理处，黎玉兼处长，耿光波、吕麟任副处长，薛暮桥任监委；10 日，山东分局决定，各战略区一律设立工商局；15 日，滨海工商管理总局成立；30 日，省政委会指示，建立工商管理局，统一领导各地区的经济斗争；10 月至 12 月，山东根据地其他战略区也都相继成立了工商管理局。

工商管理局成立后，被赋予了领导货币斗争、制定货币政策、管理货币、调控本币币值、外汇管理、汇兑以及工商贷款等职责。一段时间，各大战略区的北海银行分行与支行要么并入工商管理局，要么与工商管理局一致行动，接受同级工商管理局的领导。在北海币严重不敷流通的时候，工商管理局系统的部分单位顺应市场需求，从 1944 年至 1945 年 8 月先后发行了汇兑券、期票、本票、支票及流通券等多种形式的纸币，这些纸币面额分布在高面值、低面值两个区域，以满足不同层次的需求。目前面世的实物有民国三十四年滨北工商管理局临时流通券一元及二元券，莒沭商店流通票一元券，赣海商店一元券，以及鲁中区工商管理总局代办流通券五百元券。这些纸币票幅较前面介绍的流通券为大，均无冠字，部分流通券无图案，除鲁中区发行的流通券为竖式外，其余均为横式。1946 年 8 月

28日，山东省工商管理总局发出《山东省工商管理总局紧要启事》，决定当年9月底前收回所有工商管理局发行的纸币，过期作废。从此，各种北海币辅助币终于完成了她的历史使命，退出金融市场。

第五节　查询导引表

一、北海币及定额本票查询导引表

序号－页码	面　额	票面年份	主　图	颜　色	地　名	发行单位	备　注
001–110	伍　分	民国三十一年	额 山桥 额	枣红／橘红	山　东	总　行	总行、滨海印钞厂分别印制
002–109	伍　分	民国三十一年	额 山桥 额	水红／橘黄	山　东	总　行	
003–94	壹　角	民国二十九年	额 锄地	棕／棕	鲁　南	一　纵	济南大中印刷局印
004–562	壹　角	民国二十九年	额 锄地	绿／橘黄	清　河	清　河	大中版中字“清河”
005–562	壹　角	民国二十九年	额 锄地	绿／橘黄	清　河	清　河	大中版大字“清河”
006–561	壹　角	民国二十九年	额 锄地	绿／橘黄	清　河	清　河	大中版小字“清河”
007–563	壹　角	民国二十九年	额 锄地	绿／橘黄	清　河	清　河	大中版单字轨
008–581	壹　角	民国三十年	湖景 额	红棕／红棕	冀鲁边	冀鲁边	
009–306	壹　角	无	额 火神阁	绿／蓝	掖　县	掖县北银	名“楼房”
010–307	壹　角	无	额 火神阁	绿／紫	无	胶东北银	民国二十八、二十九年发行
011–309	壹　角	无	额 火神阁	蓝／红	胶　东	胶　东	民国三十二年发行
012–92	贰　角	民国二十九年	火车轮船	蓝／枣红	无	一　纵	一纵印钞厂印，厚云
013–93	贰　角	民国二十九年	火车轮船	蓝／红	无	一　纵	一纵印钞厂印，薄云
014–96	贰　角	民国二十九年	额 锄地	绿／绿	鲁　南	一　纵	地名、行名与图不同色
015–97	贰　角	民国二十九年	额 锄地	绿／绿	鲁　南	总　行	地名、行名与图同色
016–565	贰　角	民国二十九年	额 锄地	蓝／紫棕	清　河	清　河	大中版，大字“清河”
017–564	贰　角	民国二十九年	额 锄地	蓝／紫棕	清　河	清　河	大中版，中字“清河”
018–566	贰　角	民国二十九年	额 锄地	蓝／紫棕	清　河	清　河	小中版，小字“清河”
019–111	贰　角	民国三十一年	城门 额	暗绿／棕	山　东	总　行	
020–420	贰　角	民国三十二年	额 风船	蓝／棕绿	山　东	胶　东	名“风船”
021–421	贰　角	民国三十二年	额 风船	蓝／褐	山　东	胶　东	仅见票样
022–311	贰　角	无	火神阁 额	棕紫／紫	掖　县	掖县北银	名“楼房”
023–312	贰　角	无	火神阁 额	绿／紫	胶　东	胶　东	民国三十二年发行
024–121	贰角伍分	民国三十二年	额 挑担	红／棕	山　东	总　行	
025–314	伍　角	民国二十七年	钟鼓楼 额	紫／紫	掖　县	掖县北银	名“市楼”
026–315	伍　角	民国二十七年	钟鼓楼 额	蓝／紫	无	胶东北银	民国二十九、三十年发行
027–558	伍　角	民国二十七年	钟鼓楼 额	蓝／紫	清　河	清河分行	民国二十九年发行
028–317	伍　角	无	钟鼓楼 额	红／枣红	胶　东	胶　东	民国三十二年发行

（续表）

序号–页码	面额	票面年份	主图	颜色	地名	发行单位	备注
029–98	伍角	民国二十九年	额 牛耕	橘红 / 橘红	鲁南	一纵	济南大中印刷局印
030–101	伍角	民国三十年	额 工厂	深蓝 / 紫棕	山东	总行	“海”圆勾
031–102	伍角	民国三十年	额 工厂	蓝 / 棕	山东	总行	“海”直勾，“款”上连
032–570	伍角	民国三十一年	额 前门	棕 / 棕	清河	清河	
033–583	伍角	民国三十一年	额 湖景 额	绿 / 绿	冀鲁边	冀鲁边	
034–585	伍角	民国三十一年	额 牧羊	绿 / 蓝	冀鲁边	冀鲁边	粗印
035–586	伍角	民国三十一年	额 牧羊	绿 / 蓝	冀鲁边	冀鲁边	号码前有“No”痕迹
036–646	伍角	1943 年	额 山桥	蓝 / 紫棕	滨海	总行	
037–571	伍角	民国三十二年	额 锄地	蓝 / 棕	清河	清河	加印“开”字
038–572	伍角	民国三十二年	额 锄地	蓝 / 棕	清河	清河	加印“源”字
039–422	伍角	民国三十二年	额 牛耕	褐 / 绿	山东	胶东	名“耕牛”
040–133	伍角	1944 年	额 山桥	蓝 / 枣红	山东	总行	
041–611	伍角	民国三十三年	湖景 额	绿 / 绿	渤海	渤海	
042–671	伍角	民国三十三年	额 树房	绿 / 蓝	鲁中	鲁中	
043–690	伍角	1944 年	额 树房	绿 / 紫棕	鲁南	鲁南	
044–396	伍角	民国三十四年	额 山野	枣红 / 蓝	胶东	胶东	名“山野”
045–319	壹圆	民国二十七年	石庙 额	红 / 紫	掖县	掖县北银	名“石庙”
046–320	壹圆	民国二十七年	石庙 额	红 / 棕	无	胶东北银	民国二十八年发行
047–322	壹圆	民国二十七年	石庙 额	红 / 棕	南	胶东北银	加盖“南”字
048–323	壹圆	民国二十七年	石庙 额	红 / 棕	南海	胶东北银	加盖“南海”字
049–325	壹圆	民国二十七年	石庙 额	红 / 棕	东海	胶东北银	加盖“东海”字
050–326	壹圆	民国二十七年	石庙 额	红 / 棕	北	胶东北银	加盖“北”字
051	壹圆	民国二十七年	石庙 额	–	–	胶东北银	档案载有“西”，未见
052–559	壹圆	民国二十七年	石庙 额	红 / 橘红	清	清河分行	6 位数号码
053–560	壹圆	民国二十七年	石庙 额	红 / 紫棕	清	清河分行	7 位数号码
054–103	壹圆	民国三十年	火车 额	蓝 / 棕	山东	总行	白车厢
055–104	壹圆	民国三十年	火车 额	蓝 / 棕	山东	总行	黑车厢
056–342	壹圆	1941 年	山水 额	蓝 / 褐	无	胶东北银	名“山水”，盖“发”字
057–343	壹圆	1941 年	山水 额	蓝 / 褐	无	胶东北银	加盖“展”字
058–345	壹圆	1941 年	山水 额	蓝 / 紫	无	胶东北银	加盖“农”字
059–346	壹圆	1941 年	山水 额	蓝 / 紫	无	胶东北银	加盖“村”字
060–112	壹圆	民国三十一年	额 火车 额	红 / 橘红	山东	总行	长图幅
061–113	壹圆	民国三十一年	额 火车 额	红 / 橘黄	山东	总行	短图幅
062–356	壹圆	1942 年	山水 额	枣红 / 枣红	无	胶东	
063–358	壹圆	1942 年	山水 额	蓝 / 紫	无	胶东	

（续表）

序号–页码	面 额	票面年份	主 图	颜 色	地 名	发行单位	备 注
064–360	壹 圆	1942 年	山水 额	绿 / 蓝	胶 东	胶 东	天干冠字
065–587	壹 圆	1942 年	牧羊	紫棕 / 橘红	冀鲁边	冀鲁边	
066–424	壹 圆	民国三十二年	额 驴运 额	褐 / 橘黄	山 东	胶 东	
067–589	壹 圆	民国三十二年	额 帆船 额	蓝 / 蓝	渤 海	渤 海	粗字“渤海”
068–590	壹 圆	民国三十二年	额 帆船 额	蓝 / 蓝	渤 海	渤 海	细字“渤海”
069–591	壹 圆	民国三十二年	额 帆船 额	蓝 / 蓝	渤 海	渤 海	楷书行名
070–593	壹 圆	民国三十二年	额 驴运 额	褐 / 褐	渤 海	渤 海	
071–660	壹 圆	民国三十二年	火车 额	枣红 / 褐	鲁 中	鲁 中	小号码
072–661	壹 圆	民国三十二年	火车 额	枣红 / 褐	鲁 中	鲁 中	大号码
073–134	壹 圆	民国三十三年	额 山景	红 / 棕	山 东	总 行	
074–136	壹 圆	民国三十三年	额 山景	蓝 / 棕	山 东	总 行	
075–372	壹 圆	民国三十三年	额 推车 额	枣红 / 红	胶 东	胶 东	名“推车”
076–374	壹 圆	民国三十三年	额 推车 额	枣红 / 枣红	胶 东	胶 东	
077–375	壹 圆	民国三十三年	额 推车 额	枣红 / 蓝	胶 东	胶 东	
078–613	壹 圆	民国三十三年	额 马耕 额	红 / 红	渤 海	渤 海	
079–691	壹 圆	民国三十三年	树凉亭 额	红 / 枣红	鲁 南	鲁 南	
080–448	壹 圆	民国三十四年	额 汽车 额	红 / 棕	山 东	胶 东	名“汽车”，长号码
081–450	壹 圆	民国三十四年	额 汽车 额	红 / 棕	山 东	胶 东	短号码
082–397	壹 圆	民国三十四年	额 水车 额	绿 / 棕绿	胶 东	胶 东	名“水车”
083–190	壹 圆	民国三十五年	额 山桥	红 / 红	山 东	总 行	
084–347	壹 圆	无年号	山水 额	红 / 棕红	无	胶东北银	名“山水”，盖“繁”字
085–348	壹 圆	无年号	山水 额	红 / 棕红	无	胶东北银	加盖“荣”字
086–115	贰 圆	民国三十一年	额 牛耕	绿 / 绿	山 东	总 行	长图幅
087–116	贰 圆	民国三十一年	额 牛耕	绿 / 绿	山 东	总 行	短图幅
088–154	贰 圆	民国三十四年	亭 额	红 / 红	山 东	总 行	大圆号
089–155	贰 圆	民国三十四年	亭 额	红 / 橘黄	山 东	总 行	圆号，图案较粗糙
090–156	贰 圆	民国三十四年	亭 额	红 / 红	山 东	总 行	
091–99	伍 圆	民国二十九年	寺庙山景	红 / 褐	山 东	总 行	总行 1941 年春发行
092–328	伍 圆	民国二十九年	石坊 额	蓝 / 蓝	无	胶 东	名“石坊”，盖“繁”字
093–330	伍 圆	民国二十九年	石坊 额	蓝 / 蓝	无	胶 东	加盖“荣”字
094–332	伍 圆	民国二十九年	石坊 额	蓝 / 紫	胶 东	胶 东	加盖“生”字
095–333	伍 圆	民国二十九年	石坊 额	蓝 / 紫	胶 东	胶 东	加盖“产”字
096–567	伍 圆	民国二十九年	石坊 额	蓝 / 紫	清 河	清 河	印“春”字，胶东代印
097	伍 圆	民国二十九年	石坊 额	——	清 河	清 河	档案载有“耕”字，未见
098–579	伍 圆	民国二十九年	石坊 额	蓝 / 紫	冀鲁边	冀鲁边	印“春”字，胶东代印

（续表）

序号–页码	面　额	票面年份	主　图	颜　色	地　名	发行单位	备　注
099–580	伍　圆	民国二十九年	石坊 额	蓝/紫	冀鲁边	冀鲁边	印“耕”字，胶东代印
100–106	伍　圆	民国三十年	额 天坛	蓝/暗绿	山　东	总　行	纵列 18 个篆书“伍”
101–107	伍　圆	民国三十年	额 天坛	蓝/绿	山　东	总　行	纵列 14 个篆书“伍”
102–349	伍　圆	民国三十年	风船 额 房	蓝/蓝	胶　东	胶　东	名“风船”，盖“建”字
103–351	伍　圆	民国三十年	风船 额 房	蓝/蓝	胶　东	胶　东	加盖“设”字
104–353	伍　圆	民国三十年	风船 额 房	绿/蓝	胶　东	胶　东	两边加印“胶东”
105–361	伍　圆	民国三十一年	额 轮船 额	紫/紫	胶　东	胶　东	名“轮船”
106–573	伍　圆	民国三十二年	额 山水额	蓝/褐	清　河	清　河	总行制版
107–594	伍　圆	民国三十二年	抬土灌地	棕/棕	渤　海	渤　海	背无签字
108–596	伍　圆	民国三十二年	抬土灌地	棕/棕	渤　海	渤　海	背有签字
109–598	伍　圆	民国三十二年	抬土灌地	蓝/蓝	渤　海	渤　海	背“生产”“建设”
110–600	伍　圆	民国三十二年	额 牧羊 额	棕/棕	渤　海	渤　海	
111–662	伍　圆	民国三十二年	额 山亭 额	红/红	鲁　中	鲁　中	
112–664	伍　圆	民国三十二年	额 山亭 额	蓝/褐	鲁　中	鲁　中	
113–138	伍　圆	民国三十三年	山村 额	橘黄/黄	山　东	总　行	
114–139	伍　圆	民国三十三年	山村 额	橘红/橘红	山　东	总　行	
115–428	伍　圆	民国三十三年	额 浇秧	蓝/褐	山　东	胶　东	名“浇秧”
116–429	伍　圆	民国三十三年	额 浇秧	蓝/蓝	山　东	胶　东	背 1945，仅见票样
117–614	伍　圆	民国三十三年	挑担 额	蓝/蓝	渤　海	渤　海	
118–692	伍　圆	民国三十三年	轮船火车	红/蓝	鲁　南	鲁　南	总行滨海印钞厂代印
119–157	伍　圆	民国三十四年	额 凉亭 额	蓝/褐	山　东	总　行	七位数大号码
120–158	伍　圆	民国三十四年	额 凉亭 额	蓝/褐	山　东	总　行	八位数小号码
121–452	伍　圆	民国三十四年	额 浇秧	蓝黑/蓝	山　东	胶　东	名“浇秧”
122–454	伍　圆	民国三十四年	额 浇秧	枣红/棕绿	山　东	胶　东	仅见票样
123–455	伍　圆	民国三十四年	额 汽车	草绿/草绿	山　东	胶　东	单字轨
124–457	伍　圆	民国三十四年	额 汽车	草绿/草绿	山　东	胶　东	双字轨
125–335	拾　圆	民国二十九年	天坛前门	红/红	无	胶　东	名“天坛”，盖“发”字
126–336	拾　圆	民国二十九年	天坛前门	红/红	无	胶　东	盖“展”字
127–337	拾　圆	民国二十九年	天坛前门	红/红	无	胶　东	盖“农”字
128–338	拾　圆	民国二十九年	天坛前门	红/红	无	胶　东	盖“村”字
129–339	拾　圆	民国二十九年	天坛前门	红/红	无	胶　东	盖“经”字
130–340	拾　圆	民国二十九年	天坛前门	红/红	无	胶　东	盖“济”字
131–341	拾　圆	民国二十九年	天坛前门	红/红	胶　东	胶　东	
132–568	拾　圆	民国二十九年	天坛前门	红/红	清　河	清　河	胶东代印
133–355	拾　圆	民国三十年	塔 额 火车	枣红/红	胶　东	胶　东	名“火车”

（续表）

序号－页码	面　额	票面年份	主　图	颜　色	地　名	发行单位	备　注
134-569	拾　圆	民国三十年	塔 额 火车	红 / 红	清　河	清　河	胶东代印
135-582	拾　圆	民国三十年	塔 额 火车	红 / 红	冀鲁边	冀鲁边	胶东代印
136-119	拾　圆	民国三十一年	山景	绿 / 蓝	山　东	总　行	
137-120	拾　圆	民国三十一年	山景	绿 / 绿	山　东	总　行	盖“只限鲁中流通”
138-363	拾　圆	民国三十一年	额 高楼 额	紫 / 蓝	胶　东	胶　东	名“高楼”，无底纹
139-364	拾　圆	民国三十一年	额 高楼 额	紫 / 蓝	胶　东	胶　东	绿色底纹
140-123	拾　圆	民国三十二年	额 前门	红 / 紫	山　东	总　行	明黄底纹，滨海钞厂印
141-122	拾　圆	民国三十二年	额 前门	红 / 紫	山　东	总　行	橙色底纹，鲁中钞厂印
142-124	拾　圆	民国三十二年	额 前门	红 / 红	山　东	总　行	盖“只限鲁中流通”
143-648	拾　圆	民国三十二年	额 浇地 额	蓝 / 紫棕	滨　海	总　行	
144-367	拾　圆	民国三十二年	耕 额 锄地	蓝 / 蓝	胶　东	胶　东	名“春耕”
145-369	拾　圆	民国三十二年	耕 额 锄地	深蓝 / 棕	胶　东	胶　东	名“春耕”
146-371	拾　圆	民国三十二年	耕 额 锄地	紫 / 蓝	胶　东	胶　东	名“春耕”
147-575	拾　圆	民国三十二年	额 庙堂 额	红 / 红	清　河	清　河	加盖“巩”字
148-603	拾　圆	民国三十二年	纺纱织布	红 / 红	渤　海	渤　海	绿色单字轨
149-605	拾　圆	民国三十二年	纺纱织布	红 / 红	渤　海	渤　海	绿色无字轨
150-606	拾　圆	民国三十二年	纺纱织布	红 / 红	渤　海	渤　海	绿色无字轨，背“夏夏”
151-607	拾　圆	民国三十二年	纺纱织布	红 / 红	渤　海	渤　海	蓝字侧边渤海
152-609	拾　圆	民国三十二年	纺纱织布	红 / 红	渤　海	渤　海	蓝字上边渤海
153-665	拾　圆	民国三十二年	树房 额	棕 / 蓝	鲁　中	鲁　中	盖“只限鲁中流通”
154-666	拾　圆	民国三十二年	树房 额	棕 / 蓝	鲁　中	鲁　中	
155-689	拾　圆	民国三十二年	额 长城 额	绿 / 绿	鲁　南	鲁　南	总行滨海印钞厂代印
156-652	拾　圆	民国三十三年	房 额	红 / 红	滨　海	总　行	
157-141	拾　圆	民国三十三年	额 房子 额	蓝 / 蓝	山　东	总　行	无冠字
158-142	拾　圆	民国三十三年	额 房子 额	蓝 / 蓝	山　东	总　行	单字轨，大号码
159-143	拾　圆	民国三十三年	额 房子 额	蓝 / 蓝	山　东	总　行	董事长章
160-145	拾　圆	民国三十三年	额 房子 额	红 / 枣红	山　东	总　行	
161-147	拾　圆	民国三十三年	水边山景	红 / 水红	山　东	总　行	
162-430	拾　圆	民国三十三年	额 山水 额	红 / 红	山　东	胶　东	
163-377	拾　圆	民国三十三年	水车 额 耕	枣红 / 棕绿	胶　东	胶　东	名“水车”，单字轨
164-379	拾　圆	民国三十三年	水车 额 耕	枣红 / 棕绿	胶　东	胶　东	中心冠字
165-383	拾　圆	民国三十三年	水车 额 耕	蓝 / 褐	胶　东	胶　东	绿底纹
166-576	拾　圆	民国三十三年	风船 额 耕	绿 / 紫	清　河	清　河	胶东印钞厂代印
167-577	拾　圆	民国三十三年	风船 额 耕	深绿 / 深紫	清　河	清　河	胶东印钞厂代印
168-616	拾　圆	民国三十三年	山 额 牛耕	红 / 红	渤　海	渤　海	

（续表）

序号–页码	面额	票面年份	主图	颜色	地名	发行单位	备注
169–672	拾圆	民国三十三年	额房额	蓝黑/蓝	鲁中	鲁中	背印“建”字
170–673	拾圆	民国三十三年	额房额	蓝黑/蓝	鲁中	鲁中	背印“设”字
171–674	拾圆	民国三十三年	额房额	蓝黑/蓝	鲁中	鲁中	背“设”，粗印文，厚纸
172–399	拾圆	民国三十四年	水车额耕	蓝/灰紫	胶东	胶东	小印鉴
173–400	拾圆	民国三十四年	水车额耕	蓝/灰紫	胶东	胶东	大印鉴
174–401	拾圆	民国三十四年	额刨地额	红/绿	胶东	胶东	名“刨地”
175–404	拾圆	民国三十四年	拾苞米额	红/绿	胶东	胶东	名“拾苞米”
176–459	拾圆	民国三十四年	额汽车额	棕/绿	山东	胶东	名“汽车”
177–462	拾圆	民国三十四年	额汽车额	蓝/绿	山东	胶东	
178–464	拾圆	民国三十四年	额汽车额	绿/蓝	山东	胶东	
179–466	拾圆	民国三十四年	锄地额	红/红	山东	胶东	加盖“发”
180–468	拾圆	民国三十四年	锄地额	红/红	山东	胶东	加盖“展”
181–470	拾圆	民国三十四年	锄地额	红/红	山东	胶东	加盖“农”
182–472	拾圆	民国三十四年	锄地额	红/红	山东	胶东	加盖“业”
183–472	拾圆	民国三十四年	锄地额	红/红	山东	胶东	加盖“生”
184–473	拾圆	民国三十四年	锄地额	红/红	山东	胶东	加盖“产”
185–473	拾圆	民国三十四年	锄地额	红/红	山东	胶东	加盖“巩”
186–474	拾圆	民国三十四年	锄地额	红/红	山东	胶东	加盖“固”
187–474	拾圆	民国三十四年	锄地额	红/红	山东	胶东	加盖“金”
188–475	拾圆	民国三十四年	锄地额	红/红	山东	胶东	加盖“融”
189–475	拾圆	民国三十四年	锄地额	红/红	山东	胶东	加盖“阵”
190–476	拾圆	民国三十四年	锄地额	红/红	山东	胶东	加盖“地”
191–476	拾圆	民国三十四年	锄地额	红/红	山东	胶东	7位数直号码
192–477	拾圆	民国三十四年	锄地额	红/红	山东	胶东	7位数圆号码
193–477	拾圆	民国三十四年	锄地额	红/红	山东	胶东	小双冠字
194–478	拾圆	民国三十四年	锄地额	红/红	山东	胶东	大双冠字
195–625	拾圆	民国三十四年	额牧羊额	红/红	渤海	渤海	名“牧羊”
196–578	贰拾伍圆	民国三十三年	额	紫	清河	清河	本票（单面）
197–406	贰拾伍圆	民国三十四年	割稻额	红/蓝	胶东	胶东	名“割稻”
198–408	贰拾伍圆	民国三十四年	割稻额	蓝/绿	胶东	胶东	
199–191	贰拾伍圆	民国三十五年	牧羊额	枣红/褐	山东	总行	
200–192	贰拾伍圆	民国三十五年	牧羊额	枣红/褐	山东	总行	背面黑色英文口号
201–365	伍拾圆	民国三十一年	额树木额	蓝/多色	胶东	胶东	名“树木”
202–649	伍拾圆	民国三十二年	额山水	紫棕/蓝	滨海	总行	
203–668	伍拾圆	民国三十二年	额码头	绿/蓝	鲁中	鲁中	长图幅

（续表）

序号 －页码	面 额	票面年份	主 图	颜 色	地 名	发行单位	备 注
204-669	伍拾圆	民国三十二年	额 码头	绿 / 蓝	鲁 中	鲁 中	短图幅，1944 年发行
205-149	伍拾圆	民国三十三年	额 塔景	蓝 / 绿	山 东	总 行	小号码，背有号
206-150	伍拾圆	民国三十三年	额 塔景	蓝 / 绿	山 东	总 行	小号码，背无号
207-151	伍拾圆	民国三十三年	额 塔景	蓝 / 绿	山 东	总 行	中号码
208-153	伍拾圆	民国三十三年	额 塔景	蓝 / 绿	山 东	总 行	中号码，无底纹
209-152	伍拾圆	民国三十三年	额 塔景	蓝 / 绿	山 东	总 行	大号码
210-432	伍拾圆	民国三十三年	浇秧 额	红 / 棕	山 东	胶 东	名“浇秧”
211-434	伍拾圆	民国三十三年	浇秧 额	红 / 褐	山 东	胶 东	
212-435	伍拾圆	民国三十三年	浇秧 额	红 / 褐	山 东	胶 东	票样
213-391	伍拾圆	民国三十三年	浇秧 额	枣红 / 棕红	胶 东	胶 东	天干冠字
214-392	伍拾圆	民国三十三年	浇秧 额	枣红 / 棕红	胶 东	胶 东	双字母冠字
215-387	伍拾圆	民国三十三年	额火车 额	蓝 / 蓝绿	胶 东	胶 东	名“火车”，粉色底纹
216-389	伍拾圆	民国三十三年	额火车 额	蓝 / 蓝绿	胶 东	胶 东	名“火车”，绿底纹
217-436	伍拾圆	民国三十三年	额 扬场	紫黑 / 蓝	山 东	胶 东	名“扬场”
218-578	伍拾圆	民国三十三年	额	红	清 河	清 河	本票（单面）
219-618	伍拾圆	民国三十三年	额 推磨 额	蓝 / 蓝	渤 海	渤 海	名“推磨”
220-620	伍拾圆	民国三十三年	额 推磨 额	蓝 / 紫	渤 海	渤 海	右“渤”左“海”
221-694	伍拾圆	民国三十三年	额 宝塔	蓝 / 绿	鲁 南	鲁 南	总行滨海印钞厂代印
222-160	伍拾圆	民国三十四年	工农商学兵	红 / 褐	山 东	总 行	胶东制版总行印
223-163	伍拾圆	民国三十四年	牛耕 额	褐 / 红	山 东	总 行	
224-165	伍拾圆	民国三十四年	山林 额	蓝 / 蓝	山 东	总 行	无字轨，7 位中号码
225-166	伍拾圆	民国三十四年	山林 额	蓝 / 蓝	山 东	总 行	无字轨，“海”异大号
226-167	伍拾圆	民国三十四年	山林 额	蓝 / 蓝	山 东	总 行	单字轨，6 位号
227-169	伍拾圆	民国三十四年	山林 额	蓝黑 / 蓝黑	山 东	总 行	单字轨，6 位号
228-171	伍拾圆	民国三十四年	山林 额	紫 / 紫	山 东	总 行	无字轨，8 位号
229-173	伍拾圆	民国三十四年	山林 额	紫黑 / 紫黑	山 东	总 行	无字轨，8 位号
230-176	伍拾圆	民国三十四年	山林 额	蓝 / 蓝	山 东	总 行	单字轨，7 位号
231-410	伍拾圆	民国三十四年	额 打场 额	红 / 棕红	胶 东	胶 东	名“打场”
232-412	伍拾圆	民国三十四年	额 打场 额	蓝 / 棕灰	胶 东	胶 东	
233-479	伍拾圆	民国三十四年	额 烈塔 额	绿 / 蓝	山 东	胶 东	名“烈塔”，背错误拼读
234-481	伍拾圆	民国三十四年	额 烈塔 额	绿 / 蓝	山 东	胶 东	背正确拼读，盖错拼读
235-482	伍拾圆	民国三十四年	额 烈塔 额	蓝 / 绿	山 东	胶 东	
236-484	伍拾圆	民国三十四年	额 烈塔 额	橘红 / 红	山 东	胶 东	
237-486	伍拾圆	民国三十四年	额 扬场	紫黑 / 蓝	山 东	胶 东	名“扬场”
238-513	伍拾圆	民国三十六年	额 海关	红 / 紫棕	山 东	胶 东	名“海关”，白纸精印

（续表）

序号–页码	面　额	票面年份	主　图	颜　色	地　名	发行单位	备　注
239–514	伍拾圆	民国三十六年	额 海关	枣红 / 紫棕	山　东	胶　东	淡黄纸，粗印
240–125	壹佰圆	民国三十二年	额 山林	蓝 / 褐	山　东	总　行	无字轨
241–127	壹佰圆	民国三十二年	额 山林	蓝 / 褐	山　东	总　行	小号码
242–131	壹佰圆	民国三十二年	额 山林	蓝 / 褐	山　东	总　行	大号码
243–426	壹佰圆	民国三十二年	额 汽车 额	红 / 红	山　东	胶　东	
244–438	壹佰圆	民国三十三年	额 汽车 额	红 / 红	山　东	胶　东	黄纸，粗印
245–440	壹佰圆	民国三十三年	额 汽车 额	红 / 红	山　东	胶　东	白纸，精印
246–394	壹佰圆	民国三十三年	额 插秧 额	蓝 / 紫	胶　东	胶　东	名“插秧”
247–622	壹佰圆	民国三十三年	额 牛耕	橘黄 / 橘黄	渤　海	渤　海	
248–623	壹佰圆	民国三十三年	额 牛耕	紫 / 橘黄	渤　海	渤　海	
249–179	壹佰圆	民国三十四年	山林 额	紫黑 / 绿	山　东	总　行	
250–182	壹佰圆	民国三十四年	山林 额	紫 / 绿	山　东	总　行	无底纹
251–183	壹佰圆	民国三十四年	额 山林	蓝 / 褐	山　东	总　行	
252–185	壹佰圆	民国三十四年	轮船 额	紫 / 红	山　东	总　行	胶东代制版，代印
253–187	壹佰圆	民国三十四年	额	棕 / 棕	山　东	总　行	名“中花”，胶东印钞厂
254–414	壹佰圆	民国三十四年	额 牛耕	棕 / 棕	胶　东	胶　东	名“耕地”
255–416	壹佰圆	民国三十四年	额 牛耕	蓝 / 紫	胶　东	胶　东	
256–418	壹佰圆	民国三十四年	额 刨地	红 / 红	胶　东	胶　东	名“刨地”
257–488	壹佰圆	民国三十四年	额	枣红 / 棕	山　东	胶　东	名“中花”
258–627	壹佰圆	民国三十四年	植树 额	蓝 / 红棕	渤　海	渤　海	
259–194	壹佰圆	民国三十五年	额 牛耕	绿 / 橘红	山　东	总　行	
260–197	壹佰圆	民国三十五年	额 耙地	蓝 / 棕	山　东	总　行	胶东印钞厂
261–198	壹佰圆	民国三十五年	额 耙地	蓝 / 褐	山　东	总　行	胶东印钞厂
262–495	壹佰圆	民国三十五年	额 烈塔 额	红 / 棕	山　东	胶　东	名“烈塔”，天干冠
263–496	壹佰圆	民国三十五年	额 烈塔 额	蓝黑 / 绿	山　东	胶　东	单字轨 6 位圆号
264–498	壹佰圆	民国三十五年	额 烈塔 额	蓝黑 / 棕灰	山　东	胶　东	单字轨 6 位圆号
265–500	壹佰圆	民国三十五年	额 烈塔 额	红 / 棕	山　东	胶　东	单字轨 7 位直号
266–502	壹佰圆	民国三十五年	额 烈塔 额	绿 / 蓝	山　东	胶　东	单字轨 7 位直号
267–504	壹佰圆	民国三十五年	额 烈塔 额	蓝 / 绿	山　东	胶　东	双字轨 6 位直号
268–506	壹佰圆	民国三十五年	额 烈塔 额	蓝 / 蓝绿	山　东	胶　东	双字轨 6 位直号
269–507	壹佰圆	民国三十五年	额 烈塔 额	褐 / 紫	山　东	胶　东	前后字轨 6 位直号
270–508	壹佰圆	民国三十五年	额 烈塔 额	棕黑 / 紫	山　东	胶　东	前后字轨 6 位直号
271–509	壹佰圆	民国三十五年	额 烈塔 额	棕 / 蓝	山　东	胶　东	前后字轨 6 位直号
272–510	壹佰圆	民国三十五年	额 烈塔 额	棕黄 / 蓝	山　东	胶　东	前后字轨 6 位直号
273–511	壹佰圆	民国三十五年	额 烈塔 额	黑褐 / 蓝	山　东	胶　东	前后字轨 6 位直号

（续表）

序号 –页码	面额	票面年份	主图	颜色	地名	发行单位	备注
274–442	贰佰圆	民国三十三年	额 锄地 额	红/蓝	山东	胶东	无字轨
275–443	贰佰圆	民国三十三年	额 锄地 额	红/蓝	山东	胶东	单字轨
276–444	贰佰圆	民国三十三年	额 锄地 额	红/蓝	山东	胶东	双字轨
277–446	贰佰圆	民国三十三年	额 锄地 额	红/蓝	山东	胶东	红山东
278–634	贰佰圆	民国三十三年	额 锄地 额	蓝/蓝	山东	渤海	胶东代印，单字轨
279–636	贰佰圆	民国三十三年	额 锄地 额	蓝/蓝	山东	渤海	胶东代印，双字轨
280–638	贰佰圆	民国三十三年	额 锄地 额	蓝/棕	山东	渤海	胶东代印，左号右冠
281–624	贰佰圆	民国三十三年	额 锄地 额	红/蓝	渤海	渤海	
282–490	贰佰圆	民国三十四年	额	棕/蓝	山东	胶东	名“中花”，6位数号码
283–491	贰佰圆	民国三十四年	额	棕/蓝	山东	胶东	单字轨，7位号码
284–493	贰佰圆	民国三十四年	额	棕/紫棕	山东	胶东	双字轨，6位号码
285–203	贰佰圆	民国三十五年	锄地 额 房	红/红	山东	总行	档案称“山田”
286–200	贰佰圆	民国三十五年	额 打场	棕/绿	山东	总行	
287–206	贰佰圆	民国三十六年	额 万寿山	黑褐	山东	总行	单面，无号码，未发行
288–517	贰佰圆	民国三十六年	额 打场 额	褐/褐	山东	胶东	单字轨，有称施肥者
289–519	贰佰圆	民国三十六年	额 打场 额	黑/褐	山东	胶东	双字轨
290–520	贰佰圆	民国三十六年	额 打场 额	褐/褐	山东	胶东	双字轨
291–226	贰佰圆	民国三十七年	额 拖拉机	红/蓝	山东	总行	大号码
292–227	贰佰圆	民国三十七年	额 拖拉机	红/蓝	山东	总行	小号码
293–207	伍佰圆	民国三十六年	额 湖亭 额	蓝/紫棕	山东	总行	名“湖亭”
294–211	伍佰圆	民国三十六年	额 宝塔	蓝/褐	山东	总行	名“宝塔”
295–214	伍佰圆	民国三十六年	汽车 额	蓝/褐	山东	总行胶东	名“汽车”，单字轨
296–217	伍佰圆	民国三十六年	汽车 额	蓝/褐	山东	总行胶东	左号码，右双字母，冠字
297–220	伍佰圆	民国三十六年	额 锯木 额	棕/蓝	山东	总行胶东	名“工农”
298–223	伍佰圆	民国三十六年	额 装收 额	棕/灰紫	山东	总行渤海	名“农人装收”
299–630	伍佰圆	民国三十六年	额 装收 额	棕/深褐	渤海	渤海	
300–230	伍佰圆	民国三十七年	额 泰山 额	棕/绿	山东	总行	名“玉皇顶”
301–233	伍佰圆	民国三十七年	玉皇顶 额	棕/紫黑	山东	总行	单字轨
302–236	伍佰圆	民国三十七年	玉皇顶 额	墨绿/紫黑	山东	总行	双字轨
303–237	伍佰圆	民国三十七年	额 泰山 额	蓝/枣红	无地名	总行	名“泰山”
304–240	伍佰圆	民国三十七年	额 牛图 额	棕/枣红	山东	总行	
305–241	伍佰圆	民国三十七年	额 牛图 额	紫/枣红	山东	总行	
306–242	伍佰圆	民国三十七年	额 牛图 额	紫/枣红	山东	总行	
307–245	伍佰圆	民国三十七年	额 火车站	褐/褐	山东	总行	名“火车站”
308–247	伍佰圆	民国三十七年	额 火车站	褐/褐	山东	总行	底纹清晰

（续表）

序号－页码	面 额	票面年份	主 图	颜 色	地 名	发行单位	备 注
309-249	伍佰圆	民国三十七年	额 火车站	棕	山 东	总 行	单面，无号码，未发行
310-249	伍佰圆	民国三十七年	额 号兵	红	山 东	总 行	单面，无号码，未发行
311-250	壹仟圆	民国三十七年	额 塔高楼	蓝 / 绿	山 东	总 行	
312-251	壹仟圆	民国三十七年	额 塔高楼	蓝 / 绿	山 东	总 行	底纹清晰
313-253	壹仟圆	民国三十七年	矿区 额	棕紫 / 棕黄	无地名	总 行	名“淄博矿区”
314-256	壹仟圆	民国三十七年	矿区 额	绿	无地名	总 行	仅见票样未见正票
315-256	壹仟圆	民国三十七年	矿区 额	紫 / 绿	无地名	总 行	仅见票样未见正票
316-257	壹仟圆	民国三十七年	矿区 额	红 / 绿	无地名	总 行	无号码，未发行
317-257	壹仟圆	民国三十七年	毛泽东像	紫 / 绿	山 东	总 行	单面，无号码，未发行
318-258	壹仟圆	民国三十七年	额 工农像	绿 / 绿	无地名	总 行	单面，无号码，未发行
319-258	壹仟圆	民国三十七年	额 宝塔	红	山 东	总 行	单面，无号码，未发行
320-259	壹仟圆	民国三十七年	额 宝塔	绿	山 东	总 行	单面，无号码，未发行
321-260	贰仟圆	民国三十七年	号兵 额	蓝 / 棕	无地名	总 行	名“长城号兵”
322-262	贰仟圆	民国三十七年	商船 额	蓝 / 紫	无地名	总 行	
323-264	贰仟圆	民国三十七年	额 万寿山	棕 / 紫	山 东	总 行	
324-266	贰仟圆	民国三十七年	额 万寿山	棕 / 紫	山 东	总 行	底纹清晰
325-267	贰仟圆	民国三十七年	额 工厂	绿 / 深褐	无地名	总 行	名“溶铁工厂”
326-269	拾万圆	民国三十七年	北海白塔	绿 / 蓝	无地名	济南支行	本 票
327-271	拾万圆	民国三十七年	北海白塔	绿 / 蓝	无地名	徐州支行	本 票
328-270	拾万圆	民国三十七年	北海白塔	绿 / 蓝	无地名	潍坊支行	本 票
329-272	拾万圆	民国三十七年	北海白塔	绿 / 蓝	无地名	新海连	本 票
330	拾万圆	民国三十七年	北海白塔	绿 / 蓝	无地名	德州支行	本票，编委未见实物
331	拾万圆	民国三十七年	北海白塔	绿 / 蓝	无地名	济宁支行	本票，编委未见实物
332	拾万圆	民国三十七年	北海白塔	绿 / 蓝	无地名	周村支行	本票，编委未见实物
333	拾万圆	民国三十七年	北海白塔	绿 / 蓝	无地名	博山支行	本票，编委未见实物
334	拾万圆	民国三十七年	北海白塔	绿 / 蓝	无地名	益都支行	本票，编委未见实物
335	拾万圆	民国三十七年	北海白塔	绿 / 蓝	无地名	烟台支行	本票，编委未见实物
336	拾万圆	民国三十七年	北海白塔	绿 / 蓝	无地名	石岛支行	本票，编委未见实物
337-274	拾万圆	民国三十七年	北海白塔	深棕	无地名	未发行	本票，单面、无号码

注：1. 编号栏中，前面数字为本表序号，后面数字为该纸币图片所在的页数。

2. “掖县北银”指掖县北海银行，“胶东北银”指胶东北海银行，“胶东”指北海银行胶东分行。其余大区名亦代表相应分行名。

3. 表中备注一栏中的“名”指北海银行档案中名称。

4. 表中统计数据含见票样未见正用票、档案明确记载但未见实物的北海币，与综述中统计数据不一致的原因是，北海银行档案记录含糊的版别，本表未采纳。

二、流通券查询导引表

序号–页码	券名	面额	年份	主图	颜色	备注
01-773	益寿临广流通辅币	五分	无	教堂 额	枣红 / 蓝	
02-774	益寿临广流通辅币	壹角	无	教堂 额	绿 / 棕	
03-776	益寿临广流通辅币	壹角	无	教堂 额	绿 / 绿	
04-778	益寿临广流通辅币	贰角	无	教堂 额	——	
05-779	益寿临广流通辅币	贰角	无	教堂 额	绿 / 紫	背“清河续印”
06	益寿临广流通辅币	五角	无	——	——	未见实物
07-781	益寿临广流通辅币	伍角	无	教堂 额	蓝 / 绿	背“清河续印”
以下为胶东北海区						
08-782	蓬莱地方流通券	壹角	三十年	山房	蓝 / 棕	图景两边额
09-783	蓬莱地方流通券	壹角	三十年	额 山房	棕 / 紫	
10-784	蓬莱地方流通券	贰角	三十年	亭阁 额	蓝 / 绿	
11-785	蓬莱地方流通券	贰角伍分	二十九年	天坛 额	黑褐 / 绿	
12-786	蓬莱地方流通券	伍角	二十九年	额 房	蓝 / 棕	
13-787	黄县地方流通券	壹角	三十年	额 山房	棕 / 橘红	
14-788	黄县地方流通券	贰角	三十年	亭阁 额	蓝 / 棕	
15-789	黄县地方流通券	贰角伍分	二十九年	天坛 额	棕灰 / 棕绿	
16-790	黄县地方流通券	贰角伍分	三十年	天坛 额	棕灰 / 棕	
17-791	黄县地方流通券	伍角	二十九年	额 山房	蓝 / 绿	
18-792	栖霞地方流通券	壹角	三十年	山房	蓝 / 绿	图景两边额
19-793	栖霞地方流通券	壹角	三十年	额 山房	棕 / 绿	
20-794	栖霞地方流通券	贰角	三十年	亭阁 额	蓝 / 棕	
21-795	栖霞地方流通券	贰角伍分	二十九年	天坛 额	棕 / 红棕	
22-796	栖霞地方流通券	贰角伍分	三十年	天坛 额	棕绿 / 棕	
23-797	栖霞地方流通券	伍角	二十九年	额 山房	蓝 / 紫	
24-798	栖霞地方流通券	伍角	三十年	额 树房亭	蓝 / 绿	
25-799	福山地方流通券	伍角	三十年	额 树房亭	蓝 / 绿	
以下为胶东东海区						
26-800	文登地方流通券	贰角	三十年	额 牌坊	紫 / 紫	
27-802	文登地方流通券	伍角	三十年	牛耕 额	蓝 / 棕	红券名
28-804	文登地方流通券	伍角	三十年	牛耕 额	蓝 / 棕	蓝券名
29-805	荣成地方流通券	贰角	三十年	额 牌坊	蓝 / 蓝	
30-806	荣成地方流通券	伍角	三十年	牛耕坊	墨绿 / 蓝	
31-807	海阳地方流通券	贰角	三十年	额 牌坊	蓝 / 褐	
32-809	海阳地方流通券	伍角	三十年	牛耕 额	绿 / 蓝	
33-810	牟平地方流通券	贰角	三十年	额 牌坊	蓝 / 绿	
34-811	牟平地方流通券	伍角	三十年	牛耕 额	红 / 棕	

（续表）

序号 –页码	券 名	面 额	年 份	主 图	颜 色	备 注
35–813	华东野战军流通券	贰佰圆	三十七年	刨地汽车	绿 / 紫	
36–814	华东野战军流通券	伍佰圆	三十七年	长城	蓝 / 蓝	
37–830	滨北工商管理局临时流通券	壹 圆	三十四年	额	蓝 / 红	
38–831		贰 圆	三十四年	额	蓝 / 红	
39–832	莒沭商店流通票	壹 圆	三十四年	房 额 房	蓝 / 红	
40–833	赣海商店	壹 圆	三十四年	塔 额 山水	红 / 红	
41–834	鲁中区工商管理局	伍佰圆	三十四年	额	墨绿 / 蓝	竖 式

注：年份为民国纪年。

三、相关实物图片查询导引表

序号 –页码	物品名称	备 注
01–584	北海银行冀鲁边分行民国三十一年五角钞版	山东省博物馆藏品
02–857	北海银行空白本票	此种本票多有伪填内容者
03–857	北海银行民国三十六年 8 月 25 日支票（龙口）	手签金额
04–858	北海银行民国三十八年 7 月 6 日支票	手签金额
05–859	北海银行定额汇票 20 万元（1950 年 8 月 28 日）	中国人民银行沧口办事处签
06–860	北海银行汇票	票中手写体疑似伪作
07–861	胶东区爱国自卫公债壹仟圆（民国三十六年 9 月 2 日）	带票根
08–861	胶东区爱国自卫公债伍仟圆（民国三十六年 9 月 1 日）	带票根
09–862	胶东区爱国自卫公债壹万圆（民国三十六年 9 月 1 日）	带票根
10–862	胶东区爱国自卫公债伍万圆（民国三十六年 9 月 1 日）	带票根
11–863	长城号兵贰仟圆券北海币正面改印贰仟圆券封签	
12–864	北海银行代理新华书店收款书 1949 年 11 月 30 日	
13–864	北海银行送金传票（民国三十五年 8 月）	
14–863	北海银行送金簿（1951 年 6 月 12 日）	
15–865	为发行拾万元定额本票征集支行领导人签名通函	
16–865	总行四等功奖状	
17–866	胶东印钞厂一等功奖状	
18–867	胶东印钞厂二等功奖状	
19–868	票样本封面	
20–869	渤海印钞厂胸章	
21–871	任志明工作证	

第二章

北海银行总行的发展及发行的北海币

第一节 萌芽中的北海银行

七七事变后，全国各地陆续燃起了抗日烈火，山东境内的抗日起义也是此起彼伏，连绵不断。1938年12月27日，经中共中央批准，八路军山东纵队（以下简称“山纵”）在沂水县王庄成立。张经武任指挥，黎玉任政治委员，王彬任参谋长，江华任政治部主任。八路军山东纵队的成立，标志着山东人民抗日起义武装已由若干分散的游击队，成为在战略上统一指挥的游击兵团。此后，山东纵队与相继入鲁的八路军一一五师主力一起，肩负起开辟山东抗日根据地的重任，对山东抗日根据地的巩固和发展发挥了重要作用。

为了统一指挥山东、冀鲁边及苏北地区的八路军、一一五师、新四军游击支队等武装，1939年5月4日，第十八集团军总部根据中央书记处的决定，组建八路军第一纵队（以下简称“一纵”），任命徐向前为司令员，朱瑞为政治委员。1939年8月1日，一纵在沂水岱庄栗林村（今属沂南孙祖镇）通电成立：

> 案奉
>
> 国民革命军第十八集团军总司令朱、副总司令彭委令开兹委徐向前为第十八集团军第一纵队司令员、朱瑞为政治委员，统一指挥山东与苏北境内所有第十八集团军所有部队，等因奉此，遂于7月中抵鲁南就职视事。自维轻才，难重任膺，绠短汲深，每虞殒越，唯了兹国难，只有勉竭驽骀，在总司令于、副总司令沈、韩诸公领导下，追随各友军之后，为坚持抗战到底，坚持统一战线奋斗到底。敬恳时赐南针，以匡不逮，谨电奉闻，伫候明教。

随一纵到达山东的干部虽有200多人，但中高级干部比较少，因此，一纵成立后，首先进行了健全领导机构的工作。9月16日，徐向前、朱瑞、郭洪涛致电王稼祥、傅钟、杨尚昆，要求给一纵、山纵调政治部主任和能任部长、科长的高、中级干部。9月20日，总政治部主任王稼祥和副主任谭政复电说：“补充干部对于山东工作之发展当有重大意义，但延安干部经选几次，抽调已相当空虚，目前要求补充中上级干部已无可能，提议在一一五师范围内做部分之调剂。一纵和山纵两个政治部可暂行合并，以求充实。如何，请考虑。”根据这一指示，一纵和山纵的领导机关于 10 月 13 日正式宣布合并，以组成统一的指挥机关（山纵番号仍然保留）。对外统称第一纵队，对内继续使用山东纵队番号。徐向前、朱瑞、张经武、黎玉合署办公。10 月中旬，山东纵队指挥张经武去延安开会。据时任一纵组织部长的谢有法回忆[①]，合并后的司令部供给部长冯平，政委艾楚南。

八路军一纵在沂南栗林村成立所在地旧址

随着各路武装力量的不断扩编，以及作战的消耗，后勤保障成了山东党军政领导人面临的重要问题。本月，毛泽东在中国共产党扩大的六中全会发出指示：“允许被割断区域设立地方银行，发行地方货币。”为敌后抗日根据地指明了工作方向。

1940 年 1 月 20 日，中共北方局《对山东工作的意见》决定：“扩大分局财委会，以一纵供给部兼财政部为最高设计及执行机关。”分局财委会掌握地方货币发行与管理，此决定赋予了一纵供给部以货币发行和货币管理权。为了筹措军政费用，1940 年初，一纵供给部开始筹备印发票子和成立银行，具体事宜由一纵供给部审计处负责。审计处时任处长洒海秋，参与筹建的人员有洒海秋、王志成、贾洪、陈中、任志明等人。负责采购印钞材料的人员有单景春（一纵供给部军需科长）、李德良等人，他们主要通过济南的地下关系，往根据地里搞材料。后来单景春叛变了，出卖了李德良，李被捕后牺牲。

据《中共沂蒙党史大事记》载：“1940 年 2 月 12 日，分行在沂南大梨峪村建立，隶属山纵供给部领导。”这里的分行可能就是一纵北海银行筹建机构。此说法有两个问题：第一，1940 年 2 月，山纵仅存在番号，机关早已并入一纵，故银行不可能隶属山纵；第二，一纵成立的银行不可能是下属机

① 参见中共山东省临沂市委党史委编撰《抗日战争的艰难岁月》，第 44 页。

构银行的分行。据当年主持编撰《中共沂蒙党史大事记》的李聚五先生讲，资料来源于山东省档案馆的鲁中区党史。当时一纵虽在鲁中，但不并属于鲁中区党政部门管辖，恰恰相反，一纵权力高于鲁中区党政部门。在战争年代，为了保密，下级机构不了解上级机构是很正常的事。我们认为所以对外宣称北海银行分行，主要是为了避免刺激国民政府。一纵筹建的银行机构很可能是1940年2月12日在沂南大梨峪村建立。

庞大的军队急需给养，摆在筹建人员面前的首要任务就是印票子，以解燃眉之急。鉴于胶东区北海银行办得比较成功，纸币发行深得人心，为便于纸币发行，一纵供给部决定将拟成立的银行定名为北海银行。

1940年前后，辛葭舟受供给部委托，派人在沂水县夏庄（后属沂南县，1981年4月更名为艾山东村）西北方二三里的艾山山沟里用石头盖了两间草房作为印钞厂，从报社搞了一台小石印刷机和一台圆盘打码机（俗称脚蹬子），购买了印钞所需材料。同时在夏庄借用地主刘越厚的一间偏房，开了一家药店作为秘密联络地点，以便为山沟里的同志运送生活用品和印钞材料，同时把印好的票子转运出来。印钞的前期工作一切准备就绪。

西眺艾山

原一纵设置的联络地点，辛葭舟开的药铺位置

1940年春节（2月8日），任志明带领李伦（原泰安城里中华书局的工人）、王安云进驻印钞厂，开始印制中华民国二十九年火车轮船的北海银行二角券，后又增加了蔡智。北海银行总行的第一种北海币诞生了！一纵发行的北海币为总行北海币系列的源头，此二角券又是一纵自己印制的唯一品种，已知存世的仅二枚半，加上一纵的高级别身份，北海币魁首非此券莫属。

当时印钞地点十分保密，未设置警卫人员。所有物资都是通过马匹转运。印钞活动持续到当年夏收后，因缺乏印钞材料而结束。后来李伦去泰安买材料，任志明、蔡志等人前往沂南南瓦庄协助加工由济南大中书局代印的北海币五角券、一角券，后又加工二角券。

艾山印的票子由于纸质差、印刷水平较低，易于仿造，钞票发行后不久，市面就出现了假票。据《北海银行总行推行新钞宣传大纲及三个附件》附件三最后一款介绍，真币贰角周围是网丝状，轮船小旗是黑色；假票贰角周围是点状，轮船小旗是白色。这个附件三算得上总行的第一个反假文件，并由此拉开了总行的反假序幕。

目前存世的两枚半轮船火车贰角券，系本世纪初莒南南马坡币商巩先生发现的。巩先生先是以五百元钱的价格售予临沂李银先生一枚，不久又持另一枚来售，索价二千元。因不知其数量，李先生

从艾山向东南眺望，左前方是夏庄村，正前方是南山，大众日报社曾驻扎此处

顺着沟口向下就是一纵印钞厂

原一纵印钞厂位于左边树林中，本书主撰在向导带领下到沟底探访遗址

未要。该券后被临沂一币商购得，辗转北京，最终落户烟台。据说那半枚落户上海，藏家后来找人依照全票图景修补成整票。根据票面分析，两券相差一万多号，虽然背面图景相同，但是差异亦明显，肯定是在印刷了一定数量之后，更换了背版。根据同类图景的钱庄票可以看出，贰角券背图左边亭阁第一层是带窗棂的。初印的贰角券背图左边亭阁第一层中间靠几根竖直的木棍支撑。更换票版之后的贰角券背图第一层的木柱中间向两边突出，似代表窗棂的格子。早期发行的云彩不很明显，后期发行的很明显。以此为标准，姑且称为薄云版和厚云版吧。由于是第一次印票子，设备又极其简陋，票子印得粗糙在所难免。

据任志明回忆：筹办这个地方是由辛葭舟同志经手的，由他负责对外联系，外面来的印钞材料和工人的生活资料，都通过辛葭舟运进来。王安云，日照人，当年十七八岁。印钞厂后来增加了一位叫蔡智的同志，他是由报社借来的，在济南学过印刷，当过学徒工。印钞厂附近的整个山沟就住了一户老农，夫妻俩有一个二十来岁的姑娘。

但是，据《中国革命根据地印钞造币简史》《战斗在山东解放区》载：艾山印钞厂系任志民（实为任志明）带领李天增、赵连生筹建，初建时有圆盘机和小石印机各 1 台。二书所述与任志明的回忆有出入。我们认为，厂房建设及机器安装肯定是辛葭舟负责筹办的，任志明仅是负责印钞。李天增或许是李纶的别名。

为了了解当年北海银行艾山印钞厂的情况，我们曾深入艾山实地考察。经查证：任志明所说的老农叫刘树恭（1902.6.9~1973.7.25），当年住两间堂屋和一间西屋，大女儿叫刘荣基。1947 年，全家搬到山下居住。印钞厂厂房解放前已经坍塌，遗迹尚存。其实当年刘树恭不到 40 岁，那时的农民都显老。据刘树恭的孙子刘成江（艾山东村民）听老人说，开药店的叫郝丁臣（系辛葭舟当年在夏庄的化名），章丘人，身材高大，一米八左右，租了地主刘越后的三间西屋，后来参加了八路军。艾山东村卫生院卫生员牛青顺则说：早年听父亲（牛增祥，原艾山乡武装部长）讲，当年一个姓郝的来到夏庄，是共产党员，租了地主刘摇厚（“摇”可能系“越”的误读）的一间偏房做药店，以便收集情报。之后随军走了，不知下落。土改时刘摇厚的房子被分给了刘洪吉（刘树恭的二儿子）和刘士证。原房已经改建。刘摇厚后来当了教师，已经去世多年。

艾山海拔 407.2 米，面积 3.5 平方公里，位于沂南县西北方的岸堤镇东南部，南邻南山（大众日报曾驻扎此山中），西靠孟良崮，北有北大山，汶河从艾山东边数里处穿过，可谓山清水秀。印钞厂位于艾山南面偏东部的山沟里，山沟于山脚顺山势蜿蜒朝西南方而出。站在山前，即使没有树木，也看不到印钞厂。当时选址之用心令人叹服。

由于夏庄印钞厂的印钞能力十分有限，远远不能满足军队和地方的需求，所以就在任志明等人在艾山印制北海币的同时，一纵供给部通过地下组织，由负责敌占区采购任务的一纵供给部军需科长单景春，委派莱芜商人李相增与济南大中印刷局[①]的经理李化南联系，委托对方代印北海币。大中印刷局先后分数批印制了一角、二角及五角3个券种北海币。最早印制的是五角券，其后是一角券，最后才印制二角券。钞版是大中印刷局制版技师赵克勤（又名赵学诗，后来投奔根据地，进入总行印钞厂工作）亲自设计制作的。大中印刷局代印的北海币纸质及印刷质量较一纵供给部的好，主图均是农活图案，正面均加盖“鲁南”字样。此“鲁南”泛指大鲁南区，又称山东第一区，其地域北起胶济铁路，南至陇海铁路，东临黄海，西接津浦铁路。4月13日，山东分局、山东军政委员会决定撤销第一区党委，分别成立鲁中区党委、鲁南区党委和鲁东南特委（五地委），五地委由山东分局直接领导。大鲁南区遂形成鲁中、鲁南、鲁东南（后来的滨海区）三个战略区。

当时济南是敌占区，为安全起见，北海币在印刷时未印行名、图章和号码。印好的半成品经过伪装，由马车队运回根据地，补印行名、图章和号码。票子运往根据地要经过数道敌人的关卡，为了对付岗哨盘查，押送人员将票子装在煤油桶里，装满后照原样焊好，外面捆上草绳，涂上一层臭油，在地上一滚，又脏又粘。敌人嫌脏不敢摸，无法检查。押送人员再说点好话，送点烟酒礼品，就蒙混过关了。另外，搞运输的车马队与根据地常来往，对沿途的道路关卡很熟悉，常绕小路避开敌人的检查站，或是在夜间穿过敌人炮楼、卡子，越过封锁线，所以没有出过事。

为了加工济南大中印刷局代印的北海币，辛葭舟在沂南南瓦庄（原属沂水）公家学屋（公立学校）建立了印刷厂，安装了一台打印机，主要为大中印刷局代印的北海币补印行名、印鉴和号码，并将印好的大张裁切为单枚。同时，大中印刷局委派任子敏、李少言和李昆带了两台打印机前来根据地协助补印工作。1940年4月，李少言动身前往根据地。5月，任子敏和李昆在李相增等人的陪同下，从济南坐车到泰安，来到莱芜水北李相增的店铺，然后经人带领，到代下村见单景春。一行人在代下村住了一些日子后，单景春将他们送往后方，沿途有部队护送，最后达到供给部，受到了政委艾楚南和部长冯平的接见。时值日军“扫荡”[②]，他们便随供给部转移。“扫荡”结束后，一行人来到南瓦庄，此时已是6月末7月初了。算上原先的工作人员，参与打印工作的有五人，由任志明领导。有四部脚蹬子。

起初是加工济南代印的北海币，当年七、八月间，李纶由济南带来七八个印刷工人。这么多人过来，估计就不仅仅是从事加盖工作了，而是直接印制济南制版的北海币。这时期印制的北海币，行名、地名当系同版印制，主要是印制一角、二角券。目前存世那种行名、地名与图景同色的民国二十九年“鲁南”地名一角、二角北海币，应是此时期印制的，抑或是后来在莒南印制的。在此地加工期间未遇到日军“扫荡”。

---

①大中印刷局系私人小印刷厂，位于济南西门里，至少1926年就已存在，除了石印，还拥有胶版印刷技术，曾经印制过不少钱庄票。

②5月14日～26日，日伪军千余人对沂蒙进行分区“扫荡”。

1940年冬，因材料中断，南瓦庄加工厂停止印刷，之后设备转到了大梨峪。

我们也曾深入南瓦庄实地考察。据南瓦庄村民李常春说，当年北海银行印钞厂紧邻他家东墙，他时常到印钞厂门口玩耍。学屋共有三间堂屋和三间东屋，有院墙和门楼，机器安在东屋里，人员在堂屋办公，大门外有军人持枪站岗，依其描述，警卫人员约有一个班。全厂有二三十人，工作人员大都穿便服，领导人是辛葭舟。辛葭舟个子魁梧高大，皮肤不白，穿着朴素，和蔼可亲，不像是资本家出身（该村村民大都知道辛葭舟是资本家出身）。印好的票子装在大布包里用马驮走。据他回忆，印钞厂大约是春天来的，呆了一年多走的。临走时将印钞裁下的纸绺子（边角料——笔者注）全部烧毁。印钞厂撤走一年以后，日军“扫荡”时，把房子焚毁。国共合作时，那些房屋卖给了刘乃恒。南瓦庄村民李恣娟说，当年印好的票子都是装成箱，由“识字班”（山东农村对姑娘的一种称谓）抬出来，这些姑娘都身着军装。印票子剩下的纸绺子被人拿去烧火。由此看，当年印钞厂也不是十分保密的，基本上半公开化。但是，绝大多数南瓦庄村民不知道北海银行印钞厂曾经设在村里，只知道曾经有个贸易局，局长是辛葭舟。估计当年辛葭舟是以贸易局的名义筹办北海币加工厂的。

南瓦庄隶属于孙祖镇，在沂南县城西偏北方向，位于艾山东南十余公里处，四面环山，汶河支流从附近穿流而过。

5月13日，《大众日报》刊载北海银行发行一角、二角、五角三种辅币公告。

1940年5月3日，徐向前由青驼寺启程赴延安，第一纵队番号撤销（对外沿用至1941年1月）。八路军山东纵队的名义随即恢复使用并指挥其所属部队。至战工会成立前，北海银行筹建机构划归山纵供给部领导。按丁张弓良先生对军票的定义，一纵供给部发行的一角、二角、五角券属于军用票系列。这些北海币属军事单位发行，无任何发行准备，与掖县北海银行、北海银行清河分行发行的北海币有本质区别。

第二节　北海银行总行的建立及在鲁中的发展

一、银行机关的建立及发展

1940年7月26日至8月26日，山东省各界人民代表联合大会先后在临费沂边联县青驼寺镇和沂南县孙祖镇举行。大会制定了《山东省战时工作推行委员会组织大纲》，选举产生了山东省临时参议会和山东省战时工作推行委员会（简称省战工会），分别作为全省统一的民意机关和行政权力机关。会议选举黎玉等23人为省战工会委员。公布了含有“整理金融，巩固法币，发行辅币，取缔乡票，禁用伪钞”之内容的《山东省战时施政纲领》（9月2日“纲领”获通过）。山东省战工会设置政治、军事、财政经济、教育、民众动员5个组，各组设正副组长。黎玉任省战工会首席组长，艾楚南任战工会委员兼财政经济组组长。8月1日，省战工会正式成立。1941年3月24日，山东省临时参议会驻会委员会召开会议，决定将以上各组改为处，同时将财政经济处分设为财政处和经济处，首席组长改称主任委员。为加强和健全省战工会工作，4月1日，中共山东分局决定，山东所有民政、财政、经济、地方性武装、国民教育、公安、司法等工作统归省战工会管辖，使之实际成为全省政权最高领导机关。

战工会成立后的次月，艾楚南即离开山纵供给部去省战工会赴任，贾洪随同调往财经组。原北海银行总行筹建机构划归战工会财经组。据《山东省志·大事记》载，1940 年 8 月，山东北海银行总行成立，省战工会财政处长艾楚南兼任行长，洒海秋任副行长。但是，据贾洪回忆，北海银行总行成立于 1940 年 10 月。为了搞清北海银行总行成立的时间，我们曾查阅了《山东省各界人民代表联合大会会刊》，没有得到丝毫相关信息。由于《山东省志·大事记》中单位名称及人员职务叙述都不准确，如战工会成立之初财政部门称财政经济组，总行成立后行领导称主任而非行长等，估计该书编委并未看到原始文件，而是参考他人叙述而成。故认为贾洪之说颇为可信。理由之一，贾洪是当事人；理由之二，贾洪的其他回忆大都比较准确。

总行成立后，艾楚南兼北海银行主任，洒海秋为副主任，仍与财政经济组在一起，没有下设机构，只有几个人负责印钞工作。

本年度先是一纵发行了民国二十九年火车轮船二角券及“鲁南”地名一角、二角、五角券。之后总行继续发行“鲁南”地名北海币。

据 1940 年 11 月朱瑞做的《山东工作报告》，本年度一纵供给部及总行共发行北海币 15 万元（据贾洪说 1940 年鲁中区发行额不过几万元）。当时没有固定的印钞厂，没有正式的银行机构，所有的北海币都是通过部队机关作为财政开支发出而进入流通领域的，在民众手中流通一段时间后，最后通过税收而回笼，从而完成一个货币流转周期。这一时期，山东根据地支持国民党的法币地位，根据地内流通的主币是国民党政府的法币，北海币仅作为法币的辅币参与流通。

1941 年 1 月 17、18 日，山东省战工会召开扩大组长联席会议，李澄之、艾楚南等出席了会议。大会讨论要案多起，做出了统一货币发行流通的决议。这是山东第一个货币统一发行流通的文件，从此各地发行的北海币可以在山东境内互相流通。这里的统一发行，我们理解为货币由北海银行统一发行，而不是总行统一发行。

4 月 28 日，山东省战工会主持的全省财经文教大会在莒南西岭泉（板泉崖）隆重开幕，会议持续到 6 月 18 日结束。清河、鲁中、鲁南和滨海各战略区的财政负责人，以及专署、一部分县的财政科长参加了会议。代表们一致通过省战工会主任委员黎玉、副主任委员李澄之、副主任委员陈明、财经处处长艾楚南等 17 人为大会主席团。大会主要议题是总结过去工作，确定今后方针。财经方面议题主要是统一全省的财粮工作，建立统一的预决算、财粮、税收、供给标准和收支制度。确定了全省统一建立北海银行，战工会的北海银行设为总行，各大区北海银行设为分行。决定加强北海银行工作，扩大北海币的发行，在根据地推行北海票，加强货币斗争，扩充银行机构。

为了整顿山东金融，1941 年 7 月 1 日，中共山东分局发出指示：“建立独立的银行业务，把全省的银行直接统一于分局财委会与省战工会的财政处领导之下。把印发纸币的权力，完全交于银行，非经银行许可，任何地方政权不能随便发行纸币或流通券。银行纸币应完全用于生产、贸易、汇兑、流通、贷款之用，立即停止以发行纸币来解决财政困难的‘挖肉补疮’、‘坐吃山空’的办法。保证银行有一定的基金，并要在一年内用各种方法收回其它地方纸币与流通券，做到在山东以北海币（鲁西区以鲁西币）作为市面流通的本位币，保护法币，巩固与提高法币汇兑比值，以抵制伪币，以巩固根据地金融。”山东分局的指示，赋予了北海银行货币发行与管理权。

7 月 7 日，战工会决定：“立刻建立独立的北海银行组织系统，直接受战工会财政处领导。印发一定数量北海票作为本位币，维持市面流通。保存法币，防阻法币外流，并将印发纸币全部投资生产建设事业。保存一定基金，发展银行业务，办理储蓄、汇兑、借贷、投资等工作。并在各地建立北海银行分行、办事处与银行网，便利于金融流通。”

此后，总行从财政处分离出来，归战工会直接领导，行址设在沂临边联县（1941 年 1 月，临费沂边联县改称沂临边联县）艾于湖（今属沂南县），印钞厂则设在沂南大梨峪。宣布艾楚南兼行长，洒海秋为副行长（当时亦称行长为主任）。下设发行科、会计科、营业科三个科及印钞厂，后增加出纳科。洒海秋兼任营业科长，后由陈中、贾洪兼；会计科长陈中；发行科长王志成（负责采购印钞材料和发行），副科长任志明（负责印钞）；出纳科长贾洪；印钞厂厂长李伦。后增设监委，左平任之。一般干部有会计王一，营业薛文林，发行彭怀正、张延庆、王金甲，出纳金波、辛毅、宋希英等。

艾于湖今属双堠乡，位于沂南县城西南数十公里处，在青驼镇、南石门乡、双堠乡交汇处。大梨峪属于朱家里庄乡，位于沂南县城西偏北约 20 公里处，在马牧池乡、代庄乡、朱家里庄乡三乡交汇处。

初期北海银行总行与各分行彼此独立，总行的账目不反映各分行情况。票子也是各自发行，并不统一。

冬季，北海银行总行在沂蒙地区设立了银行办事处，后改为支行。1942 年又开始有了泰山支行、泰南支行。到 1943 年才在县里设办事处。

为摧毁山东抗日根据地党政军首脑机关和八路军主力部队，1941 年 10 月下旬，日伪军开始向鲁中及周边地区集结。具体部署是：第三十二师团及独立混成第十旅团主力向新泰、蒙阴、平邑、费县一带集结；第二十一师团及独立混成第五、第六旅团主力向沂水、莒县一带集结；第十七师团主力、第三十三师团一部进驻临沂。11 月 2 日 ~ 12 月 28 日，日军中国派遣军总司令畑俊六亲自指挥第十二军的第十、第二十一、第三十二师团及独立混成第五、第六、第十旅团主力，华北方面军直辖的独立混成第七旅团主力，第十二军第三十三师团和独立混成第三、第四、第九旅团各一部，五个县的守备队和伪军，配属航空兵一部，共 5.3 万余人，以多路梯队的分进合击，形成对以沂南为中心的鲁中区“铁壁合围”。此次“扫荡”，为山东抗战史上日军动用兵力最多、时间最长、最残酷的一次大“扫荡”。

11 月 3 日晚，蒙阴、沂水、莒县的日伪军悄悄出动，4 日拂晓，首先偷袭山东纵队机关驻地沂南县马牧池，山东纵队机关分散突围。

5 日黄昏，日军 2 万余人分 11 路，在 7 架飞机、数十门大炮、10 辆坦克的配合下，合围驻沂南县西南留田的八路军一一五师师部和中共中央山东分局、省战工会领导机关，并以重兵由北向南推进。在罗荣桓的指挥下，被围人员当夜巧妙脱险。

7 日[①]，千余日军从夏蔚、新泰、坦埠、黄庄等地出动，对大崮山、龙须崮等地实施分割包围。大崮山位于蒙阴东北部，崮顶南北走向，地面开阔，四周多是悬崖峭壁，崖高一般十几米，形成天然屏障。山上有八路军兵工厂、弹药库、粮库和一个独立守备团。此时，山纵政治部秘书长吴仲廉，省妇联执委、省参议会驻会议员陈若克及总行部分人员恰好也撤到了此处。日军包围大崮山后，先是以

① 仅《沂蒙党史大事记》持此说。《中共临沂地方史》《临沂市军事志》《临沂百年大事记》均说是 4 日。由于后三者叙述中均言激战二日，于 7 日晚突围，不能自圆其说，故采纳《沂蒙党史大事记》所说。

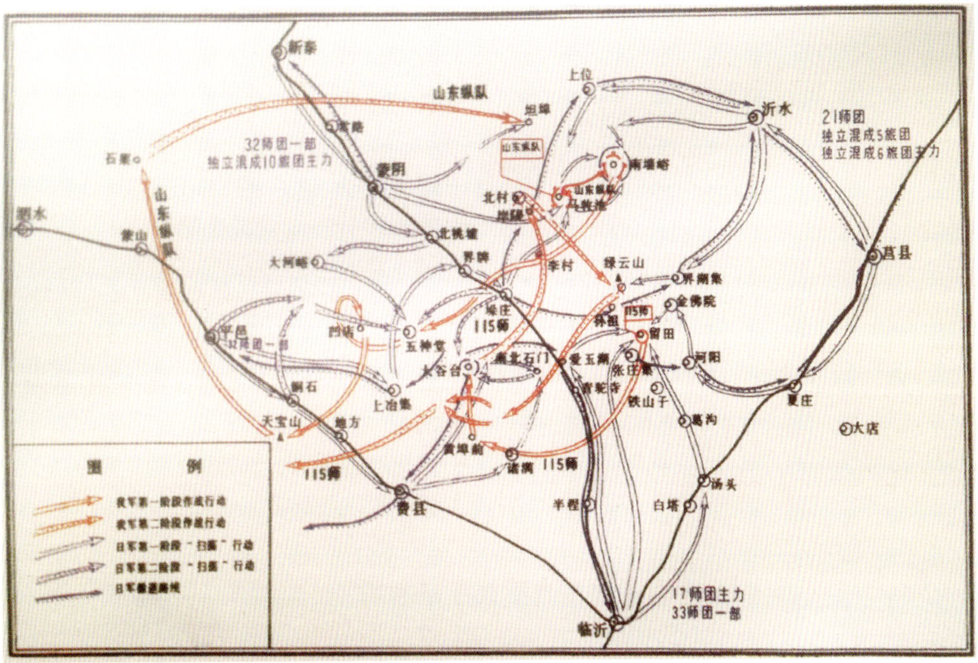

1941年冬季反“扫荡”要图

飞机、大炮对山顶猛烈轰炸，然后发起连续进攻。经二天激战，我方伤亡重大，于8日深夜突围。突围后，陈若克被俘牺牲。

29日夜，一一五师师部、山东分局、省战工会机关及抗大一分校两个大队等千余人转移到蒙山东部大青山，次日拂晓，即被敌一个混成旅团合围。激战至下午二时，大部分机关人员分别突出重围，转移到西蒙山。此役伤亡甚大：省战工会副主任兼秘书长陈明、一一五师敌工部副部长王立人等300余人牺牲，省战工会副主任李澄之等人被俘，山东分局组织部长李林和山东分局主任秘书兼统战部长谷牧负伤。

大“扫荡”期间，总行人员除少数人随战工会行动外，大部分疏散到泰山和泰南区。为了便于读者更为详细地了解总行当时的情景，我们摘录贾洪撰写的《回忆抗战时期的北海银行总行和鲁中分行》一文片段如下：

开始时银行出纳科跟着战工会随部队（一一五师师部）行动，从沂南马牧池出发，走了两夜到大崮山附近，发现敌人包围上来，指挥部命令直属队（包括战工会机关）要立即轻装，急行军连夜转移到敌人包围圈外。这时银行有三匹驮钱的骡子必须精简，艾楚南同志命令我和宋锡英、辛毅同志，带着这三匹驮钱的骡子到大崮山上隐蔽。我们上山后就把带的法币（兑换回来的旧法币）埋藏起来，把金子（共八十多两）分别带在身上。当时认为大崮山是有名的天险，山上准备好的粮草充足，只要坚守万无一失。不料敌人集中火力，飞机、大炮、机枪猛烈攻击，寨门的防御工事全被摧毁，守卫的一个团伤亡不少。到黄昏时一支敌军冲上来，占领了崮上的一个小山头，看来已无法守住，下半夜就组织撤下来，团长不让我们跟他们行动，我们三人就带着金子插回沂南中心根据地，因为那里群众条件好。但回去后敌人天天清剿，村子里找不到群众，在山头上露宿了六天。幸好一一五师师部及山东分局也回来了。我们见到分局秘书主任谷牧同志，他赞扬我们金子带出来，保管得好。并把我留下来，宋、辛二位同志安置到地方上去了。我记得第三天谷牧同志在指挥一次战斗中负了重伤。又过了几天，在东蒙山的大青山，一一五师直属队、山东分局、战工会机关被敌人合击，机关被冲散，牺牲了不少同志，战工会秘书长陈明同志牺牲，粮食局长王子文同志负伤，财政处李子敬同志牺牲。我侥幸在枪林弹雨中冲了出来，带的金子也未损失。

12 月中旬，八路军一一五师师部转入滨海区活动，山东分局、山纵、省战工会等领导机关仍留在鲁中区。

本年度先是于春季发行了民国二十九年山东地名五元券 20 万元，山东地名北海币由此开始。之后发行了民国三十年一元券、五角券，10 月 18 日公告发行民国三十年五元券。其中五角前后发行的版别略有差异。早期发行的行名“海”字第六笔为圆弯勾，“银”字右边旁竖直弯勾下部是笔直到底，“公司款项一律通用”的“款”字上端不相连（见图 2-10）；后期发行的“海”字第六笔为直弯勾，“银”字右边旁竖直弯勾下部略带弯，“款”字上端相连（见图 2-11）。颜色上也有差异。目前，我们见到的“海”字“直弯勾”券最小的号码是 232169。“圆弯勾”券仅见一枚，号码为 003721。一元券，根据车厢是否满布线条，可分为黑车厢、白车厢两种。早期发行的为白车厢，票幅略小，中后期发行的均为黑车厢，票幅稍大。

民国三十年五元券是不得不细说的券种。该券为蓝版套印，开了北海银行使用套印技术的先河，为带有底纹北海币的鼻祖。自 1941 年 10 月 18 日公告发行该券后，直至 1944 年才更换新版五元券，使用时间长达两年多。因此，关于发现该券假票的文件及报道也较多，内中多涉及真假票的特点。如 1942 年 12 月 11 日的省战工会《关于查禁伪造北海本币的指示》（山东省档案馆藏资料，档案号 G004-01-007-015）中就提道：“套版蓝色五元票与假票的区别之处前已电知各地，其最显著之点即第一真票正面两章一为‘经理之章’一为‘董事长章’。假票正面有两种。一种均是‘经理之章’，一种与真票两章一样，但真票图章四周边线略细而不整齐。假票图章第一种两个‘经理之章’均较真票图章为小。图章四周边线，第一、第二两种假票均较真票略粗而且整齐。第二真票正面楼景阶上是阴影，故较模糊。假票正面楼景阶上是阳影，故较清楚。二者颜色深浅迥不一致。”1942 年 12 月 23 日的《大众日报》载：“鲁中近发现大票假造之五元北海票，其与真票区别如下：一，真票色深铜版，假票色浅铜版，面上发亮，比真票短一分多。二，真票正面楼阶为阴影，两章一为董事长章一为经理之章，假票楼阶为阳影，两章均为经理之章。三，真票正面小五字十四个，背面小五字都是正的，假票正面小五字十八个，背面左角有两小五字向下歪。”当月 25 日又报道滨海区多地发现伪造之五元北海票数起，其与真票之显著不同处有四：（一）假票正面中华民国三十年之“年”字缺少一点。（二）真票正面上方之两圆圈下均有一大黑点左右对称，假票左圆圈下黑点极小。（三）真票背面四角上之“5”字内方块两端有小点两行，假票之“5”字内有的没有。（四）真票反正面之颜色深厚，花纹清晰，假票之颜色单薄，花纹模糊，且用水稍湿即褪色。

上述史料所谈及的加盖两种印鉴的北海币都已面世。根据省战工会查禁伪造北海币的指示及《大众日报》的报道，加盖两枚“经理之章”印鉴的五元券可定为假票。目前，加盖“董事长章”“经理之章”印鉴的五元券也发现了两种版别，分别为正面底纹纵列 14 个“伍”字（见图 2-17）和 18 个“伍”字（见图 2-16）两种，后者票幅较前者恰巧短了 4 毫米，即一分多。按照 1942 年 12 月 23 日《大众日报》的说法，似乎后者应当定为假票。但是，该报道还说，真票色深铜版，假票色浅铜版；真票正面楼阶为阴影，两章一为“董事长章”，一为“经理之章”，假票楼阶为阳影，两章均为“经理之章”。

对照图 2–16 券，似乎 18 个“伍”字五元券又符合真票特点。就图 2–16 券本身来说，无论其纸质还是印刷工艺，都比较符合总行印钞厂当时的印钞特征。判定该券真伪的最重要依据当是中国印钞造币总公司收藏的民国三十年天坛五元券票样（为单面票样，见图 2–15）。该票样正面底纹纵列 18 个“伍”字，其余特征如印鉴等亦与图 2–16 券同。中国印钞造币总公司所藏的该票样，为北海银行印钞厂留存的票样，其为真品当毋庸置疑，因此我们判定图 2–16 券为真品。

18 个“伍”字券为真品，并不意味着 14 个“伍”字券就一定是伪品。除了 1942 年 12 月 23 日《大众日报》说其为真品外，我们对采集到的 14 个“伍”字券与民国三十年一元券进行了比对分析，除个别品种外，印刷工艺基本相当。对照省战工会查禁伪造北海币的指示及《大众日报》报道的真假币特点，可以肯定，我们采集的 14 个“伍”字券绝大多数亦是真品。

在采集样本过程中，我们发现绝大多数民国三十年五元券正面加盖“董事长章”“经理之章”印鉴，仅有一例正面加盖两枚相同的“经理之章”印鉴（见图 8–20）。这些加盖“董事长章”“经理之章”的五元券，绝大多数底纹纵列 14 个“伍”字，仅有三例底纹纵列 18 个“伍”字。14 个“伍”字券号码都在 12 万号以上，除了一例为浅黄色底纹外，其余均为黄绿色底纹；黄绿色底纹券的特征基本一致，但与浅黄色底纹券的细节差异甚大。18 个“伍”字券号码均在 11 万号以下。

本次采集活动，我们共亲睹样本实物十余枚，另外，藏家发来照片十余枚，网上见到近十枚，合计约三十余枚。14 个“伍”字券号码最小的为 127660，最大的是 987038。18 个“伍”字券号码最小的是 062332，最大的是 108690。

18 个“伍”字券和 14 个“伍”字券图幅及图景细节多有差异，肯定不是同块钞版印制的。由两种券的号码没有交集这一现象看，两种券很可能是一前一后印发的。所以出现这种情况，恐怕与当时的特殊斗争环境密切相关。

1941 年 10 月 18 日，战工会公告发行该券，11 月 2 日，鲁中区就发生了山东根据地抗战史上最大规模的日伪军 5 万人大“扫荡”。此次“扫荡”历时五十余天。总行绝大多数人员疏散，极少部分人员随战工会突围转移。斗争环境极其残酷，如果说钞版遗失或损坏，一点也不奇怪。根据前面所列贾洪的回忆，当时连携带的法币后来都埋藏了，钞版之类的物品肯定不会一直随身携带。有可能接到敌情后就将钞版和印钞机分别埋藏；也可能先是携带行军，11 月 5、6 日接到指挥部轻装令后就地埋藏，或是为防落入敌人之手损坏后埋藏，等等。仓促埋藏，后来找不到亦属正常。“扫荡”过后，总行印钞厂迁往万良庄，可能在这里根据原设计重新制版印制民国三十年五元券。

认定总行在万粮庄继续印制民国三十年五元券是有理由的。因为总行印钞厂在万粮庄印制了民国三十一年五分、二角、一元、二元、十元券，缺少民国三十一年五角、五元券。而五元券又是一元至十元券间的一个很重要的过渡币，总行不会不印。唯一的解释就是总行在万粮庄继续印发民国三十年五元券。此时可能也续印了民国三十年五角券。当时的实际情况很可能是，总行到了万粮庄后，先是修版印制五角、五元券，之后开始印制了民国三十一年各券。

根据以上情况，我们将五元券的印发分为两个时期。从公告发行到日军大“扫荡”前为第一时期，扫荡过后至最终停发为第二时期。第一时期历时仅十余天，发行量肯定大不了。大多数五元券都是第二时期印发的。与之相对应的是，18 个“伍”字券存世量极少，且号码较小；14 个“伍”字券存世量稍多，且号码较大。我们认为 18 个“伍”字券系总行第一时期印发，14 个“伍”字券为第二时期印发。

从开始发行民国三十年五元券到1942年底《大众日报》报道假票特点，历时一年多。时间久了，对早期发行的品种特征有所遗忘亦属正常，误真为假也是可以理解的。

"浅黄色底纹券"（见图2-18）肯定是旧时物，其纸质及印刷工艺基本上与常见的14个"伍"字券相近，但是，重要的区别是天坛图景的台阶为阳影，颜色偏浅。依据战工会《关于查禁伪造北海本币的指示》及12月23日的《大众日报》可以定为假票。不过，根据其印鉴、正面上方之两圆圈下均有一大黑点左右对称及背面四角上之"5"字内方块两端有小点两行等特点，依据战工会反假指示及12月25日的《大众日报》又可定为真品。尽管我们倾向于此票为假票，仍然作为存疑品录入，供读者探讨。

由于之前鲁南地名民国二十九年五角券一直在流通中，民国三十年五角券的首发时间可能较晚，当和民国三十年五元券的首发时间相近，其换版背景可能类似五元券。

目前尚未发现总行本年度发行总额资料。根据《北海银行历年发行货币额统计表》知，1941年，整个山东根据地北海银行共发行北海币1455.8万元，胶东分行发行580.6万元，清河及冀鲁边分行合计发行量估计为600万元左右，以此推算，本年度总行发行的北海币也就200多万元。这些北海币多数是通过军队和政府财政开支发出的。

本年春季，总行首次发行了五元券北海币，10月份再次发行新版五元券，胶东分行于秋冬季节发行了五元和十元券北海币，清河分行、冀鲁边分行当年秋冬季节也发行了五元券北海币（胶东分行北海印刷所代印）。发行五元以上北海币是有时代背景的。首先是国共摩擦不断加剧；其次是随着战事不断，根据地财政和军事保障上的迫切需要；再其次是根据地有意摆脱法币，逐步建立以北海币为本位币的货币体系。

1942年初（阴历年前）[①]，总行把因"扫荡"而疏散的人员集中起来，迁往沂南辛庄，旋即迁驻沂南万粮庄。之后一段时间就常驻万粮庄一带（印钞厂就选定在该村附近）。这时，银行作为后方机关单独活动，不再与战工会随部队行动，直至1942年冬季大"扫荡"前，总行驻地未作大的移动。

据《中共沂蒙党史大事记》载："1941年1月10日，银行迁至沂南县万粮庄村，印钞厂设在万粮庄西山，洒海秋任主任，共有工作人员50余人，印刷面额分别为壹、贰、伍、拾元的北海币。"这里的"1941"肯定是"1942"之误。总行迁往万粮庄的时间，很可能是1942年1月10日。

辛庄和万粮庄都属于马牧池乡，位于县城西北方，两村相距数里路，汶河在辛庄附近拐了一道大弯，由南至北将两村隔开。辛庄与艾山东也是隔河相望，艾山东在辛庄的南偏西数里处，万粮庄又在辛庄的北偏东二三里的地方。

万粮庄为行政村，西南紧靠小南山，汶河自村北穿流而过，既便于印钞工作，也便于紧急时刻埋藏设备和人员躲藏，是战争年代相当理想的印钞场所。

万粮庄的村民都知道洒主任（当时称呼他为秘书主任）住过这里，还知道有个鉴定科和印钞厂。

---

① 将总行迁驻万粮庄的时间定为阴历年前，是基于以下两条理由：一是据万粮庄村民高守懋说，他春节前进入总行印钞厂工作；二是据总行职员刘惠英回忆：1941年冬分配到北海银行总行工作，我刚到北海银行时，总行驻在沂南县的万粮庄。

印钞厂有部队保护，据说是一个班的兵力，警卫班长叫高路宽，指导员姓石，鉴定科长姓王（估计是王志成——编者注）。据万粮庄村民高守懋（1927年出生）说，洒主任住高怀先家，王科长住高续先家，鉴定股住高希铭家。整个鉴定股加上其他干部有二三十口人。全银行，算上打杂的，有五六十人。

从1942年起，北海银行贷款及直接投资占比开始增加。发出的北海币，最后通过税收、收贷等途径收回，从而完成一个周期的货币流转。

太平洋战争爆发后，日伪集团为了掠夺物资和破坏根据地金融，向根据地大量倾销法币。为了粉碎敌人的阴谋，山东根据地开始部署排法工作。5月29日，山东分局财委会发出指示，本年7月1日宣布北海币为山东本位币。7月，省战工会决定北海币为山东根据地境内的唯一本位币。山东根据地拉开了排法斗争的序幕。滨海区率先制定了排法步骤，鲁中区亦相应制定了排法步骤。为配合排法斗争，银行加大了北海币的发行量。但是，由于种种原因，第一次排法斗争在鲁中区并未获得成功。

1942年10月下旬至11月上旬，日军第三十二师团、第五十九师团，第五、六独立混成旅及伪军共1.5万人，在侵华日军华北总司令冈村宁次的指挥下，采取拉网合围战术，向鲁中沂蒙山抗日根据地进行为期十余天的大“扫荡”，企图消灭山东军区、省战工会等领导机关和抗日武装。“扫荡”前，敌方先是采取声东击西的战术，散布假消息，说即将“扫荡”滨海区。同时一部分日军从临沂城出动，进犯沭河以东，佯装开始“扫荡”滨海，诱使已经转移到滨海的山东分局、山东军区、战工会等领导机关重返鲁中。

26日，敌方以1.5万兵力开始“扫荡”东至沂水县、西至蒙阴县、南至临沂县、北至莱芜博山一带的鲁中区。

27日，临沂、沂水、蒙阴等县的1.2万日伪军分12路，在10架飞机、10门大炮和骑兵的配合下，以南墙峪为中心构成包围圈。经一天激战，山东军区、省战工会及鲁中军区等机关人员于黄昏时分路突围。

由于初次“扫荡”未获成功，日军佯装撤退，使我方误判，未能及时向外线转移。11月2日拂晓，山东军区、省战工会、抗大第一分校等机关、部队，在沂水北部对崮峪突遭来自沂水城、东里店和大关的8000余敌人合围。虽然经过一天激战，领导机关在特务营的掩护下于黄昏后分路突出重围，但是此役也是损失惨重。山东分局宣传部长、省战工会秘书长李竹如等多位领导牺牲，战工会主任委员黎玉负伤。

此次“扫荡”之后，鲁中伪军增加到7.83万人，日伪据点增至368个， 鲁中根据地一度缩小到南北长约35公里、东西宽约20公里的游击区，陷入最残酷、最艰难的阶段。

由于有了上次反“扫荡”的经验，本次总行接到情报后，就把存放在地下金库的钞票取出来，连同已印好尚未入库的钞票装到大瓷缸里，做了个大木盖，外面用油布包了两层，埋到大河滩里，上面平整好后，风一吹，外面一点痕迹也看不出来。凡是参加埋藏财物和知情的同志（包括该村群众），都转移到较远的地方打游击。这个办法，后来在敌人的几次“扫荡”中都能保证钞票的安全无损。

本年度总行新发行了民国三十一年五分、二角、一元、二元、十元券北海币。其中五分券发行量3947.4元，合78948枚。据《莒南县金融志》载，北海银行滨海印钞厂曾印过五分券。由此看，五分券存在鲁中和滨海两个印钞地点，与之对应的是目前发现的五分券实物存在两种图幅和色差。由于水红色的五分券（见图2-19）多发现于原鲁中地区，我们认为该券可能印制于鲁中印钞厂。值得一提的是，

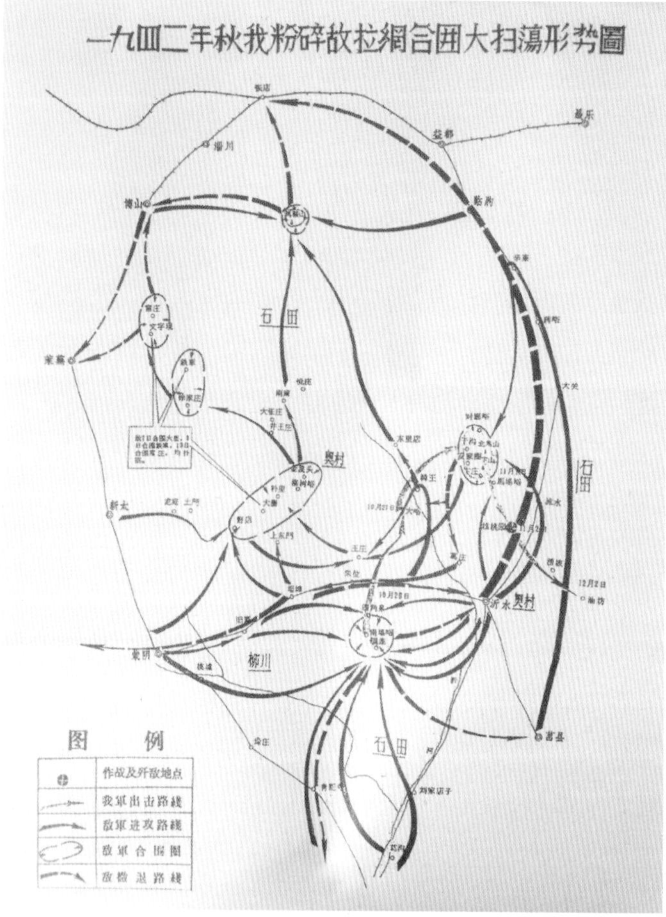

1942年秋我粉碎敌拉网合围大“扫荡”形势图

上个世纪末，有投机者利用过去胶东钱庄票半成品改制了一定数量的北海银行五分券(见图8-20)。这批假五分券颇具迷惑性，使不少藏者上当。一元券和二元券也分别存在两种图幅不同的版别。早期发行的二元券比后期发行的图幅要长3毫米，细节也有许多差别，当可以分为两个版别。目前，我们见到的长图幅二元券号码都在20万号以下。由于五分、一元、二元券都存在两种不同的图幅，而二角、十元券没有出现这种情况，可以认为二角、十元券发行的时间要晚于前三种券。

可能是因为环境的恶劣或是印钞技术的原因，总行这一时期发行的同一版式的北海币，前后期的图幅常有较大差别，细节也有区别，由此产生较多的版别。这也是总行早期北海币版式研究的魅力所在。

1942年4月5日，中共山东分局财委会发出《对各财委会工作指示》：“1. 决定1942年发行新钞总数一千万元，胶东五百万元，总行五百万元。2. 胶东发行的新钞调剂胶东、清河、冀鲁边三地区，总行调剂泰山、沂蒙、滨海、鲁南等地区。3. 发行额数规定一元以下之辅币（五角、二角五分、二角、一角）占三分之一，一元以上货币（一元、二元、五元、十元）占三分之二，十元票尽量少印。……5. 总行及胶东分行应计划购买足够两年需用之材料，各地区并可找关系购买送总行代印，仍发回该地区流通。6. 应切实去整理各个地区的金融，绝对的取缔伪钞在我根据地的流行，整理杂票，根据每个地区流通法币数量情形，适当的贬值法币价格和提高北票的信用。”

“工作指示”要求发行数额一元以下辅币占三分之一，一元以上主币占三分之二，十元票尽量少印。事实上，十元票发行量最大。1943年初，总行就更换了十元票版，发行民国三十二年天坛十元券，停印民国三十一年十元券。但是，从目前存世的民国三十一年十元券流水编码分析，发行量已逼近一千万元。算上一元、二券券及民国三十年五元券，本年度总行实际发行额远远超过山东分局下达的发行额度。

北海币大量超发的主要原因一是根据地经济极度困难。自1941年冬季日军对鲁中大“扫荡”以来，根据地不断被蚕食分割，由于根据地地盘缩小导致税源减少，以及战事不断，根据地不得不大量发行纸币以弥补财政及军需的不足，这也是困难时期无奈的选择。二是1942年7月，山东根据地开始进行排法斗争，法币被排除后需要北海去填充。

我们注意到从前年开始，根据地物价连续大幅度攀升，这一现象与根据地连续大量增发北海币关系不大。虽然北海币连续几年大幅度增发，但是，直到 1942 年，鲁中、滨海、鲁南三区流通的货币中主要是法币，北海币仅占很小的份额。物价快速上涨，主要是由伪币入侵和法币贬值造成的。

二、印钞厂的建立及发展

总行正式成立前的 8、9 月份，战工会财政经济组开始着手购买大中印刷局全套印钞设备，并委派任子敏前去济南洽购印钞设备事宜。经过一番准备，1940 年 8 月，任子敏和单景春一起来到济南。任子敏利用曾在大中印刷局工作的身份，秘密找到大中印刷局的经理李化南，和他谈了要买机器和印刷材料的事，李化南表示愿意把大中的设备卖给他们，经过多次磋商，于年底达成协议，财政经济组出价一万元伪币将大中全部设备买下，用黄金折付了价款，只待向根据地陆续运发。

落实了印钞设备，任子敏接着就开始动员工友到根据地参加工作。经过个别串联，宣传动员，包括制版、印刷、裁切、打号各工种二十多人愿意到根据地。其中有制版技师赵克勤（1943 年病故于滨海，后由济南贾兆民替补），着色技师张书梓，印刷工李维恭、田杰、刁如心、张绍明（1943 年在鲁中病故）、李培廉、王平（1941 年病故）、王尧，打印工谢允生、王文青、任培训、顾玉发、张子杰，晾晒工张福兴、张立秋，裁切工杨天玉，以及李慧、周玉、小谢等。这些人由交通分两批送到莱芜代下村，转赴根据地。第一批七八人，第二批十几个人，并于 1940 年底至 1941 年初到达根据地。他们的到来，使根据地的印钞工作每一道工序都有熟练工人掌握，一般不需再依靠济南的技术了。据《中国革命根据地印钞造币简史》载，“皖南事变”后，李维恭、李伦等原大中印刷局的技术工人，又由济南前来参加（印钞厂）。而据任志明回忆，李纶（伦）早在 1940 年春就参加了艾山印钞厂。另据贾洪回忆，李纶（伦）是泰安城里中华书局的工人，并非是大中印刷局技术工人。可能“简史”有误。

在济南购买的 2 台圆盘打码机、2 台小石印机，另外购买的 2 台小石印机、打印机、印刷石、票版、号码机及印刷材料等，陆续运抵根据地。只有大型双滚筒印刷机运到泰安时，在火车站被日本宪兵队查获，未能运到根据地。

与此同时，总行也积极从党政军中物色懂金融、会管理的干部来银行或印钞厂工作。并着手选择厂址。洒海秋带着任子敏等经多方选择，最终选定了沂水县大劳峪村（今沂南大梨峪）地主林民芳家作为厂址。

所以选择大梨峪，据任子敏说因这个村紧靠河流，日军“扫荡”时可以将印刷器材用油纸包起来，埋在沙滩里，这样河水一冲，不留痕迹。实践证明，这个办法很好，以后的几次转移设厂，也都选在靠近沙河的地方，比如之后的万粮庄、杨家圈、响水崖等，也都靠近沙河。在沙滩里埋藏的机器，从未发生过损失。但也有个别印钞厂不是设在靠近河流的地方。如鲁南印钞厂，就是在深山老林里。

印钞厂一般是设在根据地的后方，选在最安全的地方。但遇到日军“扫荡”，情况紧急时，也要躲避，把机器埋起来，然后上山打游击。最苦的是冬天把机器埋在河里，等敌人走了又往外挖。一般是在夜里，用铁锤砸开冰，站在冰水里挖。

我们实地考察时，发现这个村在山沟里，确实比较隐蔽，快走到这个村庄的时候，还看不到村子，不易被日伪军发现。当年作为印钞厂仓库的三间堂屋今天仍在，只是屋顶重修过。林民芳之子大梨峪村民林泉富听父亲说，原先家里有九间屋，机器安放在三间大点的西屋里（另有一间小点的西屋），三间堂屋做仓库，南边两间屋夜里养马。门口有二人站岗，所有职员都穿军装。印钞厂冬天就搬走了。

大梨峪属于沂南依汶镇，位于沂南县城西北数十公里处，村东北有条栗子沟，村西边是大旺山。与万粮庄、南瓦庄构成三角地带。原鲁中印钞厂职员黄嘉和[①]说，大涝峪之名始于明代，当年此处的和尚们霸占妇女做坏事，官府将他们缉拿后，碍于离沂水县城较远，就地设了两个监狱，即大劳狱、二劳狱，地名由此而起。估计后因“劳狱”二字不吉祥，且地处山谷，改为“涝峪”二字，民国时已更名为大梨峪，因习惯，民间一直沿用大涝峪之称呼。

1941 年春，任子敏和单景春在泰山区莱芜南站子村设立了收购站，由王诚负责，在杏林峪设了转运站，由徐华负责。这时工人、材料、印机等基本齐全了。

一切准备就绪，1941 年春节（1 月 27 日是春节）过后，任志明带领济南来的技术工由城子村进驻大梨峪印钞厂，开始了印钞工作。印钞厂先是由任志明兼厂长，任子敏为副厂长，后来李纶（伦）任厂长，常狄、徐杰任指导员。日常生产由赵克勤（原名赵学诗）负责，技术骨干有李少言、谢允生、杨天玉、李新联、张杰、王文青、刁如心、田杰、张树梓等。不久，又调来七八名青年学徒工，自此鲁中印钞厂发展到 40 余人。印钞工作一直持续到日寇冬季大“扫荡”。大“扫荡”期间因环境恶劣，印钞厂未印票子。

当时用小机子代替大机子印北海币，虽然产量受影响，但小机子轻便，很适应游击战环境。因此，领导决定再设法购几部小印刷机和材料。1941 年 5 月，任子敏被派去济南采购。工作了一段时间，觉得联络、采购等都不方便，经领导研究决定，在济南成立一个商店，这样既可以购买印刷用品，又可以做好掩护。随即找了经五路一个教会中学对面的几间房子，由地下党组织介绍了几个人，组成了“联友商行”，由单景春、任子敏、刘永昌（济南商人）、老张（店员，地下党组织成员）、小张（他哥是地下党员）5 人组成，单景春任经理。任子敏购买的东西多是通过地下组织介绍的。单景春除了帮助任子敏完成任务外，还购买了一些军需物资。当时有个叫李德良的，和单接过头，他也是供给部派来的。但他的任务及住址等都是保密的。有了这个商店，虽然所购物品要经过一道道封锁线，但等于北海票的印制有了后勤保障。商行开到 10 月份，采购任务差不多完成了，钱也花得差不多了，组织上就指示把商行关了。

1942 年 2 月，李维恭、刁如心、李新联、王文青、安荣等骨干调往滨海筹建印钞厂。

据《中国革命根据地印钞造币简史》载，1941 年鲁中印钞厂（总行印钞厂）成立后，开始生产一分、五分等小面额钞票。此说法甚误：其一，至今尚未发现北海币一分实物；其二，北海银行总行 1945 年度资产负债表中所附的发行北海钞票券别统计中没有一分面额北海币。可以肯定北海银行未发行过一分券。五分券系总行 1942 年发行。另据《临沂地区金融志》大事记 1941 年一节载：“2 月，北海银行印钞厂在沂水大梁峪建厂，由副行长洒海秋负责。用水印机代替土机器，印制北海币一元、五元、十元和辅币。”不知道这里说的水机器和土机器是怎么区分的。另外，1941 年总行印钞厂并未印制十元券。2 月份仅印制了年号为“中华民国二十九年”的红色山东五元券，之后于当年陆续印制了年号为“民国三十年”的五角、一元、五元三种券别的北海币。

---

① 黄嘉和原籍沂南辛庄，1925 年出生，1943 年参加北海银行印钞工作，1949 年随北海银行印钞厂进入济南，不久调入行机关，当年调入北京总行，1953 年调哈尔滨，后分流到农业银行，直至离休。

大“扫荡”之后，印钞厂迁驻山西村。山西村为自然村，属于万粮庄。为安全起见，印钞厂在村南的小南山上挖了个山洞和地下室，以备日军“扫荡”时隐蔽和继续印票子。当地村民基本上不知道这个山洞，说明当年保密工作做得很好。

据原总行印钞厂工人高守懋说，当年印钞厂设在地主于学修（沂南东辛庄人）在山西村的学屋里，印钞机共三台，安放在三间西屋里，两个人操作一台印钞机；贴着西屋南边有两间屋作伙房；一位济南来的老汉（估计是赵克勤，时年也就 36 岁）和一个年轻人，在东边一间屋里制版；打码机两台，安在两间堂屋里，由一人操作。在高守惠和高洪凤家各挖了个地下室做钱窖子。钱窖子有一间屋大小[①]。北海币两面印完后，拿到堂屋里裁切，一百张一摞夹在一起。然后打码，打码和加盖印鉴同时进行。打完码，一百张一摞用纸条扎起来，送到鉴定股查看暗号有没有少，号码印得是否正确。鉴定股设在高续先的西屋里。工作是两班倒，都是白天工作。指导员姓徐，所有人员都穿便服。一个警卫班保护印钞厂，警卫人员也穿便服。当年附近据点的日军一年至少出来“扫荡”三四次。通常春耕时过来破坏春耕，麦季时节过来抢麦子，过年也来“扫荡”。有时还从外面调部队过来“扫荡”。为了通报日军“扫荡”，那时在村东边建了一个圆顶屋子（村里人称作团瓢屋），日军朝这个方向来，过了河，就在屋顶上点着火报警。票纸和油墨就埋在这个小房子地下。当时，军民关系好，听说日军要来，就把机器拆了，群众帮着抬到西河（汶河）边，埋在沙滩里，第二天早上，赶着羊群在上面来回走几趟，

总行印钞厂在山西村驻地旧址

总行鉴定科设在万粮庄高续先家的西屋里

① 据贾洪回忆：“在房东高洪奉家的房子里修筑了地下室作金库，用花岗岩石砌的，有防水通风措施。平时就把未发行的钞票放在里面，随时把洞口伪装好，以防敌人突然袭击。”估计“高洪奉”实为“高洪凤”。

本书主撰在沂南万粮庄采访原总行印钞厂职工高守懋

本书主撰在沂南辛庄采访原鲁中分行职员黄嘉和

日军就看不出来了。人员则疏散到南边山区里。他听说，印钞厂曾在和尚峪以及辛庄的河南呆过。还听说，他当兵以后，这个印钞厂曾经移驻过阜口，因为携带的北海币被人发现，呆了不到十天就回来了。另外贸易局和报社也在这村呆过。

高守懋（1927年出生），现万粮庄村民，1942年2月进入北海银行印钞厂，1943年因参军离开。在印钞厂初期干拧工（摇机器把子），因年龄小，体力不支，后调整为给印好的北海币抹滑石粉（此为一道工序，印好的北海币抹上滑石粉才拿去晾干），月工资二三元北海币。

总行职员刘惠英在回忆录中说："印好的票子要逐张检查，把不合格的挑出来销毁，再补上原号码的票子。我就作过这种'鉴定'工作。印好的票子，为便于运送携带，包装不用木箱，而是用布包，每包重十至二十市斤左右。最艰苦的还是应付日寇'扫荡'，要妥善地把机器、纸张及其他印刷材料和钞票等掩藏起来，一般的纸张、油墨等藏在山洞里，印出的钞票及半成品藏在村内可靠党员屋内挖的地坑内。机器埋在沙滩里，为便于事后寻找，要以岸上的树木作为标记，定好方向和量出距离。记得有一次把标记忘了，没有办法，只好在夜里把沙滩划成一块块，用粗铁条逐块探索，终于找到了。"

据黄嘉和回忆，鲁中印钞厂当年设在东辛庄（经考证是万粮庄山西村）地主于学修家的学屋（相当于私立学校）里。学屋有两间堂屋、三间西屋、一间东屋，印钞机四五台，安在三间西屋里，打码机两台，安在东屋里。日本投降后，又盖了四间南屋。新盖的四间屋用来晾刚印好的北海币。参加工作当年就遇到日军"扫荡"，因为年龄小，组织上让他外出躲避。第二年日军"扫荡"，组织上发给他两颗手榴弹。后来再遇日军"扫荡"，就发了一杆长枪。可见这一时期，银行既是工作队又是战斗队。遇到敌人"扫荡"，银行职工还要拿起枪参加保卫银行的战斗。

据《中国革命根据地印钞造币简史》载，1942年上半年，鲁中印钞厂拥有石印机七八台、脚踏圆盘机 4 台，人工裁切。这时由于北海币需求量扩大，厂内分日、中、夜三班生产。生产时工人的劳动强度很大，每印一大张，都要用很大的力气，握着把手转一圈才能压印过去，然后一只脚踏着一根木条做标尺，压在钞券上，两只手用菜刀形状的裁纸刀使劲地把钞券切开。印好的钞票逐张检查，把不合格的挑出来销毁，按原号补印。为便于运送和携带，印好的钞票不用木箱包装，而用布包，每包重 10~20 斤。

第三节　总行在滨海的发展

1943 年 3 月，总行及印钞厂东迁滨海区。

总行东迁滨海的时间，亦有多种说法。据任子敏回忆："1943 年 3 月，总行随山东党政领导机关迁至滨海区，滨海分行与总行合并。"贾洪的说法近似："1943 年春（约二三月间），总行迁至滨海区（因山东分局、省战工会已转移到滨海区），并与滨海分行合并。"任志明说："1943 年四五月间，总行东迁滨海。"滨海分行时任行长王子芹则说："1943 年 6 月北海银行总行迁到滨海后，滨海分行就合并到总行了。"滨海分行会计刘鸿儒亦持此说："1943 年夏，山东省党、政、军领导机关由鲁中地区迁移到滨海地区，北海银行总行也由鲁中迁到滨海。因此，滨海分行即与总行合并，滨海地区的银行业务由总行直接管理。" 贾洪薛、文林、刘惠英、王金甲等合写的回忆也是"1943 年夏总行东迁滨海"。《莒南县金融志》载："1943 年 3 月，北海银行总行由鲁中迁驻莒南县峧河区何家店子村。"《临沂地区金融志》同此说。

总体看，鲁中方面的说法是 2 ~ 5 月，滨海方面的是夏季或 6 月。这个时间差距应该不是路上所用的时间。因为沂南万粮庄到莒南何家店子不足百公里，人员转移（从史料看，当时机器基本未迁）有两三天足够了。估计滨海方面是将分行并入总行的时间说成总行东迁的时间。由于《莒南县金融志》描述得很详细，贾洪、任子敏、《临沂地区金融志》也都持此说，故我们采纳此说法。我们采纳此说的另一个依据是，上述部分人员回忆，总行是随山东党政机关东迁滨海的。根据《中共莒南党史大事记》记载，山东分局、省战工会、山东军区等党、政、军领导机关，于 1942 年 12 月由临沭转移至莒南，直至 1945 年 9 月离开。也就是说，1942 年底，山东党政机关就已东迁滨海区。实际情况很可能是，总行 3 月份东迁滨海，四五月份滨海分行并入总行。

总行东迁后先是驻莒南何家店子，印钞厂驻莒南北杨家圈村。工商管理局成立后，北海银行机构及业务大幅度缩减。下面分别叙述总行和印钞厂在莒南的发展。

一、银行机构的发展

总行迁滨海后，驻莒南何家店子，滨海分行撤销，人员及业务并入总行，总行兼理滨海区的银行业务。此时总行的经理仍由省战工会财政处处长艾楚南兼任，实际负责银行工作的是副经理兼秘书主任洒海秋，监委左平。总行下设营业科、会计科、发行科、出纳科等四个科，分别由王寅东、王子芹、王志成、张润德任科长。科以下设股，有营业股、会计股、发行股、汇兑股、收支股、鉴定股、稽核股、金库股、庶务股。整个机关共 50 余人，另有一个警卫连保卫机关和印钞厂。总行的主要任务仍然是搞货币斗争。

何家店今属坊前镇，位于莒南县城东偏南约9公里处。据村民何会清（1931年生）介绍，当年北海银行设在地主何西荣家里，约有五六间房。该房屋早已不存在，原址上通了道路。记得有洒主任、徐行长等，所有人员都穿便服。他们村当年有七个人参加北海银行，分别是何西生、何西鲁、何西江、何成健、何秀清、何成忠等。其中，何西生、何西鲁、何成健、何秀清参加南下。何秀清在印钞厂工作，何成健后来供职于中国进出口外贸公司天津公司。据何家店现任书记何元江听人说，当年银行驻地位于村中心，银行来的时候抬了一筐金砖和一筐金条。我们认为此举是故意显示银行资金雄厚，以提高北海币的信誉。

6月12日，省战工会发布《北海银行组织章程》，首次明确了银行领导人称谓、组织结构，行领导称经理。总行对各分行及直属支行除在工作上做原则的领导督导外，其一切银行业务，得按各地区之需要自行统一办理之，但本币发行数目应事先报告总行批准。本币发行除经指定分行外，其他分支行及以下组织不得代理发行事宜，并依战略区为单位注以地名。

针对日伪向根据地大量倾销法币和伪造的法币，盗买物资，破坏根据地金融的情况，1943年7月9日，滨海专署发布告，决定从即日起，粮食市场一律不准使用法币，自7月20日起，停止法币在市面流通。规定："7月21日至8月10日为总兑换期。7月21日至31日为第一兑换期，法币一元兑北海币一元；从8月1日至10日为第二兑换期，法币二元兑北海币一元；自8月11日起查出用法币者概予没收。"第二次排法斗争从此拉开序幕。此次排法斗争获得胜利。

为了防止北海币由币值低的区域倾销到币值高的区域，以及便于反假，1943年8月19日，中共山东分局决定："统一样式颜色，印发各区独用北币，规定限制各区间流通。"①9月25日的《大众日报》载，北海银行总行决定本币分区流通，山东版五元、十元北海币限滨海地区流通，二元以下限滨海、鲁中、鲁南三地区流通。凡非本区之本币，一律拒绝使用。根据地正式全面实行北海币分区发行限区流通的货币政策。实际上，本年夏季滨海、鲁中、鲁南三地区已经普遍实行北海币分区发行限区流通的货币政策，其他区实行得更早。黎玉在1944年8月5日的滨海鲁中鲁南工商管理工作会议上的总结中就谈道："本币的分区发行是去年夏季根据当时事实上需要而决定的。"北海币分区发行限区流通期间，总行发行了部分票面印有"滨海"字样的北海币。

8月12日至9月8日，山东省临时参议会一届二次参议员大会先后在莒南县坊前村和日照县桑庄召开。大会通过了《山东省战时施政纲领》，决定将山东省战时工作推行委员会改称山东省战时行政委员会（简称省政委会）。选举黎玉等11人为省政委会委员，黎玉任主任委员，9月8日宣誓就职。省政委会下设民政处、财政处、教育处、战时高级审判处、公安处、工商管理处、调查研究室和战时邮务总局。黎玉兼工商管理处长。

9月，省政委会在半年施政纲要中提出："省政委会成立金融事业委员会，加强银行工作的领导，调整银行干部，发行一定数量的本币，增加各种生产贷款，加强对敌货币斗争。"9月15日，滨海工商管理总局成立。工商管理局领导货币斗争，进行货币管理。部分银行业务，如外汇管理、汇兑、工商贷款等，划归工商管理局。北海银行发行的北海币一半以上拨给工商管理局。北海银行莒南办事处

---

① 参看1943年8月19日的中共山东分局《五年工作总结及今后任务》。

及各县已建立的银行办事处撤销，金库移交给县府财政科，人员撤回。其他大区亦如此。北海银行各级机构及业务被大幅压缩。至 1946 年，北海银行的主要业务几乎就是印发北海币。

12 月，总行由何家店子迁驻本县李家宅子村。

李家宅，今属坊前镇，位于莒南县城以东约 8 公里处，在何家店北偏西方向。龙王河由村东北向西南穿流而过。据李家宅村民李增赏（1920 年生）说，当年银行对外称特六连（特务团六连），行长和监委办公的地方设在李增茂的两间西屋和李增茂东邻的李增恩家里。材料股住李增茂家后的李增木家。记得起来的人员有：行长洒海秋、监委左平、材料股长辛毅、王科长、负责后勤伙食的孙管理员，分管材料的朱全斋，以及王珂（女）、后勤的小宋（女）、李都玉等。本村村民李增盛参加了北海银行，负责运钞，后随北海银行走了。李增赏当年是民兵，晚上经常去北海银行探听消息，后来跟北海银行一个姓刁的（估计是刁如心）技师学了雕刻技术。李家宅村民李哲堂（李增赏的孙子）听人说，左平很有文才，经常写东西，后来出事了，出事后有人见他在十字路卖牙粉。

本年度总行及滨海分行在滨海区共发行了 3003.8 万元北海币。发行的券别有山东地名民国三十二年二角五分、前门十元券，滨海地名 1943 年山桥五角、民国三十二年浇地十元、山水五十元券。其中前门十元券与在鲁中印制的前门十元券同版，号码超过 1010000 号的即为在滨海发行的北海币。票面区别也很明显，鲁中印制的底纹“拾”字为橙色，滨海印制的底纹“拾”字为明黄色。由于该券种底纹有区别，且分属两个印钞厂印制，我们将其分为两个版别。根据北海银行总行 1945 年度资产负债表中所附的发行北海钞票券别统计，二角五分券共发行 241735 元，如果此数据不错的话，扣除鲁中分行发行的 53500 元（鲁中分行 1944 年续印山东地名二角五分的可能性不大，计划中亦无此项），总行在滨海发行了 188235 元。

山东地名民国三十二年帆船二角、牛耕五角北海币、驴运一元、汽车一百元券不是总行发行。帆船二角、牛耕五角券系胶东分行 1945 年发行。驴运一元券系胶东分行 1946 年下半年发行，很可能是 9 月以后发行的。汽车一百元券系胶东分行 1946 年发行。理由参看本书相关章节。民国三十二年右山林一百元券系总行 1946 年发行。

尽管《北海银行累计发行货币券别统计表》在文字资料中注明 1943 年发行五十元、一百元券，1944 年发行二百元券，北海币中也的确存在民国三十二年百元券、民国三十三年二百元券，但是，我们仍然认为各北海银行 1944 年之前没有发行过百元票，1946 年之前未发行二百元券，至 1944 年，滨海、鲁中、鲁南仍未发行百元票。民国三十二年山东地名百元券不是 1943 年发行的，民国三十三年、三十四年二百元券不是 1944、1945 年发行的。

各分行 1943 年没有发行百元券的理由如下：根据档案资料，鲁中分行、胶东分行 1944 年之前均没有发行过百元票，而这两个分行是当年发行北海币最多的两个分行，尤其胶东分行，很具有代表性。胶东分行首发百元大票的时间是 1944 年 8 月。从存世的北海币看，鲁南、清河、冀鲁边区均没有百元票面世，尤其是清河、冀鲁边区，连五十元券都未发现，更不用说百元券了。从渤海分行 1944 年 5 月份余额可以看出，清河分行从未发行过二十元以上面额的北海币。从发行量分析，1943 年，胶东分行北海币的发行量是 3399.4 万元，总行是 3003.8 万元，鲁中分行 2800.8 万元，鲁南分行 500 多万元，清河分行自成立到 1944 年 5 月止，总共才发行北海币 2500 万元，1943 年的发行量可想而知，冀鲁边分行的发行量则更少。发行量居前的两个分行都没有发行过百元票，其他分行更没有发行百元票的理由。这就不难理解，为什么不见清河分行、冀鲁边分行发行的五十元券了，以那一点点发行量，根本不需要五十元券，更何况百元券了。

总行 1943、1944 年没有发行过百元券的理由如下：

从时代背景分析：总行是春季东迁滨海的，在滨海、鲁中、鲁南三区实行北海币分区发行限区流通的货币政策前，如果发行大票应当先发行山东地名民国三十二年五十元券，二不是直接发行百元大票。目前尚未发现“山东”地名民国三十二年五十元北海币。夏季，根据地开始全面实行北海币分区发行限区流通的货币政策。总行开始发行“滨海”地名五角、十元、五十元券北海币，第二年夏季之前换版发行了民国三十三年“滨海”地名十元券，此期间如果要发行百元大票，应该发行带“滨海”地名的百元票，而不是山东地名。目前未发现滨海地名百元券。从 1943 年总行在滨海发行的各券种票面信息分析：总行迁滨海后，继续发行“山东”地名前门十元券，此前在鲁中发行了（含鲁中分行发行数）101 万枚，那些号码超过 1010000 号的即为总行在滨海发行，因为分区发行限区流通的货币政策实施后，鲁中分行不可能继续印发山东地名北海币。目前我们见到该券最大的号码是 1800255，说明该券种在滨海发行的数额可能达到一千万元，甚至远超此数。存世的“滨海”地名民国三十二年浇地十元券的号码已经发现了 1568843 号，实际发行量应当也是远超此数。此券种第二年续印的数量肯定不大，因为，1944 年总行更换了新版，发行“滨海”地名民国三十三年十元券。前述两种券的发行量最低估计已经超过 2300 万元，算上“滨海”地名五十元券、五角券，山东地名二角五分及总行迁滨海前滨海分行发行的山东地名北海币数量，合计总数应该有滨海区当年发行的总数 3003.8 万元，根本没有百元券的份额。

1944 年下半年，滨海、鲁中、鲁南三区的北海币统一发行自由流通，均使用总行版北海币。当年三区北海币总发行量合计 20633.7 万元。民国三十三年山东地名右宝塔五十元券为总行 1944 年发行无疑，因为我们在原滨海的莒南小沈扁山采访时，听村民沈贵存说，当年他曾亲眼见到印钞厂晾蓝色五十元北海币（此为印制北海币的末端工序），印钞厂驻扎小沈扁山的时间是 1944 年，本年总行仅发行了一种五十元券。目前我们见到该券种有 A、J 两种冠字，A 冠字的最大号码是 5834351，J 冠字的最大号码是 1676277，合计金额已达三亿七千多万元，不用说总行还发行了其他面额的北海币，尤其是发行了大量的十元券及五元券。另外，上半年滨海、鲁中、鲁南还发行了非山东地名北海币。尽管 1945 年总行继续发行了宝塔五十元券，扣除 1945 年续发的，估计 1944 年三区发行的五十元及以下面额北海币总额至少有 20000 万多元，足抵三区 1944 年发行的北海币总额。也就是说 1944 年三区北海币发行量中，也没有百元票的份额。

另据贾洪回忆：“抗战胜利前最大的票面印刷到五十元。”这也间接地证实了我们以上的判断。根据贾洪的回忆，总行百元券当发行于 1945 年 8 月以后。

由于 1945 年总行发行的北海币还在使用“董事长章”“经理之章”印鉴，那些加盖“总经理章”“经理之章”印鉴，年号在 1942~1944 年间的北海币，肯定发行于 1945 年之后。

如何解释民国三十二年山东地名右山林一百元及汽车一百元券的存在？民国三十二年山东地名汽车一百元券系胶东分行 1946 年发行（参见第四章第三节二）。民国三十二年山东地名右山林一百元券系总行 1946 年发行。理由如下：由该券背面的行名拼读可定为总行发行。由印鉴印文看，该券应当印发于 1945 年以后，晚于民国三十四年山东地名轮船火车一百元券的发行时间。民国三十四年山东地名轮船火车一百元券系胶东 1945 年代印，总行 1945 年发行（参见本章第四节一），当年胶东分行代印了 21116.4 万元。但是，据总行 1945 年度资产负债表所附的《发行北海钞票券别统计》，至 1945 年度，百元票总发行额才 7600 万元，连胶东代印的数额一半都不到，在此情况下，总行不可能增发新版百元券，故民国三十二年山东地名右山林一百元券不是 1945 年发行的。由此也可以说明民国三十四年右山林一百元、左山林一百元均发行于 1946 年以后。考虑到 1946 年 10 月 13 日的胶东分行反假文件报道发现民国三十二年山东地名右山林百元券假票，12 月 17 日，威海发现民国三十四年山东地名右山林一百元假票，故而断定这两种北海币发行于 1946 年。

为什么发行于 1946 年的北海币，票面时间却印民国三十二年？这应当是特殊时期两难的选择：1946 年是山东根据地严重通胀的一年，为了抑制通胀，必须紧缩货币；但是，1946 年又是山东根据地备战的一年，为了备战，必须大量发行钞票采购大宗物资。这个矛盾无法调和。如 9 月 9 日山东分局下达指示要求基本停止发行，9 月 18 日，北海银行总行分行行长联席会议决议却是禁印二百元以上票，少印大票，多发五十元以下票。总行不敢擅改分局指示，肯定是分局下达指示后不久就改变了初衷。试想，停止了货币发行，如何采购军需以备战。估计当时能做的就是尽量减轻人们对通胀的预期，减缓通胀的压力。比如除了禁止发行二百元以上的大票，就是将新发行的百元券票面时间提前，让人们误以为已经不再新发行百元以上面额的北海币；同时山东分局指示工商管理局抛售物资平抑物价。以当时的备战情况看，工商管理局根本无法真正落实山东分局的指示，而是象征性地抛售一点做做样子。所以最终物价并没有下来，而是继续攀升。

北海银行 1946 年之前没有发行二百元券的依据更充分。因为，北海银行总行 1945 年度资产负债表中所附的发行北海钞票券别统计中没有二百元券。胶东分行首次发行二百元券的时间是 1946 年 5 月。渤海分行 1945 年的发行票类统计表中也没有二百元券。民国三十三年渤海地名锄地二百元券钞版显然系胶东制作，其制作时间大致与山东地名同图案钞版的制作时间相当，制作于 1946 年以后。可以肯定，北海银行 1946 年才开始发行二百元券。

据《谷牧回忆录》载，1944 年春天，北海银行通过郭延寿等人由天津转给彭德怀的机关北海币 400 多万元。

1944 年 8 月 20 日，日军纠集 8 个大队及伪军一部共约一万余人，由第五十九师团长细川中康统一指挥，在 8 架飞机、3 艘军舰、十余只汽艇配合下，从济南、兖州、枣庄、临沂、莒县、日照、赣榆、连云港等地出动，分 13 路“扫荡”滨海区。日伪军采取分点合击的战术，先后对十字路、三界首、坪上等各点进行合击。此时银行撤出李家宅，移驻小山前、吴家庄子。日军“扫荡”期间，李家宅村书记李森为保护北海币而牺牲。据李哲堂听老人说，事件的经过是这样：1944 年秋天，日军“扫荡”时，北海银行全体转移，带不走的装备和北海币埋到了村子西边李春堂的麦场里（现为李增惠家的老宅），由于不放心，10 月 2 日（农历 8 月 16）那天，村书记李森潜回村庄查看，查看完毕，返回途中，经过村中央的一条南北向干沟，当时日本兵在村东边的打鱼岭上，正瞄准由干沟上来的一位农民，那位农民发现鬼子瞄准，即刻猫腰跑了，此时恰巧李森由沟底上来，不幸被击中而牺牲。

小山前位于筵宾东南角，莒南县城西北方，距离县城不足十公里。村庄有河流，村后有平顶山。据村民徐仕一说，当年银行设在孙山家三间堂屋里，北海币埋在地窖里。印钞厂设在徐得一家，四台铅印机是从岳河用小车推来的。银行在此地呆了一个多月。

1944年7月以后，滨海、鲁中、鲁南三区印制的带地名的北海币开始在三区自由流通，之后三区逐步统一印发山东版北海币。实际上，自总行发行北海币始，到1945年全省统一发行北海币，除了分区发行分区流通期间，鲁中、滨海、鲁南基本上是发行总行版北海币，发行的北海币在三区自由流通。

此期间，北海银行的主要任务是印发北海币支援抗战，支持工商局，办理存款业务，配合工商局进行货币斗争。发行的北海币近一半由部队和政府财政开支发出，一半以上投入工商局，由工商局进行直接投资、发放贷款以及大宗采购，然后通过税收、收贷、收回投资和投资收益等途径回笼，从而完成货币的一个流转周期。

本年度，滨海、鲁中、鲁南三区先是分区发行，后改为统一发行，发行总额20633.7万元。总行发行了滨海地名民国三十三年十元券；山东地名1944年五角券；山东地名民国三十三年右山景一元券，此券有红、黑两种版别；山东地名民国三十三年左山村五元券；山东地名民国三十三年山村十元、房屋十元券，其中房屋十元有红版一种，蓝版分无字轨、单字轨小号、单字轨大号3种；山东地名民国三十三年右塔景五十元券，此版有5种。

所有红色房屋十元券“董事长章”右边均有一小红点，这颗红点很明显，应该不是暗记。

右塔景五十元券分A字头大号码、中号码，J字头背有号背无号，以及无底纹等5种版别。其中A字头大号码、中号码应该是统一编码的。原因是，目前发现A字头大号码的最大号数是5014088，中号码的最大号数是5834351，J字头的最大号数是1676277，估计A字头两种号码各达到六百万号、J字头号码达到两百万号一点也不为过，如果A字头大中号码五十元券不是统一编码，则右塔景五十元券的发行总额合计当超过7亿元。1945年总行开始发行新版五十元券，并从是年开始换用“总经理章”、“经理之章”，右塔景五十元券的发行必定止于1945年。根据总行1945年度资产负债表所附的《发行北海钞票券别统计》，总行历年发行的五十元券合计才6.2亿元，这个数字还包括民国三十四年工农商学兵五十元、牛耕五十元发行量，此与由假设所得到的结论矛盾。

大多数塔景五十元券的背面印有手写体英文“新民主”“自由中国”的宣传口号，此为总行系列北海币之首现。之后，绝大多数总行发行的北海币印有此口号，并一直延续到1946年。当时一般人都不认识英文，估计此口号主要是为了防伪。部分J字头五十元券背面未印此口号。这些未印口号的北海币，可能系下半年滨海、鲁中、鲁南三区北海币统一发行自由流通时，鲁中区流通的五十元券。

民国三十三年山东地名浇秧五元系胶东分行1945年11月印发，民国三十三年山东地名山水十元、浇秧五十元、扬场五十元均系胶东分行1946年下半年印发，汽车一百元、红色锄地二百元券均为胶东分行1947年印发，蓝色锄地二百元券为胶东代印渤海分行1946年发行。理由参看本书第三章第四节。

根据1943年9月23日的中共山东分局《关于银行工作的决定》，1944年上半年，滨海发行北海币6000万元。1944年12月6日的中共山东分局关于《货币政策的决定》规定，1944年12月至1945年1月底，滨海发行3000万元北海币。此额度完成后，滨海、鲁中、鲁南再印2亿至2.5亿，不打号码印章，于市场需要时请总行批准随时发行。

1945年春，总行重回李家宅，6月，总行由滨海迁回鲁中区。

二、总行迁滨海后印钞厂的活动状况

1943年3月，总行印钞厂由沂南县万粮庄迁到莒南县岐山区北杨家圈村，滨海分行印钞厂并入总行印钞厂。厂长任子敏，副厂长李维恭，指导员徐杰。下设制版组、石印组、铅印组和切纸组，有印钞机二十余部（石印机十余部，圆盘机八九部），职工五十多人。借用闲置民房五间作为厂房。此时根据地已经奉命停用法币，北海币需求量急剧增加，印钞厂夜以继日地印制北海币，有力地支持了根据地的排法斗争。当年 10 月，印刷工人每天能印 8500 到 9000 印（石印），报废率不超过 4‰；裁切工每天完成 8000 小捆。

北杨家圈在李家宅北边数里处，今属坊前镇，位于莒南县城以东十公里左右，地图上无标识，附近山势连绵，龙王河由村东北向西南穿流而过。1958 年兴修水库，全村搬迁到现在的地方。1960 年水库建成蓄水，原来的北杨家圈如今已沉睡水底。

1944 年 12 月 6 日，山东分局指示："为完成印刷任务，必须充实银行印刷机构。滨海专署负责扩大青年工人四十名，鲁中联办负责扩大三十名。"

秋季，日军大规模"扫荡"滨海根据地，印钞厂被迫分为数个小厂，分别迁驻小沈扁山、石泉湖村（二村今均属十字路街道办事处）、朱家庄子、响河崖、庄家滩井、浔河北等村，后四个村属大店镇。

小沈扁山村，今属十字路街道办事处，位于莒南县城正北五六公里处，村南有条鸡龙河（又称南河），河南边不远处有座南山。"扁"字如今作"崟"字，此字系清末民初文人乱造之字，沿用至今。

石泉湖，如今也属十字路街道办事处，位于莒南县城北偏东五六公里处，北靠虎山，村西有西山，南有九顶莲华山。据莒南史志办李祥琨考证，因村背面的山形似老虎，原名叫虎山前。咸丰年间，莒县县太爷（知县）途经此处，问村民此为何村，村民答不知，县太爷遂因山上石多，且有泉水，取其名为石泉湖。1944 年 3 月，在各救会长李义丰的带领下，石泉湖建起了全省第一座水库。

朱家庄子位于大店的北部，浔河北岸，在县城西北方数十公里处。

响河崖位于大店东部，马鬐山西。

庄家滩井位于大店中偏西部，浔河南岸。

我们考察小沈扁山村时，听村民沈贵存（1931 年生）说，1944 或 1945 年夏季（《莒南金融志》记载是秋季，综合估计，8 月份的可能性较大），北海银行印钞厂来到此村，呆了数个月。队长姓李（估计是副厂长李维恭），还认识一个管理员。机器设在沈贵善家的三间屋里，印好的票子拿到屋前面张继宪家的三间屋里晾干。然后把票子装在包袱里，晚上用骡子运到小山前村加盖戳子。印钞厂没有部队保卫，职员都穿便服，部分职员带枪，民兵协助保卫印钞厂。石印机的石板是从东边岳河运来的。一次钞版埋在村南河边的沙滩里，夏季发水，就找不到了。印钞厂不让外人进去，因为屋子没有窗户，平时印钞时开着门，他常站在门外，看工人吃力地拧机器，听到机器的咔哒声，还曾看到南边屋里晾的蓝色五十元的北海币（应当是民国三十三年塔景五十元），有时还会捡到空油墨盒。当年此村三十几户人家。

为了寻找第一手资料，我们曾二进石泉湖村。第一次进村，拜访了当时曾任儿童团团长的李全学（1933 年生人），据他说，北海银行印钞厂 1944 年春天（实际应当是秋天）迁入该村，行长田杰，书记徐杰（实际是指导员），职员二十余人，所有人员均穿军服。厂址设在村西北的李义红家三间堂屋里，李义红全家住锅屋（厨房）。大约过了数个月，内部一名员工盗窃了印好的北海币，部队将全村包围，逐户排查。没过多久，该员工被抓获，后公审枪决。事后，上级带了猪和酒来到村里，召集全村村民，摆了二十几桌酒席以示慰问。印钞厂在此处先后印制了一元、五元、十元等面额的北海币。

情况危急时，将北海币藏至村北虎山上巨石底下的洞中。1945 年冬天（实际是春天），印钞厂迁走。

第二次进村拜访了李全增（李义红之子，1934 年生）。据他说，当年北海银行印钞厂在他家安装了三四台印钞机，印钞厂的食堂设在隔壁他叔叔李义凤家。印好的票子拿到前院季秀竹（1967 年去世时 85 岁）家的三间房子里晾干，为了方便往来，特地在季秀竹家房子的北墙扒了一道门。季秀竹家当时共有五间房。

另外，通过莒南史志办李祥琨，我们还间接了解了一些情况：小山前村民徐仕一（1917 年生）曾亲自参加了 1944 年秋冬时节在小山前召开的石泉湖印钞厂盗币案审判大会，审判大会之后，就把案犯拉到村南边枪毙了。盗币者系印钞厂职工，二十几岁，穿着较好，可能是某领导的小舅子。盗币那天晚上，他和一个张姓职员一起值班。其间他谎称拉肚子，多次外出。早上，盗币者陪张姓职员去井边挑水[①]，到了井边，可能是想借机把张姓职员推入井中，假意说你提不动，我帮你提。张姓职员早已怀疑他了，就说不用，你站得离我远点，必须站到离我十步之外。之后，张姓职员向领导做了汇报，就派人把盗币者抓了起来，搜出了未盖号码的北海币。未盖号码的北海币是半成品，不能使用，盗币者想事后自己刻号码加盖。

据当年曾在北海银行印钞厂做过杂活的莒南县朱家庄子村民朱永庭（1923 年生）对李祥琨说，北海银行印钞厂曾设在本村地主官澜堂的南柜屋子（安放钱柜子的屋）。当年柜屋子是四合院，共八间堂屋，东边三间为办公室，西边五间安放机器，四台印钞机排成两排，中间还有一间过渡性小屋，存放印钞纸，南屋五间是伙房。东屋、西屋是生活区。领导住朱恩坦家。印钞厂有二十几个人，都穿便服，其中有几个女同志，她们主要是负责点票，还有十几个保卫人员。印钞厂不许外人进，主要是印一元小票，还印粮票。制版过程则是先在石板上画画，之后抹上药，然后再用火烤。印票子裁下来的边角料被小孩拿去绑在腿上玩。记得营长陈柏祥曾用骡子运过北海币。由于此厂规模较大，估计任子敏厂长就住此厂。

1945 年春，印钞厂又迁回北杨家圈村。5 月，日军“扫荡”十字路、朱家洼子、演马庄、大店等村镇，总行印钞厂厂房和部分半成品北海币被日军焚毁，另有大量半成品北海币被抛撒在大街上，村民捡拾者众多，“扫荡”过后，银行逐户清点，收回半成品北海币。在北杨家圈村印制的北海币，都未加盖印鉴，故称作半成品。印好后，运到李家宅加盖印鉴。

2013 年 9 月 2 日下午，我们一行来到北杨家圈村。据村民杨贵年（1939 年生人）回忆，当年北杨家圈有三十几户人家，他家住北海银行印钞厂后面，才五六岁的他，常去印钞厂田厂长那里玩，田厂长时常给他馒头吃。那个年代，普通农家孩子能吃上馒头很不容易。印钞厂设在杨英年、纪永贵家的五六间闲屋里，院里有井，工作人员穿便服，印钞厂白天没动静，晚上工作。村民杨可年（1922 年生人）对我们说，银行来过两次，住杨伯信、纪永贵、杨修年家的闲屋里。另一村民杨久龄（1918 年生）说，印钞厂十几个人，机器安在五六间屋里，有个任厂长。据其他村民说，中间日军“扫荡”，印钞厂曾搬到北边的柳沟村。

在李家宅村，听李哲堂老人说，北杨家圈地图上无名，当年日军“扫荡”时无意中发现了该村。

---

① 印钞过程要用水，下班前，当班职员要挑一担水，供接班者使用。

1945 年 6 月，印钞厂随总行迁回鲁中。据任子敏说：“印钞厂留下一部分改称滨海分厂。”此时，总行正筹划印钞厂大合并，估计留下的设备及人员很快又迁往鲁中。滨海分厂可能最终并未成立。

通过对采访的总结，我们发现一个特点，凡是银行或印钞厂驻扎过的地方，当地群众对银行或印钞厂迁来之前的驻地或迁走后的去向无一讲述正确，说明当时银行或印钞厂为了掩盖行踪，对外往往是声东击西。

第四节　重返鲁中

1945 年 6 月，总行及印钞厂又由滨海迁回鲁中区，移驻沂南万粮庄附近的西柳沟一带，鲁中印钞厂随即并入总行印钞厂。8 月，鲁中分行并入总行。临沂城解放后，总行随党政军机关迁驻临沂城。1946 年 2 月，印钞厂亦陆续迁驻临沂。下面分别叙述银行机构和印钞厂的发展。

一、银行机构的发展

1945 年 7 月 6 日，山东省工商工作会议决定实施北海币统一流通。8 月 1 日，山东省战时行政委员会通令：“全省各地区发行之本币，不分地区统一流通。……全省本币统一流通，政府暂不公开宣布，希各级党政军民接此通令后，立即传达所属各部门，遵照执行，并自行商定具体实施办法为要。”

8 月 12 日，省临参会与省政委会在莒南召开第 20 次联席会议，一致通过将省政委会更名为山东省政府，推选黎玉为山东省政府主席，并一致通过将省临时参议会改为山东省参议会。8 月 13 日，山东省政府发布布告，宣布正式成立。决定在第二届省参议会召开之前，以原政委会之行政委员为省政府委员，原有各处改称为厅，自即日起行使职权。山东省政府辖 5 个行政公署、22 个专署和 127 个县政府。13 日，山东省政府发布《工字第一号命令》：“立即大量调剂城市所需本币，胶东、鲁中各增发一万万元，其他各地各增发五千万元。并立即扩大银行职员，接管城市印刷机关，突击印票，准备继续增发。在本币不够流通前可发流通券（每张壹佰元至壹仟元），以应市场急需。并宣布铜元按二角、一角市价使用，代替辅币，银元亦可作价使用。宣布北海钞为唯一合法的本位币，一切收支来往账目、票据均须按本币市价计算，要求商会、银号、钱庄立即执行。”8 月 15 日，日本宣布投降。

8 月 29 日，山东省政府布告：“为全面调剂物资，流通金融，特决定全省各地区（滨海、鲁中、鲁南、胶东、渤海）过去所发行之北海银行本币，今后不分地区统一流通。”时隔两年，北海币第二次在全省实现了统一流通。

本月鲁中分行并入总行，由总行代理鲁中业务。北海银行临沂办事处在临沂河东建立，主任李赛文。

9 月 11 日，临沂城解放。之后，总行随山东党政军机关迁驻临沂城，行址设在原伪“沂州道尹公署”[①] 内（今沂州路北端与兰山路交汇处，老临沂专署及前临沂地区供销社曾先后设在此处，遗址已无存）。

据《临沂地区金融志》载：“（1946 年）2 月，北海银行总行随山东省政府迁驻临沂城。”但

① 据时任总行营业科负责人的王海丰回忆：“北海银行就在省政府的大院内。”另据《临沂市革命遗址通览》载，抗战胜利后山东省政府迁驻是处，故持此说。

是我们未查到相关史料。据贾洪等多人回忆，临沂解放后总行随党政军机关迁进临沂，印钞厂仍留在鲁中。另据《八路军第一一五师师部转战沂蒙驻地村庄概览》载，1945 年 9 月 21 日 ~12 月 3 日，司令部（一一五师司令部、山东军区司令部合署办公）驻临沂城。《中共临沂地方史》载："21 日，中共山东分局、山东省政府、山东军区等领导机关由莒南大店中迁驻临沂城。"此外，上一次总行离开鲁中后鲁中分行才成立，估计此次也是总行离开鲁中迁往临沂城后，鲁中分行才于本年 11 月再次组建。以此推测，总行迁往临沂的时间在 9 ~ 11 月间。发行科及印钞厂迁往临沂的时间可能是 1946 年 2 月。

本月临沂办事处亦迁进临沂城，并成立伪币兑换所，两天时间兑换 400 余万元。

12 月 15 日，北海银行做出《关于预决算办法的规定》，对清理账目、整理科目、结算损益等做了具体规定。

本年，出台了《山东北海银行各级行处组织暂行规定》，内中规定行领导为行长、副行长。北海银行总行在《关于目前银行工作的指示》中规定："以分行为销毁单位，加强销毁手续的整理，分行之下的支行、办事处兑换之后可汇交分行办理，支行、办事处无销毁之权，因此分行组织机构一定健全发行组织。现因发行账都不统一，各分行所发行之本币由各分行记账。本币统一流通以后，各分行所发行的本币一定流通起来，甲地区可能兑换乙地区所发行的本币，这样销毁记账必须分开地区写销毁证明书，然后通过总行转账，以免销毁后不能即时转账的偏差。各级分行组织设立发行科或股，以便办理销毁手续，支行办事处可不设发行组织。"同时还决定："一九四五年年底统一执行决算制度，一定将过去累积的些旧欠，或应销但未销的一些资产负债，在本年底前清理，并按照总行会字二、三号关于会计科目的规定办法（已发下）严格执行，一九四六年以后要按期造月报送总行，以便统计了解。"并指示："政府银行除受政府委托代理发行货币外，在中心城市的一些金融事业如银行钱庄等，政府银行应起领导与管理的作用，不让他们自流与违犯政策。"

本年度，总行发行（含滨海、鲁中、鲁南三区）北海币 78139.5 万元。新发行的券种有：民国三十四年山东地名山景二元（分大号小号）、亭子五元、牛耕五十元、工农商学兵五十元、轮船火车一百元券。其中山景二元分为大小号码两种版别，另有疑似背橘黄色者；亭子五元券亦分为大小两种号码。

民国三十四年山东地名轮船火车一百元券系胶东分行 1945 年为总行制版并代印。将该券定为胶东印钞厂制版的理由是该券版面设计不似总行印钞厂的风格，比如双字轨的使用等，倒是比较符合胶东的设计风格。定为总行 1945 年发行的理由是，该券背面印有手写体英文"新民主""自由中国"，这是总行系列北海币背面常印的宣传口号；同时该券正面印鉴印文为"董事长章""经理之章"，而 1943 年 10 月以后，胶东分行就已经不用此印文组合了，渤海分行此时亦无此印鉴组合，只有总行 1945 年还使用该印鉴组合，并于当年停止使用。定为胶东代印的理由一是该券的印刷工艺水平不似总行印钞厂；二是据胶东分行 1946 年 3 月的《胶东北海银行发行工作报告》载，一年来为总行代印百元券北海币 21116.4 万元，而能定为总行 1945 年发行且具胶东风格的百元券只有轮船火车券一种。此例较为典型。通过此例，我们可以得出一个结论，凡背面未印总行行名拼读，但印了手写体英文"新民主""自由中国"的大票，可以定为胶东为总行代印。胶东有制版厂，胶东为总行代印的北海币应当均为胶东制版。

从民国三十四年山东地名工农商学兵五十元券的设计风格看，亦当出自胶东印钞厂技工之手。其为总行发行的理由同上。据《胶东分行一九四五年发行工作总结》记载，曾为总行制作票版两种共 16

副。我们认为这两种钞版就是民国三十四年山东地名轮船火车一百元和工农兵五十元票版。由于 1945 年胶东分行只为总行代印了百元券，故工农商学兵五十元当为总行自己印制。

工农商学兵五十元券加盖“董事长章”“经理之章”，牛耕五十元券加盖“总经理章”“经理之章”，因此可以判定前者发行的时间早于后者。由存世的民国三十三年山东地名右塔景五十元券号码估计，该券种发行总量可能达到 4 亿元以上。目前已发现工农商学兵五十元券有 A、B、C 三种冠字，均为 6 位数号码，且三种冠字均发现大号码，因此，该券种发行总量应该接近 1.5 亿元。根据总行 1945 年度资产负债表所附历年发行北海钞票券别统计表，五十元券共发行了 6.2 亿元。截至 1945 年，总行总共才发行山东地名民国三十三年右塔景、民国三十四年工农商学兵及牛耕 3 种五十元券。以此推算，1945 年总行发行牛耕五十元券大约 7000 万元，大量的牛耕五十元券发行于 1946 年。

民国三十四年山东地名右山林一百元发行于 1946 年，左山林一百元、五十元发行于 1947 年。另外，民国三十四年山东地名汽车一元、浇秧五元、汽车五元、汽车十元、锄地十元、烈塔五十元、扬场五十元、枣红色中花一百元及棕色中花二百元券均系胶东分行发行。其中汽车一元、汽车十元券系胶东分行 1945 年 10 月发行，枣红色中花一百元系胶东分行 1946 年 4 月发行，烈塔五十元、棕色中花二百元发行于 1946 年 5 月。浇秧五元、汽车五元、锄地十元、扬场五十元系胶东分行 1946 年 7 月以后发行。棕色中花一百元系胶东印钞厂 1946 年 4 月前后为总行代印，蓝色中花二百元系胶东印钞厂 1946 年 5 月前后为渤海分行代印。理由参看本书相关章节。

虽然 1945 年 8 月，北海币全省统一流通，但是，发行方面仅是滨海、鲁中、鲁南三区统一。由于运输上的困难，总行在《关于目前银行工作的指示》中决定胶东、渤海暂缓统一，因而该两分行仍设印刷工厂，但在发行计划上需要统一，今后可根据总行原则指示而有计划地发行。渤海分行继续印发渤海地名北海币，胶东分行从 10 月份开始印发山东地名北海币，但其印发的北海币版式与总行有别。在《关于目前银行工作的指示》中，总行还指出：“今后在发行本币方面，一定根据市面流通需要而确定票种，尤其补充小票最为迫切。”

一九四五年度

焚毁破本币	21,742,664.65
负债类	
发行北海钞票	1,124,813,225.60
历年发行北海钞票券别统计	
壹佰元券	76,000,000.00
伍拾元券	620,000,000.00
拾元券	329,558,000.00
伍元券	78,135,000.00
贰元券	13,290,000.00
壹元券	5,380,173.00
伍角券	2,114,650.00
贰角券	53,500.00
壹角券	16,220.00

伍分券	3,947.40
贰角伍分券	241,735.20
合　计	1,124,813,225.60

（注：数据摘自《中国革命根据地北海银行史料》第三册 198 页，合计数据有误；从所附券别及合计金额看，为历年发行额统计）

本年总行北海币发行总额是去年的 3.8 倍，而物价指数仅是去年的 2.3 倍，物价指数没有与货币增发量同比例上升的主因是统计资料口径不一致。

本年底开始了兑换华中币的工作，之后陆续办理北海币与其他友区货币的兑换。兑换工作由工商局和银行共同负责。北海币对华中币先是三比一，12 月 10 日起改为二比一。1946 年 9 月 10 日，北海币与华中币等价兑换；10 月 16 日，北海币对华中币一比一点五，11 月 29 日一比三，12 月 5 日一比四。相对华中币，北海币币值坚挺多了。

1946 年 1 月，总行召开了大鲁南地区银行分行、办事处会议，制定了定期存款、短期存款、定期放款、短期放款、核算、汇兑等项营业章程，对放款政策、原则和利率做了统一规定。时隔数年后，北海银行重新开展汇兑业务。

1 月 10 日，总行发出《关于会计实务规定的几点补充说明》通函（会字第七号）：兑换所持破本币，由发行股点好后填制二联破本币登记表，一联存根，以待交销委员会检查，以一联作凭证，作现金付出传票，交出纳股付款，此破本币即不作库存，以待销委会销毁后与总分行出账，其基本精神在于：

1. 收支库存统一于出纳股。

2. 破本币已不适于流通，故不应作库存；但在未销毁前仍具有货币价值，故作兑换。

3. 本币发行、销毁均统一于总行。

1 月 17 日，山东省政府发布《对银行工作的指示》，关于发行方面指示如下：滨海、鲁中、鲁南三区统一，胶（东）、渤（海）仍要继续印发，票样转各区，以防假冒。发行额与用途，必须经省政府批准。3 月 1 日，省政府在《关于公布 1946 年上半年财粮工作方针的命令》中指出，统一本币的发行为省政府的任务之一。

总行在临沂时，实有人数如下：

干部：行长 1，科长 5，科员 5，干事 43，共计 54 人。

另有：警备员 1，通讯员 7，炊事员 4，饲养员 2，其他（奶妈）1，共计 15 人。两项合计 69 人。担当总行工厂保卫任务的一个警卫营属部队建制。

因国民党在关内积极做大规模内战之部署，致使全国性内战空气十分浓厚。为适应目前情况，确保山东首脑机关之安全，免除空袭危险，保持工作效率，6 月 6 日，山东省政府发布《为反内战准备行动》的命令，特决定省府及直属各单位移驻乡村办公，以免空袭时影响工作。各部门之文件、重要资财 6 日起即开始搬运，7 日转移必要人员及老弱人员，8 日转移全体机关人员。北海银行临沂办事处留足够人员照顾日常营业，总行及其余人员全部转移。7 月底，华东局、山东省政府、新四军兼山东军区机关移至临沂城南的常旺、东高都、劳沂庄一带。

由于去年全省财政数额巨大，加上目前大规模的部队集结，各单位为备战大量收购和储存物资，以及新工作开展，各项开支也随之增大，为弥补财政亏空以及应付各项开支，北海银行开始大量增发北海币。随着货币流通量的猛增，4月以来山东物价快速上涨。为平抑物价，5月15日，北海银行发出营字第八号通函，要求各行处向外尽量推用小票，收缩大票。但是，物价并没有因此止步。至9月初，物价平均上涨五至六倍，个别物价有上涨十倍以上的。物价高涨，军民生活发生困难，财政开支日趋扩大。为克服经济危机，山东分局于9月9日下达指示："紧缩通货，稳定物价，应为当前积极措施。除基本上停止发行外，工商局应首先抛售部分存货旧货。"为响应山东分局的指示，9月18日，北海银行总行分行行长联席会议决议："现在是如何挽救这个危局，集中一切力量来稳定金融，紧缩货币的时候了。首先我们银行在发行方面，要调整票面种类，少印大票，如贰百元、伍百元、仟元等，禁止发行，多印拾元、伍元、伍十元及零星壹元、贰元等。"

10月15日，北海银行总行发出《关于逐步收回几种票券的通函》：查现流通于市场之本币，般的信用都很好，还没有拒绝使用或轻视的现象。为此我们应当更好地、更有效地维护这一良好的信用，主动地清理票币方面的缺点。故决定把一些票版有错误，印制技术太差的，出假票过多的票子收回，用以整理市面的票币。唯因目前印刷还供不上大量的兑换，故采取逐步收回办法，先由内部开始执行，凡列入收回之票币，不论新旧，银行收回后即行封存不再外付，并希各财经供给部门亦将列入收回之票币送交银行兑换，以使这些票币在市场上慢慢减少，到一定时间总行再公开登报限期收回。兹将应收回各票列后：

一、伍拾元券三种：

A. 正面茶色，反面浅蓝色，滨海字，三十二年印，正面主要图纹为屋树景（在票之右）。印刷不佳，假票过多，故收回。

B. 正面老绿色，反面蓝色，鲁中字，三十二年印，正面主要图纹为右图圈，圈内房屋。假票太多，故收回。

C. 正面绿蓝色，反面绿色，山东字，三十三年印，正面主要图纹为右半圆图圈，圈内塔景。纸张不统一，假票过多，故收回。

二、拾元券三种：

A. 正面大红色，反面赤红色，山东字，三十二年印，正面主要图纹为右面图圈，圈内有"前门"景。图案不好，纸张粗糙，故收回。

B. 正面赭红色，反面红色，山东字，三十三年印，票底山景，正中有拾元图圈。印刷不好，故收回。

C. 正面蓝绿色，反面色同，正面下边山东字，三十一年印，无经理章，正面主要图纹为山景。印刷不好，假票过多，故收回。

三、伍元券二种：

A. 正面红色，反面淡枣色，山东字，二十九年印，正面主要图纹为左边山景。印刷不好，假票过多，故收回。

B. 正面蓝色，底纹伍元字，三十年印，山东字，正面右边图圈，圈内亭子图。图案粗糙，流通过久，破烂甚多，故收回。

12月4日，北海银行制定了《关于友区货币的兑换原则及华中币兑换的具体规定》："由于山东解放区内本币流通量与本行印刷能力的限制，特别是我各分支行处资金有一定的限额，自不能无限制地给予兑换。因此本行各行处在必要经营兄弟解放区的货币兑换时，只限于到山东解放区来之机关及机关部队之人员眷属；在其未向山东领到本币经费及生活费用时，其所携带之原币（有机关部队之介绍信及证明文件者），可以酌予兑换，以解决其短期内生活之必需费用。此外，关于公营企业、机关生产等，则依据工商局规定，在互相交换物资条件下进行之。关于军队经费则统一由财政后勤及供给部门解决之。已不属于本银行任务范围内，本行概不兑换。”

本年度总行共发行北海币629511万元。其中新发券种有：民国三十五年红色山桥一元券；牧羊二十五元券（背有两种颜色手写体口号）；民国三十二年右山林一百元券，该券分无字轨、单字轨小号码（圆号）、单字轨大号码（直号）等三种，大号码背印“保”字；民国三十四年右山林一百元、棕色中花一百元券（胶东印钞厂代印），民国三十五年红色山田二百元券。本年发行总额较去年大幅度增加。1946年9月，薛暮桥在鲁中、鲁南、滨海工商会议上的讲话中说：“大量发行适在春夏之后。”

红色山田二百元券为总行首次发行的二百元券。由本年11月7日渤海三分区发现该券假票估计，该券当首发于1946年上半年。9月以后停止发行。

我们在整理右山林一百元北海币时发现，所有民国三十四年券均无冠字，而民国三十二年券则分有冠字和无冠字两大类，且三十四年者远远少于三十二年者。因此大胆设想，可能是先发行了民国三十四年右山林百元券，没发行多久，就在三十四年百元券编号的基础上编号发行了民国三十二年百元券。为了验证这个假设，我们从临沂、北京、烟台、聊城等地藏家手中分别采集了民国三十二年、三十四年无冠字百元券标本各十余种。经统计，民国三十二年券的样本号码分布在7636822 ~ 9169240之间，民国三十四年券的样本号码分布在0019705 ~ 4512463之间。也就是说两券种没有交叉号码。这个结果说明我们的假设是有可能的。

将民国三十四年棕色中花一百元券定为胶东分行1946年为总行代印的理由是：民国三十四年棕色中花一百元与红色中花一百元券为同钞版印制，且除了底纹外，两种纸币的纸质及印刷工艺基本相同，系胶东印钞厂印制无疑。棕色中花一百元券背面加盖了总行常用的手写体英文“新民主”“自由中国”宣传口号，结合胶东分行曾为总行代印北海币，故认定该券为胶东分行代总行印制。由于红色中花一百元券系胶东分行1946年4月发行，估计棕色中花一百元券的印制时间当在此前后。为此我们专门咨询了北海币收藏家文登林海威先生，他说红色中花一百元胶东很多，但棕色的很少。据我们观察，原鲁中一带却恰恰相反，红色中花很少见，棕色的却很常见。这进一步验证了我们的判断。

民国三十五年山东地名绿色牛耕一百元、棕色打场二百元券系总行1947年印发。蓝色耙地一百元券系胶东代印，总行1947年发行。

民国三十五年山东地名烈塔一百元券（多种颜色）为胶东分行1946年5月发行。

本年发行总额是去年的8倍多，物价指数是去年的7倍多，虽然物价指数没有与货币增发量同比例增长，但是，物价指数如此快速地增长已经是严重的通货膨胀了，这对根据地经济的发展极为不利，给人民日常生活带来极大的不便。鉴于当时形势严峻，内战一触即发，为了战前准备，增发货币抢购物资也是无奈之举。

1947年2月15日，驻临沂城党政军全部撤出，总行撤到沂水。北海银行临沂办事处撤到临沂东部洪瑞、板泉一带，与临沂县金库合并。3月中旬起，蒋介石陆续调集60个旅约45万人，向山东解放区实行重点进攻。

4月1日，迁到山东的华中银行总行与北海银行总行在鲁中沂水合并。两行组织机构调整后合署办公，名义上仍然保留两个银行名义，分别处理两行业务。

二、印钞厂的发展

滨海印钞厂随总行迁回鲁中后，在沂南西柳沟与鲁中印钞厂合并，全厂分为石印和铅印两个分厂，统一称作鲁中印钞厂。总行发行科改为印钞总厂，王志成兼厂长，李伦、彭怀正为副厂长，协理员王新民。并编制鲁中厂为印钞一厂，胶东厂为印钞二厂，渤海厂为印钞三厂。在经营方针上仍然采取统一领导，分散经营。翌年秋季，又恢复发行科，统一领导各厂。至日本投降前，鲁中印钞厂拥有20余台小石印机、3台大石印机及20多台脚踏圆盘机。

随着形势好转，货币需要量猛增，印钞任务加重，印刷设备开始搞机械化，利用汽车头、柴油机发电做动力，效率大大提高。

1946年2月，发行科、印钞厂迁往临沂，分别设在临沂城北曲沂、大朱厦村（今属临沂市南坊新区，现名大朱夏村，已开发成小区）。5月29日，北海银行总行发布关于精简机构与实行薪级制的决定：印刷厂的组织暂不分总厂、分厂组织，三个工厂组织是平行的，编制相同，今后形势变化后，可逐步统一领导，目前暂由总行发行科统一布置工作，因为胶东、渤海两地区暂因运输交通困难，总行仍委托分行直接领导两厂。为了统一印刷工作，减少票版样式，解决技术不一致的问题，总行加强了发行科组织，各地分行取消发行组织。

7月底，鲁中印钞厂与鲁南印钞厂合并。李伦任厂长，李维恭任副厂长，前厂长任子敏已于1945年底调往东北。主要成员有：

大石印部主任：刁如心、田杰

小石印一部主任：李新联

小石印二部主任：王尧

制版组：贾兆民

修理动力部：吕元亭、苏义军

铅印部：谢泽普

切纸部：杨天玉

主要设备有大石印机3台，小石印机20余台，脚踏圆盘机20多台，职工人数增加到300人左右。

9月5日，华中第一印钞厂（凹版厂）①开始北上，11月到达滨海区莒南县涝坡区的中店头村（一说西店头村）。厂址设在中店头回龙观庙。该庙共有18间屋，仅能供一部分轻工部门之用，其余工房都要全部重建。时值天寒地冻，经全体职工努力，不到一个月，百余间工房完成了。到新年时，已亮起电灯。年底，华中印钞三厂亦撤到此处。

1947年1月，华中印钞二厂也撤到莒南，鲁中印钞厂开始陆续淘汰石印机，并逐步缩小规模直至停产。滨海、鲁中、鲁南所需的北海币由原华中各印钞厂印制。本月春节（1月22日为春节）后，华中印钞厂恢复生产。一个警卫连保卫印钞厂，驻洼子村。开工不久，凹版厂即被转移到深山里隐蔽，

---

① 一厂是全解放区技术比较完备的印钞厂，拥有成套完整的制版力量，全厂共280人，有机器材料共20余万斤。

留下轻便的凸版印刷机（脚踏圆盘机）组织生产北海币。不久因情况紧急，就地掩埋设备，人员转移，数天后，起出设备，转移到黄路村生产。其时华中和山东的国民党军正大规模地向根据地进攻，撤至山东的华中印钞二、三厂及总管理处正选厂址的时候，山东情况告急。先是 1 月 27 日郝鹏举部叛变（2 月 7 日被歼），接着 2 月 15 日国民党军七十四师、八十三师占领临沂城，并向东占领夏庄，莒南地区处于动荡危急境地。为确保生产供应和工厂安全，华中印钞厂总管理处安排各厂轮番撤退轮番生产。一厂坚持生产，二、三厂转移到鲁中山东省政府中心地区设厂。铅印为主的二厂转移到王鲁庄建厂，吸收了部分鲁中印钞厂职员，2 月复工；胶印为主的三厂转移到沂蒙山边的小诸葛庄建厂，3 月复工。3 月，随着二、三厂相继复工后，一厂即停产，随总管理处一起迁移到莱芜东北的李家营建厂。

4 月 1 日，华中银行发行局与北海银行发行科合并为北海银行发行局，杨秉超任局长，王志成任副局长。华中印钞厂总管理处改为北海银行印钞厂总管理处，胡金魁任主任，李伦任副主任。华中各印钞厂按凹版、凸版、胶版，编制为北海银行印钞一厂（凹版，林立、张腊良分任正副厂长）、二厂（凸版）、三厂（胶版），印制的北海币主要供胶济路南地区使用。胶东、渤海两厂仍在原地生产。同时决定，鲁中印钞厂一部分人员并入华中印钞厂，一部分由李伦带领并入渤海印钞厂，其余人员由李维恭带领并入胶东印钞厂。合并后凸版厂设于沂水王路庄，凹版厂、胶版厂设于李家营。

4 月底，国民党军逼近沂水城，印钞厂停工，开始转移。将一切机器材料能运走的运走，不能运的就地掩藏。机器分散埋藏在沙河中，油墨埋在麦地里。李伦带领原鲁中印钞厂一部分职工到达利津县与渤海印钞厂合并；李维恭带领另一部分职工到胶东乳山县崖子村与胶东印钞厂合并。5 月中旬印钞厂人员全部转移到沂水北庄。孟良崮战役后，二厂由张腊良、刘洪兴率领，会同由吕风沙带领的总厂制版部，转移到诸城西南的插旗崖生产。其余厂仍留在王庄，继续加工半成品。当一部分半成品加工完成后，即将重要机器及制版设备拆除运往胶东，并安排老弱妇孺转移。6 月中旬，国民党集中兵力再次向鲁中山区进攻。6 月下旬，上级曾计划工厂大合并，但因敌情紧急，合并计划暂时搁置，并开始掩埋机器，做转移准备。6 月 30 日，总管理处决定，各厂全部向诸城方向转移。7 月 1 日，当国民党军距印钞厂仅五里路时，印钞厂全体人员每人背着 1000~2000 张五百元面额①的北海币在夜雨中离开了鲁中沂蒙山区……

第五节　总行离开鲁中后的发展

一、银行机构的发展

1947 年 8 月 16 日，北海银行总行通函："查省府行政委员会议一致决定，免去艾厅长兼任正行长职务，决定正行长由陈穆行长升任，副行长洒海秋，业经总字一九三号命令公布在案，为此函达，即希查照。" 12 月 1 日，山东省政府实业厅重新组成，艾楚南任厅长。中旬，大鲁南财经会议决定，

① 据《战斗在山东解放区》一书于仲山回忆，此时最大的凹印票面是百元券，转移时每人背一千至一万张百元大钞。

将各级政府的金库全部并入北海银行，指定北海银行代理山东全省各级金库。

本年度总行共发行北海币3861307.3万元，发行量是去年的6.1倍。新发行券种有：民国三十四年左山林五十元、一百元券，民国三十五年绿色牛耕一百元、蓝色耙地一百元（胶东代印）、棕色打场二百元券，民国三十六年湖亭、宝塔、农人装收、工农（俗称锯木插秧）、汽车（两种号码）等五百元券。其中左山林五十元有紫、蓝、蓝黑三种颜色，分为无字轨7位数中号码、大号码，单字轨6位数号码蓝、蓝黑两色，无字轨8位数小号码，单字轨7位数号码等7种版别；左山林一百元券有黑紫和紫色两种版别。

民国三十四年左山林五十元、一百元券定为总行1947年印发的理由是：一，从票面设计风格、冠字编码看，为典型的总行风格，尤其是百元券背面印的手写体英文“新民主”“自由中国”，为总行系列币的特征之一；二，此二种币背面均未印行名拼读，不符合总行1947年之前所印发北海币大票的格式，且1948年总行已经不再印发二百元之下的北海币；三，1946年总行发行北海币总额近63亿元，目前已经发现右山林一百元券有A、B、C、D、E、F、J七种冠字及无冠字者，可能还有G、H、I等冠字，除了J冠字未发现大号码外，其余均发现了大号码，且多数号码首位发现了数字9，这六种冠字及无冠字者很有可能为满编码发行，据此估计发行额已经超过70亿元了（超过部分为1947年续发），这还不算胶东代印的棕色中花一百元券、1945年未发行完的轮船火车一百元券及其他面额的北海币，所以两种左山林北海币不可能发行于1946年。从1947年印钞厂的调整看，1月份总行印钞厂开始淘汰石印设备，至4月前，鲁中印钞厂已经基本解体，8、9月，二厂部分人员曾重返鲁中，用鲁中印钞厂废弃的石印机重新印制北海币。因此我们认为，左山林北海币可能印制于本年的1～3月间，其中部分五十元券可能印制于8、9月间。目前存世的左山林五十元券可明显区分为三种颜色，细分的话，颜色更多，这应当是由多个印钞厂印刷或不同时期印刷所致。估计撤至山东的华中印钞厂也帮忙印制了左山林系列券。右山林更换为左山林的原因之一，可能是因为1946年发现了大量的右山林一百元假票。

据渤海分行1947年1月1日的出纳工作总结载，流通中发现的假币有左山林一百元券。这里的“左”肯定是“右”的误写。我们查阅北海银行档案时发现，1946年的反假文件中多次涉及右山林一百元券，但无一涉及左山林一百元券，这其中就有渤海分行签发的。如果“左”不是“右”的误写，那么渤海分行在列假票时，除了左山林一百元券，还应当列右山林一百元券，而该“总结”恰恰仅列了左山林一百元券。另据《中国革命根据地北海银行史料》第二册第228页载：“据一九四六年七月四日通知：胶东最近又发现一种山东字壹佰元券蓝版，天地字，票面左边是山林房子图案，假票一种。”经我们核对原通知，文中的“左”实是“右”的误写。该通知现藏于山东省档案馆，在档号为G039-01-0045-004的文件组中。

由民国三十五年绿色牛耕一百元券背面的手写体英文“新民主”“自由中国”，可知该券为总行发行。该券可能为凹印机印刷，总行及各分行均无此印刷设备，系撤至山东的原华中印钞一厂印制。华中印钞厂虽然1946年底就撤至山东，但是1947年春天才开印北海币。“行长之章”“副行长章”系华中银行纸币中经常使用的印鉴，撤至山东的华中印钞厂把它们用在了北海币上。胶东印制的北海币使用“行长之章”“副行长章”印鉴可能是效仿此券，唯渤海分行未采用此套印鉴。后来，总行规范了印鉴的使用，所有北海币均使用“总经理章”“经理之章”印鉴，并延续到1948年上半年。

民国三十五年山东地名蓝色耙地一百元券定为1947年胶东代印总行发行的理由是：一由该券山东地名及背面行名拼读知为胶东印制；二由背面手写体英文“新民主”“自由中国”知为总行发行；三，1947年之前，各北海银行均未启用“行长之章”“副行长章”印鉴。

从民国三十五年棕色打场二百元券票面本身看，该券可能为凸印，且“行长之章”“副行长章”印鉴刻在钞版上，与票面同时印刷。印鉴与主图同时印刷这一现象，1947年之前，只有华中币出现过，北海银行印发的北海币无此种情况。因此可以断该券为总行第二印钞厂（原华中二厂）印制。目前仅发现该券有AK、AT两种冠字，均为6位数号码，最大号码没有超过30万号的，说明该券发行量不大。虽为总行发行，但是滨海、鲁中、鲁南很难见到这种北海币，倒是原胶东属地时有发现。据烟台藏家说，以前即墨曾一次发现该券三枚，莱阳九枚左右，黄县一枚，等等，说明该券可能当时主要流通于胶东一带。根据这一系列情况，我们判断，该券很可能系二厂转移到诸城后印制，后由总管理处带到胶东一带交由发行局发行流通①。

从版面设计及冠字排列看，山东地名农人装收五百元券显然与渤海地名农人装收五百元券一脉相承，山东地名冠字与渤海地名冠字是统一编排的，山东地名的冠字在后。二者正背主图相同，仅是细节有差别，当为胶东制版，渤海印钞厂印制。该券系北海币发行权统一纳入总行后，渤海分行代理发行的。其始发时间当在11月份。

民国三十六年山东地名湖亭、宝塔五百元券系原华中印钞厂印制。据《中国革命根据地印钞造币简史》载，1947年3月初，三厂复工，开始印制北海币五百元券。并附了民国三十六年山东地名湖亭五百元券的照片。我们认为这个时间值得商榷。三厂复工后印制的可能不是五百元券，而是百元券。首印五百元券的时间约在4月份或以后。另据1947年11月27日的滨北支行通知：总行示复，拉锯图（工农）、汽车图五百元券系胶东分行发行。由于胶东分行独立发行北海币期间未发行过五百元以上面额的北海币，结合胶东区当时的斗争环境，我们认为这两种北海币可能始发于1947年8至9月中旬或10月7号以后。1948年3月29日已经发现汽车五百元假票。

五百元券的推出有其特殊历史背景。当时国民党军进攻山东，各地形势都十分严峻，印钞厂忙于转移和隐蔽，印钞能力降低是肯定的，但是，为了支援军队后勤保障，支持战争，银行必须加大发行量，解决这个矛盾的最佳方法就是大幅度提高纸币面额。当然，如此大规模地增发货币，通胀是可想而知的。

自发行五百元券起，北海银行发行的所有北海币，票面时间与发行时间基本一致。

总行印钞厂至淘汰石印机前，只用石印机印钞（铅印机用来打码），而撤至山东的华中印钞厂无石印设备，所以此期间两厂印制的北海币区别是明显的。

之前，华中银行发行的华中币已经使用“行长之章”“副行长章”印鉴，该印鉴有和钞票同版印刷的，有二次印刷的。所以，华中印钞厂初期印制的北海币，也沿用“行长之章”“副行长章”印鉴。之后可能是按照总行的要求，统一使用“总经理章”“经理之章”印鉴。

民国三十六年山东地名五十元外滩，二百元打场（有两种字轨）系胶东分行1947年印发。

1948年1月7日，华东财委会关于银行工作的决议中，将北海银行界定为“是山东省的地方银行，

---

① 从插旗崖留守人员中有发行局材料库主任这一线索看，当时发行局应该是和总管理处一同行动的。

但由于它被授权发行山东省范围内独占的货币，因此它在山东省内执行了国家银行的任务，是政权的一个组成部分”。同时，这个决议重新赋予银行代理金库之责。

2月21日，山东省政府发出布告，规定一切生金银、元宝、银元、铜元等由各地北海银行按市价统一收买，不准在市场上当货币使用或私自买卖。28日，山东省政府发文任命陈文其、洒海秋分别为总行第一、第二副行长。

3月23日，中共华东中央局发出《关于公布华东局财委会委员并成立华东财经办事处的通知》，明确华东财经办事处为实际行政权力机关，统管财经、粮食、工商、银行、收支审核等工作。曾山任主任，艾楚南、方毅任副主任。

4月17日的《华北金融贸易会议关于银行工作的决议案》确定各解放区的银行都具有国家银行性质，它是在敌人分割封锁形势下独立地执行国家银行的任务，今后应随着胜利形势的发展逐渐统一而为中国人民银行的一部分。银行现阶段的具体任务是：

（1）掌管货币发行，建立独立自主的货币体系。

（2）管理国家资本，掌握国家财产，稽核统计公营企业之资产账目。

（3）代理国库，贯彻财政之统一收支制度。

（4）发放生产贷款，组织社会资本（包括农村信用业务及城市存放款），有计划地促进生产之发展。

（5）进行对敌斗争，不仅对敌进行货币斗争，而且要摧毁四大家族的反动金融体系，没收其金融企业，以巩固和加强人民的金融体系。

（6）掌管金融政策，管理外汇（国际汇兑与对敌区汇兑），管理银钱业，管理生金银买卖。

本年初，总行迁至五莲县，开设了发行局及会计、营业、人事、出纳、秘书、调研等科室，充实了机构，普设县办事处。主要任务是支持生产救灾，保证战时供给，代理各级金库。4月，总行移驻益都，7月，总行在益都召开了第一次全省行处会议，会议总结工作经验，明确政策原则，制定了《山东北海银行农民生产贷款暂行章程》《北海银行办理机关团体公营企业存款代理保管、代理收支暨代理收款章程》《北海银行小本放款章程》《北海银行工业放款章程》《北海银行运输业放款章程》《北海银行商业放款章程》《北海银行放款章程》《北海银行汇款章程》《内部工作规则及制度》等业务章程，同时决定北海银行滨海、鲁中、鲁南分行合并为鲁中南分行。1948年可以称得上总行制度年。

7月23日，华北银行与北海银行在泰安签署了《关于两区货币工作的泰安协议》（草案），该草案划定了冀币与北海币混合流通地带。混合流通地带——长度基本上以沿津浦线解放形势为主（现北起万德、南至滕县），宽度沿线以铁路为准两侧各十五里（合计三十里），城镇乡村为混合流通地带，并沿铁路中心市镇设立兑换机构。

7月28日，总行通函收回1947年发行的AF、AG、AH、AK、BA、BB、BC、BD、BE、BF、BG、BH、BI、BJ、BK、BL、BM、BN、（BO）、BP、BQ、（BR）、BS、BT、（BU）、BV、BW、BX、BY、BZ等三十种冠字的民国三十六年山东地名湖亭五百元券，但不公开收兑。收回的理由是印刷时由于气候原因，油墨不均，致使部分成品花纹模糊，因疏于检查，未加挑剔，即行发出，总行4月5日发出通知后，竟有误真为假者，致使流通市场混乱，妨碍本币流通，影响本币信用，故收回。

为了适应新情况，便于两区物资畅流，华北人民政府与山东省政府决定冀币（包括边币，以下同）与北币于10月1日起始按一比一比值在两区相互流通。由于至10月1日，两地货币比值尚未趋于一致，故将已发之布告上10月1日改为10月10日，并延至10月10日张贴。后因济南解放而提早至5日。

9月26日，北海银行总行发出《关于实施货币统一的指示》："经省府与华北人民政府商定自本年十月五日起，本行发行之北海币与冀南银行及晋察冀边区银行所发行之钞票，在华北与山东两地区准许按固定比价互相流通，其比价规定为北海币与冀南币一比一，北海币与晋察冀边币一比十（即北海币一元等于边币十元），以后不再变动，两区任何地方所有纳税交易及公私款项往来一律按此比价流通收付，任何人不得变更，并严禁私定比价投机取巧，垄断物资等捣乱金融行为。"10月5日，山东省政府布告："兹为便利华北与山东两解放区货物交易，特与华北人民政府商定，将华北与山东两区所发行之货币固定比价互相通用。"此举向根据地货币大统一迈出了重大的一步。

11月25日，华北银行总行下发了《关于发行中国人民银行钞票的指示信》："为了进一步统一三区货币，经华北、山东、陕甘宁、晋绥政府会商决定，将华北银行、北海银行、西北农民银行三行合并，成立中国人民银行总行，即以华北银行总行为中国人民银行总行，以人民银行筹备基金及华北银行、北海银行、西北农民银行之全部资产准备统一为中国人民银行资产准备，即于本年十二月一日施行，并于同日开始发行中国人民银行钞票，统一华北、华东、西北三区货币。新币与旧币固定比价，中国人民银行钞票一元等于冀币或北币一百元，边币一千元，西农币或陕甘宁贸易公司流通券二千元。新币发行之后，旧币即停止发行并逐渐收回。在旧币未收回前，仍按固定比价照旧流通。"接此指示信后，北海银行总行于12月12日下发《关于人民银行发行新币的通函》："兹转发华北银行总行，即中国人民银行总行关于发行新币的指示信一份，各地接到后，应详细研究布置，并严格切实执行。新币发行后，在旧币未收回前，山东地区以前所决定固定比价互相流通之冀南币、晋察冀边币及华中币和固定比价进行兑换的西北农民银行币、中州币（只限鲁中南地区），仍按原决定执行。"

12月1日，华北人民政府发布《关于发行新币的布告》（金字第四号）：

为适应国民经济建设之需要，特商得山东省政府、陕甘宁、晋绥两边区政府同意，统一华北、华东、西北三区货币，决定：

一、华北银行、北海银行、西北农民银行合并为"中国人民银行"，以原华北银行为总行，所有三行发行之货币，及其对外之一切债权债务，均由中国人民银行负责承受。

二、于本年十二月一日起，发行中国人民银行钞票（下称新币），定为华北、华东、西北三区的本位货币，统一流通。所有公私款项收付及一切交易，均以新币为本位货币。新币发行之后，冀币（包括鲁西币）、边币、北海币、西农币（下称旧币）逐渐收回。旧币未收回之前，旧币与新币固定比价，照旧流通，不得拒用。新旧币比价规定如下：

（一）新币对冀钞、北海币均为一比一百，即中国人民银行钞票一元等于冀南银行钞票或北海银行钞票一百元。

（二）新币对边币为一比一千，即中国人民银行钞票一元等于晋察冀边区银行钞票一千元。

（三）新币对西北农币为一比二千，即中国人民银行钞票一元等于西北农民银行钞票二千元。

由于连续几年高通胀，昔日北海银行发行的五十元以下面额北海币，如今市场中已经几乎不用了，北海银行总行于12月1日通函回收面额五十元以下北海币，并不再发出。

12月16日，中国人民银行总行发布命令，北海银行总行即改为中国人民银行华东区行，原各银行之各分支行处所，于12月1日一律改为中国人民银行分支行处所。但考虑到当时的实际情况，又经批准：原北海银行一切业务之进行仍沿用北海银行旧行名义，北海银行继续挂牌营业。此时正值淮海战役，人民币虽然已经发行，但尚不能满足日益扩大的市场需求，为了货币稳定，经中共华东中央局请示中央财政经济委员会同意，继续印发北海币18206840万元。

为方便收支，北海银行于12月开始发行定额本票（票面北币10万元），前后共发行49亿元，在济南、徐州、济宁、新海连、周村、博山、益都、烟台、石岛、潍坊、德州等11个城市行使。该本票由印钞一厂于11月份印制。根据总行1948年11月25日的发行分析表，当月共印制本票100亿元，发行库存30亿元。到次年的3月份，连前共印制本票110亿元。1949年9月20总行指示回收本票："径启者：查我行前发行之拾万元定额本票，原为便利点收携带，现已开始发行伍佰元、壹仟元两种票面人民币，自无再发北海本票之必要，兹规定自即日起全部收回，由各签发行处收兑自己签发的；其它行处签发者与未签发行处一律不兑。兹随函附发收回办法一份，至希遵照执行为要。"

北海银行收回本票办法：

一、持有北海银行拾万元本票，可向原签发行兑换人民币。

二、各签发行处只能收兑自己签发之本票；其他行处签发者一律不兑。

三、未签发本票之行处，不兑换本票。

至1949年11月底已收回本票434592.9万元。由于本票面额大，后期回收得较为彻底，多数地名的本票至今未能一见，目前我们仅发现济南、徐州、潍坊、新海连等4种地名的本票。

1948年，整个山东进入大反攻时期，随着战争规模越打越大，军费激增，以及解放区不断的扩大，北海币需求量激增，千元以上的北海币应运而生。本年度总行共发行北海币57109627万元，是去年的7.5倍。新发行的券种有：山东地名民国三十七年拖拉机二百元、玉皇顶五百元、牛图五百元、塔高楼一千元、万寿山二千元券（万寿山二千元券为山东地名关门票）；无地名民国三十七年蓝色泰山五百元、火车站五百元、淄博矿区一千元、商船二千元、长城号兵二千元券等。其中拖拉机二百元分大小两种号码；火车站五百元按"发行通函"该券正背为酱紫色，按《中国革命根据地印钞造币简史》一书，该券分为咖啡色、深咖啡和茶色3种；塔楼一千元券分无底纹有底纹2种；万寿山二千元券有茶色和咖啡色2种。另外，发现长城号兵五百元券、毛泽东像一千元、工农一千元、红绿两种颜色的宝塔一千元券等半成品，以及绿色、紫色、红色等淄博矿区一千元券票样及半成品，未见正用票。

7月28日，总行通函发现棕色A字玉皇顶五百元假票，8月11日渤海分行通知发现茶色玉皇顶五百元假票，9月6日，渤海分行通知周村发现AN字头蓝色泰山五百元假票，10月7日渤海分行通函发现A字头牛图五百元假票。由此估计，棕色玉皇顶五百元券首发于4月或之前，蓝色泰山五百元券首发于6月或之前，牛图五百元券首发于7月或之前。也就是说，这些短票幅五百元券，很有可能都发行于1948年上半年，牛图五百元券发行最晚。蓝色泰山五百元券当为总行首枚未印山东地名的北海币。

本年秋季，总行公函发行火车站五百元券。该公函原为出字第9号，后手工改为6号，公函无具体时间。所以将该票定为秋季发行，是因为签发于9月15日的出字第8号通函《统一五百元券票样名称》未提及火车站五百元券，说明此时火车站五百元尚未发行。发行长城号兵的出字第7号公函签发于11月9日。所以火车站五百元的发行时间在9月15日至11月9日间。此券为五百元券的关门票。

由于一千元券均印"行长之章""副行长章"，而短票幅五百元券均印"总经理章""经理之章"印鉴，因此一千元券当发行于短票幅五百元之后，很可能是6月之后。同时，1949年1月6日，总行通函，胶东南村发现大宗淄博矿区一千元假票，渤海分行 1948 年 10 月 10 日库存表（山东省档案馆馆藏资料，档案号 G040-01-0044-008）中已经有一千元券，故千元券的始发时间当早于 11 月份。总体看，一千元券的始发时间在本年的 6 ~ 10 月间。

按总行 7、8、9、10 月份银行工作报告载，10 月下旬，经中财部批准，改印二千元券，已开始制作，下月初旬即可开始印制。11 月 9 日，总行公函发行长城号兵图景二千元面额北海币，26 日，公函发行商船图景二千元和万寿山图景二千元券。

由于本年初，第二印钞厂最先在临朐印制北海币，因此玉皇顶五百元、泰山五百元和牛图五百元多数可能为其印制。

本年，总行发行的北海币先是使用“总经理章”“经理之章”印鉴，之后换用“行长之章”“副行长章”印鉴。“行长之章”“副行长章”印鉴可能始于下半年，一千元券率先使用此套印鉴。

至 11 月 25 日，北海银行历年发行北海币五十元以下券计 52.7 亿元，百元券 298.7 亿元，二百元券 377.9 亿元。

到本年底，累计发行五百元券 1996.5 亿元，千元券 1431.6 亿，二千元券 1914.4 亿元。二百元以下券已不再发行，其数额未变。

随着大军南下，解放区不断扩大，北海币的流通范围逐渐扩大到省外，为了便于山东之外的新解放区人员使用北海币，本年度部分北海币上未印山东地名。

本年，为了配合大军南下，开辟新的金融阵地，北海银行总行分为两部分，一部分人员组成华东区行班子随军南下，并从各级银行中抽调了大批干部组成工作队赴新解放区工作，上海解放后在上海建立了华东区行。先后抽调的南下干部有 854 名，总行档案中存有 1949 年 3 月南下干部登记表。另一部分人员则留在北海银行。

1949 年 1 月 6 日，总行通函，经省政府批准，发行溶铁工厂二千元券。此为北海银行的关门票。

至本年 3 月，北海银行累计发行北海币五百元券 1996.8 亿元，一千元券 1438.4 亿元，二千元券 3728 亿元。在走过了十一个春秋之后，北海银行累计发行北海币 7892.5 亿元。为抗日战争和解放战争作出了巨大贡献！

1 月，山东省政府、华东财经办事处、华中行政办事处联合布告：

> 为统一华北、西北、华东三大解放区的币制，特将山东、华中两地区各种合法流通的货币公布如下：
>
> 一、山东境内合法流通的货币有中国人民银行钞票、北海币、冀南币、晋察冀币、华中币等五种，其中以中国人民银行钞票为主币，北海币、冀南币、晋察冀币、华中币四种货币为辅币，无论是主币和辅币，都一律合法流通，任何人不得拒用。
>
> 二、华中地区合法流通的货币，除现在的华中币、北海币外，自即日起中国人民银行钞票，亦开始在华中地区流通，并以中国人民银行钞票为主币，华中币、北海币为辅币，主币、辅币一律合法流通，不得拒用。
>
> 三、中国人民银行钞票、北海币、冀南币、晋察冀币及华中币之相互比价规定如下：
>
> 1. 中国人民银行钞票对北海币、冀南币、华中币均为一比一百，即中国人民银行钞票一元等于北海币一百元，或冀南币一百元，或华中币一百元。

2.中国人民银行钞票对晋察冀币为一比一千，即中国人民银行钞票一元等于晋察冀币一千元。

3.晋察冀币十元等于北海币或冀南币或华中币一元。

4.北海币、冀南币、华中币各一元等于一元。

四、自二月一日起，山东华中各级机关、公营企业、民间一切商业往来、款项收付。新老债权债务及货物标价、契约合同之订立，均须一律改以中国人民银行钞票为计算单位。

1 月底，北海银行开始以人民币一元比北海币一百元的固定比价分批回收北海币。1 月 31 日，通知收回二百元以下券，根据各地行处头寸情况，逐步收回做破币处理，对外不公布。2 月初，停止发行北海币。5 月 21 日，通知收回五百元券，不再发出。7 月 2 日，通知收回一千元和二千元券。因恐公开宣布后兑者过于拥挤而陷于被动，决定在开始时对外仍不宣布收兑，只是在营业中收进之北海币一般不再付出，但如遇库存不足或缺乏人民币时，仍可付出，酌情机动收回，整理手续仍如以前收兑同。要求在下半年收回三分之二，收兑基金根据当地旧币流通数量，持分支行正式手续到本行领取。旧币收回后，在有公营纸厂的城市可作价卖给纸厂做造纸原料，无纸厂者送公营厂锅炉房焚毁，或仍按一般焚毁手续办理。但在纸厂亦必须严密监视，待溶成纸浆后监烧人员方得撤回。分、支行代理焚烧之旧币，每半月将收回情况报本行一次。7 月 2 日，开始回收友邻货币。收回不再付出，视同收回北海币处理，然后焚毁或溶化。手续严加分开，不得混同一谈，更不得私自销账，应呈报北海银行总行转原地销账。

据北海银行纪念馆资料：2 月 15 日，以北海银行发行局和印钞厂为骨干，组成代号为“青州纵队”的接管队伍，在陈穆行长和杨秉超局长的带领下，押解着大批北海币和人民币票版，乘坐 30 多辆大卡车随军渡过长江，直达上海，顺利完成了对上海官僚资本银行和印钞厂的接管工作。

但是，据陈伯良撰写的《我的北海银行点滴》（该文刊载于《齐鲁钱币》2014 年第 2 期），“青州纵队”实为“青州总队”。另外该文说：“1949 年 2 月 20 日，南下干部工作队从青州出发，北海银行发行局局长杨秉超则带领 40 部大卡车，满载赶印好的中国人民银行钞票，随部队行进，准备在占领南京、上海后，立即投放市场。”此说法与北海银行纪念馆资料相差甚多。考虑到至 1949 年 2 月，北海银行印钞厂已经印制人民币两个月有余，库存数量当不在少数，2 月初北海银行就停发了北海币，此时人民币统一各解放区货币是大势所趋，所以，我们认为本月为南京和上海准备的纸币应该是人民币。再者，陈伯良的文章是根据其父母留下的文件整理而成，其父母原就职于华中银行，后随华中银行并入北海银行，故其可信度较高。

3 月 31 日，北海银行总行发出通函：“本行行长陈穆同志、第二副行长洒海秋同志已调南下，兹经省府决定，由陈文其同志任北海银行总行行长。”

4 月，北海银行进驻济南。

为了更进一步地统一货币发行管理，7 月 1 日，中国人民银行总行特决定在北海银行总行设立山东发行库。今后所有货币发行、票样管理、旧币的收回焚毁及反假等项工作，统归该库负责掌管。此外并规定分行以下机构之旧币收回、反假等工作，仍由出纳部门负责。

鉴于个别单位有拒收北海币的现象，8 月 11 日，山东省人民政府发布了《关于不得拒用北海币的通令》。

10 月 1 日，中华人民共和国中央人民政府成立后，北海银行发布通告称：兹中央人民政府成立，为统一起见，自11月1日起改称中国人民银行山东省行，各级分支机构亦同时更名。对外之一切公函、公告、契约、合同、债权债务一律改用中国人民银行名义，所有以前以山东省北海银行名义对外订立的一切契约、合同、债权债务亦继续有效，改由中国人民银行负责承受。北海币未收回前仍与人民币固定比价照旧流通。

11月1日，公开宣布收回北海币，于6日下达所属执行，要求年底完成。6日，中国人民银行山东省分行指示：查关于对外宣布收回北海币，业以指示布达在案。现山东境内流通之友区货币经决定亦对外宣传收兑，为求及早完成此项任务，争取在本年内将所有流通之旧币全部收回，应视同目前中心工作之一。至11月底止，据不完全统计已收回北海币4416468220元，占总发行额56%弱，及各种地方币一部分。估计年底最少能收回80%以上。但是，据1949年的山东省人民政府工作报告，“至十二月底，北海币已收回发行额的百分之五十六”。

在风雨中走过了十个春秋之后，北海银行总行终于融入了中国人民银行的大一统中！

二、印钞厂的发展

1947年7月初，印钞一、三厂全体人员翻山越岭经马站到达诸城插旗崖（今属桃园乡），在那里与二厂会合。此次行程300多里，历时一个多星期。不久，因华东野战军发起的南麻（今沂源县城驻地）、临朐战役均未获胜，国民党军危及诸城。于是总管理处紧急决定，各厂分成三队，紧跟作为尖兵前导的工人纠察队，分批经高密向胶东转移。月底，印钞厂千余职工除一部分（主要是二厂人员）留胶济路南打游击外，其余人等迁往胶东印钞厂驻地乳山县崖子村，与胶东印钞厂会合。会合后，一部分工人配合胶东印钞厂扩大生产，另一部分人计划就地安装机器恢复生产，终因局势紧张未能复工。

接到转移命令后，二厂人员一分为二，女人及老弱病残人员随管理处北撤胶东，其余人员留下隐藏机器及印钞材料。当一切准备就绪后，胶济铁路已被封锁，无法通过。留下人员随即编成战斗队，加上一个警卫排二百多人，在厂长张腊良、指导员刘洪兴的带领下，重返沂蒙山区打游击。为了加强领导，总行派特派员陈鹏、发行局副局长王志成参加行动，由王志成负责。经过两天两夜的急行军，二厂人员到达沂蒙山区的大沙河边，在河里捞出原鲁中印钞厂抛弃的大石印机，重新组织生产。而傅正宽、金月祥（发行局材料库主任）、张正（二厂材料股长）、余先坤、汪海波、赵学伦、胡合适等11人，则组成工人纠察队，留在插旗崖保护埋藏的机器和印钞材料，傅正宽为队长。

9月1日，国民党陆军副总司令范汉杰指挥第八、九、二十五、四十五、五十四、六十四等6个整编师，组成胶东兵团，分四路向胶东解放区发动进攻，胶东情况危急。上级决定分散打游击。此后情况越来越糟，于是，9月初北海银行总行和印钞总管理处决定印钞厂兵分三路突围。第一路由杨秉超、张瀛带领二厂职工越过胶济铁路返回鲁南地区，与鲁南地区的职工会合，取出埋藏的机器和器材重新生产。第二路由孙更舵、石楚玉等带领原华中三厂大部分职工，由海阳乘船返回苏北，在苏北建厂，恢复华中币的生产。第三路由林立（一厂厂长）、毕云章等带一百多名技术人员及一百多名随厂家属等，由威海卫乘船去大连，转赴东北，与临江地区的印钞厂会合。凹印物质就地分散埋藏。胶东印钞厂仍留在胶东，坚持完成部分生产任务后，拆除机器运至昆嵛山脚下分散埋藏。

9月中旬，第一路率先向鲁中方向突围。到达诸城南插旗崖原二厂驻地后，即与当地领导取得联系，通知原坚持打游击的人员集合，当晚分路取出机器，转移到莒南十字路镇店头村，10月初恢复生产。

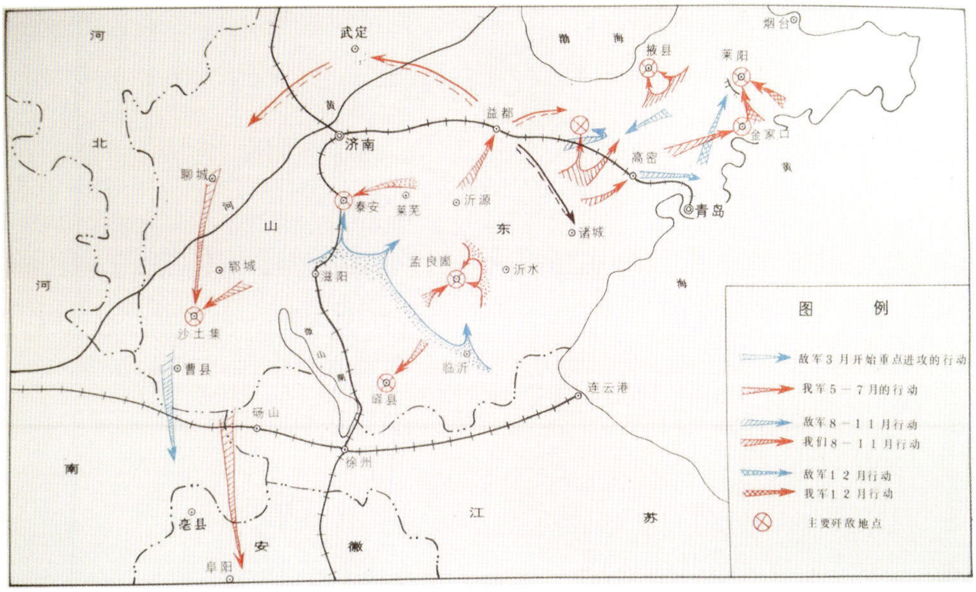

粉碎敌人对山东重点进攻示意图（1947年3～12月）

由于驻临沂城国民党军袭扰，这里的印钞厂经三次转移后，最终在莒县东北的柏庄（一说是沂水东北五连山区的北庄）恢复生产。

莒县陈长峰曾为此事专赴柏庄调查。据当时参与印钞厂工作的桑园镇柏庄村老共产党员胡常法（1944年加入中国共产党）之子胡兆为（1943年生）讲述，1947年初冬，经过事先联系，北海银行印钞厂从胶东方向辗转来到柏庄，时值解放区土地复查，河中刚结薄冰，经过当地组织的帮助，装载印钞机器的14辆马车、装载行李的6辆马车及银行职工近200人顺利进入柏庄村（根据日照钱币学会考证，当时工作人员用18辆马车将印钞机器运来，工作人员有180人之多）。出于对印钞机器的爱护，卸车及后来从柏庄迁出时的装车，全都是印钞厂职工自己动手，未用当地人员。印钞厂进驻后，印钞机安装在胡文传（字梅亭）家前院。同时对胡文传的房屋窗户进行更换，把传统的方形木窗换成采光、透明度好的圆形窗户。柏庄村共产党员胡常法等参与了印钞厂房的改造。办公用品放置于胡文传后院（现是胡常法土改所分之宅院），工作人员近200人，一个连120余人担任警戒保护。现在胡常法的后院房屋旧址，当年曾是印钞厂负责人王某某的办公室和宿舍，西里间是会计的办公室和宿舍，前院是印钞车间。戒备森严，村民及儿童均不得进入，里外四层岗哨，其他工作人员和战士就近分散住在农户家里。一切安置好后，即开机印制钞票，日夜不停，夜间用汽灯照明。主要印制一百元、二百元、五百元、一千元面额的北海币（一千元券当不是此时印制的），印制的残次品就地焚烧销毁。谈及印钞厂负责人，胡兆为只知其姓王，体胖、个高、面黑。1948年春末，印钞厂从柏庄迁出。印钞厂搬迁时，所有设备和用品全部运走，地面打扫得非常干净，只留下了部分盛油墨的铝质空墨盒，有圆形的，也有方形的。有的空墨盒后来被村民用作烧香的香炉。印钞厂迁出柏庄后，进驻上海[①]。主要负责人王某后来与胡常法通信达数年之久。

---

① 印钞厂应该是先从这里迁往临朐，最后迁往上海。王某有可能是王志成。

柏庄村位于桑园镇东北3公里莒县与五莲交界处，北依围子山，西靠袁公河，东与栗园村毗邻，南与寨村接壤。

第三路原计划在威海卫下海，因海上起变化而折回，转向孔村八河下海，又遇海情变化返回。最终经三昼夜到达东北豹子窝登陆，后转通化临江。在那里一半人参加东北临江印钞工作，一半人参加“三查三整”学习。

年底，随着解放军在胶东的反攻胜利，留在胶东的印钞厂总管理处与在胶东疏散的职工会合，随军回到胶济路南，与先期突围的印钞二厂会合。此时总管理处主任胡金魁奉命随军去前线。为了加强印钞厂的统一领导，华东局和北海银行总行决定总管理处与发行局合并。杨秉超任局长，王志成任副局长。合并后的发行局在莒县与五莲间的山区进行“三查三整”。

随着解放军转入战略反攻，1948年春季，华东财办决定北海银行印钞各厂合并，北海银行发行局迁往临朐，机关驻公路旁的辛寨，指示所属各印钞厂向临朐集中。6月上旬，各厂开始向临朐转移，分驻朱位庄、南流、孔村等不同的村庄，陆续复工。为便于统一与集中领导起见，决定胶东、渤海两厂与鲁中各厂大合并，仍编为一、二、三厂，取消总管理处，统一归发行局领导：

一厂（凹印厂）：5月，迁往东北的人员奉命重返山东，7月下旬到达设在鲁中临朐朱位庄的新厂，重新组建印钞一厂。原来埋藏在鲁中的机器设备已由留在鲁中的人员取出，迁运到新厂址，从胶东动员来的新工人也陆续到厂。一厂有手板凹印机10台，凹印小电机12台，圆盘机十余台及部分制版动力设备，职工600余人。11月初全面复工，开始印制银行本票，1949年1月奉命印制凹版五十元、一百元人民币。

二厂（凸印厂）：1948年初，二厂根据发行局的指示由柏庄迁往临朐南流建厂，鲁中印钞厂一部分留守人员亦并入，全厂人数扩大到200人。7月间，渤海印钞厂的部分人员（主要是凸印、检票工人）南迁，并入印钞二厂，加上从胶东新招的工人，全厂已有职工300多人。厂长张瀛，副厂长张腊良、肖一心。年底，张瀛调三厂，张腊良调一厂，肖一心因病修养，刘鸿兴、郝世德分别接任正、副厂长。厂部下设人事、会计、计划统计、材料、总务五个职能股。生产方面有三个科：工务科领导印刷、加印二股（车间）；检验科领导检票、验收、收发、裁切四个股；机修科领导动力、修理两个股。计有30多台圆盘机，2台裁切机及部分动力设备。二厂建成投产时，一、三厂尚未恢复生产，二厂担负着山东解放区的货币生产任务。后又以引擎作动力代替人力，提高了生产效率。

三厂（胶印厂）：1948年初，胶东印钞厂奉命从胶东转移到临朐辛寨附近的孔村，以胶东厂为主，与印钞三厂（原厂大部分人员已经迁往苏北）留下的人员和设备合并为印钞三厂，厂长荣世潍，副厂长李维恭、郑耀祖，后调张瀛任总支书记兼副厂长。厂部下设人事科、会统股、材料股。生产方面下设两个科：工务科领导胶印股、凸印印码股、制版股；整卷科领导检查股、检号股、验收股。全厂有对开胶印机4台，裁切机4台，圆盘机15台，职工350人左右。4月恢复生产，主要印制一千元、二千元北海币[①]。

---

① 此说引自《中国革命根据地印钞造币简史》一书，似与二厂所述有冲突。另外，二千元券始印于1948年10月，始发行于11月9日。

至此北海印钞厂终于实现了真正的大统一。

当年各厂合并进入正常生产。为了扩大生产，印钞厂增购机器，并从胶东农村招来四五百名男女青年充实到各厂。

1948年春北海银行发行局组织机构状况如下：

发行局行政委员会

局长 杨秉超　副局长 王志成

人事股股长 洪鹦（代）

会计科科长 殷毅　副科长 张庆

材料科科长 李榆　副科长 陈家吾（代）

总医务所所长 李焜　副所长 戴农

总务股股长 白裕芳

警卫连连长 李汉洲　副连长 季锡勇

政指 张登亮　副政指 孙永锦

运输科科长 丁上淮　副科长 赵华

凸版厂

厂长 张瀛　副厂长 张腊良

人事干事 陈剑声

会统股长 陈镇泰　副股长 彭静

材料组 张正

医务所长 张格海

总务科长 朱镇平

工务科长 刘宏兴

切纸股

凸版股股长 王志群　副股长 王振扬

修理股

胶印厂

厂长 冯锦璋　副厂长 郑耀祖

人事干事 卞平

会统股长 汪少华　副股长 张洪雨

材料股长 洪盛聪

工务科长 郑耀祖

制版股

印刷股长 董秋心　副股长 朱成德

加印股长 戴世源　副股长 虞定坤

切币股长 杨天裕

修理股

收发股长 程鄂

检验股长 陈良

门诊室 石宝琦

事务股长 唐文华

警卫排

造纸厂

厂长 陶厚卿　副厂长 唐萱之

成品股长 陈继昌　副股长 崔日圣

纸浆股长 吕裕元　副股长 沈士美

人事干事 施燕萍

会统股

材料科科长 谢俊峰

保管股

总务科长 王宏波

9 月 24 日，济南解放后，冯锦璋、李维恭等七八人前往济南接收官僚企业的一部分印刷设备，同时接收了济南的敌伪造纸厂，并在济南筹建第四印钞厂，代号东记仓库，于 12 月正式开工生产，印制一千元北海币。第四厂主要设备有半裁胶印机四五台，少量圆盘机，职工 300 人左右。

12 月 1 日，北海银行发行局改组为中国人民银行第三印刷局，另成立发行库。第三印刷局专管票券生产。

1949 年 2 月，以印刷局局长杨秉超为首，抽调各印钞厂部分干部和技术工人约 150 人随军南下，准备接管国民政府上海中央印刷厂所属机构。王志成继任发行局局长，林立任副局长。局长室下设人事科、会计科、材料科、秘书室及职工医院。

春季，根据党的七届二中全会决议以城市工作为中心的路线，决定将临朐各厂迁入城市。7 月，设在临朐的各印钞厂迁入济南。这时印刷局共领导四个印钞厂及一个造纸厂。之后将一、二厂合并为第一厂（凹版厂），三、四厂合并为二厂（胶版）。随着北京、天津、上海等大城市相继解放，接收了国民党印钞厂，中国人民银行总行于 1949 年 11 月发出“为一、二、三局直属厂结束及分别与京、津、沪印刷厂合并的指示”，决定“第三印刷局结束，分别与天津人民印刷厂、上海人民印刷厂合并”。根据中国人民银行总行的指示，第三印刷局于 1950 年 1 月完成结束工作。工厂结束后的器材，按京、津、沪各厂的需要调拨，不需要的统一入库。第一印刷厂绝大部分职工迁往上海，其中凹版厂全部迁往上海。第二印刷厂大部分职工迁天津，小部分迁上海，参加两地印钞厂的工作。全局职工 2423 人（含两厂职工），其中 1083 人南下上海，并入上海人民印刷厂，506 人并入天津人民印刷厂，100 人调北京，支援两地印刷厂工作，另外 442 人或支援解放大西南，或调入专业银行和其他单位，269 人退休或回乡生产。北海银行印钞厂终于完成了她的使命！

艾山远眺

一纵印钞厂原址位置

一纵及总行南瓦庄加工厂原址

大梨峪总行印钞厂旧址

总行副行长洒海秋万粮庄住处旧址

总行李家宅印钞厂原址位置

总行北杨家圈印钞厂原址位置，今为水库

石泉湖村及后面的虎山

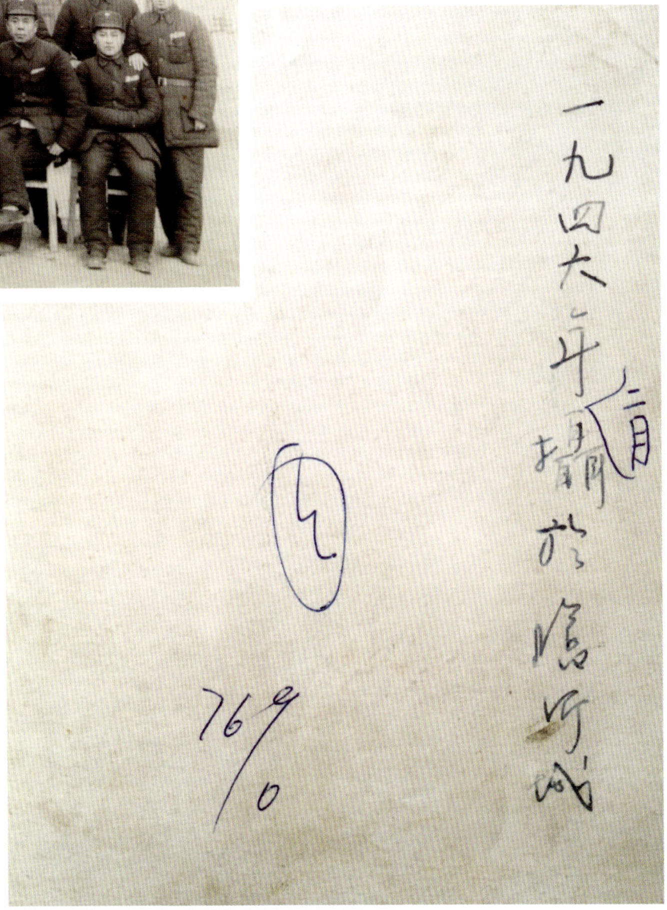

北海银行临沂办事处全体人员合影（后排左二为林枫，系临沂中支丁青外祖母，照片系曹丁提供）

一纵及总行发行的北海币

（含定额本票，未注明发行单位的为总行发行）

2-1

编　　号：B001　★★★★★

票　　幅：97×60mm

面　　额：贰角

主　　色：蓝 / 枣红

票面时间：民国二十九年

印刷单位：一纵印钞厂

发行时间：1940 年初

收 藏 者：编委

备　　注：（一）一纵发行

（二）厚云版

2-2

编　　号：B002　　★★★★★

票　　幅：97×60mm

面　　额：贰角

主　　色：蓝 / 红

票面时间：民国二十九年

印刷单位：一纵印钞厂

发行时间：1940 年初

收 藏 者：编委

备　　注：（一）一纵发行

（二）薄云版

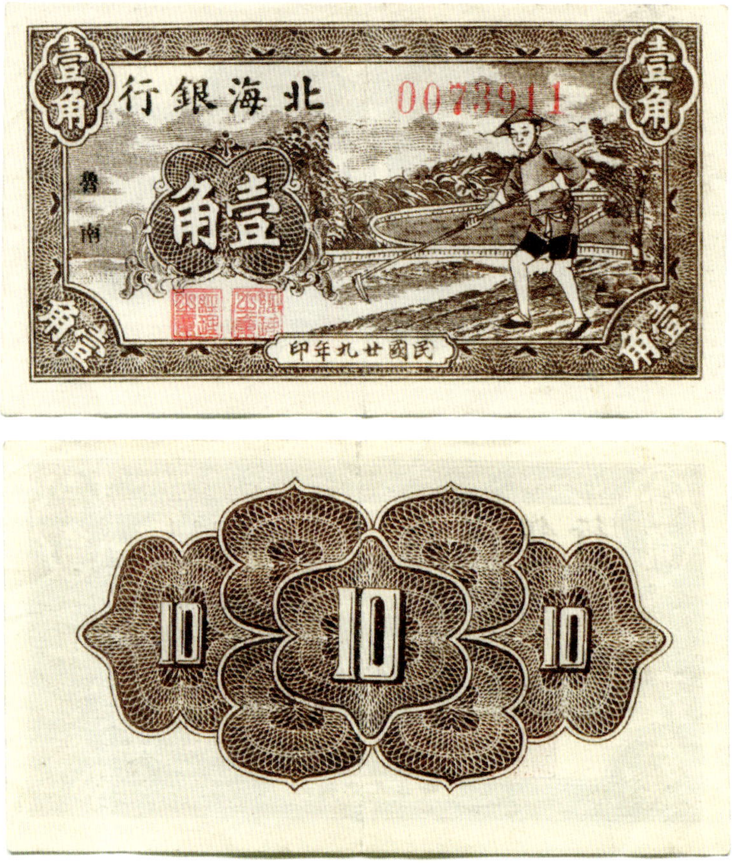

2-3

编　　号：B003-1　★★★★★　票　　幅：98×55mm

面　　额：壹角　主　　色：棕/棕

票面时间：民国二十九年　印刷单位：济南大中印刷局

发行时间：1940年春夏　收 藏 者：编委

备　　注：一纵发行

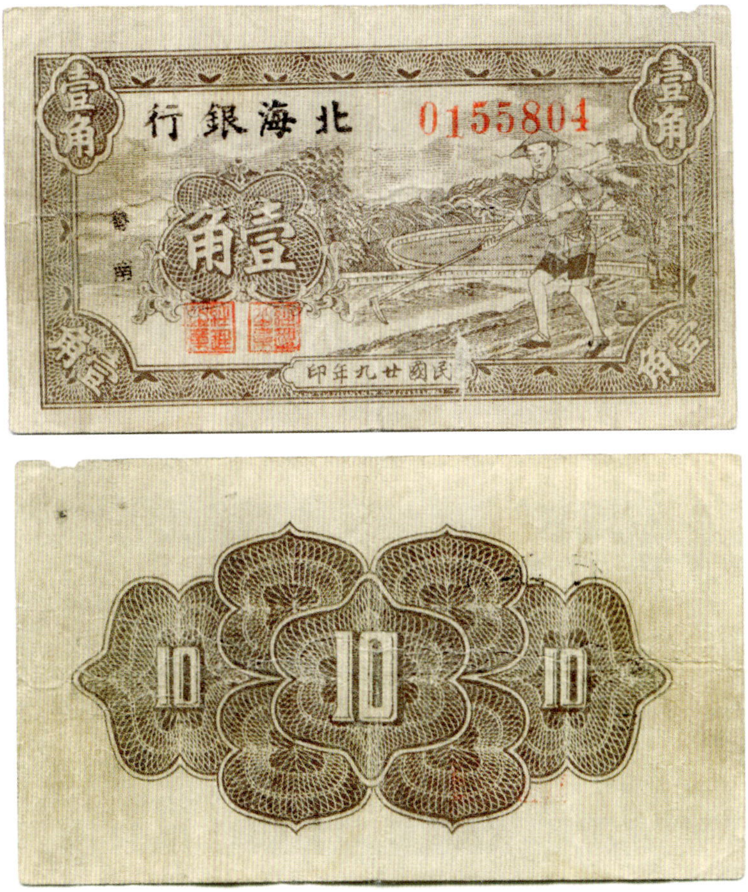

2-4

编　　号：B003-2　★★★★★

票　　幅：98×55mm

面　　额：壹角

主　　色：棕 / 棕

票面时间：民国二十九年

印刷单位：济南大中印刷局

发行时间：1940 年春夏

收 藏 者：编委

备　　注：一纵发行

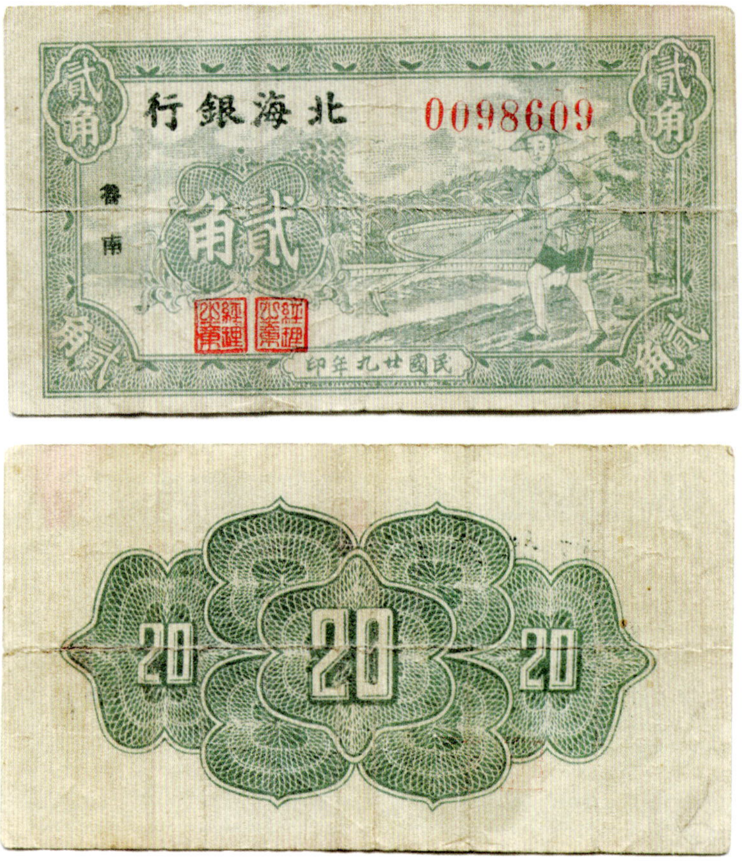

2-5

编　　号： B004　　★★★★

票　　幅： 99×54mm

面　　额： 贰角

主　　色： 绿 / 绿

票面时间： 民国二十九年

印刷单位： 济南大中印刷局

发行时间： 1940 年春夏

收 藏 者： 编委

备　　注：（一）一纵发行

（二）行名、地名与主图不同色

2-6

编　　号：B005　★★★★　票　　幅：99×56mm

面　　额：贰角　主　　色：绿 / 绿

票面时间：民国二十九年　印刷单位：总行印钞厂

发行时间：1940 年夏季以后　收 藏 者：编委

备　　注：行名、地名与主图同色

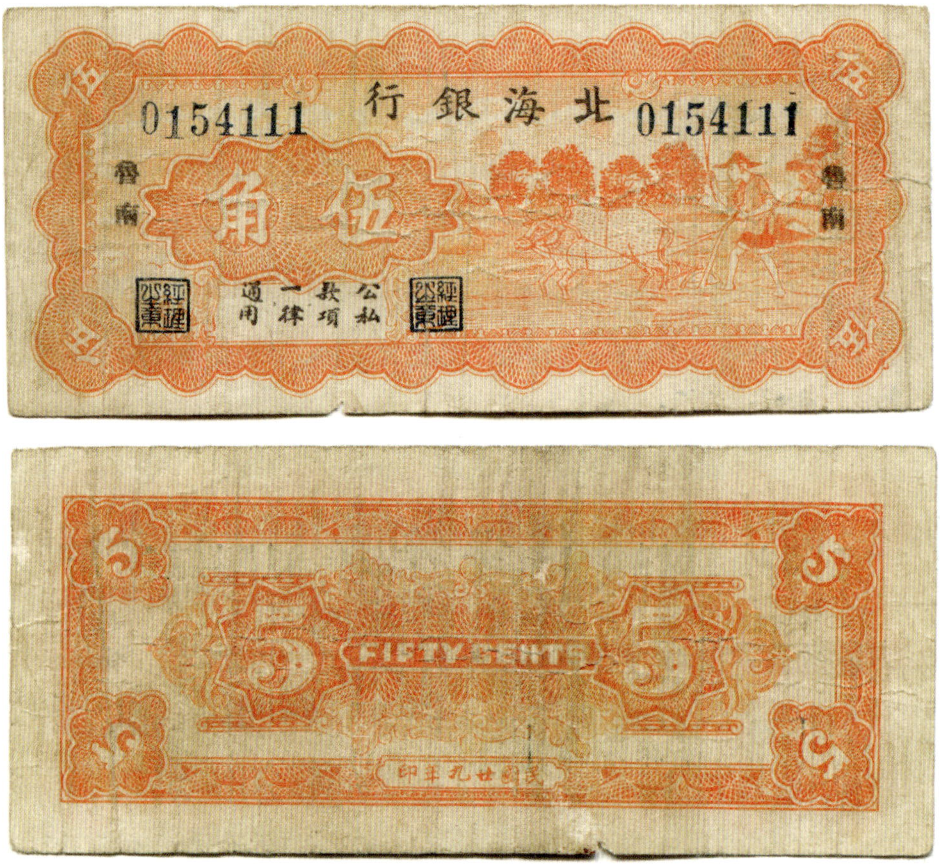

2-7

编　　号：B006　　★★★★★

票　　幅：126×54mm

面　　额：伍角

主　　色：橘红 / 橘红

票面时间：民国二十九年

印刷单位：济南大中印刷局

发行时间：1940 年春夏

收 藏 者：编委

备　　注：一纵发行

2-8

编　　号： B007-1	★★★★★	**票　　幅：** 146×76mm	
面　　额： 伍圆		**主　　色：** 红 / 褐	
票面时间： 民国二十九年		**印刷单位：** 总行印钞厂	
发行时间： 1941 年春		**收 藏 者：** 编委	

备　　注： 1942 年 12 月通知停用，旋即回收；1946 年 10 月 15 日又通函回收

2-9

编　　号：B007-2　　★★★★★　　票　　幅：144×74mm

面　　额：伍圆　　主　　色：红 / 褐

票面时间：民国二十九年　　印刷单位：总行印钞厂

发行时间：1941 年春　　收 藏 者：编委

备　　注：（一）印刷教粗糙

（二）1942 年 12 月通知停用，旋即回收；1946 年 10 月 15 日又通函回收

2-10

编　　号：B008　　★★★★★　　票　　幅：126×55mm

面　　额：伍角　　主　　色：深蓝 / 紫棕

票面时间：民国三十年　　印刷单位：总行印钞厂

发行时间：1941 年　　收 藏 者：编委

备　　注：（一）“海”字圆弯勾，“款”字上端不连

（二）图幅为 117×50mm

2-11

编　　号：B009　　★★★★　　票　　幅：126×55mm

面　　额：伍角　　主　　色：蓝 / 棕

票面时间：民国三十年　　印刷单位：总行印钞厂

发行时间：1942 年　　收 藏 者：编委

备　　注：（一）“海”字直勾，“款”字上端相连

（二）图幅为 116×49mm

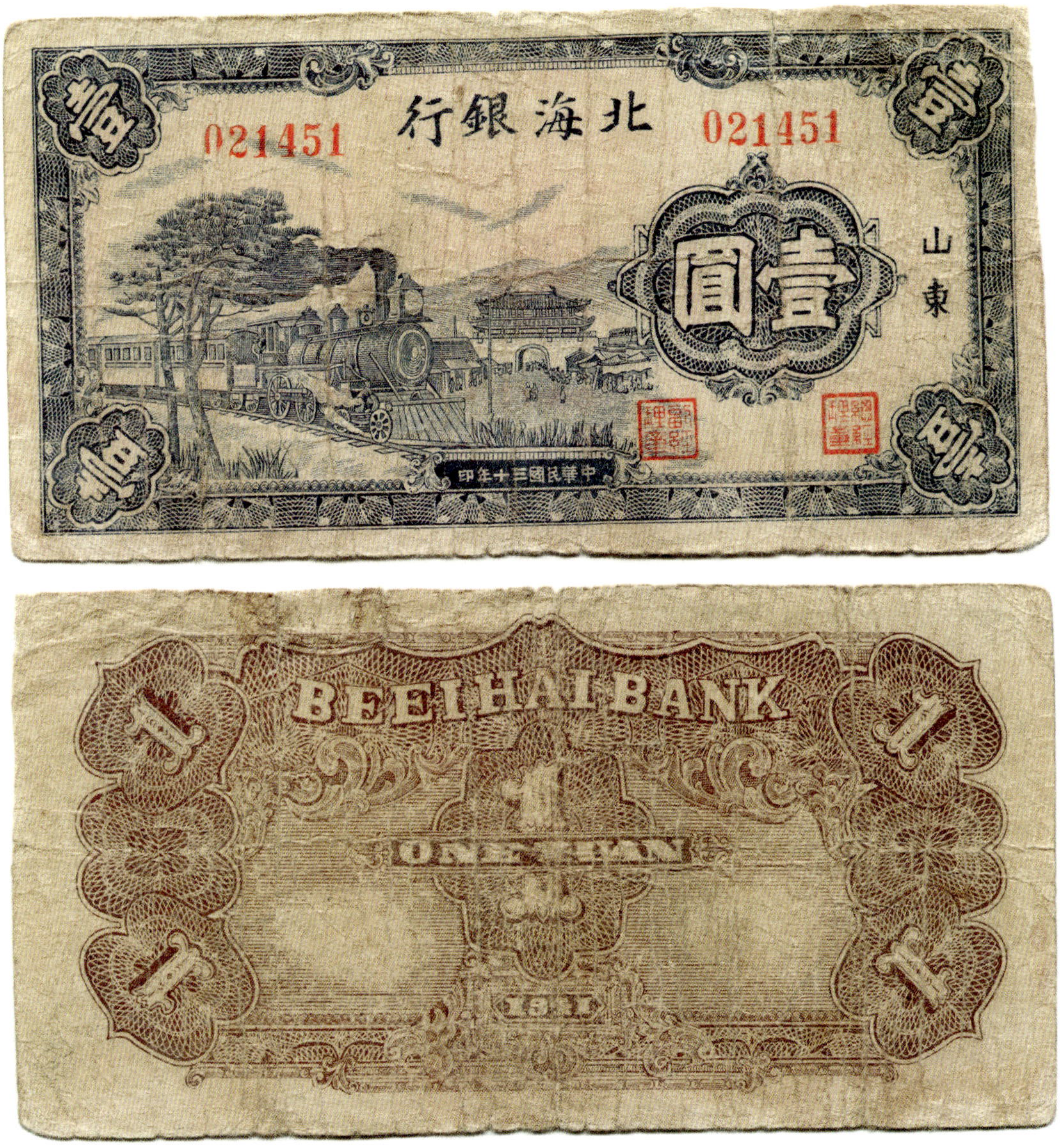

2-12

编　　号：B010　　★★★★

票　　幅：143×73mm

面　　额：壹圆

主　　色：蓝 / 棕

票面时间：民国三十年

印刷单位：总行印钞厂

发行时间：1941 年

收 藏 者：编委

备　　注：车厢下部无线条

2-13

编　　号：B011　★★★★

票　　幅：143×73mm

面　　额：壹圆

主　　色：蓝 / 棕

票面时间：民国三十年

印刷单位：总行印钞厂

发行时间：1941 年

收 藏 者：编委

备　　注：车厢下部满线条

2–14

2–15

2–14 **编　　号：**B011–2，正面与 B011–1 同

2–15 **编　　号：**P001　　**票　　幅：**——

面　　额：伍圆　　**主　　色：**蓝

票面时间：民国三十年　　**印刷单位：**总行印钞厂

发行时间：1941 年 18 日　　**收 藏 者：**印钞造币总公司

备　　注：（一）底纹纵列 18 个“伍”

（二）1946 年 10 月 15 日通函回收

2–16

编　　号： B012　　★★★★★

票　　幅： 139×69mm

面　　额： 伍圆

主　　色： 蓝 / 暗绿

票面时间： 民国三十年

印刷单位： 总行印钞厂

发行时间： 1941 年 18 日

收 藏 者： 编委

备　　注： （一）底纹纵列 18 个“伍”，图幅是 131×61mm

（二）1946 年 10 月 15 日通函回收

2-17

编　　号： B013-1　　★★★★　　**票　　幅：** 144×73mm

面　　额： 伍圆　　**主　　色：** 蓝 / 绿

票面时间： 民国三十年　　**印刷单位：** 总行印钞厂

发行时间： 1942 年　　**收 藏 者：** 编委

备　　注： （一）底纹纵列 14 个“伍”，图幅是 135×63mm

（二）1946 年 10 月 15 日通函回收

2-18

编　　号：	B013-2	**票　　幅：**	143×73mm
面　　额：	伍圆	**主　　色：**	蓝 / 绿
票面时间：	民国三十年	**印刷单位：**	——
发行时间：	——	**收 藏 者：**	编委
备　　注：	存疑		

2-19

编　　号：B014　　★★★★★

票　　幅：86×46mm

面　　额：伍分

主　　色：水红 / 橘黄

票面时间：民国三十一年

印刷单位：总行鲁中钞厂

发行时间：1942 年

收 藏 者：编委

备　　注：图幅是 78×38 mm

2-20

编　　号： B015　★★★★★

票　　幅： 82×45mm

面　　额： 伍分

主　　色： 枣红 / 橘红

票面时间： 民国三十一年

印刷单位： 总行滨海钞厂

发行时间： 1942 年

收 藏 者： 编委

备　　注： 图幅是 76×38 mm

2-21

编　　号：	B016　　★★★	票　　幅：	116×57mm
面　　额：	贰角	主　　色：	暗绿 / 棕
票面时间：	民国三十一年	印刷单位：	总行印钞厂
发行时间：	1942 年	收 藏 者：	编委

2-22

编　　号： B017　　★★★

票　　幅： 144×71mm

面　　额： 壹圆

主　　色： 红 / 橘红

票面时间： 民国三十一年

印刷单位： 总行印钞厂

发行时间： 1942 年

收 藏 者： 编委

备　　注： 图幅是 135×62 mm

2-23

编　　号：B018　　★★★

面　　额：壹圆

票面时间：民国三十一年

发行时间：1942 年

备　　注：图幅是 132×61.5mm

票　　幅：140×68mm

主　　色：红 / 橘黄

印刷单位：总行印钞厂

收 藏 者：编委

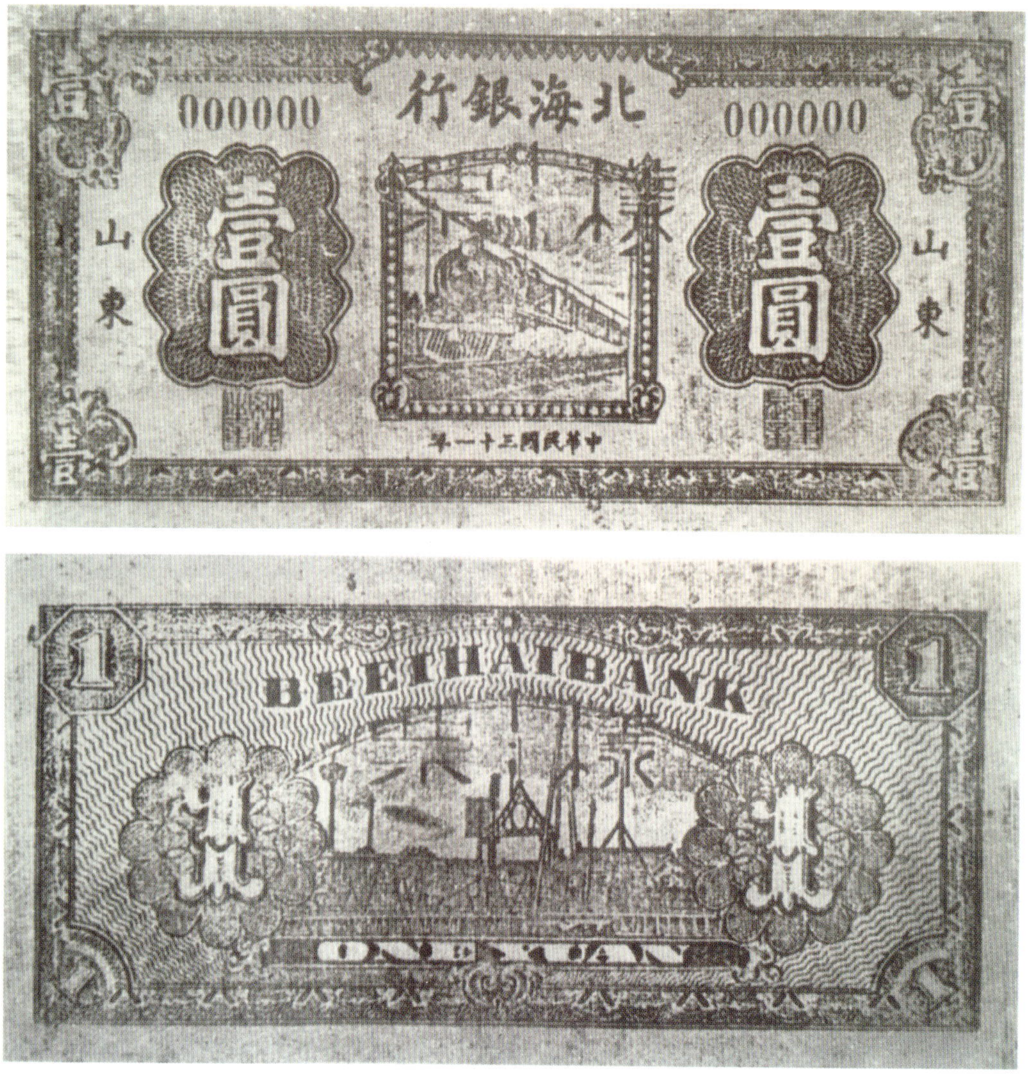

2-24

编　　号：P002
面　　额：壹圆
票面时间：民国三十一年
发行时间：1942 年
票　　幅：——
主　　色：——
印刷单位：总行印钞厂
资料来源：《中国历代货币大系》

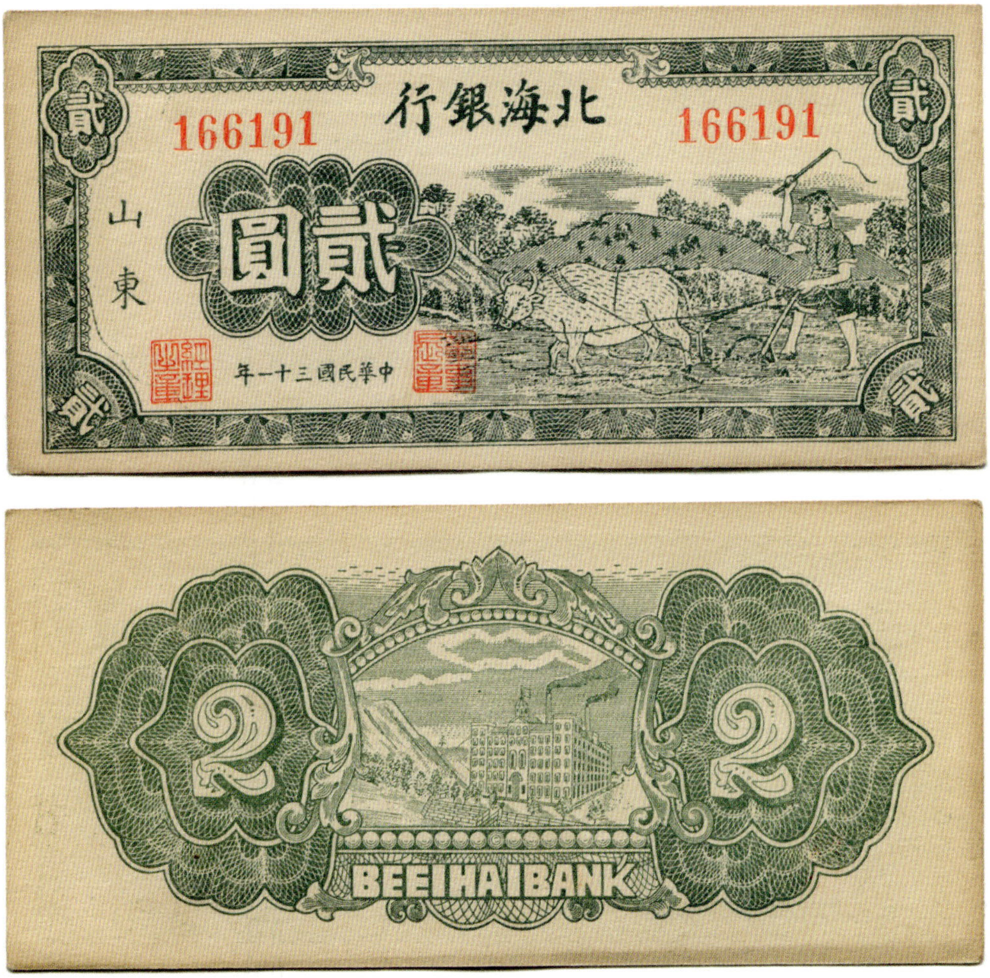

2-25

编　　号：B019　　★★★

票　　幅：132×61mm

面　　额：贰圆

主　　色：绿 / 绿

票面时间：民国三十一年

印刷单位：总行印钞厂

发行时间：1942 年

收 藏 者：编委

备　　注：图幅是 124×53.5mm

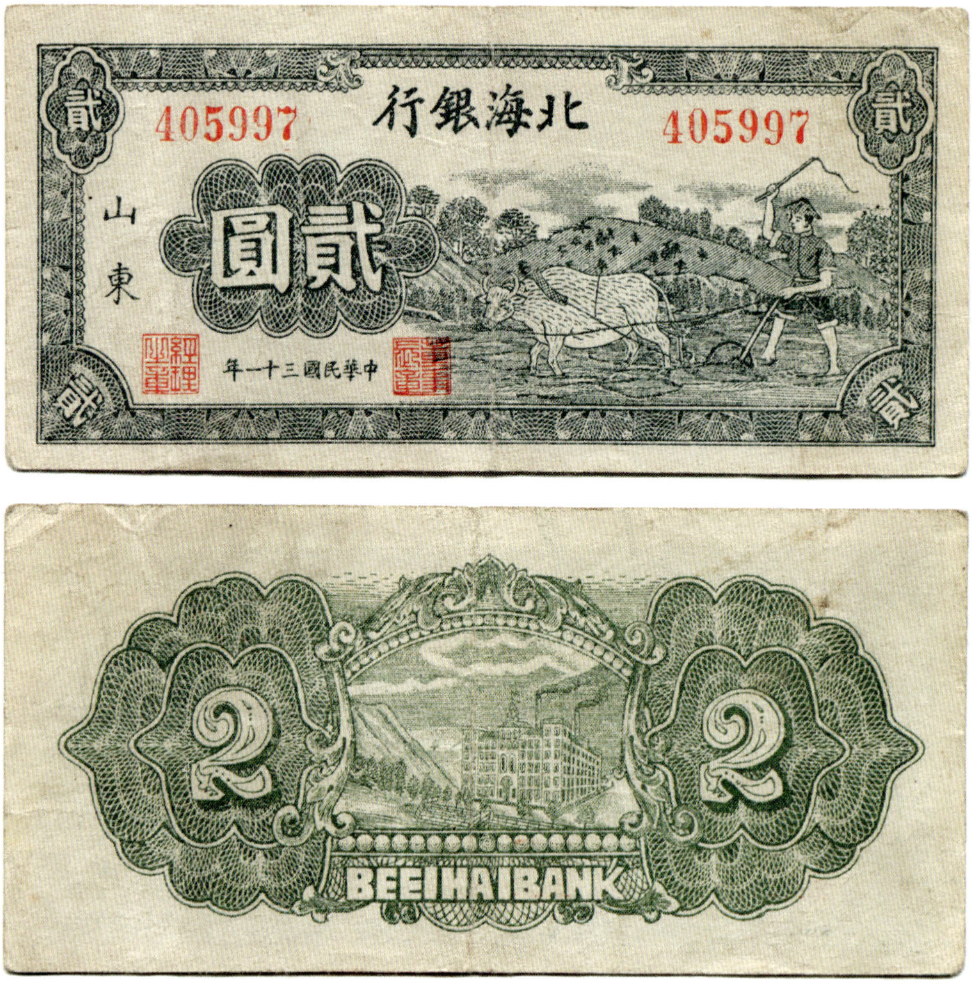

2–26

编　　号： B020–1　　★★★

票　　幅： 129×62mm

面　　额： 贰圆

主　　色： 绿 / 绿

票面时间： 民国三十一年

印刷单位： 总行印钞厂

发行时间： 1942 年

收 藏 者： 编委

备　　注： 图幅是 121×52.5 mm

2-27

编　　号：B020-2　　票　　幅：——

面　　额：贰圆　　主　　色：绿 / 绿

票面时间：民国三十一年　　印刷单位：总行印钞厂

发行时间：——　　资料来源：《中国历代货币大系》

备　　注：无号码，当是半成品

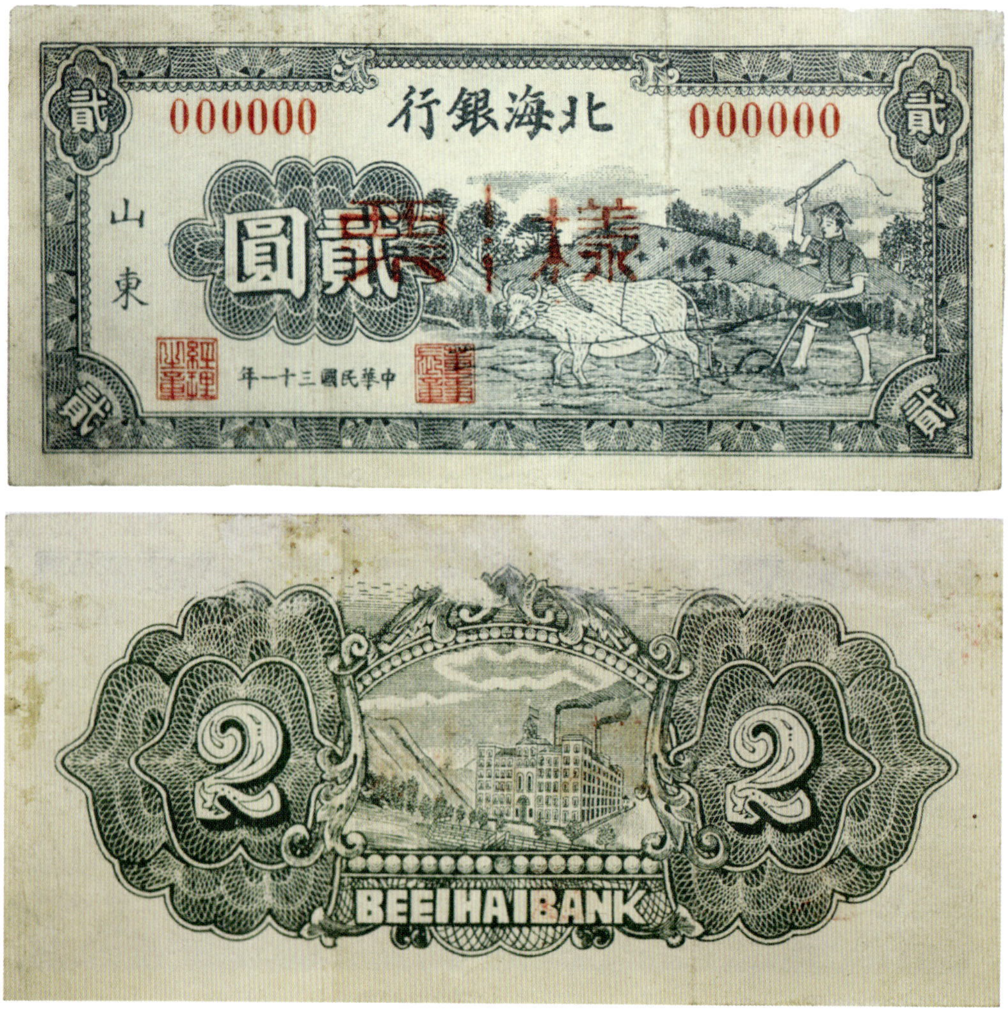

2-28

编　　号：P003
面　　额：贰圆
票面时间：民国三十一年
发行时间：1942 年
票　　幅：——
主　　色：绿 / 绿
印刷单位：总行印钞厂
收 藏 者：印钞造币总公司

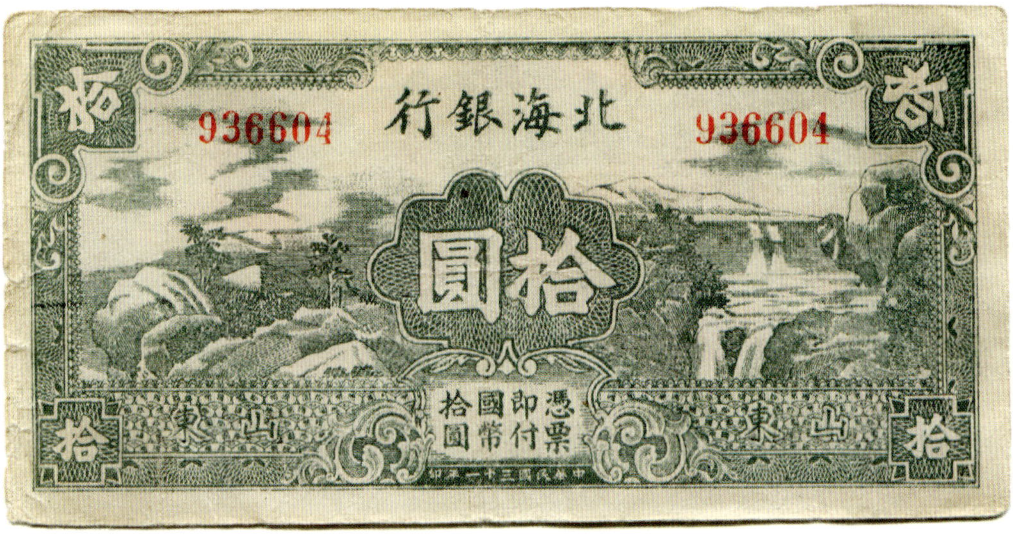

2-29

编　　号： B021　　　　★★★　　　　**票　　幅：** 145×73mm

面　　额： 拾圆　　　　**主　　色：** 绿 / 蓝

票面时间： 民国三十一年　　　　**印刷单位：** 总行印钞厂

发行时间： 1942 年　　　　**收 藏 者：** 编委

备　　注： 1946 年 10 月 15 日通函回收

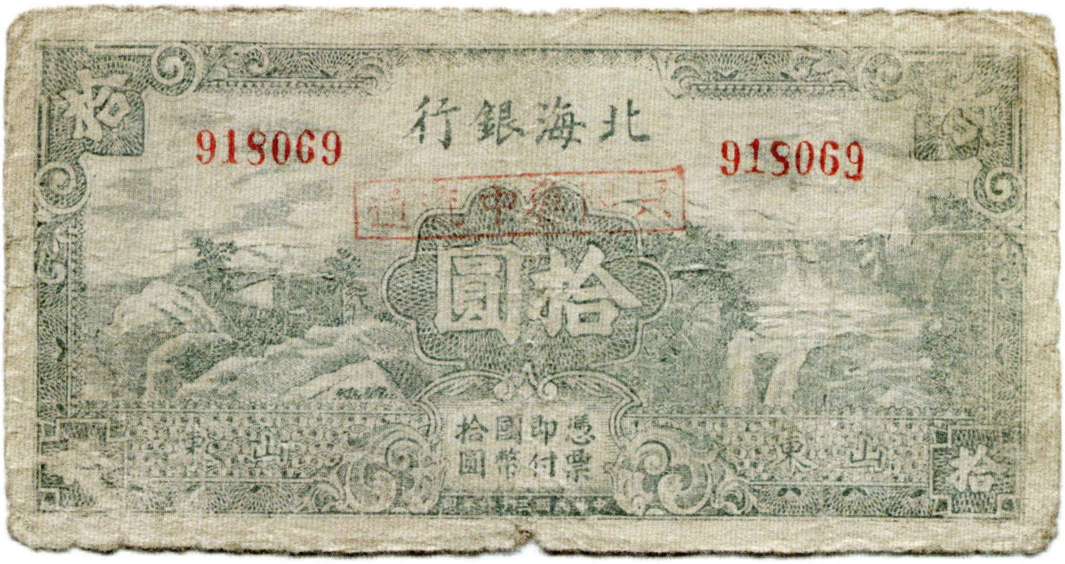

2–30

编　　号：B022　　　★★★★

票　　幅：145×73mm

面　　额：拾圆

主　　色：绿 / 绿

票面时间：民国三十一年

印刷单位：总行印钞厂

发行时间：1942 年

收 藏 者：编委

备　　注：正面加印“只限鲁中流通”

2-31

编　　号：	B023　　★★★★★	票　　幅：	85×50mm
面　　额：	贰角伍分	主　　色：	红 / 棕
票面时间：	民国三十二年	印刷单位：	总行、鲁中钞厂
发行时间：	1943 年	收 藏 者：	编委
备　　注：	总行、鲁中分行都曾发行		

2-32

编　　号： B024	★★	**票　　幅：** 141×72mm	
面　　额： 拾圆		**主　　色：** 红 / 紫	
票面时间： 民国三十二年		**印刷单位：** 总行、鲁中钞厂	
发行时间： 1943 年		**收 藏 者：** 编委	

备　　注：（一）橙色底纹，总行、鲁中分行都曾发行

（二）1946 年 10 月 15 日通函回收

2-33

编　　号: B025　　★★　　**票　　幅:** 141×72mm

面　　额: 拾圆　　**主　　色:** 红 / 紫

票面时间: 民国三十二年　　**印刷单位:** 总行滨海钞厂

发行时间: 1943 年　　**收 藏 者:** 编委

备　　注: （一）明黄色底纹

（二）1946 年 10 月 15 日通函回收

2-34

编　　号：B026　　★★★★

票　　幅：141×72mm

面　　额：拾圆

主　　色：红 / 红

票面时间：民国三十二年

印刷单位：总行、鲁中钞厂

发行时间：1943 年

收 藏 者：编委

备　　注：正面加印“只限鲁中流通”

2-35

编　　号：B027　　　★

票　　幅：128×66mm

面　　额：壹百圆

主　　色：蓝 / 褐

票面时间：民国三十二年

印刷单位：总行印钞厂

发行时间：1946 年

收 藏 者：编委

备　　注：无字轨

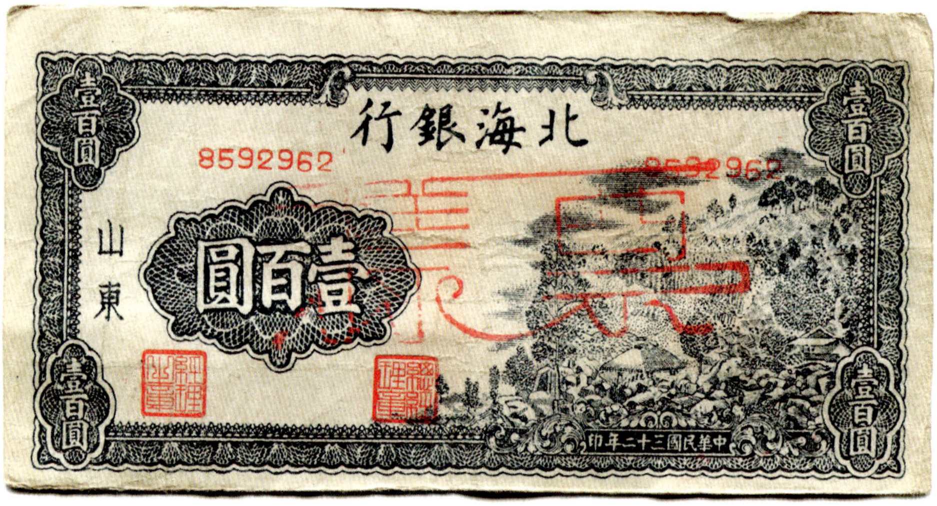

2-36

编　　号：P004

面　　额：壹百圆

票面时间：民国三十二年

发行时间：1946 年

备　　注：无字轨

票　　幅：128 × 66mm

主　　色：蓝 / 褐

印刷单位：总行印钞厂

收 藏 者：编委

2-37

编　　号：	B028-1　★	**票　　幅：**	132×65mm
面　　额：	壹百圆	**主　　色：**	蓝 / 褐
票面时间：	民国三十二年	**印刷单位：**	总行印钞厂
发行时间：	1946 年	**收 藏 者：**	编委
备　　注：	单字轨小号		

2-38

编　　号： P005

面　　额： 壹百圆

票面时间： 民国三十二年

发行时间： 1946 年

备　　注： 单字轨小号

票　　幅： 132×65mm

主　　色： 蓝 / 褐

印刷单位： 总行印钞厂

收 藏 者： 南京王锡平

2-39

编　　号：P006　　票　　幅：132×65mm

面　　额：壹百圆　　主　　色：蓝 / 褐

票面时间：民国三十二年　　印刷单位：总行印钞厂

发行时间：1946 年　　收 藏 者：编委

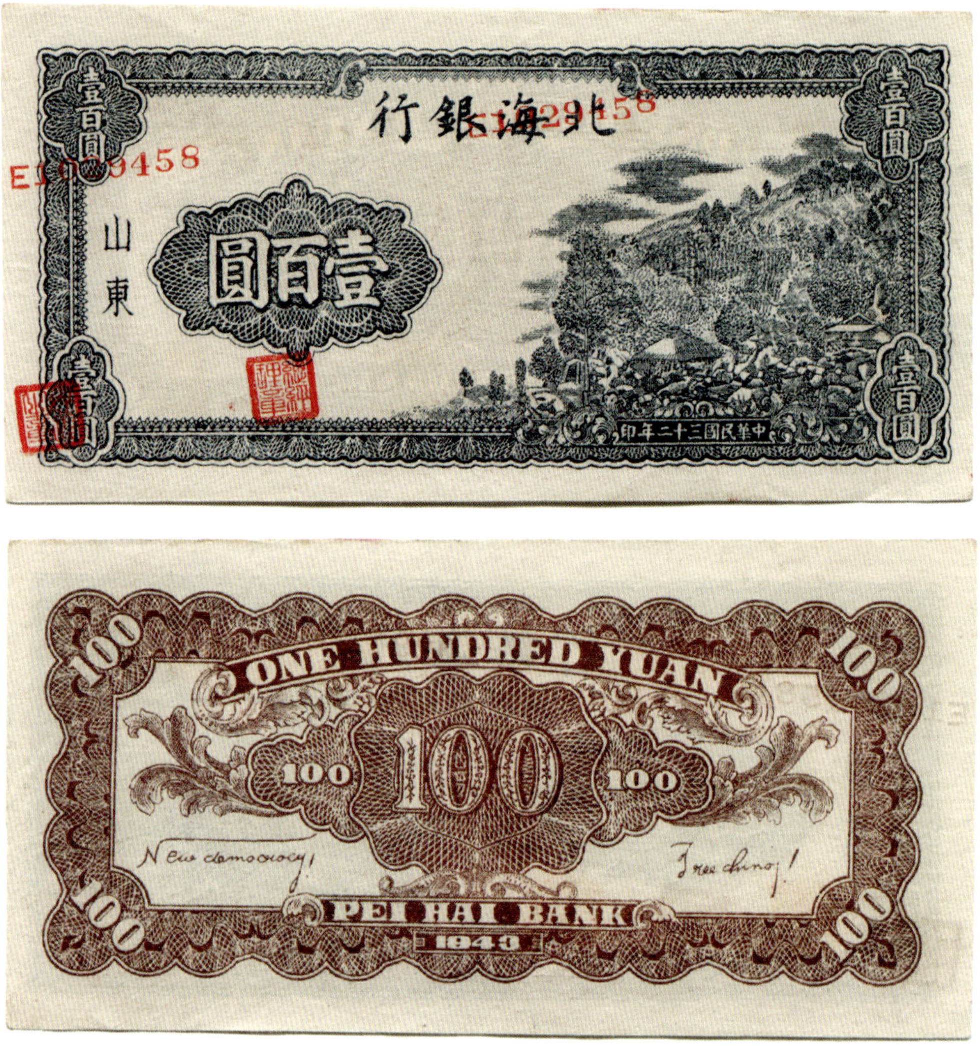

2–40

编　　号：B028–1

面　　额：壹百圆

票面时间：民国三十二年

发行时间：1946 年

备　　注：斜印单字轨小号，仅见

票　　幅：132×66mm

主　　色：蓝 / 褐

印刷单位：总行印钞厂

收 藏 者：编委

2-41

编　　号：B029　　★

面　　额：壹百圆

票面时间：民国三十二年

发行时间：1946 年

备　　注：单字轨大号

票　　幅：132×66mm

主　　色：蓝 / 褐

印刷单位：总行印钞厂

收 藏 者：编委

2-42

编　　号：P007

面　　额：壹百圆

票面时间：民国三十二年

发行时间：1946 年

备　　注：单字轨大号

票　　幅：132×66mm

主　　色：蓝 / 褐

印刷单位：总行印钞厂

收 藏 者：编委

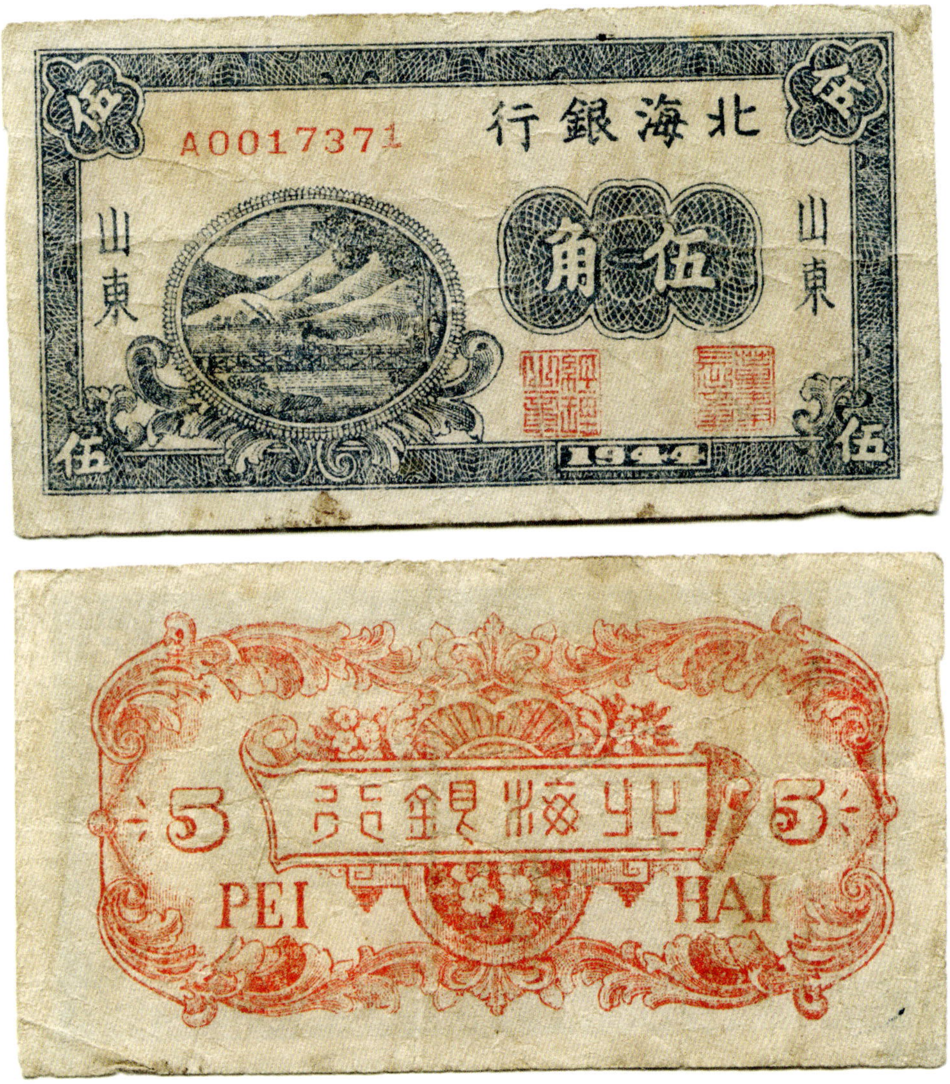

2-43

编　　号： B030　　★★★　　**票　　幅：** 92×50mm

面　　额： 伍角　　**主　　色：** 蓝 / 枣红

票面时间： 1944 年　　**印刷单位：** 总行印钞厂

发行时间： 1944 年　　**收 藏 者：** 编委

2-44

编　　号：	B031　　★★★	票　　幅：	116×57mm
面　　额：	壹圆	主　　色：	红 / 棕
票面时间：	民国三十三年	印刷单位：	总行印钞厂
发行时间：	民国 1944 年	收 藏 者：	编委

2-45

编　　号： P008　　**票　　幅：** 116×57mm

面　　额： 壹圆　　**主　　色：** 红 / 棕

票面时间： 民国三十三年　　**印刷单位：** 总行印钞厂

发行时间： 1944 年　　**收 藏 者：** 印钞造币总公司

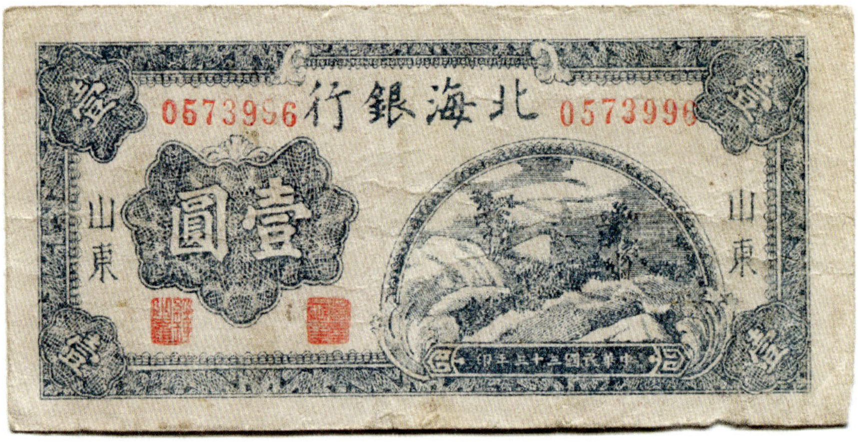

2-46

编　　号： B032-1　★★

票　　幅： 116×57mm

面　　额： 壹圆

主　　色： 蓝 / 棕

票面时间： 民国三十三年

印刷单位： 总行印钞厂

发行时间： 1944 年

收 藏 者： 编委

2-47

编　　号： B032-2

面　　额： 壹圆

票面时间： 民国三十三年

发行时间： 1944 年

备　　注： 无号

票　　幅： 116×57mm

主　　色： 蓝 / 棕

印刷单位： 总行印钞厂

收 藏 者： 编委

2–48

编　　号：	B033　★	**票　　幅：**	125×64mm
面　　额：	伍圆	**主　　色：**	橘黄 / 黄
票面时间：	民国三十三年	**印刷单位：**	总行印钞厂
发行时间：	1944 年	**收 藏 者：**	编委

2-49

编　　号：	B0034　★	**票　　幅：**	125×64mm
面　　额：	伍圆	**主　　色：**	橘红 / 橘红
票面时间：	民国三十三年	**印刷单位：**	总行印钞厂
发行时间：	1944 年	**收 藏 者：**	编委

2-50

编　　号：P009
面　　额：伍圆
票面时间：民国三十三年
发行时间：1944 年
票　　幅：125 × 64mm
主　　色：橘红 / 橘黄
印刷单位：总行印钞厂
收 藏 者：印钞造币总公司

2-49

编　　号：	B034　　★	**票　　幅：**	125×64mm
面　　额：	伍圆	**主　　色：**	橘红 / 橘红
票面时间：	民国三十三年	**印刷单位：**	总行印钞厂
发行时间：	1944 年	**收 藏 者：**	编委

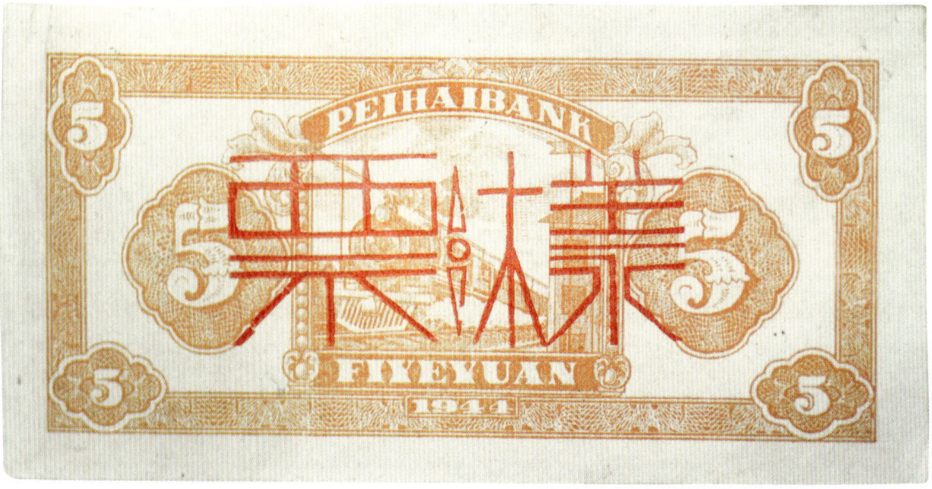

2-50

编　　号：P009　　**票　　幅：**125×64mm

面　　额：伍圆　　**主　　色：**橘红 / 橘黄

票面时间：民国三十三年　　**印刷单位：**总行印钞厂

发行时间：1944 年　　**收 藏 者：**印钞造币总公司

2–51

编　　号： B035　★

面　　额： 拾圆

票面时间： 民国三十三年

发行时间： 1944 年

备　　注： 无冠字，图幅 121×60mm

票　　幅： 129×64mm

主　　色： 蓝 / 蓝

印刷单位： 鲁中印钞厂

收 藏 者： 编委

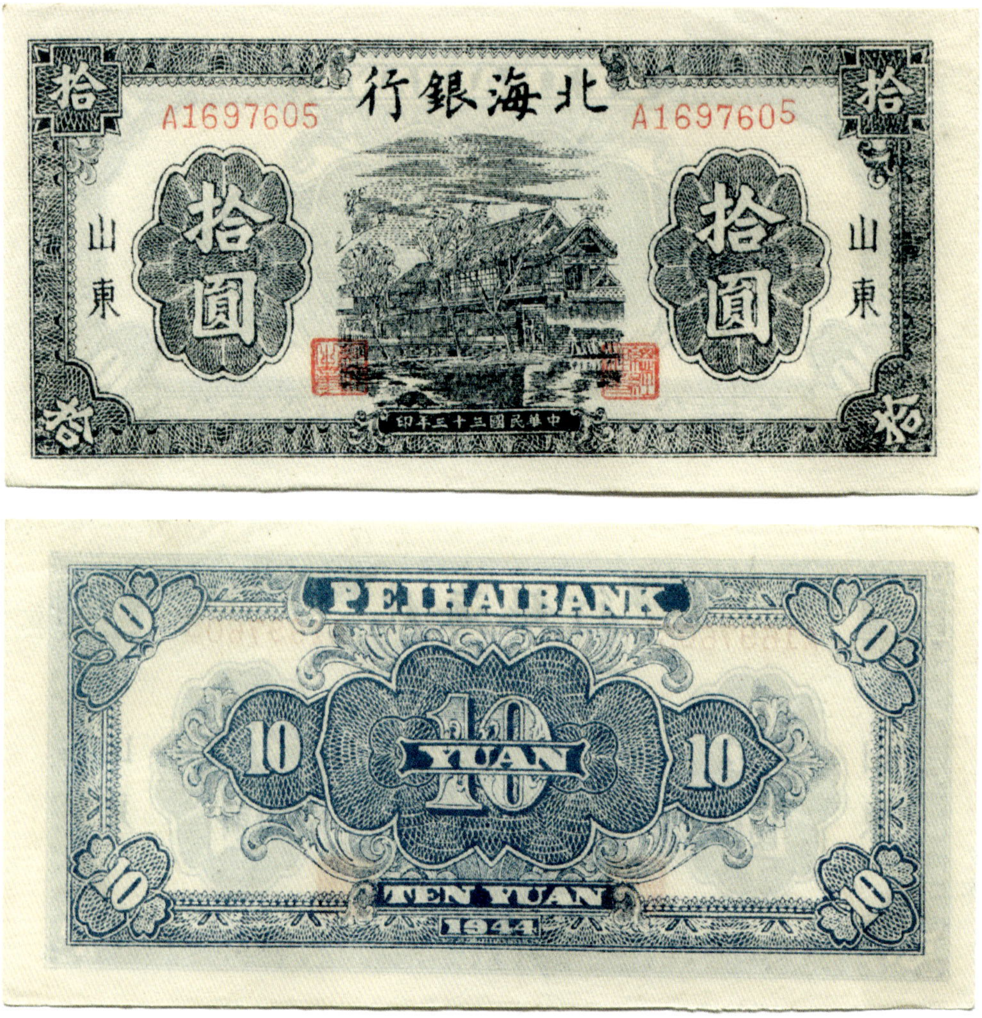

2-52

编　　号：	B036　★	**票　　幅：**	131×64mm
面　　额：	拾圆	**主　　色：**	蓝 / 蓝
票面时间：	民国三十三年	**印刷单位：**	鲁中印钞厂
发行时间：	1944 年	**收 藏 者：**	编委

备　　注： 单字轨大号码，图幅 121×60mm

2-53

编　　号：B037-1　　★★　　票　　幅：128×61mm

面　　额：拾圆　　主　　色：蓝 / 蓝

票面时间：民国三十三年　　印刷单位：鲁中印钞厂

发行时间：1944 年　　收 藏 者：编委

备　　注：小号码，董事长章，图幅 119×55mm

2–54

编　　号： B037–2	★★	**票　　幅：** 128×61mm	
面　　额： 拾圆		**主　　色：** 蓝 / 深蓝	
票面时间： 民国三十三年		**印刷单位：** 鲁中印钞厂	
发行时间： 1944 年		**收 藏 者：** 编委	

特　　征： 粗号码，董事长章，粗号码，图幅 119×55mm

2-55

编　　号： B038-1	★★	**票　　幅：** 129×63mm	
面　　额： 拾圆		**主　　色：** 红 / 枣红	
票面时间： 民国三十三年		**印刷单位：** 鲁中印钞厂	
发行时间： 1944 年		**收 藏 者：** 编委	
备　　注： 单字轨			

2-56

编　　号：B038-2　★★
票　　幅：129×63mm
面　　额：拾圆
主　　色：红 / 枣红
票面时间：民国三十三年
印刷单位：鲁中印钞厂
发行时间：1944 年
收 藏 者：编委
备　　注：单字轨，粗号码

2-57

编　　号： B039-1　　★　　**票　　幅：** 128×65mm

面　　额： 拾圆　　**主　　色：** 红 / 水红

票面时间： 民国三十三年　　**印刷单位：** 总行印钞厂

发行时间： 1944 年　　**收 藏 者：** 编委

备　　注： 1946 年 10 月 15 日通函回收

2-58

编　　号： B039-2	★	**票　　幅：**	128×65mm
面　　额： 拾圆		**主　　色：**	赭红 / 水红
票面时间： 民国三十三年		**印刷单位：**	总行印钞厂
发行时间： 1944 年		**收 藏 者：**	编委
备　　注： 1946 年 10 月 15 日通函回收			

2-59

编　　号：B040　　★★　　票　　幅：131×65mm

面　　额：伍拾圆　　主　　色：蓝 / 绿

票面时间：民国三十三年　　印刷单位：总行印钞厂

发行时间：1944 年　　收 藏 者：编委

备　　注：（一）小号码，背有号

（二）1946 年 10 月 15 日通函回收

2−60

编　　号： B041	★★	**票　　幅：**	131×65mm
面　　额： 伍拾圆		**主　　色：**	蓝 / 绿
票面时间： 民国三十三年		**印刷单位：**	总行印钞厂
发行时间： 1944 年		**收 藏 者：**	编委

备　　注：（一）小号码，背无号

（二）1946 年 10 月 15 日通函回收

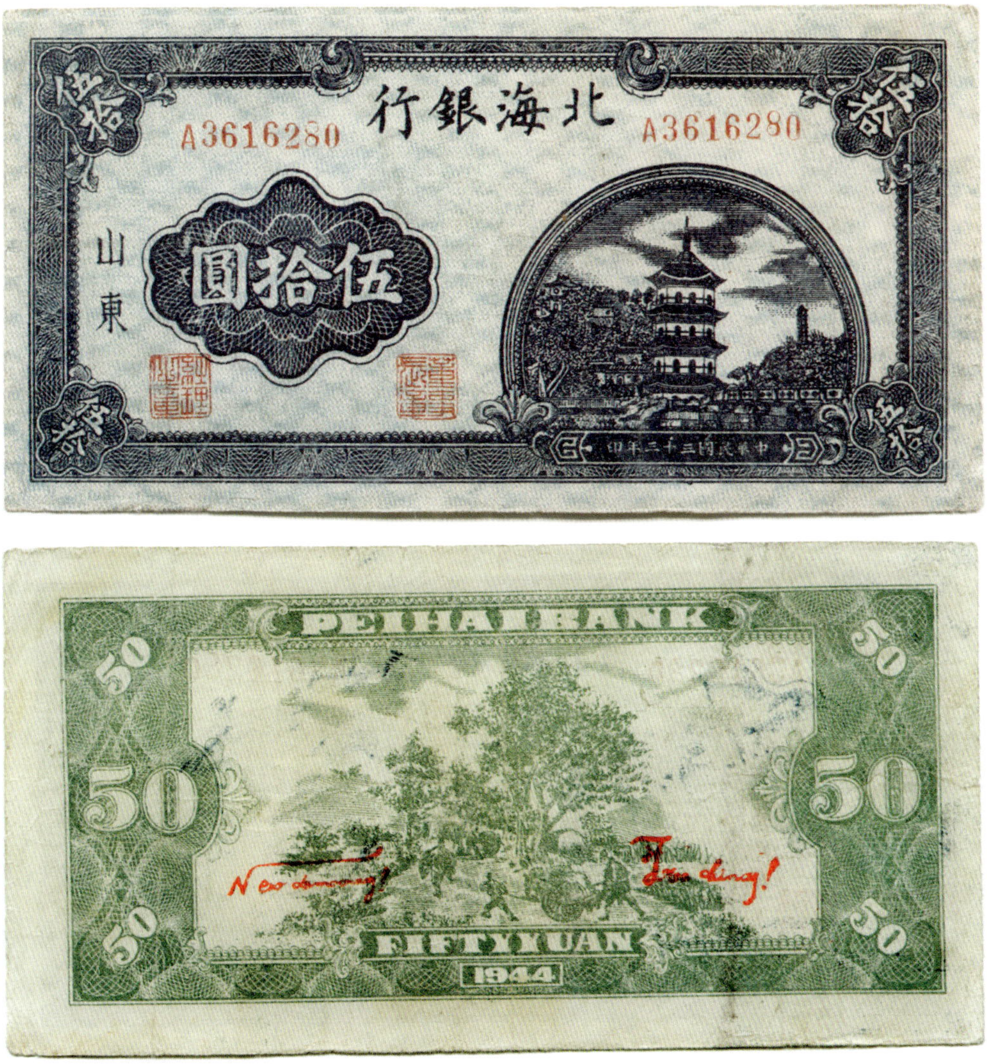

2-61

编　　号：B042　　★★　　票　　幅：131×65mm

面　　额：伍拾圆　　主　　色：蓝 / 绿

票面时间：民国三十三年　　印刷单位：总行印钞厂

发行时间：1944 年　　收 藏 者：编委

备　　注：（一）中号码

（二）1946 年 10 月 15 日通函回收

2-62

编　　号： B043	★★	**票　　幅：**	131×65mm
面　　额： 伍拾圆		**主　　色：**	蓝 / 绿
票面时间： 民国三十三年		**印刷单位：**	总行印钞厂
发行时间： 1944 年		**收 藏 者：**	编委

备　　注：（一）大号码

（二）1946 年 10 月 15 日通函回收

2-63

2-64

2-63 编　　号：B044-1　　★★　　票　　幅：131×65mm

面　　额：伍拾圆　　主　　色：蓝 / 绿

票面时间：民国三十三年　　印刷单位：总行印钞厂

发行时间：1944 年　　收 藏 者：编委

备　　注：（一）中号码，无底纹

（二）1946 年 10 月 15 日通函回收

2-64 编　　号：B044-2　　票　　幅：131×65mm

面　　额：伍拾圆　　主　　色：蓝 / 绿

票面时间：民国三十三年　　印刷单位：总行印钞厂

发行时间：——　　收 藏 者：编委

备　　注：残次品

2-65

编　　号： B045-1　★★

面　　额： 贰圆

票面时间： 民国三十四年

发行时间： 1945 年

备　　注： 大圆号

票　　幅： 115×55mm

主　　色： 红 / 红

印刷单位： 总行印钞厂

收 藏 者： 编委

2-66

编　　号： B045-2　★★

票　　幅： 115×55mm

面　　额： 贰圆

主　　色： 红 / 橘黄

票面时间： 民国三十四年

印刷单位： 总行印钞厂

发行时间： 1945 年

收 藏 者： 编委

备　　注： 粗印

2−67

编　　号： B046　　★★

票　　幅： 118×57mm

面　　额： 贰圆

主　　色： 红 / 红

票面时间： 民国三十四年

印刷单位： 总行印钞厂

发行时间： 1945 年

收 藏 者： 编委

备　　注： 小直号

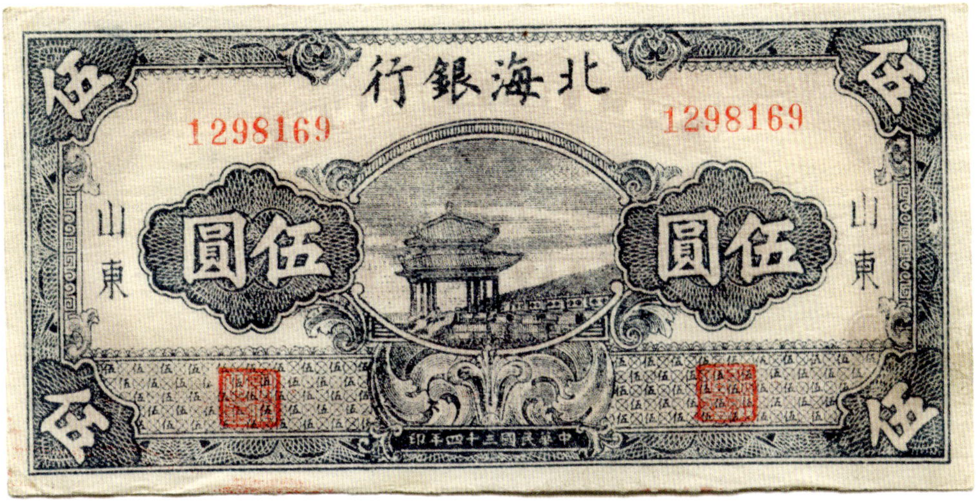

2–68

编　　号： B047　★★		**票　　幅：** 132×64mm	
面　　额： 伍圆		**主　　色：** 蓝 / 褐	
票面时间： 民国三十四年		**印刷单位：** 总行印钞厂	
发行时间： 1945 年		**收 藏 者：** 编委	
备　　注： 7 位数大号码			

2-69

编　　号： B048　　★★	**票　　幅：** 130×67mm
面　　额： 伍圆	**主　　色：** 蓝 / 褐
票面时间： 民国三十四年	**印刷单位：** 总行印钞厂
发行时间： 1945 年	**收 藏 者：** 编委
备　　注： 8 位数小号码	

2-70

2-71

2-70 **编　　号：** P010　　**票　　幅：** 130×67mm

面　　额： 伍圆　　**主　　色：** 蓝 / 褐

票面时间： 民国三十四年　　**印刷单位：** 总行印钞厂

发行时间： 1945 年　　**收 藏 者：** 山东省博物馆

备　　注： 7 位数大号码

2-71 **编　　号：** B049-1　★★★　　**票　　幅：** 133×65mm

面　　额： 伍拾圆　　**主　　色：** 红 / 褐

票面时间： 民国三十四年　　**印刷单位：** 胶东制版总行印

发行时间： 1945 年　　**收 藏 者：** 编委

2–72

编　　号：B049–2　　★★★　　票　　幅：133×65mm

面　　额：伍拾圆　　主　　色：红 / 褐

票面时间：民国三十四年　　印刷单位：胶东制版总行印

发行时间：1945 年　　收 藏 者：淄博李林

2-73

编　　号：P011	**票　　幅：**133×65mm
面　　额：伍拾圆	**主　　色：**红 / 褐
票面时间：民国三十四年	**印刷单位：**胶东制版总行印
发行时间：1945 年	**收 藏 者：**编委

2-74

编　　号：B049-3
面　　额：伍拾圆
票面时间：民国三十四年
发行时间：1945 年
备　　注：无号码
票　　幅：133 × 65mm
主　　色：红 / 褐
印刷单位：胶东制版总行印
资料来源：《中国历代货币大系》

2-75

编　　号：	B050　　★★	**票　　幅：**	130×68mm
面　　额：	伍拾圆	**主　　色：**	褐 / 红
票面时间：	民国三十四年	**印刷单位：**	总行印钞厂
发行时间：	1945 年	**收 藏 者：**	编委

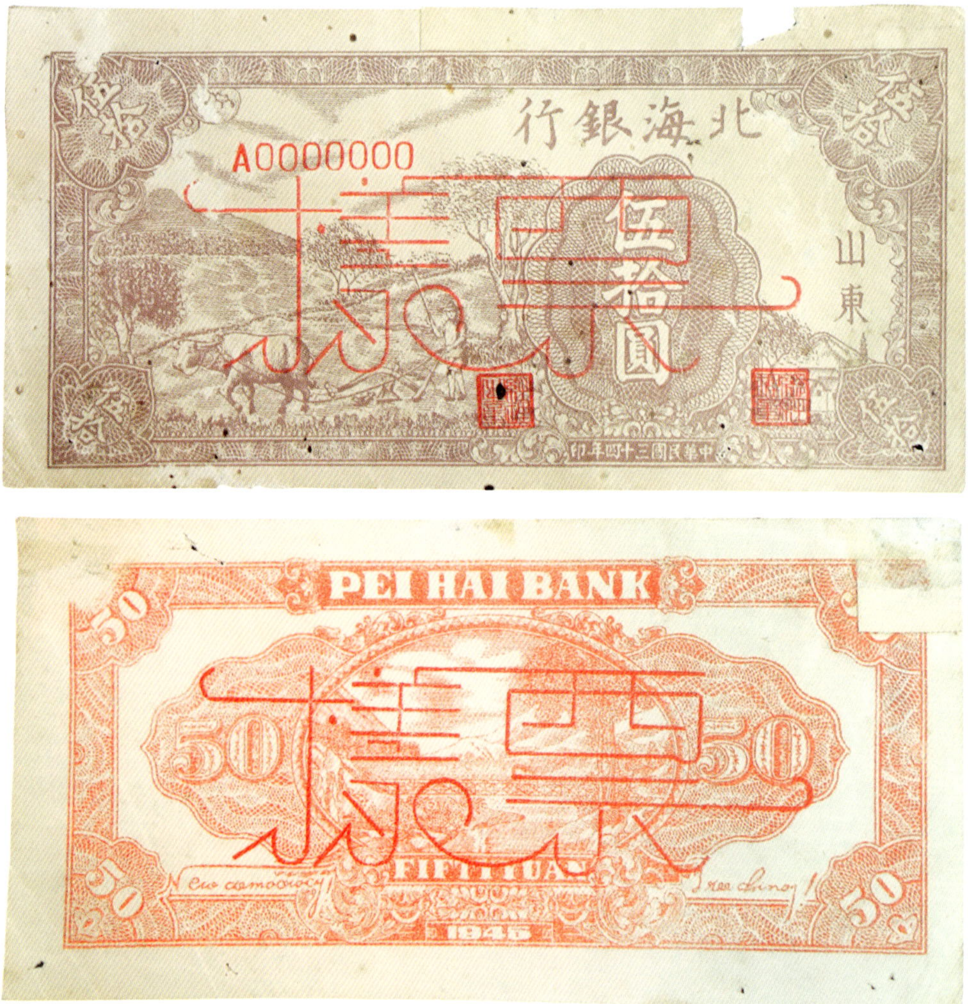

2-76

编　　号： P012　　**票　　幅：** 130×68mm

面　　额： 伍拾圆　　**主　　色：** 褐 / 红

票面时间： 民国三十四年　　**印刷单位：** 总行印钞厂

发行时间： 1945 年　　**收 藏 者：** 南京王锡平

2-77

编　　号：B051　　★★　　票　　幅：133×69mm

面　　额：伍拾圆　　主　　色：蓝 / 蓝

票面时间：民国三十四年　　印刷单位：总行印钞厂

发行时间：1947 年　　收 藏 者：编委

备　　注：无字轨，7 位中号码

2-78

编　　号：B052　★★★

面　　额：伍拾圆

票面时间：民国三十四年

发行时间：1947 年

备　　注：大号，“海”字四笔异

票　　幅：133×69mm

主　　色：蓝 / 蓝

印刷单位：总行印钞厂

收 藏 者：编委

2-79

编　　号： B053　　★★　　**票　　幅：** 133×67mm

面　　额： 伍拾圆　　**主　　色：** 蓝 / 蓝

票面时间： 民国三十四年　　**印刷单位：** 总行印钞厂

发行时间： 1947 年　　**收 藏 者：** 编委

备　　注： 单字轨，6 位号码

2-80

编　　号：P013
面　　额：伍拾圆
票面时间：民国三十四年
发行时间：1947 年
备　　注：单字轨，6 位号码
票　　幅：133×67mm
主　　色：蓝 / 蓝
印刷单位：总行印钞厂
收 藏 者：编委

2-81

编　　号：B054　★★

票　　幅：133×67mm

面　　额：伍拾圆

主　　色：蓝黑 / 蓝黑

票面时间：民国三十四年

印刷单位：总行印钞厂

发行时间：1947 年

收 藏 者：编委

备　　注：单字轨，6 位号码

2-82

编　　号：	P014	票　　幅：	133×67mm
面　　额：	伍拾圆	主　　色：	蓝黑 / 蓝黑
票面时间：	民国三十四年	印刷单位：	总行印钞厂
发行时间：	1947 年	收 藏 者：	编委

2-83

编　　号：B055　　★★

票　　幅：131×69mm

面　　额：伍拾圆

主　　色：紫 / 紫

票面时间：民国三十四年

印刷单位：总行印钞厂

发行时间：1947 年

收 藏 者：编委

备　　注：无字轨，8 位号码

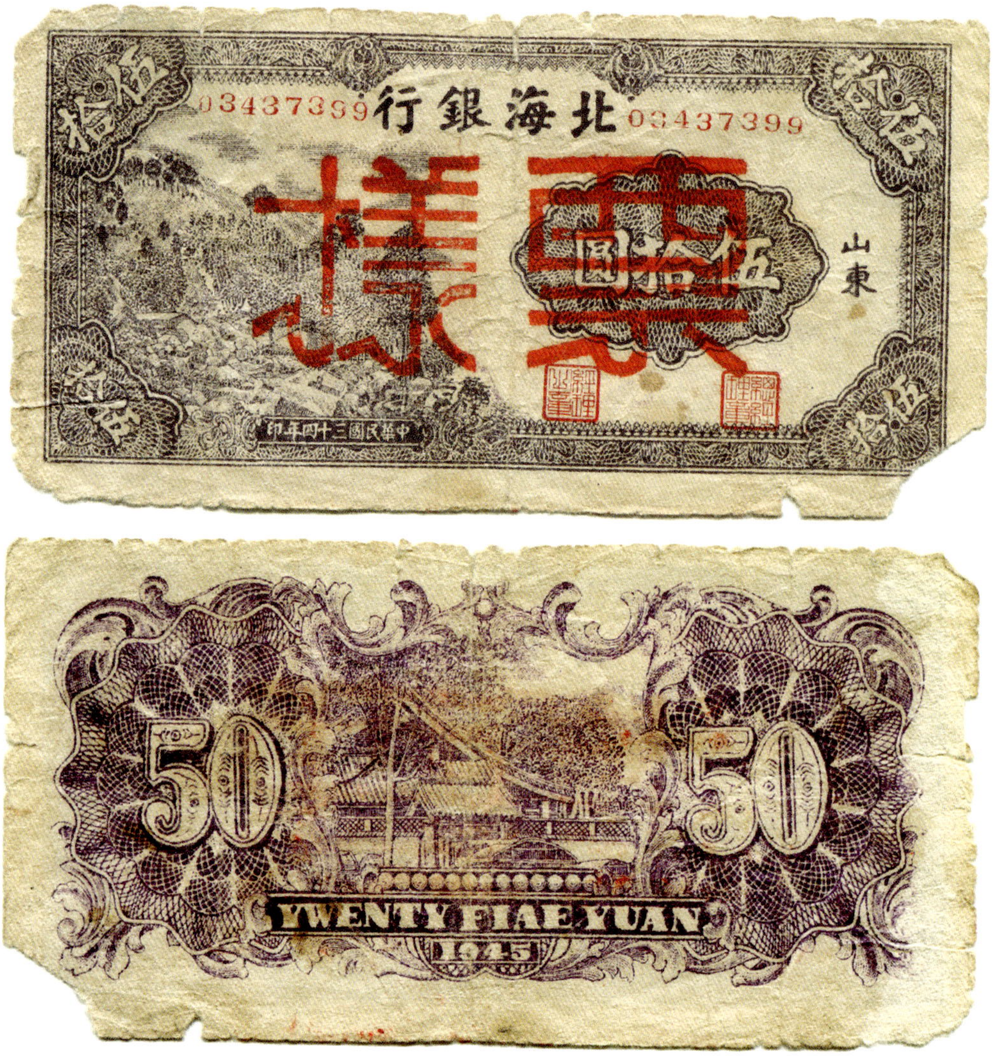

2–84

编　　号：P015	**票　　幅：**131×69mm
面　　额：伍拾圆	**主　　色：**紫 / 紫
票面时间：民国三十四年	**印刷单位：**总行印钞厂
发行时间：1947 年	**收 藏 者：**编委
备　　注：无字轨，8 位号码	

2-85

编　　号： B056　　★★		**票　　幅：**	131×69mm
面　　额： 伍拾圆		**主　　色：**	紫黑 / 紫黑
票面时间： 民国三十四年		**印刷单位：**	总行印钞厂
发行时间： 1947 年		**收 藏 者：**	编委
备　　注： 无字轨，8 位号码			

2-86

编　　号：P016	票　　幅：131×69mm
面　　额：伍拾圆	主　　色：紫黑 / 紫黑
票面时间：民国三十四年	印刷单位：总行印钞厂
发行时间：1947 年	收 藏 者：中国钱币博物馆

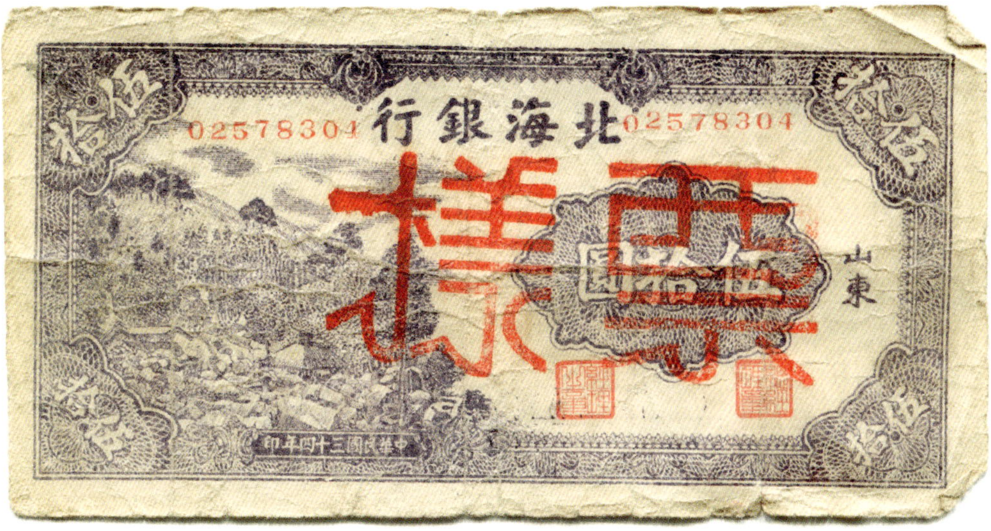

2-87

编　　号：P017　　票　　幅：131×69mm

面　　额：伍拾圆　　主　　色：紫黑 / 紫黑

票面时间：民国三十四年　　印刷单位：总行印钞厂

发行时间：1947 年　　收 藏 者：编委

2-88

编　　号：	B057　★★	**票　　幅：**	135×68mm
面　　额：	伍拾圆	**主　　色：**	蓝 / 蓝
票面时间：	民国三十四年	**印刷单位：**	总行印钞厂
发行时间：	1947 年	**收 藏 者：**	编委
备　　注：	单字轨，7 位号码		

2-89

编　　号：	P018	**票　　幅：**	135×68mm
面　　额：	伍拾圆	**主　　色：**	蓝 / 蓝
票面时间：	民国三十四年	**印刷单位：**	总行印钞厂
发行时间：	1947 年	**收 藏 者：**	编委
备　　注：	单字轨，7 位号码		

2-90

编　　号：P019

票　　幅：135×68mm

面　　额：伍拾圆

主　　色：蓝 / 蓝

票面时间：民国三十四年

印刷单位：总行印钞厂

发行时间：1947 年

收 藏 者：编委

2-91

编　　号： B058	★★	**票　　幅：** 128×65mm	
面　　额： 壹百圆		**主　　色：** 紫黑 / 绿	
票面时间： 民国三十四年		**印刷单位：** 总行印钞厂	
发行时间： 1947 年		**收 藏 者：** 编委	
备　　注： 有底纹			

2–92

编　　号：P020

面　　额：壹百圆

票面时间：民国三十四年

发行时间：1947 年

备　　注：有底纹

票　　幅：128 × 65mm

主　　色：紫黑 / 绿

印刷单位：总行印钞厂

收 藏 者：编委

2-93

编　　号： P021

面　　额： 壹百圆

票面时间： 民国三十四年

发行时间： 1947 年

票　　幅： 128×65mm

主　　色： 紫黑 / 绿

印刷单位： 总行印钞厂

收 藏 者： 编委

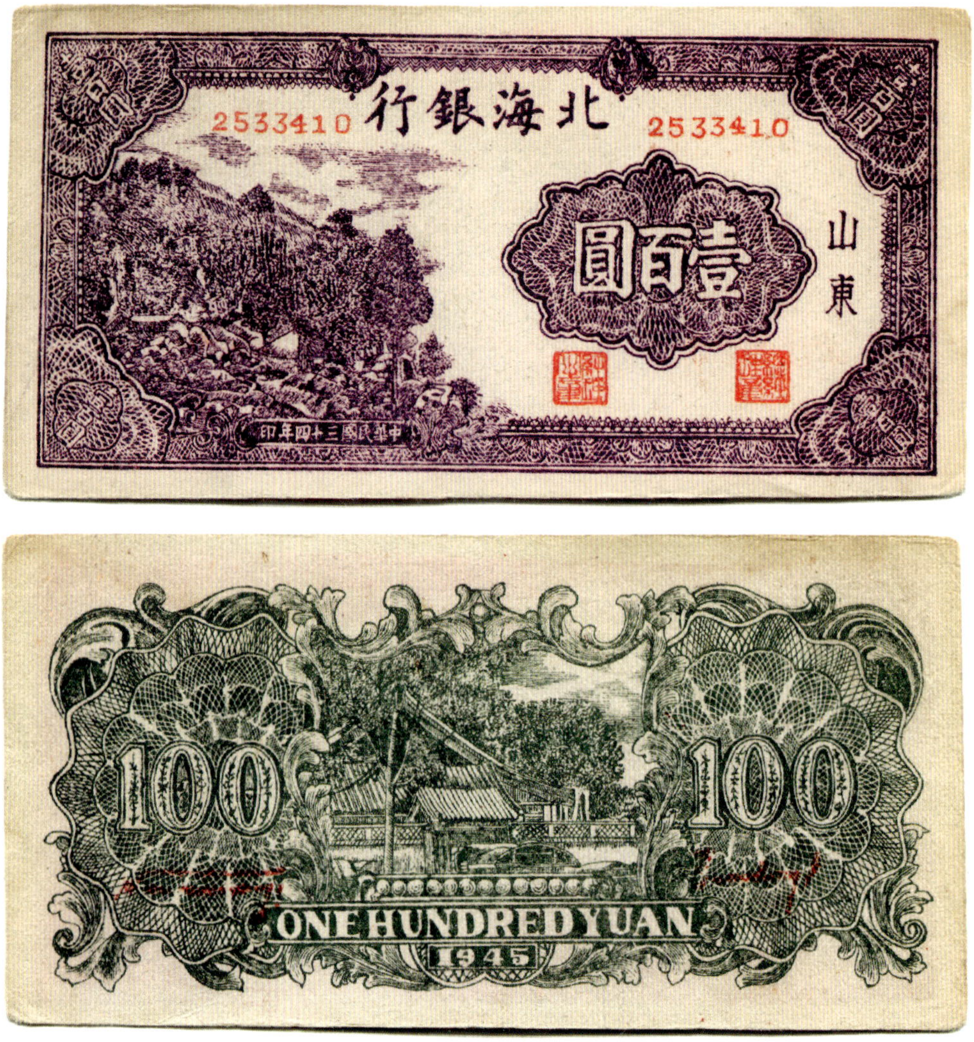

2-94

编　　号：B059
票　　幅：128×65mm
面　　额：壹百圆
主　　色：紫 / 绿
票面时间：民国三十四年
印刷单位：总行印钞厂
发行时间：1947 年
收 藏 者：编委
备　　注：无底纹

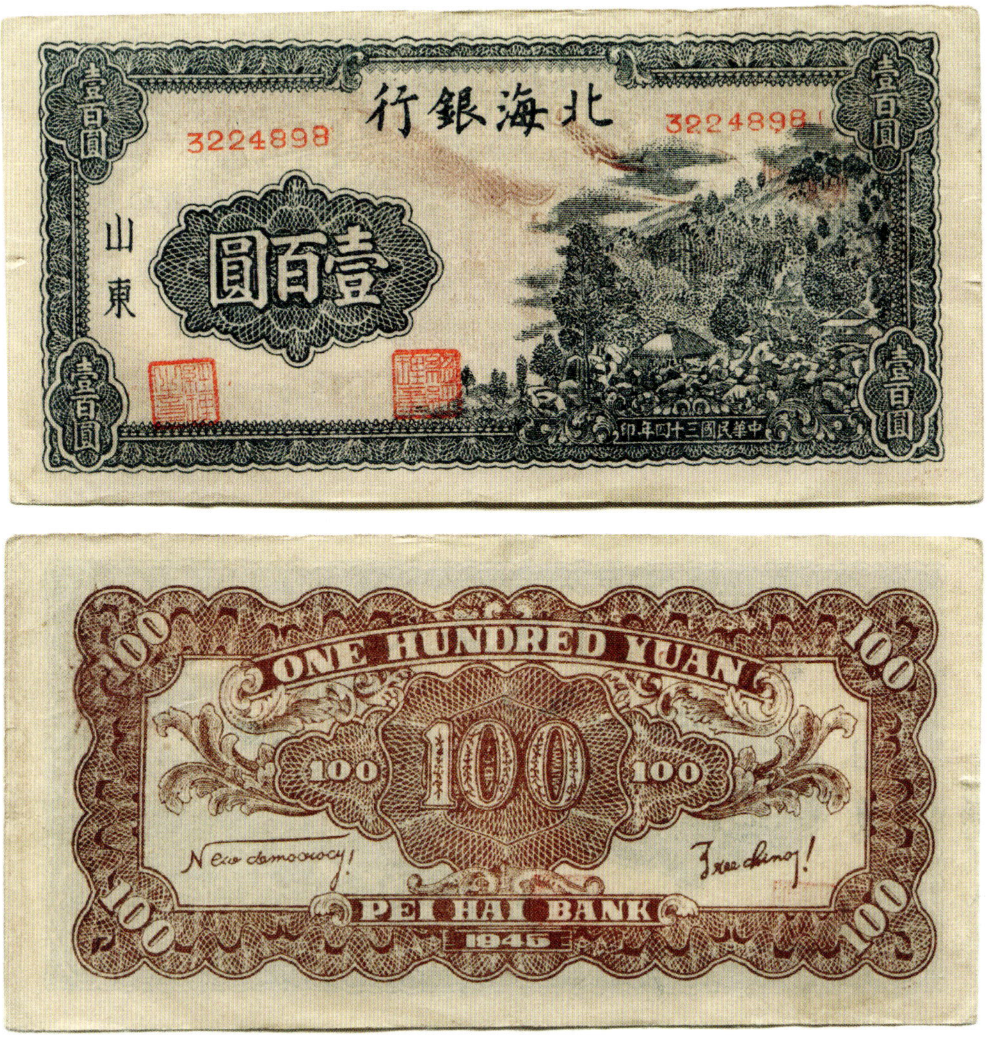

2-95

编　　号：B060　　　　★★　　　　**票　　幅：**133×65mm

面　　额：壹百圆　　　　**主　　色：**蓝 / 褐

票面时间：民国三十四年　　　　**印刷单位：**总行印钞厂

发行时间：1946 年　　　　**收 藏 者：**编委

2-96

编　　号：P022　　**票　　幅：**133×65mm

面　　额：壹百圆　　**主　　色：**蓝 / 褐

票面时间：民国三十四年　　**印刷单位：**总行印钞厂

发行时间：1946 年　　**收 藏 者：**编委

2-97

编　　号：B061　　★★

面　　额：壹百圆

票面时间：民国三十四年

发行时间：1945 年

票　　幅：136×65mm

主　　色：紫 / 红

印刷单位：胶东制版、代印

收 藏 者：编委

2-98

编　　号：P023

票　　幅：136×65mm

面　　额：壹百圆

主　　色：紫 / 红

票面时间：民国三十四年

印刷单位：胶东制版、代印

发行时间：1945 年

收 藏 者：编委

2-99

编　　号：	B062　　★★★	**票　　幅：**	139×69mm
面　　额：	壹百圆	**主　　色：**	棕 / 棕
票面时间：	民国三十四年	**印刷单位：**	胶东印钞厂
发行时间：	1946 年	**收 藏 者：**	编委

2-100

编　　号： P024　　**票　　幅：** 139×69mm

面　　额： 壹百圆　　**主　　色：** 棕 / 棕

票面时间： 民国三十四年　　**印刷单位：** 胶东印钞厂

发行时间： 1946 年　　**收 藏 者：** 编委

2-101

编　　号：P025
票　　幅：139×69mm
面　　额：壹百圆
主　　色：棕 / 棕
票面时间：民国三十四年
印刷单位：胶东印钞厂
发行时间：1946 年
收 藏 者：编委

2-102

编　　号：B063　　★

面　　额：壹圆

票面时间：民国三十五年

发行时间：1946 年

票　　幅：103×49mm

主　　色：红 / 红

印刷单位：总行印钞厂

收 藏 者：编委

2–103

编　　号：B064　　★★

票　　幅：132×66mm

面　　额：贰拾伍圆

主　　色：枣红 / 褐

票面时间：民国三十五年

印刷单位：总行印钞厂

发行时间：1946 年

收 藏 者：编委

2-104

编　　号：	B065　　★★	**票　　幅：**	129×65mm
面　　额：	贰拾伍圆	**主　　色：**	枣红 / 褐
票面时间：	民国三十五年	**印刷单位：**	总行印钞厂
发行时间：	1946 年	**收 藏 者：**	编委
备　　注：	背黑色英文口号		

2-105

编　　号： P026
票　　幅： 129×65mm
面　　额： 贰拾伍圆
主　　色： 枣红 / 褐
票面时间： 民国三十五年
印刷单位： 总行印钞厂
发行时间： 1946 年
收 藏 者： 编委
备　　注： 背黑色英文口号

2-106

编　　号：B066　　★★

面　　额：壹百圆

票面时间：民国三十五年

发行时间：1947 年

备　　注：浅色

票　　幅：130×64mm

主　　色：绿 / 橘红

印刷单位：总行印钞厂

收 藏 者：编委

2-107

编　　号： B066-2　　★★　　**票　　幅：** 130×64mm

面　　额： 壹百圆　　**主　　色：** 绿 / 橘红

票面时间： 民国三十五年　　**印刷单位：** 总行印钞厂

发行时间： 1947 年　　**收 藏 者：** 编委

备　　注： 深色

2-108

编　　号：P027
面　　额：壹百圆
票面时间：民国三十五年
发行时间：1947 年
备　　注：深色
票　　幅：130×64mm
主　　色：绿 / 橘红
印刷单位：总行印钞厂
收 藏 者：编委

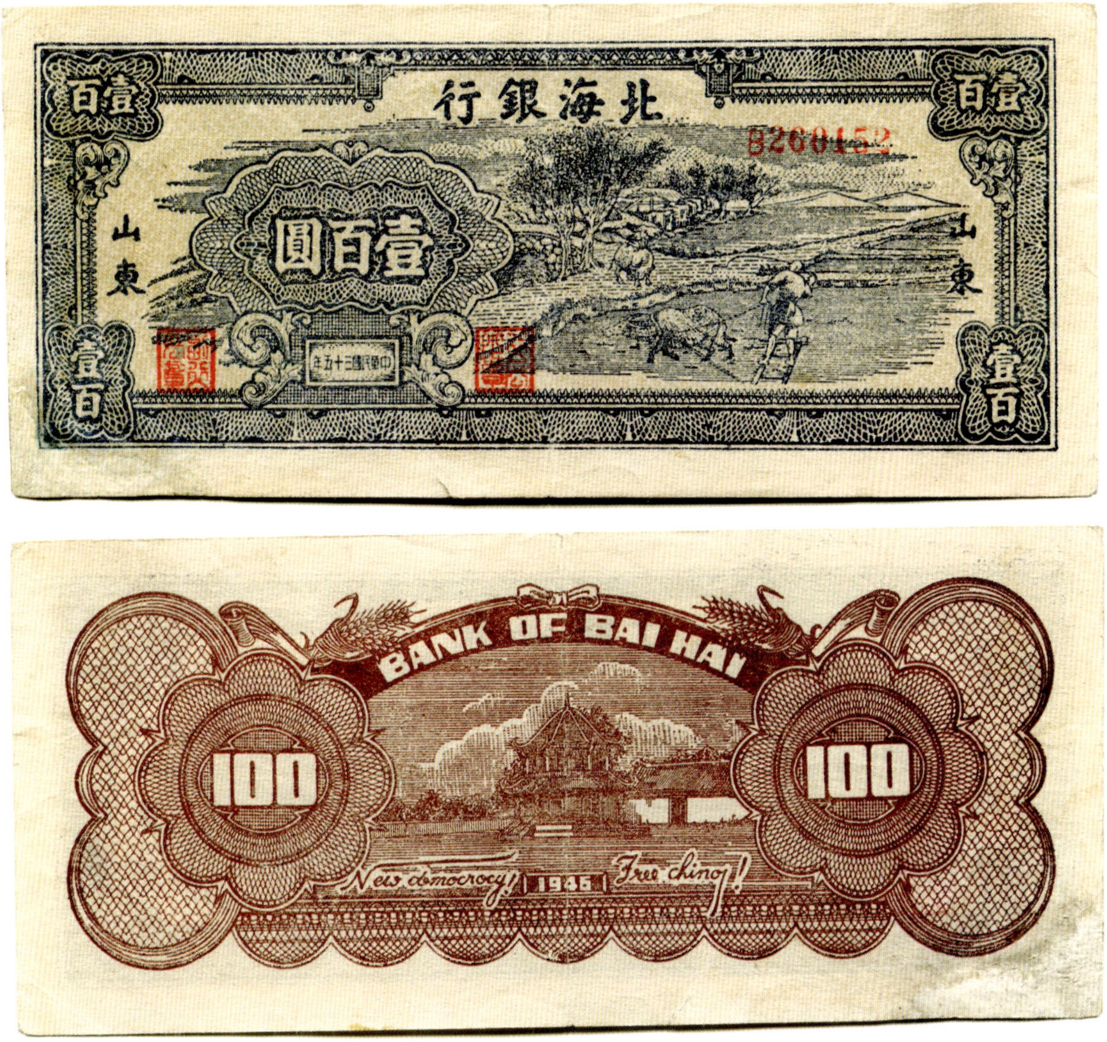

2-109

编　　号：B067-1　　★★★　　票　　幅：148×63mm

面　　额：壹百圆　　主　　色：蓝 / 棕

票面时间：民国三十五年　　印刷单位：胶东印钞厂

发行时间：1947 年　　收 藏 者：编委

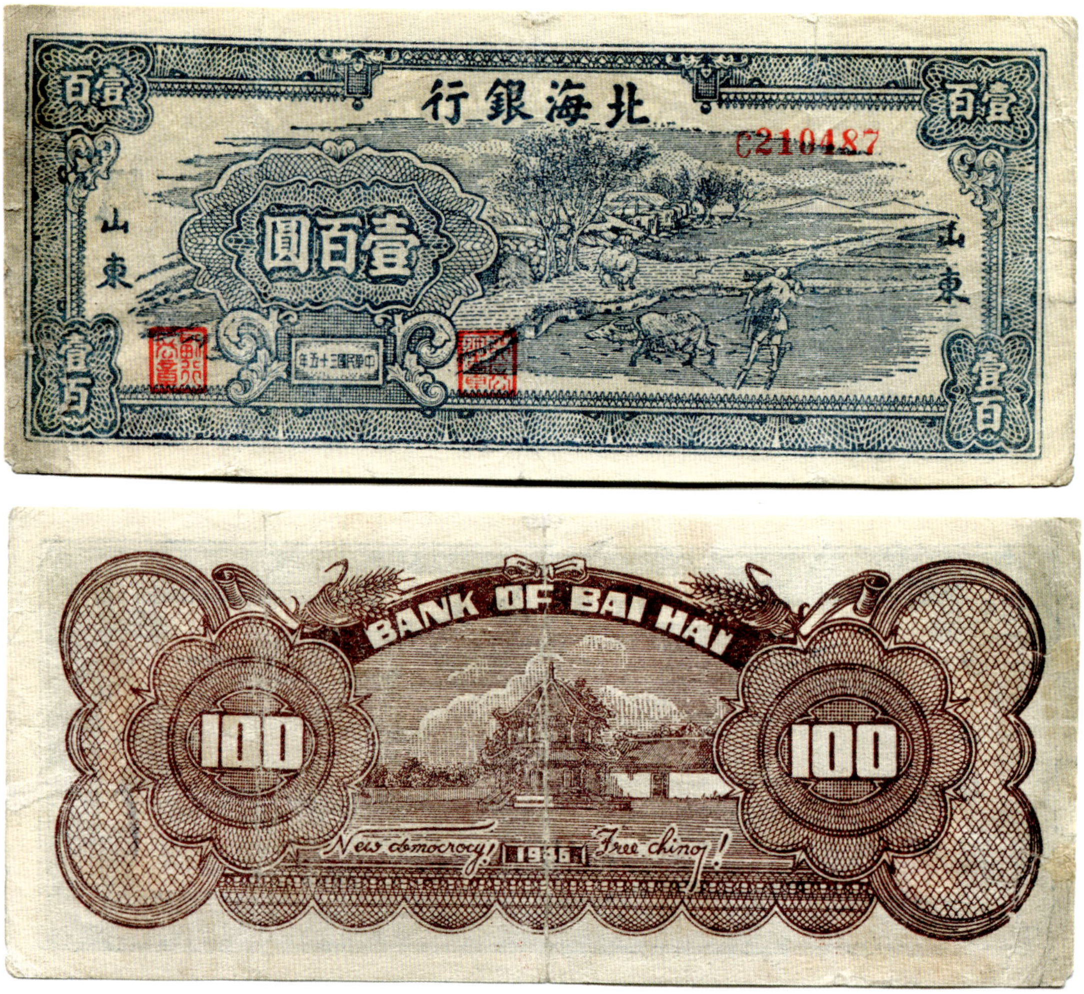

2-110

编　　号： B067-2	★★★	**票　　幅：** 148×63mm	
面　　额： 壹百圆		**主　　色：** 蓝 / 褐	
票面时间： 民国三十五年		**印刷单位：** 胶东印钞厂	
发行时间： 1947 年		**收 藏 者：** 编委	

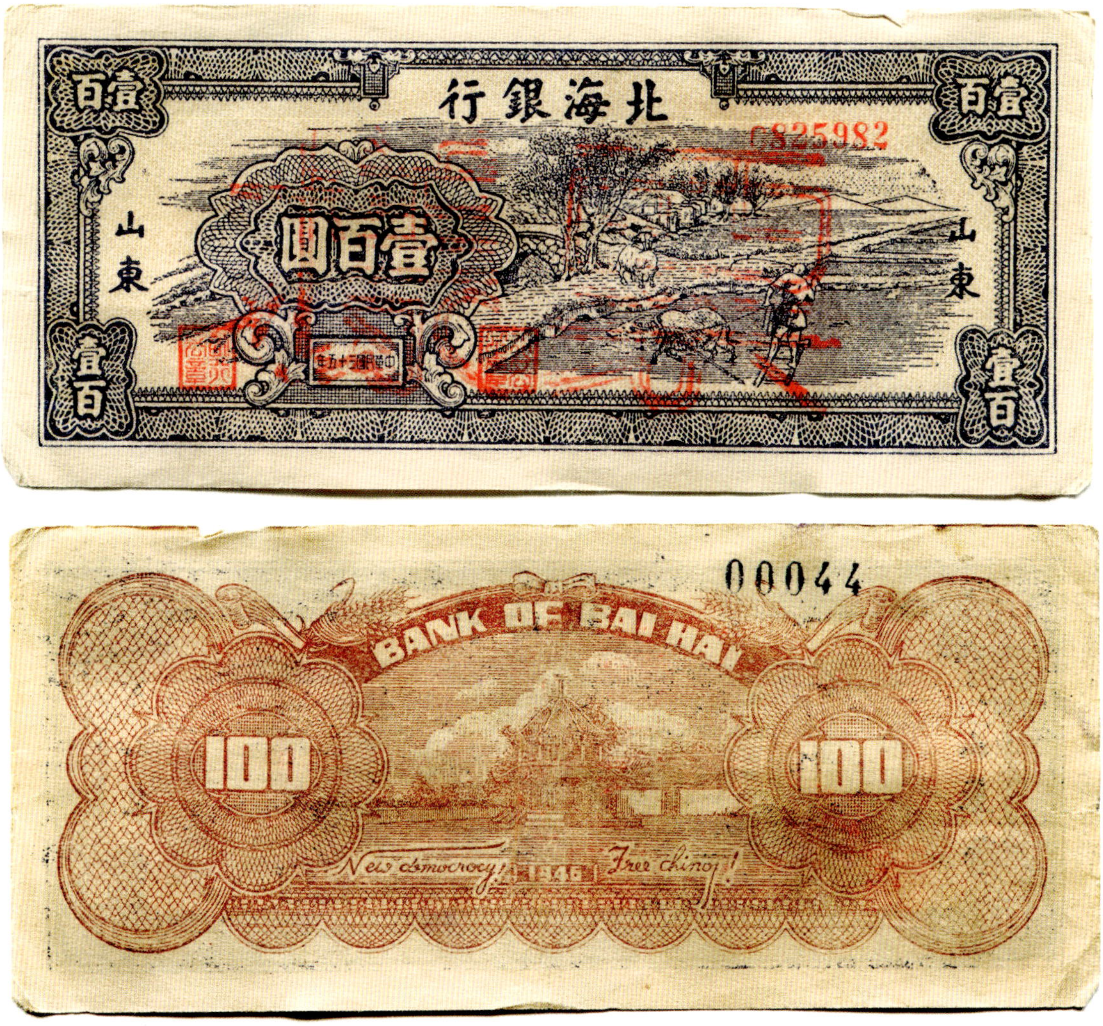

2-111

编　　号：P028　　**票　　幅：**148×63mm

面　　额：壹百圆　　**主　　色：**蓝 / 褐

票面时间：民国三十五年　　**印刷单位：**胶东印钞厂

发行时间：1947 年　　**收 藏 者：**编委

2-112

编　　号： B068	★★★★	**票　　幅：** 129×65mm	
面　　额： 贰百圆		**主　　色：** 棕 / 绿	
票面时间： 民国三十五年		**印刷单位：** 总行印钞厂	
发行时间： 1947 年		**收 藏 者：** 烟台张勇	

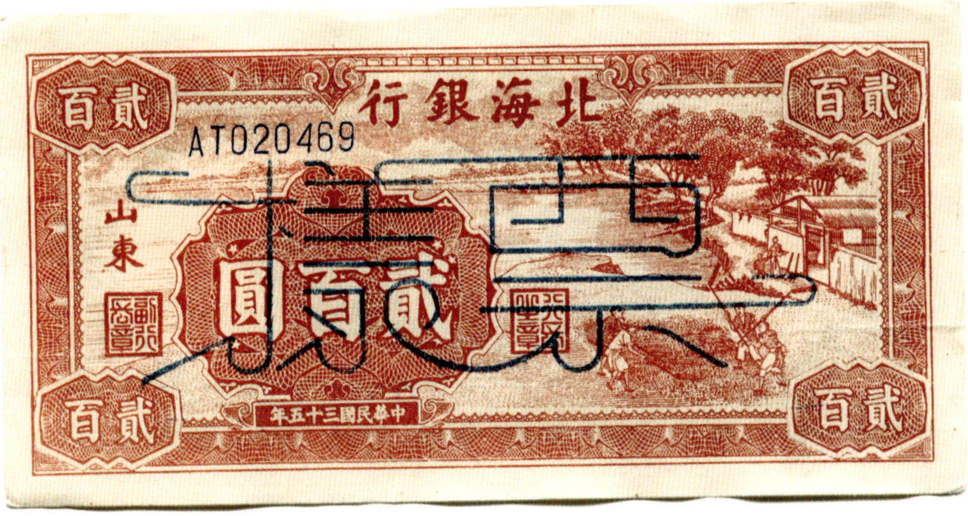

2-113

编　　号： P029

面　　额： 贰百圆

票面时间： 民国三十五年

发行时间： 1947 年

票　　幅： 129×65mm

主　　色： 棕 / 绿

印刷单位： 总行印钞厂

收 藏 者： 编委

2-114

编　　号：P030
面　　额：贰百圆
票面时间：民国三十五年
发行时间：1947 年
票　　幅：129×65mm
主　　色：棕 / 绿
印刷单位：总行印钞厂
收 藏 者：山东省博物馆

2-115

编　　号：B069　★★　　票　　幅：132×65mm

面　　额：贰百圆　　主　　色：红 / 红

票面时间：民国三十五年　　印刷单位：总行印钞厂

发行时间：1946 年　　收 藏 者：编委

2-118

编　　号：	W01	票　　幅：	152×67mm
面　　额：	贰百圆	主　　色：	黑褐
票面时间：	民国三十六年	印刷单位：	总行印钞厂
发行时间：	——	收 藏 者：	编委
备　　注：	（一）无号码，单面 （二）未发行		

2-115

编　　号： B069　　★★

面　　额： 贰百圆

票面时间： 民国三十五年

发行时间： 1946年

票　　幅： 132×65mm

主　　色： 红/红

印刷单位： 总行印钞厂

收 藏 者： 编委

2-116

编　　号： P031	**票　　幅：** 132×65mm
面　　额： 贰百圆	**主　　色：** 红 / 红
票面时间： 民国三十五年	**印刷单位：** 总行印钞厂
发行时间： 1946 年	**收 藏 者：** 编委
备　　注： 背“北海银行临沂办事处”	

2-117

编　　号： P032	**票　　幅：** 132×65mm
面　　额： 贰百圆	**主　　色：** 红 / 红
票面时间： 民国三十五年	**印刷单位：** 总行印钞厂
发行时间： 1946 年	**收 藏 者：** 编委

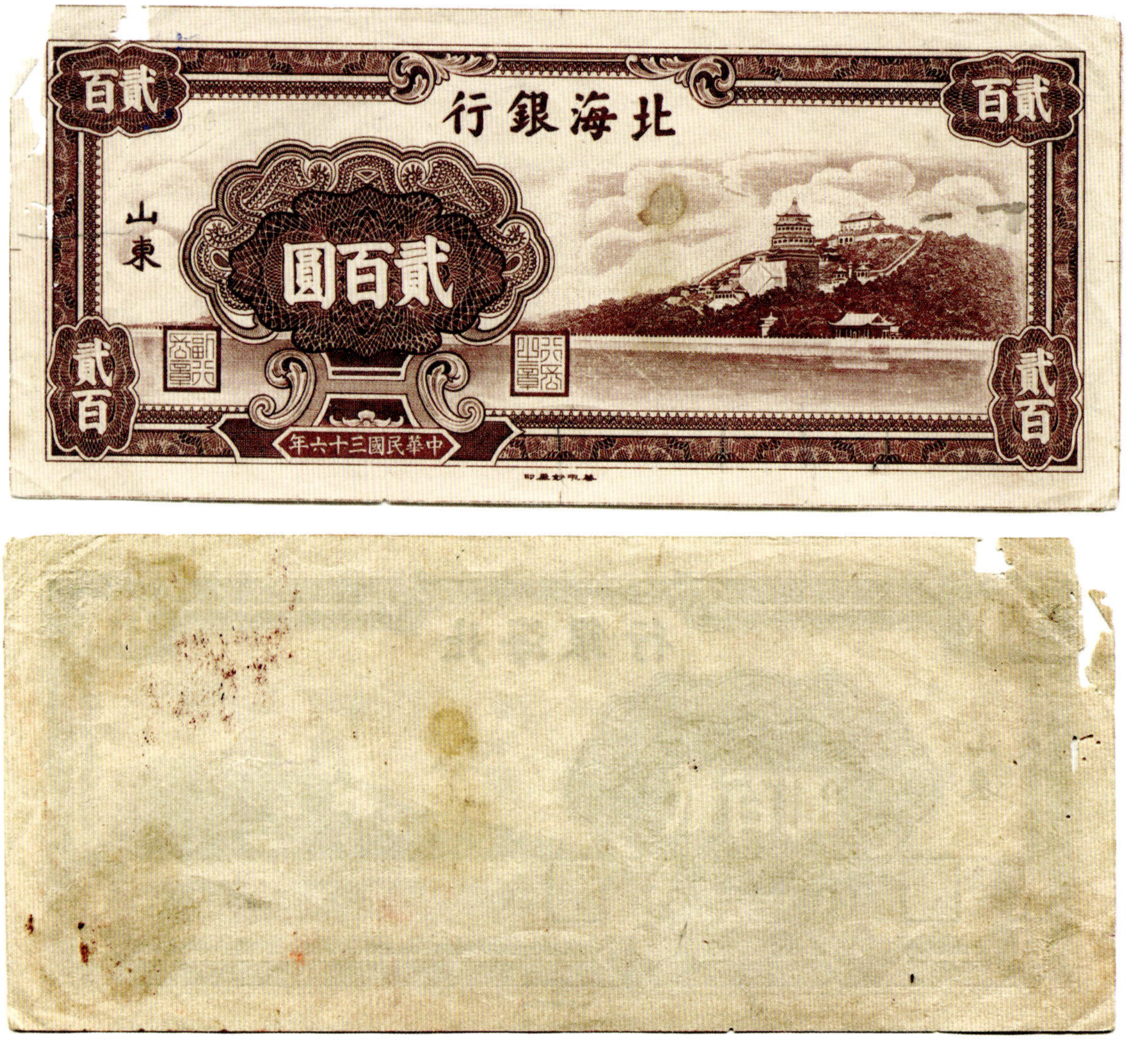

2-118

编　　号： W01

面　　额： 贰百圆

票面时间： 民国三十六年

发行时间： ——

备　　注： （一）无号码，单面
（二）未发行

票　　幅： 152×67mm

主　　色： 黑褐

印刷单位： 总行印钞厂

收 藏 者： 编委

2-119

编　　号：B070-1　　★　　**票　　幅：**131×62mm

面　　额：伍佰圆　　**主　　色：**蓝 / 紫棕

票面时间：民国三十六年　　**印刷单位：**总行印钞厂

发行时间：1947 年　　**收 藏 者：**编委

2-120

编　　号： B070-2 ★

面　　额： 伍佰圆

票面时间： 民国三十六年

发行时间： 1947 年

备　　注： 有积墨现象

票　　幅： 131×62mm

主　　色： 蓝 / 棕

印刷单位： 总行印钞厂

收 藏 者： 编委

2-121

编　　号： P033　　**票　　幅：** 131×62mm

面　　额： 伍佰圆　　**主　　色：** 蓝 / 棕

票面时间： 民国三十六年　　**印刷单位：** 总行印钞厂

发行时间： 1947 年　　**收 藏 者：** 编委

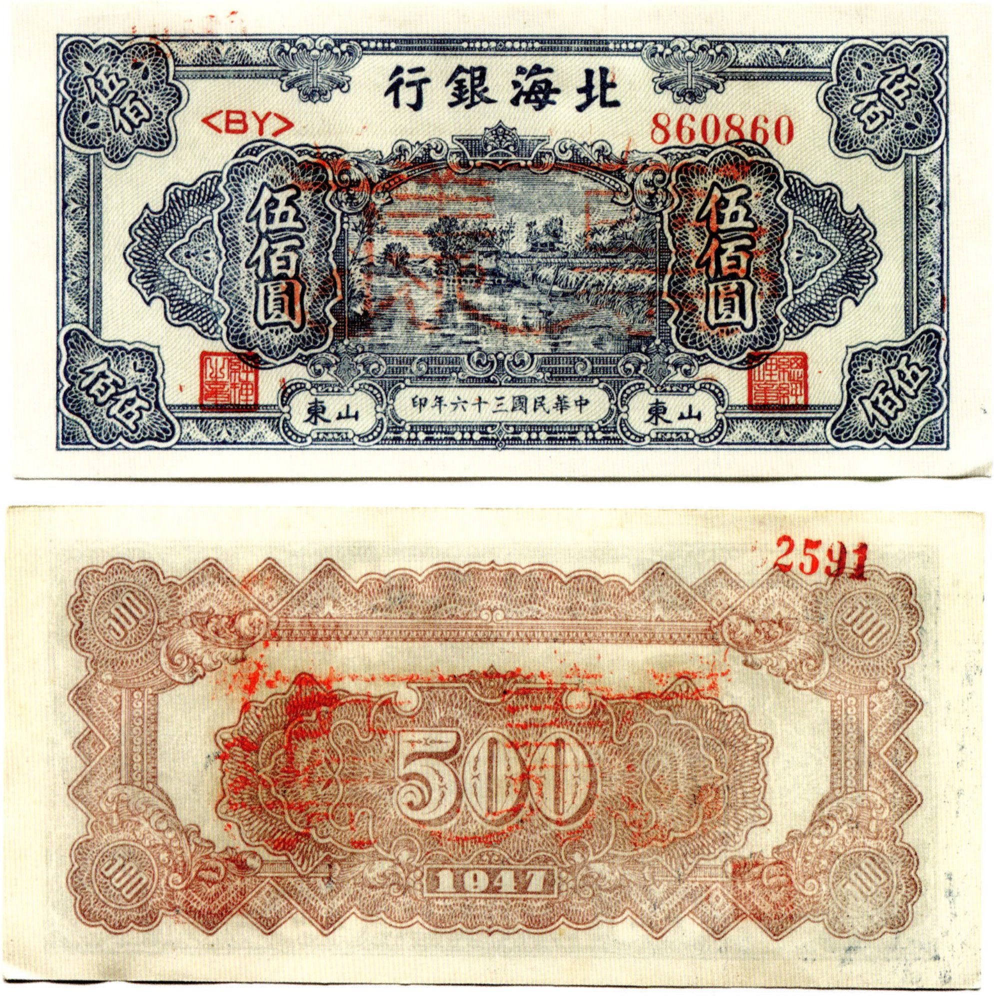

2-122

编　　号：P034

面　　额：伍佰圆

票面时间：民国三十六年

发行时间：1947 年

票　　幅：131×62mm

主　　色：蓝 / 棕

印刷单位：总行印钞厂

收 藏 者：编委

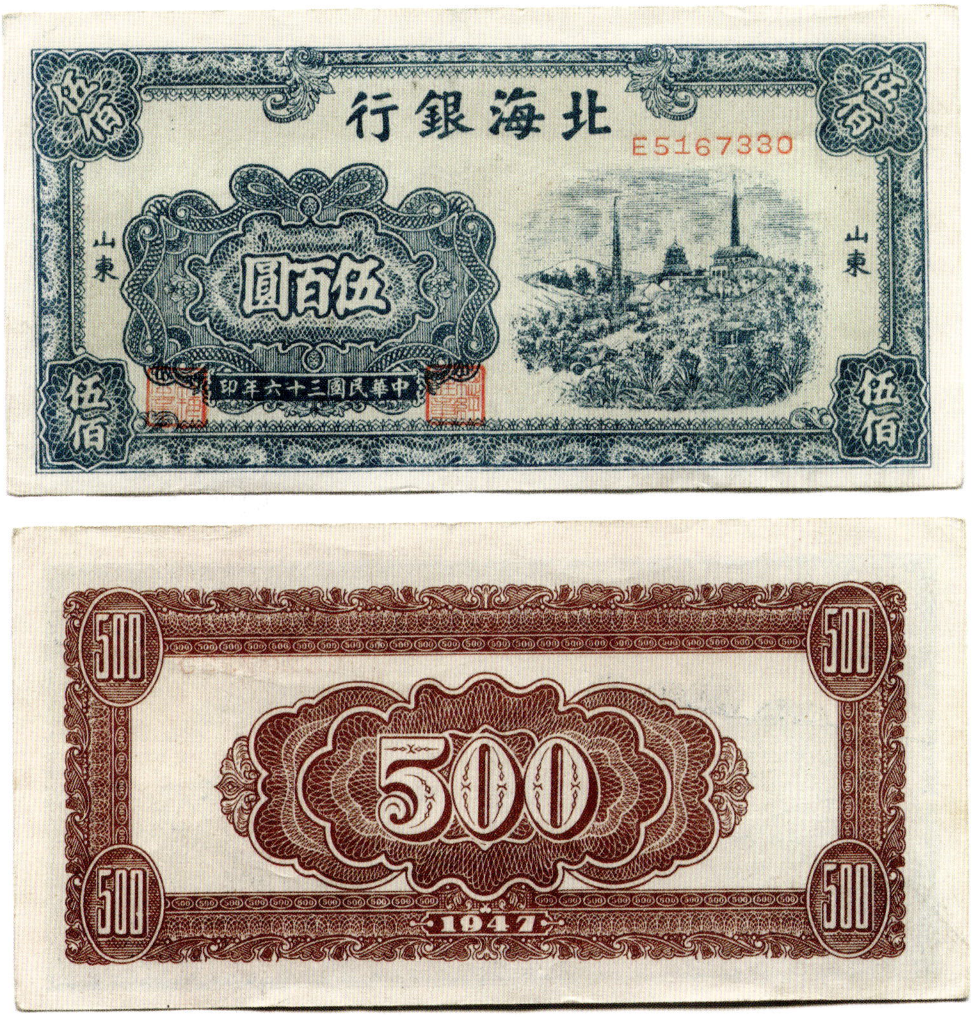

2-123

编　　号： B071　　★	**票　　幅：** 129×64mm
面　　额： 伍百圆	**主　　色：** 蓝 / 褐
票面时间： 民国三十六年	**印刷单位：** 总行印钞厂
发行时间： 1947 年	**收 藏 者：** 编委

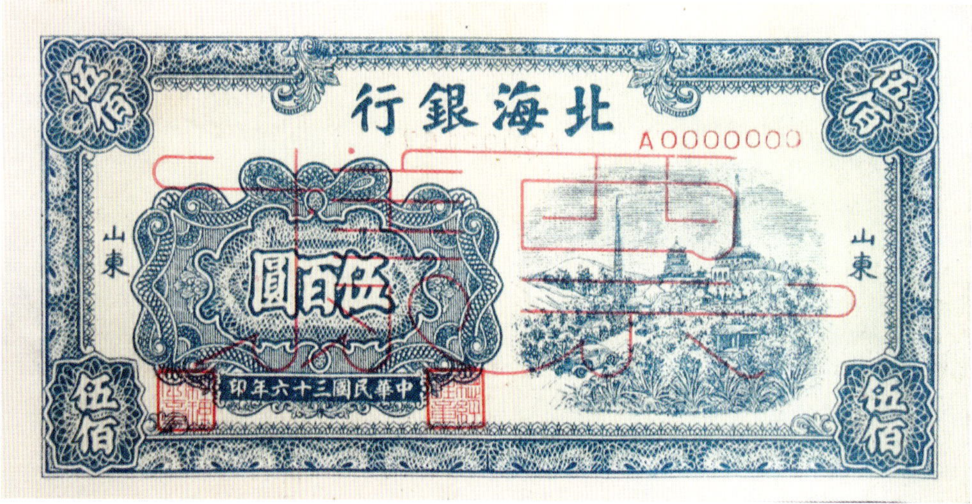

2-124

编　　号：	P035	**票　　幅：**	129×64mm
面　　额：	伍百圆	**主　　色：**	蓝/褐
票面时间：	民国三十六年	**印刷单位：**	总行印钞厂
发行时间：	1947 年	**收 藏 者：**	南京王锡平

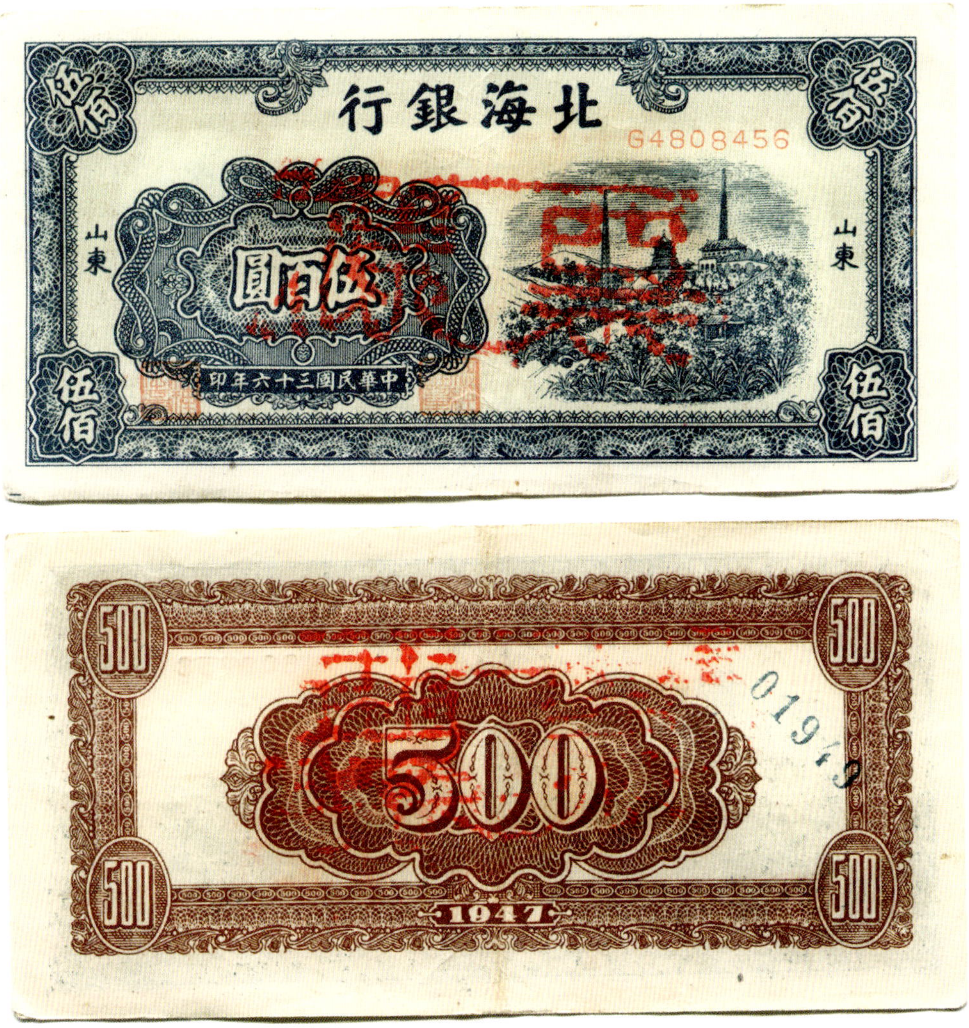

2-125

编　　号：	P036	**票　　幅：**	129×64mm
面　　额：	伍百圆	**主　　色：**	蓝 / 褐
票面时间：	民国三十六年	**印刷单位：**	总行印钞厂
发行时间：	1947 年	**收 藏 者：**	编委

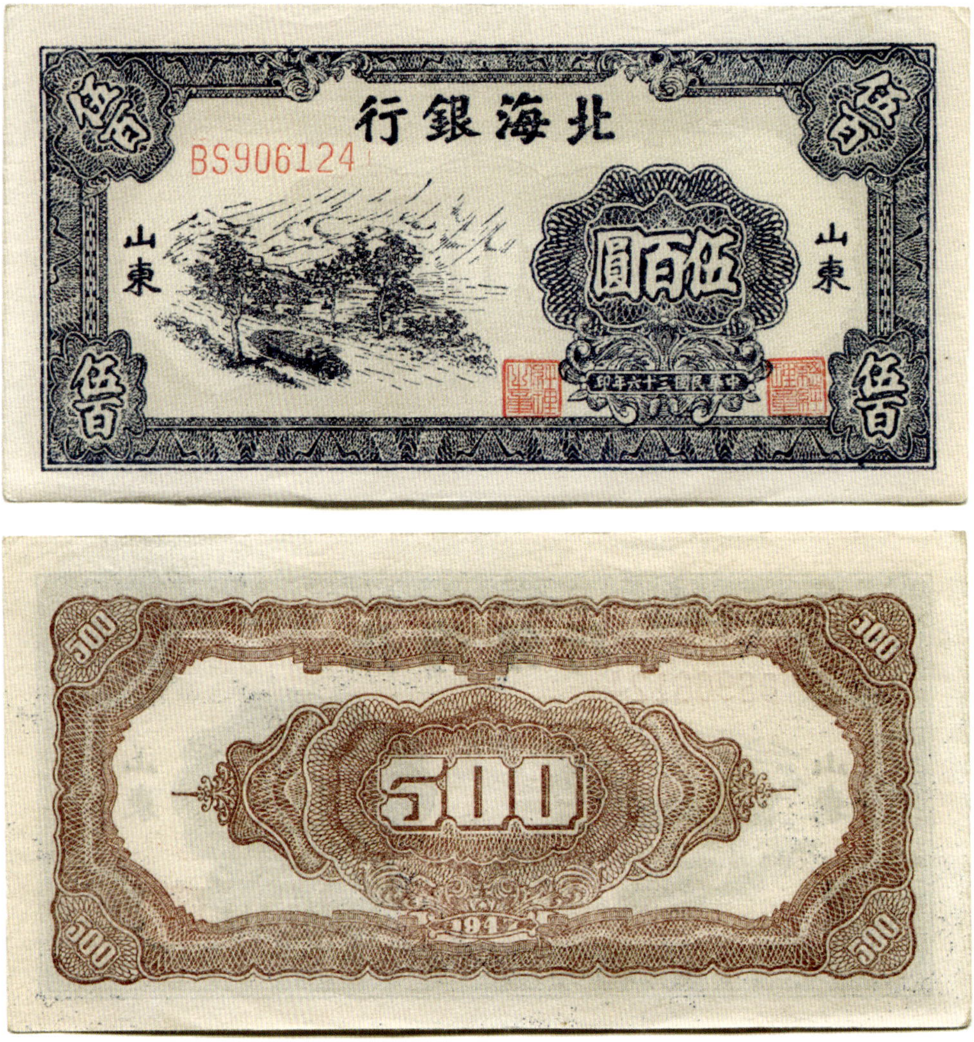

2-126

编　　号：B072　★

票　　幅：130×65mm

面　　额：伍百圆

主　　色：蓝 / 褐

票面时间：民国三十六年

印刷单位：总行胶东印钞厂

发行时间：1947 年

收 藏 者：编委

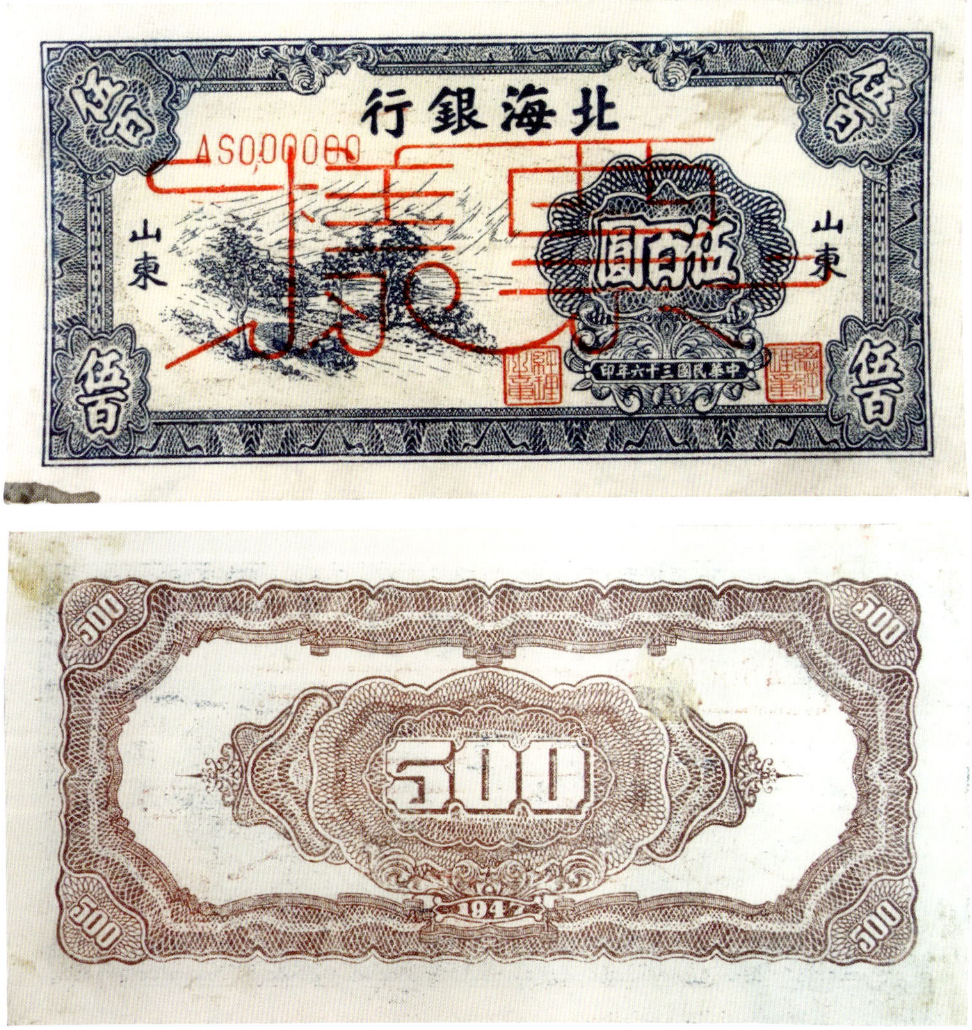

2-127

编　　号：	P037	**票　　幅：**	130×65mm
面　　额：	伍百圆	**主　　色：**	蓝 / 褐
票面时间：	民国三十六年	**印刷单位：**	总行胶东印钞厂
发行时间：	1947 年	**收 藏 者：**	南京王锡平

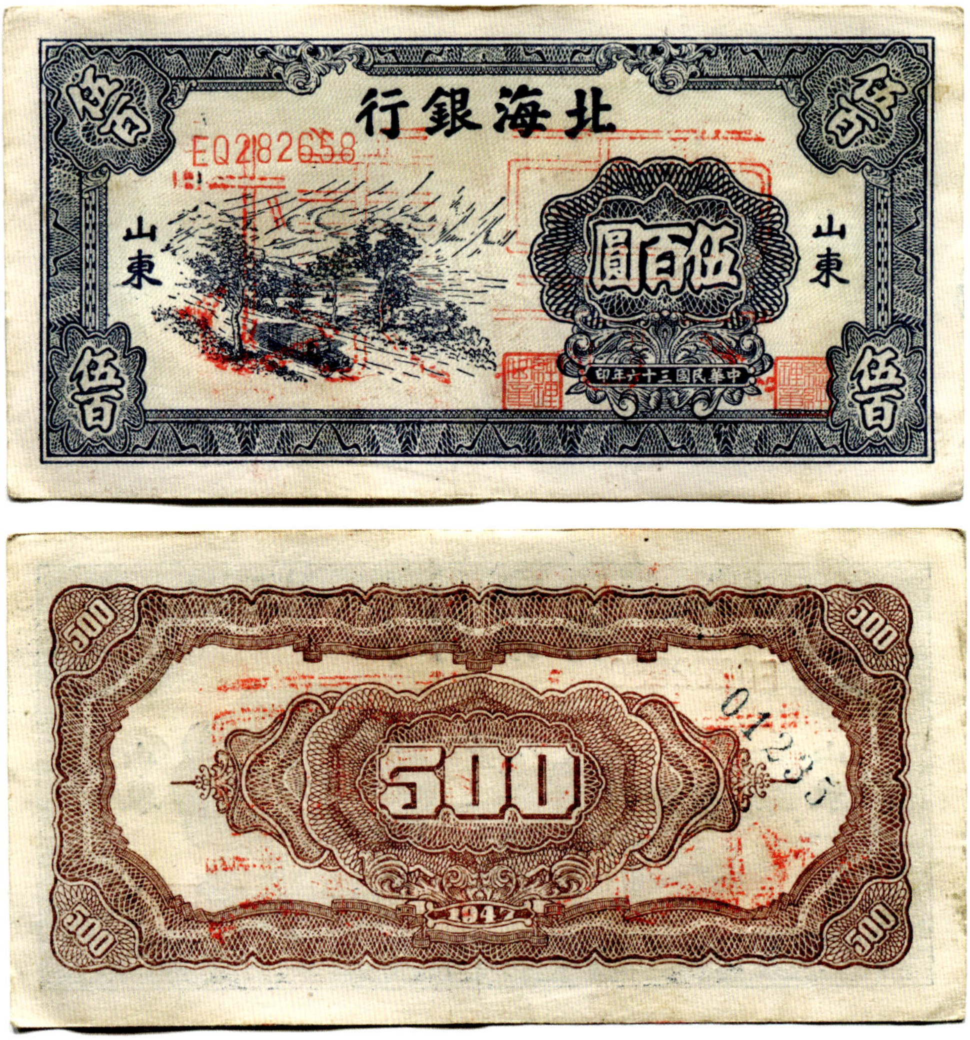

2-128

编　　号：	P038	**票　　幅：**	130×65mm
面　　额：	伍百圆	**主　　色：**	蓝 / 褐
票面时间：	民国三十六年	**印刷单位：**	总行胶东印钞厂
发行时间：	1947 年	**收 藏 者：**	编委

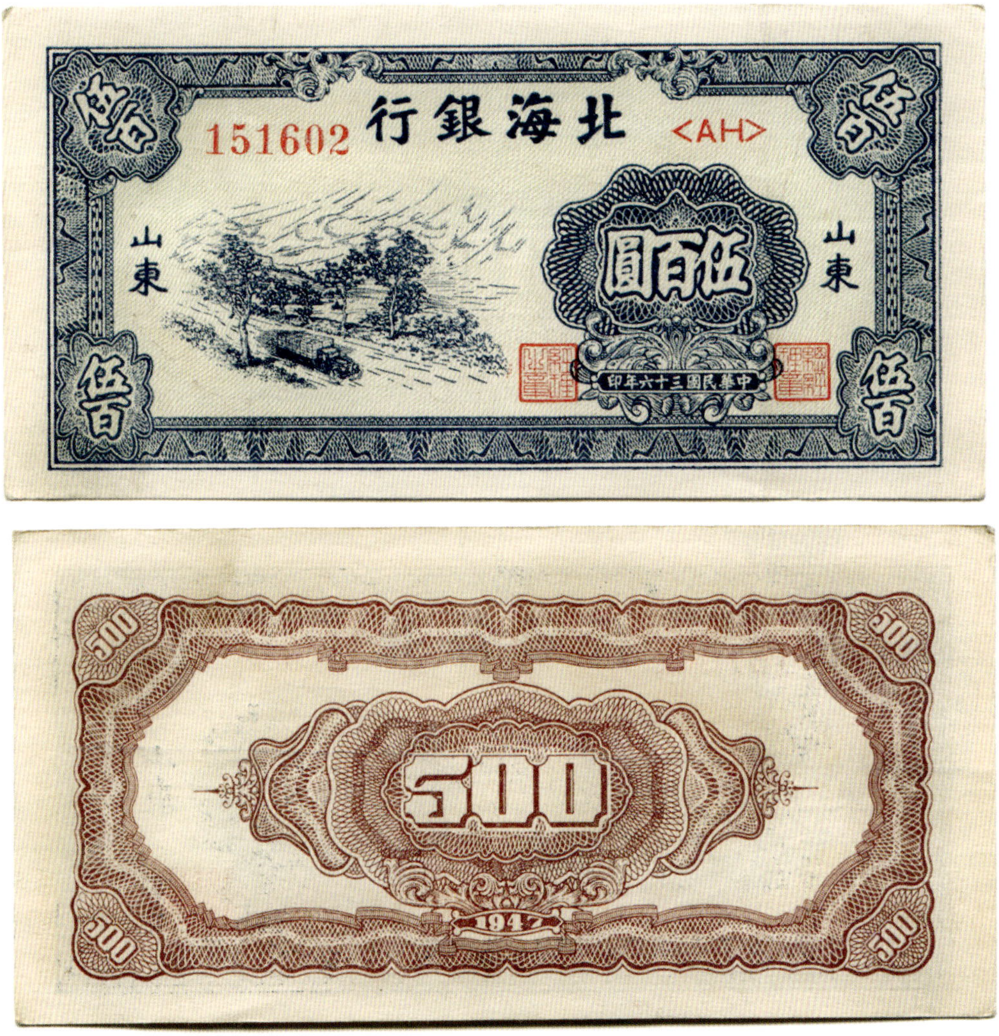

2-129

编　　号：B073　　★

票　　幅：132×64mm

面　　额：伍百圆

主　　色：蓝 / 褐

票面时间：民国三十六年

印刷单位：总行胶东印钞厂

发行时间：1947 年

收 藏 者：编委

备　　注：右边双字母冠字

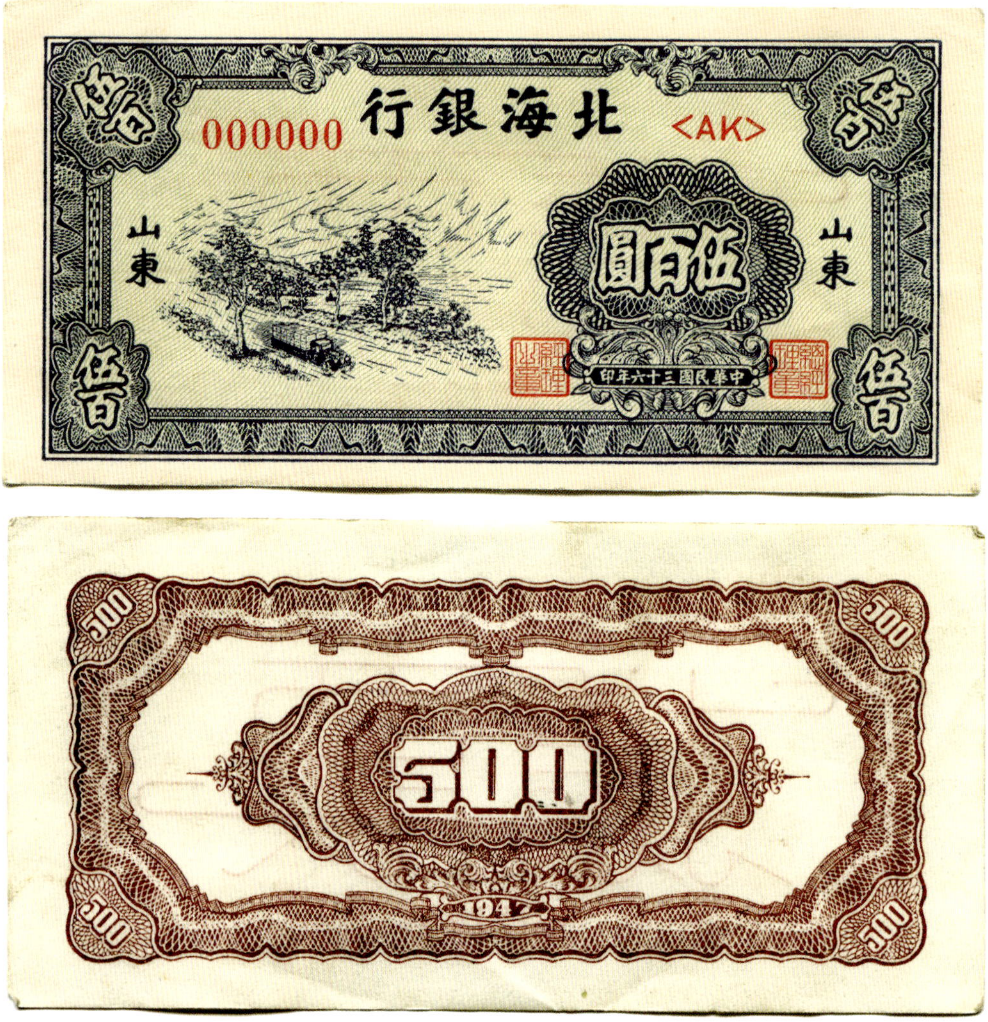

2-130

编　　号：P039
面　　额：伍百圆
票面时间：民国三十六年
发行时间：1947 年
备　　注：右边双字母冠字
票　　幅：132 × 64mm
主　　色：蓝 / 褐
印刷单位：总行胶东印钞厂
收 藏 者：编委

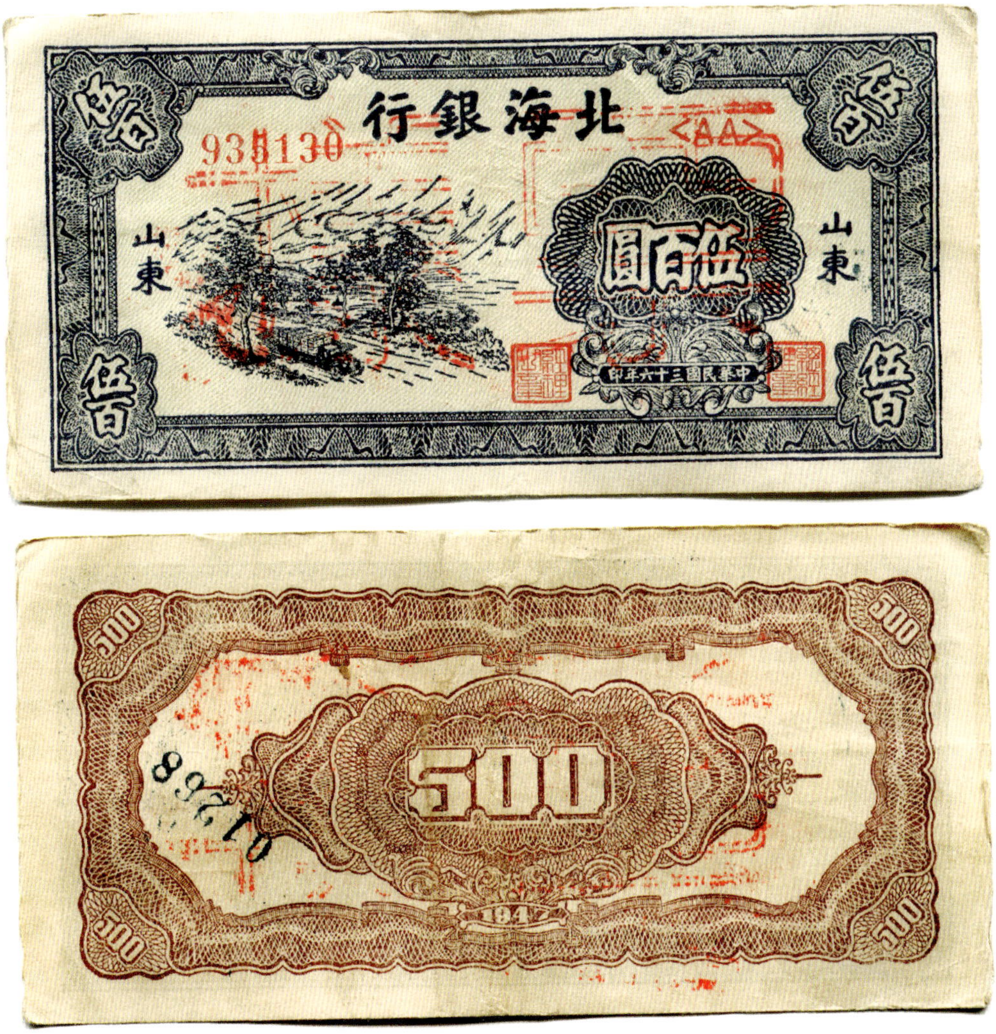

2-131

编　　号： P040

面　　额： 伍百圆

票面时间： 民国三十六年

发行时间： 1947 年

备　　注： 右边双字母冠字

票　　幅： 132×64mm

主　　色： 蓝 / 褐

印刷单位： 总行胶东印钞厂

收 藏 者： 编委

2-132

编　　号： B074　★★

票　　幅： 128×65mm

面　　额： 伍百圆

主　　色： 棕 / 蓝

票面时间： 民国三十六年

印刷单位： 总行胶东印钞厂

发行时间： 1947 年

收 藏 者： 编委

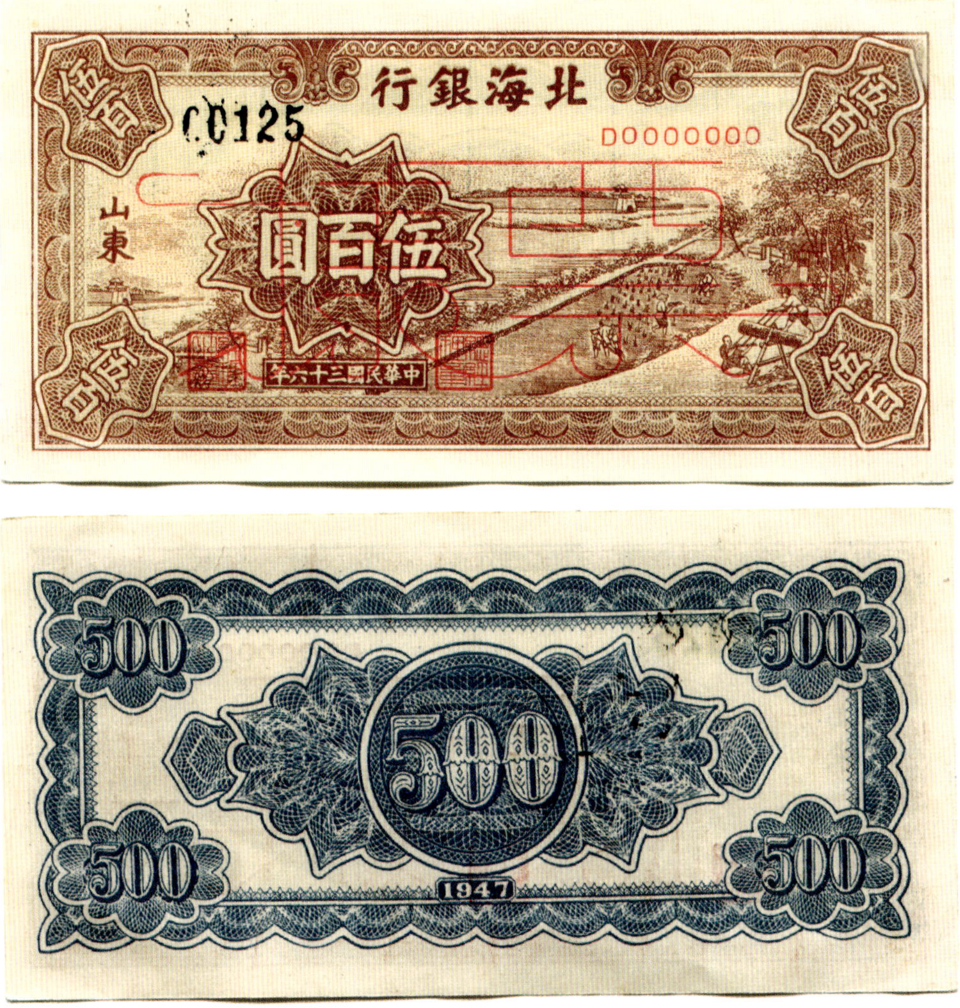

2-133

编　　号：	P041	**票　　幅：**	128×65mm
面　　额：	伍百圆	**主　　色：**	棕 / 蓝
票面时间：	民国三十六年	**印刷单位：**	总行胶东印钞厂
发行时间：	1947 年	**收 藏 者：**	编委

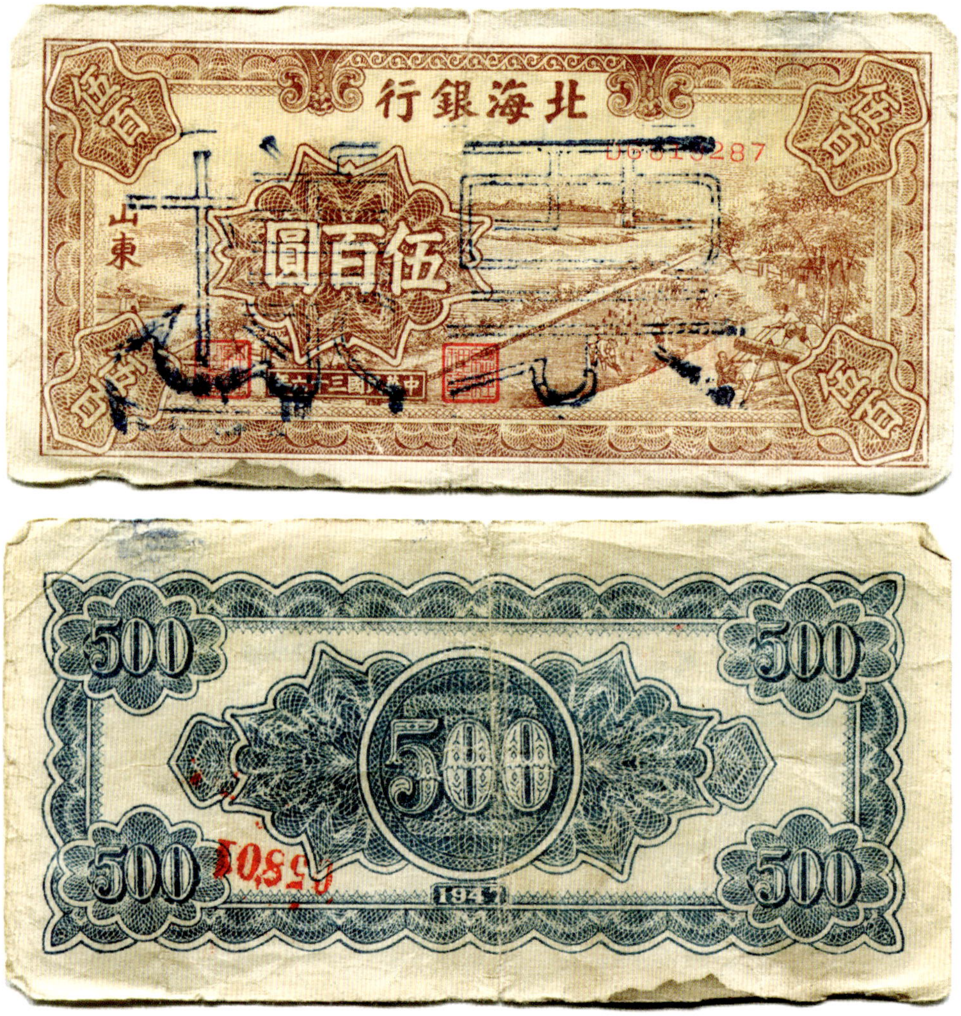

2-134

编　　号：	P042	**票　　幅：**	128 × 65mm
面　　额：	伍百圆	**主　　色：**	棕 / 蓝
票面时间：	民国三十六年	**印刷单位：**	总行胶东印钞厂
发行时间：	1947 年	**收 藏 者：**	编委

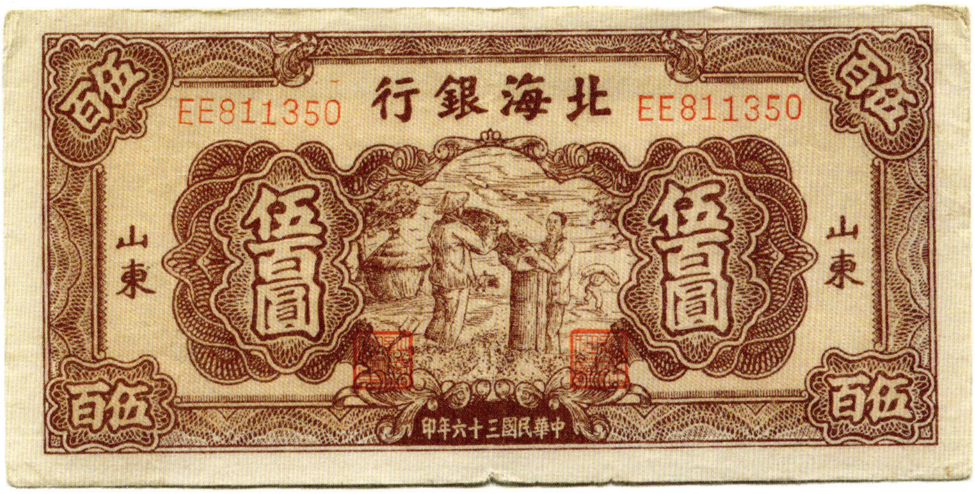

2-135

编　　号： B075　★★		**票　　幅：** 130×63mm	
面　　额： 伍百圆		**主　　色：** 棕/灰紫	
票面时间： 民国三十六年		**印刷单位：** 总行渤海印钞厂	
发行时间： 1947 年		**收 藏 者：** 编委	

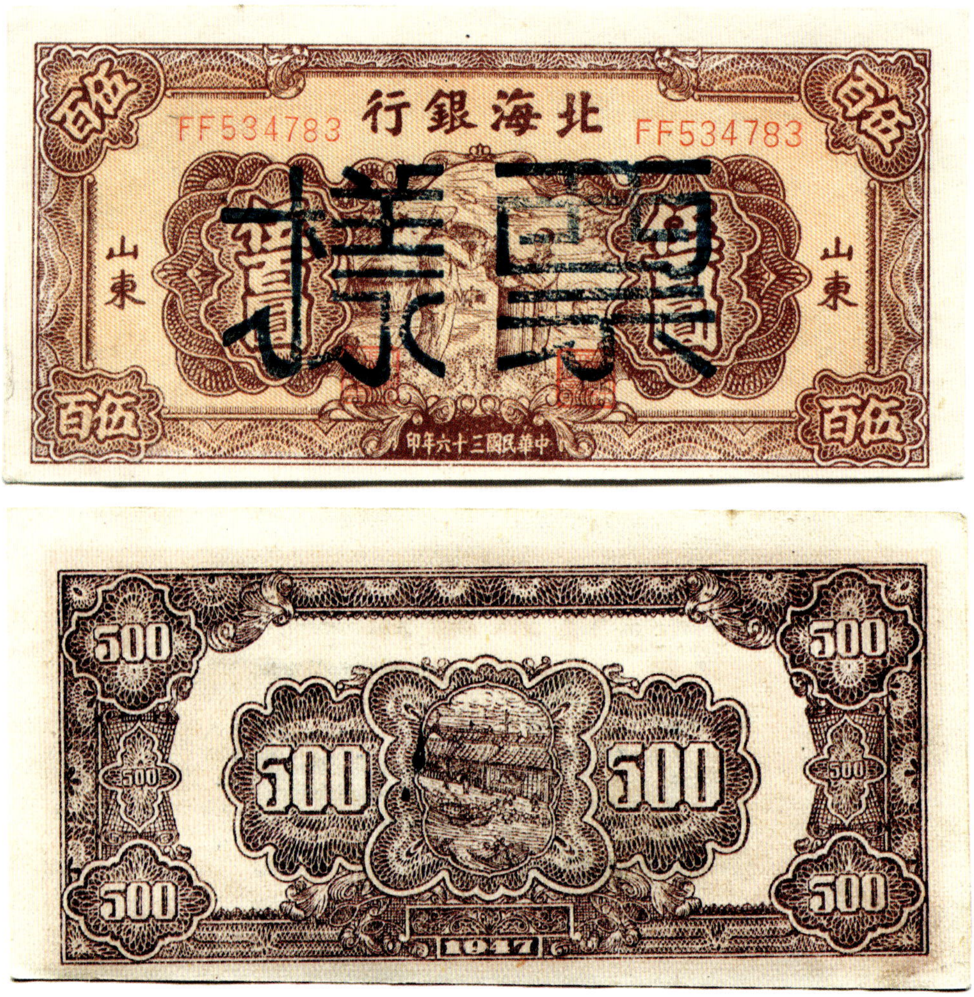

2-136

编　　号： P043
面　　额： 伍百圆
票面时间： 民国三十六年
发行时间： 1947 年
票　　幅： 130×63mm
主　　色： 棕 / 灰紫
印刷单位： 总行渤海印钞厂
收 藏 者： 编委

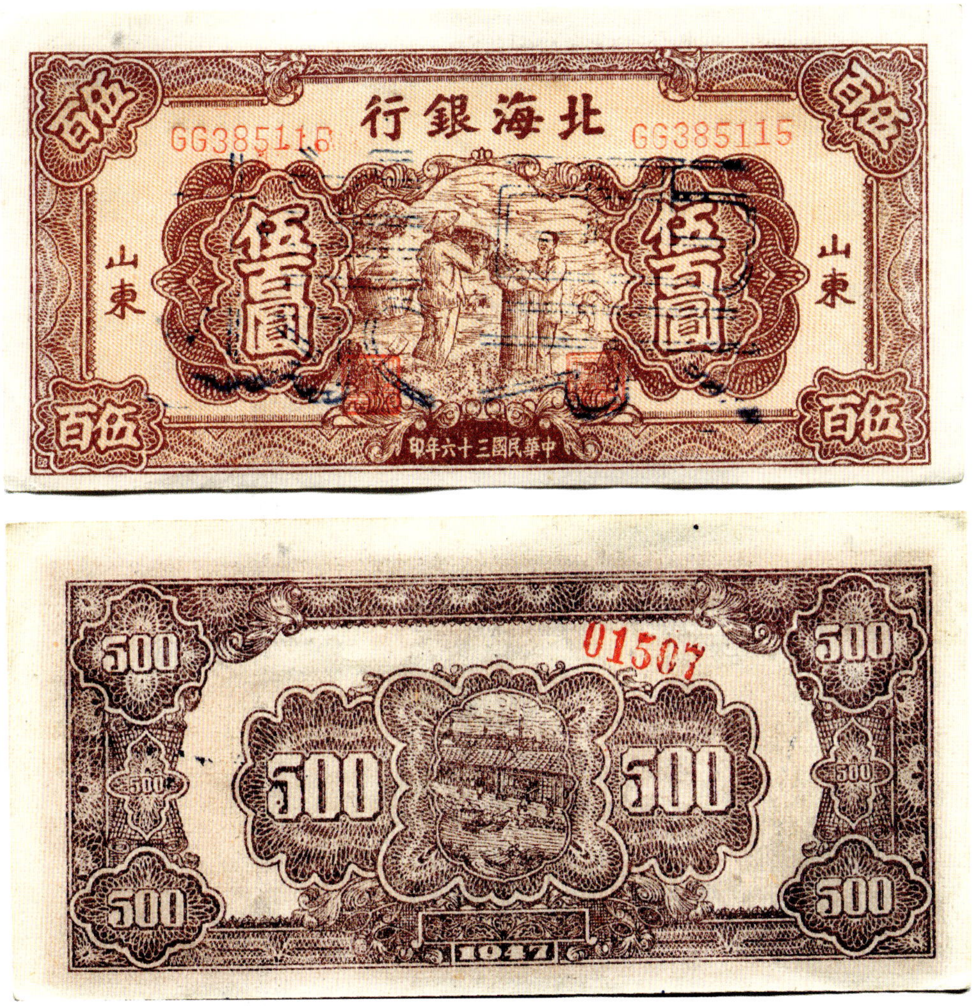

2-137

编　　号：	P044	**票　　幅：**	130×63mm
面　　额：	伍百圆	**主　　色：**	棕 / 灰紫
票面时间：	民国三十六年	**印刷单位：**	总行渤海印钞厂
发行时间：	1947 年	**收 藏 者：**	编委

2-138

编　　号：B076　　★★　　票　　幅：130×64mm

面　　额：贰佰圆　　主　　色：红 / 蓝

票面时间：民国三十七年　　印刷单位：总行印钞厂

发行时间：1948 年　　收 藏 者：编委

备　　注：大号码

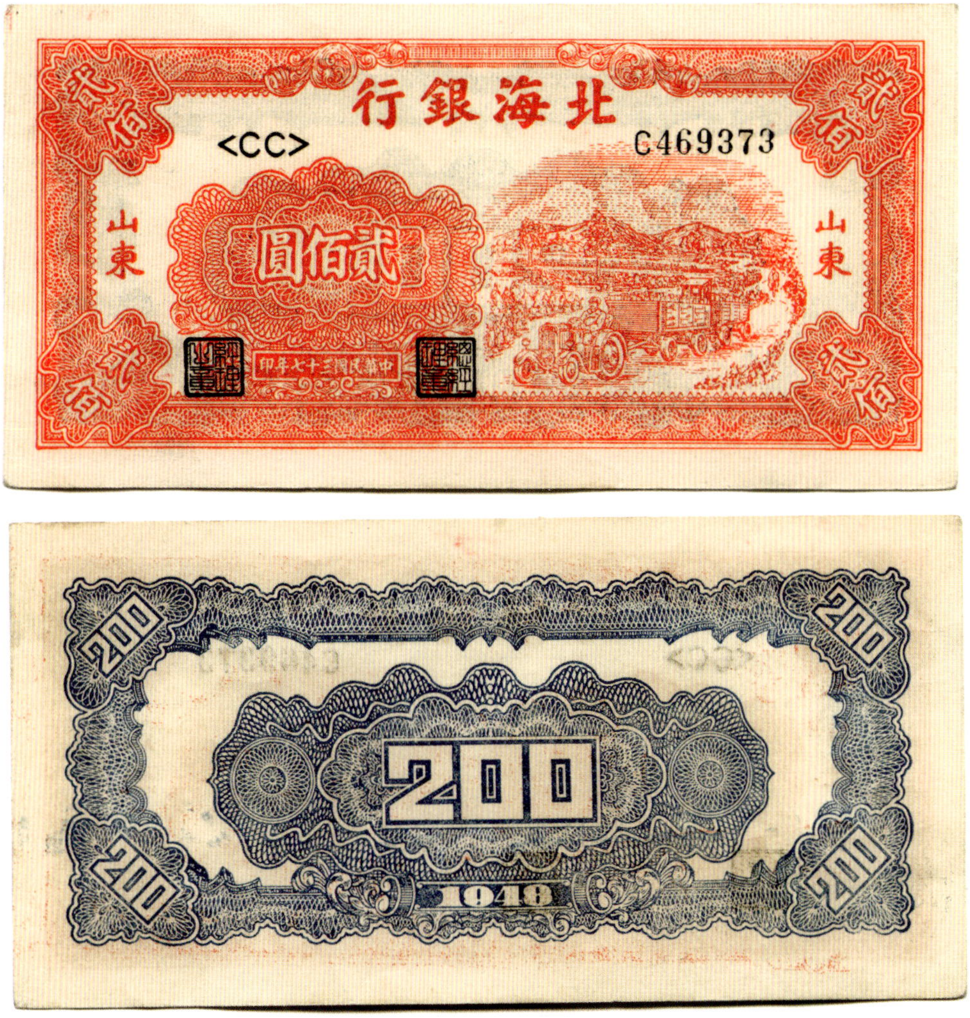

2-139

编　　号：B077　　★★　　票　　幅：128×64mm

面　　额：贰佰圆　　主　　色：红 / 蓝

票面时间：民国三十七年　　印刷单位：总行印钞厂

发行时间：1948 年　　收 藏 者：编委

备　　注：小号码

2-140

编　　号：P045
面　　额：贰佰圆
票面时间：民国三十七年
发行时间：1948 年
票　　幅：128×64mm
主　　色：红 / 蓝
印刷单位：总行印钞厂
收 藏 者：编委

2-141

编　　号：	P046	**票　　幅：**	128×64mm
面　　额：	贰佰圆	**主　　色：**	红 / 蓝
票面时间：	民国三十七年	**印刷单位：**	总行印钞厂
发行时间：	1948 年	**收 藏 者：**	编委

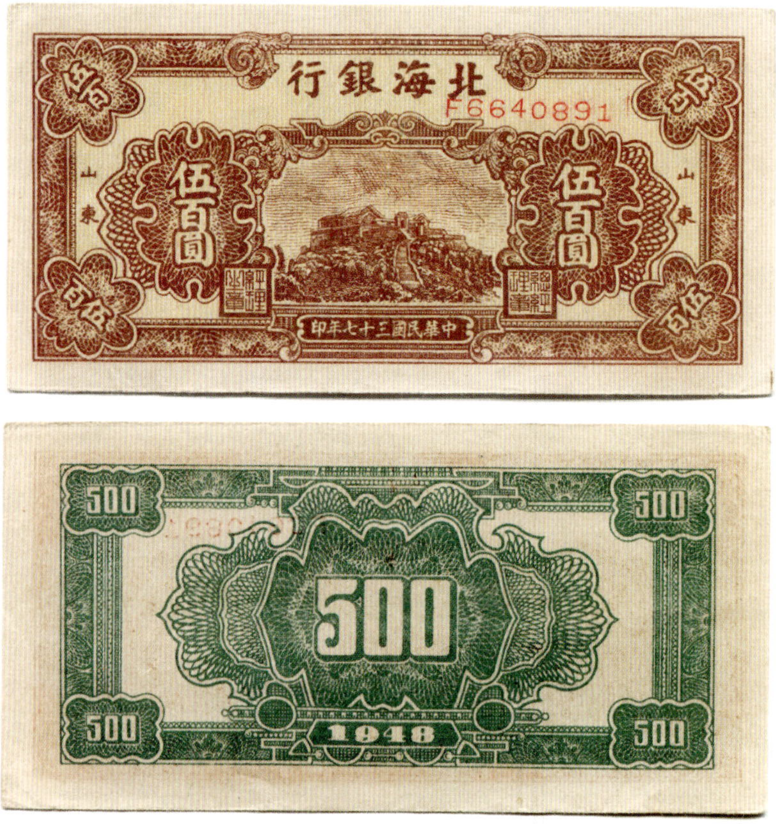

2-142

编　　号：B078　　★　　**票　　幅：**100×50mm

面　　额：伍百圆　　**主　　色：**棕 / 绿

票面时间：民国三十七年　　**印刷单位：**总行印钞厂

发行时间：1948 年

2-143

编　　号： P047

票　　幅： 100×50mm

面　　额： 伍百圆

主　　色： 棕 / 绿

票面时间： 民国三十七年

印刷单位： 总行印钞厂

发行时间： 1948 年

收 藏 者： 南京王锡平

2-144

编　　号：P048

票　　幅：100×50mm

面　　额：伍百圆

主　　色：棕 / 绿

票面时间：民国三十七年

印刷单位：总行印钞厂

发行时间：1948 年

收 藏 者：编委

2-145

编　　号： B079　　★　　**票　　幅：** 104×52mm

面　　额： 伍佰圆　　**主　　色：** 棕 / 紫黑

票面时间： 民国三十七年　　**印刷单位：** 总行印钞厂

发行时间： 1948 年　　**收 藏 者：** 编委

备　　注： 单字轨

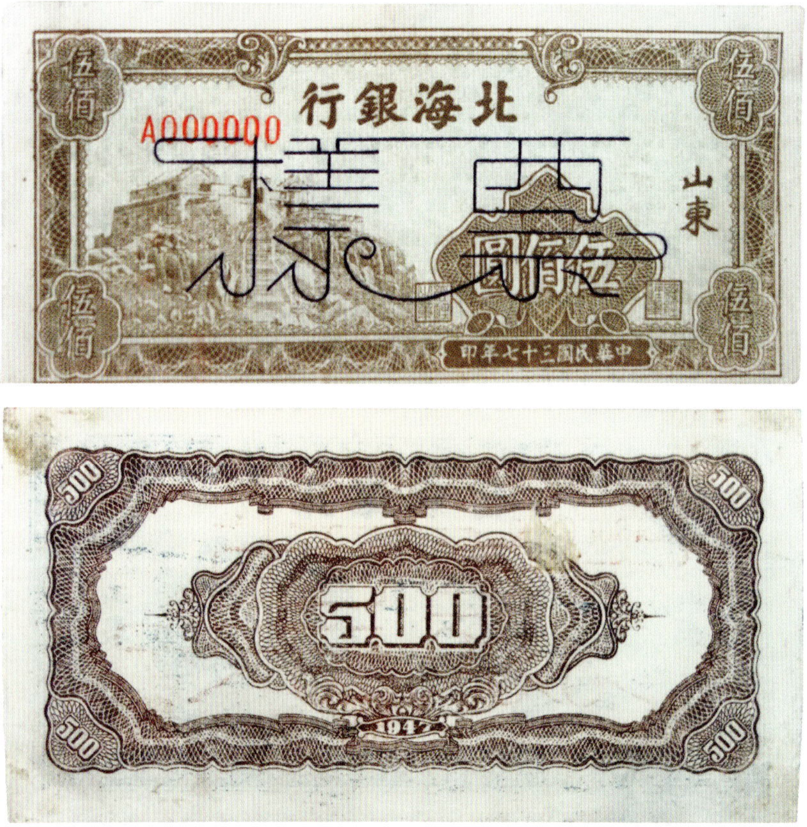

2-146

编　　号：P049

面　　额：伍佰圆

票面时间：民国三十七年

发行时间：1948 年

备　　注：单字轨

票　　幅：104×52mm

主　　色：棕 / 紫黑

印刷单位：总行印钞厂

收 藏 者：南京王锡平

2–147

编　　号：P050
面　　额：伍佰圆
票面时间：民国三十七年
发行时间：1948 年
票　　幅：104×52mm
主　　色：棕 / 紫黑
印刷单位：总行印钞厂
收 藏 者：编委

2-148

编　　号：B080　　★

票　　幅：104×52mm

面　　额：伍佰圆

主　　色：墨绿／紫黑

票面时间：民国三十七年

印刷单位：总行印钞厂

发行时间：1948 年

收 藏 者：编委

备　　注：双字轨

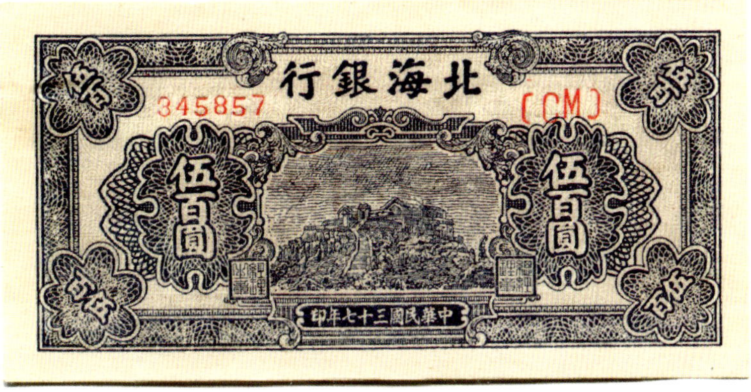

2-149

编　　号：	B081　★	**票　　幅：**	100×50mm
面　　额：	伍百圆	**主　　色：**	蓝 / 枣红
票面时间：	民国三十七年	**印刷单位：**	总行印钞厂
发行时间：	1948 年	**收 藏 者：**	编委

2-150

编　　号：P051	**票　　幅：**100×50mm
面　　额：伍百圆	**主　　色：**蓝/棕
票面时间：民国三十七年	**印刷单位：**总行印钞厂
发行时间：1948 年	**收 藏 者：**印钞造币总公司

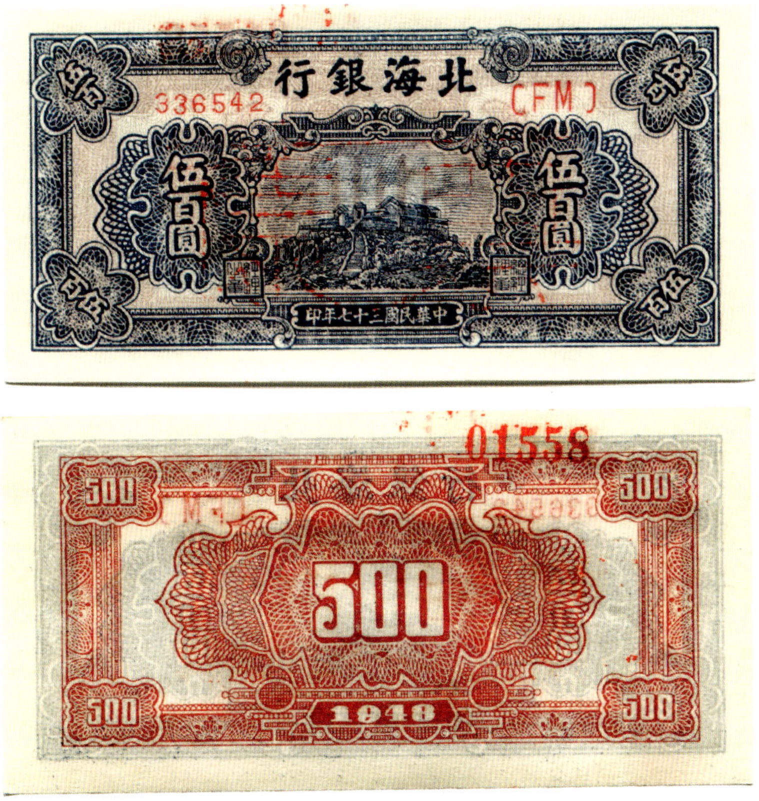

2-151

编　　号：P052　　票　　幅：100×50mm

面　　额：伍百圆　　主　　色：蓝 / 红

票面时间：民国三十七年　　印刷单位：总行印钞厂

发行时间：1948 年　　收 藏 者：编委

2-152

编　　号：B082　★

票　　幅：98×50mm

面　　额：伍佰圆

主　　色：棕 / 枣红

票面时间：民国三十七年

印刷单位：总行印钞厂

发行时间：1948 年

收 藏 者：编委

2-153

编　　号：	B083　★	**票　　幅：**	98×50mm
面　　额：	伍佰圆	**主　　色：**	紫 / 枣红
票面时间：	民国三十七年	**印刷单位：**	总行印钞厂
发行时间：	1948 年	**收 藏 者：**	编委

2−154

编　　号：B084　　★

票　　幅：98×50mm

面　　额：伍佰圆

主　　色：紫 / 枣红

票面时间：民国三十七年

印刷单位：总行印钞厂

发行时间：1948 年

收 藏 者：编委

2-155

编　　号： P053

面　　额： 伍佰圆

票面时间： 民国三十七年

发行时间： 1948 年

票　　幅： 98 × 50mm

主　　色： 褐 / 枣红

印刷单位： 总行印钞厂

收 藏 者： 编委

2-156

编　　号：P054	**票　　幅：**98×50mm
面　　额：伍佰圆	**主　　色：**褐 / 枣红
票面时间：民国三十七年	**印刷单位：**总行印钞厂
发行时间：1948 年	**收 藏 者：**编委

2–157

编　　号：	B085	★	票　　幅：	116×51mm
面　　额：	伍佰圆		主　　色：	褐 / 褐
票面时间：	民国三十七年		印刷单位：	总行印钞厂
发行时间：	1948 年		收 藏 者：	编委

2-158

编　　号： P055

面　　额： 伍佰圆

票面时间： 民国三十七年

发行时间： 1948 年

票　　幅： 116×51mm

主　　色： 褐 / 褐

印刷单位： 总行印钞厂

收 藏 者： 编委

2-159

编　　号： B086　　★

票　　幅： 116×51mm

面　　额： 伍佰圆

主　　色： 褐 / 褐

票面时间： 民国三十七年

印刷单位： 总行印钞厂

发行时间： 1948 年

收 藏 者： 编委

备　　注： 底纹清晰

2-160

编　　号：	P056　★	**票　　幅：**	116×51mm
面　　额：	伍佰圆	**主　　色：**	褐 / 褐
票面时间：	民国三十七年	**印刷单位：**	总行印钞厂
发行时间：	1948 年	**收 藏 者：**	编委
备　　注：	底纹清晰		

2-161

2-162

2-161 **编　　号：** W02

面　　额： 伍佰圆

票面时间： 民国三十七年

发行时间： ——

备　　注： （一）无号码，单面

（二）未发行

票　　幅： 116×53mm

主　　色： 棕

印刷单位： 总行印钞厂

资料来源： 《中国历代货币大系》

2-162 **编　　号：** W03

面　　额： 伍百圆

票面时间： 民国三十七年

发行时间： ——

备　　注： （一）无号码，单面

（二）未发行

票　　幅： 115×54mm

主　　色： 红

印刷单位： 总行印钞厂

资料来源： 《中国历代货币大系》

2-163

编　　号：	B087　★	**票　　幅：**	130×54mm
面　　额：	壹仟圆	**主　　色：**	蓝/绿
票面时间：	民国三十七年	**印刷单位：**	总行印钞厂
发行时间：	1948 年	**收 藏 者：**	编委

2-164

编　　号：B088　　★

票　　幅：130×54mm

面　　额：壹仟圆

主　　色：蓝 / 绿

票面时间：民国三十七年

印刷单位：总行印钞厂

发行时间：1948 年

收 藏 者：编委

备　　注：底纹清晰

2-165

编　　号： P057

面　　额： 壹仟圆

票面时间： 民国三十七年

发行时间： 1948 年

备　　注： 底纹清晰

票　　幅： 130 × 54mm

主　　色： 蓝 / 绿

印刷单位： 总行印钞厂

收 藏 者： 编委

2-166

编　　号： B089　　★

票　　幅： 124×55mm

面　　额： 壹仟圆

主　　色： 棕紫 / 棕黄

票面时间： 民国三十七年

印刷单位： 总行印钞厂

发行时间： 1948 年

收 藏 者： 编委

2-167

编　　号：P058

面　　额：壹仟圆

票面时间：民国三十七年

发行时间：1948 年

票　　幅：124×55mm

主　　色：深棕 / 棕

印刷单位：总行印钞厂

收 藏 者：编委

2-168

编　　号： P059　　**票　　幅：** 124×55mm

面　　额： 壹仟圆　　**主　　色：** 棕 / 棕

票面时间： 民国三十七年　　**印刷单位：** 总行印钞厂

发行时间： 1948 年　　**收 藏 者：** 编委

2-169

2-170

2-169 编　　号：P060
面　　额：壹仟圆
票面时间：民国三十七年
发行时间：1948 年
备　　注：仅见票样
票　　幅：124 × 55mm
主　　色：绿
印刷单位：总行印钞厂
资料来源：《中国历代货币大系》

2-170 编　　号：P061
面　　额：壹仟圆
票面时间：民国三十七年
发行时间：1948 年
备　　注：仅见票样
票　　幅：124 × 55mm
主　　色：紫 / 绿
印刷单位：总行印钞厂
资料来源：《中国历代货币大系》

2-171

2-172

2-171 **编　　号：** W04　　**票　　幅：** 124×55mm
面　　额： 壹仟圆　　**主　　色：** 红 / 绿
票面时间： 民国三十七年　　**印刷单位：** 总行印钞厂
发行时间： 1948 年　　**资料来源：**《中国历代货币大系》
备　　注：（一）无号码，单面
（二）未发行

2-172 **编　　号：** W05　　**票　　幅：** 128×57mm
面　　额： 壹仟圆　　**主　　色：** 紫 / 绿
票面时间： 民国三十七年　　**印刷单位：** 总行印钞厂
发行时间： ——　　**资料来源：**《中国历代货币大系》
备　　注：（一）无号码，单面
（二）未发行

2-173

2-174

2-173　编　　号：W06　　票　　幅：130×54mm
面　　额：壹仟圆　　主　　色：绿 / 绿
票面时间：民国三十七年　　印刷单位：总行印钞厂
发行时间：——　　资料来源：《中国历代货币大系》
备　　注：（一）无号码，单面
（二）未发行

2-174　编　　号：W07　　票　　幅：130×54mm
面　　额：壹仟圆　　主　　色：红
票面时间：民国三十七年　　印刷单位：总行印钞厂
发行时间：——　　资料来源：《中国历代货币大系》
备　　注：（一）无号码，单面
（二）未发行

2-175

2-176

2-175 编　　号：W08　　票　　幅：130×54mm

面　　额：壹仟圆　　主　　色：绿

票面时间：民国三十七年　　印刷单位：总行印钞厂

发行时间：——　　资料来源：《中国历代货币大系》

备　　注：（一）无号码，单面

（二）未发行

2-176 编　　号：B090-1 ★　　票　　幅：129×54mm

面　　额：贰仟圆　　主　　色：蓝 / 棕

票面时间：民国三十七年　　印刷单位：总行印钞厂

发行时间：1948 年 11 月 9 日　　收 藏 者：编委

2-177

编　　号： B090-1　　★

票　　幅： 129×54mm

面　　额： 贰仟圆

主　　色： 蓝/棕

票面时间： 民国三十七年

印刷单位： 总行印钞厂

发行时间： 1948年11月9日

收 藏 者： 编委

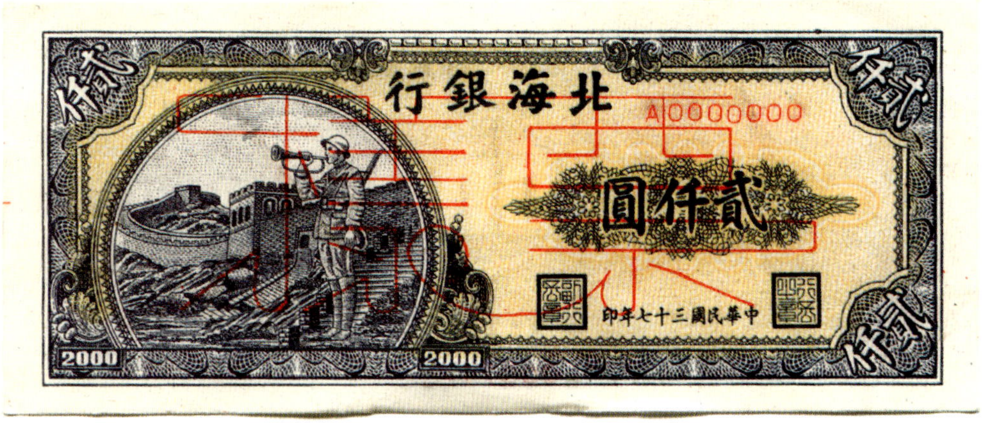

2-178

编　　号： P062　　**票　　幅：** 129×54mm

面　　额： 贰仟圆　　**主　　色：** 蓝/棕

票面时间： 民国三十七年　　**印刷单位：** 总行印钞厂

发行时间： 1948年11月9日　　**收 藏 者：** 编委

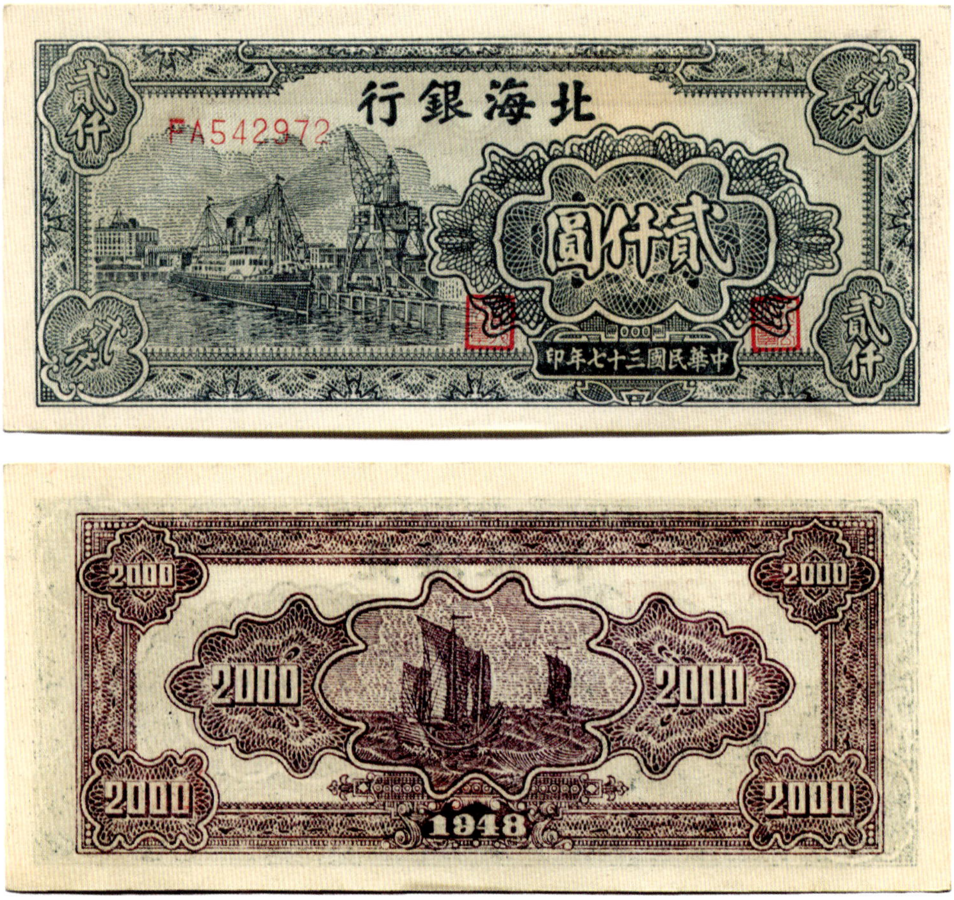

2-179

编　　号：B091　★　票　　幅：128×56mm

面　　额：贰仟圆　主　　色：蓝 / 紫

票面时间：民国三十七年　印刷单位：总行印钞厂

发行时间：1948 年 11 月 26 日　收 藏 者：编委

2-180

编　　号： P063
面　　额： 贰仟圆
票面时间： 民国三十七年
发行时间： 1948 年 11 月 26 日
票　　幅： 128×56mm
主　　色： 蓝 / 紫
印刷单位： 总行印钞厂
收 藏 者： 编委

2-181

编　　号： B092　　★	**票　　幅：** 125×55mm
面　　额： 贰仟圆	**主　　色：** 棕 / 紫
票面时间： 民国三十七年	**印刷单位：** 总行印钞厂
发行时间： 1948 年 11 月 26 日	**收 藏 者：** 编委

2-182

编　　号： P064
面　　额： 贰仟圆
票面时间： 民国三十七年
发行时间： 1948 年 11 月 26 日
票　　幅： 125×55mm
主　　色： 棕 / 紫
印刷单位： 总行印钞厂
收 藏 者： 编委

2-183

编　　号： B093　★

面　　额： 贰仟圆

票面时间： 民国三十七年

发行时间： 1948 年 11 月 26 日

备　　注： 底纹清晰

票　　幅： 125 × 55mm

主　　色： 棕 / 紫

印刷单位： 总行印钞厂

收 藏 者： 编委

2-184

编　　号：	B094　★	**票　　幅：**	128×54mm
面　　额：	贰仟圆	**主　　色：**	绿 / 深褐
票面时间：	民国三十七年	**印刷单位：**	总行印钞厂
发行时间：	1948 年 1 月 6 日	**收 藏 者：**	编委

2-185

编　　号： P065

面　　额： 贰仟圆

票面时间： 民国三十七年

发行时间： 1948 年 1 月 6 日

票　　幅： 128×54mm

主　　色： 绿 / 深褐

印刷单位： 总行印钞厂

收 藏 者： 编委

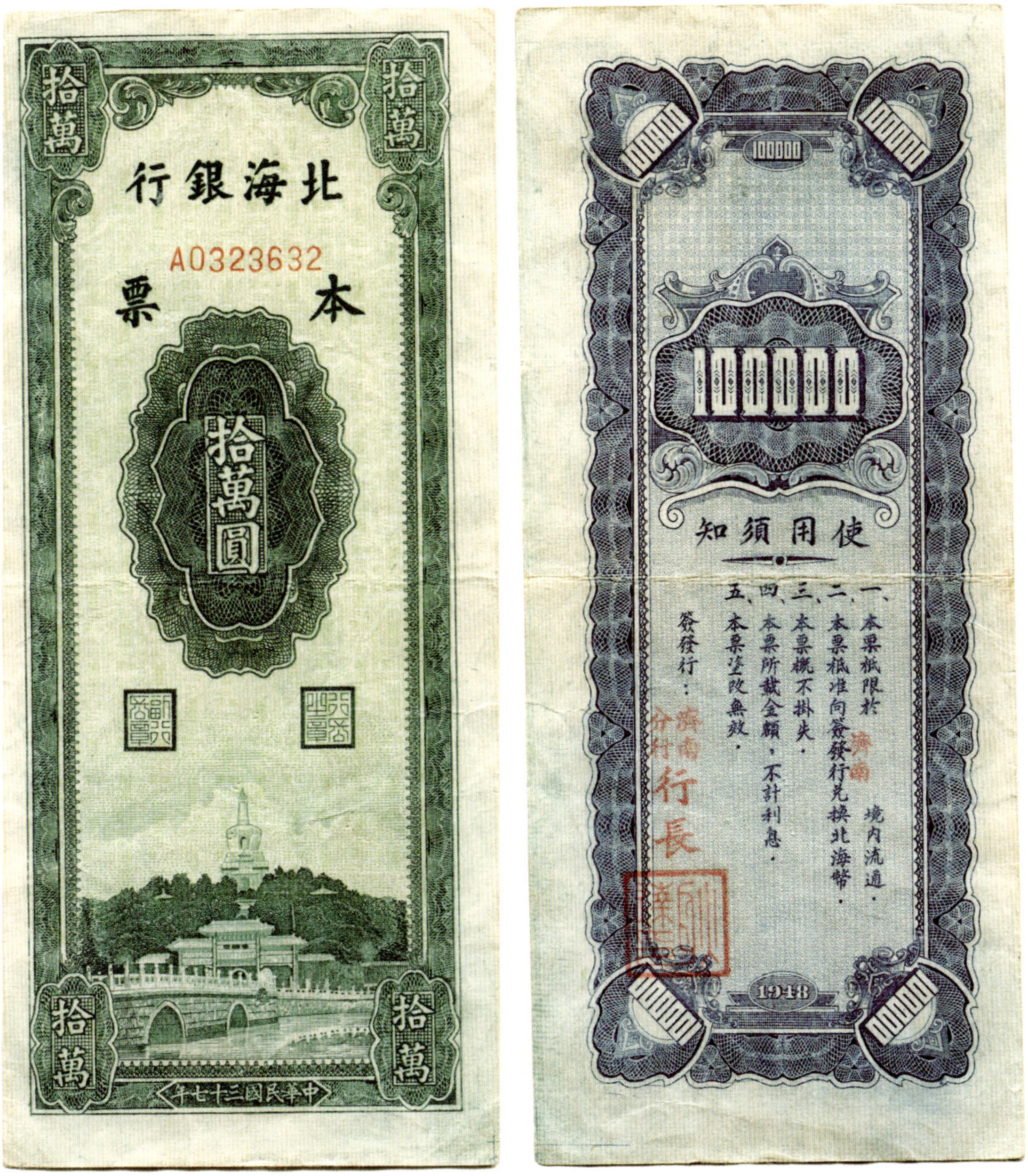

2-186

编　　号：B01

面　　额：拾万圆

票面时间：民国三十七年

发行时间：1948 年 12 月

备　　注：济南分行

票　　幅：161×70mm

主　　色：绿 / 蓝

印刷单位：总行印钞一厂

收 藏 者：编委

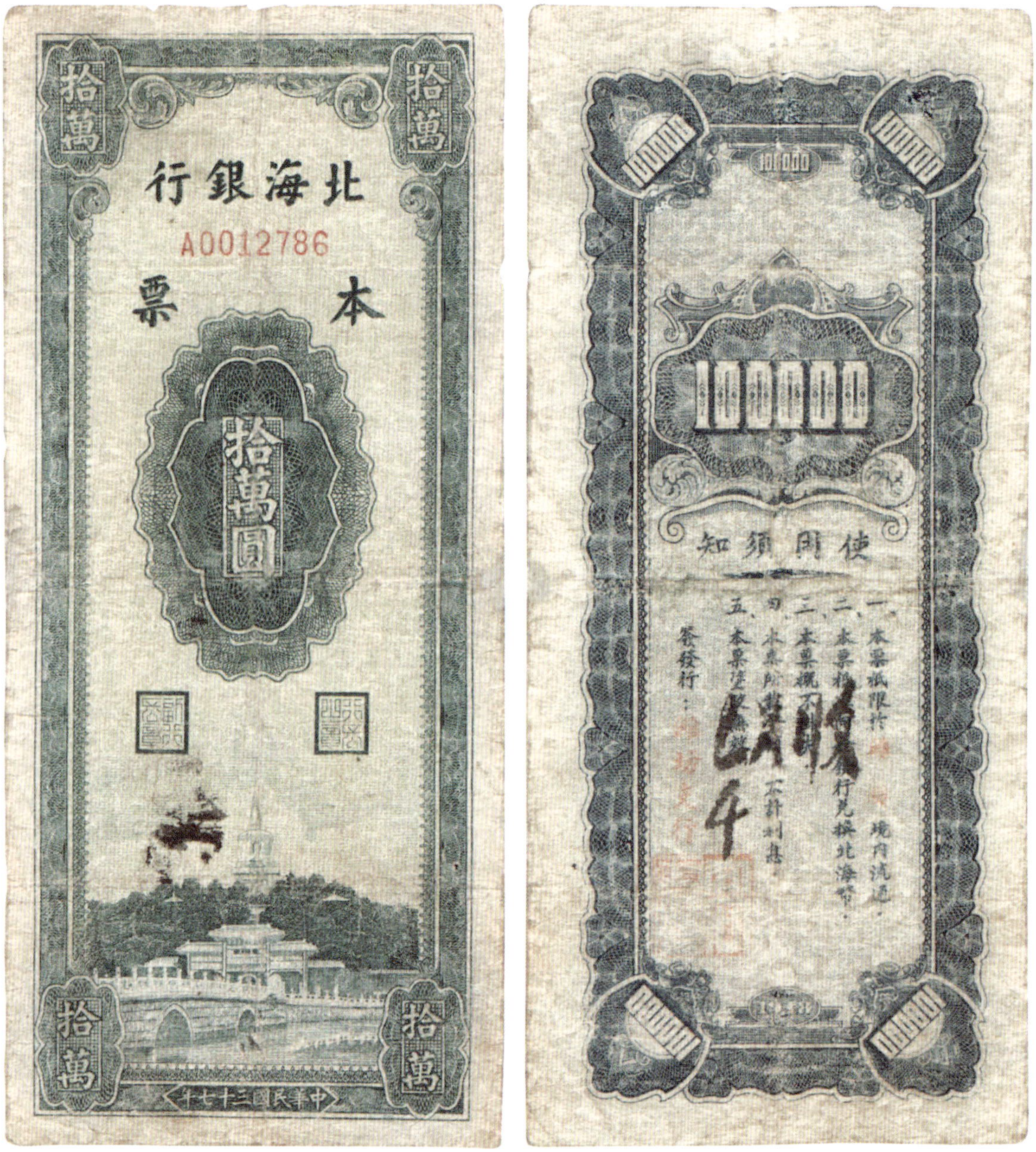

2-187

编　　号：	B02	**票　　幅：**	161×70mm
面　　额：	拾万圆	**主　　色：**	绿 / 蓝
票面时间：	民国三十七年	**印刷单位：**	总行印钞一厂
发行时间：	1948 年 12 月	**收 藏 者：**	——
备　　注：	潍坊支行		

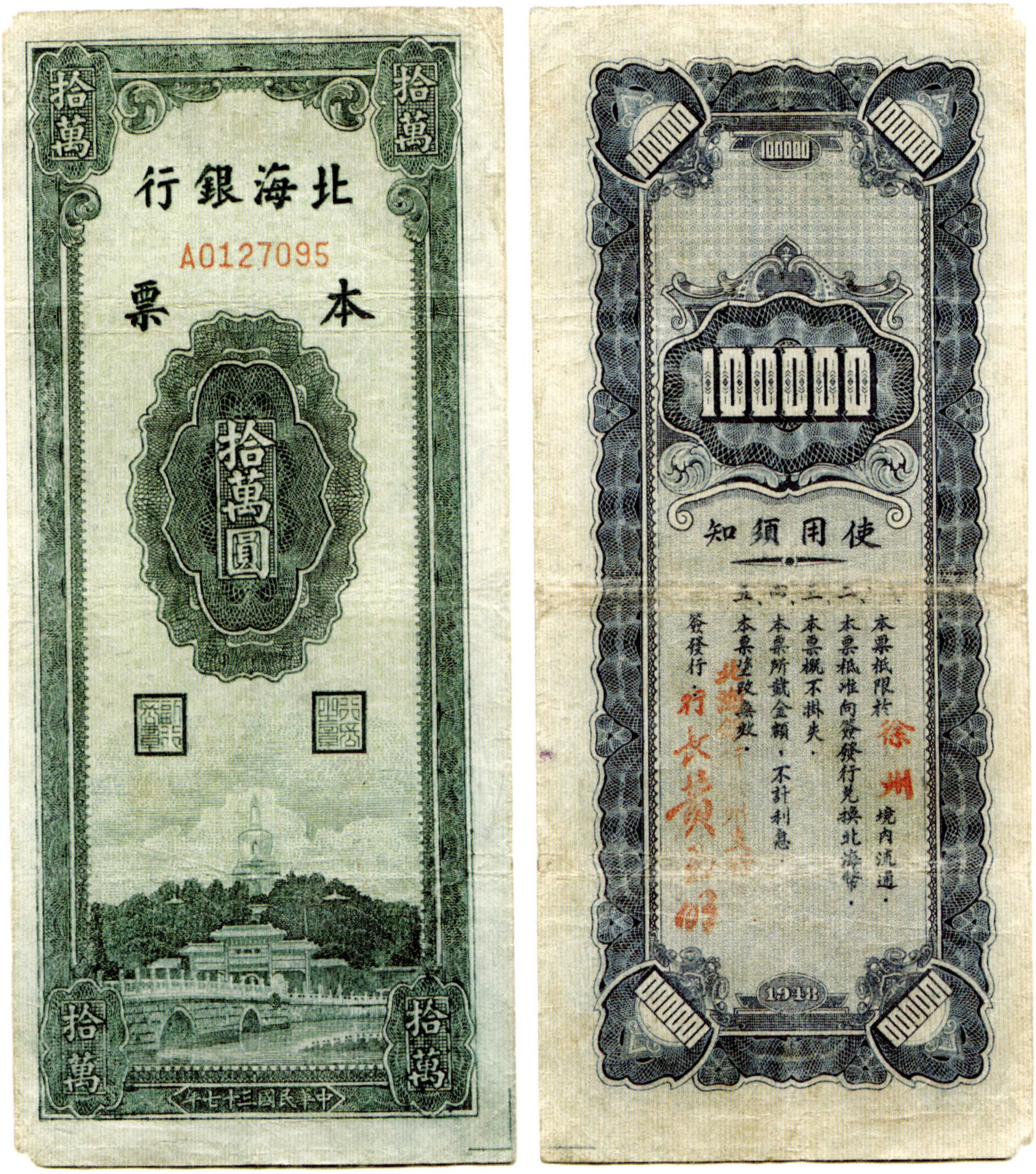

2-188

编　　号： B03

面　　额： 拾万圆

票面时间： 民国三十七年

发行时间： 1948 年 12 月

备　　注： 徐州支行

票　　幅： 161×70mm

主　　色： 绿 / 蓝

印刷单位： 总行印钞一厂

收 藏 者： 编委

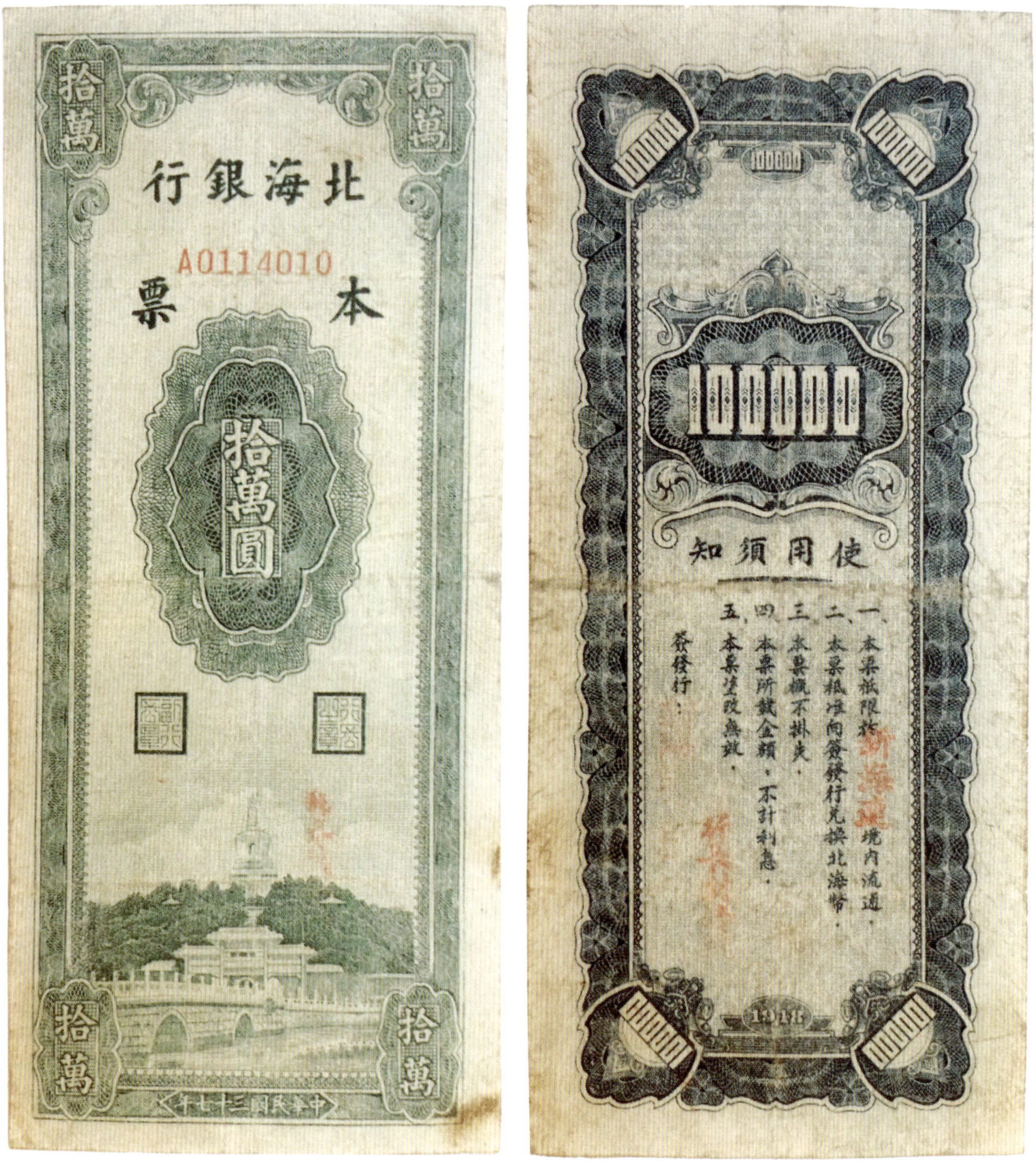

2-189

编　　号：B04　　票　　幅：161×70mm

面　　额：拾万圆　　主　　色：绿 / 蓝

票面时间：民国三十七年　　印刷单位：总行印钞一厂

发行时间：1948 年 12 月　　收 藏 者：编委

备　　注：新海连支行

2-190

编　　号： P066	**票　　幅：** 161×70mm
面　　额： 拾万圆	**主　　色：** 绿 / 蓝
票面时间： 民国三十七年	**印刷单位：** 总行印钞一厂
发行时间： 1948 年 12 月	**收 藏 者：** 编委

2-191

编　　号：	W09	**票　　幅：**	——
面　　额：	拾万圆	**主　　色：**	深棕
票面时间：	民国三十七年	**印刷单位：**	总行印钞一厂
发行时间：	——	**收 藏 者：**	——

备　　注：（一）无号码，单面

（二）未发行

第三章

北海银行胶东分行及其发行的北海币

胶东位于山东东部，在胶莱河以东，属于东、南、北三面环海的半岛地区。

1933 年 3 月，中共胶东特委在牟平县刘伶庄成立。抗日战争爆发后的 1937 年 10 月，原中共胶东党组织负责人，和一批在外地的共产党员，受山东省委的委派回到胶东，组织群众，发动抗日武装起义。12 月 24 日，中共胶东特委在文登天福山举行武装起义，成立了山东人民抗日救国军第三军，创建了中共胶东党组织领导的第一支抗日武装。1938 年，掖县、蓬莱、黄县先后成立抗日民主政府。8 月 15 日，统辖三县的抗日民主政府北海行政督察专员公署在黄县成立。12 月，在掖县葛城村召开了胶东区第一届党代表大会，成立了中共胶东区委。1941 年 2 月，胶东区行政联合办事处成立。同年 4 月，省战工会将该行政区域具体划定为“以潍县（全县在内）、高密（全县在内）、安丘之西门口（在内）以北及胶县之张哥塞（在内）、曹文（在内）两地以北为界，上属各县迤东与东北各县均属之”。还规定潍县至青岛段胶济路工作亦归胶东。次年 7 月，胶东区行政联合办事处撤销，成立了胶东区行政主任公署，1944 年 4 月，改称胶东区行政公署。胶东民主政权先后建立了北海、东海、西海、南海和中海五个专署。北海专署首次成立于 1938 年 8 月，当年冬季因统战需要而撤销，1940 年 4 月再次成立，辖蓬莱、黄县、掖县、招远、栖霞、福山等 6 县；东海专署成立于 1940 年 9 月，先后辖威海卫行政办事处、荣成、文登、牟平、海阳、牟海行署（乳山县）、文西行署（昆嵛县）等；西海专署成立于 1941 年 4 月，辖掖县、平度、莱阳、招远、昌邑、潍县等县和掖南、平南、平西、招北等几个县级行署；南海行政联合办事处成立于 1941 年 7 月，辖莱阳（莱西）、即墨、五龙等县和莱（阳）东、平（度）南、平（度）东、莱西南、即（墨）东等几个县级行署；1945 年 5 月析东海和南海两区各一部分县及胶东行政区直属的牙前实验县设立中海专区，辖牙前、海阳、五龙等县和莱东、即东等县级行署。同年 9 月撤销。

抗战胜利时，胶东区辖荣成、文登、昆嵛、乳山、牙前、海阳、牟平、福山、蓬莱、栖霞、栖东、招北、招远、黄县、五龙、即东、莱西南、平南、平东、即墨、掖县、掖南、平西、平度、昌邑、潍南、昌南、潍县、莱阳、莱东、胶高、高密、胶县、诸城、莒北、藏马等 36 县，与龙口、常山岛、石岛 3 个特区，及烟台、威海、青岛市。

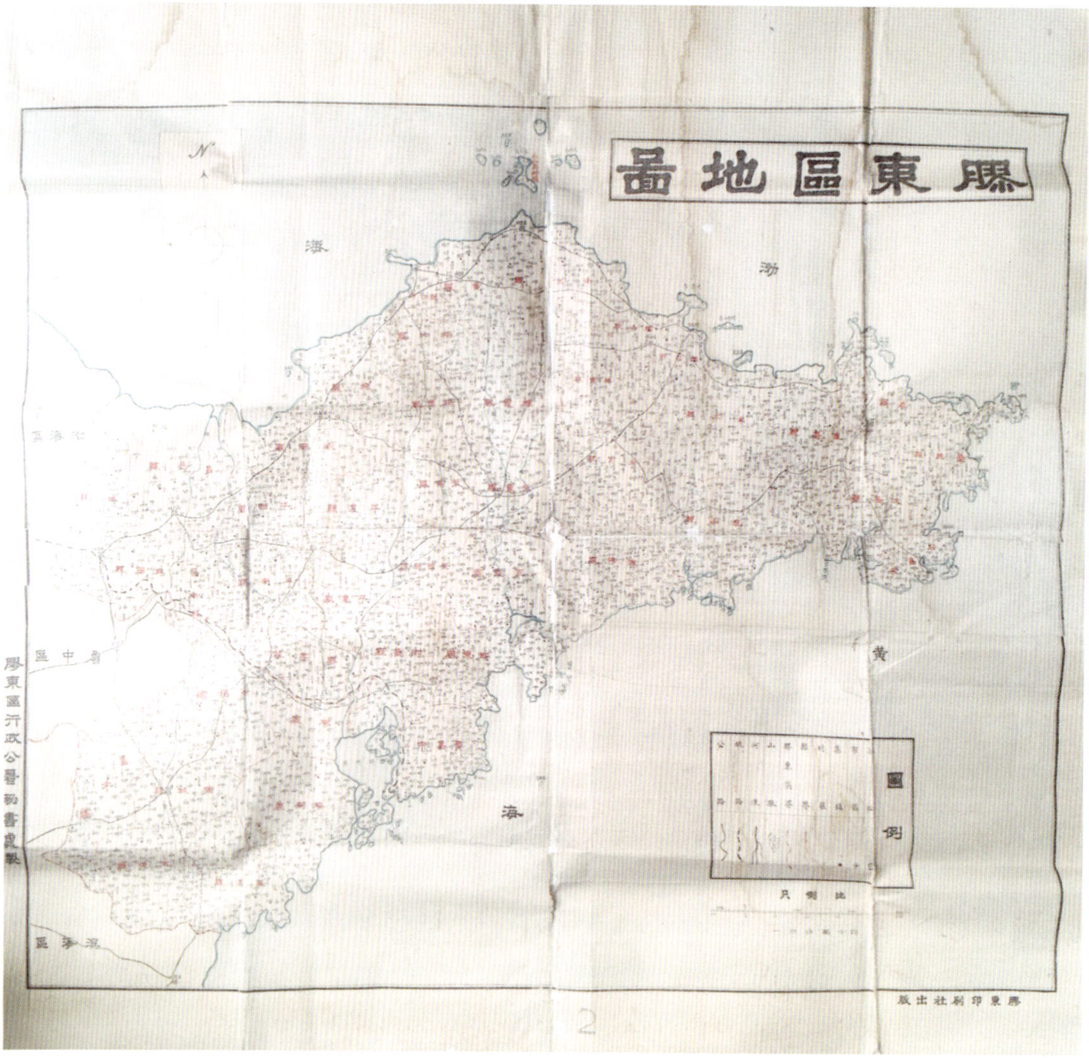

抗战时期胶东区地图

第一节　北海银行在掖县的创建

1938 年 3 月 8 日，中共掖县县委郑耀南、张加洛等联合其他党派在掖县城北玉皇顶举行抗日武装起义。9 日上午，起义部队攻进掖县城，消灭了伪政权。12 日，组建了胶东抗日游击第三支队和胶东最早的抗日民主政府——掖县抗日民主政府，郑耀南任支队长。四五百人枪的队伍，在不到两个月的时间，就发展到三千七八百人枪。

当时由于日寇的入侵，国民党的法币急剧贬值，巨富奸商趁机滥发私票，大发国难财，造成物价飞涨，特别是粮价暴涨，给部队供给和人民生活造成了极大困难。中共中央指示，要有计划地与敌人发行伪币及破坏法币的行为作斗争，允许被隔断区域设立地方银行，发行地方货币。为了保障军政供给，抵制日伪货币，取缔土杂钞，稳定市场流通秩序，扭转混乱的金融局面，三支队成立了财政经济委员会，孙康侯任主任。

此阶段，由于日军忙于正面战场作战，对敌后战场无暇顾及，胶东区的战事不多。在此空隙内，胶东区党委及民主政权在根据地内进行了军队、政权、经济、文化教育等方面的建设。

为了解决部队和政府人员开支，整顿金融秩序，活跃经济，4月份，郑耀南和财经委委托原青岛中鲁银行经理张玉田筹建银行，并邀请他参加三支队的财经委员会，任副主任。张玉田受命后积极性很高，引荐了原青岛中鲁银行和烟台农业银行的职员邢松岩、邢述先、王芾村、王复生、方德卿、杨崇光、刘翊初等人参加银行筹备工作。算上勤杂人员，共有20人。并利用关系陆续从青岛等地搞到印模机、镌纹用钢板。起初，银行拟定名为掖县银行。

筹建伊始，由三支队通过民主政府向各区征集25万元作为开办基金。后由于战事不断及内部肃反，筹建银行计划一度被搁置。7月，银行筹建工作基本完成。8月12日，三支队与中共胶东特委领导的胶东抗日救国军第三军合编。15日，在黄县成立了以蓬莱、掖县、黄县抗日根据地为基础的“北海区行政督察专员公署”，曹漫之任专员。18日，银行在掖县初步成立，开始试印票子。并多次改进票样。

8月下旬，中共胶东特委和抗日救国军第三军总部机关进驻掖县，接管了原三支队在建的银行，并将其扩建为北海专区的银行，张玉田继续担任行长。9月18日，第三军与三支队整编为八路军山东人民抗日游击第五支队。因掖县地处胶东西北部，北临渤海，五支队司令高锦纯提议银行改称北海银行，银行因此定名为“北海银行”。胶东特委和五支队支持银行出票子。并为银行对外招股出了不少力。

初时计划银行以股份有限公司形式在全县范围内招股，并设立了董事会。五支队接管后，将募股范围扩大到三县。北海银行拟定资本金25万元（法币），公股占30%，私股占70%，即五支队应出资7.5万元，掖县经济委员会应募集民股6.5万元，黄县经济委员会和蓬莱经济委员会各应募集民股5.5万元，合计应募集民股17.5万元。初期因为战事不断，军费匮乏，五支队未能认购，民股亦未募足，实收民股资本金101337元。其中掖县经济委员会实际募集民股55672元，黄县经济委员会实际募集民股45665元。招股采取动员摊派购买的方式，向商会大户、地方士绅、乡村群众募集。当时工商界仅认购了一小部分，大部分是通过区行政机构向各村派购，再由村公所派购到户。凡认购者，都以村为单位，发给认股书，并开给临时收据，然后由村公所造册登记保存。至此北海银行实为公私合营股份制银行。

经过数月的努力，终于在10月份印出了带有掖县地名的一角、二角、五角、一元四种面额的北海币。此版北海币前后共发行了95000元。发行后，信用良好。该套北海币系石印机印刷，票纸为道林纸，购自天津。票样由掖县沙河中心小学校长邓振元（又名文卿）设计，邢松岩书写行名，青岛光华制版社的班鹏志制版。钞版制好后，通过邮局寄回掖县，由掖城西门里同裕堂印刷局承印。一角、二角券的主图是掖城火神阁，即档案中所说的楼房版；五角券的主图是掖城鼓楼，即档案中的市楼版；一元券的主图是掖县抗日民主政府门景，档案称作石庙版（现今俗称三孔门）。该系列币正背均加盖印鉴，一元券正背均有流水编码，五角、二角仅正面有流水编码，一角券仅背面有流水编码。一角、五角、一元券正面图景框的右下方有票样设计者邓振元的行草体签名“振元”二字暗记。但二角券未发现签名。五角、一元券的签名甚为清晰，一角券稍嫌朦胧。以后续印仍保留了此签名。

筹备期间及开业初期，银行未设科、股，人员分工是：业务经理邢松岩，发行王芾村，会计兼存贷王复生，出纳方德卿，文书刘翊初，庶务杨崇光。张玉田任行长，负责全面工作。

12月1日，北海银行在掖县民主政府大院隆重举行开幕仪式，正式对外营业，发行北海币。行长张玉田，副行长兼黄县分行行长陈文其。行址设在掖县城大十字路口以南路西一所四合院内。并宣布北海币为掖县、黄县、蓬莱三县根据地的通用货币，与法币等值流通，随时可十足兑换，对私人士杂小票限期清理收兑；对山东民生银行的小票设点兑换北海币，禁止伪联银券和敌汇票流通，违者没收。为了扩大宣传，在三县各地张贴布告，散发宣传册《北海银行浅说》。

日军占领广州、武汉后，抗日战争逐渐转入战略相持阶段。日军对华侵略做出了进一步的调整，逐渐将主要兵力用来对付中国共产党领导的敌后抗日武装和抗日根据地。10 月，驻青岛日伪军张宗援部在刘桂堂、张步云的配合下，进攻蓬、黄、掖根据地。12 月 30 日，因张宗援部进犯掖县，北海银行被迫停业，开始向黄县转移。到达黄县后，为局势所迫未再开业。张玉田安排北海银行黄县行的筹备人员王子务、孟信甫二人负责隐藏票版、账册等重要物品，率职员向蓬莱转移。1939 年 2 月下旬，北海银行职员在蓬莱县草甸附近分头疏散，北海银行解散。票版、账册及部分钱款最终被隐藏在蓬莱北沟。

北海银行虽然暂时停业了，但由于区党委采取了正确的策略，收税时照收北海币，北海币非但没有停止使用，流通范围反而扩大到栖霞、莱阳、招远、平度等县。但是，创建北海银行的两大功臣却命运多舛。1939 年 10 月，郑耀南调中央马列学院学习，1941 年 8 月，调中共中央社会部工作，1946 年 2 月病故。北海银行停业后，张玉田投奔了赵保原，先是任莱阳县县长，后任赵保原部驻青岛办事处主任，改名张英起。抗战胜利时，为给赵保原争青岛地盘，被青岛市代市长李先良枪杀。

第二节　艰难的重建

撤出蓬、黄、掖三县后，北海银行副行长陈文其随胶东区党委财委会转移到莱阳西北部的张格庄。1939 年 3 月 11 日，苏鲁皖分局①在《关于当前各项工作情况的报告》中指示："整理银行，推广纸币发行。"4 月，《中共对山东问题之处置办法》指出：山东方面过去退让太多，如接受取消北海行政公署及北海银行……如上述情形不加改变，山东创造根据地与坚持抗战是要受挫折的。胶东区党委决定重建北海银行，恢复印钞，派陈文其与张玉田联系，到蓬莱北沟找回了隐藏在那里的票版、账册等物品，指示大众报社印刷厂代印北海币。5 月，中共山东分局指示胶东区委：北海银行努力经营，保持在我们手里，必须成为全省的金融调剂机关。夏季，在财委的直接领导下，陈文其开始着手重建北海银行。参与人员有姜文、王仁斋、刁钺、刘涤生（负责账册）等。开始没有银行机构，没有印钞厂，报社代印北海币，银行仅负责验收打号码。这一时期发行了一角、五角及一元三种北海币。此次发行的北海币是用原先的票版印制的。为了便于北海币在更广的范围内流通，票面去掉了掖县地名。北海银行派姜文驻大众报社，具体负责印钞质量和数量管理。由于刘涤生 8 月 1 日到任时，北海银行已经在印发北海币了，所以，重建的北海银行开始印发北海币的时间不会晚于 7 月。

1939 年 10 月中旬，日伪军 2000 余人分东、西两路对胶东进行大"扫荡"。北海银行随《大众报》报社转移，在转移到掖南草庵时，经胶东区党委决定，由报社划出一部平页机、两部圆盘机给北海银行（载自《中国革命根据地印钞造币简史》，但据陈文其回忆是一部印机、一部脚蹬子），同时调郝

---

① 1939 年 4 月 27 日，中共中央决定山东分局改称中共中央苏鲁皖分局，估计 3 月 11 日当系阴历日期。

世德、王连志、赵瑞、汪精华、李文良等技术工人，在掖县狍脑山前的西家塘村建立了北海银行印钞厂（对外称印刷所）。全厂共有20余人，姜文任厂长，生产技术由郝世德、王连志两人具体负责。至此，北海银行才开始独立印刷北海币，王仁斋分管印钞工作。

11月14日，黎玉在胶东视察时指示胶东区党委，在胶东抗战目前的任务是：第一步先控制大泽山、昆嵛山，掌握东海、西海地区；第二步夺取牙山，掌握胶东中心战略支点；第三步南下海阳、莱阳地区，与顽固派决战。这些指示，为胶东的抗战指明了方向。胶东北海银行印刷所后来转移到牙山，就是按黎玉所指的方向走的。12月10日，大众报社在掖县河南村被日军后勤部队包围，受到了较大损失，从北海银行又要回了平页机。

1941年，随着反投降斗争的胜利，胶东形势大为好转，银行接收了蓬、黄、掖印刷所（公营）一部脚踏机，扩建了原北海印钞所（后来的印钞一厂），调大众报社王连志为主任。后因敌人在印刷所附近建立了据点，印刷所迁至北海区栖霞县重建。 同年，东海的投降派部队被消灭，缴获了两部脚踏机，随后又接收了文、荣、牟印刷所（公营）两部印刷机和一部切纸机。因根据地对北海币的需求量迅速增加，北海印刷所印制的北海币已满足不了需求，1941年4月，胶东北海银行在东海区建立了东海印刷所（印钞二厂），调王亮任主任。至胶东三个印钞厂合并前，东海印刷所先后驻过王家庵、仙人脚、北石山头、自家夼、雨夼、西石山头等村。曾用“天兴福”“西一顺”“东记栈”三个代号。两个印刷所直属胶东北海银行。但是，由于印刷所离银行较远，为了便于工作，由所在地支行代管，重要问题须请示胶东北海银行。

东海支行、北海支行于3月相继建立，不久增设西海支行。建于1940年的南海支行，因业务少和干部不足分配而取消（1943年2月再次设立）。之后，在各重点县设办事处，县以下还设有若干贷款所，银行机构得以逐步健全。

按《胶东区历年发行北海币统计表》，北海银行1939年仅发行了一角券2.9万元，一元券29.5万元，合计32.4万元；1940年发行了一角券0.8万元，五角券20.4万元，一元券42.9万元，合计64.1万元。

查《胶东区版别发行年月统计表》，自掖县版北海币发行后，未再换版发行一角券，1945年4月，换版发行山野五角券，1941年6月换版发行山水一元券。根据《胶东区历年发行北海币统计》，胶东区1939年、1940年、1943年先后三次发行过一角券，换版前仅1940年、1941年、1943年发行过五角券，1940～1941年均发行过一元券。民国二十九年五元券和十元券系1941年下半年发行。

存世楼房（掖城火神阁）一角券，除了有掖县地名者外，还有无地名者及印有胶东地名者。很显然，无地名楼房（掖城火神阁）一角券为这一时期发行。存世市楼（掖城鼓楼）五角券，亦分为带掖县地名、胶东地名或无地名三种。无地名五角券亦为此时期印发。

目前存世的民国二十七年无掖县地名石庙版一元券有两大版式：一是正背加盖印鉴，正面无任何加字版，二是后背无印鉴，但正面均加印其他地名版。考虑到掖县北海银行发行的北海币正背均有印鉴，我们认为，那些正背面均加盖印鉴的石庙一元券为1939年印发，背面无印鉴的为1940年以后印发。

背面无印鉴的石庙一元券，加盖的地名有“东海”“南海”“南”“北”等字。由于南海行政联合办事处成立于1941年7月，这个时候石庙一元券已被1941年山水版所取代。因此，我们认为这些字代表着相应的区域或支行名，而不是行政区名。如果代表行政区名，就不会出现“南海”或“南”字了。1941年2月，清河分行曾发行民国二十七年加盖“清”字石庙图景一元北海币，而1940年清河分行印发的一角、二角、五角（五角亦为胶东钞版印制）北海币均加盖“清河”二字，这种加盖形式的转变，估计是受胶东北海币加盖形式转变的影响。因此，我们推测双字加盖在先，单字加盖在后，单字加盖的上限要早于 1941 年初。按胶东分行 1946 年回收公告，这类加盖票中有东、西、南、北等字。但是目前已经发现的加盖字中没有“西海”或“西”字。是当年发行了现在尚未发现，还是胶东分行的回收公告搞错了？这些加盖字中，“南海”最少，其次是“南”“东海”“北”字。

此时期印发的元角票图案虽与民国二十七年掖县地名北海币同，但细节及颜色都有变化，其中一角券正面印了流水编码，背面无编码，而掖县版一角券恰恰相反。

从 1940 年起，日军反复对胶东抗日根据地进行“扫荡”，企图分割和封锁抗日根据地，部分国民党地方武装也时常与根据地抗日武装产生摩擦。北海币币值常随着形势的变化而变动，形势好转，根据地范围扩大，北海币币值相应地会上升，反之会下降。当北海币快速贬值时，胶东区北海银行就用法币回收北海币，促使北海币币值回升。当时胶东区北海币是由各支行发行的，由于各区北海币投放量不同，各区的斗争环境不同，以及群众对北海币的认知度不同，北海币在各区币值不尽相同。

重建初期，银行只是印发票子，没有其他业务。当时条件极为艰苦，敌伪频繁“扫荡”，银行和印钞厂经常转移，来不及转移的时候，就地掩埋印钞器材，等“扫荡”过后，挖出来继续印刷。印刷条件也很差，一副票版用不了多久就要更换，没有制版人员，票版要到敌占区去制作。据时任行长陈文其说：“当时票版我们自己不能制，还没有制版人才。只好通过关系到青岛用冥府银行的名称制版，带回来后把冥府字样抠去，填上‘北海银行’字样印北海票。”目前很多人据此理解为，当时北海银行用印“冥府银行”票纸的票版，换上“北海银行”四字印刷北海币。实际上在敌占区用“冥府银行”字样做伪装制作北海银行钞版，和用“冥府银行”票版换上“北海银行”四字印北海币性质不一样。北海银行不会草率到摸起一块钞版就印票子的地步。

这一时期，银行的任务有四条：一是支持财政支付，支持抗战经费；二是发行地方货币，保护法币；三是与敌进行货币斗争；四是支持工农业生产，发展根据地经济。

第三节　纳入总行序列后银行的发展及印钞发行

1941 年夏季，省财经大会确定战工会北海银行为总行，各战略区北海银行为分行。胶东北海银行因此更名为北海银行胶东分行，并于次年下半年开始印发带有胶东区名的北海币。初期北海银行胶东分行人事、财务相对独立，银行基本归属胶东区，票子独立印发。

一、太平洋战争爆发前银行的发展及印钞发行

北海印刷所因环境恶劣 1941 年下半年停止工作，至 10 月才恢复运营。这期间印制北海币的任务，完全落在东海印刷所身上。年底，上级将蓬（莱）、黄（县）、栖（霞）、福（山）四县印刷所划归北海银行领导。并以银行派来的李友琴、郝世德以及原该所主任李伟、单魁刚等为主要领导与技术骨干充实北海印刷所，李友琴任北海印刷所（后来的印钞一厂）主任。北海印刷所的主要设备有 3 台铅印圆盘机、1 台裁切机，石印机停止生产，专用凸版工艺生产钞票。在地洞里生产了约一年的时间。

东海印刷所方面：8 月，文（登）、荣（成）、牟（平）印刷所并入东海印刷所。该所并入东海

印刷所的设备有4台铅印机、1台裁切机，人员有赛丰元、邢忠信等20余人。此时印钞厂共有圆盘机6台、裁切机1台，约有50余人，主任（厂长）王良、王连志，教导员赛丰元。

由于反顽斗争的胜利，及10月后五旅打击敌伪拔除据点的胜利，形势大为好转，使胶东东半部的局势长期处于稳定状态，给印发工作以有利机会，本年度胶东区500万元的发行任务，最后仅用几个月就完成了。最终实际发行北海币580.6万元。据时任行长陈文其说，冬季北海印刷所离开分行，和东海印刷所搬到了乳山县（今海阳县）牙山，在这里才开始印制五元及十元券。

1941年5月，省战工会通告发行胶东区民国三十年北海银行一元新钞。该一元券为山水一元，于6月首发，数量不详。胶东北海银行全年发行北海币580.6万元。具体发行情况如下：五角券1.5万元，一元券34.5万元，五元券170万元，十元券374.6万元。其中一元券的数量含民国二十七年石庙一元及山水一元券，五元券为民国二十九年石坊五元（即蓝牌坊），十元券为民国二十九年天坛十元。

可以定为1941年印发的山水一元券有1941年蓝一元，无年号红一元（参见第九章第一节二）。1941年蓝一元均加盖单个汉字，目前发现有“发”“展”“农”“村”等字。无年号红一元也均加盖单个汉字，仅发现“繁”“荣”二字。蓝一元系东海印刷所印制，始发时间是1941年6月；红一元系北海印刷所印制，始发时间是1941年10～12月。由于东海印刷所1942年初仅印制了部分“发”“展”字一元券，其后改印A字头一元券，可以认定加盖“农”“村”等字的蓝一元券均印制于1941年。

通过《东海支行1942年上半年工作报告》可以看出，东海印刷所印制的同种北海币，加盖单个汉字的为早期印刷，加盖字母冠字或其他冠字的为后期印制。估计北海印刷所也是按照这个规律印制北海币的。依据这个规律，我们可以很容易分辨那些加盖单个汉字和其他冠字的同种币印发时间。

民国二十九年石坊无地名蓝五元券系1941年9月首发。1942胶东分行发行了333.5万元五元券，这些五元券均为石坊五元券（含胶东地名者）。由于1942年东海印刷所并未印制过五元券，故这些五元券均系北海印刷所印制。有理由认为，发行于1941年的石坊五元券当系北海印刷所印制。查北海印刷所1941年下半年曾经停产，至10月才复工。[①]如果《胶东分行一九四一年全年工作总结报告》与《胶东区版别发行年月统计表》采用同一历法，且时间无误的话，10月之前印发的五元券当系东海印刷所印制。北海印刷所复工后，东海印刷所将钞版移交给北海印刷所，由其继续印制五元券。也有这个可能，由于时间久远的原因，陈文其的回忆不准确，“繁”字五元券实际上印于1941年上半年，由于政治原因（类似总行民国二十九年红五元停发的原因），拖到9月才正式发行。目前存世的石坊五元券有无地名加盖“繁”或“荣”字者，有加盖胶东地名者。显然加盖胶东地名者要晚于无地名者。1941年发行的五元券，必为无地名加盖“繁”或“荣”字者。后因出现大量假票，1942年12月11日，省战工会发出《关于查禁伪造北海币的指示》，决定由北海银行即日公告，停止使用蓝色带“繁”字的五元券，以后再由银行公告定期全部收回。当月29日，《大众日报》刊载了战工会关于《查禁伪造北币办法》，宣布即日起停止使用蓝色带“繁”字的五元券，以后再由银行公告定期全部收回。

按《胶东区版别发行年月统计表》，年号为民国二十九年的天坛十元券首发于民国三十一年四月，此误。天坛十元券的首发时间当为1941年9月。理由参见第九章第一节三。

---

① 参见《胶东分行一九四一年全年工作总结报告》。

天坛十元券有无地名加盖单个汉字版和加盖“胶东”地名双字轨版两种。1941年首发的天坛十元券肯定是加盖单个汉字版。目前发现天坛十元加盖的汉字有“发”“展”“农”“村”“经”“济”等字。由于胶东分行1942年上半年印钞计划中，并没有安排北海印刷所印制十元券，最终全年发行的1736万元十元券中，北海印刷所仅印制了45万元，且这些十元券很可能是民国三十年火车十元。因此，我们认为那些1941年印发的加盖单个汉字的天坛十元券必为东海印刷所印制。1942年，东海印刷所仅印制了加盖“发”“展”“经”“济”等四种天坛十元券。加盖“农”或“村”字的天坛十元券必为东海印刷所1941年印制。对比1942年天坛十元券的印发情况，我们认为1941年东海印刷所也印制了部分“发”“展”字十元券。

五元以上面额北海币的诞生，标志着胶东北海银行发行的北海币正逐渐脱离法币的辅币地位。

二、太平洋战争爆发后至1945年银行的发展及印钞发行

（一）1942年银行的发展及印钞发行

太平洋战争爆发后，日本无法再用国民政府法币换取外汇在国际市场上套购战略物资，转而将大量法币推向根据地市场争夺物资，破坏根据地经济建设。为了粉碎敌人的阴谋，根据地调整了政策，开展排法斗争，将法币推出根据地，用北海币占领市场。因此，这一时期胶东北海币的印发量猛增，大面额纸币逐步代替了小面额纸币，仅1942年就发行北海币2381.1万元，是前一年发行量的4.1倍。1941年胶东区根据地物价指数是20，1942年物价指数是84。1942年的物价指数亦是前一年的4.2倍。货币发行量与物价比翼齐飞。

1942年上半年，胶东分行计划发行北海币600万元，在三个月内完成二分之一，分配给东海印刷所的任务是印制十元券100万元、一元券350万元，合计450万元；北海印刷所的任务是印制一元券150万元。

1月至3月，北海印刷所因环境恶劣未工作，仅东海印刷所在印制北海币。据《东海支行1942年上半年工作报告》，1月7日至18日，完成“发展”字一元成品296626元，票样208元，废纸8368元。2月24日至3月11日，完成“发展”字十元成品（水印纸）200万元，票样0.2万元，废纸114740元。3月22日至6月底，完成“A”字一元成品（八十磅道林纸）2133560元，票样489元，废纸85443元。其中因反“扫荡”，3月25日至4月24日停工一个月。据《东海支行1942年上半年工作总结》，最终东海印刷所上半年共印刷成品6564076元，“发展”字十元200万元，“经济”字十元204.5万元，“发展”字一元券296626元，“A”字一元券2133500元，海阳流通券五角券88950元。另有上半年存文登流通券6万元，荣成流通券10.8万元，海阳流通券6万元。实际发行6792076元，其中交分行345万元，其余均在东海区发行。《东海支行1942年上半年工作报告》的数据与《东海支行1942年上半年工作总结》有些小误差。

印刷材料大部分是从沿海购来的，主要是靠东海贸易局的各种贸易关系以及合资经营的灰色商店秘密采购。由于敌人加紧封锁，组织洋纸购买起运都很困难。上半年只买到票纸142令零100张（分别为60磅、70磅、80磅、100磅四种型号的道林纸），油墨1471磅（包括九种颜色）。由于材料不足，工厂被迫停工。

本年初，原东海印刷所主任、教导员先后调走，王连志任主任，肖一心、杨杰任教导员。至后期，

东海印刷所职工增加到 80 余人，拥有圆盘机 7 台、裁切机 1 台、四页机 1 台、胶版机 1 台。全年印制北海币十元券 1882 万元，其中经济字 493 万元，发展字 200 万元，清河地名 ABAA45 万元，胶东地名 ABAA682 万元，清河地名 AA46 万元，冀鲁边地名 BB100 万元，胶东地名 BBAA316 万元。扣除为他区代印的北海币十元券，实际印制胶东区发行的北海币十元券 1691 万元。一元券 2430129 元。其中，发展字 296626 元，A 字 2133503 元。合计共印制北海币 21250129 元。另有五角海阳流通券 88950 元。

“发”“展”“经”“济”字十元券为民国二十九年天坛十元，“发”“展”字一元系年号为 1941 年的无地名蓝山水一元券，A 字一元券系年号 1942 年的无地名蓝山水券一元券。胶东 ABAA 十元券是民国二十九年胶东地名天坛十元券。胶东地名 BBAA 十元系指印有“胶东区地方本位币”的民国三十年火车十元券。很明显，胶东区地方本位币系 1942 年下半年首次印发的，与《胶东区版别发行年月统计表》中记载的民国三十一年四月发行有差异。

东海支行全年发行十元券 741 万元。其中“经”“济”字 333 万元，BBAA192 万元，新版胶东 AABB 字 216 万元。发行一元券 800126 元。其中“发”“展”字 116626 元，A 字 683500 元。发行五角海阳流通券 88950 元。合计发行 8210126 元（不包括流通券）。

发行的具体工作是：工厂送成品到支库，由支库在送成品簿上加盖支库图章，工厂凭此给支库出账。支库则收工厂账，出分行账；如发行到支行，则由支行给分行收账，分行收发行支库账。发行方式：代付各级行汇票；办理各种贷款与投资购买等；拨给各办事处——文登 126 万元，荣成 104 万元，牟海 90 万元。

1941 年 5 月，东海印刷所仅有员工 14 人，到了本年上半年，有员工 40 人。在当时艰难的环境中，如此的发展速度不可谓不快。

1942 年，北海支行发行了黄县流通券 2.25 万元、栖霞流通券 5.4 万元、福山流通券 3 万元，合计 10.65 万元，这些流通券应当是北海印刷所印制的。我们未见到本年北海支行发行北海币的报告，也未见到北海印刷所印制北海币的报告。由于胶东分行当时只有两个印刷所，通过《胶东区历年发行北海币统计表》及东海印刷所 1942 年印制北海币的情况，可以推算出 1942 年北海印刷所印制北海币的情况。

1942 年，胶东分行共发行十元北海币 1736 万元，五元券 333.5 万元，一元券 311.5 万元。本年，东海印刷所共印制北海币成品（已扣除为其他区代印的北海币总量）十元券 1691 万元，一元券 2430129 元，未印五元券。故十元券差额 45 万元，五元券差额 333.5 万元，一元券差额 684871 元，当系北海印刷所印制。其中十元券可能是印有“胶东区地方本位币”的民国三十年火车券，五元券为民国二十九年胶东地名蓝石坊五元，可能还有带“繁”或“荣”字的蓝石坊五元券，一元券则是“1942 年”红山水一元。

1942 年初，北海印刷所由栖霞县鲁高家迁至牟平县①牙山地区的吴家庄，全厂已有 30 余名员工，铅印机增加至 4 台，又增对开裁切机 1 台。工厂对外称“福记栈”。北海区全年共买各色油墨 1680.5 磅，大青石两块，新式号码机 5 打，洋胶 60 磅，道林纸（分 100 磅、80 磅、70 磅、60 磅、55 磅、50 磅等 6 种）

① 《战斗在山东解放区》一书说是栖霞县。

165.5 令。

2~9 月，西海区购进 32 号水印纸 25 令又 199 张，40 号水印纸 10 令，油墨 28 磅，假地球牌纸 15 令，1600 号水印纸 60 令，百磅唐造纸 18 令，真地球牌纸 5.5 令，10~12 月购入真地球牌纸 54 令，1600 号水印纸 60 令。共 258 令，运分行 178 令，现存 80 令。

此期间，纸、墨多购自烟台、威海、龙口、大连、苏中等地。

通过 1942 年东海印刷所及北海印刷所印制北海币的情况，我们知道，当时东海印刷所是胶东分行的主力印刷所。

胶东区 1941 年下半年以后发行的北海币出现了新特点，即在北海币上加印了非地名单个汉字。按陈文其和刘涤生的话说，在敌人严密封锁下，一次能采购到十令八令纸的就算是大的供应商了。分批次购买的票纸型号往往不一致，油墨也如此，而此阶段发行量却较大，同一型号的纸和油墨，常常不能满足同版北海币的印刷，所以出现同版票子纸型不一、颜色不一。为了便于流通，区别真假，避免造成误会，在票面印上"发""展""农""村""经""济"等字样，以示区别。由此看，这些单字也具有冠字功能。

1942 年 4 月 12 日，中共山东分局财委会决定胶东 1942 年发行新钞 500 万元，调剂胶东、清河、冀鲁边三地区。发行额数规定一元以下之辅币占三分之一，一元以上货币占三分之二，十元票尽量少印。新钞用途百分之五十投资农业生产，百分之二十投资于农村工业、合作事业、小商人，百分之十五投资于贸易局，百分之十五投资于部队兵工生产。而胶东分行 1942 年实际发行北海币 2381.1 万元，超出预定的 500 万元数倍。指示还规定一元以下之辅币占三分之一，一元以上货币占三分之二，十元票尽量少印。可是胶东分行 1942 年未印发一元以下辅币，十元券发行量占当年总发行量的 73%。估计新钞用途也与指示偏差甚远，大多用于军需和地方财政。偏差巨大的原因，可能是形势发生了巨大变化。

按胶东分行 1942 年上半年工作布置，开始登记退还民股，变为完全公营性银行。初期清理时按年息六厘计算。1944 年 5 月 8 日至 1946 年 6 月，为一本一利清偿。1944 年 5 月 8 日的《大众日报》刊载《胶东北海银行声明发还股本和利息启事》："本行自改为完全公营后，曾登载《大众报》声明，凡在蓬黄掖三县所收之民股一律发还，并算给股息。但至今领者寥寥，兹经本行重新决定自登报之日起，凡未发还之民股，皆按一本一利发还（即当初交股本十元者，现在发给股息十元，共二十元）。领款时须经政府开条证明，向所在县之银行领取即可。万勿延迟为幸。"

虽然时隔数年一本一利股息不算少，但物价已今非昔比了。按山东解放区物价指数表，1938 年物价总指数是 1.4，1944 年是 70，1945 年指数是 193，到了 1946 年 6 月，总指数竟达到 570，此时的物价已是当年的 407 倍多！这方面，渤海分行做得比较好。抗战胜利后，渤海分行是根据物价指数，按 1:200 的比例回收清河分行之前发行的股票。

由于当年招股时宣传方面做得不够，群众把认股当作捐税，加上敌人占领时群众怕惹麻烦多数都烧了，也有因保管不善遗失的，退股领息者寥寥无几。掖县从 1944 年 3 月到 1946 年 6 月共付 9 笔，退还民股 4170 元，黄县从 1944 年 6 月到 1946 年 6 月共兑付 13 笔，计 9261 元。

本年 9 月 19 日，胶东区行政公署发布《关于停止法币流通的布告》，掀起了"排法"斗争的高潮，并最终成为山东首个排法成功的战略区。

1942年11月8日至年底，日军华北方面军司令官冈村宁次由北平飞抵烟台，布置对胶东的冬季大“扫荡”，参加这次“扫荡”的日军1.5万人，伪军5000余人，还有海、空军配合。17日起，敌采取“拉网合围”战术，先后在马石山、崂山、磁山、牙山、艾崮山、两目山等山区进行大“扫荡”，制造了“马石山惨案”、“崂山惨案”和“招远惨案”。中共胶东区委、胶东军区所属部队为保存力量，采取化整为零、分区坚持、互相配合的方针，经过历时一个多月的殊死斗争，终于粉碎了敌军在胶东发动的规模最大、时间最长的大“扫荡”。

大“扫荡”期间，北海印刷所随军转移到栖霞回龙夼。不久被敌人包围，抗大军事干校部分师生负责该厂的转移护送工作，在最后撤退中与敌人展开白刃战，全班牺牲。途中李友琴主任因病殉职，后由姜文接任其职。票版、图章及号码机由孙立格等工人携带，安全冲出了封锁线。为了应付敌人频繁的“扫荡”，印刷所采用挖地洞的办法，把机器转入地洞生产。东海印刷所则全厂职工自己动手挖山洞，在山洞里坚持生产。

此期间，东海支行长王仁斋与分行陈文其、刘涤生行长于文西、文登南沿海一带找地方关系部队，王雨亭、张作水、林基锡到户口窑、俚岛一带。印钞所人员分为两组，肖一心率领一组到荣成，赛自信率领另一组到文登邢家一带。工厂全部人员分散于文登、荣成（有的回家），于黎与饲养员（牲口一头）到荣办疏散于乡村，张鑫、隋文（带牲口）到文办亦疏散于乡村。支行警卫武装一排分配到荣成县武装领导。各办事处干部同样于各县找地方关系与回家疏散。

从1942年春到1944年春，第一印钞厂（原北海印刷所）一直在牙山地区。

（二）1943年银行的发展及印钞发行

此时两个印钞厂已由支行代管改为分行直接领导，共有脚蹬机9架，熟练工人16人，练习生7人。若全部机器完全开动，每人每日按工作9小时计算，一昼夜可印出三版（印三遍手续完成），票面额一元成品约3.7万元。印钞用的纸、墨多由苏中地区运来。

按《胶东区历年发行北海币统计表》，1943年度胶东分行共发行北海币3399.4万元：十元券1871.4万元，五元券1365.9万，一元券99.4万元，五角券40.1万元，二角券11.1万元，一角券11.5万元。其中十元券含民国三十年火车胶东版及本年10月份新发行的民国三十一年高楼版；五元券有民国二十九年胶东地名蓝石坊版，本年9月份新印发的民国三十年胶东地名帆船版，此券有加印“建”“设”单字和无单字三种版别，10月份新印发的民国三十一年火车版；一元券为带胶东地名的山水版；五角券为胶东地名市楼（掖城鼓楼）图景，二角券为胶东地名楼房（掖城火神阁）图景、一角券是胶东地名楼房（掖城火神阁）图景。此后胶东分行未再印发一角券。

另据《胶东区版别发行年月统计表》载，本年12月发行了民国三十一年树木版五十，此券为胶东分行五十元系列开山票。据《胶东北海银行一九四三年发行统计》，此版年内共发行了575.5万元。对比实物知道，树木五十元就是民国三十一年河边树屋五十元。由于该券是年底发行的，《胶东区历年发行北海币统计表》未将其列入。因此，本年度胶东分行最终实际发行北海币3974.9万元。

胶东北海银行 1943 年发行统计 （单位：千元）

1943 年 12 月 31 日

累计收回	本月收回	券　别	累计发行	本月发行
61	7	拾元券	34,222	3,968
–	–	伍拾元券	5,755	5,755
8	345	伍元券	19,395	127
18	1	壹元券	5,078	–
8	1	伍角券	1,586	–
1	–	贰角伍分券	290	–
7	–	壹角券	279	–
128	10	小　计	66,997	9,851
6,869	9,841	结　余		
66,997	9,851	合　计	66,997	9,851

注：本表含胶东分行发行的胶东各县流通券。此表采自《中国革命根据地北海银行史料》第一册第 556 页，数据有误。

本年度胶东区根据地物价指数是 60，前一年的物价指数是 84，物价回落约 29%，而同期货币发行量则增加了约 67%。导致货币发行量大幅增加，物价反而大幅度回落的反常现象，其原因是多方面的；主要是形势好转，北海币流通范围扩大，另外，从 1942 年 9 月开始，胶东区排法斗争取得了胜利，大量的法币被排挤出根据地，增加的北海币又不足以完全弥补法币的空缺。

根据胶东分行 1943 年、1944 年上半年营业报告，1943 年，胶东本币流通量，除去年个别地区因调剂不够，曾一度呈现地区性膨胀现象外，总的方面始终是不敷流通，特别是近半年来中心地区没有“扫荡”，反敌反顽迭获胜利，行政区日渐扩大，纺织等手工业普遍开展，造成本币流通量不足，边沿地区尤甚。部分地区伪钞乘虚而入，新开展地区亦未能及时做到驱逐伪币，排挤法币，以扩大本币流通范围。

先期流通量不足的原因是：（1）随着我党政军政治影响的扩大，本币的信仰更加巩固，一部分本币成为贮藏工具。（2）一年半来，我根据地内法币停用，流通范围扩大。（3）各部门、各商号、各单位以及工商局、银行所属停滞的库存估计经常在千万元以上。（4）由于货币斗争的胜利，内地物价低廉，敌占区人民不用北海币就购不到物资，因此北钞在敌区也暗中使用。敌伪军亦有同样情形，西海敌伪绑架勒索接受北钞，各海区很多据点内亦用北钞。（5）年余来工商合作事业相当发展，也增加了睡眠资金数量。

现阶段敌后根据地内平均每人所需要的货币流通量 30 ~ 50 元，根据这个原则，以及市场繁荣、贸易发展状况，胶东现有之发行额确有大量增加之必要，胶东人口一般估计使用北钞者能占全人口 37.5%，如按每人需要的货币数量五六十元计算，则须共发 1.8 亿元到 2 亿元，才能满足流通需要。为此，胶东分行决定发行大额本票，以代替一部分现金流通市面，逐渐消除货币紧缩与北海币缺乏的现象，繁荣根据地的经济。

胶东北海银行 1943 年发行本票统计（单位：千元）

1943 年 12 月 31 日

累计收回	券　别	累计发行
	伍百元	1,297
	壹百元	260
	平度金库兑付	15
	小　计	1,572
1,572	结　余	
1,572	合　计	1,572

注：此表采自《中国革命根据地北海银行史料》第一册第 556 页。

为确保本票顺利发行，胶东分行还特意制定了本票发行及使用办法：（1）本票为银行发行的一种票据，代替现金流通市面，为一种流通工具与支付工具。(2)为了计算方便，本票定为固定的票面额，计分百元、伍百元、壹仟元三种。（3）本票为一种流通工具，与其他票据不同，故定为互相转让时不需要背书（在背面盖章或签字），凭票兑付，认票不认人。

鉴于假币泛滥，从 1943 年 1 月起，胶东区开始实行北海币限区流通的货币政策。禁止清河区北海币在胶东区流通。清河区发行之拾元北钞是胶东代印的（票子正面带有火车头图），图案颜色与胶东者完全一致，所不同的是票面下边印有“清河地区地方本位币”字样。在清河工商局未成立以前，清河本币比值与胶东相差悬殊，奸商利徒投机取巧，利用各种机会把清河本币贩到胶东行使，最坏的是把“清河”二字用药水涂去改为“胶东”二字，不易发觉，最易受骗。对此除分函各方面提起注意外，并不断进行查缉，为了不妨碍清河本币的信仰与防止清河本币继续流入胶东，除在宣传方面说明本币分区使用是为了防止敌人破坏外，并采取了以下办法：（1）凡机关人员有证明确系由清河带来者，由银行按折兑换（最低二、三折，后改为五折）；（2）商民有使用者，则在票面加盖“此票在胶东不准流通”，发还本人；（3）将清河字改为胶东字者，视同假票处理。

胶东区是第一个实行北海币限区流通的战略区。

（三）1944 年银行的发展及印钞发行

1. 发行工作

本年胶东分行开始发行百元大票。全年共发行北海币 13279.9 万元，各券种发行情况如下：本年 8 月开始发行民国三十三年插秧版一百元券，年内发行量 4822 万元；五十元券发行量 4435.3 万元，其中 6 月份开始发行民国三十三年火车版五十元；十元券发行量 3845.3 万元，其中 3 月份开始发行民国三十二年春耕版十元券，此版有天干冠字，字母单字轨、双字轨，另有大号码，小号码之分，11 月份又发行了民国三十三年水车十元券，此版有多种颜色；五元券发行量 140.8 万元；一元券发行量 36.5 万元。未发行元以下辅币。

胶东北海银行 1944 年上半年发行统计（单位：千元）

1944 年 6 月 20 日

累计收回	本月收回	券　别	累计发行	本月发行
		伍拾元券	16,672	1,950
104	4	拾元券	60,784	2,973
13	1	伍元券	20,273	—
26	2	壹元券	5,078	—
4	2	伍角券	1,586	—
11		贰角伍分券	290	—
3		贰角券	391	—
3		壹角券	279	—
194	9	小　计	105,283	4,923
105	4,914	结　余	105,353	
105,283	4,923	合　计	105,283	4,923

注：此表采自《中国革命根据地北海银行史料》第一册第 557 页。

数据亦含胶东分行发行的胶东各县流通券。

根据 1943 年 9 月 23 日的中共山东分局《关于银行工作的决定》，及 9 月 30 日的山东省战时行政委员会《关于半年财政工作的指示》，1944 年上半年，胶东分行北海币计划发行量为 6000 万元。

上半年，胶东分行发行壹百元、伍百元、壹仟元定额本票，合计 682.7 万元。其中壹百元本票是小黄花地子，伍百元是紫地花瓣凑成圆花，壹仟元的是紫地布纹没有花。

胶东北海银行 1944 年上半年发行本票统计（单位：千元）

1944 年 6 月 20 日

累计收回	本月收回	券　别	累计发行	本月发行
		壹仟元	2,000	200
24		伍百元	4,397	50
1		壹百元	430	
25		小　计	6,827	250
6,802	250	结　余		
6,827	250	合　计	6,827	250

注：此表采自《中国革命根据地北海银行史料》第一册第 559 页。

发行之初，因为本票面额较大，必须比钞票多一点保障，流通才能顺畅，因此规定使用本票的持票人必须记住号码，如有遗失，可以声明挂失，由本行代登《大众报》声明（报费由失主负担），自挂失之日起两个月内无人来行兑取时，失主可找妥实保证，出票行即按照票面额付给现款，该票即行作废。但在实行过程中体会到允许挂失易发生流弊（如未遗失而声明遗失），因此在本年二月间登载《大众报》声明本票完全代替现金流通，如有遗失，不予挂失，并在票面加盖“此票如有遗失不挂失号”字样。所有本票，均由行长陈文其亲笔签名盖章后发出。非定额本票，则由徐瑚用毛笔写上金额，由陈文其签名盖章后发出。

除了发行本票，为了便利工商局大额支付，胶东分行还发行过支票。胶东每年春天渔季是收外汇（青岛汇票）最多的时期，青岛的渔商完全以汇票到这里购买鱼虾，工商管理局为了储存外汇基金与调剂其他海区的外汇，在东海沿海各县局先实行了新的外汇管理办法，凡出口鱼虾的外汇完全由工商局之兑换所统一收兑。如此就需要大量现款才能周转，而此时又值各地各级工商局刚成立，所拨之3000万元资金用于粮食、夏季被服与军工购买及春耕贷款等。为了减少现款缺乏的困难，避免收兑汇票完全用现金的麻烦，工商局实行了支票代替现金的办法。由各县银行发给各工商局较大宗的支票，由各县局填发，票面固定金额（伍百元、壹仟元不等），流通范围以县局管辖之地区为限，认票不认人，银行负责兑现，兑进的支票工商局仍可提回循环使用。自实行后，由于银行的及时兑现，与人民对政府的信任，流通无阻，人民称便。

本年度根据地物价指数是70，比去年增加17%，北海币发行量则增加了234%。货币供给增幅远远超过物价涨幅，这势必导致未来物价的大幅度攀升。但是为了战争需要，明知会导致物价大幅上升，银行也不得不继续增发货币。

由于大量增发北海币，以及百元、五十元大票的出现，货币供给略显不足的现象到了1944年底即彻底改变。胶东区根据地物价也开始大幅度上升。

12月6日，中共山东分局下达《关于货币政策的决定》，进一步部署了胶东、渤海两区的货币统一工作。根据这一决定，本年底至次年1月底，胶东增发2000万元（连前共2亿元）。今后发行应当慎重，防止物价高涨，严格保证发行不作财政开支，过去政府借支款项应迅速归还。本次数额完成后，胶东再印一亿元，不打号码印章，于市场需要时报请总行批准后随时发行。

2. 制版厂的成立

之前，胶东印钞厂的钞版都是通过关系到敌占区青岛、济南、上海等地秘密制作，钞版行名刻“冥府银行”字样，运回根据地后再更换“北海银行”四字。这样做既不方便，又冒很大的风险，其在敌人封锁下无法保证供应。为此，胶东决定自己建立制版厂。

1941年3月，时任北海银行东海支行的负责人王仁斋委派于荀章把制版和聘请制版技术人员的任务，交给当时在上海负责胶东采购任务的刘若明，再由刘与位于上海寿宁路94弄2号的鲁光照相制版社业主于鲁若建立关系。为了安全，上海制作的钞版均未刻“北海银行”四字。

从1942年起，鲁光照相制版社成了地下采购印钞制版器材的据点，先后为胶东印钞厂采购了照相机和制版器材，并动员了于宗堂、于春海（翻版）、毕健夫（修版）、张德明（照相）、臧文卿（画稿设计）等制版技术骨干到山东根据地。先是到了3名制版技术人员，因制版工具不易买到，长期未能工作[①]。1944年3月间，一切工具材料完全运到，并聘到绘图人材（临时的），经一个多月的筹备，5月1日在胶东牟平县马泽山谭家口正式建立了制版厂，对外代号“中兴东”，杨杰任厂长。该厂当时有照相1人、绘图1人、烂版5人。之后陆续由根据地调进人员，不久就发展到了20余人。至6月底，已完成胶东伍拾元票版4套，其他种类及清河的均在继续制造中。

---

①一说是，1942年江淮银行支援胶东分行3名绘图制版工人。因缺乏制版工具，长期未能工作。

从1945年开始，先后为渤海、总行以及东北制版，另外，为胶东的画报与报社制作了不少铜版。

胶东各印钞厂合并时，制版厂改组为胶东印钞厂制版部。1948年，山东各印钞厂在临朐大合并时，由印钞厂划出，归发行局直接领导。1949年进驻济南，1950年人员分流到北京、上海和天津。

3. 其他

1944年，胶东分行内设营业、会计、出纳、发行四科。直接领导四个支行。

本年春，北海印钞厂（一厂）迁至乳山县崖子区泽科钟家村。此时该厂已经拥有12台圆盘机、3台平页机和1台小石印机、1台裁切机等设备，40余名员工。厂部下设鉴定股、保管股、印刷股和总务股。

为了突击胶东的金融任务与完成清河的任务，4月，铅印厂增加五台石印机，专给清河印制拾元面额的北海币，截至6月，共完成了600万元，解到清河，其余尚在续印中。

（四）1945年银行的发展及印钞发行

1. 银行及北海币印发情况

上半年的生产建设资金数目很大，而且是带有时间性的，因此不得不发行大额北海币，以解决资金问题，上半年的生产建设资金是：春耕贷款4000万元，工商管理局的基金增加5000万元，军队的生产基金5000万元，政府的生产基金1000万元，共计1.5亿元。

本年6月30日的《中共山东分局财委会关于今后对敌经济斗争的指示》说："今后各地本币印刷应由北海银行总行统一计划，胶东、渤海成一印刷单位，滨海、鲁中、鲁南成一印刷单位；同一单位采用同一票版，所印本币互相调剂，不一定在本地发行。"

8月1日，山东省战时行政委员会发布《统一本币流通令》：全省各地区发行的北海币，不分地区统一流通；全省各地区过去发行的地方流通券等，应立即停止在市面流通，并限期由各发行机关负责兑回。8月29日，山东省政府布告："为全面调剂物资，流通金融，特决定全省各地区（滨海、鲁中、鲁南、胶东、渤海）过去所发行之北海银行本币，今后不分地区统一流通。"尽管因运输困难等原因特许胶东、渤海两区印钞暂缓统一，因而该两分行仍设印刷工厂，但是，要求发行计划上需要统一，今后可根据总行原则指示而有计划地发行。10月，胶东分行印发的北海币开始印山东地名。

为了缓解辅币缺乏现状，8月16日，胶东行政公署决定以铜元代替辅币：规定小铜元代替本币壹角，大铜元代替本币壹角伍分，公私款项一律通用，但任何公私款项的来往，每次总额不得超过伍元，希各专署接到指示后，急速转令各县执行。

9月18日，《大众日报》刊载了北海银行胶东分行关于各县流通券继续流通及本年11月30日前收回三种本票的启事：

胶东北海银行启事

1945年9月16日

敬启者：全省各地区（滨海、鲁中、鲁南、胶东、渤海）过去所发行之本币，今后不分地区统一流通，业经山东省政府布告周知在案。本行特作如下两点解释与声明：

1. 布告所指之流通券，系指滨海、鲁中、鲁南等地区所发行之本票性的流通券而言，胶东区各县所发行之地方流通券，仍作本币辅币继续流行市面，并不马上收回。

2. 本行过去所发行之壹佰元、伍佰元、壹仟元三种本票，规定于十一月三十日以前陆续收回，凡我商民人等，自即日起，可到所在区县本行之各级银行等值兑换本币。

本年胶东分行北海币各券种发行情况如下：

一百元券17173.4万元，其中3月开始印发民国三十四年耕地版，此版有棕、蓝两种颜色，棕色券为KA冠字，当年印制成品4025.4万元，蓝色为MB冠字，当年印制成品2288万元；8月开始印发民国三十四年刨地版，此版有TH、TJ两种冠字，当年印制成品各5430万元。

五十元券15481.8万元，其中3月开始印发民国三十三年浇秧版，此版有天干冠字和双字母冠字，冠字“甲”和“乙”各印了14383250元，冠字KA印了246.5万元，KB印了2473750元，KG（根据实物判断实际是KC）和KD各印了1218.75万元，KE和KF各印了653.15万元，KH印了3035万元；10月份开始印发民国三十四年红蓝两种颜色打场版，冠字E和H均为红色券，冠字F券为蓝色，冠字E印了432.5万元，冠字F和H各印了44999950元。

二十五元券10569.65万元，此版年号为民国三十四年，分枣红和蓝色两种，均为当年8月首发，当年停发，冠字A、B券为蓝色，其余冠字券为红色，其中冠字A1950万元，冠字B1390.75元，冠字G（根据实物判断实际是C） 2175万元， 冠字D1203.9万元，冠字E2025万元，冠字F1825万元。

十元券7427.9万元，先是继续印发民国三十三年（红蓝两色）、三十四年水车版，其中民国三十三年红色版中间冠字（A）两边号码者印制了220.6万元，红色券冠字A印制了237600元，由于该券的起始号码是489641，那些之前号码的该类券当为去年年底印发，蓝色券冠字B印制了241700元，民国三十四年冠字KA券第一次印制了376.05万元，第二次续印了13.6万元，合计389.65万元，KB券印制了258万元，KC券印制了574.75万元；9月开始发行民国三十四年刨地和拾苞米两种版别的北海币，刨地版只有冠字H，印制了580万元，拾苞米版有KE、KF、KG、KH、KJ等冠字，其中KE印制了745万元，KF印制了545万元，KG和KH券各印制了8999990元，KJ印制了300万元；10月印发山东地名民国三十四年咖啡色汽车十元券，该券有A、B、C、D、E、F共6种冠字，算上1946年续印的，有8种版别，冠字A、C、D、E券各印制了8999990元，冠字B印制了7322500元，冠字F印制了840万元。

五元券879.6万元，为10月开始印发的山东地名民国三十三年浇秧五元券，档案记载有4种版别（估计含1946年印发的品种），两种冠字，冠字A印制了4499995元，冠字B397.6万元。

一元券341.2万元，其中2月开始发行民国三十三年推车版，此券有两种版别，3种冠字，冠字B印制了439999元，冠字C印制了26.1万元，冠字D印制了50.4万元；8月发行民国三十四年水车版，此版共有5种，合计印制了96.5万元；10月开始发行山东地名民国三十四年汽车版，此版有短号和长号两种，其中短号码冠字AA印了47.4万元，冠字J分为两个号码段：010001—0706000和1000001—1540700，合计印制了114.77万元。

五角券271.8万元，其中4月开始发行民国三十四年山野版，此券有A、B两种冠字，冠字A印制了50.62万元，冠字B印制了3.21万元；11月发行山东地名民国三十二年耕牛版，此版有三种，冠字AA印了1699363元，冠字BB印了512390元。

中国钱币博物馆藏有刨地十元券打孔票样。票样打孔在其他行并不少见，但在北海银行却极为罕见。到目前为止，我们仅见此打孔票样。

二角券115840元，均为山东地名民国三十二年风船版，10月开始印发。

以上合计共发行北海币52156.9万元。民国三十四年胶东地名打场五十元券为胶东地名关门票。

其他版别民国三十四年山东地名汽车十元券定为1946年发行，理由是：1945年未印，而1947年十元券的发行量总共才80万元，可以说基本不发行十元券了。

我们在查阅胶东印钞厂1945年档案时发现了一个奇怪的现象，1945年胶东印钞厂印制的纸币起始号码，无一从1号开始。除了民国三十三年水车十元冠字A券因系续印，起始号码是489641，民国三十三年推车一元版冠字B的起始号码是540001，民国三十四年胶东地名水车一元券的起始号码是0100001，民国三十四年汽车一元冠字J的起始号码为0100001和1000001两种（估计该券种分两批印制）外，其余券种的起始号码均是100001。估计凡印有100001之前号码的北海币有特殊用途，或作备用，或是票样（这一时期有的票样是印号码的）。例如，我们见过B000136号的民国三十三年胶东地名推车一元票样。耐人寻味的是推车一元券，没有冠字A，B字的起始号码又是540001。用意何在？

另外，民国三十四年水车十元券冠字KA券情况较为复杂。按档案，冠字KA券第一次印制了376.05万元，终止号码是476050，第二次续印了13.6万元，但是，起始号码却是358001，如果档案没搞错的话，势必产生重号，对印钞厂来说就是一次责任事故。我们注意到KB券的终止号码是358000，此号码与档案所说冠字KA券第二次续印的起始号码相连，这绝不会是一个巧合。第二次续印的13.6万元肯定是冠字KB券而不是冠字KA。

胶东北海银行发行统计（单位：千元）
1945年7月20日

收回		券别	发行	
累计数	本期数		本期数	累计数
17	17	壹佰元券	63,134	111,354
38	36	伍拾元券	68,852	113,205
321	194	拾元券	4,860	83,133
40	24	伍元券	20,603	
78	47	壹元券	1,300	6,844
53	20	伍角券	377	1,963
14	4	贰角伍分券		290
4	1	贰角券		391
5	2	壹角券		279
20	3	总行代销本币	159,126	317,459
590	350	累　计	138,523	338,061
337,471	138,173	结　余		
338,061	138,523	合　计	138,523	338,061

注：此表采自山东省档案馆藏资料，档案号G039-01-0014-002。删除小数点后数字。其中含分行委托胶东印刷社用铅印机印制的一部分壹元券及伍角券。

1945年发行与收回统计表

收回		券别	发行	
111550	00	壹佰元券	171734000	00
57150	00	伍拾元券	154818200	00
4575	00	贰拾伍元券	105696500	00
415745	00	拾元券	74278570	00
551252	50	伍元券	8795995	00
86982	00	壹元券	3411699	00
37723	25	伍角券	2718005	50
13396	45	贰角五分券		
2570	00	贰角券	115840	00
6480	00	壹角券		
16682	20	总分代销币		
1217424	20		521568809	50
520351385	30	结　余		
521568809	50	合　计	521568809	50

注：此表采自胶东分行《1945年发行工作报告》，山东档案馆藏资料，档案号G039-01-0031-005。

票样统计表

地　区	券　别	字　别	张　数	金　额
胶　东	佰　元	TJ	787	78700
胶　东	佰　元	TH	787	78700
胶　东	佰　元	KA	750	75000
胶　东	佰　元	MB	750	75000
合　计			2580	258000

票样统计表

地　区	元　别	字　别	张　数	金　额
山　东	壹　元	AA	3000	3000
合　计			3000	3000

注：以上二表摘自胶东分行《1945年发行工作总结》，山东档案馆藏资料，档案号G039-01-0031-003，数据有误。

根据1946年3月《胶东北海银行发行工作报告》，一年来给渤海区代印佰元币1万万元；给山东总行代印佰元币2万万元；给东北区代印佰元币2万万元（伍拾元1亿，拾元6000万，伍元4000万），现仍继续给东北代印（据另一材料共3亿，伍拾元2亿，拾元7000万，伍元3000万）。代印的北海币主要发生在1945年。从现存实物分析，民国三十四年山东地名轮船火车一百元券应当系胶东分行1945年为总行代印。

本年度根据地物价指数为193，环比增幅为175%，货币发行量增幅为293%。尽管胶东分行在《一九四五年上半年工作报告》中说，由于地区的逐渐扩大及内地的工矿业与各种家庭副业的普遍开展，流通量仍感不够。实际情况却是，胶东区根据地北海币流通量已经过剩，市面真正缺乏的是小面额纸币和辅币。新解放的地区辅币缺乏尤为突出，严重影响市面的交易，有的村公所、合作社开临时收条在市面上流通，很多的地区把拾元券、伍元券撕开作辅币用。辅币的缺乏影响到物价，一般的值八九元钱的货即卖拾元，值四元的卖五元；伍拾元券与拾元券、伍元、单元在市面的兑换有了比率，一般的伍拾元券每百元可兑拾元或伍元券八十元至九十元。以至于中共山东分局在《关于货币政策的决定》（1944年12月6日）中点名批评了胶东区：胶东地区原系货币斗争最先进地区，一年来已变为落后地区。党委应督促政府银行及工商局负责同志切实检讨，迅速纠正错误。

本年总行决定以分行为旧票销毁单位，加强销毁手续的整理，分行之下的支行、办事处兑换之后可汇交分行办理，支行、办事处无销毁之权。

2. 印钞厂及制版厂的发展

胶东分行原有两个印刷厂，一厂工人20名，练习生13名，有老虎嘴机10部。二厂工人23名，练习生27名，有老虎嘴机11部。后因地区扩大，本币需要量增加，印钞任务紧迫，以三部平页机建设了第三厂；又因机器不够用，由一厂分出一部分工人到胶东印刷社住，借用机器专印辅币，有工人5名，熟练练习生6名，练习生8名，六页机3部，四页机1部。

上半年开动机器12部，印刷十元券、五十元券及百元券，每部机器每日（按八小时）可出8千张至1万张，昼夜分三班（每班八小时），平均可出2.4万张，按五十元计算（六遍色、12部机）每日可出240万元。

6月，胶东印钞厂编制为印钞二厂①。随着新形势的到来，为加强发行工作，确定分行设发行科。9月，根据总行的决定，北海印钞厂（一厂）、东海印钞厂（二厂）、新成立的第三厂及胶东制版厂四个厂合并为胶东印钞厂，以便集中统一领导。厂址设在乳山县崖子村。荣世潍任厂长，肖一心任副厂长，杨杰、王世村任指导员。共有脚踏机40部，平页机3部，切纸机10部，技术工53人。

抗战胜利后，胶东分行在烟台、威海、石岛购买了16部老虎嘴（脚踏圆盘机）。9、10月间，通过驻华中办事处的刘若明，从上海印刷商鲁若那里搞来一部胶版印刷机。机器先是由上海运到华中，然后用小船转到胶东。同时从烟台购买了一部旧胶版机（只能印一色，不能印套色）。

到年底，印钞厂拥有老虎嘴37部（有9部不能用），平页机2部（四页、六页各1部），对开胶版机2部（1新、1旧）、机刀7盘（1盘不能用），以及照相机、扎墨机、柴油机等。增加工人20名，熟练练习生16名，练习生13名，共有工人技术工68名，熟练习生47名，练习生20名，分昼夜两

① 此说系引自《中国革命根据地北海银行史料》第二册，根据总行档案，似乎此时胶东印钞厂编为总行第一分厂。

班工作，每班经常工作9个小时，突击工作时增加到11小时，每人每小时平均产量800张到1000张。

经过一年的发展，制版厂已经发展到拥有制版技工8人，练习生2人；绘图2人，练习生1人。完成胶东北币版19种181副490块（4475吋），地区字714个，字头230个，经理章754个，徽章728个，支票存折版166吋。另外还给总行、渤海分行、本区有关部门、东北银行等制作了各种票版、邮票版、画版、伟人像等，数字如下：

总行票版2种，16副，32块（369.5吋）

山东字　44个

经理章　746个

渤海分行票版，11种，148副，305块（2279吋）

行名　63个

经理章　972个

年月日章　27个

渤海字头　96个

为胶东大众报制版　11块（70吋）

为胶东画报社制版　168块（1691.5吋）

为山东战邮制版　8块（401吋）

9月，制版厂改组为胶东印钞厂制版股。

本年底，厂部下设会计、总务、材料、检验、制版股，以及胶印部、铅印一部、铅印二部和修理部。有工人140人，职员39人，警卫炊事等31人，合计210人。

根据总行的部署，鲁南、鲁中、滨海印钞厂已经统一，虽然胶东、渤海因运输困难暂缓统一，但是统一执行总行的发行计划。之后胶东分行未再印发胶东地名北海币。

第四节　1946年以后银行及印钞发行情况

一、1946年银行及印钞发行情况

1月17日，《山东省政府对银行工作的指示》（财字第30号）中规定："胶、渤仍要继续印发，票样转各区，以防伪造。"

4月22日，胶东分行规定支票限期支付，不准流通（1946年4月22日营字第5号）：

> 据东海反映，以往之支票，有的在外边流通时间很长，甚至流通到其他地区，这样不仅银行与存户对账时有些困难，同时存户亦可能趁此投机。经分行研究决定：今后发给存款户支票时，要在支票正面盖"限期五天逾期不付"印记，以限制其长期拖延等弊病之发生，同时要向存款户说明支票只可代替单据，不能在市面流通。

5月29日的《北海银行总行关于精简机构与实行薪级制的决定》（总字第4号）中规定："因为胶东、渤海两地区暂因运输交通困难，总行仍委托分行直接领导两工厂。为了统一印刷工作与减免票版样式太多，技术不一致起见，总行加强发行科组织，各地分行取消发行组织。"此时胶东分行虽然领导印

钞厂，但是票版及发行量都由总行决定。

陈文其行长在 1946 年 10 月 30 日的胶东分行行处会议上所作的《胶东分行一年来工作检讨与今后任务》报告中说："收回一九四三年以前发行之各种版券及贰拾伍元券。原则不再增加发行，并要求通过各种方式（包括征收田赋、抛出物资）收回原发行额的百分之三十。"

12 月 4 日，陈文其调任胶东工商管理局局长，胶东行署财政处处长孙揆一兼任胶东分行行长。

本年度胶东分行开始印发二百元大票。全年累计发行北海币 451058.6 万元。各券种发行情况如下：5 月发行民国三十五年中花版二百元券（此版有两种颜色，蓝色者系为渤海分行代印），全年共发行 36000 万元；发行一百元券 304793.7 万元，其中 4 月开始发行民国三十五年中花版（此版币有两种，棕色者系为总行代印），5 月开始发行民国三十五年烈塔版，7 月以后发行民国三十二年山东地名汽车一百元券；发行五十元券 92287.4 万元，其中 5 月开始发行民国三十四年烈塔版，此版共有 5 种，发行量 21635 万元，7 月以后发行民国三十三年浇秧版及扬场版；发行十元券 15158.3 万元，其中蓝色与绿色民国三十四年汽车十元券合计发行了 1465.2 万元，7 月以后新发行民国三十四年山水版和锄地版（有 12 种加盖字）；发行五元券 2712.8 万元，含新发行的民国三十三年背浅蓝色者浇秧五元（该券背面印英文山东及 1945 年，仅见票样），民国三十四年两种颜色的浇秧版，以及绿色汽车版（有括号内单字母冠字和双字母冠字之分）；一元券 103.1 万元，其中 7 月份以后发行山东地名驴运版一元券 76 万元（此数为当年一元发行总额减去 3 ~ 5 月发行额）；发行五角券 3.2 万元，估计是再印发了民国三十二年牛耕五角券。

由山东地名及背面行名拼读知，民国三十二年山东地名汽车一百元券为胶东 1946 年以后印制（参见第九章第二节六），由于胶东北海币《版别发行年月统计表》（截止日期 1946 年 6 月底）中未记录此券，说明该券发行于本年 7 月以后。据渤海分行 1946 年 11 月 13 日的反假通知（该通知藏山东省档案馆，索引号 G040-01-0004-038）载，在渤海一分区发现民国三十二年红色汽车一百元假票，说明民国三十二年汽车一百元券发行于 1946 年。根据我们调查大量的北海银行反假文件，北海币从发行到发现假票并形成通知这一过程一般需要四五个月以上，快的也要三个多月（如民国三十七年长城号兵二千元券），以此推算，该票只可能始发行于 1946 年 7 至 8 月间。胶东分行 1946 年发行百元券 30 亿元。存世各种版别的烈塔百元券，我们已经发现了 6 位号码的冠字有 20 种（含单字轨、前后字轨等），7 位号码的冠字有 5 种（X、Y、T、J、甲），除了"甲"字头的号码较小外，X、Y 等冠字均发现大号码，算上中花百元券，粗略测算，两种百元券的发行量已经接近当年百元券的发行总量。估计在北海银行收缩大票的环境下，汽车百元券发行不多即停发，大量的汽车一百元券于次年继续发行。另外，多年前，市面曾出现批量蓝色汽车一百元券，根据该券的号码及纸质看，系假币无疑。

另外，我们在山东省档案馆查到档案号为 G039-01-0045-004 的一组反假文件，该组文件用白纸封皮，并书写"一九四六 . 七 . 四"，封皮是近人所为。内中仅一份文件标明"卅五年三月廿二日"，其余只有月份日期而无年号，时间最晚的 7 月 4 日。据 4 月 16 日的文件载，近又发现山东字红色汽车图百元券及中花百元券假票。5 月 19 日的文件亦载，最近发现山东字汽车图一百元假票。两份文件的纸张及书写格式差不多，时间相距当不长。按照封面，似乎这两份文件成于 1946 年。但是，我们认为这两份文件应该成于 1947 年。理由是，根据《胶东版别发行年月统计表》，中花一百元券发行于 1946 年 4 月。在当时的条件下，一种货币从投放市场到被伪造，再到假币流入市场、被发现和形成文件这一过程，半个月的时间肯定是不够的。因此，不论中花一百元券发行于哪一天，当月16号都不可能形成反假文件。另外，这组文件中，5月27日的那份反假文件，与档号G039-01-0077-06的文件相同，后者标明的时间却是1947年5月27日。也就是说，该组文件的时间并不一定都是1946年。

1946年3～5月，胶东区印刷五十元券成品21635万元，且上半年发行完毕。此五十元券为烈塔五十元无疑。根据我们对烈塔五十元冠字及号码的跟踪，该券共有A、B、C三种冠字，7位数号码，A、B冠字之后首位数均是0，C冠字首位数为3以下数字，以此估计，其发行量大致与3至5月印量相当，这就意味着下半年未再续发该券。能定为1946年7月以后胶东分行发行的五十元券有山东地名民国三十三年浇秧五十元、扬场五十元及民国三十四年扬场五十元券。理由一是这三种北海币背面印有“BANK OF BAI HAI”，说明他们系胶东分行1946年以后印发（参见第九章第二节六）；理由二是胶东北海币《版别发行年月统计表》中无此项记载，说明该券不可能发行于1946年7月之前。浇秧五十元背面印有“SHAN DUNG”，而民国三十三年、三十四年扬场五十元没有，故浇秧五十元的发行时间早于扬场五十元（参见第九章第二节六）。1946年，胶东区共发行五十元券92287.4万元，其中民国三十四年烈塔五十元占21635万元，差额7亿多元。我们已经收集到的浇秧五十元券冠字有KA、KB、KC、KD、KH、KE、KF、MA、MB、NC、ND、PH、PJ、QD等十四种，这些冠字均为6位数号码，当年实际发行的冠字可能要比这多，估计浇秧五十元的发行总额在6亿元左右，因此扬场五十元券1946年的发行量并不多，大量的民国三十三年扬场五十元为1947年发行。当然也有这种可能，就是浇秧五十元券的发行量已经到达7亿多元，那么扬场五十元券就首发于1947年了。

民国三十三年山东地名红山水10元券列为胶东分行1946年7月以后发行的理由是：一，由该券山东地名结合背面行名拼读知为胶东分行1946年印制（参见第九章第二节六）；二，此类券多数发现于胶东，故应为胶东分行发行；三，胶东分行北海币《版别发行年月统计表》中无此项记载，所以定为1946年7月以后发行。

认定蓝、绿两色民国三十四年汽车十元券为1946年发行，且发行量是1465.2万元的理由如下：蓝、绿两色民国三十四年汽车十元券与同年号褐色汽车十元券正背图完全相同，且实物多出自胶东，为胶东印发无疑。根据胶东北海银行《1945年发行工作总结》，1945年胶东印钞厂未印此两色汽车十元券，所以此两色汽车十元券不可能印发于1945年。胶东北海银行《1946年发行工作概况》记载，1946年3～5月印制了十元券成品1465.2万元，发行1243.5万元（估计6月以后，剩余部分也发行了），但是，胶东分行北海币《版别发行年月统计表》中，十元券项下却没有1946年发行的品种，说明已发行的1243.5万元十元券为旧版十元。此时，胶东分行已经不再印发胶东地名券了，该十元券必是山东地名十元券，而胶东分行1945年发行的山东地名十元券仅有汽车十元一种，是以认定这1465.2万元为蓝、绿两色汽车十元券。

将民国三十四年山东地名锄地红十元列为胶东分行1946年7月以后发行的理由如下：一是该券背面的行名拼读“BO XAI INXANG”为典型的胶东与渤海式，而渤海印制的均带渤海地名，故为胶东印制；二是该券主要出现在胶东，且其正面加盖字形式为胶东所常用，故可以认定该券属于胶东分行发行；三是由于胶东分行北海币《版别发行年月统计表》中并无此项记载，说明该券发行于1946年7月以后。“BO XAI INXANG”拼读格式系胶东分行1946年4月之前所用，1946年4月以后，胶东印发的北海币背面行名拼读已换用“BANK OF BAI HAI”。据此可以判定该券钞版制于1946年

4 月之前，只是由于当时胶东分行忙于赶印大票，无暇顾及十元券，才拖到 1946 年 7 月以后印发。1947 年，胶东分行发行的十元券数额很少，仅 80 万元，所以该券主要发行于 1946 年 9 月至当年年底。

认定山东地名民国三十三年背浅蓝色浇秧五元、民国三十四年浇秧五元券是胶东分行 1946 年发行的理由同民国三十三年山东地名红山水十元券。认定民国三十四年山东地名汽车五元券为胶东分行 1946 年 7 月以后发行的理由一是该券设计风格及印刷工艺符合胶东印钞厂，如汽车图案、大号码、括号冠字加流水编码等都是胶东系列北海币中常见的；二是该种北海币实物多数出于胶东；三是该种北海币票样两面加印的“票样”两字字体与民国三十四年山东地名锄地十元券完全一样，系同一“票样”戳所盖，并且这种加盖戳仅出现在这两种北海币上，故定为胶东分行发行。而胶东分行《版别发行年月统计表》中未载该券，所以该券发行于 1946 年 7 月以后，亦当主要发行于 1946 年 9 月至年底。

山东地名民国三十二年驴运一元券定为胶东分行 1946 年 7 月以后发行的理由是：一，从该券的风格及冠字形式看，不像是总行发行，而似胶东发行，并且此类券大多出现在胶东。二，从该券“总经理章”“经理之章”印鉴看，该券印发于 1943 年以后。自 1943 年至 1946 年，总行印发的北海币背面行名拼读均为“PEI HAI BANK”，未曾变更，1947 年以后背面不再印行名拼读，而驴运一元背面行名拼读为“PEI HAI BANK OF CHINA”，可以排除总行印发的可能。三，从大环境看，1946 年山东根据地出现了严重的通胀，为了稳定金融，紧缩货币，5 月 15 日，北海银行总行发出营字第 8 号通函，要求各行处向外尽量推用小票，收缩大票，9 月 18 日北海银行总行分行行长联席会议决议，少印大票，如贰百元、伍百元、仟元等禁止发行，多印拾元、伍元、伍十元及零星壹元、贰元等。总行的民国三十五年短号山桥一元券、渤海分行的民国三十二年渤海地名驴运一元券，都是在此背景下发行的，胶东分行没有理由不发行一元券。又因胶东分行北海币《版别发行年月统计表》无此项记载，所以驴运一元券系胶东分行 1946 年 7 月以后发行。

驴运一元券背面的行名拼读在所有北海币中是唯一的，如何解释这一现象？通过研究北海币背面行名拼读，我们发现 1945 至 1946 年间，胶东、渤海印发的北海币曾有个行名拼读转换过程，最终将行名拼读由之前的“BO XAI INXANG”定格为“BANK OF BAI HAI”。驴运一元券背面的行名拼读，可以理解为胶东分行想采用总行的拼法并略有区别，是“BO XAI INXANG”到“BANK OF BAI HAI”之间的一个短暂过度。驴运一元钞版很可能完成于 1945 年 10 月至 1946 年 3 月间。由于此时北海币需求量大，胶东分行忙于印发五十元以上大票，故未即时印发此券。

1946 年 3 月至 5 月份印刷成品统计表：

票面额	三个月共印成品	已发行统计数	现存未发行数
贰百元	1078820000	120000000	958820000
壹百元	1159335500	639335500	520000000
伍拾元	216350000	216350000	
拾　元	14625000	12435000	2190000
壹　元	271000	271000	
合　计	2469401500	998391500	1481010000

注：此表采自胶东北海银行《1946 年发行工作概况》，山东档案馆藏资料，档案号 G039-01-0031-004。

本年发行额的分配：工商基金占 26%；购买物资占 20%；各种放款占 26%；临时借款占 26%；其他 2%。

总发行额与种类的比例（只现在计算）（根据另一材料比数系 1946 年 2 月底数）：

1. 根据胶东 800 万人口计算，现在每人能占有百余元的流通量，其发行数目如下：

壹百元券	219,954,000	27.6%
伍拾元券	240,170,950	30%
拾元券	181,851,380	23%
贰拾伍元券	105,696,500	13%
伍元券	29,398,495	3.7%
壹元券	8,955,428	1%
伍角券	4,336,068.50	0.5%
贰角伍分券	290,000	0.3%
贰角券	506,900	0.6%
壹角券	279,260	0.3%
合　计	791,438,981.50	100%

2. 每年发行与收回数如下：

年　别	收　回	发　行
1943 年	105,624.45	66,739,252.00
1944 年	144,625.65	132,798,900.00
1945 年	1,217,424.20	521,568,809.50
1946 年	70,332,020.00	
合　计	1,467,674.30	791,438,981.50

注：以上数据采自山东档案馆藏资料，档案号 G039-01-0031-005。

印钞厂自建立以来至本年 6 月底发行面额及总发行数统计（元）：

贰百元券	120,000,000
壹百元券	1,336,228,400
伍拾元券	470,520,950
拾元券	218,534,860
贰拾伍元券	105,696,500
伍元券	29,898,495
壹元券	9,426,428
伍角券	3,369,880
贰角券	226,900
壹角券	152,242
合　计	2,294,054,673

收回量与市面流通量统计（元）：

票面额	总收回金额	现在市面流通数额
贰百元		120,000,000
壹百元	189,400	1,336,039,000
伍拾元	3,234,025	467,286,925
贰拾伍元	29,075	105,667,425
拾　元	3,319,495	215,215,365
伍　元	584,475	29,314,020
壹　元	261,405,25	9,165,022.75
伍　角	22,466.25	3,347,414.25
贰　角	2,099,20	224,800.70
壹　角	6,217.10	146,024.60
合　计	7,648,667.60	2,286,406,015.60

注：以上数据采自山东档案馆藏资料，档案号 G013-01-0001-004。

本年度山东根据地物价指数为 1355，是上一年的 7 倍多，通胀已到了极其严重的地步。胶东区北海币发行量是上一年的 8.6 倍，大量增发货币，是导致严重通胀的根本原因。此时，山东各根据地都在加紧备战，增发货币实乃不得已而为之。因此，尽管有 9 月 9 日山东分局紧缩通货、基本停止发行的指示，有 9 月 18 日总行紧缩货币的联席会议决议，有 10 月 30 日陈文其不再增加发行的讲话，北海币仍旧是越发越多，物价仍旧是越涨越高。

11 月 13 日，胶东分行决定收回的票券如下：

1. 伍拾元券二种：（1）胶东字大版伍拾元带地子，正面图在中间，半圆圈内有树木房子，民国三十一年印，背图中间是火船。（2）胶东字小版伍拾元带地子，正面图在中间，是火车头，民国三十三年印，背面图景为楼。

2. 贰拾伍元券一种：胶东字，民国三十四年印，主图为农民割麦子，有两种颜色。

3. 拾元券四种：（1）大版拾元，紫色绿地子，正面中间是高楼，民国三十一年印，背面蓝色，主图为火船；（2）拾元正背面均为红色，正面右图为前门，左图是楼，中间大写“拾圆”，两边区别字有“胶东”及“发”“展”“农”“村”经济，民国二丨九年印，背面中间是房子，石崩上有亭子；（3）胶东字蓝版，正面右图为二农夫锄地，左图一农夫耕地，民国三十二年印，背图是农夫割稻子；（4）拾元正背面均为红色，正面右侧是火车和楼，左图是塔及树木，中间下方印“胶东地方本位币”，民国三十年印，背面中图是天坛。

4. 伍元券三种：（1）正背面均为深蓝色，正面左图是石坊树木，民国二十九年印，两端带“繁”“荣”字，背面中间是楼房；（2）胶东字，正面均为紫色，正面带水红色底子，中图是火船，民国三十一年印，背面中间是高楼；（3）胶东字，正面淡绿色，右图是房子树木，左图风船，中间下边印“胶东地方本位币”，民国三十年印，背面淡蓝色，右图圆圈内是高楼，左图石崩上有个亭子。

5. 壹元券二种：（1）正背面为红色，有带黄色地子的，有东、西、南、北字，正面左图古庙及树木，民国二十七年印，背面古铜色；（2）正面有红色、绿色、深蓝色，左面图内有山房子树木，1942 年印。

6. 胶东各县地方流通券，不分面额新旧一律收回。

回收文件是逐次下达的：9 月之前先是决定回收民国三十一年树木五十元、民国三十二年蓝色十元、民国三十年风船五元、民国三十一年紫色轮船五元，带甲、乙、丙、丁冠字的一元券，以及胶东各县流通券。9 月 17 日决定回收二十五元券及民国三十三年火车五十元券。

印钞厂每种机器日生产量：

三号铅印机：用动力时，包括消费时间在内（指印版等），平均每小时印 1300 张，不算损耗时间（指什么毛病没有），平均每小时印 1500 张。如用人力，每小时能出 1600 张（指印地子和背版），但印前版只出 1100 张（因油墨有渣滓）。打号码的每小时出 1200 张（连补码的时间在内），如号码机不好使就不一定了。每遍色的耗废量（按 8 月计算）为 2‰ ~3‰。大一号与大二号机：开动刀机时，每小时 1000 张（没有损耗时间）或 900 张（有耗损时间），用人力蹬时，印背版与地子 900 张，印前版 800 多张。每遍耗废量（按 8 月计算）为 2‰（印号码不在内）。胶版机：两台胶版都是印半开纸的，有一台老胶版机小些，速度慢，每分钟印 31 张，新胶版机滚大点，每分钟能印 41 张，但因胶皮缺，用以前的胶皮，时间都消耗在补胶皮上了。已开动之机器合计 51 台。机刀现开 8 台（缺 36 英寸 1 台，17 英寸 1 台），铅印机缺二号机 3 台、三号机 2 台，有不管用的。发动机合计 10 台。能用的 4 台（20 马力 2 台，70 马力 1 台，3 马力 1 台）；不能用的 6 台（3 马力 1 台、6 马力 2 台、8 马力 1 台、9 马力 1 台、汽车头 1 台）。

制版情况大致如下：共有制版工人 8 名，绘图 2 人，除供给自己用版，还供给渤海的用版。新形势到来后又供给东北用版，另外给胶东的画报与报社制了不少铜版，由于铜版的来源不多，对其他制版受到限制。

二、1947 年以后银行及印钞发行情况

本年度共发行北海币 1224511.4 万元。各券种发行如下：二百元券 613392.2 万元，续发 1946 年印制的中花二百元券，新增民国三十三年红色锄地二百元券，民国三十六年蓝色打场二百元券；一百元券 530113.6 万元，续发民国三十二年汽车一百元券，新发民国三十三年汽车一百元券；五十元券 80922.4 万元，续发民国三十三年山东地名扬场五十元券，新发行民国三十四年山东地名扬场五十元券，民国三十六年海关五十元券；十元券 80 万元，为民国三十四年锄地十元券；五元券 2.2 万元，为民国三十四年汽车五元券；一元券 1 万元，为驴运一元券。其中红色锄地二百元、汽车一百元及海关五十元券能明显分为粗细两种版别，这种差异仅从纸张上就能区分。总体来说，白纸印制得明显较黄纸精细，且粗印者并非假票。因为我们研究的标本均为总行留存的票样（现藏山东钱币学会），如锄地二百元红色山东地名券的纸质明显有别于其他红色锄地版，且图案细节也略有差异，估计可能系胶东分行为渤海分行代印。由各面额发行量看，本年胶东分行已基本上不再发行五元以下面额的北海币。

民国三十三年红色锄地二百元券列为胶东分行 1947 年印发的理由一是该类券背面行名拼读为典型的胶东 1946 年以后的拼法；二是胶东分行《版别发行年月统计表》无此项纪录，说明该类券印发于 1946 年 7 月以后；三是胶东印钞厂 1946 年印制的十亿多元中花二百元券，在收缩大票甚至禁发二百元以上大票的环境下仅发行了 3 亿多元，不大可能于当年另发新版二百元券，故定为印发于 1947 年。本年 7 月 23 日，胶东分行通知，近在渤海地区发现山东地名锄地红色 A 字头小号码二百元假票。

据此判断，红色锄地二百元券的发行时间当在4月以前。该钞版制于1946年，曾被用来为渤海代印蓝色二百元券。

蓝色打场二百元券、海关五十元券定为胶东分行发行的理由就是背面行名拼读。由于这两种券均换用了“行长之章”“副行长章”印鉴，说明它们是胶东分行系列北海币中发行最晚的品种。

本年胶东分行还为总行代印了民国三十五年山东地名蓝色耙地一百元券。

也许是受总行印钞厂印制的一百元、二百元北海币上使用“行长之章”“副行长章”印鉴的影响，胶东印钞厂本年开始使用“行长之章”“副行长章”印鉴。

据5月19日[①]的胶东分行通知，最近发现山东字红色二百元假票：“中央有许多房子，房前有许多石柱，房后有一座高山，山上有一个亭子，山东字只一个，在下边的中间，北海银行四字是弯形排着，小笔划联在一起。因这枚票分行未接到上级行的票样，过去也未见过，所以不知道我们真票是否有这种版。”通知还描述该假票特点如下：假票为石印机印制，号码是死的（只有一个号码），发现的两张号码都一样，“总经理章”“经理之章”位置颠倒。根据胶东分行不知道是否有此票的真票，以及我们对北海币实物的研究，该假票显然是当时的臆造品。这在我们所查的反假文件中是绝无仅有的。由于臆造票很难蒙混过关，这种情况在当时应当很罕见。该假票印制工艺落后（根据地都已淘汰了石印设备），号码为死号，印鉴都调换了位置，明显粗制滥造，肯定不是国民党集团之作，当系奸商或好事者所为。

本年物价指数是6032.5，是去年的4.5倍，货币发行量是去年的2.7倍，几年来货币增发速度首次低于物价涨幅。

1947年3月23日，奉省政府令，陈醒接任胶东分行行长。陈醒已于当月12日先行就职。

6月18日，胶东分行通知，海阳办事处发现私自签发万元票面之“凭票照付”支票五张在各商行流通。并要求查处。

8月，总行印钞厂撤到胶东乳山崖子，部分人员加入胶东印钞厂，该月胶东分行货币发行权收归北海银行总行。

9月1日，国民党陆军副总司令范汉杰指挥第八、九、二十五、四十五、五十四、六十四等6个整编师，组成胶东兵团，分4路向胶东解放区发动进攻，10月1日占领烟台。在国民党军进攻莱阳、乳山时，胶东印钞厂将机器运至昆嵛山脚下埋藏，人员分散。

10月2～10日，华东野战兵团在司令员许世友、政委谭震林指挥下，发动胶河战役。2日，第二、七、九纵队，在平度县三户山一带包围国民党整编第九师及六十四师，激战6昼夜，歼其9个团，计1.2万余人，收复昌邑县城。3日，为配合胶河战役，第十三纵队一部围攻掖县，次日收复掖县城，歼国民党军2700余人。4日，胶东地方部队收复栖霞县城。8日，收复牟平县城。胶河大捷及部分县城的收复，标志着山东内线战场进入反攻阶段。

胶河战役胜利后，印钞厂人员陆续回到乳山崖子集中。

---

① 原档案是多个文件混在一起，后加的封面注明是1946年。但是根据我们对本文件及其他文件的研究，认定这个文件和其中的部分文件为1947年签发。

1948年初，印钞厂复工（真正的复工时间要早于此），厂部下设会计股、核对股、总务股、材料股、制版股、胶版部、凸印成品部、裁切部、修理部、动力部及运输队等。拥有对开胶印机3台、圆盘机37台、裁切机10台、扎墨机2台、大型照相机1台、机床6台及发电机3台。运输队配汽车6辆、马车12辆。职工总人数448人。之后，胶东印钞厂迁至临朐，根据总行决定胶东、渤海两厂与鲁中各厂大合并，编为一、二、三厂，胶东印钞厂与原华中印钞厂留下的人员和设备编为印钞三厂。当年各厂合并，进入正常生产。

10月15日，总行任命刘涤生为胶东分行行长。

1948年12月1日，胶东分行随总行并入中国人民银行，但仍以北海银行名义继续营业。

最终更名前，胶东分行驻地莱东县柏林庄。辖：

东海支行（文登城）　办事处：昆嵛、文登、海阳、桃村、威海、荣成、石岛、乳山、牟平

西海支行（平度城）　办事处：平西、平度、潍北、潍南、昌邑、朱桥、昌南、掖南、沙河

南海支行（即墨城）　办事处：平南、即东、五龙、莱西南、莱东、莱阳、即西、平东、崂山

北海支行（黄县城）　办事处：蓬莱、招远、招北、龙口、黄县、栖东、玲珑、栖西、福山

滨北支行（胶河障北区）　办事处：诸城、莒北、五莲、藏马、高密、胶县、胶高、胶河、胶南

烟台支行（烟台市）

1949年11月1日，北海银行胶东分行正式更名为中国人民银行胶东分行。北海银行胶东分行名义至此终。

第五节　部分统计资料

胶东区历年发行北海币统计表（之一）（单位：北币千元）

票面 / 年度	壹角	贰角	伍角	壹元	伍元	拾元
1939	29			295		
1940	8		204	429		
1941			15	345	1700	3746
1942				3115	3335	17360
1943	115	111	401	994	13659	18714
1944				365	1408	38453
1945		116	2718	3412	8796	74279
1946			32	1031	27128	151583
1947				10	22	800
合计	152	227	3369	9996	56048	304935

胶东地区历年发行北海币统计表（之二）（单位：北币千元）

年度＼票面	贰拾伍元	伍拾元	壹佰元	贰佰元	合计	指数
1939					324	100
1940					641	197
1941					5806	1791
1942					23811	7346
1943					33994	10488
1944		44353	48220		132799	40972
1945	105696	154818	171734		521569	160918
1946		922874	3047937	360000	4510586	1391640
1947		809224	5301136	6133922	12245114	3777957
合计	105696	1931269	8569027	6493922	17474644	

注：1947年8月胶东发行统一于总行。数据采自《中国革命根据地北海银行史料》第四册第568、569页。

胶东区历年发行货币分配统计表（单位：北币千元）

年度	发行数	用途分配			
		工商基金	各种放款	财政透支	印钞厂基金
1939	320		250		
1940	640	200	380		
1941	5800	800	2100		
1942	23810	300	8800		
1943	33390	800	31630	40000	
1944	132790	7000	40860	66750	
1945	521560	150000	94760	200000	
1946	4510580	1211550	586200	1891510	
1947	12245110	5374580	1315420	5041910	759
合计	17474000	6745230	2080400	7204170	759

注：此表采自《中国革命根据地北海银行史料》第四册第569页。

版别发行年月统计表：

面　额	版　别	发　行		备　考
		年	月	
贰佰元	中花版	35	5	1 种
壹佰元	插秧版	33	8	
壹佰元	耕地版	34	3	
壹佰元	刨地版	34	8	
壹佰元	中花版	35	4	
壹佰元	烈塔版	35	5	5 种
伍拾元	火车版	33	6	
伍拾元	树木版	32	12	
伍拾元	浇秧版	34	3	
伍拾元	打场版	34	10	
伍拾元	烈塔版	35	5	5 种
贰拾伍元	割秧版	34	8	1 种
拾　元	火车版	31	9	（原档案为 31.4，实误）
拾　元	天坛版	30	9	（原档案为 31.4，实误）
拾　元	春耕版	33	3	
拾　元	水车版	33	11	
拾　元	刨地版	34	9	
拾　元	拾苞米版	34	9	
拾　元	高楼版	32	10	
拾　元	汽车版	34	10	8 种
伍　元	石坊版	30	9	
伍　元	风船版	32	9	
伍　元	轮船版	32	10	
伍　元	浇秧版	34	10	4 种
壹　元	山水版	30	6	
壹　元	古庙版	27	10	（原档案为 27.6，实误）
壹　元	推车版	34	2	
壹　元	汽车版	34	10	
壹　元	水车版	34	8	5 种
伍　角	市楼版	27	10	（原档案为 27.4，实误）
伍　角	山野版	34	4	
伍　角	耕牛版	34	10	3 种
贰　角	楼房版	27	10	（原档案为 27.1，实误）
贰　角	风船版	34	10	2 种
壹　角	楼房版	27	10	1 种，（原档案为 27.1）

注：资料采自于山东省档案馆，档案号 G013-01-0001-004。备考栏括号中解释为编者添加。

掖县、胶东地名及无地名北海币

（胶东分行发行的北海币不注印发单位）

3-1

编　　号： B095　　★★　　**票　　幅：** 115×59mm

面　　额： 壹角　　**主　　色：** 绿 / 蓝

票面时间： ——　　**印刷单位：** 掖城同裕堂印刷局

发行时间： 1938 年　　**收 藏 者：** 编委

备　　注： 八路军山东游击第五支队所属的北海银行发行

3-2

编　　号： B096　　★★★　　**票　　幅：** 115×60mm

面　　额： 壹角　　**主　　色：** 绿 / 紫

票面时间： ——　　**印刷单位：** 大众报社

发行时间： 1939 年　　**收 藏 者：** 编委

备　　注： 胶东北海银行

3-3

编　　号：P067

面　　额：壹角

票面时间：——

发行时间：1939 年

备　　注：胶东北海银行

票　　幅：115×60mm

主　　色：绿 / 紫

印刷单位：大众报社

收 藏 者：编委

3-4

编　　号：B097　　★

面　　额：壹角

票面时间：——

发行时间：1943 年

备　　注：票面印“胶东”区名

票　　幅：116×60mm

主　　色：蓝 / 红

印刷单位：胶东印钞厂

收藏 者：编委

3-5

编　　号： P068

面　　额： 壹角

票面时间： ——

发行时间： 1943 年

备　　注： 票面印“胶东”区名

票　　幅： 116×60mm

主　　色： 蓝 / 红

印刷单位： 胶东印钞厂

收藏者： 编委

3-6

编　　号： B098　　★★★★　　**票　　幅：** 120×61mm

面　　额： 贰角　　**主　　色：** 棕紫 / 紫

票面时间： ——　　**印刷单位：** 掖城同裕堂印刷局

发行时间： 1938 年　　**收 藏 者：** 编委

备　　注： 八路军山东游击第五支队所属的北海银行发行

3-7

编　　号：B099　★

票　　幅：122×65mm

面　　额：贰角

主　　色：绿 / 紫

票面时间：——

印刷单位：胶东印钞厂

发行时间：1943 年

收藏 者：编委

备　　注：票面印“胶东”区名

3-8

编　　号：P069

面　　额：贰角

票面时间：——

发行时间：1943 年

备　　注：票面印“胶东”区名

票　　幅：122×65mm

主　　色：绿 / 紫

印刷单位：胶东印钞厂

收藏者：印钞造币总公司

3−9

编　　号： B100	★★★★★	**票　　幅：** 133×70mm	
面　　额： 伍角		**主　　色：** 紫 / 紫	
票面时间： 民国二十七年		**印刷单位：** 掖城同裕堂印刷局	
发行时间： 1938 年		**收 藏 者：** 编委	

备　　注： 八路军山东游击第五支队所属的北海银行发行

3-10

编　　号： B101　　★★★

票　　幅： 132×68mm

面　　额： 伍角

主　　色： 蓝/紫

票面时间： 民国二十七年

印刷单位： 胶东印钞厂

发行时间： 1940 年

收 藏 者： 编委

备　　注： 胶东北海银行发行

3-11

编　　号：P070
票　　幅：132×68mm
面　　额：伍角
主　　色：蓝 / 紫
票面时间：民国二十七年
印刷单位：胶东印钞厂
发行时间：1940 年
收 藏 者：编委
备　　注：胶东北海银行发行

3-12

编　　号：B102　　★

票　　幅：136×72mm

面　　额：伍角

主　　色：红 / 枣红

票面时间：——

印刷单位：胶东印钞厂

发行时间：1943 年

收 藏 者：编委

备　　注：票面印“胶东”区名

3-13

编　　号：P071
面　　额：伍角
票面时间：——
发行时间：1943 年
备　　注：票面印“胶东”区名

票　　幅：136×72mm
主　　色：红 / 枣红
印刷单位：胶东印钞厂
收 藏 者：编委

3-14

编　　号： B103　　　★★★★　　　**票　　幅：** 145×74mm

面　　额： 壹圆　　　**主　　色：** 红 / 紫

票面时间： 民国二十七年　　　**印刷单位：** 掖城同裕堂印刷局

发行时间： 1938 年　　　**收 藏 者：** 编委

备　　注：（一）八路军山东游击第五支队所属的北海银行发行

（二）1946 年 11 月 13 日开始回收

3-15

编　　号：B104　　★★　　票　　幅：143×75mm

面　　额：壹圆　　主　　色：红 / 棕

票面时间：民国二十七年　　印刷单位：胶东印钞厂

发行时间：1939 年　　收 藏 者：编委

备　　注：（一）无任何加字

（二）1946 年 11 月 13 日开始回收

3-16

编　　号：P072　　票　　幅：143×75mm

面　　额：壹圆　　主　　色：红 / 棕

票面时间：民国二十七年　　印刷单位：胶东印钞厂

发行时间：1939 年　　收 藏 者：编委

备　　注：（一）无任何加字

（二）1946 年 11 月 13 日开始回收

3-17

编　　号：B105　　★★★　　票　　幅：138×73mm

面　　额：壹圆　　主　　色：红 / 棕

票面时间：民国二十七年　　印刷单位：胶东印钞厂

发行时间：——　　收 藏 者：编委

备　　注：（一）加盖“南”字

（二）1946 年 11 月 13 日开始回收

3-18

编　　号： B106　　★★★　　**票　　幅：** 138×73mm

面　　额： 壹圆　　**主　　色：** 红 / 棕

票面时间： 民国二十七年　　**印刷单位：** 胶东印钞厂

发行时间： ——　　**收 藏 者：** 烟台张勇

备　　注：（一）加盖“南海”字

（二）1946 年 11 月 13 日开始回收

3-19

编　　号：P073　　**票　　幅：**——

面　　额：壹圆　　**主　　色：**红 / 棕

票面时间：民国二十七年　　**印刷单位：**胶东印钞厂

发行时间：——　　**资料来源：**《中国历代货币大系》

备　　注：（一）加盖"南海"字

（二）1946 年 11 月 13 日开始回收

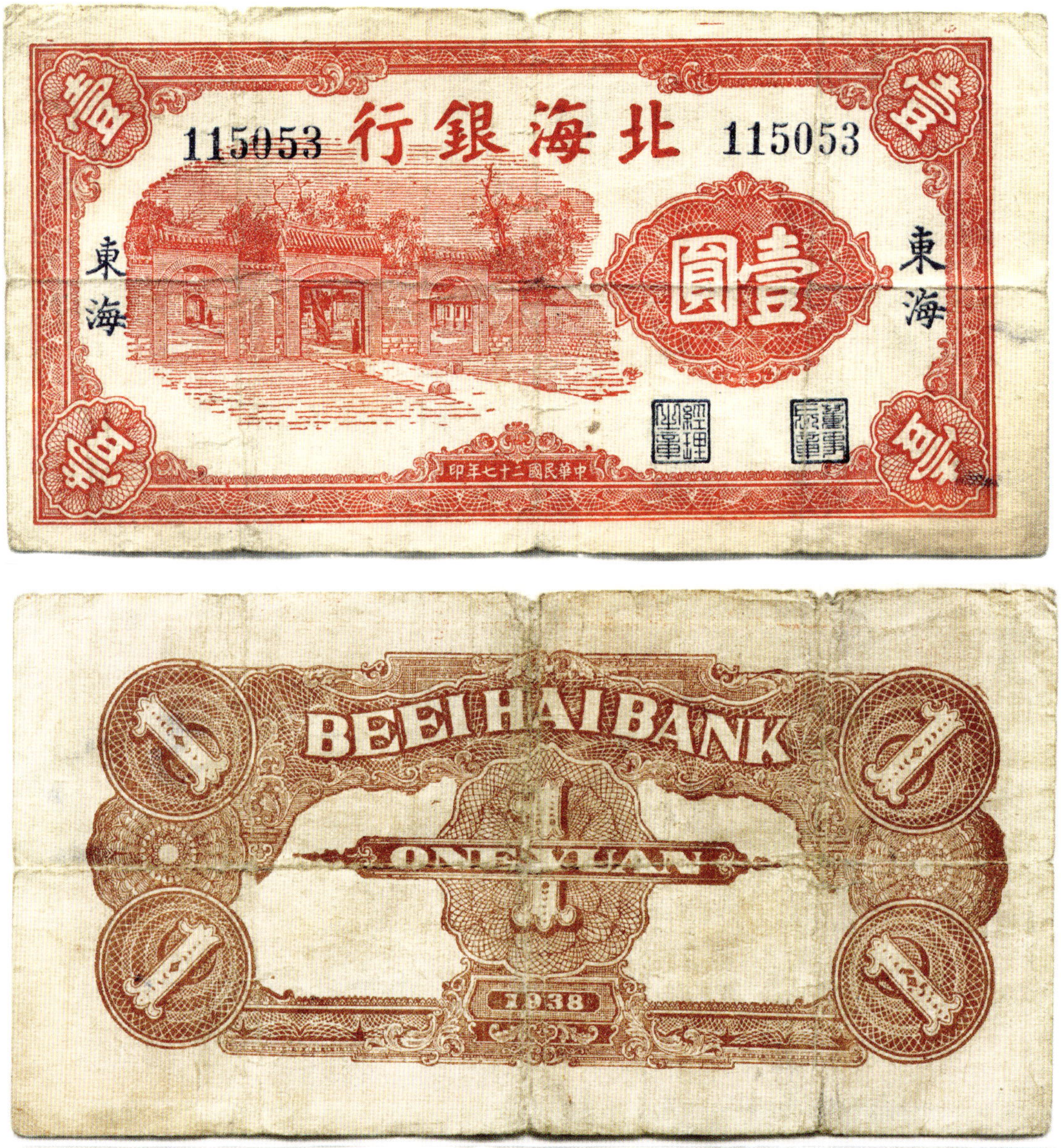

3-20

编　　号： B107	★★	**票　　幅：** 140×74mm	
面　　额： 壹圆		**主　　色：** 红 / 棕	
票面时间： 民国二十七年		**印刷单位：** 胶东印钞厂	
发行时间： ——		**收 藏 者：** 编委	

备　　注：（一）加盖“东海”字

（二）1946 年 11 月 13 日开始回收

3-21

编　　号： B108	★★	**票　　幅：** 141×73mm	
面　　额： 壹圆		**主　　色：** 红 / 棕	
票面时间： 民国二十七年		**印刷单位：** 胶东印钞厂	
发行时间： ——		**收 藏 者：** 编委	

备　　注：（一）加盖“北”字

（二）1946 年 11 月 13 日开始回收

3-22

编　　号： B109　　★★　　**票　　幅：** 141×73mm

面　　额： 壹圆　　**主　　色：** 红 / 棕

票面时间： 民国二十七年　　**印刷单位：** 胶东印钞厂

发行时间： ——　　**收 藏 者：** 编委

备　　注：（一）加盖“北”字

（二）1946 年 11 月 13 日开始回收

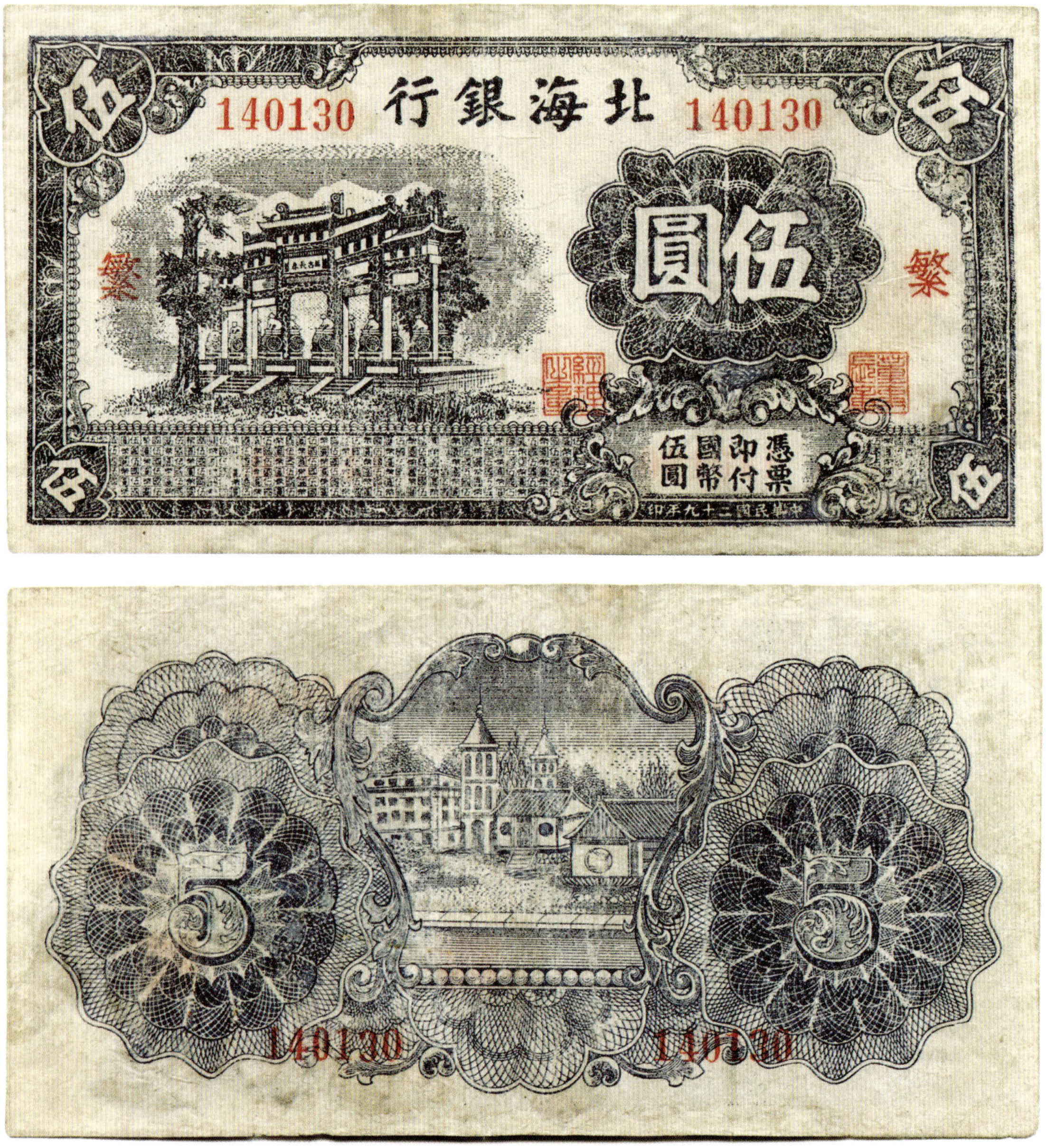

3-23

编　　号：B110　　　　★★
票　　幅：149×78mm
面　　额：伍圆
主　　色：蓝 / 蓝
票面时间：民国二十九年
印刷单位：胶东印钞厂
发行时间：1941 年 9 月
收 藏 者：编委
备　　注：（一）加盖“繁”字
（二）1946 年 11 月 13 日开始回收

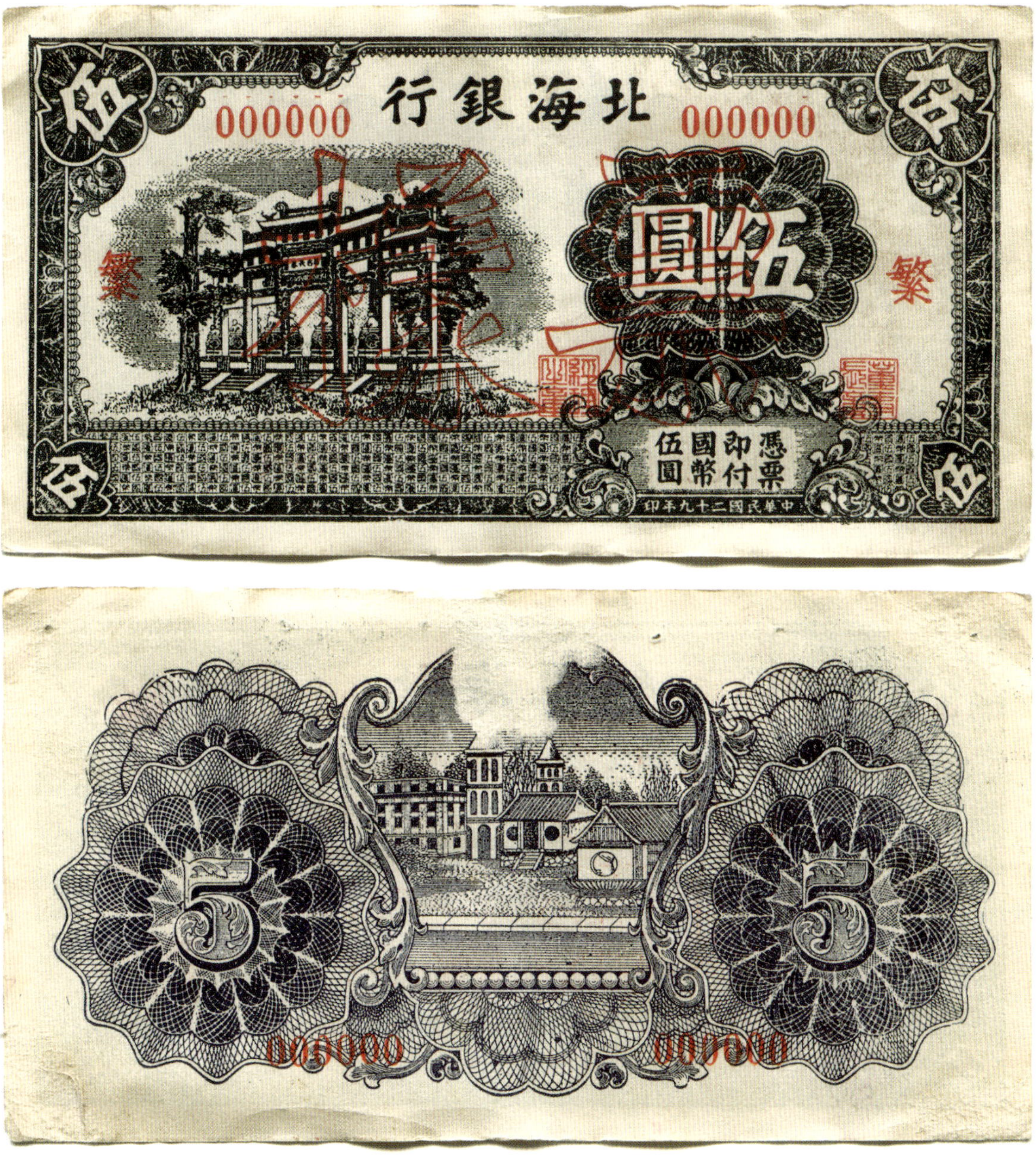

3-24

编　　号：P074　　　　票　　幅：149×78mm

面　　额：伍圆　　　　主　　色：蓝 / 蓝

票面时间：民国二十九年　　　　印刷单位：胶东印钞厂

发行时间：1941 年 9 月　　　　收 藏 者：编委

备　　注：（一）加盖“繁”字

（二）1946 年 11 月 13 日开始回收

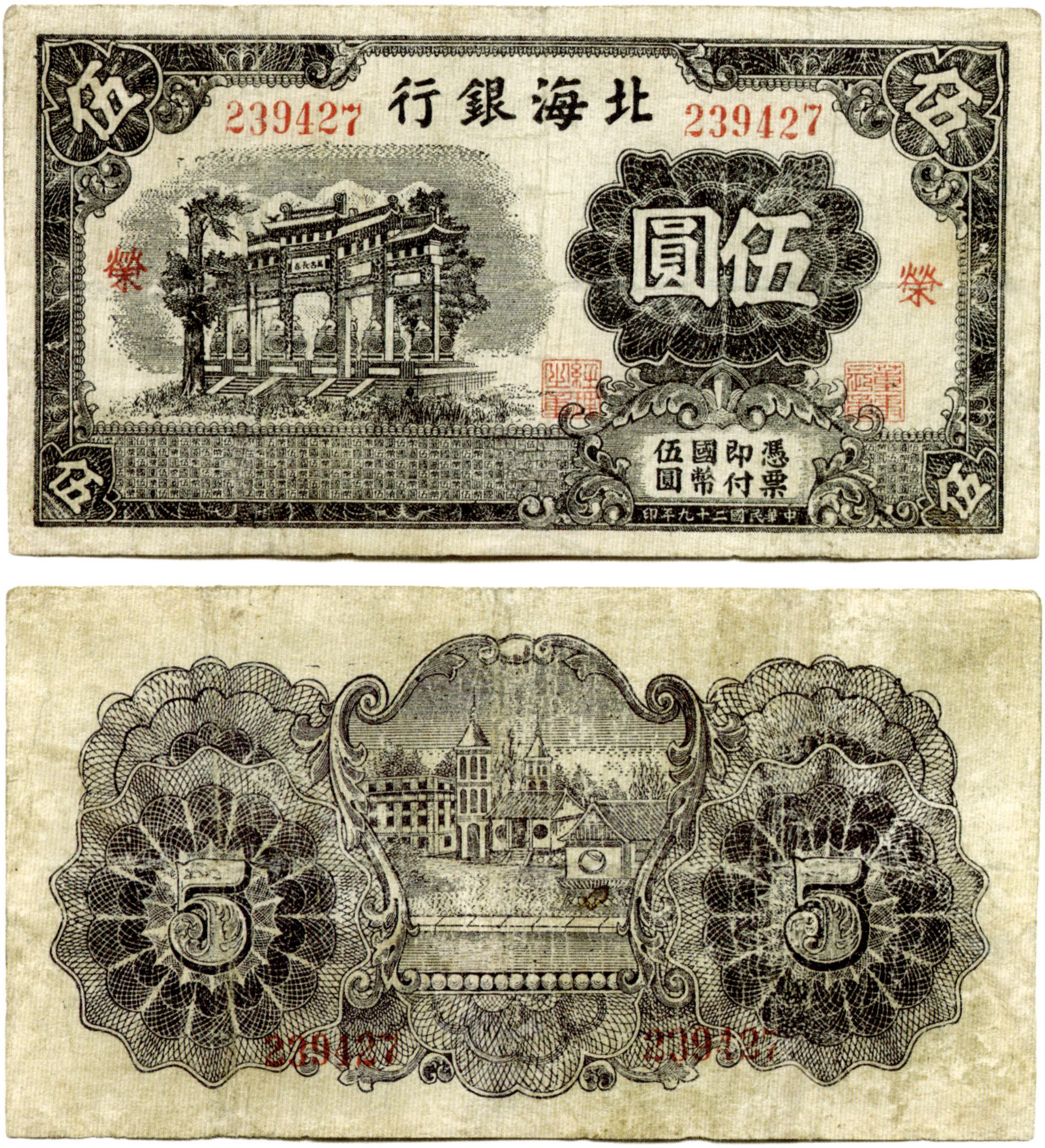

3-25

编　　号： B111　　★★★　　**票　　幅：** 149×78mm

面　　额： 伍圆　　**主　　色：** 蓝 / 蓝

票面时间： 民国二十九年　　**印刷单位：** 胶东印钞厂

发行时间： 1941 年 9 月　　**收 藏 者：** 编委

备　　注：（一）加盖“荣”字

（二）1946 年 11 月 13 日开始回收

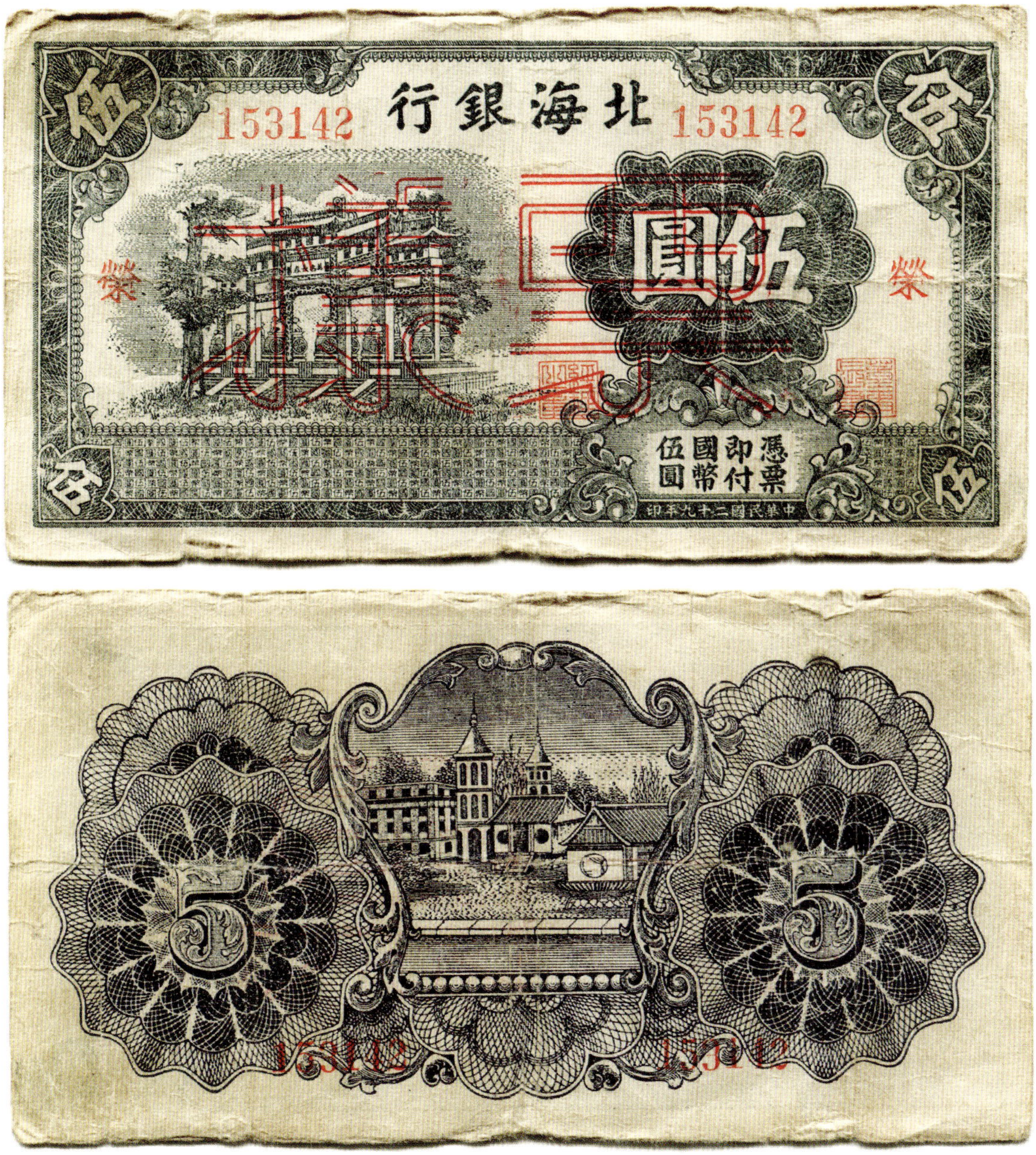

3-26

编　　号：P075

面　　额：伍圆

票面时间：民国二十九年

发行时间：1941 年 9 月

票　　幅：149×78mm

主　　色：蓝 / 蓝

印刷单位：胶东印钞厂

收 藏 者：编委

备　　注：（一）加盖“荣”字

（二）1946 年 11 月 13 日开始回收

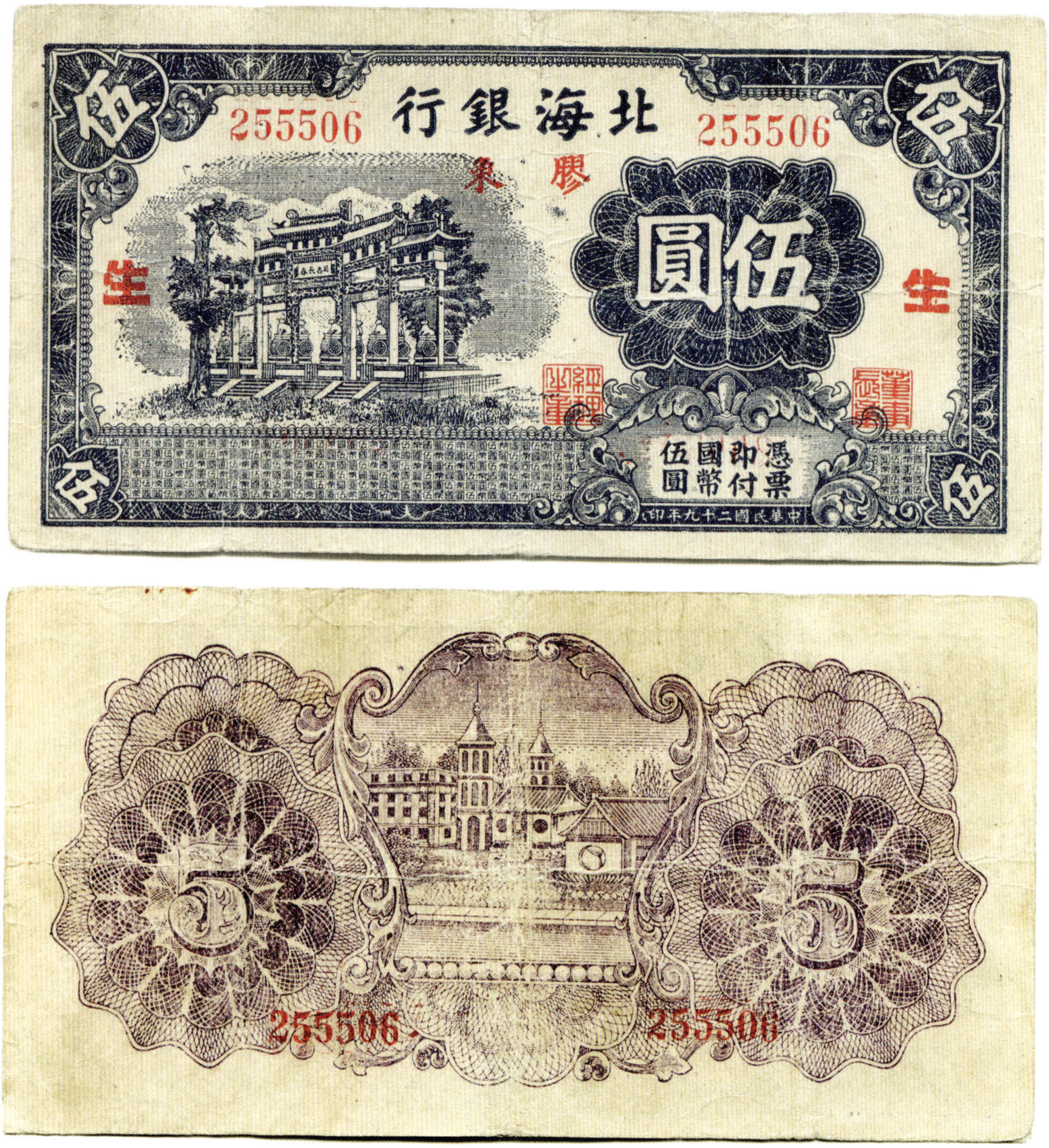

3-27

编　　号： B112　★★　**票　　幅：** 150×78mm

面　　额： 伍圆　**主　　色：** 蓝 / 紫

票面时间： 民国二十九年　**印刷单位：** 胶东印钞厂

发行时间： 1942 年　**收 藏 者：** 编委

备　　注：（一）加盖“胶东”及“生”字

（二）1946 年 11 月 13 日开始回收

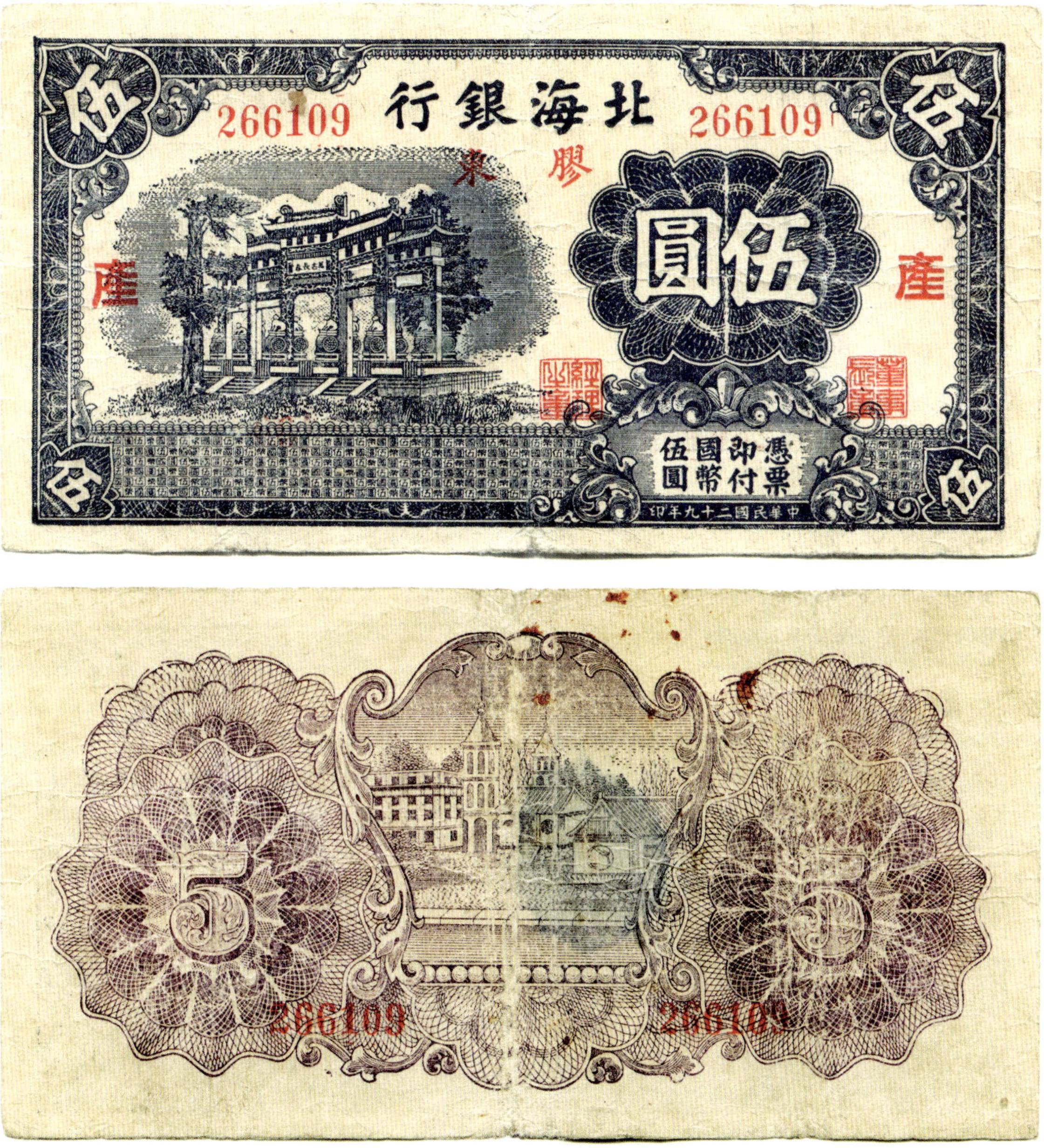

3-28

编　　号：B113　　★★　　票　　幅：150×78mm

面　　额：伍圆　　主　　色：蓝 / 紫

票面时间：民国二十九年　　印刷单位：胶东印钞厂

发行时间：1942 年　　收 藏 者：编委

备　　注：（一）加盖“胶东”及“产”字

（二）1946 年 11 月 13 日开始回收

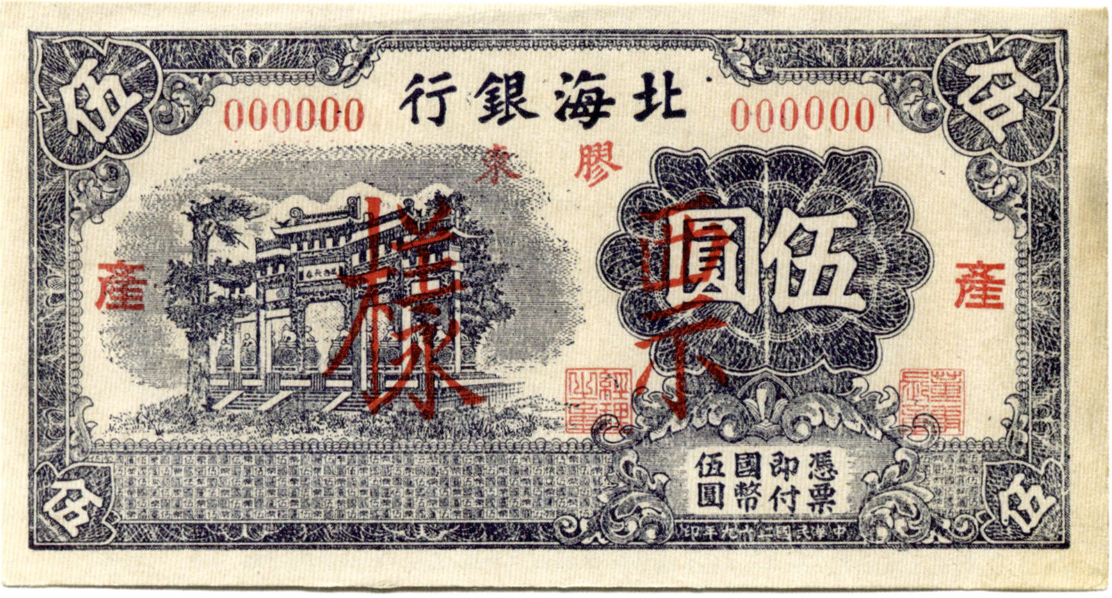

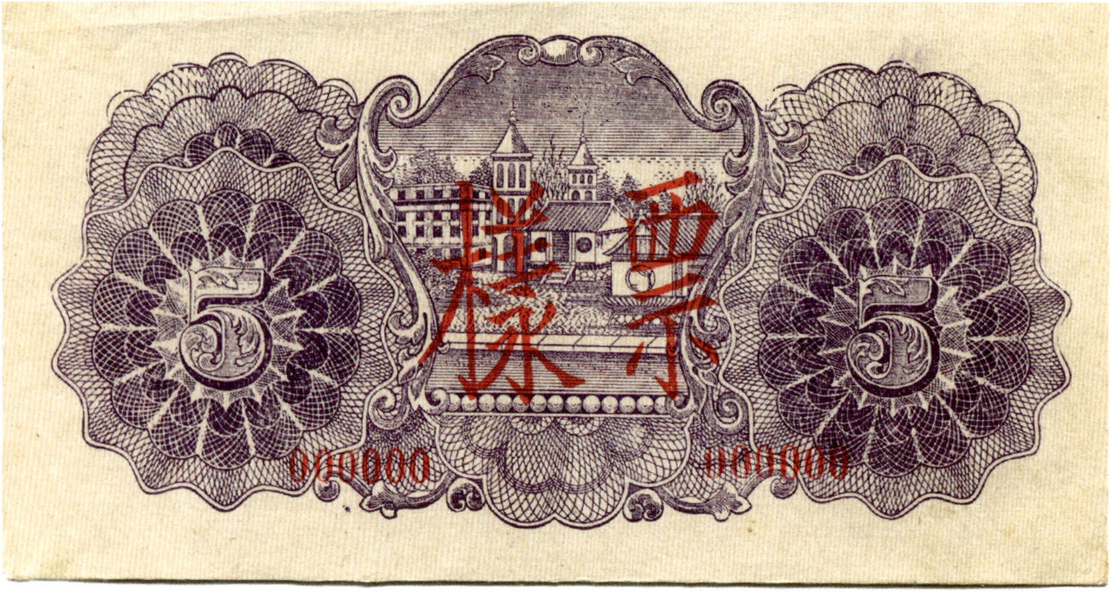

3-29

编　　号：	P076	**票　　幅：**	150×78mm
面　　额：	伍圆	**主　　色：**	蓝 / 紫
票面时间：	民国二十九年	**印刷单位：**	胶东印钞厂
发行时间：	1942 年	**收 藏 者：**	编委

备　　注：（一）加盖“胶东”及“产”字

（二）1946 年 11 月 13 日开始回收

3-30

编　　号： B114　★★★　**票　　幅：** 165×82mm

面　　额： 拾圆　**主　　色：** 红 / 红

票面时间： 民国二十九年　**印刷单位：** 胶东印钞厂

发行时间： 1941 年 9 月　**收 藏 者：** 编委

备　　注：（一）加盖“发”字

（二）1946 年 11 月 13 日开始回收

3-31

编　　号： B115	★★★	**票　　幅：** 165×82mm	
面　　额： 拾圆		**主　　色：** 红 / 红	
票面时间： 民国二十九年		**印刷单位：** 胶东印钞厂	
发行时间： 1941 年 9 月		**收 藏 者：** 编委	

备　　注：（一）加盖“展”字

（二）1946 年 11 月 13 日开始回收

3-32

编　　号： B116　　★★★　　**票　　幅：** 165×82mm

面　　额： 拾圆　　**主　　色：** 红 / 红

票面时间： 民国二十九年　　**印刷单位：** 胶东印钞厂

发行时间： 1941 年 9 月　　**收 藏 者：** 编委

备　　注：（一）加盖“农”字

（二）1946 年 11 月 13 日开始回收

3-33

编　　号：B117　　★★★　　**票　　幅：**165×82mm

面　　额：拾圆　　**主　　色：**红 / 红

票面时间：民国二十九年　　**印刷单位：**胶东印钞厂

发行时间：1941 年 9 月　　**收 藏 者：**编委

备　　注：（一）加盖“村”字

（二）1946 年 11 月 13 日开始回收

3-34

编　　号： B118　　★★★　　**票　　幅：** 165×82mm

面　　额： 拾圆　　**主　　色：** 红 / 红

票面时间： 民国二十九年　　**印刷单位：** 胶东印钞厂

发行时间： 1941 年 9 月　　**收 藏 者：** 编委

备　　注：（一）加盖“经”字

（二）1946 年 11 月 13 日开始回收

3-35

编　　号：B119	★★★	**票　　幅：**165×82mm	
面　　额：拾圆		**主　　色：**红 / 红	
票面时间：民国二十九年		**印刷单位：**胶东印钞厂	
发行时间：1941 年 9 月		**收 藏 者：**编委	

备　　注：（一）加盖“济”字

（二）1946 年 11 月 13 日开始回收

3-36

编　　号： B120　　★★★　　**票　　幅：** 167×84mm

面　　额： 拾圆　　**主　　色：** 红 / 红

票面时间： 民国二十九年　　**印刷单位：** 胶东印钞厂

发行时间： 1942 年　　**收 藏 者：** 编委

备　　注：（一）加盖“胶东”字

（二）1946 年 11 月 13 日开始回收

3-37

编　　号：	B121　★★★	票　　幅：	141×74mm
面　　额：	壹圆	主　　色：	蓝 / 褐
票面时间：	1941 年	印刷单位：	胶东印钞厂
发行时间：	1941 年 6 月	收 藏 者：	编委

备　　注：（一）加盖“发”字
（二）胶东北海银行发行

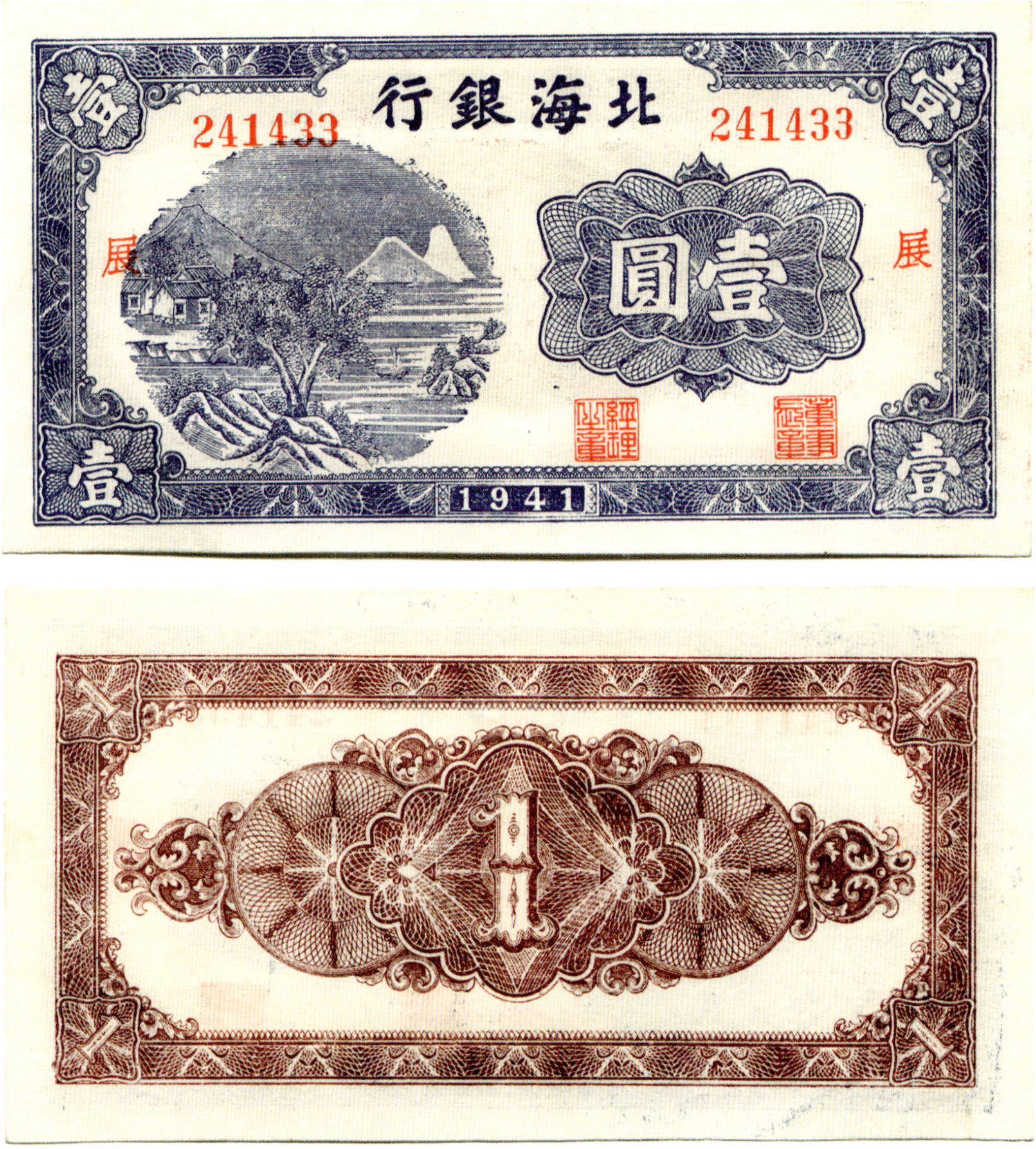

3-38

编　　号： B122　　★★★　　**票　　幅：** 141×74mm

面　　额： 壹圆　　**主　　色：** 蓝/褐

票面时间： 1941 年　　**印刷单位：** 胶东印钞厂

发行时间： 1941 年 6 月　　**收 藏 者：** 编委

备　　注：（一）加盖“展”字

（二）胶东北海银行发行

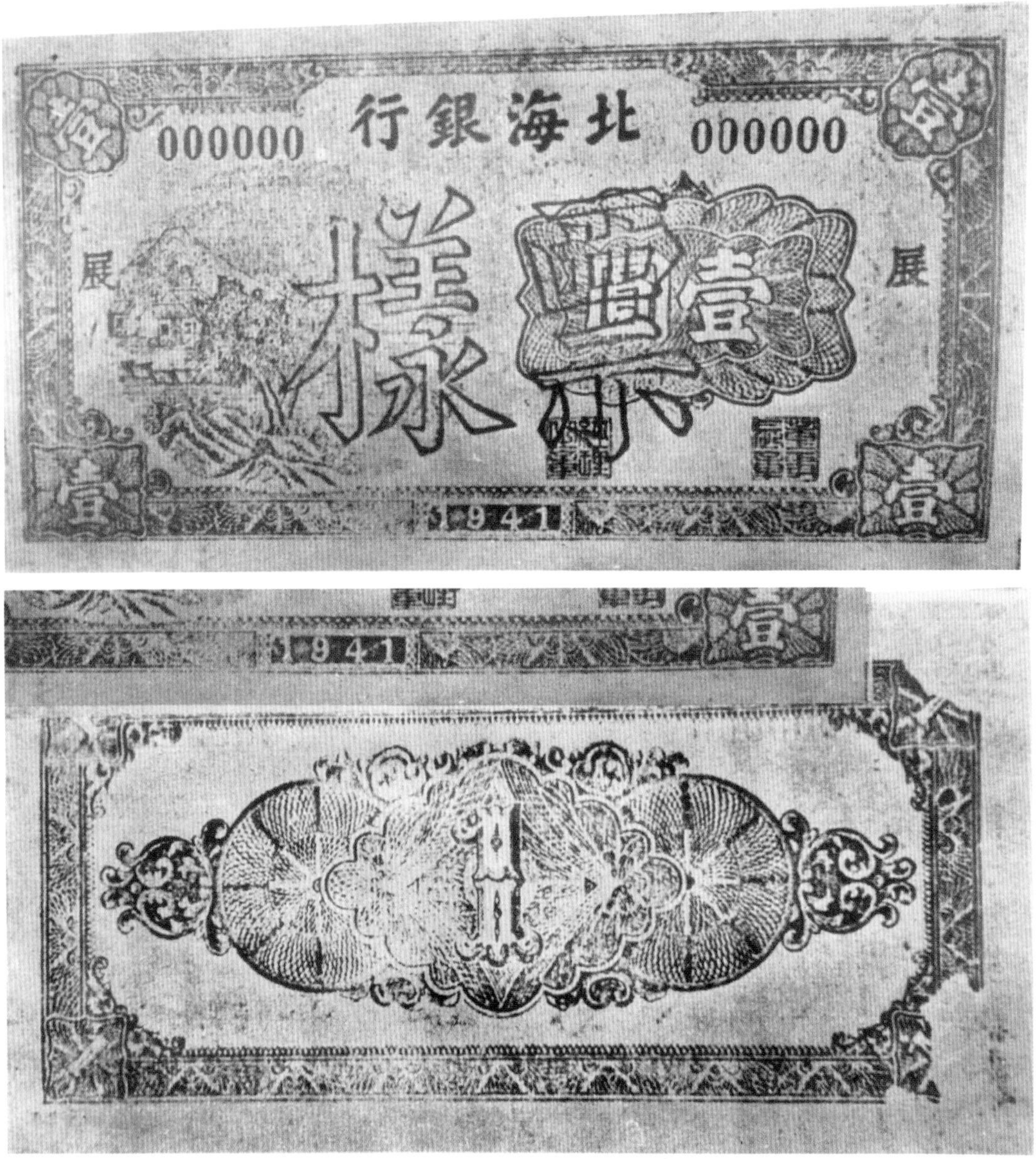

3-39

编　　号：P077

面　　额：壹圆

票面时间：1941 年

发行时间：1941 年 6 月

备　　注：（一）加盖“展”字

（二）胶东北海银行发行

票　　幅：141×74mm

主　　色：蓝 / 褐

印刷单位：胶东印钞厂

资料来源：《中国历代货币大系》

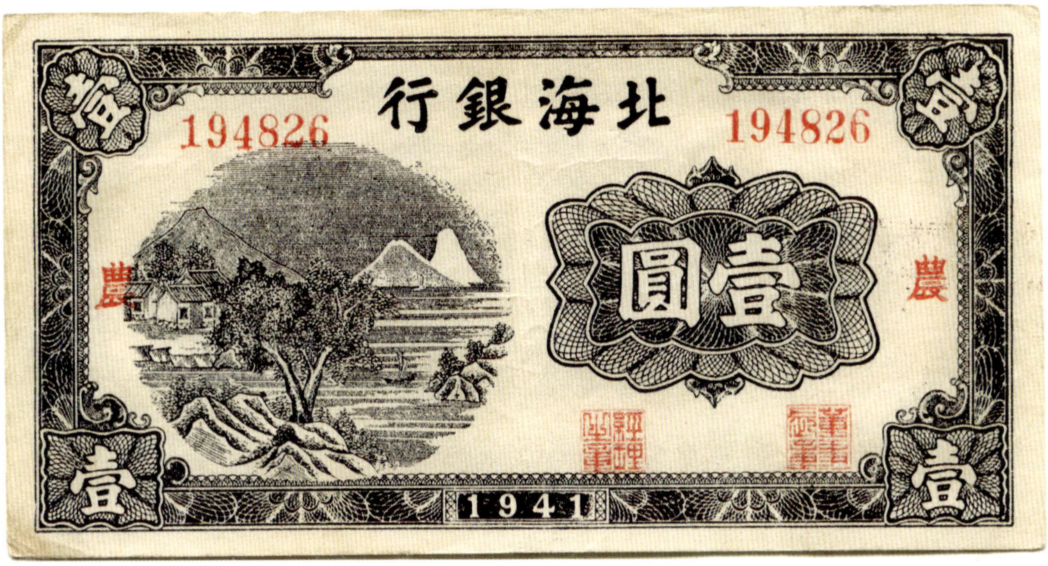

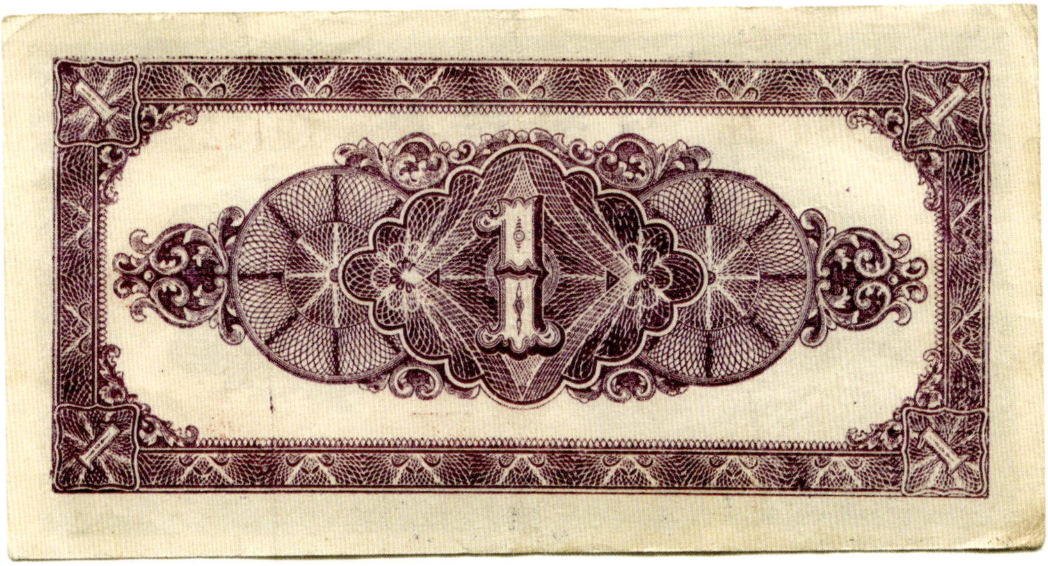

3-40

编　　号:	B123　★★★	票　　幅:	141×74mm
面　　额:	壹圆	主　　色:	蓝 / 紫
票面时间:	1941 年	印刷单位:	胶东印钞厂
发行时间:	1941 年 6 月	收 藏 者:	编委

备　　注:（一）加盖“农”字

（二）胶东北海银行发行

3-41

编　　号：B124　★★★　　票　　幅：141×74mm

面　　额：壹圆　　主　　色：蓝 / 紫

票面时间：1941 年　　印刷单位：胶东印钞厂

发行时间：1941 年 6 月　　收 藏 者：编委

备　　注：（一）加盖“村”字

（二）胶东北海银行发行

3-42

编　　号： B125	★★★	**票　　幅：**	138×75mm
面　　额： 壹圆		**主　　色：**	红 / 棕红
票面时间： ——		**印刷单位：**	胶东印钞厂
发行时间： 1941		**收 藏 者：**	编委
备　　注： 加盖“繁”字			

3-43

编　　号： B126　　★★★

面　　额： 壹圆

票面时间： ——

发行时间： 1941

备　　注： 加盖“荣”字

票　　幅： 138×75mm

主　　色： 红／棕红

印刷单位： 胶东印钞厂

收 藏 者： 编委

3-44

编　　号： B127	★★	**票　　幅：** 141×79mm	
面　　额： 伍圆		**主　　色：** 蓝 / 蓝	
票面时间： 民国三十年		**印刷单位：** 胶东印钞厂	
发行时间： 1943 年 9 月		**收 藏 者：** 编委	

备　　注：（一）加盖“建”字

（二）1946 年 9 月前开始回收

3-45

编　　号：P078
面　　额：伍圆
票面时间：民国三十年
发行时间：1943 年 9 月
备　　注：加盖“建”字
票　　幅：141 × 79mm
主　　色：蓝 / 蓝
印刷单位：胶东印钞厂
收 藏 者：印钞造币总公司

3-46

编　　号： B128	★★	**票　　幅：** 141×79mm	
面　　额： 伍圆		**主　　色：** 蓝 / 蓝	
票面时间： 民国三十年		**印刷单位：** 胶东印钞厂	
发行时间： 1943 年 9 月		**收 藏 者：** 编委	

备　　注：（一）加盖“设”字

（二）1946 年 9 月前开始回收

3-47

编　　号：P079
面　　额：伍圆
票面时间：民国三十年
发行时间：1943 年 9 月
备　　注：加盖“设”字

票　　幅：141×79mm
主　　色：蓝 / 蓝
印刷单位：胶东印钞厂
收 藏 者：编委

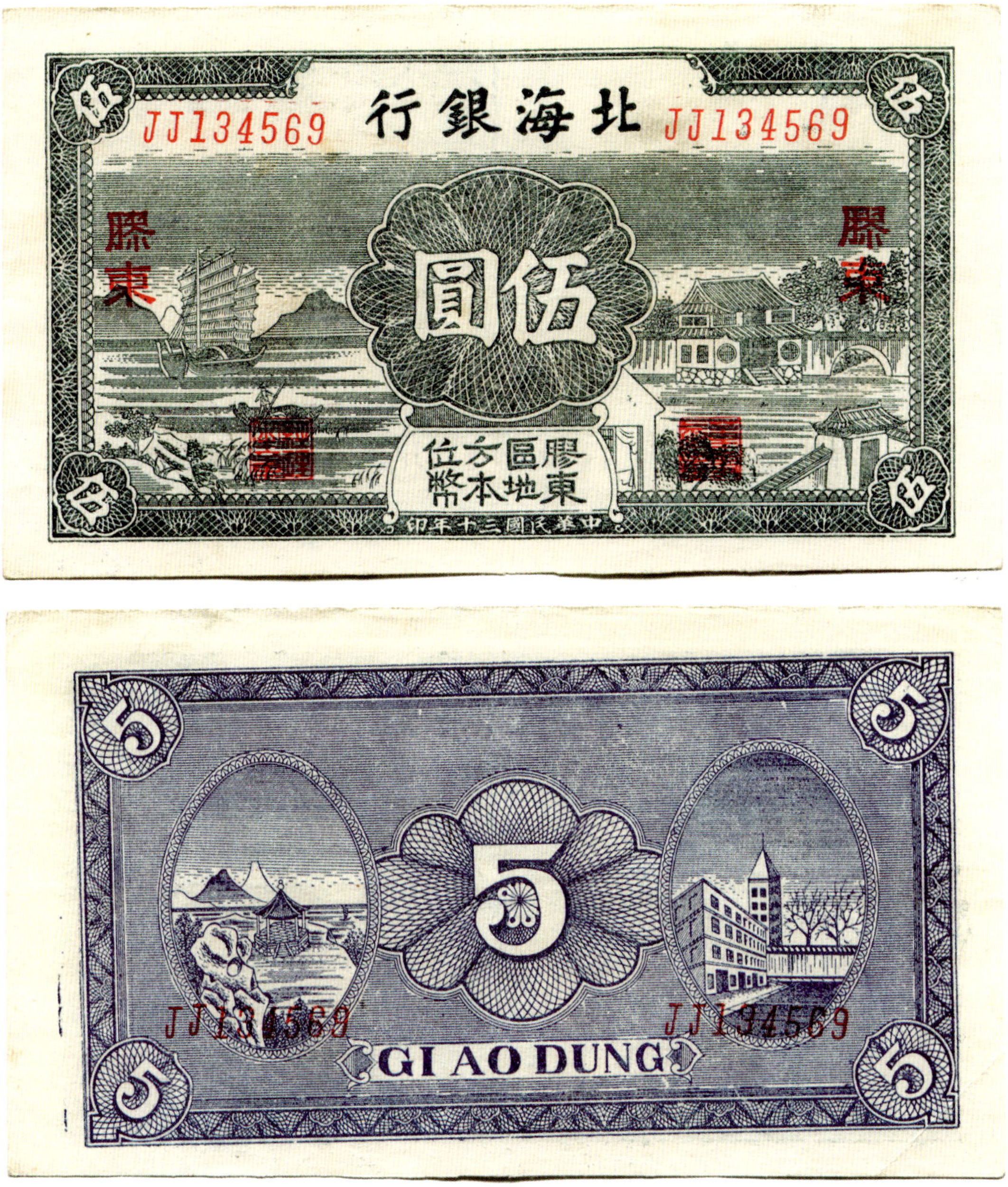

3-48

编　　号：B129　　★★

票　　幅：141×79mm

面　　额：伍圆

主　　色：绿 / 蓝

票面时间：民国三十年

印刷单位：胶东印钞厂

发行时间：——

收 藏 者：编委

备　　注：1946 年 9 月前开始回收

3-49

编　　号： P080
面　　额： 伍圆
票面时间： 民国三十年
发行时间： ——
票　　幅： 141×79mm
主　　色： 绿 / 蓝
印刷单位： 胶东印钞厂
收 藏 者： 编委

3-50

编　　号： B130　　★★　　**票　　幅：** 148×78mm

面　　额： 拾圆　　**主　　色：** 枣红 / 红

票面时间： 民国三十年　　**印刷单位：** 胶东印钞厂

发行时间： 民国三十一年九月　　**收 藏 者：** 编委

备　　注： 1946 年 11 月 13 日开始回收

3-51

编　　号：B131　　★★　　票　　幅：145×76mm

面　　额：壹圆　　主　　色：枣红 / 枣红

票面时间：1942 年　　印刷单位：胶东印钞厂

发行时间：1942 年　　收 藏 者：编委

备　　注：（一）天干冠字

（二）1946 年 9 月前开始回收

3−52

编　　号： P081

面　　额： 壹圆

票面时间： 1942 年

发行时间： 1942 年

备　　注： 天干冠字

票　　幅： 145×76mm

主　　色： 枣红 / 枣红

印刷单位： 胶东印钞厂

资料来源： 《中国历代货币大系》

3-53

编　　号：B132　　★　　票　　幅：140×74mm

面　　额：壹圆　　主　　色：蓝 / 紫

票面时间：1942 年　　印刷单位：胶东印钞厂

发行时间：1942 年　　收 藏 者：编委

备　　注：（一）单字轨

（二）1946 年 11 月 13 日开始回收

3-54

编　　号：P082
面　　额：壹圆
票面时间：1942 年
发行时间：1942 年
备　　注：单字轨
票　　幅：140×74mm
主　　色：蓝 / 紫
印刷单位：胶东印钞厂
收 藏 者：编委

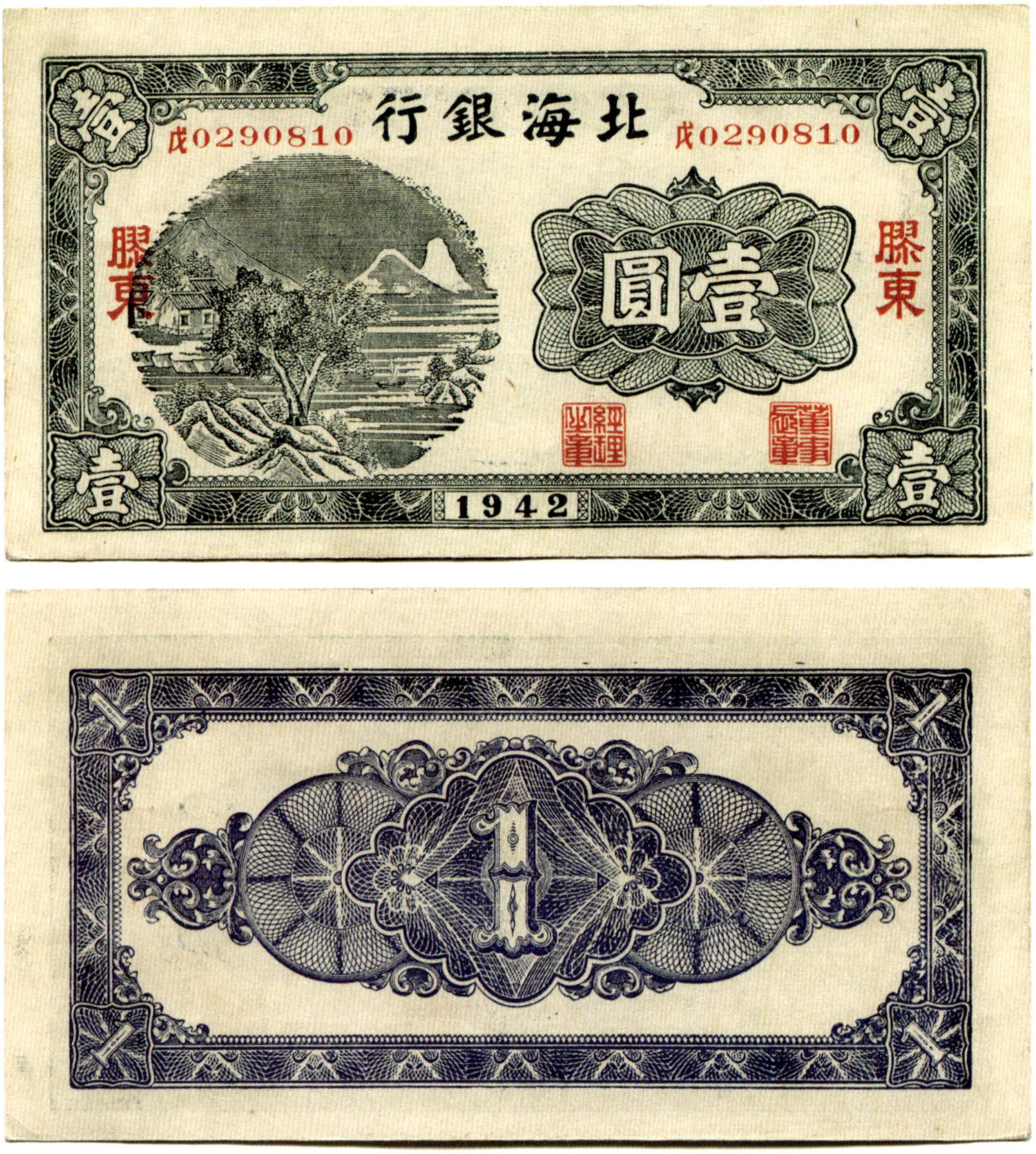

3-55

编　　号：B133　　　　★　　　　票　　幅：143×75mm

面　　额：壹圆　　　　　　　　　主　　色：绿 / 蓝

票面时间：1942 年　　　　　　　　印刷单位：胶东印钞厂

发行时间：1942 年　　　　　　　　收 藏 者：编委

备　　注：（一）两边“胶东”

（二）1946 年 11 月 13 日开始回收

3-56

编　　号： B134　　★★★

票　　幅： 148×83mm

面　　额： 伍圆

主　　色： 紫/紫

票面时间： 民国三十一年

印刷单位： 胶东印钞厂

发行时间： 1943年10月

收 藏 者： 编委

备　　注： 1946年9月前开始回收

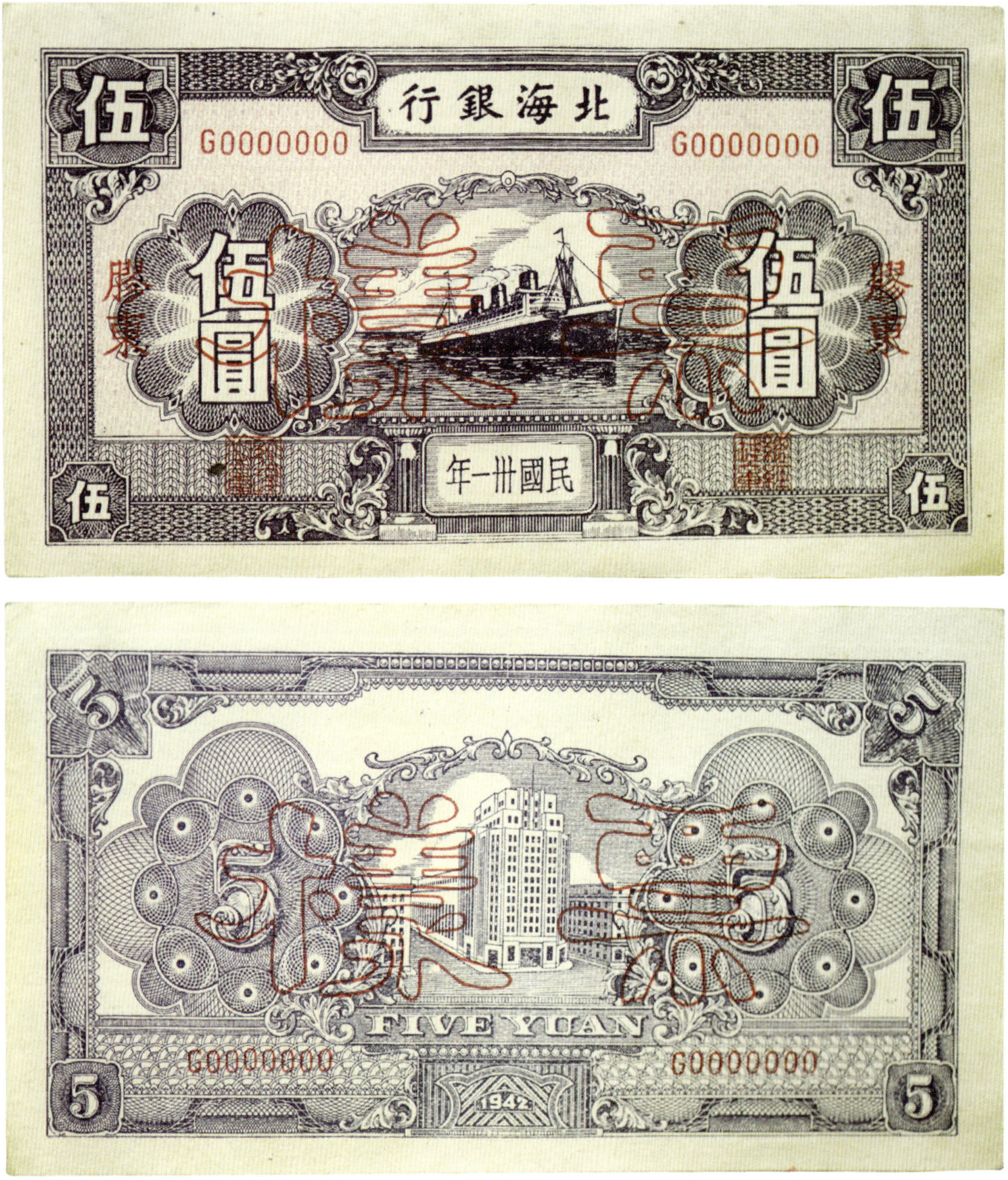

3-57

编　　号：	P083	**票　　幅：**	148×83mm
面　　额：	伍圆	**主　　色：**	蓝/蓝
票面时间：	民国三十一年	**印刷单位：**	胶东印钞厂
发行时间：	1943 年 10 月	**收 藏 者：**	印钞造币总公司
备　　注：	1946 年 9 月前开始回收		

3-58

编　　号： B135	★★★★	**票　　幅：** 159×88mm	
面　　额： 拾圆		**主　　色：** 紫 / 蓝	
票面时间： 民国三十一年		**印刷单位：** 胶东印钞厂	
发行时间： 1943 年 10 月		**收 藏 者：** 编委	

备　　注：（一）无底纹

（二）1946 年 11 月 13 日开始回收

3-59

编　　号： B136　★★★★　**票　　幅：** 159×88mm

面　　额： 拾圆　**主　　色：** 紫 / 蓝

票面时间： 民国三十一年　**印刷单位：** 胶东印钞厂

发行时间： 1943 年 10 月　**收 藏 者：** 编委

备　　注：（一）绿色底纹

（二）1946 年 11 月 13 日开始回收

3-60

编　　号：B137　　★★★★★　　票　　幅：163×87mm

面　　额：伍拾圆　　主　　色：蓝 / 多色

票面时间：民国三十一年　　印刷单位：胶东印钞厂

发行时间：1943 年 12 月　　收 藏 者：编委

备　　注：（一）粉色底纹

（二）1946 年 9 月前开始回收

3-61

编　　号：P084　　票　　幅：163×87mm

面　　额：伍拾圆　　主　　色：蓝 / 多色

票面时间：民国三十一年　　印刷单位：胶东印钞厂

发行时间：1943 年 12 月　　收 藏 者：编委

备　　注：（一）粉色底纹

（二）1946 年 9 月前开始回收

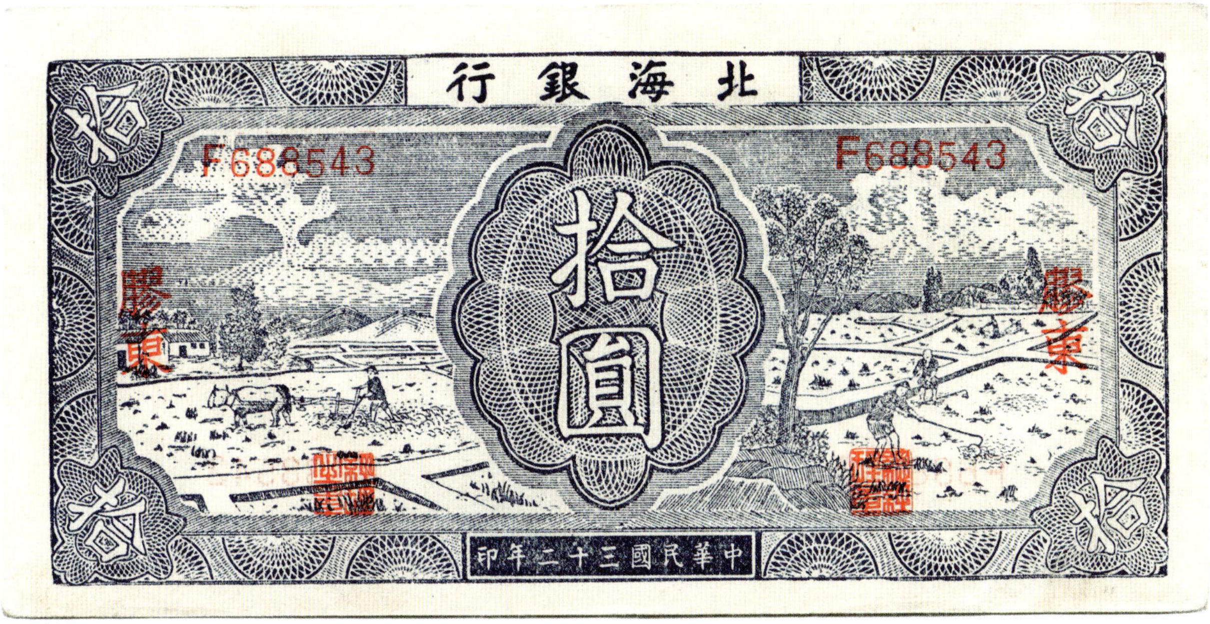

3-62

编　　号： B138　　★★　　**票　　幅：** 162×80mm

面　　额： 拾圆　　**主　　色：** 蓝 / 蓝

票面时间： 民国三十二年　　**印刷单位：** 胶东印钞厂

发行时间： 1944 年 3 月　　**收 藏 者：** 编委

回收时间： 1946 年 9 月前

3-63

编　　号： P085　　**票　　幅：** 162×80mm

面　　额： 拾圆　　**主　　色：** 蓝 / 蓝

票面时间： 民国三十二年　　**印刷单位：** 胶东印钞厂

发行时间： 1944 年 3 月　　**收 藏 者：** 编委

回收时间： 1946 年 9 月前

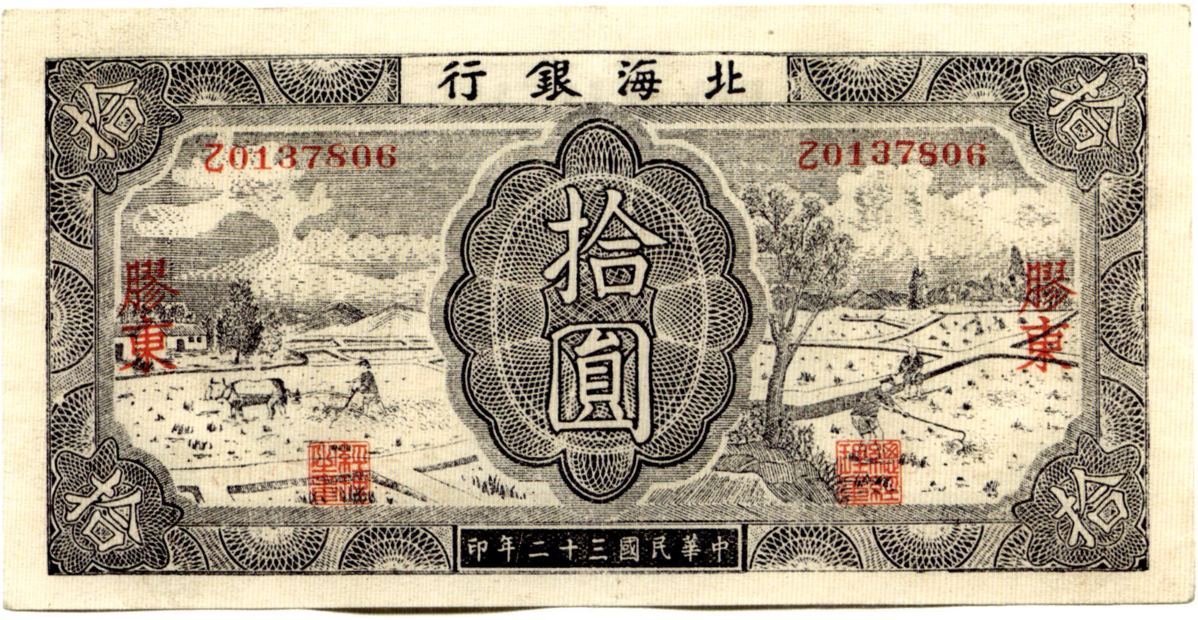

3-64

编　　号： B139	★★	**票　　幅：** 162×80mm
面　　额： 拾圆		**主　　色：** 深蓝 / 棕
票面时间： 民国三十二年		**印刷单位：** 胶东印钞厂
发行时间： 1944 年 3 月		**收 藏 者：** 编委
回收时间： 1946 年 9 月前		

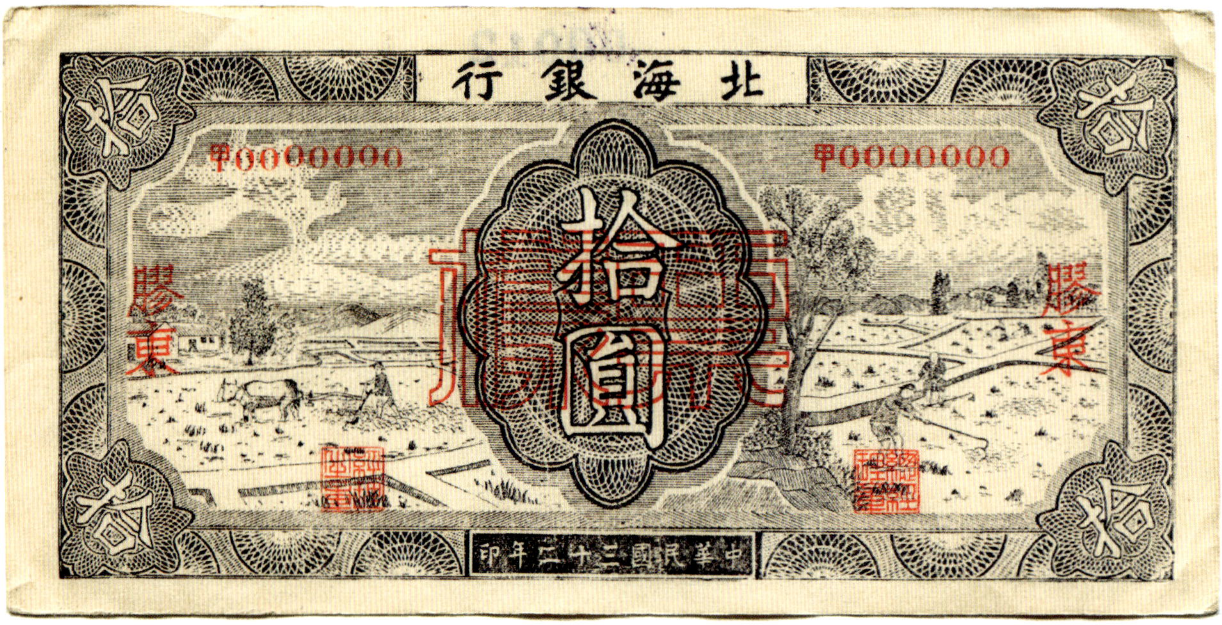

3-65

编　　号：	P086	**票　　幅：**	162×80mm
面　　额：	拾圆	**主　　色：**	深蓝 / 棕
票面时间：	民国三十二年	**印刷单位：**	胶东印钞厂
发行时间：	1944 年 3 月	**收 藏 者：**	中国钱币博物馆
回收时间：	1946 年 9 月前		

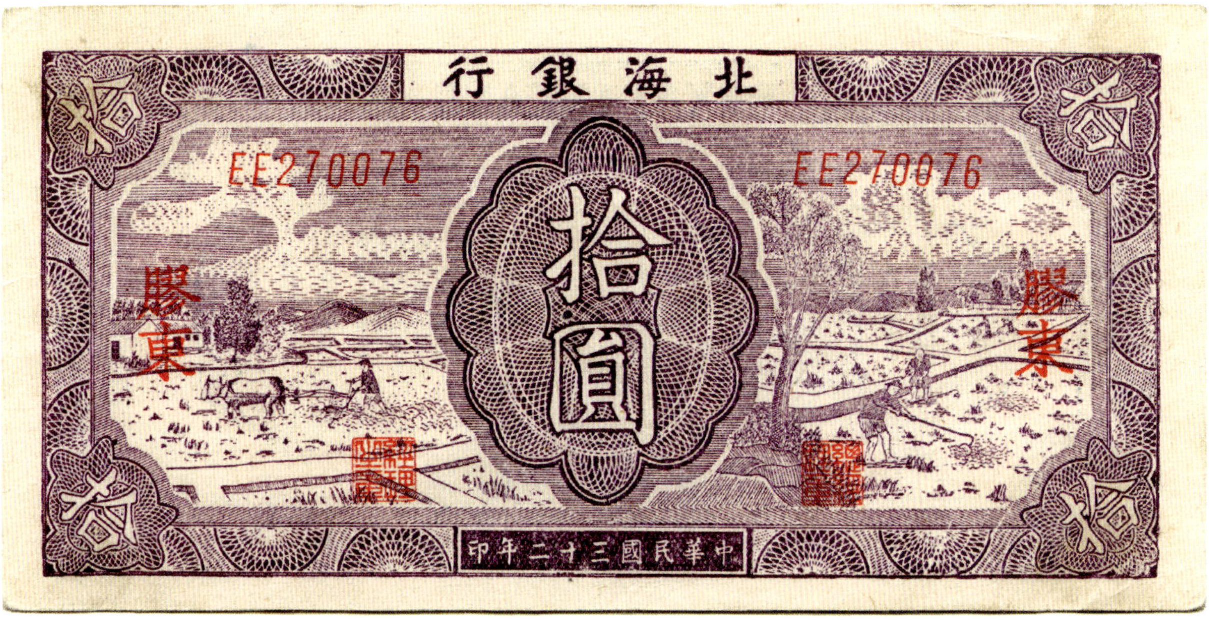

3-66

编　　号： B140　★★

面　　额： 拾圆

票面时间： 民国三十二年

发行时间： 1944 年 3 月

回收时间： 1946 年 9 月前

票　　幅： 162×80mm

主　　色： 紫 / 蓝

印刷单位： 胶东印钞厂

收 藏 者： 编委

3-67

编　　号：B141　　★

票　　幅：123×64mm

面　　额：壹圆

主　　色：枣红 / 红

票面时间：民国三十三年

印刷单位：胶东印钞厂

发行时间：1945 年 2 月

收 藏 者：编委

3-68

编　　号： P087

面　　额： 壹圆

票面时间： 民国三十三年

发行时间： 1945 年 2 月

票　　幅： 123×64mm

主　　色： 枣红 / 红

印刷单位： 胶东印钞厂

收 藏 者： 中国钱币博物馆

3-69

编　　号：	B142　★	票　　幅：	123 × 64mm
面　　额：	壹圆	主　　色：	枣红 / 枣红
票面时间：	民国三十三年	印刷单位：	胶东印钞厂
发行时间：	1945 年 2 月	收 藏 者：	编委

3-70

编　　号： B143	★	**票　　幅：** 128×64mm	
面　　额： 壹圆		**主　　色：** 枣红 / 蓝	
票面时间： 民国三十三年		**印刷单位：** 胶东印钞厂	
发行时间： 1945 年 2 月		**收 藏 者：** 编委	

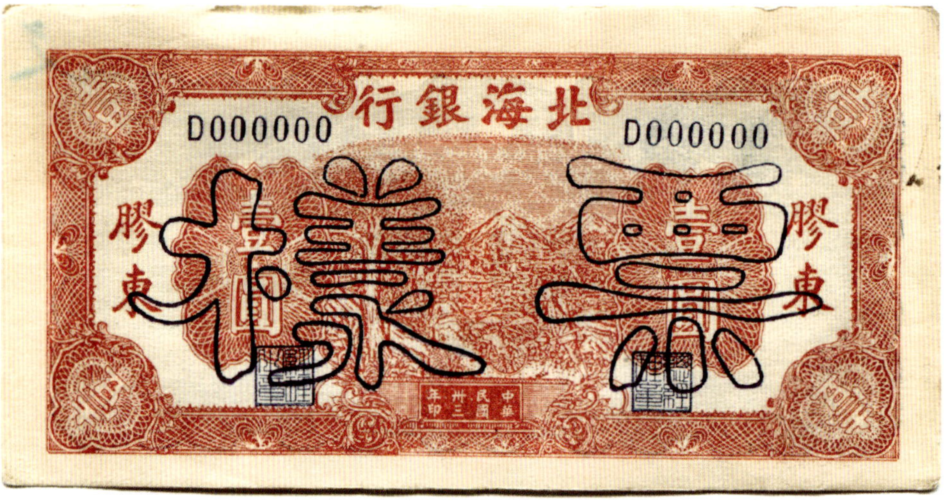

3-71

编　　号：P088　　票　　幅：128 × 64mm

面　　额：壹圆　　主　　色：枣红 / 蓝

票面时间：民国三十三年　　印刷单位：胶东印钞厂

发行时间：1945 年 2 月　　收 藏 者：编委

3-72

编　　号：B144　　★★

票　　幅：137×66mm

面　　额：拾圆

主　　色：枣红 / 棕绿

票面时间：民国三十三年

印刷单位：胶东印钞厂

发行时间：1944 年 11 月

收 藏 者：编委

备　　注：单字轨

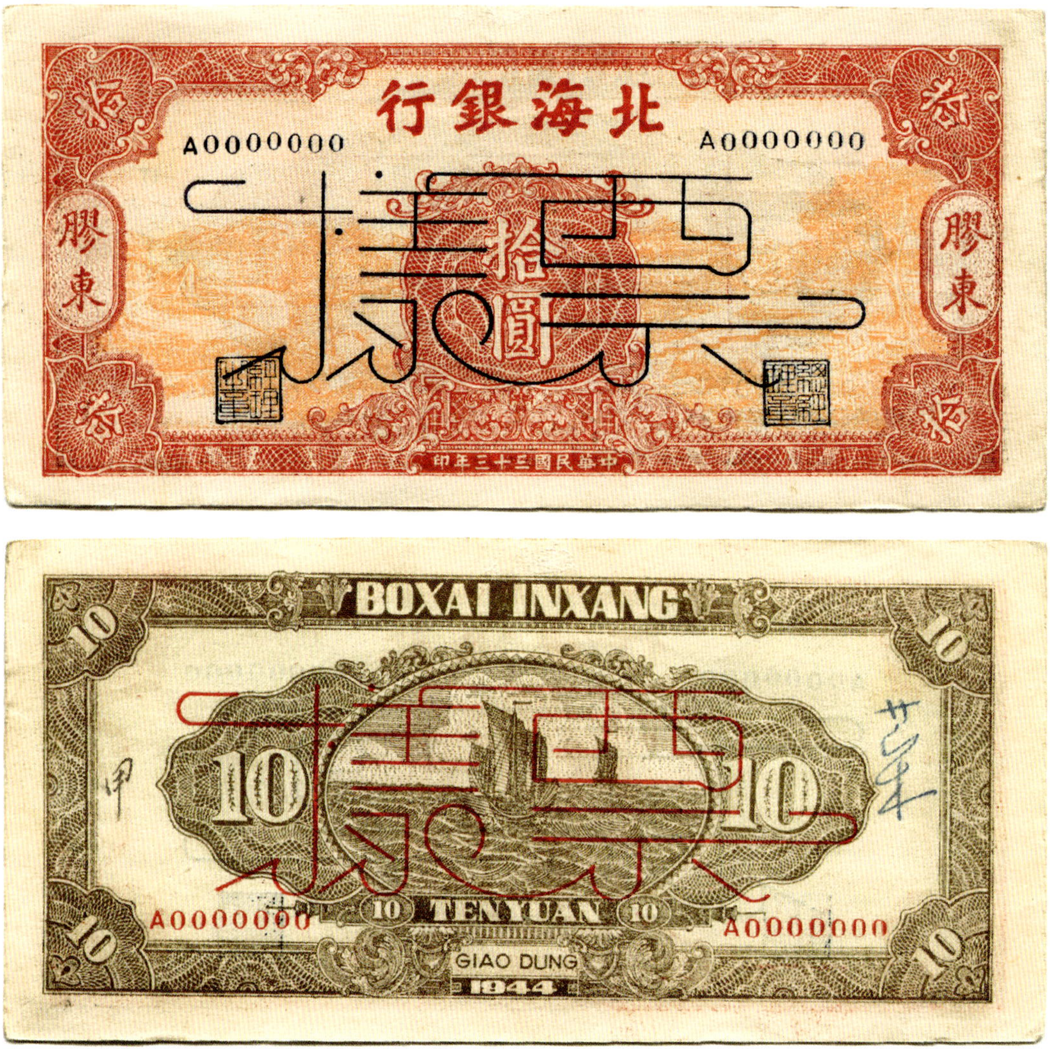

3-73

编　　号：P089　　**票　　幅：**137×66mm

面　　额：拾圆　　**主　　色：**枣红 / 棕绿

票面时间：民国三十三年　　**印刷单位：**胶东印钞厂

发行时间：1944 年 11 月　　**收 藏 者：**编委

备　　注：单字轨

3-74

编　　号： B145	★★	**票　　幅：** 137×66mm	
面　　额： 拾圆		**主　　色：** 枣红 / 棕绿	
票面时间： 民国三十三年		**印刷单位：** 胶东印钞厂	
发行时间： 1944 年 11 月		**收 藏 者：** 编委	
备　　注： 冠字在两组号中			

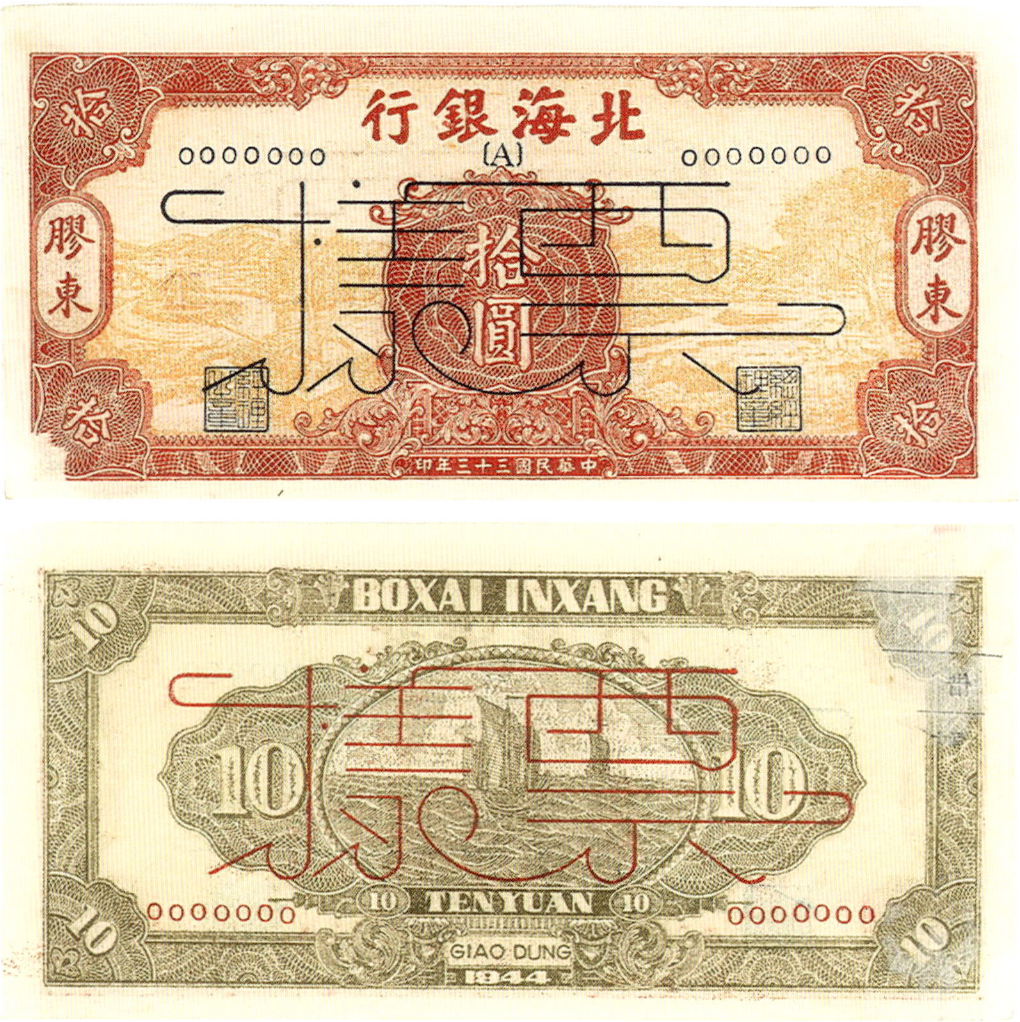

3–75

编　　号： P090

面　　额： 拾圆

票面时间： 民国三十三年

发行时间： 1944 年 11 月

备　　注： 冠字在两组号中

票　　幅： 137 × 66mm

主　　色： 枣红 / 棕绿

印刷单位： 胶东印钞厂

收 藏 者： 中国钱币博物馆

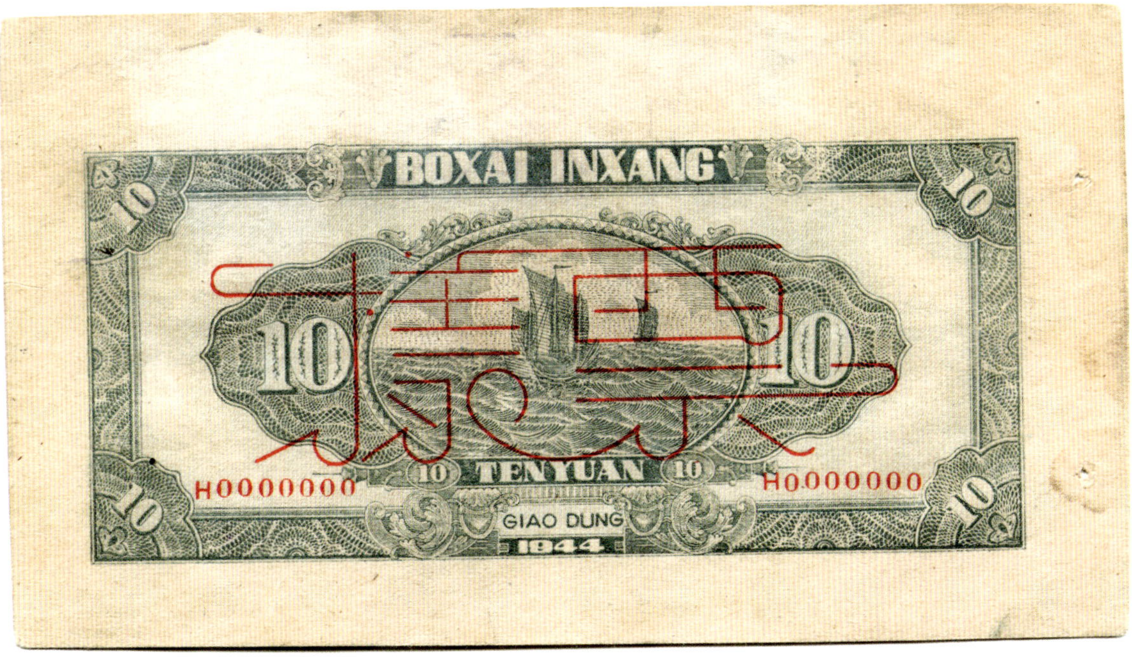

3-76

编　　号：P091　　**票　　幅：**155×85mm

面　　额：拾圆　　**主　　色：**水红 / 绿

票面时间：民国三十三年　　**印刷单位：**胶东印钞厂

发行时间：——　　**收 藏 者：**编委

备　　注：（一）橘色底纹

（二）未见正用票

3-77

编　　号：P092　　**票　　幅：**155×85mm

面　　额：拾圆　　**主　　色：**枣红 / 棕绿

票面时间：民国三十三年　　**印刷单位：**胶东印钞厂

发行时间：——　　**收 藏 者：**编委

备　　注：（一）紫色底纹

（二）未见正用票

3-78

编　　号： B146	★★	**票　　幅：** 140×67mm	
面　　额： 拾圆		**主　　色：** 蓝 / 褐	
票面时间： 民国三十三年		**印刷单位：** 胶东印钞厂	
发行时间： 1944 年 11 月		**收 藏 者：** 编委	
备　　注： 绿色底纹			

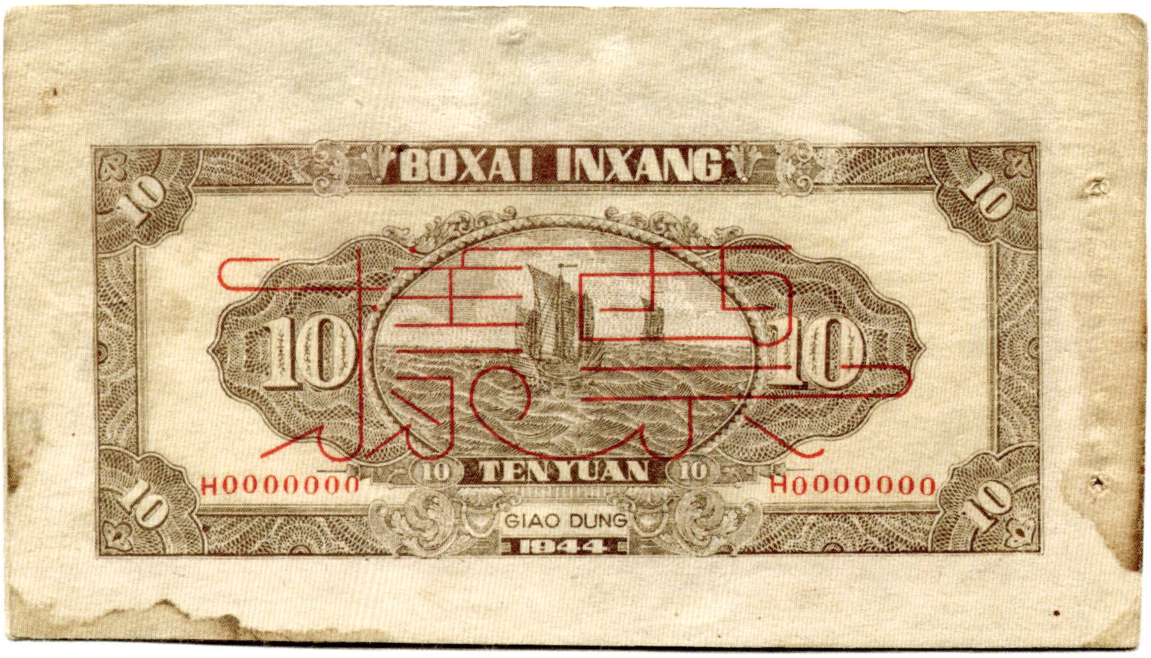

3-79

编　　号：P093

面　　额：拾圆

票面时间：民国三十三年

发行时间：——

备　　注：（一）橘色底纹

（二）未见正用票

票　　幅：155×85mm

主　　色：蓝 / 棕绿

印刷单位：胶东印钞厂

收 藏 者：编委

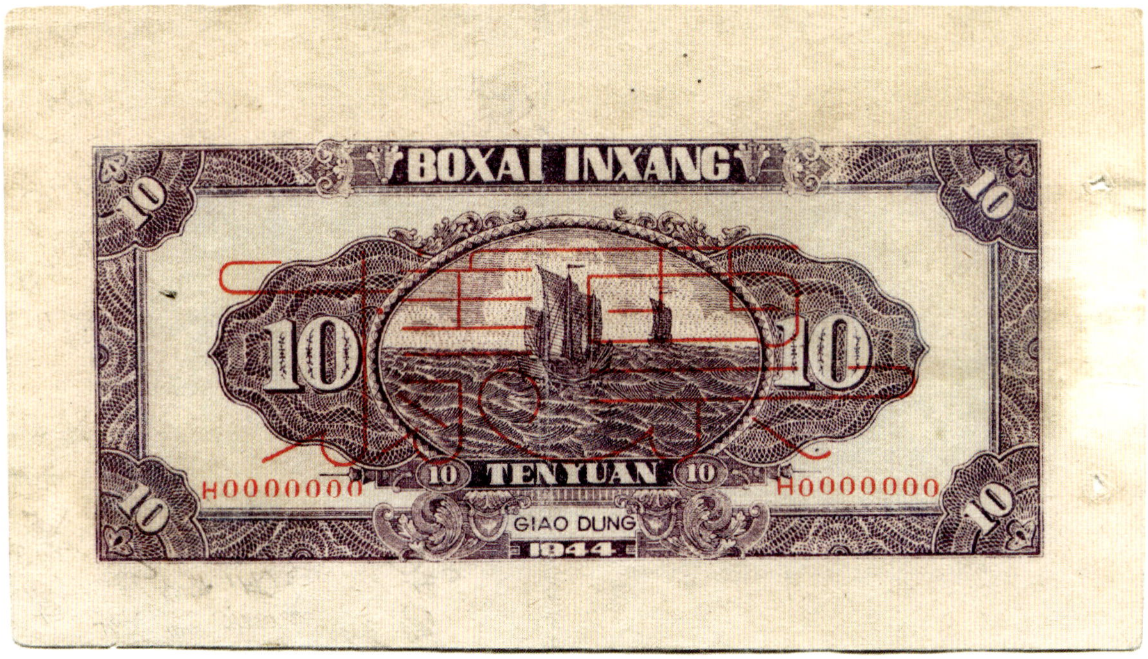

3-80

编　　号： P094	**票　　幅：** 155×85mm
面　　额： 拾圆	**主　　色：** 紫 / 紫
票面时间： 民国三十三年	**印刷单位：** 胶东印钞厂
发行时间： ——	**收 藏 者：** 编委

备　　注：（一）蓝色底纹

（二）未见正用票

3-81

编　　号：P095

票　　幅：155×85mm

面　　额：拾圆

主　　色：蓝 / 蓝

票面时间：民国三十三年

印刷单位：胶东印钞厂

发行时间：——

收 藏 者：编委

备　　注：（一）紫色底纹

（二）未见正用票

3-82

编　　号： B147	★★★★	**票　　幅：** 139×75mm	
面　　额： 伍拾圆		**主　　色：** 蓝 / 蓝绿双色	
票面时间： 民国三十三年		**印刷单位：** 胶东印钞厂	
发行时间： 1844 年 6 月		**收 藏 者：** 编委	

备　　注： （一）粉色底纹

（二）1946 年 9 月 17 日开始回收

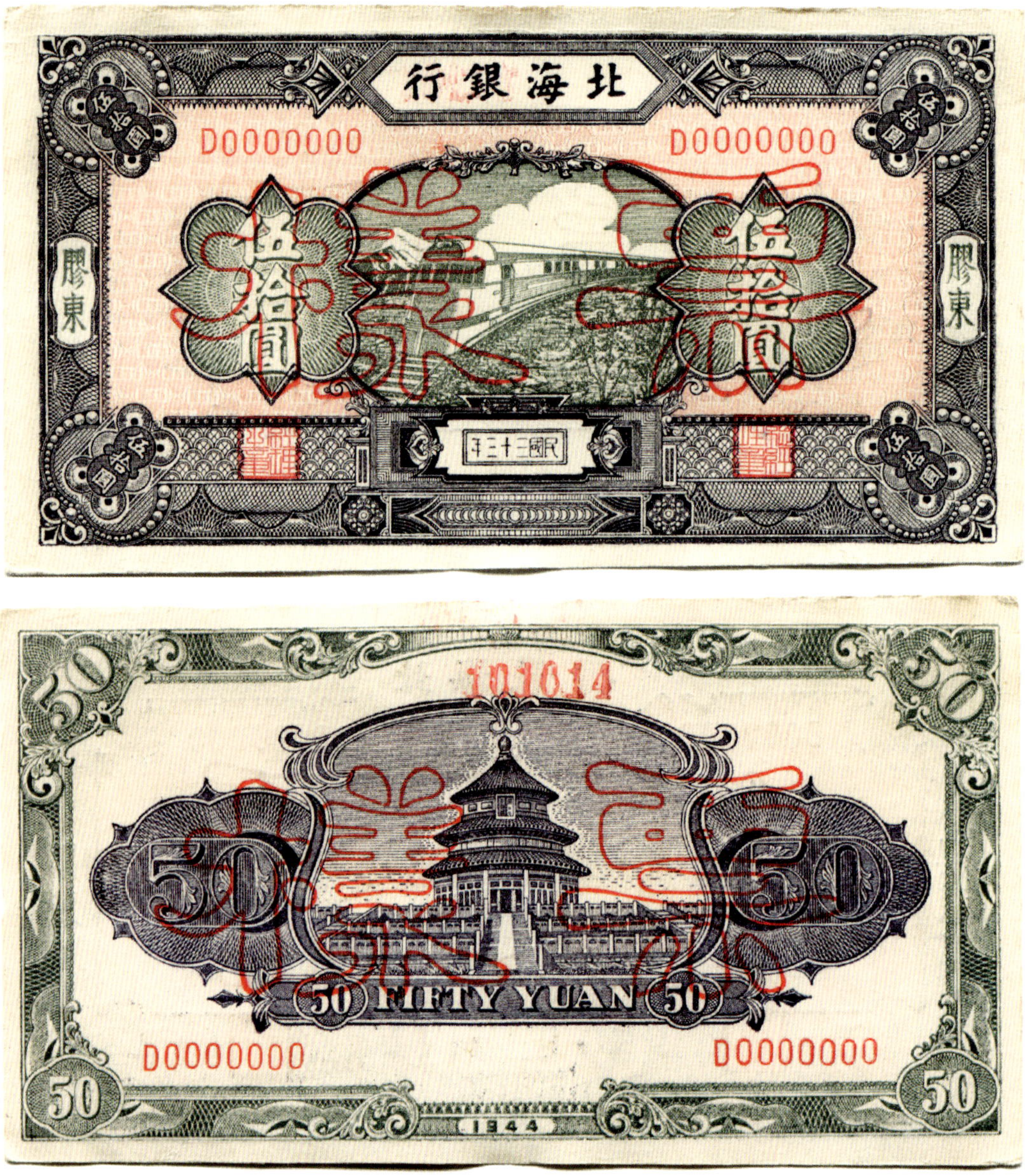

3-83

编　　号：P096
票　　幅：139×75mm
面　　额：伍拾圆
主　　色：蓝 / 蓝绿双色
票面时间：民国三十三年
印刷单位：胶东印钞厂
发行时间：1844 年 6 月
收 藏 者：编委
备　　注：粉色底纹

3-84

编　　号：B148　　★★★★　　票　　幅：139×75mm

面　　额：伍拾圆　　主　　色：蓝 / 蓝绿双色

票面时间：民国三十三年　　印刷单位：胶东印钞厂

发行时间：1844 年 6 月　　收 藏 者：编委

备　　注：（一）绿色底纹

（二）1946 年 9 月 17 日开始回收

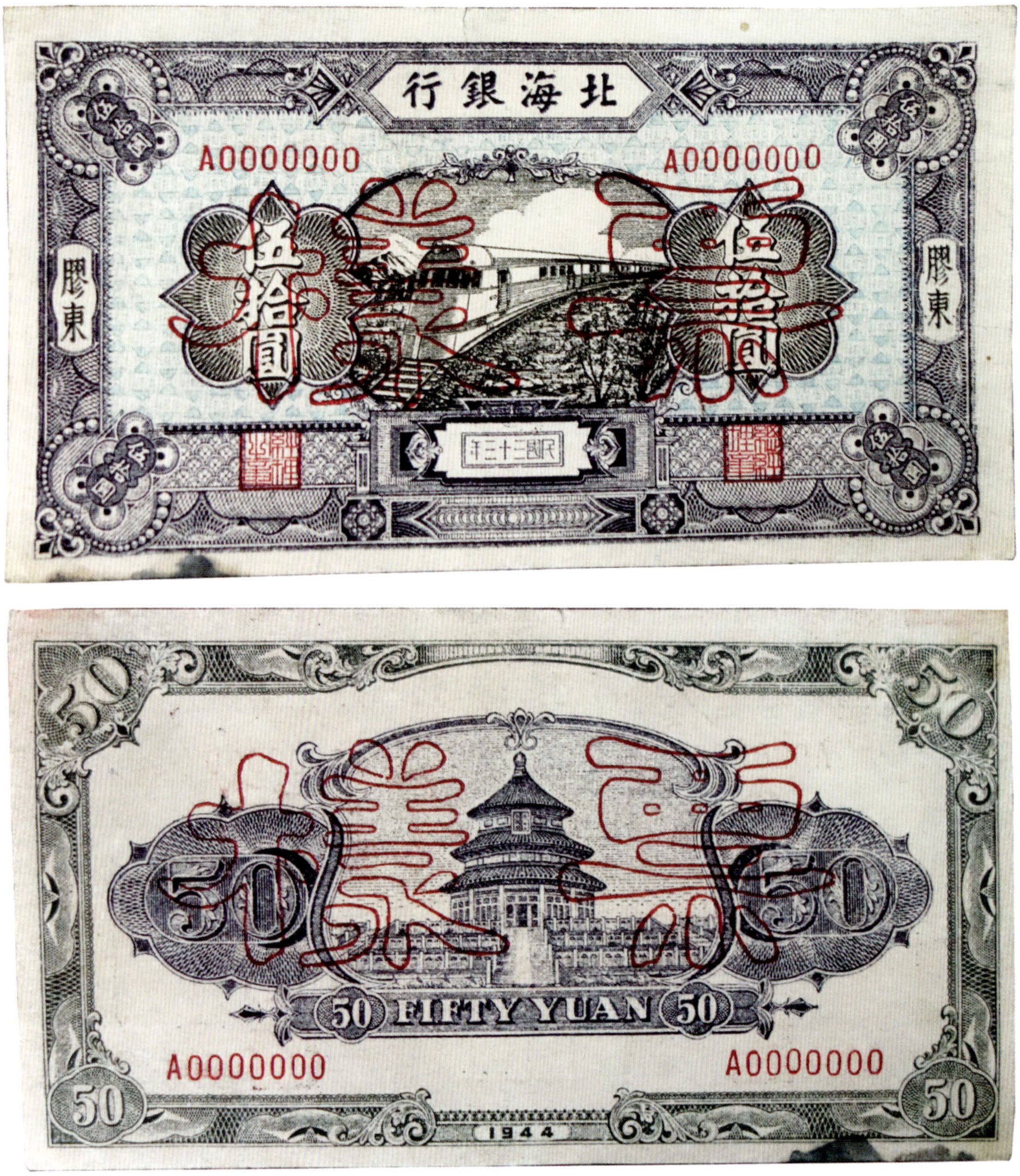

3–85

编　　号： P97	**票　　幅：** 139×75mm
面　　额： 伍拾圆	**主　　色：** 蓝 / 蓝绿双色
票面时间： 民国三十三年	**印刷单位：** 胶东印钞厂
发行时间： 1844 年 6 月	**收 藏 者：** 南京王锡平
备　　注： 绿色底纹	

3-86

编　　号： B149	★★	**票　　幅：** 143×70mm	
面　　额： 伍拾圆		**主　　色：** 枣红 / 棕红	
票面时间： 民国三十三年		**印刷单位：** 胶东印钞厂	
发行时间： 1945 年 3 月		**收 藏 者：** 编委	
备　　注： 天干冠字			

3-87

编　　号：B150　　★★　　票　　幅：144×73mm

面　　额：伍拾圆　　主　　色：枣红 / 棕红

票面时间：民国三十三年　　印刷单位：胶东印钞厂

发行时间：1945 年 3 月　　收 藏 者：编委

备　　注：双字母冠字

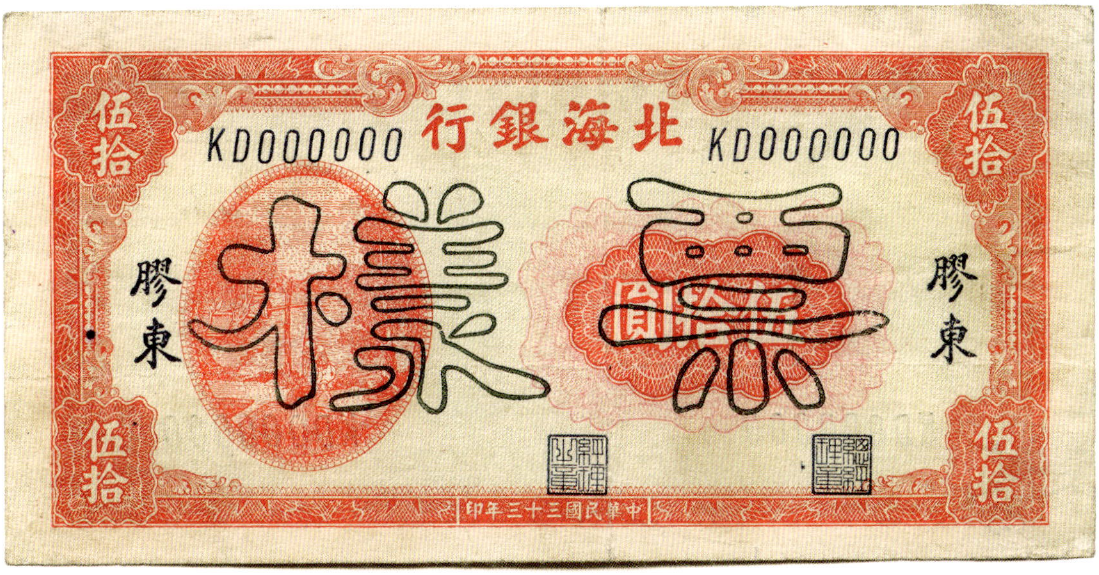

3−88

编　　号：P98　　**票　　幅：**144×73mm

面　　额：伍拾圆　　**主　　色：**枣红 / 棕红

票面时间：民国三十三年　　**印刷单位：**胶东印钞厂

发行时间：1945 年 3 月　　**收 藏 者：**编委

备　　注：双字母冠字

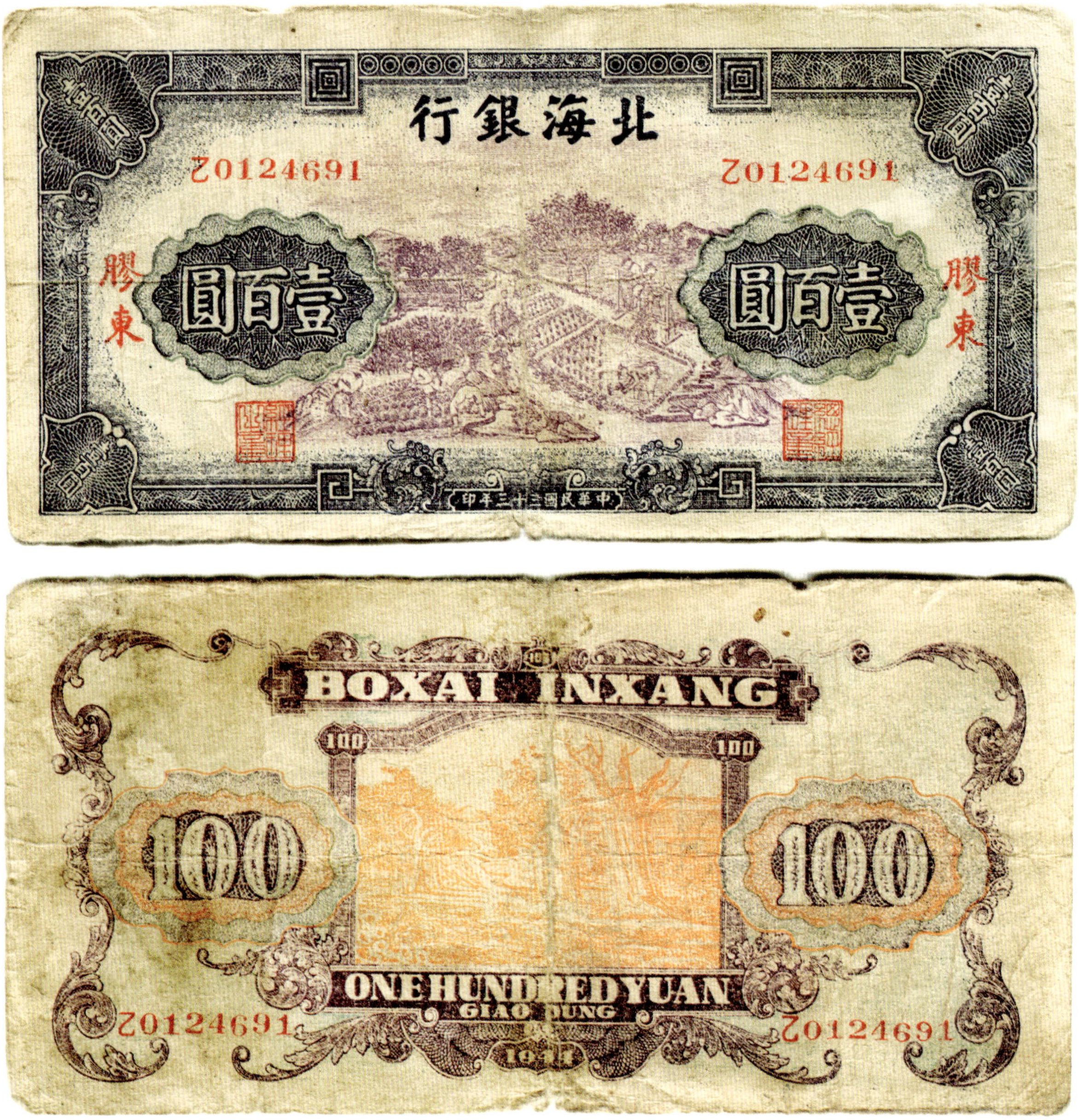

3-89

编　　号：B151　★★★★　票　　幅：160×77mm

面　　额：壹百圆　主　　色：蓝 / 紫

票面时间：民国三十三年　印刷单位：胶东印钞厂

发行时间：1944 年 8 月　收 藏 者：编委

备　　注：紫色底纹

3-90

编　　号：	P99	**票　　幅：**	160×77mm
面　　额：	壹百圆	**主　　色：**	蓝 / 紫
票面时间：	民国三十三年	**印刷单位：**	胶东印钞厂
发行时间：	1944 年 8 月	**收 藏 者：**	编委
备　　注：	紫色底纹		

3-91

编　　号： B152	★	**票　　幅：**	119×60mm
面　　额： 伍角		**主　　色：**	枣红 / 蓝
票面时间： 民国三十四年		**印刷单位：**	胶东印钞厂
发行时间： 1945 年 4 月		**收 藏 者：**	编委

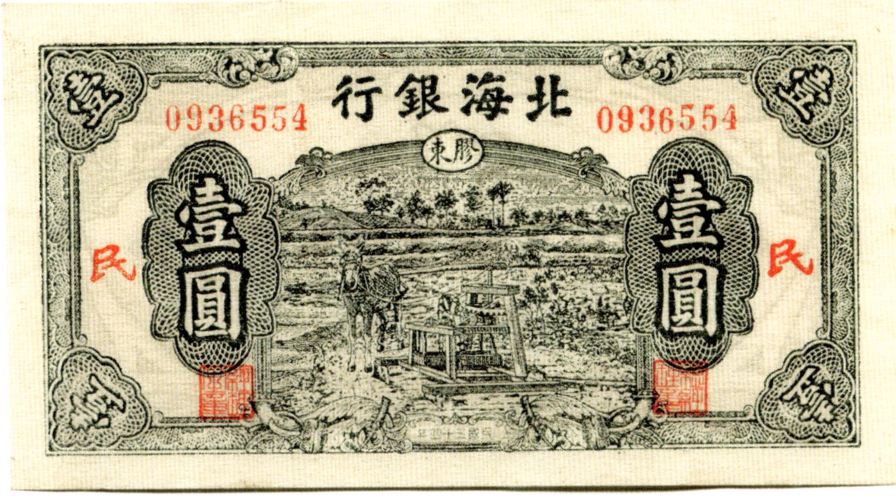

3-92

编　　号：B153　　★　　**票　　幅：**122×64mm

面　　额：壹圆　　**主　　色：**绿 / 棕绿

票面时间：民国三十四年　　**印刷单位：**胶东印钞厂

发行时间：1945 年 8 月　　**收 藏 者：**编委

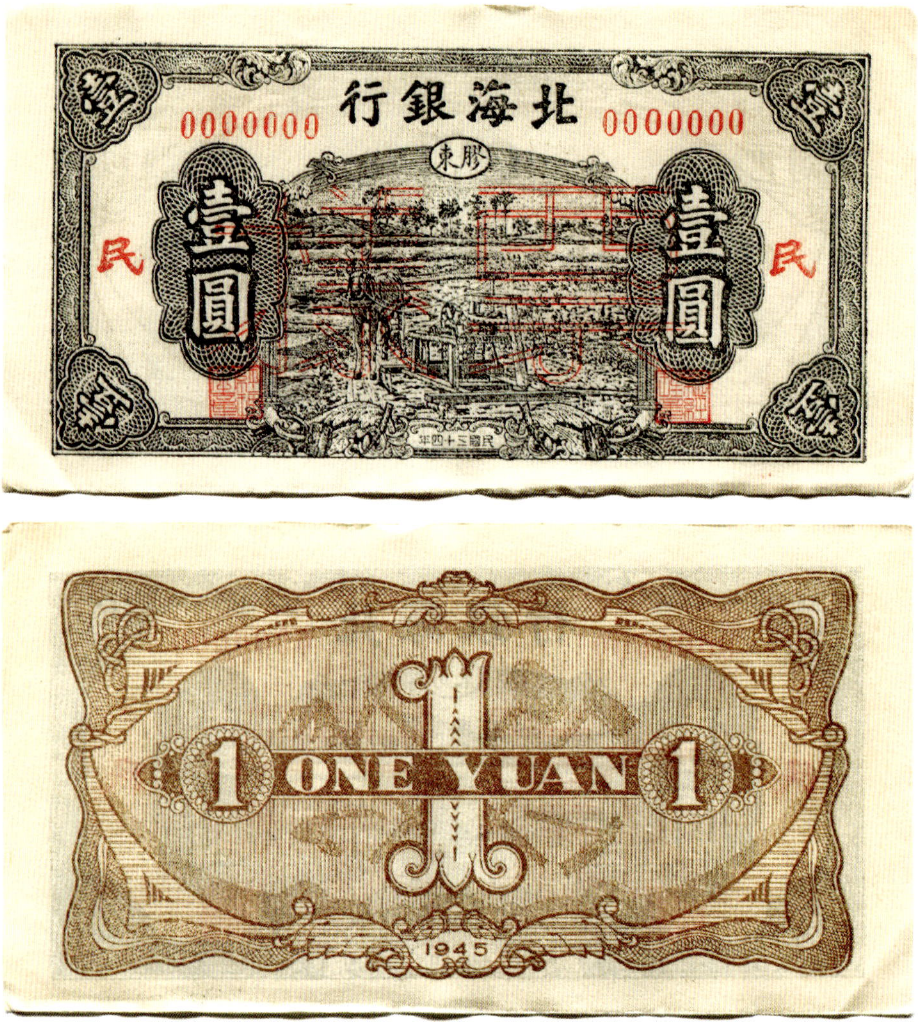

3-93

编　　号：P100　　票　　幅：122×64mm

面　　额：壹圆　　主　　色：绿 / 棕绿

票面时间：民国三十四年　　印刷单位：胶东印钞厂

发行时间：1945 年 8 月　　收 藏 者：编委

3−94

编　　号：B154　★★　　票　　幅：139×66mm

面　　额：拾圆　　主　　色：蓝 / 灰紫

票面时间：民国三十四年　　印刷单位：胶东印钞厂

发行时间：1945 年　　收 藏 者：编委

备　　注：小印鉴

3-95

编　　号：B155　　★★

面　　额：拾圆

票面时间：民国三十四年

发行时间：1945 年

备　　注：大印鉴

票　　幅：139 × 66mm

主　　色：蓝 / 灰紫

印刷单位：胶东印钞厂

收 藏 者：中国钱币博物馆

3-96

编　　号： B156　　★★	**票　　幅：** 132×67mm
面　　额： 拾圆	**主　　色：** 红 / 绿
票面时间： 民国三十四年	**印刷单位：** 胶东印钞厂
发行时间： 1945 年 9 月	**收 藏 者：** 编委

3-97

编　　号：P101
面　　额：拾圆
票面时间：民国三十四年
发行时间：1945 年 9 月
票　　幅：132 × 67mm
主　　色：红 / 绿
印刷单位：胶东印钞厂
收 藏 者：编委

3−98

编　　号：P102　　　　票　　幅：132×67mm

面　　额：拾圆　　　　主　　色：红 / 绿

票面时间：民国三十四年　　　　印刷单位：胶东印钞厂

发行时间：1945 年 9 月　　　　收 藏 者：中国钱币博物馆

备　　注：打孔

3-99

编　　号：B157　★　票　　幅：133×68mm

面　　额：拾圆　主　　色：红／绿

票面时间：民国三十四年　印刷单位：胶东印钞厂

发行时间：1945 年 9 月　收 藏 者：编委

3-100

编　　号： P103	**票　　幅：** 133×68mm
面　　额： 拾圆	**主　　色：** 红 / 绿
票面时间： 民国三十四年	**印刷单位：** 胶东印钞厂
发行时间： 1945 年 9 月	**收 藏 者：** 编委

3-101

编　　号：	B158　★	**票　　幅：**	134×69mm
面　　额：	贰拾伍圆	**主　　色：**	红 / 蓝
票面时间：	民国三十四年	**印刷单位：**	胶东印钞厂
发行时间：	1945 年 8 月	**收 藏 者：**	编委
备　　注：	1946 年 9 月 17 日开始回收		

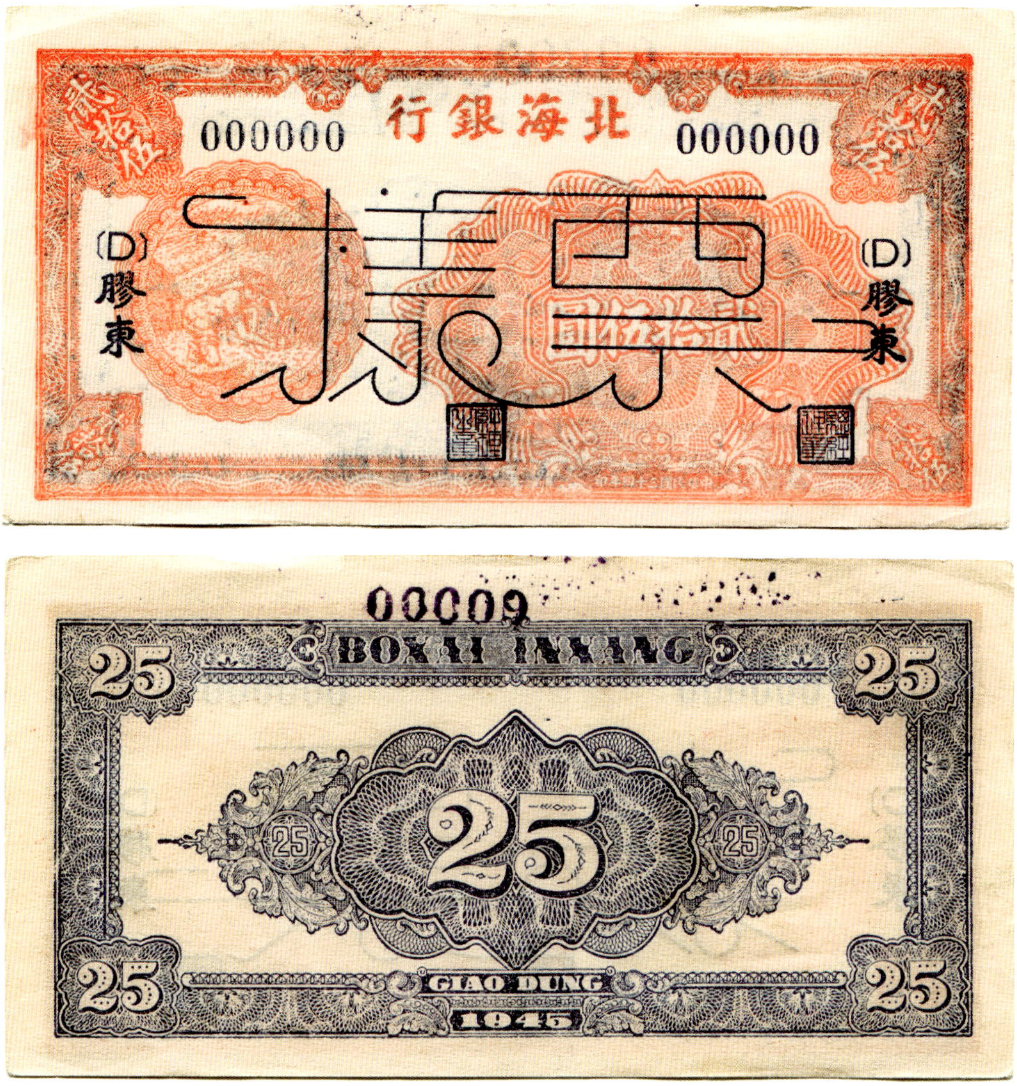

3-102

编　　号： P104　　　　**票　　幅：** 134×69mm

面　　额： 贰拾伍圆　　　　**主　　色：** 红 / 蓝

票面时间： 民国三十四年　　　　**印刷单位：** 胶东印钞厂

发行时间： 1945 年 8 月　　　　**收 藏 者：** 编委

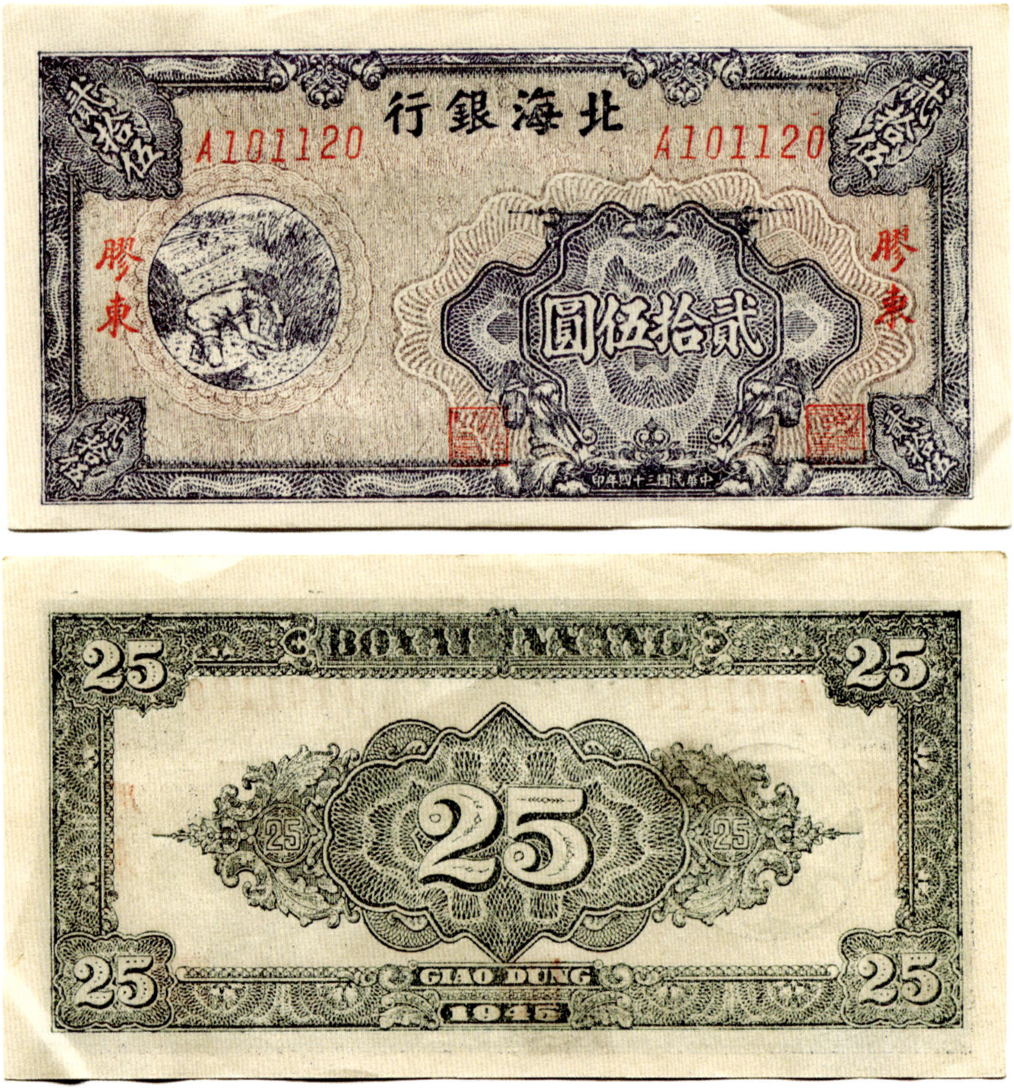

3-103

编　　号：	B159　　★★	**票　　幅：**	134×68mm
面　　额：	贰拾伍圆	**主　　色：**	蓝/绿
票面时间：	民国三十四年	**印刷单位：**	胶东印钞厂
发行时间：	1945 年 8 月	**收 藏 者：**	编委
备　　注：	1946 年 9 月 17 日开始回收		

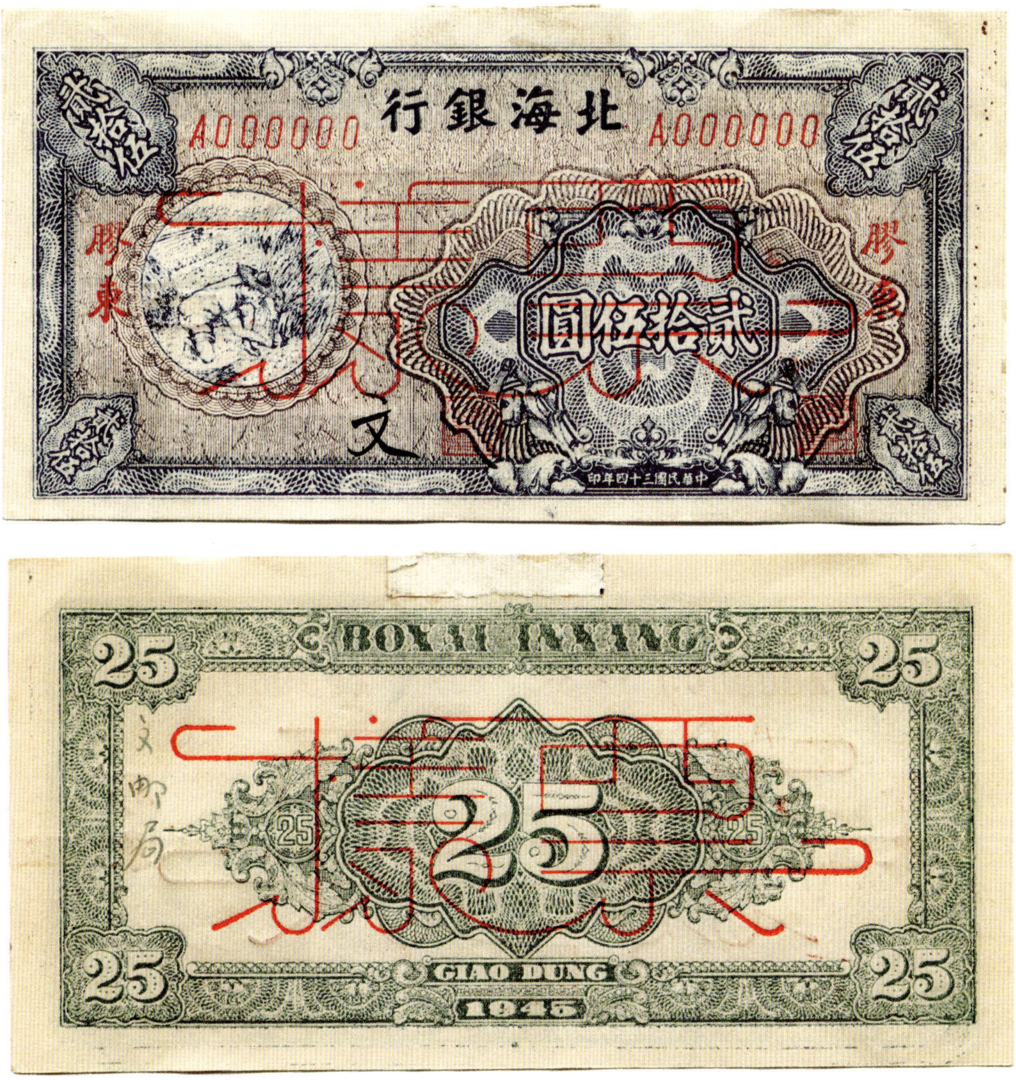

3-104

编　　号： P105　　**票　　幅：** 134×68mm

面　　额： 贰拾伍圆　　**主　　色：** 蓝 / 绿

票面时间： 民国三十四年　　**印刷单位：** 胶东印钞厂

发行时间： 1945 年 8 月　　**收 藏 者：** 编委

3-105

编　　号： B160	★★★	**票　　幅：** 139×70mm	
面　　额： 伍拾圆		**主　　色：** 红 / 棕红	
票面时间： 民国三十四年		**印刷单位：** 胶东印钞厂	
发行时间： 1945 年 10 月		**收 藏 者：** 编委	

3-106

编　　号： P106

面　　额： 伍拾圆

票面时间： 民国三十四年

发行时间： 1945 年 10 月

票　　幅： 139×70mm

主　　色： 红 / 棕红

印刷单位： 胶东印钞厂

收 藏 者： 编委

3-107

编　　号：	B161　★★	**票　　幅：**	138×69mm
面　　额：	伍拾圆	**主　　色：**	蓝 / 棕灰
票面时间：	民国三十四年	**印刷单位：**	胶东印钞厂
发行时间：	1945 年 10 月	**收 藏 者：**	编委

3-108

编　　号： P107	**票　　幅：** 138×69mm
面　　额： 伍拾圆	**主　　色：** 蓝 / 棕灰
票面时间： 民国三十四年	**印刷单位：** 胶东印钞厂
发行时间： 1945 年 10 月	**收 藏 者：** 编委

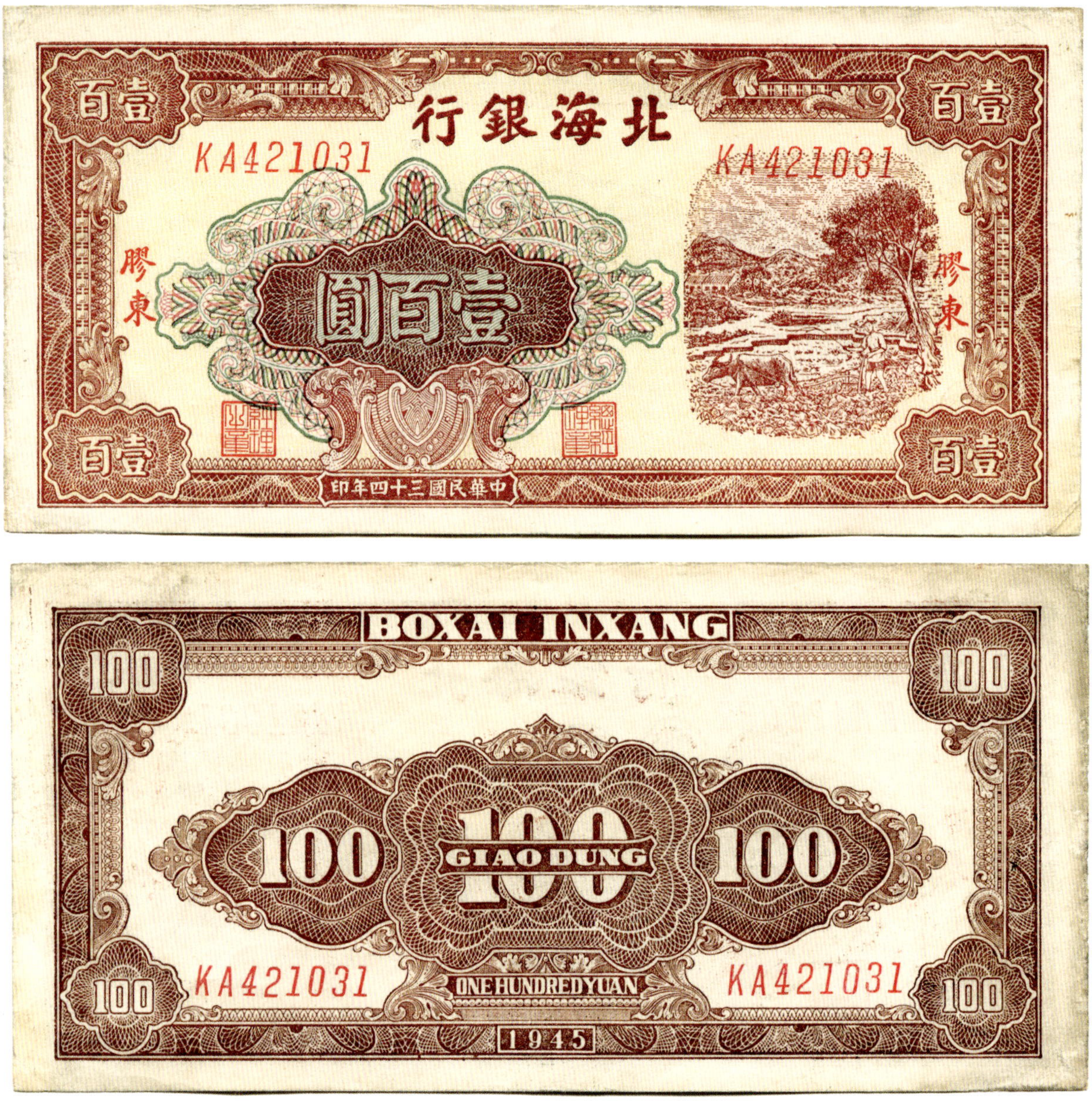

3-109

编　　号：B162　　★★★　　票　　幅：158×76mm

面　　额：壹百圆　　主　　色：棕 / 棕

票面时间：民国三十四年　　印刷单位：胶东印钞厂

发行时间：1945 年 3 月　　收 藏 者：编委

3-110

编　　号： P108	**票　　幅：** 158×76mm
面　　额： 壹百圆	**主　　色：** 棕 / 棕
票面时间： 民国三十四年	**印刷单位：** 胶东印钞厂
发行时间： 1945 年 3 月	**收 藏 者：** 编委

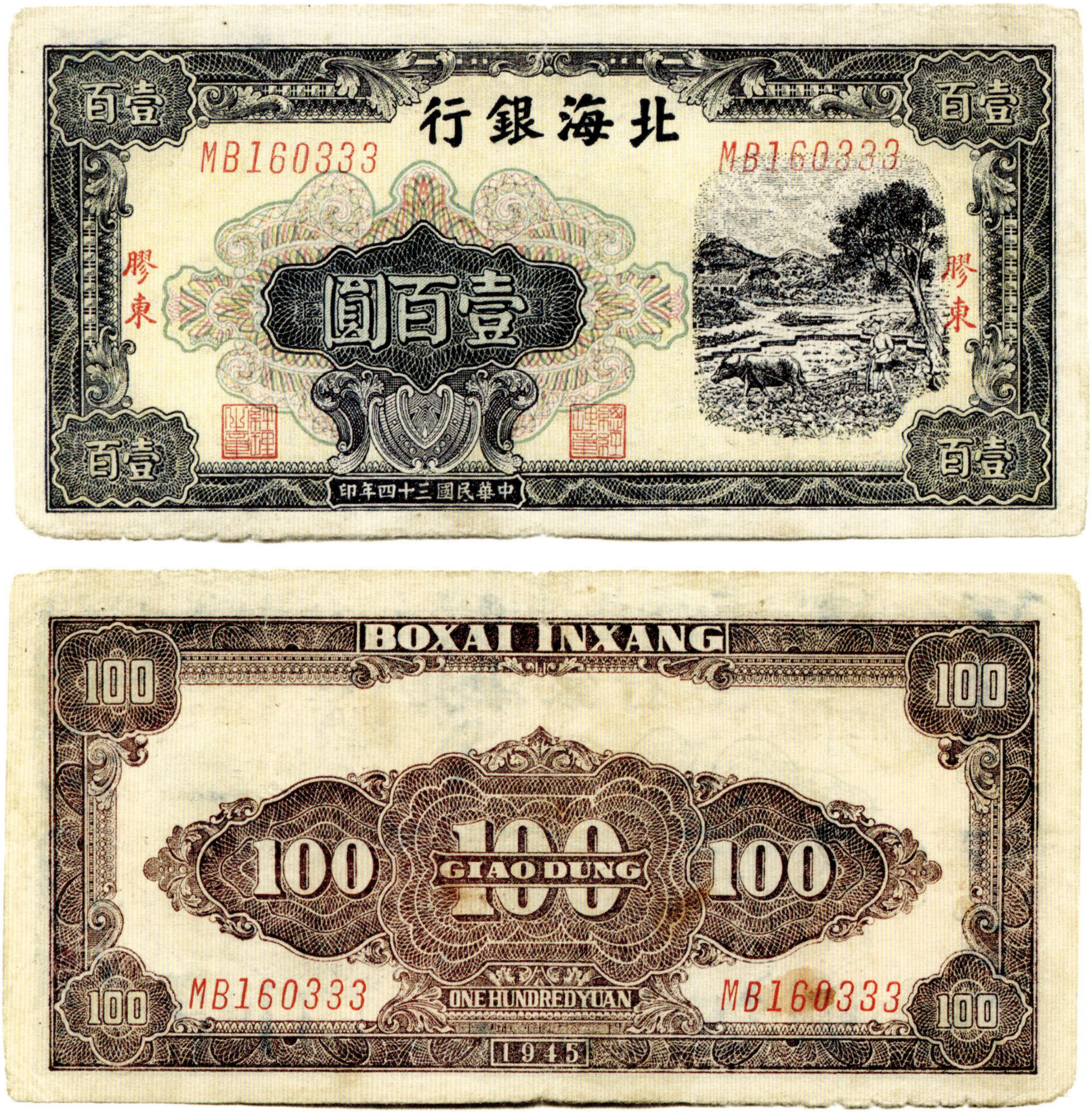

3-111

编　　号： B163　★★★★　　**票　　幅：** 158×76mm

面　　额： 壹百圆　　**主　　色：** 蓝／紫

票面时间： 民国三十四年　　**印刷单位：** 胶东印钞厂

发行时间： 1945 年 3 月　　**收 藏 者：** 编委

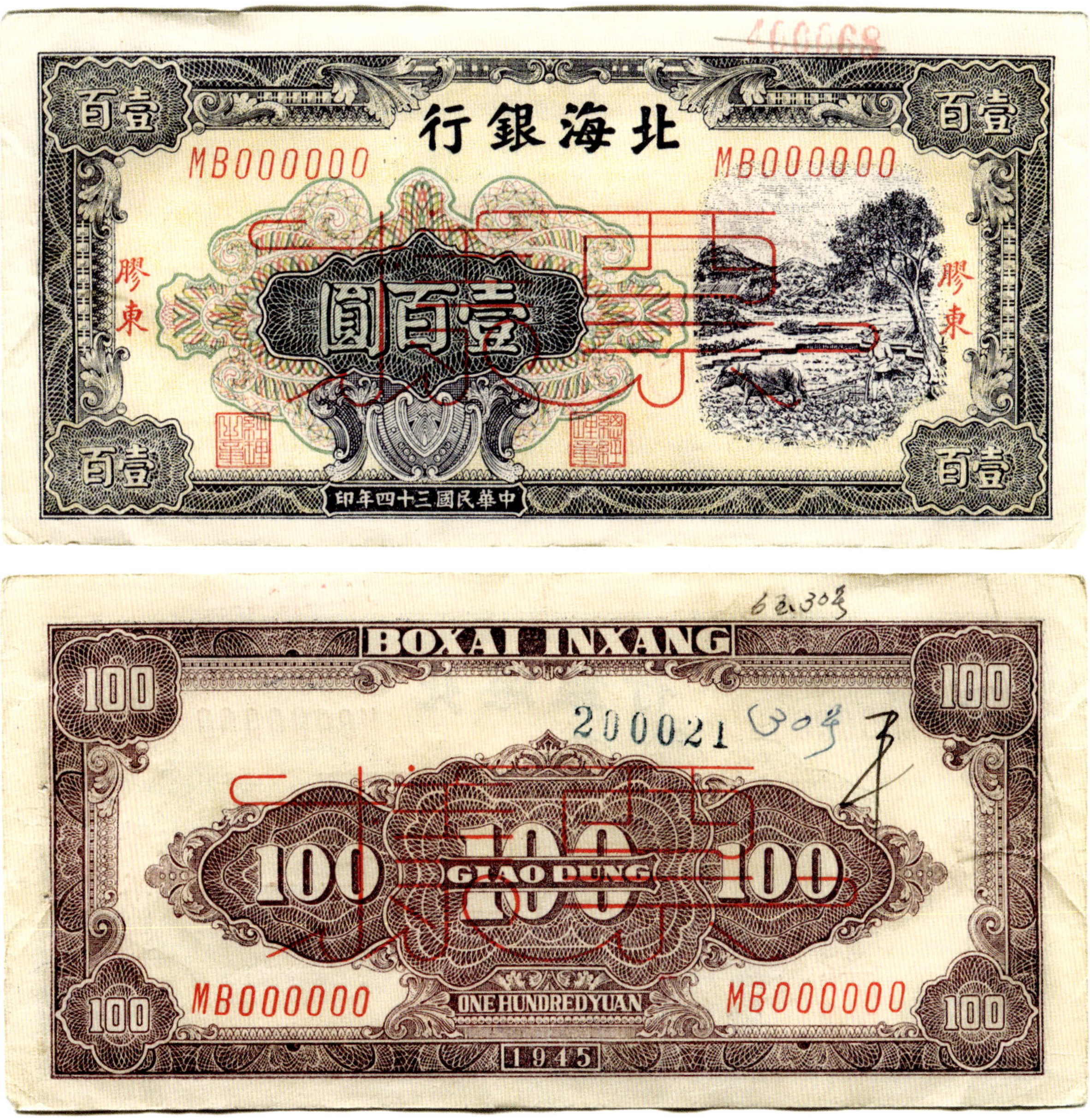

3-112

编　　号： P109

票　　幅： 158×76mm

面　　额： 壹百圆

主　　色： 蓝 / 紫

票面时间： 民国三十四年

印刷单位： 胶东印钞厂

发行时间： 1945 年 3 月

收 藏 者： 编委

3-113

编　　号： B164　　★★★　　**票　　幅：** 148 × 69mm

面　　额： 壹百圆　　**主　　色：** 红 / 红

票面时间： 民国三十四年　　**印刷单位：** 胶东印钞厂

发行时间： 1945 年 8 月　　**收 藏 者：** 编委

3-114

编　　号： P110　　**票　　幅：** 148×69mm

面　　额： 壹百圆　　**主　　色：** 红 / 红

票面时间： 民国三十四年　　**印刷单位：** 胶东印钞厂

发行时间： 1945 年 3 月　　**收 藏 者：** 编委

山东地名北海币

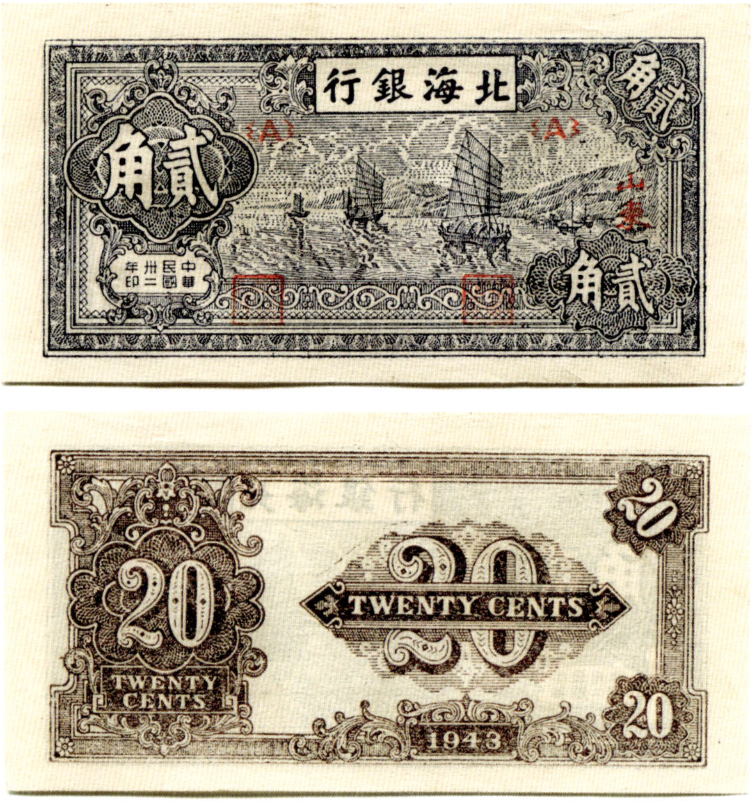

3-115

编　　号：B165　　★★　　票　　幅：100×50mm

面　　额：贰角　　主　　色：蓝 / 棕绿

票面时间：民国三十二年　　印刷单位：胶东印钞厂

发行时间：1945 年 10 月　　收 藏 者：编委

3-116

编　　号：	P111	**票　　幅：**	100×50mm
面　　额：	贰角	**主　　色：**	蓝 / 褐
票面时间：	民国三十二年	**印刷单位：**	胶东印钞厂
发行时间：	1945 年 10 月	**收 藏 者：**	编委

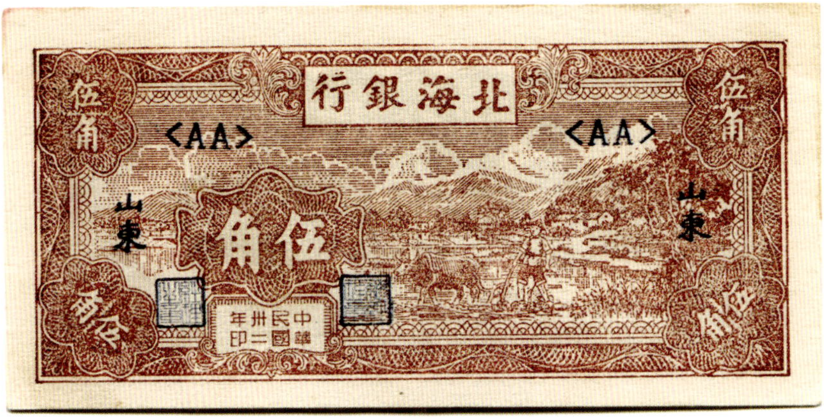

3-117

编　　号： B166　★

票　　幅： 110×53mm

面　　额： 伍角

主　　色： 褐 / 绿

票面时间： 民国三十二年

印刷单位： 胶东印钞厂

发行时间： 1945 年 11 月

收 藏 者： 编委

3-118

编　　号： P112
票　　幅： 110×53mm
面　　额： 伍角
主　　色： 褐 / 绿
票面时间： 民国三十二年
印刷单位： 胶东印钞厂
发行时间： 1945 年 11 月
收 藏 者： 编委

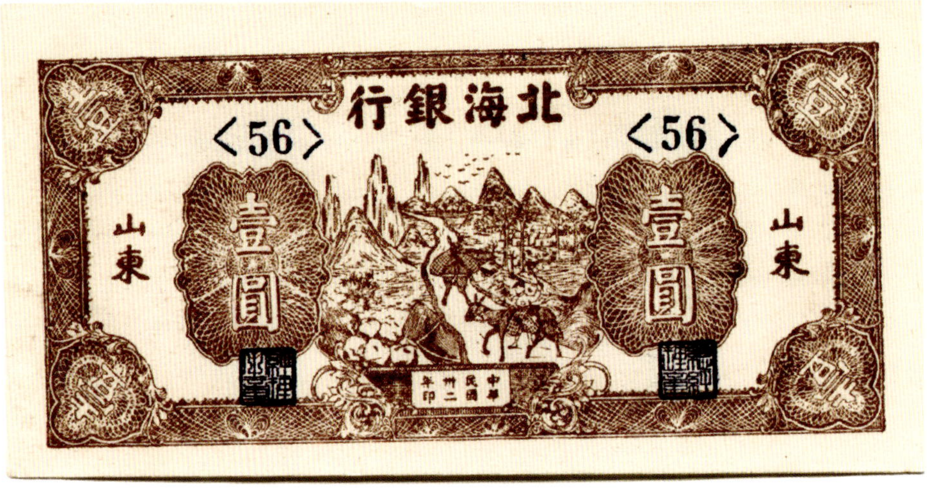

3-119

编　　号：	B167　★	**票　　幅：**	123×62mm
面　　额：	壹圆	**主　　色：**	褐／橘黄
票面时间：	民国三十二年	**印刷单位：**	胶东印钞厂
发行时间：	1946年下半年发行	**收 藏 者：**	编委

3-120

编　　号： P113　　**票　　幅：** 123×62mm

面　　额： 壹圆　　**主　　色：** 褐 / 橘黄

票面时间： 民国三十二年　　**印刷单位：** 胶东印钞厂

发行时间： 1946 年下半年发行　　**收 藏 者：** 编委

3-121

编　　号： B168　　★		**票　　幅：** 126×64mm	
面　　额： 壹百圆		**主　　色：** 红 / 红	
票面时间： 民国三十二年		**印刷单位：** 胶东印钞厂	
发行时间： 1946 年下半年发行		**收 藏 者：** 编委	

3-122

编　　号： P114

票　　幅： 126×64mm

面　　额： 壹百圆

主　　色： 红 / 红

票面时间： 民国三十二年

印刷单位： 胶东印钞厂

发行时间： 1946 年下半年发行

收 藏 者： 编委

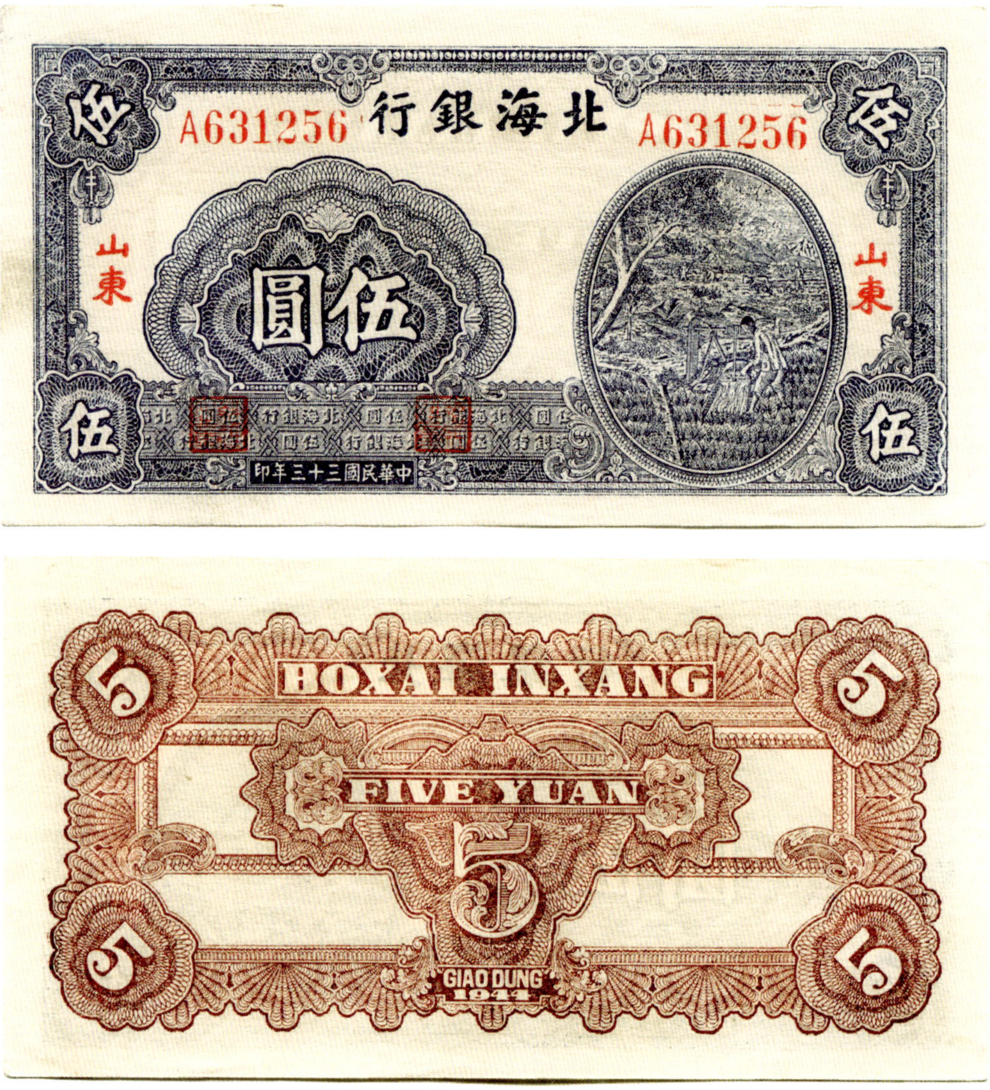

3-123

编　　号：B169　　★

票　　幅：133×68mm

面　　额：伍圆

主　　色：蓝 / 褐

票面时间：民国三十三年

印刷单位：胶东印钞厂

发行时间：1945 年 10 月

收 藏 者：编委

备　　注：背印“GIAO DUNG”

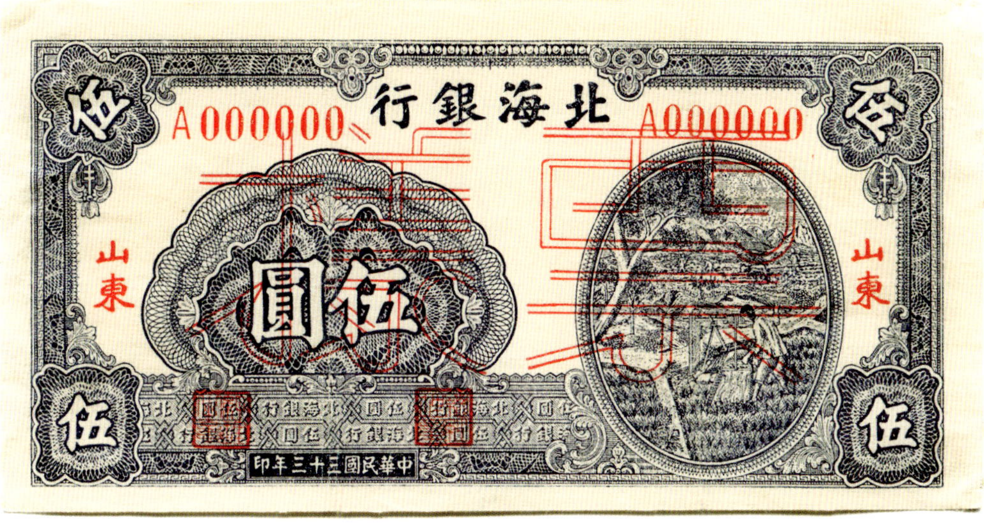

3-124

编　　号：	P115	**票　　幅：**	133×68mm
面　　额：	伍圆	**主　　色：**	蓝 / 蓝
票面时间：	民国三十三年	**印刷单位：**	胶东印钞厂
发行时间：	——	**收 藏 者：**	编委

备　　注：（一）背印“SHAN DUNG 1945”

（二）仅见票样

3-125

编　　号： B170-1	★	**票　　幅：** 124×66mm	
面　　额： 拾圆		**主　　色：** 红 / 红	
票面时间： 民国三十三年		**印刷单位：** 胶东印钞厂	
发行时间： 1946 年下半年发行		**收 藏 者：** 编委	

3-126a

3-126b

3-126a　**编　　号：** B170-2　★　**票　　幅：** 124×66mm
面　　额： 拾圆　**主　　色：** 红 / 红
票面时间： 民国三十三年　**印刷单位：** 胶东印钞厂
发行时间： 1946 年下半年发行　**收 藏 者：** 编委

3-126b　**编　　号：** P116　**票　　幅：** 124×66mm
面　　额： 拾圆　**主　　色：** 红 / 红
票面时间： 民国三十三年　**印刷单位：** 胶东印钞厂
发行时间： 1946 年下半年发行　**资料来源：** 《中国历代货币大系》

3-127

编　　号： B171　★		**票　　幅：** 144×73mm	
面　　额： 伍拾圆		**主　　色：** 红 / 棕	
票面时间： 民国三十三年		**印刷单位：** 胶东印钞厂	
发行时间： 1946 年下半年发行		**收 藏 者：** 编委	

3-128

编　　号：	P117	**票　　幅：**	144×73mm
面　　额：	伍拾圆	**主　　色：**	红 / 棕
票面时间：	民国三十三年	**印刷单位：**	胶东印钞厂
发行时间：	1946 年下半年发行	**收 藏 者：**	编委

3-129

编　　号：B172	★	**票　　幅：**144×72mm	
面　　额：伍拾圆		**主　　色：**红 / 褐	
票面时间：民国三十三年		**印刷单位：**胶东印钞厂	
发行时间：1946 年下半年发行		**收 藏 者：**编委	